MARILENA CHAUI

Em defesa da educação pública, gratuita e democrática

MARILENA CHAUI

Em defesa da educação pública, gratuita e democrática

ESCRITOS DE MARILENA CHAUI
Volume 6

ORGANIZAÇÃO
Homero Santiago

2ª REIMPRESSÃO

autêntica

Copyright © 2018 Marilena Chaui
Copyright © 2018 Homero Santiago

Todos os esforços foram feitos no sentido de encontrar os detentores dos direitos autorais das obras que constam deste livro. Pedimos desculpas por eventuais omissões involuntárias e nos comprometemos a inserir os devidos créditos e corrigir possíveis falhas em edições subsequentes.

Todos os direitos reservados pela Autêntica Editora Ltda. Nenhuma parte desta publicação poderá ser reproduzida, seja por meios mecânicos, eletrônicos, seja via cópia xerográfica, sem a autorização prévia da Editora.

ORGANIZADORES DA COLEÇÃO
ESCRITOS DE MARILENA CHAUI
André Rocha
Ericka Marie Itokazu
Homero Santiago

EDITORAS RESPONSÁVEIS
Rejane Dias
Cecília Martins

REVISÃO
Carla Neves
Carolina Lins
Lúcia Assumpção
Samira Vilela

CAPA
Alberto Bittencourt

PROJETO GRÁFICO
Conrado Esteves

DIAGRAMAÇÃO
Waldênia Alvarenga

**Dados Internacionais de Catalogação na Publicação (CIP)
(Câmara Brasileira do Livro, SP, Brasil)**

Chaui, Marilena
  Em defesa da educação pública, gratuita e democrática / Marilena Chaui ; organização de Homero Santiago. -- 1. ed.; 2. reimp. -- Belo Horizonte : Autêntica Editora, 2023. -- (Escritos de Marilena Chaui; 6)

  ISBN 978-85-513-0428-0

  1. Democracia 2. Democracia na educação 3. Educação pública 4. Educação - Filosofia 5. Filosofia política 6. Prática de ensino I. Santiago, Homero. II. Título. III. Série.

18-20126   CDD-370.115

Índices para catálogo sistemático:
1. Educação e democracia 370.115

Iolanda Rodrigues Biode - Bibliotecária - CRB-8/10014

Belo Horizonte
Rua Carlos Turner, 420
Silveira . 31140-520
Belo Horizonte . MG
Tel.: (55 31) 3465 4500

São Paulo
Av. Paulista, 2.073 . Conjunto Nacional
Horsa I . Sala 309 . Bela Vista
01311-940 . São Paulo . SP
Tel.: (55 11) 3034 4468

www.grupoautentica.com.br
SAC: atendimentoleitor@grupoautentica.com.br

Sumário

9. **Apresentação**
Homero Santiago

Parte I Aluna e professora

19. Uma escola pública de verdade:
o Roosevelt da São Joaquim (1956-1959)
22. A filosofia como vocação para a liberdade
32. Saudação ao mestre
36. Trajetória na filosofia
40. A culminância de um trabalho acadêmico
50. Filosofia, política e educação

Parte II Educação e democracia

73. Ideologia e educação
95. Universidade para uma sociedade democrática
107. O que é ser educador hoje? Da arte à ciência:
a morte do educador
128. A democracia como conquista
134. Pensando numa democracia universitária
140. Reflexos da política na forma de educação
159. Ética e universidade
170. A importância da avaliação no ensino superior
182. A universidade pública sob nova perspectiva
200. Contra a universidade operacional

Parte III Combates

223. A universidade está em crise?
230. Educação em país pobre
235. Educação, simplesmente
240. Uma finalidade ideológica muito precisa
243. Qual a função da universidade?
245. A universidade em linha de montagem
252. A universidade brasileira virou uma grande empresa
258. USP, urgente
261. Universidade: a difícil democracia
269. Crusp, Coseas e mais siglas
272. Intervenções
275. Unesp-Assis, urgente
278. O ensino profissionalizante entrou em falência
282. Professores, professoras
285. Os universitários e o arrocho
288. Unesp-Assis, urgente
290. Biblioteca
293. Nossa ideia da universidade
303. Universidade pública, urgente
305. Dia do Professor
308. Sábios e sabidos, uma discussão ociosa
318. A greve do professorado
321. Os rumos da universidade
334. Perfil do professor improdutivo
340. Em defesa da Escola Normal
342. Universidade e iniciativa privada
346. A universidade operacional
353. Universidade em liquidação
360. Tiros no próprio pé
365. Nova barbárie: "aluno inadimplente"
369. Educação: direito do cidadão e não mercadoria
381. Universidade, sociedade, formação
392. Autonomia e inovação
395. Revitalizar a universidade pública

411. Pela comissão da verdade da USP
417. A ocupação das escolas foi Maio de 68
420. Universidades devem entender que fazem parte da luta de classes

Parte IV Mais do que uma profissão

425. Sem filosofia
426. A reforma do ensino
441. Quem são os amigos da filosofia?
460. Elogio da filosofia
464. O papel da filosofia na universidade
481. Ensinar, aprender, fazer filosofia
490. A volta da filosofia à rede oficial de ensino
493. Alguns aspectos da filosofia no Brasil entre 1965 e 1985
504. Apresentação da coleção Oficina de Filosofia
506. Apresentação dos *Cadernos espinosanos*
507. A filosofia como formação
510. A filosofia sai da caverna
514. A filosofia como amor ao saber
521. Sobre o ensino de graduação em filosofia
542. O ensino de filosofia no Brasil
545. Fazer história da filosofia
558. A filosofia no ensino médio

569. Glossário

Apresentação

Homero Santiago

Em poucos campos da vida social os anseios humanos se revelam com tanta força como no campo da educação. Ali, as incessantes escolhas são sempre significativas. É lá que, em relação direta com os seus membros mais jovens, o social investe sua autorrepresentação presente, forja uma imagem do próprio passado e projeta-se na construção (ou "contingenciamento", conforme o caso e para usar um vocábulo da moda) de um futuro. Por isso a educação, em seu sentido forte, jamais se reduz a um assunto puramente técnico da alçada de especialistas (ou pedagogos, os burocratas, ou coisa pior), nem pode ser tratada à guisa de questão meramente individual ou familiar (como se os pais tivessem a última palavra). O campo da educação é eminentemente social, ponto de tenso entrecruzamento de variadas perspectivas, atravessado pelas disputas em torno do que a sociedade é, foi e poderá ser (o que espera das próximas gerações) sob a mediação de um entendimento acerca do saber e da própria cultura que ela produz.

Bem considerado esse aspecto determinante de tudo quanto se refere à educação, ressalta de imediato a importância da multifacetada meditação sobre o assunto levada a cabo por Marilena Chaui no correr de décadas e aqui pela primeira vez oferecida aos leitores em toda a sua extensão. A ideia de um volume sobre o assunto ocorreu aos organizadores desta coleção tão logo ela foi concebida, ainda que à altura não se tivesse clara noção de sua magnitude – a qual, cabe dizer, impressionou a nós e à própria autora – nem de sua particularidade maior: constituir a prolongada e fecunda meditação de uma *educadora*.

"Sempre me vi como professora", afirma Marilena num dos relatos deste livro ("Trajetória na filosofia"). E realmente é assim que ela continua preferindo apresentar-se e ser apresentada: *professora de filosofia*; salientando a primazia da ocupação a que se dedica desde meados dos anos 1960, quando iniciou a docência no Colégio Estadual Prof. Alberto Levy, e logo em seguida no Departamento de Filosofia da Universidade de São Paulo. Foi em estreitíssima conexão com essa atividade que se foram produzindo os escritos aqui publicados, à maneira de reflexão sobre o próprio afazer, tentativas de superação de seus impasses, combates por sua dignidade e vislumbres de suas possibilidades. Nos textos que se seguem, a autora não faz o papel de filósofa que quer dar modelos educacionais ou armar teorias do aprendizado; descobrimos, pelo contrário, a professora e pensadora, a educadora (no sentido superior da palavra presente em "O que é ser educador hoje?") que, tateando o ponto obscuro em que a vida e o conceito se enlaçam, logra conciliar o vigor da experiência própria à profundidade teórica e soldá-los pelo empenho político a serviço da educação, uma educação essencialmente vinculada à democracia.

Tendo se formado a autora sob o autoritarismo, o imperativo primeiro dessa reflexão foi o da resistência: "Onde você percebesse que estava se instalando uma relação hierárquica, uma relação de poder e uma relação de autoridade, você era sensível para perceber isso e não deixava acontecer. Nem na sala de aula, nem na defesa de tese, nem na orientação de alunos" ("Entrevista a *Caros Amigos*", *A ideologia da competência*, vol. 3 desta coleção). Nem tampouco, acrescentemos, na estipulação daquilo que os jovens devem aprender e daquilo que lhes é cerceado. Ao longo das décadas de 1970 e 1980, Marilena travou uma batalha incansável contra os efeitos nefastos da "reforma do ensino" ditatorial no currículo, como a supressão da disciplina filosofia, a obrigatoriedade da educação moral e cívica, o ensino profissionalizante redutor, e outros. Em contraposição ao rebaixamento interesseiro das funções da educação e da cultura concebidas apenas como transmissão de informações e adestramento para o mundo do trabalho, invoca Marilena uma noção maior de *formação*, que para ela situa-se no âmago mesmo da educação e atinge seu grau mais alto quando, para alunos e para professores, toma a forma de algo "que exige de nós o trabalho da interrogação, da reflexão e da crítica, de tal maneira que nos tornamos capazes de elevar ao plano do conceito o que foi experimentado como questão, pergunta, problema, dificuldade" ("A universidade pública sob nova perspectiva").

Esse conceito de formação desdobra-se numa prática docente específica, certa relação pedagógica que a professora Marilena Chaui, percebemos ao ler seus textos, continuamente empenhou-se em criar e manter com seus alunos. A paciência em assistir aos seminários e corrigir minuciosamente os trabalhos, o que longe de indicar uma atitude materna é sinal da compreensão de que ensinar é uma ação política; a preocupação em elaborar livros didáticos para o ensino médio numa época em que a filosofia dele se ausentava quase completamente, na medida em que os considerava "atos políticos"; uma aguda reflexão sobre a relação aluno-professor, que para ela deve fugir aos extremos igualmente perversos da supressão ilusória da assimetria ou de seu enrijecimento autoritário, de modo a franquear ao estudante um diálogo com o saber, como se exprime perfeitamente na imagem merleau-pontyana amiúde invocada: "O mau professor de natação faz duas coisas: primeiro, se joga sozinho na água e diz aos alunos 'façam como eu', depois ensina os alunos a nadar na areia, como se areia e água fossem o mesmo; ao contrário, o bom professor de natação é aquele que se joga na água com os alunos e lhes diz 'façam comigo', porque a relação não é dos alunos com o professor, mas com a água" ("Filosofia, política e educação").

Se uma das linhas mestras da meditação de Marilena sobre a educação é o combate ao autoritarismo presente em nosso sistema de ensino (ora mais visível, como na ditadura, ora menos visível, como hoje), a ponto de possibilitar a contínua reprodução das estruturas do que a autora identifica como a "sociedade autoritária" brasileira; a outra linha é o reverso positivo da primeira, ou seja, a diligência em conceber o nexo profundo entre educação e democracia, desde os meandros recônditos da atividade docente. Com efeito, as tentativas de estabelecer uma relação pedagógica antiautoritária devem culminar precisamente no que a autora denomina "pedagogia democrática" ou "relação pedagógica democrática", preparando o caminho para a questão maior da *construção de uma sociedade democrática*, já que nada impede que as possibilidades de transformação do presente sejam tão atuantes no ato de educar quanto os mecanismos de reprodução do passado.

Aos que continuam insistindo, a reboque dos burocratas de ontem mas com argumentos novos tirados da ordem do dia, que a educação pouco tem a ver com democracia, desde a perspectiva deste volume poder-se-ia responder que, de fato, não tem; se se toma por parâmetro a educação existente, plasmada no interior da sociedade autoritária brasileira e cujo objetivo seria, para uns, inculcar a moral e o civismo na cabeça dos jovens ou então, para outros, preparar o insumo humano de que as empresas necessitam; esta educação realmente pouco tem a ver com democracia. Como, esperamos, o leitor de boa vontade se convencerá ao ler os textos de Marilena, a relação entre educação e democracia, pedra de toque última dessa meditação, é algo que nos cobra, acima de tudo, reinvenção do velho e criação do novo. A concepção teórica e a efetivação prática de uma nova educação que seja, desde suas bases, democrática, e sustente a democracia porque efeito direto da própria vida democrática.

No momento em que mais uma "reforma do ensino" desponta no horizonte e nos aflige a todos com seus desmandos, a aliança dessas duas diretrizes da meditação e do percurso de Marilena no campo da educação – a recusa do autoritarismo e a construção da democracia – será de grande valor; para nos contar das agruras do passado, mas também para despertar-nos para os becos de um presente que mais e mais parece exigir de nós uma virtude particular capaz de desdobrar-se na firmeza da resistência e na coragem da criação. Como dito ao início, o campo da educação é central; lá decidimos quem somos, quem fomos e, sobretudo, quem esperamos ser, ou antes, como esperamos ser lembrados no futuro. Para ressaltar mais uma peculiaridade da educação, em nenhum outro campo da vida social nossas lutas presentes tão imediatamente determinam o futuro; em tudo que se refere à educação, as creches, o ensino básico, o médio, o universitário, aí se combate e se trabalha, não só mas principalmente, pelas novas gerações.

Esperamos que isso tudo possa aclarar o título escolhido para este volume. Um polêmico *em defesa*, que dá o tom de urgência e combate comum a tantos textos ("Em defesa da escola normal", "Unesp-Assis, urgente", etc.), combina-se a uma tríade que, embora para alguns banalizada, ainda é capaz de resumir um ponto de partida mínimo, inegociável e promissor que anima todos estes textos e ganha expressão precisa num artigo de periódico que nos inspirou, por demonstrar com felicidade o contínuo entre a circunstância de um movimento reivindicatório e a concepção da política democrática, tão cara a Marilena, como instituição de direitos: professores universitários grevistas deixam claro "que não lutam apenas por salários, mas pela existência de condições materiais e políticas para o ensino, a pesquisa e o atendimento à população. Lutam por uma universidade *pública*, *gratuita* e *democrática*. Pública: não submetida a imperativos empresariais. Gratuita: não submetida a discriminações socioeconômicas. Democrática: que garanta não só o direito de acesso à educação, mas também de criação científico-cultural e sobretudo que garanta aos universitários formas de representação, de participação e de intervenção nas políticas educacionais-culturais, o acesso aos orçamentos e à distribuição das verbas e à definição das prioridades didáticas, de pesquisa e de serviços à população" ("Universidade pública, urgente").

Recolhemos aqui a maior parte dos escritos de Marilena Chaui dedicados ao tema da educação, em sentido amplo: memórias da aluna e da professora, reflexões sobre o ensinar e o aprender, análises teóricas, intervenções públicas, propostas etc. Ficaram de fora apenas alguns poucos textos bastante pontuais, em geral preparados para participação em mesas de discussão e cujo estado de redação exigiria uma verdadeira escrita; igualmente, a fim de não sobrecarregar inutilmente o livro, deixamos de fora os textos reunidos e publicados em 2001 pela Editora da Unesp sob o título *Escritos sobre a universidade* e que continuam disponíveis ao leitor, além de que dois deles ("Ventos do progresso: a universidade administrada" e "Ideologia neoliberal e universidade") foram já republicados no volume *A ideologia da competência*, desta coleção.

O conjunto foi dividido em quatro partes e, no interior de cada uma, a sequência é cronológica, conforme a data de sua primeira apresentação, ou oral ou impressa, à exceção da primeira parte, em que se privilegiou a cronologia do percurso da autora em sua formação e em suas atividades docentes (assim, por exemplo, uma recordação da formação colegial vem antes de um texto sobre a experiência universitária).

Na *primeira* parte, buscamos reconstituir o percurso da autora por meio de textos capazes de introduzir o leitor em sua experiência de aluna e de professora, a qual será a base de toda a sua reflexão sobre o tema da educação.

Na *segunda*, aparecem trabalhos de envergadura mais teórica que, geralmente a partir da crítica do autoritarismo brasileiro (tanto o ditatorial quanto o de nosso dia a dia) e da consideração das transformações do capitalismo recente, vão além desse quadro e esforçam-se em estabelecer a relação entre educação e democracia.

Na *terceira*, reúnem-se textos de intervenção em debates e vários artigos e entrevistas que constituem um retrato da educação brasileira nas últimas décadas feito por alguém que jamais deixa de conectar as mazelas da escola às vicissitudes do poder, seja econômico, seja político, e pensar as possibilidades de resistência e invenção.

A *quarta* parte, finalmente, reserva-se aos textos que tocam diretamente o ensino de filosofia; destacam-se aí, de um lado, a problemática da supressão do ensino de filosofia pela ditadura militar e a longa luta por sua retomada; de outro, a insistência da autora em conceber a filosofia (e por extensão o seu ensino) como um modo de vida.

Quanto à preparação do material, cabem dois esclarecimentos. Optamos por não suprimir inteiramente as repetições entre alguns textos. Dada a autonomia com que foram concebidos e publicados, pareceu-nos bom manter-lhes assim, dentro do espírito de uma coleção que se propõe republicar mais que oferecer inéditos; com efeito, a supressão de passagens, exemplos e argumentos que aparecem mais de uma vez e o consequente rearranjo de páginas implicariam uma reescrita do conjunto, o que produziria um material quase inteiramente novo. Em segundo lugar, em se tratando de textos que não raro nasceram colados à conjuntura e que contêm inúmeras menções que não são triviais, em especial aos mais jovens (siglas, antigas designações da escola brasileira etc.), pensamos apropriada a inclusão de um glossário final que, evitando a multiplicação dos rodapés explicativos, elucide alguma daquelas menções, ao menos as mais recorrentes, e forneça a correspondência entre a antiga nomenclatura das séries de ensino (em particular a estabelecida na lei n. 5692 de 11 de agosto de 1971, que dá o quadro de referência da autora) e a atual.

Para concluir, permita-me o leitor três notas de agradecimento:

O trabalho seria impossível sem os serviços prestados à memória pelas bibliotecas da Faculdade de Filosofia, Ciências e Letras, da Faculdade de Educação e do Instituto de Estudos Brasileiros, todos da Universidade de São Paulo, bem como pelo Departamento de Filosofia da mesma universidade. É imperativo desmentir a ideia de que a vida "cabeu" totalmente na internet e nesta "tem tudo". A maior parte do que está aqui não se encontra na rede, e só chega às mãos do leitor após o exercício de velhas práticas como o demorado folhear de jornais e revistas. Mister é dizê-lo, pois nestes tempos bicudos tem muita gente (dos ingênuos aos mal-intencionados) que pensa que boas bibliotecas são um detalhe. Oxalá o bonito texto "Biblioteca", de Marilena, convença-lhes do contrário.

Sou grande devedor do colega e amigo Fernando Bonadia de Oliveira, pedagogo, filósofo e professor da Universidade Federal Rural do Rio de Janeiro. É excelente conhecedor dos aspectos burocráticos da educação brasileira (legislação, organização escolar etc.) e goza do dom verdadeiramente incomum de apreciar o assunto e combiná-lo à inteligência, a ponto de não somente conseguir ajudar um leigo como tornar interessantes as questões administrativas mais ásperas, sabendo delas partir para a análise dos rumos da educação nacional bem como suas implicações filosófico-pedagógicas.

Por fim, embora seja descabido dedicar um conjunto de textos alheios a um terceiro, gostaria de recordar aqui o nome de Eduardo Amaral, amigo de quase três décadas que é professor de filosofia e apaixonado por todas as questões relativas à educação. Foi ele quem me persuadiu, ainda na primeira metade dos anos 1990, que era imprescindível ler os textos de Marilena sobre universidade e educação; e não apenas refletir sobre a trajetória dela como, quanto possível, retomar-lhe em sala de aula o exemplo. Até onde consigo lobrigar no emaranhado das possibilidades, estou seguro em dizer que sem ele este volume jamais existiria. Por isso afetuosamente lhe dedico o trabalho, ao menos a parte que neste me toca, pois educar também é um admirável modo de vida.

PARTE I
Aluna e professora

[...] sou conhecida como a "grande mãe". Aquela que aceita o trabalho ruim, corrige, ajuda a melhorar até o trabalho ficar bom. Aquela que ouve aqueles seminários errados e chatérrimos, espera o aluno acabar, conversa com ele, até ele entender. Aquela que aceita um orientando ou uma orientanda com pouca formação e tem a paciência de formar alguém [...], e assim por diante. Não é uma figura materna, é uma figura política. É uma figura política, porque foi assim que decisivamente fui formada nos anos 1970, na luta contra o autoritarismo.

Uma escola pública de verdade: o Roosevelt da São Joaquim (1956-1959)[1]

Dias atrás, remexendo em minha "caixa de lembranças", dei com uma carta vinda de Catanduva, escrita em julho de 1958 por uma freira, irmã Maria Auxiliadora, que fora minha professora de francês e história no ginásio, no Colégio Nossa Senhora do Calvário, e a quem eu ajudava dando aulas de catecismo aos domingos pela manhã. Irmã Auxiliadora exprimia sua inquietação diante de duas cartas que eu lhe enviara (e das quais não tenho a menor recordação!) entre o final de março e o começo de abril. Dizia ela que pressentia meu afastamento da religião por influência "do seu professor de filosofia" e pelas leituras de livros comunistas indicados pela "sua professora de história". Lendo essa carta e diante da reviravolta que ela pressentira, pude avaliar o que significou em minha vida ter sido aluna no Roosevelt da rua São Joaquim... A mudança não foi apenas geográfica, do interior para a capital, mas, ao passar de uma escola religiosa privada para uma escola pública leiga, mudaram-se também minha cabeça e meu coração.

---

[1] Originalmente publicado em: CASARI, Regina Heloísa Romano (Org.). *As meninas do Roosevelt*. São Paulo: Nelpa, 2012, p. 75-78. A referência é ao colégio paulistano, hoje oficialmente Escola Estadual Presidente Roosevelt, situado à rua São Joaquim, 320, bairro da Liberdade. (N. do Org.)

Precário é o mínimo que se pode dizer do prédio do Roosevelt: um pátio de cimento desigual e esburacado que abrigava, na parte coberta, uma cantina, e, na parte descoberta, uma quadra de vôlei e basquete (certamente sem obedecer ao tamanho oficial), escadas com degraus bambos que rangiam a cada passo, salas de aula pequenas mobiliadas com pequenas carteiras, portas e janelas que não fechavam direito, uma biblioteca pequenina, uma diretoria minúscula e uma sala dos professores comprida, estreita e escura. Mas era nesse espaço despojado que o mundo acontecia, por obra de professores extraordinários, que nos faziam pensar, desejar conhecimento, buscar as alegrias da convivência igualitária, despertar para o universo das artes e da política.

Fazer o curso clássico no Roosevelt era aprender latim lendo Cícero, francês lendo Hugo, Racine e Molière, história lendo Caio Prado Jr. e Burns, português lendo os poetas modernistas, os clássicos portugueses, os românticos e os realistas brasileiros, inglês lendo Chaucer, Shakespeare e Walter Scott, espanhol lendo Cervantes e Antonio Machado, filosofia lendo Burnet, Bréhier, Platão e Freud. Leituras que nos levavam à Biblioteca Mário de Andrade, ponto de encontro e de debates sobre tudo o que se poderia imaginar no Brasil e no planeta, abrindo-nos para o mundo. Mas aprendíamos não apenas lendo, mas também, e sobretudo, ouvindo aulas exemplares que nos iniciavam nos meandros e nas sutilezas do pensamento e da linguagem. De minha parte, o deslumbramento por esses professores vinha de que me faziam descobrir o Brasil através de Caio Prado Jr., a literatura através de Carlos Drummond, e a filosofia como enigma de um pensamento que se pensa a si mesmo e uma linguagem que se diz a si mesma. Iniciação ao saber. Sim, era isso.

Vinda de uma escola privada religiosa, na qual a regra primeira (depois dos dez mandamentos, das virtudes teologais e do temor aos sete pecados capitais) era a hierarquia, não apenas a da estrutura conventual, mas sobretudo aquela forjada pela desigualdade socioeconômica entre as alunas, o Roosevelt foi a minha primeira e decisiva experiência igualitária, sem distinção de classe, raça e credo. Na relação com os professores, o respeito que tínhamos por quase todos (havia aqueles que julgávamos não merecer muito respeito porque suas aulas não eram lá essas coisas) e, em alguns casos, o temor que alguns nos inspiravam, não impediam a camaradagem, que nos levava até mesmo a organizar pequenos espetáculos em que eram imitados em suas manias, gostos e gestos. Entre as colegas, embora espontaneamente formássemos pequenos grupos nascidos de interesses e gostos comuns, para mim as diferenças apareciam muito mais como diferenças de comportamento: havia as festeiras, que tinham a capacidade (formidável, aos meus olhos) de flertar com os rapazes do científico e ter sempre um namorado; as reservadas, que aqui e ali nos brindavam com um sorriso benevolente; as intelectualizadas, que discutiam filmes, peças teatrais, romances e demais "coisas importantes"; as engraçadas, que tornavam cômicas a excessiva seriedade de alguns professores e as pretensões das intelectualizadas. Evidentemente, havia colegas que eram capazes de tudo isso, como era o caso da Heleny Ferreira. E, de vez em quando, eu ousava fazer essas diferenças aparecerem escrevendo um jornal mural que, aos poucos, se tornou o jornal de toda a classe, cada uma escrevendo sobre os mais variados assuntos. Comunicação entre os iguais. Sim, era isso.

É essa experiência que me faz não perdoar, nem por um minuto sequer, aqueles que destruíram a escola pública brasileira. Primeiro, a ditadura e, depois, a política neoliberal.

A filosofia como vocação para a liberdade[1]

Senhor Diretor, Senhores Pró-Reitores,
Estimados membros componentes desta Mesa,
Caros colegas, estudantes e funcionários,
Queridos amigos.

Em 1967, depois de defender uma dissertação de mestrado sobre Merleau-Ponty, fui contratada como professora do Departamento de

---

[1] Agradecimento à homenagem feita pela FFLCH-USP pelo título de doutora *honoris causa* concedido à autora pela Universidade de Paris 8 Vincennes-Saint-Denis, em 20 de junho de 2003; originalmente publicado em: *Estudos avançados*, São Paulo, v. 17, n. 49, p. 7-15, 2003. Trata-se de uma versão ampliada do discurso de agradecimento de Chaui quando da cerimônia na França, o qual apareceu, em francês, numa brochura da Universidade de Paris 8. De uma versão a outra, apenas o primeiro parágrafo do texto em francês deixou de ser aproveitado, e o damos a seguir: "Para uma mulher brasileira vinda de uma pequena cidade do interior do Brasil, esta jornada de 20 de junho de 2003 parece irreal. De fato, esses últimos dias eu me perguntava se alguma vez em minha infância e na minha primeira juventude eu poderia imaginar que faria um trabalho que um dia me levaria à França para receber uma homenagem tal, pois a França de minha infância e de minha primeira juventude não era um lugar distante segundo a medida empírica da geografia, mas marcado pela distância incomensurável que separa o real do imaginário, quer dizer, a distância entre a vida de todos os dias e a literatura. A França era os Dumas e Hugo...

Mas o curioso é que, apesar de a França ter se tornado muito real em minha vida, isso não faz menos irreal esta jornada de 20 de junho de 2003. Eu diria que na verdade é quase o contrário. De fato, se me sinto profundamente tocada é porque pertenço a um Departamento de Filosofia instituído [...]". (N. do Org.)

Filosofia e, em outubro daquele ano, fui enviada à França como bolsista para completar minha formação, sob a orientação de Victor Goldschmidt. Seguindo, portanto, a tradição de nosso Departamento, eu deveria finalizar meus estudos de pós-graduação numa universidade francesa e iniciar as pesquisas de meu doutorado sob a supervisão daquele que também fora orientador de vários de meus professores brasileiros.

Mas tinha uma pedra no meio do caminho. Não feriu minhas retinas cansadas, como acontecera ao poeta, mas levou-me a percorrer outras sendas. A pedra foi maio de 1968 e tudo o que o ano 1968 significou mundo afora, de Paris a Praga, de São Paulo a Berkeley, do Paralelo 27 ao Araguaia.

Para uma jovem brasileira, que deixara um país esmagado pela ditadura e no qual a esquerda apenas clandestinamente cochichava, pouco antes de ser dizimada pelo terror de Estado, a experiência de maio de 1968 permaneceria indelével, um marco no pensamento, na imaginação e na memória. Pertenço, pois, à geração que fez seu aprendizado político nos acontecimentos da Primavera de 1968, isto é, quando uma brecha se abriu e parecia possível a reinvenção do político.

Em outubro de 1968, como um dos efeitos de maio, abriram-se as portas de uma universidade nova, uma universidade crítica na qual se reuniam e debatiam as esquerdas do mundo inteiro, dos anarquistas aos comunistas, dos socialistas aos trotskistas, dos social-democratas aos maoístas. Nascia a Universidade de Vincennes. No dia primeiro de outubro, ouvimos a aula inaugural proferida por Herbert Marcuse. No início da tarde, Michel Foucault iniciou um curso que antecipava o que viria a ser a *Microfísica do poder*. No final da tarde, Deleuze deu início ao seu curso sobre Espinosa. Eu estava em Vincennes no dia em que suas portas se abriram com a promessa da reinvenção da universidade.

Podem todos imaginar minha emoção e, mais do que isso, que tenha ficado estupefata quando a Universidade de Paris 8 propôs e me concedeu o título de doutora *honoris causa* em filosofia. Como, em minha vida de estudante engajada, eu poderia imaginar que um dia voltaria a Vincennes para receber tão grande honra?

Mas não só isso. Se me sinto profundamente tocada pela honra que me fizeram é porque pertenço a um Departamento de Filoso-fia instituído por uma missão francesa de que faziam parte Martial Gueroult e Jean Maugüé, no qual fui aluna não somente de professores que foram alunos de Gueroult e de Maugüé, como o professor Lívio Teixeira, mas também de Gilles-Gaston Granger, Michel Debrun e Gérard Lebrun; e a um Departamento ao qual retornou um de seus primeiros professores, Claude Lefort, que seria para mim fonte constante de inspiração e de estímulo para meu trabalho. A honraria que recebi me torna grata aos meus professores franceses, mas também faz com que me sinta dividida entre a surpresa e a alegria de me ver colocada ao lado deles, como se eu tivesse realizado um trabalho acadêmico que me tornasse seu par.

Neste momento, não posso deixar de recordar os versos finais de Rilke nas *Elegias de Duíno*, quando escreve:

> E nós, com a felicidade,
> Que em nosso pensamento é uma *ascensão*,
> Teríamos uma emoção, vizinha do espanto, que nos agarra
> Quando uma coisa feliz *despenca* sobre nós.

★ ★ ★

Sei que nos dias que correm a filosofia é considerada uma profissão entre outras.

Com frequência, tenho me perguntado por que me dediquei à filosofia.

Algumas vezes, julgo que ela me chamava desde o final de minha infância, da qual tenho quatro recordações muito vívidas. A primeira delas é a de abrir um livro de minha mãe sobre filosofia da educação, em cujo primeiro capítulo – do qual o conteúdo esqueci inteiramente – descobri duas palavras de sentido não compreendido por mim, mas que ficaram em minha mente anos a fio: "Sócrates" e "maiêutica". Somente na adolescência, durante o ciclo colegial, quando o professor João Villalobos ministrou um curso de lógica, aprendi o que significavam essas palavras, que volta e meia eu pronunciava pelo prazer de seu som. A segunda lembrança é a de abrir um livro de meu pai sobre introdução à psicanálise e descobrir que havia algo chamado inconsciente e um fato espantoso chamado complexo de Édipo. Evidentemente, nada entendia sobre psicanálise, mas fiquei fascinada com o escândalo do que li. Lembro-me de haver tentado explicar o inconsciente e o complexo de Édipo a minhas amigas do colégio das freiras e de vê-las horrorizadas, dizendo-me que eu deveria ir imediatamente me confessar e comungar para me livrar do horrível pecado contido em tais pensamentos. Mas não me confessei. Estava encantada demais com a descoberta para renunciar a ela. A terceira lembrança situa-se por volta de meus 11 anos, quando li o primeiro romance. Era *Quo Vadis*. Li, reli, tresli, sabia de cor algumas passagens e particularmente o início, que me intrigara. De fato, logo nas primeiras linhas, é narrado que Petrônio estivera num festim no palácio de Nero e ali discutira com Lucano e Sêneca sobre a existência ou não da alma nas mulheres. E toda vez eu me questionava como era possível alguém fazer essa pergunta, pois era evidente que as mulheres possuem alma. Na época, eu não sabia que devia essa certeza ao cristianismo, mas também não sabia que a simples admissão de alma nas mulheres não lhes havia adiantado muito. A quarta lembrança está em ter aberto um outro livro da estante de meu pai, intitulado *Socialismo utópico e socialismo científico*. Agora algo decisivo me aparecia, mesmo que eu não tivesse compreendido quase nada do que lia. Aparecia-me com clareza que a luta pela justiça, pela igualdade e pela liberdade não era uma luta moral, nascida do espírito da caridade, mas uma ação política consciente determinada pela própria história. Era possível uma sociedade nova, justa e igualitária não simplesmente por causa de nossa indignação diante da injustiça e da desigualdade, mas porque era possível compreender suas causas e destruí-las.

Outras vezes, porém, penso que o entusiasmo pela filosofia nasceu das aulas de João Villalobos, que ministrou a uma classe de adolescentes de 16 anos um curso de lógica, em cuja primeira aula, sem qualquer aviso prévio, expôs o conflito entre Parmênides e Heráclito e, na segunda, a diferença entre a argumentação de Zenão e a de Górgias. Fiquei boquiaberta (e deslumbrada) com o fato de que o pensamento era capaz de pensar sobre si mesmo, que a linguagem podia falar de si mesma, que perceber e conhecer poderiam não ser o mesmo. O mundo se tornava, ao mesmo tempo, estranho, paradoxal e espantoso, e a descoberta da racionalidade como problema parecia abrir um universo ilimitado no espaço e no tempo.

Outras vezes, porém, penso que fui para a filosofia quando, no final da adolescência, não podia tolerar a cultura da culpa em que fomos criados e sentia que era preciso encontrar uma outra ética em que a liberdade e a felicidade pudessem identificar-se – essa procura iria conduzir-me a Espinosa.

Talvez por causa dessas lembranças não posso considerar a filosofia uma profissão entre outras. Penso que quem busca a filosofia como forma de expressão de seu pensamento, de seus sentimentos, de seus desejos e de suas ações decidiu-se por um modo de vida, um certo modo de interrogação e uma certa relação com a verdade, a liberdade, a justiça e a felicidade. É uma decisão existencial, como nos aparece com tanta clareza nas primeiras linhas do *Tratado da emenda do intelecto*, de Espinosa. Essa decisão intelectual, penso, não é possível a menos que aceitemos aquilo que Merleau-Ponty chamou de "nossa vida meditante" em busca de uma razão alargada, capaz de acolher o que a excede, o que está abaixo e acima dela própria. Essa decisão, penso também, não é possível se não admitirmos com Espinosa que pensar é a virtude própria da alma, sua excelência.

O desejo de viver uma existência filosófica significa admitir que as questões são interiores à nossa vida e à nossa história e que elas tecem nosso pensamento e nossa ação. Significa também uma relação com o outro na forma do diálogo e, portanto, como encontro generoso, mas também como combate sem trégua. Encontro generoso porque, como nos diz Merleau-Ponty, no diálogo somos libertados de nós mesmos, descobrimos nossas palavras e nossas ideias graças à palavra e ao pensamento de outrem que não nos ameaça e sim nos leva para longe de nós mesmos para que possamos retornar a nós mesmos. Mas também combate sem trégua, porque, como explica Espinosa, embora nada seja mais alegre e potente do que a amizade e a concórdia, os seres humanos são mutáveis, somos passionais e naturalmente inimigos, excitamos discórdias e sedições sob a aparência de justiça e de equidade. Por isso, diz ele, precisamos evitar os favores que nos escravizarão a um outro, e somente os que são livres podem ser gratos uns aos outros, experimentando em sua companhia o aumento de sua força de alma, isto é, a generosidade e a liberdade.

Por pensar a filosofia como um modo de vida tecido no diálogo generoso e no combate, o combate político-filosófico me pareceu exigido num país mergulhado no terror do Estado. De fato, voltei ao Brasil em 1969, no momento em que, sob o AI-5, as lutas revolucionárias estavam vencidas e a ditadura e o terror de Estado passavam à sua fase mais aguda e sombria. A Faculdade de Filosofia da rua Maria Antônia fora destruída pelo incêndio e pelas bombas do Comando de Caça aos Comunistas e fôramos jogados em barracões no *campus* universitário. Vivíamos no medo permanente, nunca sabendo se estaríamos vivos no dia seguinte, se nossos amigos e estudantes teriam desaparecido, sido presos, torturados, mortos ou exilados. Nossos professores haviam sido cassados e éramos vigiados e censurados dentro e fora da universidade. Precisávamos praticar a filosofia como crítica do instituído, mas fazê-lo tomando como símbolo a divisa de Espinosa: "Cautela!". Foi sob o signo da crítica da ditadura, do autoritarismo e da ideologia da segurança nacional que, durante os anos 1970, escrevi meu doutorado e minha livre-docência sobre Espinosa, encontrando em sua obra um pensamento que interroga seu contrário, que vai até o fundo mais profundo da origem do medo e de seus efeitos: a superstição, a tirania e a servidão, cujas contradições exigem o trabalho da interrogação que se abre para a verdade e para a liberdade porque nasce do desejo de verdade e de liberdade.

A filosofia como diálogo e combate foi algo cujo sentido também aprendi no correr daqueles anos com Claude Lefort, descobrindo com ele o sentido do político como lógica do poder e não como pura relação de força, e o sentido da democracia como conflito legítimo, como indeterminação e criação temporal, isto é, como invenção histórica e criação de direitos, e como recusa do poder incorporado, isto é, da identidade entre o saber, a lei e o poder.

Data também desses anos meus primeiros esforços para compreender as lutas operárias. Sob a inspiração do historiador Michael Hall, aprendi a buscar na história do movimento operário, em suas lutas e suas formas de consciência, em sua autoformação e autonomia, o lugar de onde o novo poderia efetivamente surgir. Sob o signo da história, pude compreender que o autoritarismo estrutura a sociedade brasileira, na qual vigora a violência sob formas invisíveis e impalpáveis, indo do machismo ao racismo, do preconceito de classe aos preconceitos sexuais, naturalizando exclusões e desigualdades e escondendo sob a indivisão imaginária do verde-amarelismo as divisões sociais e as injustiças. Sob o signo da história e sob o signo da filosofia, compreendi que pode haver uma relação hipócrita entre a filosofia e a política quando a primeira julga possuir as chaves da segunda e quando a segunda julga poder definir os princípios da primeira. Se participei com entusiasmo da fundação e constituição do Partido dos Trabalhadores foi justamente por ter presente, de um lado, a necessidade da crítica contínua à relação hipócrita entre filosofia e política e, de outro, por considerá-lo, à luz de meu aprendizado histórico e filosófico sobre o sentido da política, uma criação histórica que foi o momento mais claro da invenção democrática no Brasil, na medida em que sua existência significou a recusa do autoritarismo social e político, que sempre forçou as classes populares a um papel subalterno.

A decisão filosófica guiou-me também, desde os anos 1970, na luta contra a destruição da universidade pública e laica, destruição esta realizada sob várias formas pelo Estado brasileiro, sob os efeitos da sociedade administrada. O primeiro momento da destruição, ainda sob a ditadura, deu-se com a imposição da "universidade funcional", oferecida às classes médias para compensá-las pelo apoio ao regime, dando-lhes a esperança de rápida ascensão social por meio dos diplomas universitários. Foi a universidade da massificação e do adestramento rápido de quadros para o mercado das empresas privadas instaladas com o "milagre econômico". A partir dos anos 1990, sob os efeitos do neoliberalismo, deu-se a nova fase destrutiva com a implantação da "universidade operacional", isto é, o desaparecimento da universidade como instituição social destinada à formação e à pesquisa, surgindo em seu lugar uma organização social duplamente privatizada: de um lado, porque a serviço das empresas privadas e guiada pela lógica do mercado; de outro, porque seu modelo é a empresa privada, levando-a a uma existência puramente endógena, voltada para si mesma como aparelho burocrático de gestão, fragmentada internamente e fragmentando a docência e a pesquisa. Essa universidade introduziu a ideia fantasmagórica de "produtividade acadêmica", avaliada segundo critérios quantitativos e de acordo com as necessidades do mercado. Essa imagem da produção universitária tem sido uma das causas de sua degradação interna e de sua desmoralização externa, pois é uma universidade que despreza o pensamento e o ensino.

Nessa luta contra a degradação e a desmoralização da universidade, uma ideia da docência tem sido inspiradora para mim. Ela me foi dada por meu mestre Bento Prado. Com ele, descobri que o ensino é formador quando não é transmissão de um saber do qual nós seríamos senhores, nem é uma relação entre aquele que sabe e aquele que não sabe, mas uma relação assimétrica entre aquele cuja tarefa é manter vazio o lugar do saber e aquele cujo desejo é o de buscar esse lugar. Com Bento Prado aprendi o sentido de uma existência filosófica docente formadora, pois com ele aprendi que há ensino filosófico quando o professor não se interpõe entre o estudante e o saber e quando o estudante se torna capaz de uma busca tal que, ao seu término, ele também queira que o lugar do saber permaneça vazio. Há ensino filosófico quando o estudante também se torna professor, porque o professor não é senão o signo de uma busca infinita, aberta a todos. Em outras palavras, com mestre Bento Prado descobri o sentido da liberdade que preside ensinar e aprender.

Há pouco, disse que o desejo de viver uma vida filosófica significa admitir que as questões são interiores à nossa vida e à nossa história. É preciso, agora, acrescentar que as questões são apenas índices ou signos da indeterminação essencial de nossa experiência e que acedemos a uma vida filosófica quando essa indeterminação, por mais apavorante que seja, nos fascina e nos arranca de nós mesmos. Assim, quando falo em vida filosófica, penso nas palavras extraordinárias escritas por Merleau-Ponty no dia em que foi recebido no Collège de France, que me permito reproduzir aqui, citando o *Elogio da filosofia*:

> A filosofia e o ser absoluto não estão acima dos erros rivais que se opõem no século; esses erros não são erros da mesma maneira, e a filosofia, que é a verdade integral, tem a tarefa de dizer o que pode integrar de cada um deles [...]. O absoluto filosófico não tem sede em parte alguma, nunca está alhures, mas é para ser defendido em cada acontecimento [...]. Ao final de uma reflexão que, de início, o afasta, mas para melhor fazê-lo experimentar os laços de verdade que o prendem ao mundo e à história, o filósofo encontra não o abismo do si ou do saber absoluto, mas a imagem renovada do mundo e dele próprio plantado nela, no meio dos outros [...]. O filósofo é o homem que desperta e fala, e o homem contém silenciosamente os paradoxos da filosofia, porque para ser inteiramente homem, é preciso ser um pouco e pouco menos homem.

★ ★ ★

Resta, porém, explicar por que aceitei a honraria francesa e as generosas homenagens de meus colegas, amigos, estudantes e funcionários brasileiros.

Um leitor dos primeiros parágrafos do *Tratado da emenda do intelecto* há de se surpreender que eu as aceitasse, pois Espinosa afirma que nós nos perdemos de nós próprios e dos outros quando consideramos um bem supremo, entre outras coisas, as honras. Todavia, o leitor paciente há de esperar alguns parágrafos seguintes, quando o filósofo também afirma que as honras são boas quando as desejamos com moderação. A honra é uma paixão alegre, que fortalece nossa potência de existir, pensar e agir.

No entanto, sou eu, agora, que me pergunto por que aceitei essa honra.

Para essa indagação, possuo duas respostas, uma delas psicológica ou biográfica, e a outra, política.

Conta minha mãe que, em 1946, visitou nossa pequena cidade interiorana um pianista polonês que deu um concerto. Depois de tocar esplendorosamente por mais de uma hora, o pianista levantou-se e indagou se havia na plateia quem tocasse piano, e convidava os pianistas locais a tocar algumas peças. Embora houvesse no público três professoras de piano e algumas alunas adolescentes, ninguém se apresentou. Para surpresa e pavor de minha mãe, eu, com 5 anos de idade e recém-iniciada no piano, levantei-me, fui ao palco e toquei "Danúbio azul", numa versão simplificada. O que minha mãe, a plateia e o pianista jamais souberam foi o motivo de eu ter ido executar infantilmente o "Danúbio azul". Longe de ser a pretensão de alguém que se julgava pianista, dirigi-me ao palco porque não pude suportar que o pianista polonês convidasse alguém para reunir-se a ele naquilo que amava fazer e que ninguém se juntasse a ele, deixando-o solitário no palco. Foi o sentimento de sua enorme solidão que me levou ao piano.

Se narro esse episódio é porque, e aqui vem minha resposta política, num mundo acadêmico hegemonicamente masculino, considero intolerável a solidão das mulheres e, por isso, ao ser chamada ao palco da honra, nele subi para que nele também estejam as mulheres.

Num ensaio belíssimo chamado *O silêncio das romanas*, o helenista e romanista Moses Finley nos lembra que as mulheres de Roma não possuíam nome próprio, pois seus nomes eram apenas os de suas famílias escritos no feminino. Dessas mulheres, escreve Finley, não possuímos nada, nem sequer uma carta, um poema. Possuímos apenas as inscrições em suas lápides, nas quais pais, maridos e filhos dizem que foram filhas, esposas e mães extremosas e amadas. Penso que a homenagem que hoje me é feita faz parte do reconhecimento do nome próprio das mulheres, e que, ao aceitá-la, contribuo para diminuir nossa solidão.

Num comovente ensaio, *Um teto todo seu*, um ciclo de conferências dedicado à relação entre as mulheres e a literatura, Virginia Woolf propõe uma ficção. Imaginemos, diz ela, que Shakespeare tivesse tido uma irmã e que ela, como ele, fosse extremamente inteligente, sensível, bem-dotada para as humanidades, talentosa para a poesia e para a dramaturgia. Enquanto ele recebia uma educação propícia a desenvolver seu talento, ela era treinada nos afazeres domésticos e na preparação para o casamento. Quando ele partiu para Londres, ela deveria partir com um marido. Inconformada, fugiu também para Londres. Ali, porém, não conseguiu publicar seus poemas nem encenar suas peças, não tinha abrigo, comida nem agasalho para os dias de frio. Numa noite de inverno, encolhida e na mais profunda solidão, ainda jovem, morreu na neve, ignorada por todos e de todos desconhecida. E escreve Virginia:

> A irmã de Shakespeare, da qual ninguém fala, vive ainda. Ela vive em vós e em mim e em inúmeras outras mulheres que não estão presentes aqui esta noite porque estão lavando os pratos ou ninando seus filhos. Mas ela vive, pois os grandes poetas não morrem jamais, são presenças eternas; apenas esperam a ocasião para aparecer entre nós em carne e osso. Hoje, creio, está em vós o poder de dar essa ocasião à irmã de Shakespeare. Eis minha convicção: [...] se tivermos 150 libras de renda e um teto só para nós, se adquirirmos o hábito, a liberdade e a coragem de escrever exatamente o que pensamos, se conseguirmos sair da sala de estar e ver os humanos não apenas em suas relações uns com os outros, mas também com a realidade [...], então se apresentará a ocasião para que a irmã morta de Shakespeare tome a forma humana a que teve tantas vezes de renunciar. [...] Mas não há que esperar sua vinda sem esforço, sem preparação de nossa parte, sem que estejamos resolvidas a lhe oferecer um novo nascimento, a possibilidade de viver e de escrever. Mas eu vos asseguro que ela virá se trabalharmos por ela, e trabalhar assim é coisa que vale a pena.

A honra e a homenagem que hoje tão generosamente me são feitas são o reconhecimento de que é possível tirar as mulheres da solidão para vê-las dar vida à irmã de Shakespeare.

Muito obrigada.

Saudação ao mestre[1]

Quando foi decidido que Bento receberia o título de professor emérito, eu declarei ser meu direito, meu privilégio, saudá-lo, pois fui aluna de sua primeira turma como professor universitário e sua primeira orientanda, quando criada a pós-graduação em filosofia em 1966. A ele devo minha condição de professora em nosso Departamento. Julguei que seria tarefa não só honrosa, mas também de fácil cumprimento. Que poderia ser mais fácil do que falar bem deste que é a unanimidade filosófica nacional? Ledo engano. Há mais de um mês vim tentando escrever esta saudação, e o papel em branco, que dizem tudo aceitar, não tinha o que receber. Não por falta, e sim por superabundância.

O que diria? Recolhi os fios da memória e descobri que havia tanto a dizer, que não sabia por onde começar. Começaria falando do jovem professor cujas aulas, cada uma delas construída como uma pequena obra de arte, contêm tesouros de ensinamento e de erudição que os anos não envelhecem e sim rejuvenescem a cada nova leitura, manancial precioso a ser incessantemente descoberto e redescoberto? (Tenho guardadas notas de aulas cuja leitura é sempre nova porque há sempre alguma coisa que antes não fora percebida; essas aulas são um

---

[1] Discurso de saudação proferido na cerimônia de outorga do título de professor emérito da FFLCH-USP a Bento Prado Jr., em 19 de novembro de 1998; originalmente publicado em: *Cerimônia de outorga do título de professor emérito: Prof. Dr. Bento Prado de Almeida Ferraz Jr.* São Paulo: SDI/FFLCH/USP, 2002, p. 9-12. (N. do Org.)

aprendizado sem fim, e a publicação de uma delas pela revista *Dissenso*, dos estudantes de nosso Departamento, é a evidência empírica do que digo aqui.) Ou, como sua primeira orientanda, começaria por seu estilo como orientador? (Tenho guardado o plano que Bento fez para minha tese de mestrado e que, um dia, ainda espero poder cumprir à altura do que foi proposto.) Isto é, por que não começar falando dessa maneira generosa e atenta de sugerir caminhos, oferecer pistas, corrigir equívocos sem jamais invadir o pensamento do orientando, discutir seu ponto de vista sem jamais impô-lo, porque sempre pronto a aprender com seu aprendiz, essa maneira de ser exemplar sem jamais transformar o orientando em repetidor ou imitador, essa grandeza de defender o outro quando ameaçado injustamente? Ou começaria narrando o que se passou entre nós, os alunos de pós-graduação, ao vê-lo realizar a inacreditável façanha, sobretudo naqueles anos 1960, de ser livre-docente aos 28 anos de idade? Ou deveria iniciar pela ágora, pelas conversas noite adentro na pauliceia desvairada, sendo então mais fiel ao seu espírito, pois Bento define a filosofia como uma maneira de conversar? Por que não começar falando dessas conversas em que o pensamento de Bento vai explorando terrenos batidos para fazer surgir o inesperado? Esse peculiar estilo dialético em que o pensador vai propondo teses para logo destrui-las e recompô-las num novo registro de significação cuja amplitude, até então ignorada, surge lentamente à nossa volta e captura nossos ouvidos distraídos numa atenção permanente. Ou por que não começar falando a partir dos relatos que me foram feitos de sua atuação em 1968 e lembrar as divertidas descrições do Departamento de Filosofia que se faziam, naquela época, quando os professores se dividiam em dois gêneros zoológicos, os "pescoço mole" e os "pescoço duro"? Ou, ao contrário, por que não começar pelo presente, falando de seu papel decisivo para, com exercício verdadeiro da razão, manter a Associação Nacional de Pós-Graduação em Filosofia, retirando-a do pântano de subjetividades ensandecidas?

Como escrever? Perguntei-me todos esses dias. Poderia traçar o perfil enigmático de alguém cuja seriedade nasce de sua capacidade para rir dos outros porque sabe rir de si mesmo e cuja inesgotável tolerância para com os outros é consequência de sua intransigência moral? Pois só a retidão de caráter e de princípios se manifesta numa tolerância que não transige no essencial. Ou deveria escrever para salientar que suas tiradas, misto de *pensées* e de haicais, se são um arabesco, como ele mesmo gosta de dizer, são, de fato e mais profundamente, o traço marcante do estilo aforismático do filósofo que espreita a *hybris* em si mesmo e nos demais? Mas por que não escrever para assinalar esse acontecimento extraordinário que é a segurança e a tranquilidade que nos dá sua presença toda vez que uma crise se põe em movimento? Pois sabemos que onde Bento estiver também estará a prudência, pois, como dissera Aristóteles, não é possível ser prudente sem ser filósofo. Em Bento encontramos a prudência no seu sentido mais nobre e elevado, isto é, aquela moderação que se manifesta na sua maneira sobranceira de deixar agir sua fortaleza d'alma que obriga a crise a explicitar-se para que, conhecido o seu sentido, mostre-se como sintoma de algo que precisa ser agarrado pela raiz para não mais se repetir. No entanto, por que não começar examinando e pontuando o sentido de sua recusa permanente de considerar a filosofia uma profissão, pois a profissão é a de professor, e não a de filósofo, e desdobrar as consequências dessa decisão fundamental que transparece em filigrana em seus escritos e em suas falas?

Assim, na tentativa de domesticar minhas lembranças e de cercar minha própria fala, tornou-se óbvio que cada aspecto lembrado ou percebido definia, por si mesmo, um largo espectro de cores e matizes, e que cada fio puxado tecia, por si mesmo, uma tapeçaria. Diante dessa profusão, temi que, muito à minha moda, em vez de saudação, escrevesse um tratado. Aos poucos, porém, me dei conta de que essa profusão não é um obstáculo, mas exprime as duas qualidades que, hoje, desejamos saudar: a do grande professor e a do filósofo.

Merleau-Ponty escreveu que o bom professor é aquele que não diz "faça como eu", e sim "faça comigo", que não ensina a nadar com movimentos abstratos feitos na areia, mas que se lança n'água com o aluno para que este aprenda a nadar no contato com o movimento das águas que o acolhem e o repelem, para que aprenda com elas a mover-se nelas. O grande professor é aquele que não se interpõe entre o estudante e o saber, mas se faz instrumento e caminho para que o aprendiz aprenda sozinho e por si mesmo no contato com o pensamento se fazendo. Como aluna de Bento Prado sei que falo por todos os seus estudantes ao saudar, hoje, o bom professor, que nos ensina a alegria e o risco de uma liberdade conquistada à medida que se efetua como prazer de pensar.

Merleau-Ponty também disse um dia que o filósofo é aquele que é testemunha de sua própria desordem interior, aquele que fala não porque tem algo a ensinar – o filósofo não é um pregador –, e sim para poder aprender à medida que vai falando, acalmando a agitação de suas ideias quando as transfigura no corpo sutil das palavras. Ao fazê-lo, realiza o trabalho da obra, trabalho que prosseguirá nos seus pósteros porque existe obra quando a escrita tem o poder de suscitar não apenas leituras, mas outras escritas, que devem à primeira o que esta lhes deu a pensar e a dizer. Como leitora e ouvinte de Bento Prado, sei que falo por seus leitores e ouvintes ao saudá-lo hoje por transformar sua desordem interior em obra.

À saudação ao mestre – professor e filósofo – quero acrescentar a que fazemos, todos nós, ao amigo de todas as horas. Numa das mais belas passagens da *Ética a Nicômaco*, Aristóteles fala da amizade como imitação do divino. Finitos e carentes, cada um de nós é habitado pela falta, pela presença da morte, pela dependência, mas também, e por isso mesmo, pelo desejo de plenitude e de autarcia próprias do deus. É a amizade que nos aproxima do divino: o bem querer entre os amigos, partilhar e compartilhar com eles nossa vida, o desejar a cada um o que se deseja a si mesmo, a ajuda recíproca e desinteressada confere a cada um e à unidade por eles formada a mais perfeita figura humana da autarcia, da liberdade e da felicidade que pareceriam reservadas apenas ao divino. Se, como diz La Boétie, a amizade é coisa santa, é porque nela nos reconhecemos livres e iguais no bem querer e no bem fazer. Salve, pois, amigo Bento Prado.

Trajetória na filosofia[1]

Encontro com a filosofia

Eu me encontrei com ela muito cedo. Quando tinha 12 anos, li um livro de minha mãe sobre filosofia da educação e fiquei deslumbrada com um sujeito chamado Sócrates. Acho que não entendi quase nada do livro, mas a figura de Sócrates ficou gravada em minha memória por causa de uma coisa fantástica chamada maiêutica!

No meu tempo havia, após os quatro anos de ginásio (no qual se aprendia latim, inglês e francês), o chamado colegial (dividido em clássico e científico), que durava três anos e nos preparava para a universidade. Durante os três anos de colegial clássico (no qual se aprendia latim, grego, espanhol, inglês e francês) tive aulas de filosofia, que era uma disciplina obrigatória – eram cinco aulas semanais; isto é, com exceção do sábado, havia filosofia todos os dias.

Para se ter uma ideia de como era o ensino, lembro que líamos Caio Prado Júnior nas aulas de história do Brasil; César, Cícero e Virgílio

---

[1] Os depoimentos deste texto foram extraídos da apresentação de Marilena elaborada por Marcelo de Carvalho e Marli dos Santos para o dossiê "O ensino de filosofia no Brasil: três gerações", publicado em: CORNELLI, Gabriele; CARVALHO, Marcelo; DANELON, Márcio (Coord.). *Filosofia: ensino médio*. Brasília: Ministério da Educação, Secretaria de Educação Básica, 2010, p. 13-44. O título é nosso. (N. do Org.)

nas aulas de latim; trechos de Homero, Sófocles e Platão nas aulas de grego; Racine, Corneille e Molière nas aulas de francês; Shakespeare e Milton nas aulas de inglês; Cervantes e Machado nas de espanhol; todos os poetas e novelistas românticos, simbolistas e modernistas nas de literatura portuguesa e brasileira.

A primeira aula teve início com o professor dizendo o seguinte: "Palamedes da Escola Eleata, Zenão de Eleia...". Era uma classe de jovens com 15 anos de idade, que nunca tinham ouvido falar de filosofia, muito menos de Zenão de Eleia, e menos ainda de quem poderia ser um tal de Palamedes! O curso era de lógica, as primeiras aulas foram sobre Parmênides, Zenão, Heráclito e Górgias, e o efeito sobre mim foi fulminante: descobri que era possível o pensamento pensar sobre o pensamento, a linguagem falar sobre a linguagem, e que havia uma grande distância entre perceber e conhecer.

Tive um professor extraordinário, João Eduardo Villalobos, pessoa muito culta, irônica e cortante, que não fazia qualquer concessão à nossa ignorância, mas nos tratava como capazes de entender as aulas, pesquisar na Biblioteca Municipal, escrever razoavelmente. No meu caso, Villalobos era, ao mesmo tempo, a iniciação ao pensamento e o desafio de tomar conhecimento de um universo até então desconhecido e sem fim. Muitas vezes, foram suas tiradas sobre algum fato corriqueiro do cotidiano que me fizeram olhar as coisas e as pessoas de uma maneira nova, problemática, instigante. Fui fazer filosofia na universidade por causa dele, sem dúvida. Mas também por causa de alguns outros professores.

Vocação

Sempre me vi como professora e, na época em que fiz a faculdade, éramos preparados para o ensino, pois além do bacharelado, a licenciatura fazia parte de nosso currículo, visto que a filosofia era disciplina obrigatória no que hoje se chama ensino médio. Quase ninguém imaginava dar aula em universidades (isso era para muito poucos), mas todos se destinavam espontaneamente para o ensino médio.

Dei aula no Colégio Estadual Professor Alberto Levy, portanto, numa escola pública e, diga-se de passagem, das melhores. Foi uma experiência muito gratificante, pois o ensino médio (isto é, o curso colegial) não tinha passado pelas sucessivas reformas que iriam desfigurá-lo, e mantinha a formação que eu havia conhecido no Colégio Estadual Presidente Roosevelt, com ótimos alunos, muito diálogo entre os professores, todos exigentes quanto à qualidade do ensino e ao desempenho dos estudantes, e boa infraestrutura de trabalho, particularmente a biblioteca. Havia ciclos de debates e palestras sobre assuntos variados da cultura contemporânea com os professores da casa e com convidados especiais. No início de cada semestre, os professores se reuniam por afinidade de suas matérias e propunham trabalhar juntos determinados assuntos, mas ninguém usava o jargão da interdisciplinaridade; era óbvio para muitos que suas matérias e temas se entrecruzavam e que valia a pena um trabalho conjunto. Os alunos eram receptivos e interessados, e vários deles foram fazer filosofia na universidade, segundo eles, estimulados pelas aulas.

O professor preparava suas aulas com o material pesquisado na Biblioteca Municipal, e os alunos, por sua vez, como eram pouquíssimos os livros de filosofia em português (talvez uns dez ou quinze títulos), consultavam livros em inglês, francês e espanhol (pois estudavam essas línguas no colegial). Penso que o mesmo se dava com as outras disciplinas, embora algumas, como as de ciências e as de línguas, contassem com livros didáticos, isto é, destinados especificamente ao programa de cada ano escolar.

A última coisa em que alguém pensaria seria em livros com ilustrações, pouco texto e quase nenhuma formação! Também nunca passaria pela cabeça de ninguém, em qualquer uma das disciplinas, dar provas na forma de testes de múltipla escolha. E um professor se sentiria ofendido se recebesse um livro denominado "livro (ou exemplar) do professor", ensinando-o a dar aulas, fazer provas e corrigir trabalhos!

No tempo da ditadura

Politicamente, a ditadura estava implantada, porém ainda não haviam chegado os anos de chumbo do AI-5 e a educação ainda não era alvo da Segurança Nacional nem estava encarregada de formar quadros para o "Brasil grande" de Delfim Netto e Golbery do Couto e Silva. As perseguições haviam sido limitadas às universidades e, nestas, a professores individualmente visados por suas ligações com o Partido Comunista ou com os grupos que haviam apoiado o desenvolvimentismo de Juscelino Kubitschek ou as Reformas de Base, propostas por João Goulart. Ou seja, o ataque ainda não visava (como aconteceria a partir de 1969) à instituição universitária nem às instituições do ensino médio, mas a indivíduos.

Do ponto de vista social e econômico, a classe média ainda estava longe da indústria do vestibular, da competição desvairada e do sucesso a qualquer preço, de maneira que, na escola pública, havia uma atmosfera de camaradagem e cooperação tanto entre os alunos como entre os professores.

Penso que é preciso inserir a filosofia no mesmo contexto em que se encontraram as demais disciplinas de humanidades – história, geografia, línguas e literatura brasileira e estrangeira. Filosofia, história e geografia foram, de início, submetidas à ideia de educação moral e cívica; em seguida, suprimido o ensino de filosofia, surgiu a disciplina estudos sociais, reunindo história e geografia; e a disciplina comunicação e expressão substituiu o ensino das línguas, além de suprimir o ensino de latim, grego, francês e espanhol.

O primeiro momento da reforma do ensino médio foi feito sob a égide do "Brasil grande", da Segurança Nacional e das recomendações do Departamento de Estado norte-americano (o chamado acordo MEC-USAID) com ênfase nos conhecimentos técnico-científicos e desinteresse pelas humanidades, pouco significativas para o "milagre brasileiro". O ensino médio passou a ser visto de maneira puramente instrumental (e não mais como período formador), isto é, como etapa preparatória para a universidade, e esta, como garantia de ascensão social para uma classe média que, desprovida de poder econômico e político, dava sustentação ideológica à ditadura e precisava ser recompensada. Tem início o ensino de massa. A chegada de grande contingente de jovens aos vestibulares levou à instituição do vestibular organizado fora das próprias universidades, às provas sob a forma de testes de múltipla escolha e ao surgimento da indústria do vestibular.

A culminância de um trabalho acadêmico[1]

RV: A senhora recebeu, no último dia 22 de junho, o título de doutora *honoris causa* da Universidade de Paris 8. O que é para Marilena Chaui o título *honoris causa* como também a própria Universidade de Paris 8?

MC: Olha, o título foi uma surpresa. É claro que ele é uma honra, ele significa a culminância de um trabalho acadêmico. Eu me senti honrada, emocionada e muito contente. Eu não pensei que tivesse uma obra e uma atividade acadêmica e política que levasse a um título como esse. O fato de ser Paris 8 foi ainda mais significante para mim, porque, como vocês sabem, a Universidade de Paris 8 é a antiga Faculdade de Vincennes, que foi criada em 1968 no bojo do grande movimento político de Maio de 68. E eu estava em Vincennes no dia em que as portas se abriram. Então, houve uma conferência do Marcuse, e depois nós tivemos uma aula sobre Espinosa com Deleuze e uma aula sobre aquilo que viria ser *Vigiar e punir*, com Foucault. Então, você pode imaginar, para uma jovem brasileira que está tendo sua primeira grande experiência política, o que foi, num único dia, ter como

---

[1] Entrevista realizada por Rodolfo Vianna, originalmente publicada com o título "Entrevista Profa. Dra. Marilena Chaui" em: *Informe (Informativo da Faculdade de Filosofia, Letras e Ciências Humanas-USP)*, São Paulo, edição especial, n. 2004, v. II, p. 32-40, 2006. (N. do Org.)

professores Herbert Marcuse, Gilles Deleuze e Michel Foucault. Ora, receber um título dessa universidade é muito significativo, na medida em que é de uma universidade na qual eu efetivamente realizei minhas primeiras pesquisas sobre Espinosa, tive meus primeiros contatos com a discussão filosófica dentro da política e se abriu a possibilidade de uma universidade inteiramente nova. É isso Paris 8.

RV: Sobre a filosofia em geral, qual era a visão da estudante Marilena e da atual doutora? Imagino que se hoje há uma espécie de incompreensão sobre a escolha de estudantes pela filosofia por parte da sociedade e da família, imagino para a senhora, que ingressou em 1959... Houve, ainda, algum agravante por ser mulher?

MC: Bom, primeiro: contrariamente do que você pensa, era mais fácil escolher antes do que hoje. Porque no ensino fundamental, primeiro e segundo graus, nós recebíamos uma formação muito esmerada. A escola pública era esmerada cultural e pedagogicamente. Eu tive no ginásio latim, francês e inglês e, no colegial, a isso se acrescentou espanhol, grego e italiano. Tive aulas de filosofia a partir do chamado "primeiro clássico"; portanto, aos 16 anos, eu tive um curso de filosofia. Durante três anos, quatro vezes por semana tive aulas de filosofia. Recebíamos uma formação que facilitava a escolha. As minhas dúvidas eram, no interior das humanidades, se eu faria letras, história ou filosofia. A minha decisão por filosofia foi porque achei que pelo tipo de questionamentos que eu tinha, questionamentos existenciais, talvez a filosofia pudesse responder mais.

Do ponto de vista do gênero, o fato de ser mulher não atrapalhou em nada. Isso não quer dizer, entretanto, que o velho Departamento de Filosofia não fosse machista. Eu vou lhe dar três pequenos exemplos, um deles, eu como estudante, e dois, eu já como professora. Quando era aluna, as classes eram pequenas (oito, dez alunos). Eu estava no primeiro ano quando cursei a disciplina de lógica e filosofia das ciências, que era ministrada pelo professor José Arthur Giannotti. No primeiro dia de aula, ele entrou e viu que era uma classe em que havia oito mulheres e um rapaz. Ele entrou, sentou, olhou para nós e disse: "Mas o que as violetinhas estão fazendo aqui? Marido é no curso de letras". Foi assim que fomos recebidas. O fato de termos feito vestibular, sido aprovadas, fazermos o curso não significava que, do ponto de vista de vários professores, e até mesmo de colegas, não fôssemos quase uma anomalia. Bom, depois, eu me tornei professora do Departamento, e na ocasião eu estava grávida da minha segunda filha. Houve a festa de aposentadoria do professor João Cruz Costa. E o professor Cruz Costa veio até mim, bateu na minha barriga e disse: "Dona Chaui, a senhora é tão bonita, mas com essa barriguinha a senhora acha que dá pra ser professora de filosofia?". E a terceira experiência foi novamente com o professor José Arthur Giannotti. Nessa mesma ocasião, ele me disse: "Você pretende ser uma intelectual?". Na época, a palavra "intelectual" quase não era usada, eu não fazia ideia do que era ser uma intelectual. Eu fiquei meio desenxabida, e disse que achava que sim. "Então você precisa parar de parir filho."

RV: E a senhora encontra hoje o professor Giannotti pelos corredores da Faculdade...

MC: Sem nenhum problema, sem nenhum problema. Então, ser mulher era uma condição muito complicada. Nas ciências sociais era muito complicado, na história era muito complicado. Nas chamadas ciências duras (as ciências naturais e as exatas) era muito complicado. Mas eu tive o privilégio de pertencer à geração de 1968 e, portanto, pertenço à época em que na Europa e nos Estados Unidos travavam-se as lutas pelos direitos civis, pelos direitos da mulher, espalhando-se por todo o mundo. E, na América Latina, foi a época das lutas pela sociedade democrática e socialista. O fato de eu ter participado de um período muito libertário fez com que dificuldades que mulheres anteriores à minha geração tinham experimentado, no nosso caso, diminuíssem bastante. Eu não vou dizer para você que elas desapareceram, mas elas diminuíram bastante.

RV: E dentro da própria família, da sociedade em geral, como foi vista a escolha pela filosofia, uma vez que as ciências humanas eram, e ainda são, vistas como "perfumaria"?

MC: Não houve nenhum problema. Em primeiro lugar, a visão que se tinha das humanidades tinha mudado radicalmente, pois já havia nas letras a produção do Antonio Candido; nas ciências sociais, a do Florestan Fernandes; na filosofia, a do Cruz Costa; na história, a do Sérgio Buarque, e assim por diante. Essa produção teórica tinha sido desenvolvida pela faculdade, e já não havia mais nenhuma condição de considerá-la como "perfumaria". O trabalho realizado, sua seriedade, seu rigor, sua maneira nova de interpretar o Brasil mudaram a visão da sociedade a respeito da faculdade e das humanidades.

Com relação à minha família, eu costumo contar uma história muito divertida. Um mês antes do vestibular eu ainda estava em dúvida entre letras, história e filosofia. Eu tive uma conversa com minha mãe e ela disse que eu tinha que fazer a escolha rapidamente, porque, ela me disse: "Não vai ter cabimento imaginar você como a maior parte das infelizes mulheres deste país que fazem o curso colegial, arranjam um marido, preparam o enxoval e vão se casar". Minha mãe trabalhou a vida inteira, foi professora, então o apoio para a faculdade e o apoio para a filosofia foram totais.

RV: Professora, dentro ainda da questão da filosofia, como a senhora vê a construção do pensamento filosófico no mundo de hoje? Há atualmente grandes correntes de pensamento ou mesmo núcleos de irradiação de pensamento, ou há uma grande fragmentação?

MC: Hoje há uma grande fragmentação. Não dá para falar em correntes filosóficas. Você tem, o que é uma coisa muito triste, aco-modações acadêmico-profissionais. Ou seja, a partir daquilo que você realiza na academia, você define uma área de trabalho e se dedica àquilo. De modo geral, é o que tem acontecido. Não há, eu não vejo o surgimento de um pensamento filosófico que dê conta da contem-poraneidade. Eu não quero dizer que não haja discussões filosóficas sobre a contemporaneidade. Está aí a obra de Jürgen Habermas, que discute essa questão, e outros também fazem essa discussão. Mas uma coisa é você discutir as questões impostas pela contemporaneidade, outra coisa é você ter uma concepção ao mesmo tempo crítica e alternativa, que em geral é o que cabe à filosofia. Crítica no sentido de fazer um exame e uma interpretação dos impasses existentes, por um lado, e, por outro, encontrar aquilo que poderíamos chamar de as condições reais de possibilidade do pensamento e da ação. E eu não tenho visto isso. Eu penso que a possibilidade para isso pode surgir, tanto nas reflexões a respeito da política, tanto das condições novas da ciência, particularmente da biologia e, dentro da biologia, da gené-tica, e também pela questão colocada da maneira pela qual a ciência, transformada em tecnologia, se transformou em força produtiva, e, portanto, numa força econômica. Há questões relevantes que permitirão que reflexões, que hoje são isoladas, possam se aproximar e nos levar a uma compreensão inovadora do presente. No momento, eu acho que a filosofia ainda está em refluxo.

RV: Além da distinção como pensadora, Marilena Chaui é também sinônimo de enfrentamento, luta, protesto, atuação política e social. Qual foi, remontando às suas lembranças, a primeira indignação?

MC: Olha, a primeira indignação começou muito cedo, eu era muito pequena. Eu morava numa cidadezinha do interior de São Paulo, Pindorama, e havia o grupo escolar, onde eu estudava, e que ia até o 4º ano primário. Para os padrões da cidade e da época, ganhar o diploma do 4º ano primário era um grande acontecimento e havia uma grande festa. E eu me lembro que duas meninas e um menino foram excluídos da festa pelo diretor da escola porque eles não tinham condição de vestuário. A família era muito pobre e eles não tinham como se vestir para a festa. E eu me lembro que minha mãe trouxe essa história para casa, pois ela era professora do grupo, e eu fui – meu Deus do céu, eu acho que eu tinha oito anos! –, e fui tomada de verdadeira fúria. E eu fiz uma coisa... Engraçado, eu nunca mais tinha me lembrado disso... Havia na rua em que eu morava uma loja de armarinhos, que vendia tecidos, e minha mãe tinha conta lá, e eu fui e comprei... comprei organdi para as meninas, sei lá, devo ter comprado todas as medidas erradas, comprei uma sarja para a calça do menino e uma cambraia para a camisa dele. A minha tia, irmã da minha mãe, era costureira, e eu disse: "Tia, a senhora vai fazer a roupa, porque, imagine, eles não podem ir na festa!". E, a partir daí, a professora deles comprou sapato, um outro deu as meias, e eles foram. A percepção da injustiça, é muito interessante, apareceu para mim sempre a partir de formas de exclusão, de gente excluída de alguma coisa a que teria direito. Tanto que uma das razões de eu ter ficado muito imbuída de cristianismo foi porque eu achava que o cristianismo estava realmente em busca de justiça. E, depois, quando aos 13 anos eu li *Socialismo utópico e socialismo científico* do Engels, eu achei que a resposta estava mesmo no socialismo e no marxismo. Então, aos 13 anos eu não diria para você que eu era marxista – não tinha condição –, mas aos 13 anos eu era socialista.

Mas eu acho que isso veio do ambiente da minha casa. Eu tinha uma família muito sensível a essas formas de injustiça.

RV: Professora, em outra entrevista, a senhora disse ter tido o privilégio de estar em Paris em maio de 1968, a cidade foco dos movimentos de contestação ocorridos em todo o Ocidente, como a senhora já lembrou aqui. Qual aroma se sentia no ar de Paris em 1968?

MC: Havia duas coisas muito interessantes. A primeira era o fato de que você tinha um movimento político que não era um movimento pela tomada do poder. Era um movimento de recusa das formas existentes de poder. A segunda foi, em função disso, toda a reflexão e o remanejamento no interior da esquerda. Vamos dizer, o claro envelhecimento do PCF [Partido Comunista Francês], o claro descompasso histórico do Partido Socialista Unificado, o desabrochar muito forte das correntes trotskistas e maoístas que tinham, é uma coisa muito interessante e eu acho que só poderia acontecer naquela ocasião, um forte conteúdo anarquista do período. A linha geral do movimento era "nós somos contra a tomada do poder".

Então, eu diria que foi o período da minha formação política, não como ação, porque algumas ações eu já tinha tido aqui no Brasil, mas como pensamento político.

RV: E quando a senhora participou grávida de uma manifestação?

MC: Isso foi em fins de 1964. Quando o Jânio renunciou, houve a questão do Jango e a ditadura se instalou, nós tomamos a Faculdade de Filosofia, a Maria Antônia, para impedir que a polícia e o exército entrassem, porque professores estavam sendo presos, interrogados, etc. Eu estava grávida de seis meses, e fiz um cordão de isolamento junto com outras pessoas em frente à porta. E aí a Regina Sader e o professor Antonio Candido disseram "Marilena, isso é uma loucura, essa criança vai nascer aqui. Você vai embora já!". E eu então comecei a ir da Maria Antônia até a Praça da República, que era onde eu tomava o ônibus elétrico, pois eu morava no Jardim da Glória. E eu comecei a ouvir barulho de botas. E eu corri. Corri, praticamente, da rua Dr. Vilanova até a Praça da República. E o barulho de botas, só parei de ouvir porque havia um ônibus no ponto e eu entrei.

RV: Barulho de marcha de soldados?

MC: Barulho de corrida. E o meu filho nasceu prematuramente.

RV: E a Maria Antônia foi invadida?

MC: Foi. Foi quando o professor Cruz Costa foi preso, o professor de física Mário Schenberg foi preso, o professor Warwick Kerr... Eles eram presos, revistados e obrigados a cantar o hino nacional. Na casa do professor Schenberg, por exemplo, levaram embora o livro *O vermelho e o negro*, de Stendhal, pois achavam que era sobre os "vermelhos", a *Enciclopédia britânica*, o que passava pela cabeça deles.

RV: E qual era a atmosfera no Brasil no ano do AI-5, 1968?

MC: Eu estava na França. Tinha havido todos os problemas aqui no nosso Departamento, e eu vim ao Brasil. Eu desci do avião na hora em que estava sendo decretado o AI-5. E nós não fazíamos ideia do que aquilo iria significar, que iria se passar para uma nova fase da ditadura e o terror de Estado iria se implantar. Embora a leitura do Ato Institucional número cinco fosse de arrepiar, a gente não fazia muita ideia do que iria significar, o que é que iria significar a exceção estabelecida e o terror exercido pelo Estado. Os anos 1970, de 1970 a 1975, foram anos de chumbo, de horror, de medo, de pavor, e em toda a parte. Aqui na Faculdade havia os olheiros do Dops, infiltrados no meio dos alunos, microfones nas nossas salas, e na sala dos professores eram feitas fichas. De repente você chegava na sala e faltavam alguns estudantes, e você não sabia se eles tinham fugido, sido presos, torturados ou mesmo mortos ou exilados. Assim também com os colegas, como Salinas e Carmute.[2] Assim era. Primeiro você não sabia se conseguiria sair de casa, depois você não sabia se voltaria.

RV: Professora, e atualmente? Qual aroma a senhora sente no ar aqui na Faculdade de Filosofia?

---

[2] Luiz Roberto Salinas Fortes (1937-1987) foi professor de filosofia da FFLCH-USP; preso e torturado, relatou a sua experiência em *Retrato calado*, sobre o qual Marilena escreveu "Salinas: linguagem e violência" (incluído no volume *Sobre a violência* desta coleção). Carmute era o apelido de Maria do Carmo Campello de Souza (1936-2006), professora de ciência política da FFLCH-USP; foi presa, torturada e exilada. (N. do Org.)

MC: Eu penso que a Faculdade vai entrar numa fase de renovação por obra dos estudantes. Eu costumo dizer o seguinte: em 1968, a Faculdade de Filosofia se considerava a vanguarda do proletariado avançado. Hoje ela é a retaguarda atrasada da classe média atrasada. Então, da parte do corpo docente não há muito o que se esperar. Há as exceções honrosas de sempre, mas há um conservadorismo muito grande, uma desesperança muito grande, e tudo isso ligado ao momento em que, com o reitor José Goldemberg na década de 1980, se implementou a avaliação por produtividade ao mesmo tempo que a universidade se tornou operacional, voltada para si mesma, e onde os professores se perdem em relatórios, com apresentação de serviço, com a produção em escala industrial de textos para congressos e revistas, etc. Então, eu diria que as condições do lado do corpo docente são muito desfavoráveis para uma mudança, mas não do lado dos alunos. A greve do ano passado mostra isso. Os alunos reivindicam efetiva qualidade do ensino público, reivindicam que haja um entrosamento entre o trabalho teórico e a compreensão da sociedade brasileira e exigem todos os aspectos pelos quais a Faculdade possa contribuir praticamente com a sociedade. Eu estou muito esperançosa porque acho que uma mudança se anuncia, ainda que vagarosa. Há uma recusa de nossos estudantes de aceitar que a educação seja um serviço ou seja um privilégio. Tomando a educação como um direito, a luta por esse direito dá um fôlego para a Faculdade. E vamos ver em que o novo Governo Federal e o Ministério da Educação são capazes de dar ressonância a essa luta que, eu penso, existe em várias universidades públicas.

RV: A senhora é uma das maiores estudiosas sobre o filósofo Espinosa. A senhora diz que seu encanto está na concepção espinosista de liberdade. Em poucas palavras, se possível, qual é essa concepção?

MC: Tradicionalmente, e sobretudo na cultura ocidental, que é uma cultura cristã, a ideia de liberdade é inseparável da ideia de livre arbítrio da vontade. É a ideia de que é a nossa vontade que é livre, e sabemos que é livre pela liberdade de escolher entre alternativas contrárias que são igualmente possíveis. Então, o fato de você ser dotado de uma vontade capaz de escolher sem ser constrangido por nada ou por ninguém indica que nós somos livres por vontade. Há uma identificação entre liberdade, escolha e vontade. Espinosa faz a crítica dessa concepção. Considera que isso é uma imagem, ilusória, da liberdade. Em primeiro lugar, nós não temos uma vontade livre, nossa vontade é determinada pelas condições nas quais vivemos e, portanto, nós não escolhemos. A nossa vontade pura e simplesmente quer aquilo que as condições determinam que ela queira. Por outro lado, a tradição, por causa da identificação entre liberdade e vontade, estabeleceu uma oposição entre liberdade e necessidade. É por liberdade o que é por vontade e o que é por escolha. É por necessidade o que é determinado por uma causa sem escolha. Então, você tem ou liberdade ou necessidade. Espinosa também faz a crítica dessa oposição e vai afirmar que a necessidade não elimina a liberdade, mas reforça a liberdade.

O que ele entende por liberdade? Ele entende por liberdade duas coisas: uma primeira, que é muito comum na tradição filosófica, e uma outra, que é própria dele. Ele entende por liberdade, como muitos outros filósofos, a ausência de constrangimento externo para realizar alguma coisa. Mas ele acrescenta que nós somos livres quando o que nós pensamos, o que nós fazemos, o que nós dizemos, as nossas atitudes, nossos comportamentos têm como causa necessária nós mesmos. Quando nós somos a causa interna necessária das nossas ações, do nosso comportamento, das nossas ideias, nós somos livres. Não ser livre é ser determinado a pensar, sentir, agir pela força exercida por causas externas. Ser livre é ser determinado pela força interna do nosso próprio ser. Tudo depende, portanto, não da ausência de causas para a ação (como pensa tradicionalmente a filosofia), mas do tipo de causa que determina a ação: se a causa é externa, você não é livre; se a causa é interna, você é livre. Você não é livre quando o que você pensa, o que você faz, o que você quer, etc. é determinado pelos outros. Então, quando determinado por causas externas, você não é livre. Você é livre quando a necessidade que se exprime no que você é é você mesmo.

RV: É como se fechasse um círculo?

MC: Exatamente. Essa concepção de liberdade só é possível porque Espinosa considera que nós somos expressão finita de uma potência infinita, que ele chama de *substância*, que ele chama de Deus. É uma força imanente da qual somos efeitos internos de tal maneira que nossa potência de existir e de agir exprime, de maneira finita, uma potência infinita.

RV: Mas essa força tem uma consciência?

MC: Não. Ela tem propriedades. Por exemplo, ela é uma força pensante, ela é uma força material, os corpos são expressões finitas da materialidade infinita. As nossas almas são expressões finitas do pensamento infinito. E como Deus é essa força produtora e imanente, não existe um deus pessoal, transcendente, que nos dá leis, que nos pune, etc. A ética de Espinosa é uma ética que não lida com aquela noção central do judaísmo/cristianismo que é a noção de culpa. Não uma culpa qualquer, mas uma originária que define a natureza decaída e pervertida do ser humano, aquela culpa que é consequência do fato de o primeiro homem, Adão, ter desobedecido a lei de Deus, transmitindo essa culpa para todos os outros homens. E é uma culpa tão monumental, que nenhum homem pode salvar o gênero humano, só o próprio Deus. Na ética de Espinosa não há essa noção de culpa.

RV: O pensamento de Espinosa dialoga bastante com a noção de democracia?

MC: Sem dúvida. Ele vai dizer que a democracia é o mais natural dos regimes políticos, porque nós, como expressões da potência de agir da substância, da potência de Deus, somos dotados de uma potência natural ou de um direito natural que nos faz desejar governar e não ser governados. Esse desejo, que constitui o núcleo de nossos direitos, só pode realizar-se plenamente na democracia, na qual todos governam (por meio das leis) e ninguém é governado por um outro, pois o governante é o representante dos governados.

Filosofia, política e educação[1]

E&P: Marilena, em primeiro lugar, relate-nos um pouco de sua trajetória de professora, do ensino médio ao ensino universitário.

MC: De 1965 a 1967 fui professora no então Colégio Estadual Professor Alberto Levy, em São Paulo. Era o tempo em que ainda havia, após o ginásio, o curso colegial, dividido em clássico e científico. Era ainda um tempo em que o ensino (que chamávamos de secundário porque se seguia ao primário) não havia sido corroído pelas sucessivas reformas da educação iniciadas com a ditadura que, entre outras medidas, excluíram o ensino da filosofia do ciclo colegial, alegando que se tratava de uma disciplina que instigava à subversão! Faço essa breve referência ao período porque o colegial no qual dei aulas era idêntico àquele em que me formara, seis anos antes, e no qual havia três anos de filosofia para o clássico (pois destinava os alunos às humanidades e ao direito) e dois para o científico (que preparava os alunos para medicina, engenharia, arquitetura e ciências matemáticas, físicas e naturais). Seguindo um percurso iniciado no ginásio, os alunos tinham aulas não apenas de português (língua e literatura portuguesa e brasileira), história (do Brasil e universal), geografia (do Brasil e universal), mas também prosseguiam o que se iniciara no ginásio com matemática, latim, francês

---

[1] Entrevista realizada por Homero Santiago e Paulo Henrique Fernandes Silveira, originalmente publicada com o título "Percursos de Marilena Chaui: filosofia, política e educação" em: *Educação e pesquisa*, São Paulo, v. 42, n. 1, p. 259-277, 2016. (N. do Org.)

e inglês e, no caso do colegial clássico, começavam o aprendizado do espanhol e do grego, além da iniciação à física, à química, à biologia e à filosofia (no curso científico não havia latim e grego).

Nesse quadro, próprio de uma verdadeira escola pública, vocês podem imaginar que dar aula de filosofia "era sopa", como se dizia na minha juventude. Na verdade, era um prazer e uma alegria, pois os alunos, sobretudo os do curso clássico, eram cultos, cultivados e interessados. Para os dois cursos, no primeiro ano eu dava introdução à lógica e à psicanálise; no segundo ano, para o científico, eu dava filosofia das ciências e, para o clássico, história da filosofia, que prosseguia no terceiro ano. Como não havia livros de introdução à filosofia em português, as aulas tinham que suprir a bibliografia, mas era possível, em determinados momentos, indicar um texto em francês, inglês ou espanhol, que os alunos liam sem dificuldade e com interesse, suscitando dúvidas, perguntas e debates.

Ao terminar meu mestrado, tornei-me professora no Departamento de Filosofia da USP e deixei o Colégio Estadual Professor Alberto Levy.

E&P: Você, salvo engano, é da primeira geração formada na Filosofia da USP por professores brasileiros. Fale-nos desse seu período de formação, especialmente tendo em vista as mudanças que a universidade conheceu na década de 1970.

MC: Na verdade, embora eu tenha tido professores brasileiros em sua maioria, a tradição francesa do Departamento de Filosofia continuara forte e aqui permaneciam vários professores franceses cujos cursos eu fiz (Gilles-Gaston Granger, Michel Debrun, Gérard Lebrun), além de assistir a pequenos cursos de visitantes franceses, como Sartre, Foucault e Rancière. Para marcar a diferença com o que viria a acontecer nos anos 1970, começo lembrando que não havia vestibular unificado (e muito menos feito por uma empresa) nem o horror dos horrores, o teste de múltipla escolha (se eu fizesse hoje exame vestibular seria reprovada na hora). Havia vestibulares específicos das áreas escolhidas, com programas feitos pelas próprias áreas e exames realizados pelos professores de cada departamento. Os exames constavam de exame escrito (dissertativo, é claro) e oral (no caso da filosofia, além dos exames em história da filosofia, havia exames dissertativos e orais de literatura portuguesa e brasileira, francesa e inglesa). Não havia fixação do número de vagas, mas, em filosofia, costumavam prestar os exames, para o diurno e o noturno, um total de 25 alunos, e a aprovação era de 8 alunos por período! Os cursos eram anuais (com a entrega de dissertações semestrais e seminários semanais), as aulas duravam 2 horas, cada disciplina com 4 horas semanais, e havia apenas 8 disciplinas: história da filosofia antiga, história da filosofia moderna, ética, estética, lógica e filosofia das ciências, introdução à filosofia, introdução à sociologia, introdução à psicologia. Em geral, a gente cursava duas disciplinas por ano, pois os cursos exigiam grande quantidade de leituras, preparação de seminários e dissertações semestrais (os temas para as dissertações eram dados no início de cada semestre e dispúnhamos do semestre inteiro para escrevê-las). Em toda a Faculdade, só havia graduação, com bacharelado e licenciatura. A pós-graduação foi criada apenas em 1966.

Uma das marcas da Faculdade de Filosofia, Ciências e Letras da rua Maria Antônia, seguindo a tradição francesa, era a vida universitária imersa na vida da cidade e não isolada num *campus* e separada em institutos e faculdades. Havia bares e repúblicas estudantis à volta da Faculdade, eram próximos os dois teatros que iniciavam suas atividades, o Arena e o Oficina, assim como cinemas de arte, como o Bijou, que exibia os filmes da *nouvelle vague*, do cinema novo brasileiro e do neorrealismo italiano. No saguão da Biblioteca Municipal, professores e estudantes conversavam e discutiam sobre arte e política, conversas e discussões que prosseguiam no saguão da Faculdade, nos centros estudantis e no Grêmio. Diferentemente do que se passava na Faculdade de Direito e na Politécnica, não havia uma direita política, mas professores e estudantes liberais e de esquerda (alguns filiados ao PCB, outros à POLOP, a tendência trotskista, e alguns estudantes ligados à JUC, da esquerda católica).[2] Como eu descreveria a Faculdade? Laica, livre-pensadora, progressista, racista, machista, mesquinha e fecunda, ciosa de sua autonomia e liberdade, internamente conflituosa, distribuidora de privilégios contestáveis e, no entanto, malgrado injustiças, também capaz de reconhecimento pelas obras que fazia nascer.

Em 1963, a universidade se preparava, na gestão do reitor Ulhoa Cintra, para sua primeira reforma universitária. Almejava-se criar

---

[2] PCB: Partido Comunista Brasileiro. POLOP: Organização Revolucionária Marxista Política Operária. JUC: Juventude Universitária Católica. (N. do Org.)

verdadeiramente uma universidade em sentido pleno e não mero nome para um conglomerado de escolas rivais. O sinal de partida fora dado pelo "baixo clero": de um lado, a criação da Associação dos Assistentes (de onde renasceria, anos depois, a Adusp), e de outro, a célebre greve "do terço" ou a reivindicação da representação estudantil de um terço nos órgãos colegiados, até então restritos a professores. Mas não houve a nossa reforma. Veio 1964.

E&P: Como foi lecionar sob a ditadura civil-militar e, desde o interior da universidade, enfrentá-la? Quais os efeitos da reforma do ensino nos anos 1970?

MC: A maioria dos estudantes e dos jovens professores de hoje não têm como avaliar o que foi viver sob o AI-5, isto é, sob o terror como prática do Estado no Brasil. Foram anos de medo. Você saia para a universidade, mas não sabia se iria voltar para casa ou ser presa e morta. Você nunca sabia se iria encontrar os colegas e os estudantes com quem estivera na véspera ou se alguns teriam desaparecido (presos, torturados, mortos ou exilados). A universidade era dirigida, aparentemente, por professores, mas, de fato, era dirigida por militares. Nas salas dos professores, dos conselhos e das congregações havia escuta eletrônica; nas aulas havia policiais disfarçados de estudantes. Meu departamento (e praticamente todos os outros) fora quase destruído com a expulsão e o exílio de professores e o retorno à França dos professores franceses. Éramos apenas cinco professores e eu, muito jovem, nem mesmo tinha apresentado minha tese de doutorado (eu a apresentei em 1970). Mas iniciamos a resistência. Criamos formas de proteção aos professores e estudantes: eram chamados de "os grupos de amigos", que escondiam em suas casas os perseguidos, guardavam escritos de insurreição para impedir que a polícia e o exército se apropriassem deles, visitavam os prisioneiros para garantir que, pelo menos, permanecessem vivos. Nossos cursos, com muitos disfarces, se dedicavam à crítica do autoritarismo por meio de filósofos antigos, clássicos e contemporâneos nos quais encontrávamos temas e discussões que nos permitiam analisar o Brasil. Entre 1970 e 1974, desenvolvi com os estudantes uma maneira de criticar o autoritarismo e que chamei de "experiências pedagógicas"; usávamos a figura do professor como objeto de crítica ao autoritarismo e os estudantes propunham e desenvolviam formas alternativas para os cursos e os trabalhos. Tenho o registro escrito dessas experiências que me marcaram e marcaram muitos estudantes.

Anteriormente, eu descrevi como era a Faculdade até 1963. Ela desaparecerá com as reformas feitas pela ditadura no correr dos anos 1970, isto é, com a escolarização e a massificação. Escolarização, isto é, perda da ideia de formação e pesquisa como atividades universitárias que exigem tempo para o trabalho e a investigação. Escolarização da graduação: aumento do número de disciplinas, aumento do número de horas-aula, cursos semestrais, disciplinas obrigatórias e optativas e essa coisa extraordinária chamada *crédito*. Não é extraordinário pensar os cursos como uma operação bancária ou empresarial em que há débito e crédito? Escolarização da pós-graduação: excesso de "créditos" e fixação de prazos independentemente das dificuldades reais da pesquisa (na verdade, as agências de fomento é que estipularam os prazos porque devem prestar contas do dinheiro investido nas pesquisas, e a universidade, estúpida, adotou para si os prazos das agências). Massificação: para garantir o apoio das classes médias urbanas e seu desejo de ascensão social por meio do diploma universitário, a ditadura ampliou as vagas na universidade (mas não ampliou na mesma proporção o quadro docente e funcional, é claro) e criou o vestibular unificado que iria desembocar na Fuvest, na qual, inicialmente, os professores e departamentos não tinham assento nem poder de decisão. Eu chamo essas reformas da ditadura de a invenção da *universidade funcional*, voltada para a formação rápida de profissionais requisitados como mão de obra altamente qualificada para o mercado de trabalho. As reformas dos anos 1970 visaram a adaptar a universidade às exigências do mercado (e ao "milagre econômico"), alterando currículos, programas e atividades para garantir, de um lado, a ascensão social e, de outro, a rápida inserção profissional dos estudantes no mercado de trabalho. Essas reformas abriram as comportas para aquelas que, depois da ditadura, a universidade realizou por sua própria conta, primeiro o que chamo de *universidade de resultados* (a universidade da produtividade) e, agora, a *universidade operacional* (uma *empresa* voltada para dentro de si mesma).

E&P: Segundo Antonio Candido, um dos produtos mais característicos da Faculdade de Filosofia da USP foi o "intelectual participante". Ora, uma das marcas de sua trajetória intelectual é articulá-la com a constante atuação política, sempre a partir da produção filosófica. Como, em sua trajetória, a pesquisa e a produção intelectual da professora se combinaram ao engajamento político da "intelectual participante", se é que você concorda com a designação.

MC: Concordo. No meu caso, a participação se deu não apenas nas formas de resistência à universidade funcional, mas também nos primeiros trabalhos que fiz para tentar entender o Brasil, isto é, meus trabalhos de crítica de ideologia, que se iniciaram, em 1974, com um estudo sobre a Ação Integralista Brasileira, ao qual fui motivada ao ouvir Miguel Reale, um dos líderes integralistas, dizer, quando reitor da USP: "Chegamos ao poder". Eu quis entender o que isso queria dizer e por que ele dissera isso. Mas penso que minha participação, e mesmo minha verdadeira formação política, se deu com a criação do Cedec,[3] de que fui uma das fundadoras juntamente com Francisco Weffort e José Álvaro Moisés.

Tudo começou assim: depois do incêndio da Maria Antônia, a Faculdade jogada nuns barracos de amianto na Cidade Universitária e a situação de precariedade, os riscos, o perigo, o temor, o medo produziram uma comunidade. Independente de departamentos, foi se formando uma comunidade de pessoas que tinham afinidade política, afinidade intelectual. E havia a ideia de fazer encontros, seminários, discussões e apresentações de trabalhos, e a gente fazia os alunos circularem entre os vários professores dos vários departamentos. Foi nesse período que eu comecei a trabalhar a questão da ideologia, a questão do integralismo – fui ler sociologia, fui ler história –, e, na nossa pequena comunidade, eu tive um contato com o Weffort, que começou de uma maneira muito informal, num cafezinho. Aí, eu li as coisas do Weffort sobre a crítica do populismo e ele organizou alguns seminários, lá nas Ciências Sociais, sobre a questão da ideologia, sobre partido político, e eu fui a alguns desses seminários.

---

[3] Cedec: Centro de Estudos de Cultura Contemporânea. (N. do Org.)

Em 1976, esse grupo e outros intelectuais, vindos de diversas tendências de esquerda, de representantes do novo sindicalismo e de movimentos sociais, que começavam a constituir-se, reuniram-se em um centro de estudos com a intenção de refletir sobre o Brasil, afastando três perspectivas predominantes na esquerda brasileira da época: em primeiro lugar, a de explicar e narrar a história do Brasil tendo apenas o Estado como protagonista, ou seja, a ideia de que o Estado é anterior à sociedade, institui a sociedade e determina todos os acontecimentos (é o que chamo de a história como história feita pelo Alto); em segundo lugar, a da teoria da dependência, elaborada por Fernando Henrique Cardoso e Enzo Faletto; em terceiro, a ideia da política como ação de uma vanguarda. A teoria da dependência assentara sua interpretação do Brasil (e dos países chamados dependentes) sobre um tripé em que o Estado, o capital nacional e o capital internacional eram os protagonistas sociais, políticos e históricos, portanto nela estavam ausentes a classe trabalhadora e as camadas populares em geral. Em outras palavras, como na narrativa da história do Brasil, a teoria da dependência também pensava a política e a história como ação do Alto (Estado e burguesia). Por sua vez, a concepção vanguardista (presente de formas variadas nas múltiplas tendências da esquerda brasileira) fundava-se, de um lado, numa ideia pedagógica da política como educação das massas por um partido que tomaria o Estado e, de outro, na de direção política das massas por uma vanguarda, portadora da consciência de si e para si, capaz de decifrar o sentido da história. Novamente, a política e a história se fariam referidas ao Alto, ao Estado. O Cedec se apresentou publicamente, como dizia um documento, afirmando que "seu objetivo principal consiste na consolidação de um espaço para a realização de pesquisas e debates sobre aspectos sociais, políticos, econômicos e culturais da realidade brasileira, com ênfase especial na problemática das classes populares. Nesse sentido, dirige suas atividades para as seguintes áreas: movimento operário e sindical, trabalhadores rurais, movimentos sociais urbanos, cultura popular, violência e marginalidade, Igreja em suas relações com os movimentos populares, partidos políticos e ideologia". Como se observa, agora a referência não é ao Estado, mas à sociedade. Hoje, isso parece uma obviedade e ninguém se espanta com o papel dos movimentos sindicais, sociais e populares como os sujeitos da política e da história, mas, nos anos 1970, essa perspectiva, rompendo com nossas tradições intelectuais e políticas, podia ser considerada profundamente inovadora, afirmando, pela primeira vez no pensamento brasileiro, que o social existe, que está dividido e tem força instituinte.

Evidentemente, o Cedec não surgiu do nada nem da cabeça de alguns intelectuais como Minerva da cabeça de Júpiter. Pelo contrário, o que o tornou possível foi a existência da ação social como resistência à ditadura, como luta pela liberdade, ação realizada pelo movimento sindical ou o novo sindicalismo, pelos movimentos sociais urbanos e rurais, pelas Comunidades Eclesiais de Base, inspiradas na Teologia da Libertação, pelos movimentos estudantis contra a ditadura, pelo grupo Tortura Nunca Mais, instituído pelas famílias de presos e desaparecidos políticos sob a proteção da Comissão de Justiça e Paz. Dessas ações nasceram as comissões de fábricas com a conquista do direito à greve e a organização independente dos trabalhadores, os loteamentos clandestinos nas cidades e as ocupações no campo como início da reforma agrária, os movimentos contra o custo de vida, por transporte, creches, escolas e hospitais, pela urbanização das favelas, contra o racismo e as discriminações de gênero, contra a tortura e o desaparecimento de presos políticos, contra os assassinatos de lideranças populares pelas forças policiais e pelo Esquadrão da Morte. Numa palavra, ações de criação e afirmação de direitos, uma invenção democrática.

O Cedec se engajou profundamente nas greves do ABC paulista. Nós tomamos parte nas greves, fazendo debates e discussões com os trabalhadores, dando entrevistas a jornais, rádios e televisões e escrevendo artigos em defesa das comissões de fábrica, do direito à greve e da legitimidade da ação do ABC. No meu caso, essa experiência foi o momento da minha verdadeira formação política, a compreensão da ação democrática não apenas como luta de classes, mas sobretudo como participação direta nas práticas políticas para uma nova sociedade. Tudo o que, nos anos seguintes, e até hoje, eu escrevi sobre democracia, sobre cultura popular e a crítica do que chamo de *ideologia da competência* nasceu nessa experiência extraordinária e única, na qual, em vez de um partido político ou uma vanguarda imaginarem que poderiam levar a consciência aos trabalhadores, deu-se exatamente o contrário, nós (intelectuais) é que aprendemos com os trabalhadores.

E&P: Pensando na atuação do intelectual participante, gostaríamos que você nos falasse um pouco de sua experiência à frente da Secretaria de Cultura da cidade de São Paulo. Que possibilidades e dificuldades encontrou?

MC: Quando Erundina[4] me convidou, eu disse a ela: "Erundina, eu não posso, eu não devo e eu não quero. Eu não posso porque eu tenho outras atividades, a minha vida acadêmica, meus compromissos. Eu não devo porque sou completamente incompetente, eu não vou dar conta desse recado; vai ser um desastre. E eu não quero porque sei que é uma posição na qual você tem que abrir mão de muitos princípios para poder 'negociar' com gregos e troianos, e eu tenho dificuldade em fazer isso". Mas vocês podem avaliar o quanto ela foi persuasiva...

Foi tudo muito difícil, muito duro. Eu diria que a primeira dificuldade foi a inexperiência, minha e das pessoas que foram trabalhar comigo, muitas das quais eu não conhecia, mas julguei que deveriam vir para a Secretaria porque haviam trabalhado no programa de cultura para a campanha de Erundina. Por isso houve, de início, um trabalho de adaptação e de compreensão da própria equipe. O que levou um certo tempo. O segundo problema foi a dificuldade de parte da equipe, dos funcionários da Secretaria e dos movimentos culturais, que eram poucos na época, de compreender uma proposta de *política cultural*. Os funcionários estavam acostumados com a rotina, a sociedade e o PT identificavam cultura e espetáculos, e os movimentos culturais estavam acostumados com o "balcão": vem, pede e você concede. A ideia de que você pudesse desenvolver uma política de cultura era quase incompreensível. Eu propus a ideia da cultura como um direito, a ideia de *cidadania cultural*, significando: a) contra a tradição brasileira (mantida mesmo por uma parte da esquerda), declaramos que o Estado não é produtor de cultura, e sim a sociedade, e por isso a cultura é um direito dos cidadãos não só de ter acesso aos bens culturais, mas sobretudo de produzir cultura; e b) uma reformulação da própria ideia de cultura, pois a lei municipal definia como cultura apenas a prática das sete artes liberais, e mais nada (tudo que você quisesse fazer que não fosse dança, música, teatro, cinema, escultura e pintura não era

---

[4] Luiza Erundina foi prefeita da cidade de São Paulo entre 1989 e 1992 pelo Partido dos Trabalhadores. (N. do Org.)

permitido pela lei). Um longo e difícil trabalho teve que ser feito para mudar essa situação, e foi preciso para isso um decreto da prefeita, para ser aprovado pela Câmara, redefinindo legalmente cultura, isto é, a cultura entendida no sentido antropológico e filosófico do termo como todas as práticas humanas de criação de valores e símbolos, indo da culinária, do vestuário, da linguagem, da memória até as artes, do cotidiano até as grandes criações.

A ideia da cultura e da cidadania cultural nos levou a programas de ação cultural na cidade inteira (usando espaços das escolas e das creches, além de termos um circo que percorria a cidade para que, em cada região, a população definisse seu uso durante uma semana). Nos levou à criação das Casas de Cultura como centros de produção cultural definida pela própria população; à redefinição das Casas Históricas (por exemplo, a do Tatuapé se tornou um centro de memórias operárias elaboradas pelos próprios trabalhadores e suas famílias; a Casa do Sertanista foi transformada em Embaixada dos Povos da Floresta, como reconhecimento das nações indígenas em sua relação com o Estado brasileiro, e assim por diante); à criação de uma política do livro (ampliação da rede de bibliotecas, atualização dos acervos – compramos oito milhões de dólares em livros! –, criação de onze Ônibus-Biblioteca que percorriam a cidade para empréstimo de livros; oficinas literárias sob a direção de Antonio Candido, etc.); a uma política de artes plásticas no espaço público; a uma nova política para os teatros e sobretudo para o Teatro Municipal (que passou a ter concertos e apresentações de dança em espetáculos gratuitos todas as terças-feiras ao meio-dia e todas as sextas-feiras às 18h – ou seja, em horários em que os trabalhadores do centro da cidade podiam comparecer –, além de um espetáculo gratuito de toda ópera e de toda companhia de dança estrangeiras, etc.).

Ao lado das dificuldades com a ideia e a prática da cultura, havia também a dificuldade material, pois encontramos a Prefeitura inteira completamente destroçada, fisicamente destroçada, e a Secretaria de Cultura ainda mais. Recuperar o patrimônio da Secretaria levou quatro anos. Aliás, levou mais do que isso. Nós tínhamos que implantar uma política nova e, ao mesmo tempo, recuperar *tudo* que estava lá, a goteira na biblioteca, a falta de eletricidade num teatro, a parede caindo no Centro Cultural, as Casas Históricas praticamente no chão... Era um esforço gigantesco – e invisível – de recuperação do patrimônio físico da Secretaria.

A outra dificuldade era a relação com a máquina administrativa que, sendo uma burocracia, é uma forma de poder. Ela opera pelo segredo, pela hierarquia e pela rotina. Então a estrutura estatal impede o exercício da democracia. O Estado está organizado de maneira a impedir a democracia. Quer dizer, a democracia opera com a informação, a burocracia, com o segredo. A democracia opera com a igualdade, a burocracia opera com a hierarquia. A democracia opera com a criação de direitos, a burocracia, com a rotina. Então você é travado no cotidiano da sua ação. Você tem um projeto de ação, que é autorizado pela população ou levado a ela e discutido com ela, e quando ele se realiza lá na ponta, você não o reconhece. O que se realiza lá não é aquilo que foi projetado no início, porque, ao atravessar a máquina burocrática, ele vai sendo deformado.

Mas, ao longo de quatro anos, a ideia de que a cultura é um direito, a ideia de cidadania cultural "pegou", e os movimentos culturais fizeram a cultura acontecer, porque a função da Secretaria de Cultura não era produzir cultura, e sim criar condições para que ela fosse produzida. Essa ideia se tornou nacional. Eu sei de muitas secretarias, não-petistas inclusive, que adotaram a ideia de cidadania cultural. Sei de universidades cujas pró-reitorias de cultura passaram a trabalhar com essa noção. A ideia frutificou. Se alguém quiser mais detalhes das ações realizadas e dos projetos e programas realizados, há um livrinho meu publicado pela Fundação Perseu Abramo sobre isso.[5] Vai também sair um livro pela editora Autêntica narrando toda a experiência da SMC.

E&P: Você sempre foi professora. Mas peculiarmente, ao lado da prática da docência, sempre se preocupou com a formação de professores e com a produção de materiais didáticos para o ensino de filosofia. Por favor, nos fale dessas preocupações que marcaram sua carreira acadêmica, começando pela importância conferida à educação, ao ensinar; são coisas que hoje, não raro, andam dissociadas, como se uma atrapalhasse a outra.

---

[5] Cf. *Cidadania cultural: o direito à cultura*. São Paulo: Fundação Perseu Abramo, 2006. (N. do Org.)

MC: Eu penso que nasci para ser professora. Acho que é o que sei fazer e o que gosto de fazer. Não há nada mais empolgante e prazeroso do que ver os estudantes descobrirem o pensamento, a linguagem, a reflexão à medida que vão escutando o que você diz. Você vê no olhar, no sorriso, no cenho franzido dos alunos o trabalho do pensamento se realizando. Eu tenho da prática de ensinar uma ideia cujo sentido, certa vez, por acaso, reencontrei (com alegria e orgulho, aliás) num texto de Merleau-Ponty em que ele diz que o bom professor não é aquele que diz aos alunos "façam como eu", e sim aquele que lhes diz "façam comigo". E Merleau-Ponty dá um exemplo. O mau professor de natação faz duas coisas: primeiro, se joga sozinho na água e diz aos alunos "façam como eu", depois ensina os alunos a nadar na areia, como se areia e água fossem o mesmo; ao contrário, o bom professor de natação é aquele que se joga na água com os alunos e lhes diz "façam comigo", porque a relação não é dos alunos com o professor, mas com a água. Eu penso que o bom professor é aquele que não ocupa o lugar do saber, aquele que deixa o lugar do saber sempre vazio, que instiga os alunos a se relacionarem com o próprio saber pela mediação do professor, que faz com que todos compreendam que, o lugar do saber estando vazio, todos podem aspirar por ele. Penso que há um enorme equívoco sobre a prática do diálogo. Explico-me. Em geral, o professor imagina que desmontará a aparência autoritária do ensino se ele estabelecer um diálogo contínuo com os alunos. Ora, qual o engano? Supor que o diálogo dos alunos deva ser com ele, professor (suposto ocupante do lugar do saber), quando deve ser com o próprio saber. Acredito que o professor deve ser o *mediador* desse diálogo, e não o *objeto* do diálogo. Por isso penso que o bom professor é o que mantém a assimetria entre ele e os alunos para que estes, sozinhos, conquistem uma relação de simetria e de igualdade com ele, tornando-se professores também. Em suma, eu penso (e pratico) a educação como *formação*, e não como transmissão e adestramento que seriam facilitados pelo "diálogo".

Isso tudo explica minha luta pelo retorno do ensino da filosofia no ensino médio. Vocês se lembram que a ditadura declarou que a filosofia deveria ser excluída do ensino médio porque ela é subversiva, ou seja, perigosa. Além disso, como as reformas do ensino deram prioridade às ciências e às técnicas, em vista do mercado de trabalho, a filosofia foi considerada inútil, e por isso também deveria ser excluída. Perigoso e inútil, o ensino da filosofia desapareceu das escolas brasileiras. Quando respondi à primeira pergunta desta entrevista contei que as aulas de filosofia que tive quando aluna do ensino médio me fizeram descobrir que o pensamento é capaz de pensar a si mesmo e tem força crítica. Por isso nunca pude aceitar a exclusão do ensino da filosofia. Entre as várias formas de resistência à ditadura, propus, a partir de 1975, o retorno da filosofia ao ensino médio. A defesa desse retorno foi feita com base em duas ideias principais: a filosofia desenvolve o pensamento crítico e independente, ensinando aos alunos o trabalho do pensamento como conhecimento, reflexão e criação; a filosofia é capaz de oferecer aos estudantes a percepção das relações entre os vários conhecimentos que recebem nas outras disciplinas, desenvolvendo a compreensão do conhecimento como interdisciplinaridade. Para estimular os estudantes universitários de filosofia a lutarem pelo retorno da filosofia às escolas, um grupo de professores do meu Departamento de Filosofia (entre os quais eu estava) realizou durante vários anos cursos de formação pedagógica e de preparação de materiais didáticos que dessem condições aos nossos estudantes de se tornarem professores, pois também se alegava que a filosofia não poderia retornar ao ensino médio por falta de professores. Essas ideias e essas iniciativas se espalharam por quase todos os Departamentos de Filosofia do país, e se firmou na opinião pública a defesa do ensino da filosofia no ensino médio. Com a volta do ensino da filosofia, nos anos 1990, foi para dar instrumentos de trabalho aos jovens professores que eu escrevi livros didáticos e paradidáticos de filosofia.

E&P: Um dos temas mais discutidos sobre o ensino de filosofia nas escolas é a relevância ou não da história da filosofia. O temor de alguns professores é que a filosofia seja tomada pelos alunos como um conjunto estéril de conhecimentos. Um curso no ensino médio pode tratar a história da filosofia de outra maneira?

MC: Aos 14-15 anos, meu primeiro curso de filosofia foi sobre o nascimento da lógica na Grécia. Foi o acontecimento intelectual mais marcante de minha vida estudantil, pois descobri que o pensamento pode pensar a si mesmo e que a linguagem pode falar de si mesma. Em suma, descobri a reflexão como ação do pensamento e da linguagem para compreenderem-se a si mesmos. Que isso tivesse começado no século IV a.C. era inteiramente irrelevante para mim, pois essa descoberta é intemporal. Os conteúdos e as formas da lógica mudaram através dos tempos, mas a ideia de pensar sobre o pensamento e falar sobre a linguagem permaneceu para sempre. Quando vim para o Departamento de Filosofia da USP, tive cursos em todas as disciplinas (as oito da época) e meu interesse se dirigia a todas elas, mas acabei fazendo meu mestrado em história da filosofia e, daí em diante, tornei-me historiadora da filosofia (o que me permitiu trabalhar de uma maneira determinada também em filosofia política, com a crítica da ideologia e as ideias de socialismo, democracia e cultura).

Por que valorizo o ensino da história da filosofia, sobretudo no ensino médio? Em primeiro lugar, porque permite aos estudantes se apropriarem de uma tradição constitutiva da sociedade ocidental; em segundo, porque lhes facilita a passagem a outras disciplinas filosóficas (particularmente ética, estética e política), compreendendo suas ideias articuladas aos diferentes momentos da história da filosofia; em terceiro, porque liberta os alunos do risco do "achismo" ("eu acho que"), isto é, permite que descubram que lidam com ideias e conceitos que possuem densidade histórica e lhes permitem passar do "eu acho que" ao "eu penso que"; em quarto, porque também os liberta da suposição (estimulada pela mídia e pelos livros de autoajuda) de que acabaram de inventar a roda – a história da filosofia permite que os alunos encontrem a origem e as raízes do pensamento contemporâneo.

Vivemos numa sociedade dita pós-moderna, que opera com a fragmentação do espaço e do tempo e com sua compressão no *aqui* e *agora* dos meios eletrônicos; vivemos numa sociedade de imagens e experiências sem densidade espacial e sem raízes temporais, fugazes e efêmeras, próprias do mundo do descartável. Isso torna compreensível que os alunos possam não ter interesse pela história da filosofia e que os professores se sintam inibidos em ensiná-la porque os alunos não os escutariam. Foi pensando nisso que, quando escrevi *Convite à filosofia* e *Iniciação à filosofia*, mesclei em todos os temas elementos de história da filosofia. O tema é a percepção? Vejamos como ela foi pensada em vários momentos diferentes, antes de chegarmos a um conceito atual dela. O mesmo vale para a memória, a linguagem, a virtude, a liberdade, a democracia, o sagrado, etc. Procurei também, recorrendo à literatura e ao cinema, mostrar que ideias que pareceriam antigas e atualmente sem sentido estão presentes em romances, poesias, teatro, filmes. E, evidentemente, pensando na formação dos professores e em instrumentos que os ajudem a mesclar história da filosofia e temas atuais de outras disciplinas (tanto filosóficas como não filosóficas) foi que me propus a escrever uma *Introdução à história da filosofia*.

E&P: Você já relatou o que era a universidade pública, em particular a USP, à sua época de estudante e como ela se transformou nos anos 1970 e 1980. Num livro de 2001, *Escritos sobre a universidade*, você buscou dar conta do que se tornou a universidade nos anos 1990. E hoje, o que é a universidade pública brasileira em 2015? O que há de novo, o que permanece?

MC: Falei na universidade funcional dos anos 1970, na de resultados dos anos 1980, resta a universidade operacional iniciada nos anos 1990 e na qual vivemos. A *universidade operacional* de nossos dias difere das formas anteriores: a universidade clássica estava voltada para o conhecimento, a universidade funcional estava voltada diretamente para o mercado de trabalho, a universidade de resultados estava voltada para as empresas, já a universidade operacional está voltada apenas para si mesma enquanto estrutura de gestão e de arbitragem de contratos. Regida por contratos de gestão, avaliada por índices de produtividade, calculada para ser flexível, a universidade operacional está estruturada por estratégias e programas de eficácia organizacional e, portanto, pela particularidade e instabilidade dos meios e dos objetivos, pois é isso que caracteriza uma organização empresarial. Definida e estruturada por normas e padrões inteiramente alheios ao conhecimento e à formação intelectual, está pulverizada em micro-organizações que ocupam seus docentes e curvam seus estudantes a exigências exteriores ao trabalho intelectual com o aumento insano de horas-aula, a diminuição do tempo para mestrados e doutorados, a avaliação pela quantidade de publicações, colóquios e congressos, a multiplicação de comissões e relatórios, etc.

Nela, a docência é entendida como transmissão rápida de conhecimentos, consignados em manuais de fácil leitura para os estudantes e de preferência já prontos nos meios eletrônicos; o recrutamento de professores é feito sem levar em consideração se dominam ou não o campo de conhecimentos clássicos e atuais de sua disciplina e as relações entre ela e outras afins – o professor é contratado ou por ser um pesquisador promissor que se dedica a algo muito especializado, ou porque, não tendo vocação para a pesquisa, aceita ser escorchado e arrochado por contratos de trabalho temporários e precários. A docência é pensada como habilitação rápida para graduados, que precisam entrar rapidamente num mercado de trabalho do qual serão expulsos em poucos anos, pois se tornam, em pouco tempo, jovens obsoletos e descartáveis; ou como correia de transmissão entre pesquisadores e treino para novos de pesquisadores. Desapareceu, portanto, a marca essencial da docência: a *formação*.

Que acontece com a pesquisa? Para responder, temos que entender que a universidade deixou de ser concebida como uma instituição social e passou a ser operada como uma organização cujo modelo é a empresa. Numa organização, uma "pesquisa" é uma estratégia de intervenção e de controle de meios ou instrumentos para a consecução de um objetivo delimitado; em outras palavras, uma "pesquisa" é um *survey* de problemas, dificuldades e obstáculos para a realização do objetivo bem delimitado, e um cálculo de meios para soluções parciais e locais para problemas e obstáculos locais. Pesquisa, portanto, não é conhecimento de alguma coisa, mas posse de instrumentos para intervir e controlar alguma coisa. Por isso mesmo, numa organização não há tempo para a reflexão, a crítica, o exame de conhecimentos instituídos, sua mudança ou sua superação. Numa organização, a atividade cognitiva não tem como nem por que realizar-se. Em contrapartida, no jogo estratégico da competição no mercado, a organização se mantém e se firma se for capaz de propor áreas de problemas, dificuldades, obstáculos sempre novos, o que é feito pela fragmentação de antigos problemas em novíssimos microproblemas, sobre os quais o controle parece ser cada vez maior. A fragmentação, condição de sobrevida da organização, torna-se real, e a universidade operacional propõe a especialização como estratégia principal e entende por "pesquisa" a delimitação estratégica de um campo de intervenção e controle. É evidente que a avaliação desse trabalho só pode ser feita em termos compreensíveis para uma organização, isto é, em termos de custo-benefício, pautada pela ideia de produtividade, que avalia em quanto tempo, com que custo e quanto foi produzido. Se por pesquisa entendermos a investigação de algo que nos lança na interrogação, que nos pede reflexão, crítica, enfrentamento com o instituído, descoberta, invenção e criação; se por pesquisa entendermos o trabalho do pensamento e da linguagem para pensar e dizer o que ainda não foi pensado nem dito; se por pesquisa entendermos uma visão compreensiva de totalidades e sínteses abertas que suscitam a interrogação e a busca; se por pesquisa entendermos uma ação civilizatória contra a barbárie social e política, então é evidente que não há pesquisa na universidade operacional.

E&P: O seu texto aqui republicado[6] foi escrito antes da disseminação da informática, mas já continha um tópico sobre a questão do uso de recursos audiovisuais no ensino. Partindo daí, como você avalia hoje as potencialidades e os problemas do que denominam TICs (Tecnologias da Informação e da Comunicação), algo que se tornou obrigatório nos planos de ensino e que para muitos surge como uma verdadeira panaceia, como se fosse sanar todos os problemas do ensino?

MC: Eu tenho dois textos sobre o assunto em geral no livro *A ideologia da competência*, publicado pela Autêntica. Mas é sobre aspectos políticos e ideológicos da informática e da cibercultura em geral, sem referência à educação. Ainda não pensei na relação direta com a educação. Está na minha lista de pesquisas e de trabalho escrever sobre isso relacionado com a educação, mas é futuro ainda.

E&P: Numa passagem do artigo, você afirma que o pensamento acolhe a experiência como aquilo que está, "aqui e agora, pedindo para ser visto, falado, pensado e feito". Haveria como essa ideia se inserir num trabalho de formação de professores? É possível determinar um lugar para a experiência (o acaso) no processo formativo?

MC: Eu me refiro à *obra de pensamento*, isto é, existe obra quando o pensamento se debruça sobre a experiência como um não-saber dado que precisa ser transformado em saber, mudando a experiência dada em conhecimento. Como, a cada vez, o pensamento se debruça sobre experiências novas, ele precisa pensar o que ainda não foi pensado e dizer o que ainda não foi dito, pois, do contrário, se tentar explicar as

---

[6] O texto republicado, no mesmo número da revista *Educação e pesquisa*, era "Ideologia e educação", também presente neste volume. (N. do Org.)

experiências novas com o que já foi pensado e já foi dito, ele não será pensamento, e sim ideologia. Não se trata, portanto, da formação do professor, e sim de que ele compreenda a formação da obra de pensamento. O fundamental é que o professor seja capaz de compreender o trabalho do pensamento quando ensina, isto é, quando é capaz de fazer seus alunos acompanharem o trabalho do pensamento de um filósofo, um cientista, um artista que busca o sentido de uma experiência que ainda não foi pensada, dita, nem expressa em obras de arte. Essa compreensão lhe permitirá: em primeiro lugar, refletir sobre o sentido de sua própria experiência como professor; em segundo, propor temas de reflexão para seus alunos a partir das experiências deles, dando-lhes auxílios para que passem da experiência vivida à experiência compreendida, o que significa, na maioria das vezes, auxiliá-los a passar da ideologia ao pensamento e à crítica. Essa passagem é que é formadora, tanto para o professor quanto para os alunos.

E&P: Você parece criticar a ideia de conscientização do aluno ao alertar, no mesmo artigo, para os riscos de imaginar o aluno "como uma consciência de si que, por ignorar a si mesma, isto é, não ser ainda para si, tenderia a manifestar-se através de palavras e de ações alienadas ou como 'falsa consciência'". Como enfrentar esse fenômeno, ocasionado pela figura do professor como portador de uma consciência daquele "que sabe"? Como pensar uma prática pedagógica diferente no interior de um sistema de ensino que forma estudantes sob o abismo da divisão da sociedade em classes, ou seja, o abismo entre as condições de ensino dos sistemas público e privado, e no qual o acesso ao ensino ainda se baseia em critérios de classe?

MC: Eu tenho birra com a ideia de "conscientização" porque a ela foi dado um sentido muito peculiar que lhe permitia ser uma chave dos partidos comunistas e das tendências vanguardistas de esquerda perante a classe trabalhadora. Como Marx afirmou que a liberdade é obra dos próprios trabalhadores graças à consciência de classe, os partidos comunistas e muitas vanguardas de esquerda partiram da alienação dos trabalhadores sob a ideologia burguesa (a "falsa consciência") e se dispuseram a "educar" os trabalhadores para que passassem à consciência de classe. Tudo que escrevi sobre cultura popular e sobre a classe trabalhadora vai na direção oposta, isto é, ninguém pode "levar" a consciência aos outros, e isso por dois motivos: a) a consciência é conquistada na ação concreta de resistência e luta, e os historiadores de esquerda do mundo inteiro e os brasileiros têm mostrado que os trabalhadores são capazes disso por si mesmos; b) a consciência é uma conquista somente se for autônoma, isto é, conquistada pelos próprios sujeitos sociais e culturais, tanto na luta quanto no trabalho do pensamento. O grande problema, no caso da cultura popular, é aquilo que chamo de *consciência trágica* (no sentido grego do termo), isto é, de sujeitos que *sabem* (compreendem perfeitamente sua existência e a desigualdade e exclusão sociais) ao mesmo tempo em que *não sabem que sabem* (isto é, são levados pela ideologia dominante a não reconhecer que sabem e a interpretar o que sabem com as ideias dos dominantes, parecendo, portanto, que nada sabem), e é somente na luta social por direitos que esse saber se reconhece a si mesmo, como provam os movimentos sociais, nos quais os sujeitos realizam autonomamente uma reflexão sobre seu próprio saber. Em suma, eu tenho birra com a ideia de "conscientização" porque sua apropriação por certas tendências de esquerda bloqueia a ideia de autonomia da consciência, já que esta teria que vir de fora, trazida por um outro que não o próprio sujeito.

Passemos ao caso da educação. Minha crítica a essa ideia de "conscientização" de que acabei de falar se refere à suposição de que o professor detém o saber em sua pessoa e por isso forma a consciência dos alunos como uma inculcação de verdades (à maneira das vanguardas de esquerda). Ora, de que "verdades" se trata? Vou deixar de lado os professores universitários porque, hoje, eles são um caso perdido e seriam necessários vários livros para falar deles.

Um parêntese divertido, para fazer uma analogia com o que estou chamando de "conscientização". Num romance maravilhoso, *A segunda morte de Ramón Mercader* (sobre o assassinato de Trotsky), Jorge Semprún narra uma reunião do comitê central do Partido Comunista Espanhol na qual um dos dirigentes diz a um filiado: "Camarada, eu vou fazer a sua autocrítica". É isso que estou chamando de "conscientização".

Então, que "verdades" o professor inculcaria nos alunos fazendo a "conscientização" deles? A maioria dos professores do ensino fundamental e médio pertence aos estratos inferiores da classe média urbana e, portanto, a maioria adere ao ideário dessa classe, em que a educação é transmissão de informação e adestramento para a conquista do diploma, de maneira que a prática pedagógica visa a reforçar e não a criticar a ideologia dominante, que é tomada como a verdade das coisas. Nessa perspectiva, a competição individual, o vencer a qualquer custo, a recusa do companheirismo e da solidariedade são vistas como naturais (e, no caso da maioria das escolas privadas, são estimuladas), e a sociedade, tal como é, é tida como deve ser. O que quero dizer é que, nesse caso, a conscientização (agora sem as aspas) teria que ser do próprio professor! Caso contrário, a "conscientização" é apenas reforço ideológico para que os alunos correspondam ao que é esperado deles socialmente.

Consideremos, porém, os professores de esquerda que desejam lutar contra isso. No caso das escolas públicas, as condições salariais e de trabalho são tão precárias, que os professores, com toda razão, são levados mais à luta sindical do que à educacional. Por outro lado, esses professores convivem com um alunado esmagado pela violência das condições econômicas e sociais, às quais esses alunos respondem, também com razão, com igual violência, de tal maneira que professores, colegas, instalações escolares são ocasião para o exercício dessa violência (sobretudo quando o tráfico de drogas e o crime organizado estão envolvidos). Os alunos *vivem* essa situação. Por isso, "conscientização", se for apenas em palavras, tenderia a ser vista como balela de gente que não conhece a realidade; ela só seria conscientização (sem as aspas) e teria alguma viabilidade se se realizasse por dois caminhos: pelo material didático crítico (isto é, a compreensão da situação real dada e vivida por todos) e por meio de ações concretas junto à comunidade com a perspectiva de mudanças e criação de direitos. Pergunto: 1) quanto ao material didático, qual a autonomia dos professores para escolhê-lo? E 2) quanto à relação com a comunidade, de que tempo disporia o professor (nas condições terríveis em que sobrevive e trabalha) para também voltar-se para ela? Ponho na forma de perguntas porque não sei a resposta e posso estar completamente enganada.

No caso do alunado, seria preciso pensar nas diferenças entre os alunos das escolas privadas e públicas (particularmente as das periferias das grandes cidades). Nas escolas públicas, com raras exceções, a "conscientização" é feita ou pelo crime organizado ou pelas igrejas evangélicas, com a teologia da prosperidade ou do empreendedorismo, sobrando pouquíssimo (ou nenhum) espaço para o professor introduzir elementos de uma reflexão crítica. No caso das escolas privadas, há a adesão à ideologia neoliberal dominante da competição e da violência e, no caso das escolas de esquerda, apenas uma minoria dos alunos, vindos de famílias dos estratos superiores da classe média, chega a compreender e a valorizar uma perspectiva crítica, pois, com raras exceções, suas famílias já aderiram à ideologia neoliberal do individualismo competitivo.

O que estou tentando dizer é que a escola não é uma ilha social na qual poderia ser "trazida" a consciência, mas ela também não é "reflexo" das condições sociais. A escola é *expressão concreta* dessas condições. Ou seja, a escola é uma das instituições sociais que repete e reproduz as demais condições sociais porque ela é expressão dessas condições.

Eu costumo dizer que o que mais me aflige na sociedade brasileira (para além das desigualdades e exclusões e da ausência de direitos, evidentemente) são duas coisas: o autoritarismo social, isto é, que todas as relações sociais assumam a forma da relação entre um superior que manda e um inferior que obedece; e a ausência de pensamento, isto é, a adesão completa ao que é veiculado e difundido pelos meios de comunicação. Nesse quadro, entende-se por que muitos professores pensam na ideia de conscientização (sem as aspas) como forma de luta contra isso. Eu prefiro designar essa atitude como atitude crítica e de resistência, que se realiza já na sala de aula com o trabalho do pensamento e a assimetria generosa entre o professor e os alunos. Ou seja, estou falando numa outra sociabilidade que a sala de aula é capaz de propor, inventar e realizar a partir daquilo que os alunos já sabem e daquilo que ainda não sabem, sociabilidade que pode ou desfazer o que eles supunham saber ou ampliar seu saber anterior.

PARTE II
Educação e democracia

*Se não pensarmos sobre o significado
do ato de ensinar e de aprender,
não seremos capazes de pensar a democracia...*

Ideologia e educação[1]

Falar sobre "ideologia e educação" é quase como tentar uma dissertação sobre "Deus e sua época", isto é, uma certa dose de insensatez. Tanto um tema como o outro são inesgotáveis, pois não se pode falar de ideologia em geral nem de educação em geral e, portanto, reuni-los parece rematada loucura. A tentativa aqui, hoje, limita-se ao levantamento de alguns temas correntes nas discussões pedagógicas, para avaliar até que ponto encobrem ou não alguma ideologia. Por outro lado, como o termo "ideologia" tem adquirido os sentidos mais variados nos últimos decênios, tentarei, apenas para evitar algum mal-entendido entre nós, delimitar brevemente o campo no qual defino os traços da ideologia, sem pretender com isso esgotar a questão nem mesmo tratá-la de modo suficientemente detalhado.

Ideologia

De modo sumário e para os fins que nos interessam aqui, poderíamos "resumir" a noção de ideologia nas seguintes determinações:
1) Um *corpus* de representações e de normas que fixam e prescrevem de antemão *o que* se deve e *como* se deve pensar, agir e

---

[1] Conferência proferida na Faculdade de Educação da Unicamp em 23 de novembro de 1979; originalmente publicada em: *Educação e sociedade*, São Paulo, n. 5, p. 24-40, 1980; republicada em: *Educação e pesquisa*, São Paulo, v. 42, n. 1, p. 245-257, 2016.

sentir. Por sua anterioridade ao pensamento e à ação, a ideologia predetermina e pré-forma os atos de pensar, agir e querer ou sentir, de sorte que os nega enquanto acontecimentos novos e temporais ainda não pensados, não sentidos e não articulados a uma ação nova.

2) O *corpus* assim constituído tem a finalidade de produzir uma universalidade imaginária, pois, na realidade, apenas generaliza para toda a sociedade os interesses e o ponto de vista particulares de uma classe: aquela que domina as relações sociais. Assim, a produção desse universal visa não só ao particular generalizado, mas sobretudo ocultar a própria origem desse particular, isto é, a divisão da sociedade em classes e a existência de uma classe dominante.

3) Como forma do exercício da dominação de classe, a eficácia da ideologia depende de sua capacidade para produzir um imaginário coletivo em cujo interior os indivíduos possam localizar-se, identificar-se e, pelo autorreconhecimento assim obtido, legitimar involuntariamente a divisão social. Portanto, a eficácia ideológica depende da interiorização do *corpus* imaginário, de sua identificação com a própria realidade e especialmente de sua capacidade para permanecer invisível. Pode-se dizer que uma ideologia é hegemônica quando não precisa mostrar-se, quando não necessita de signos visíveis para se impor, mas flui espontaneamente como verdade igualmente aceita por todos.

4) É nuclear, na ideologia, que ela possa representar a realidade e a prática social por meio de uma lógica coerente. A coerência é obtida graças a dois mecanismos: a lacuna e a "eternidade". Isto é: por um lado, a lógica ideológica é lacunar, ou seja, nela os encadeamentos se realizam *não a despeito* das lacunas ou dos silêncios, mas *graças* a eles (as ideias se encadeiam e se conectam graças às lacunas entre elas e aos silêncios ou àquilo que elas não dizem); por outro lado, sua coerência depende de sua capacidade para ocultar sua própria gênese, ou seja, deve aparecer como verdade já feita e já dada desde todo o sempre, como um "fato natural" ou como algo "eterno". Esses dois mecanismos permitem que cheguemos a duas conclusões de grande envergadura no que concerne à crítica das ideologias.

Como lógica da lacuna e do silêncio, a ideologia não se opõe a um discurso pleno que viria preencher os "brancos" e tornar explícito tudo quanto ficara implícito. Em geral, é pela oposição entre o lacunar e o pleno que se costuma distinguir ideologia e ciência. Ora, não há qualquer possibilidade de tornar o discurso ideológico um discurso verdadeiro pelo preenchimento de seus brancos. Quando fazemos falar o silêncio que sustenta a ideologia, produzimos *um outro* discurso, o contradiscurso da ideologia, pois o silêncio, ao ser falado, destrói o discurso que o silenciava. Não é, pois, a ampliação ou a plena explicitação das representações ideológicas que constituem uma crítica da ideologia transformada em ciência, mas a destruição das representações e das normas pela demolição de seus andaimes, isto é, as lacunas.[2] A segunda consequência concerne à questão da gênese. A lógica ideológica só pode manter-se pela ocultação de sua gênese, isto é, a divisão social das classes, pois, sendo a missão da ideologia dissimular a existência dessa divisão, uma ideologia que revelasse sua própria origem se autodestruiria. Por essa razão, a ideologia deve fabricar teorias a respeito da origem da sociedade e das diferenças sociais de modo a poder negar sua origem verdadeira.[3] Trata-se, pois, da produção de uma gênese imaginária sustentada por determinadas "teorias" da história nas quais certas ideias, como as de progresso ou de desenvolvimento, têm a finalidade de colocar o presente como uma fase necessária do desdobrar do passado e do advento do futuro, estabelecendo continuidade entre eles. Assim, por

---

[2] Por exemplo: a ideologia afirma que o salário é o preço justo pago ao trabalho. Para fazer essa afirmação é preciso que ela silencie o principal, isto é, que o salário paga apenas uma pequena parte do trabalho, e que o trabalho não pago constitui o lucro do patrão (ou do capital). Assim, se a ideologia pudesse dizer tudo, não poderia falar em salário justo.

[3] Por exemplo: a ideologia burguesa afirma que todos os indivíduos nascem iguais, mas são diferentes por seus talentos, capacidades e disposição para o trabalho; assim sendo, os mais talentosos, capazes e trabalhadores progridem, enriquecem e se tornam uma classe social superior. A ideologia não pode dizer, sem se destruir, que a origem das classes sociais decorre da desigualdade real das condições dos indivíduos, que permite que alguns explorem e dominem muitos.

exemplo, nos primórdios da ideologia burguesa, a gênese da sociedade era explicada por um pacto social ou um contrato entre indivíduos como um "progresso" humano em face da natureza, enquanto na ideologia burguesa contemporânea a origem e a finalidade da sociedade são dadas pelas ideias de racionalidade, organização e planificação entendidas como um "progresso" no conhecimento "objetivo" das relações sociais.

5) A anterioridade do *corpus* de representações, a universalização do particular, a interiorização do imaginário como algo coletivo e comum e a coerência da lógica lacunar fazem com que a ideologia seja uma lógica da dissimulação (da existência de classes sociais contraditórias) e da ocultação (da gênese da divisão social). Por esse motivo, uma das operações fundamentais da ideologia consiste, segundo Claude Lefort, em passar do *discurso de* ao *discurso sobre* (assim, podemos quase detectar os momentos nos quais ocorre o surgimento de um discurso ideológico: por exemplo, quando o discurso *da* unidade social se tornou realmente impossível em virtude da divisão social, surgiu um discurso *sobre* a unidade; quando o discurso *da* loucura tem que ser silenciado, em seu lugar surge um discurso *sobre* a loucura; onde não pode haver um discurso *da* revolução surge um outro, *sobre* a revolução; ali onde não pode haver o discurso *da* mulher surge um discurso *sobre* a mulher, etc.). Ora, essa passagem do discurso *de* ao discurso *sobre* caracteriza várias de nossas atividades intelectuais, como a ciência (a psiquiatria, que fala sobre a loucura; a sexologia, que fala sobre o sexo; a tecnologia, que fala sobre o trabalho; a pediatria, que fala sobre a criança), a filosofia (que fala sobre as coisas e sobre as ideias) e, talvez, *a pedagogia, discurso sobre a educação*. O discurso *sobre*, em geral, oculta seu caráter ideológico chamando-se a si mesmo de Teoria. A distinção entre as duas formas de discurso (*de* e *sobre*) pode permitir que distingamos algo que tendemos a não diferenciar muito: o conhecimento e o pensamento. O conhecimento é a apropriação intelectual de um certo campo de objetos materiais ou ideais como *dados*, isto é, como fatos ou como ideias, como representações sobre a realidade. Em contrapartida, o pensamento não se apropria de nada: é um

trabalho de reflexão que se esforça para alcançar o sentido de nossas experiências, um trabalho para elevar uma experiência (não importa qual seja) à sua compreensão ou inteligibilidade, acolhendo-a não como um dado ou um fato já determinados, e sim como algo indeterminado, como um não-saber (e não como ignorância) que pede para ser determinado e pensado, isto é, compreendido, tornando-se verdadeiramente saber. Para que o trabalho do pensamento se realize é preciso que a experiência *fale de si* para poder *voltar-se sobre si* mesma e compreender-se. O conhecimento tende a cristalizar-se no discurso *sobre*; o pensamento se volta para uma experiência que fale de si mesma, esforça-se para evitar essa tentação apaziguadora, pois quem já sabe, já viu e já disse não precisa pensar, ver e dizer e, portanto, também nada precisa fazer. A experiência é o que está, aqui e agora, pedindo para ser visto, falado, pensado e feito.

Alguns temas para discussão

Os temas que enumerarei a seguir não obedecem a qualquer critério lógico de encadeamento, nem pretendem abranger todos os problemas suscitados pelo trabalho pedagógico. A escolha foi aleatória e sem pretensão a qualquer esgotamento das questões.

Quem silencia o discurso da educação?

Como sabemos, em nossa sociedade é tacitamente obedecida uma regra que designarei como a *regra da competência,* cuja síntese poderia ser assim enunciada: não é qualquer um que pode dizer a qualquer outro qualquer coisa em qualquer lugar e em qualquer circunstância. Em outras palavras, o emissor, o receptor e o conteúdo da mensagem, assim como a forma, o local e o tempo de sua transmissão dependem de normas prévias que decidem a respeito de quem pode falar e ouvir, o que pode ser dito e ouvido, onde e quando isso pode ser feito. A regra da competência, portanto, também decide de antemão quais são os excluídos do circuito de comunicação e de informação. Essa regra reafirma a divisão social do trabalho não só como algo "natural", mas sobretudo como "racional", entendendo por racionalidade a eficiência da realização ou execução de uma tarefa. E reafirma também a separação entre os que sabem e os que "não sabem", estimulando nestes últimos o desejo de um acesso ao saber por intermédio da informação (isto é, por meio do discurso *sobre*).

A regra da competência nos permite indagar: quem se julga competente para falar *sobre* a educação, isto é, sobre a escola como forma de socialização? A resposta é óbvia: a burocracia estatal que, por intermédio dos ministérios e das secretarias de educação, legisla, regulamenta e controla o trabalho pedagógico. Há, portanto, um discurso *do* poder que se pronuncia *sobre* a educação definindo seu sentido, finalidade, forma e conteúdo. Quem, portanto, está excluído do discurso educacional? Justamente aqueles que poderiam falar *da* educação enquanto experiência que é sua: os professores e os estudantes. Resta saber por que se tornou impossível o discurso da educação.

A ideologia contemporânea está montada sobre o mito da racionalidade da realidade entendida como se a razão estivesse inscrita nas próprias coisas e exprimindo-se através das ideias de organização e de planejamento. Como sabemos, a origem dessa ideologia encontra-se no mundo econômico da produção, isto é, no taylorismo e no fordismo como formas de racionalizar o processo de trabalho para aumentar sua produtividade. A racionalidade taylorista e fordista opera em dois níveis: no primeiro, fragmenta ao máximo o processo de trabalho a fim de torná-lo cada vez mais "produtivo", isto é, cada vez mais rentável pelo controle exercido sobre cada parte do corpo do trabalhador;[4] no segundo, procura reunificar o que foi fragmentado, recorrendo à organização e à planificação. Ora, estas duas últimas concernem à *decisão* acerca do processo de trabalho e encontram-se separadas da esfera da simples *execução*. A "racionalidade" consiste pura e simplesmente em separar de modo radical aqueles que decidem ou dirigem e aqueles que executam ou são dirigidos, retirando destes últimos todo

---

[4] São feitos cálculos para determinar qual o tempo mínimo necessário para o trabalhador realizar um movimento ou um gesto de maneira a fazer mais rapidamente seu trabalho – o corpo do trabalhador é fragmentado nos movimentos de cada uma de suas partes para ajustar-se aos movimentos e tempos das máquinas que opera (isso foi mostrado de maneira genial por Charles Chaplin no filme *Tempos modernos*). Também são feitos cálculos para determinar qual o tempo mínimo necessário de descanso, para refeições e uso do banheiro – o corpo do trabalhador é inteiramente controlado pelo tempo industrial.

e qualquer poder sobre sua própria atividade. O mito da racionalidade assim concebida permite, por um lado, o surgimento das burocracias como forma de reunificar o disperso, reproduzindo-se nelas próprias (através do sistema de autoridade fundado na hierarquia) a mesma divisão efetuada na esfera produtiva, e, por outro lado, o surgimento da ideia de administração. Administrar é organizar e planejar. Ora, o que caracteriza a sociedade de mercado ou o modo de produção capitalista é o fato de ele engendrar, a partir de uma equivalência (as mercadorias), um sistema universal de equivalentes graças a vários processos de abstração, ao final dos quais tudo se equivale a tudo ou qualquer coisa vale por qualquer outra. Essa homogeneização do social equalizando abstratamente todas as esferas de socialização e todas as obras sociais é o que torna possível o advento da noção e da prática da administração. Com efeito, a administração possui seu próprio sistema de regras, normas e preceitos, seus próprios princípios acerca do ato administrativo *independentemente* do objeto ou da realidade que será administrada. Em outras palavras, do ponto de vista da administração, como tudo é equivalente a tudo, a Volkswagen, a universidade, o ensino fundamental e o médio, o Detran, a PM, o museu de arte, o cinema, o teatro, a Bombril, a Samsung e o Bradesco são absolutamente equivalentes. Não há, do ponto de vista da administração, nada que individualize ou singularize esses "objetos", pois são todos igualmente administráveis, isto é, organizáveis e planejáveis.

Assim, a ideologia da competência, entendida como regra de inclusão e exclusão dos sujeitos, como mito da racionalidade encarnada no taylorismo e na burocracia (com suas sequelas, isto é, hierarquia, fragmentação, separação entre dirigentes e dirigidos) e como afirmação dos padrões de organização e planejamento sob a forma "neutra" da administração, silencia o discurso *da* educação, para que o poder dos dominantes fale *sobre* ela. A educação não pode falar porque, se o fizer, forçará o reconhecimento de sua existência singular ou específica articulada a outras singularidades que diferenciam as relações sociais, de sorte que, de diferença em diferença, acabaria levando ao reconhecimento da pluralidade de esferas da existência social e, por fim, das divisões sociais.

Postas as coisas nesses termos, poderíamos levantar algumas questões decorrentes do discurso *sobre* a educação, como: por que se estabeleceu o número de 40 horas como definição da "produtividade" de um professor? Por que se transformou a pedagogia de Paulo Freire (uma educação que fala de si mesma) na famigerada "educação continuada" que impede compreender que a aprendizagem é um trabalho do corpo e do espírito perante obstáculos postos pelo saber e uma descoberta de si e do mundo real? Por que há interesse em regionalizar a educação (aparentemente, portanto, admitindo diferenças)? E por que há interesse em articular a regionalização com a ideia generalizadora de desenvolvimento nacional (apagando a diferença regional inicialmente afirmada)? Por que há interesse em cursos profissionalizantes (supondo, outra vez, a diferença, agora no plano da demanda e da clientela)? E, ao mesmo tempo, por que há interesse numa seriação tal que, a partir de um determinado ponto, a profissionalização mude de significado, isto é, profissionalizar-se no ensino médio e na universidade não tem o mesmo sentido (aumentando, portanto, a diferenciação social ao mesmo tempo em que esta fica escondida)? Por que o setor de serviços exige diploma universitário dos trabalhadores precários como os do telemarketing, qual a relação entre essa exigência e a competição no mercado de trabalho e por que a educação se dobra a essa imposição do mercado? Por que se afirma a educação como um direito fundamental de todos, mas há descaso pela educação pública e se abrem as comportas para a educação privada em todos os níveis (repondo silenciosamente a divisão social)? Enfim, o que é uma educação administrada? E quem é e para que serve um administrador escolar?

A noção de maturidade e a confecção de currículos e programas de ensino

Em um outro trabalho,[5] procurei assinalar qual a ideia de educação e de conhecimento que se encontrava subjacente à reforma do ensino.[6] No entanto, naquele trabalho não fiz referência a um aspecto que, hoje, gostaria de sugerir como tema de discussão: a relação entre

---

[5] Cf. A reforma do ensino. *Discurso*, São Paulo, n. 8, 1978; a seguir, em "Mais do que uma profissão".

[6] Refiro-me à reforma feita na década de 1970 pela ditadura civil-militar. No caso das universidades, essa reforma permaneceu praticamente intocada. Nos outros níveis de ensino ela parece ter sido "modernizada", mas não recusada.

programas, currículos e a noção de maturidade. Aparentemente, essa ideia encontra fundamento real e objetivo graças às pesquisas das ciências biológicas e psicológicas. Todavia, se focalizarmos nossa atenção numa outra noção, deixada no silêncio, poderemos desconfiar um pouco da cientificidade e da neutralidade da noção de maturidade. Refiro-me à noção de imaturo. Quem, nas sociedades ocidentais modernas, tem sido sistematicamente definido como imaturo? A criança, a mulher, as "raças inferiores" (negros, índios e amarelos) e o povo. Qual a consequência fundamental da imputação de imaturidade a essas figuras? A legitimidade de dirigi-las e governá-las, isto é, de submetê-las. Ora, se a noção de imaturidade é claramente política e ideológica, por que sua contraface, isto é, a maturidade, haveria de ser científica (vale dizer, real e verdadeira)? E, uma vez que programas e currículos são montados sobre essa noção, não caberia analisá-la um pouco mais a fundo para que se pudesse averiguar a quem serve e a que serve? Se fizermos falar o silêncio *da* imaturidade, o discurso *sobre* a maturidade permanecerá intacto?

Escola e comunidade

Que se entende por comunidade numa sociedade de classes? Quem são os representantes da comunidade junto à escola? Que são e quais os serviços que a escola deve prestar à comunidade? Nas universidades não há qualquer dificuldade para responder a essas questões. Basta examinar a composição dos conselhos universitários para verificar que os representantes da comunidade são os membros do patronato e que os serviços à comunidade consistem em fornecer determinados tipos de mão de obra às empresas. Mas, nas escolas do ensino fundamental e médio, quem é a comunidade?

Na verdade, a própria ideia de comunidade mereceria uma certa atenção. Como sabemos, na conceituação de Max Weber, a comunidade é constituída pelas relações pessoais de serviço e defesa mútuos prestados por membros de um mesmo grupo que se conhecem pelo primeiro nome, se relacionam face a face e cuja solidariedade funda-se na família, na tribo, no clã, na religião, etc. Na análise de Marx acerca das formas pré-capitalistas, os três tipos de comunidades estudadas (primitiva, oriental e germânica-feudal) são constituídos por uma determinação fundamental, qual seja, a forma comunitária da propriedade (da terra) e dos instrumentos de trabalho (no artesanato). Em contrapartida, tanto para Weber quanto para Marx, o mundo moderno destruiu a comunidade e deu surgimento à sociedade, isto é, indivíduos isolados que se relacionam no mercado de trabalho, no qual estão em vigência não os indivíduos, mas as classes sociais. Nas análises de Marx, o fim da comunidade decorre do desaparecimento da propriedade comunitária e do surgimento da propriedade privada dos meios sociais de produção, da qual estão excluídos os trabalhadores enquanto classe social. Assim, seja do ponto de vista weberiano, seja do ponto de vista marxista, onde estão as comunidades na sociedade de mercado (Weber) ou no modo de produção capitalista (Marx)? Seria por obra do acaso que a ideologia da Nação e da comunidade nacional tenha surgido exatamente quando a realidade das comunidades desapareceu? Se a comunidade não for a Nação (pois esta se encontra dividida em classes), onde estará? Na perspectiva da Teologia da Libertação, surge a ideia da comunidade como uma comunidade de destino, de sorte que o vínculo que une os seus membros é o destino comum. Ora, dada a divisão das classes, haveria diferença entre comunidade de destino e classe social? Se houver, qual poderá ser?

Quando, portanto, aceitamos os termos da lei segundo a qual a escola recebe e presta serviço à comunidade, não estaremos confundindo o bairro, a vila, a periferia, isto é, os agrupamentos urbanos, com a comunidade? Mas o que há de ser uma comunidade assim definida? O que se oculta sob ela? O que está sendo silenciado quando se fala *sobre* comunidade numa sociedade de classes em que as condições objetivas da vida comunitária não podem existir?

O critério da autoavaliação

Tratarei esse aspecto sob a forma de perguntas com o intuito de apresentar as dificuldades desse critério.

Em que medida, numa sociedade como a nossa, pode haver autoavaliação? Até que ponto essa ideia não simplifica problemas complexos que vão desde o plano metafísico até o plano pedagógico? Examinemos brevemente alguns desses problemas.

No plano metafísico, se considerarmos a vida intersubjetiva como originária e na qual somos pelo e para o outro, o que seria autoavaliar-se? No plano antropológico, se considerarmos a cultura como sistema simbólico que define regras e valores para seus membros e por cujo intermédio estes podem reconhecer-se e identificar-se, o que seria autoavaliar-se? Considerando-se a questão pelo ângulo metafísico e antropológico, seria possível admitir a autoavaliação como caminho para a autonomia? Não seria o inverso que ocorreria? Isto é, não haveria na ideia de autoavaliação uma simplificação psicologizante que deixa em silêncio seus riscos? De fato, em termos éticos, autoavaliar-se significa indagar se somos sujeitos conscientes, livres e responsáveis por nossas ações. Ou seja, eticamente a autoavaliação coloca um problema que resulta do que dissemos sobre o plano metafísico e antropológico. Qual o problema? Ser um sujeito ético é ser autônomo, palavra derivada de duas palavras gregas – *"autós"*, si mesmo, e *"nomos"*, regra, norma, lei; é livre ou autônomo aquele que é capaz de racional, consciente e responsavelmente dar a si mesmo a regra ou a norma de suas ações; portanto, se a autoavaliação for a conformidade de um sujeito às regras e normas dadas por sua sociedade, será preciso dizer que ele não é autônomo.

Em termos sociológicos e políticos, não caberia perguntar o que é autoavaliar-se numa sociedade dividida em classes e unificada através do Estado? Quem cria as regras, as normas, os valores? Quem fornece os critérios da avaliação? Quais são eles? Qual seu sentido e finalidade? Até que ponto esses critérios são ou não instrumentos para inculcar no aluno determinadas expectativas e valores que não só anulem sua individualidade, mas sobretudo forneçam uma direção prévia às suas expectativas sociais?

Em termos psicológicos, a autoavaliação não seria um sutil mecanismo de interiorização da regra, da lei e da repressão? Em lugar de ser o momento ético da consciência de si (do aluno) mediada pela consciência do outro (no caso, do professor), não seria o puro apagamento da exterioridade das regras para torná-las internas, tornando impossível lutar efetivamente contra elas, visto que o combate se reduziria a um conflito psicológico interior a cada um? Não seria essa a origem da figura do aluno rebelde?

As perguntas colocadas até aqui não permitiriam indagar, em termos ideológicos, se a autoavaliação não seria apenas a dissimulação da exterioridade da autoridade, tornando-a invisível porque internalizada? E, se for esse o caso, a quem e por que interessa a invisibilidade da autoridade, e por que interessa dar-lhe a aparência de liberdade e responsabilidade? Liberdade com relação a quê? Responsabilidade do quê?

Donde uma última questão: a que e a quem serve uma pedagogia fundada no critério da autoavaliação que escamoteia problemas metafísicos (a identidade consigo mesmo como conquista da autonomia no interior da vida intersubjetiva), antropológicos (o papel da cultura na criação dos símbolos de reconhecimento), sociológicos, políticos e ideológicos (o exercício da dominação graças ao apagamento das diferenças de classes pela universalidade ilusória atribuída à regra particular interiorizada) e psicológicos (a autoavaliação como mecanismo de controle e como instrumento de adaptação)? Não estaríamos aqui diante de uma das formas mais sutis e eficazes de manipulação ideológica, na qual a liberdade é definida através de uma autonomia imaginária?

Os recursos audiovisuais[7]

À primeira vista, os recursos audiovisuais corresponderiam a uma concepção inteiramente nova da educação, na medida em que fariam o aluno atuar como totalidade corporal e espiritual, de sorte que ver, ouvir e tocar sejam considerados atos tão significativos quanto ler e escrever. No entanto, quando nos aproximamos um pouco da realidade desses recursos, ou pelo menos daqueles mais comumente empregados no Brasil, notamos que realizam o oposto do que talvez pretendessem. Em primeiro lugar, verifica-se que o aluno fica reduzido à posição de mero consumidor, e que sua passividade é aumentada pela ilusão de atividade ou de "participação" que tais recursos supostamente lhe pediriam, uma vez que não é criador deles, mas seu receptor e, quando muito, seu imitador. Em segundo lugar, há nesses recursos uma tendência a simplificar enormemente as questões, banalizando o conhecimento, freando o pensamento, tornando o mundo da cultura algo "divertido", porque na "diversão" desaparece o trabalho criador como *trabalho* (isto é, como transformação da realidade imediata numa obra que a exprime e a compreende). Em terceiro lugar, há

---

[7] Os leitores hão de perceber que este texto pertence a um momento anterior ao mundo informático e virtual. Para atualizá-lo um pouco, farei algumas observações a respeito dos recursos informáticos, sobre os quais peço licença para encaminhar os leitores ao meu ensaio "Cibercultura e mundo virtual", publicado em *A ideologia da competência* (Autêntica, 2014).

nesses recursos uma redução da dimensão simbólica da cultura, porque sua dimensão expressiva ou significativa é achatada numa concepção binária e puramente denotativa dos signos, uma vez que os recursos audiovisuais estacionam na esfera da correspondência biunívoca entre um signo e uma coisa, anulando aquilo que torna possível tal correspondência: a significação ou expressão. A conotação desaparece e, com ela, o simbólico, o imaginário e a possibilidade da crítica, pois como se poderia criticar aquilo que é puramente denotativo? Isto é, aquilo cujo sentido *aparece como inteiramente dado* na relação transparente do signo com a coisa?

Diante dos recursos audiovisuais, poderíamos indagar: a quem interessa uma relação com a cultura na forma do consumismo? A quem interessa a banalização e simplificação da cultura? A quem interessa ocultar a dimensão do trabalho cultural sob a ilusão da "criatividade"? A quem interessa que a educação seja apenas mais um item da cultura de massa e da indústria cultural? Quem lucra, do ponto de vista econômico, com a fabricação desses recursos? Quem lucra, social e politicamente, com seu uso? A quem interessa que a democratização da cultura seja sinônimo de massificação, de tal modo que o "direito igual de todos à educação" se converta automaticamente na suposição de que para ser um "direito igual" a educação deve reduzir-se à vulgarização dos conhecimentos através dos *mass media*? Assim como a autoavaliação inventa uma pseudoliberdade, o recurso audiovisual tende a transformar a igualdade educacional em nivelamento cultural pelo baixo nível dos conhecimentos transmitidos.

A passividade aumenta com os recursos informáticos sob três aspectos principais: em primeiro lugar, com a perda da relação com o espaço como vivência de nosso corpo (perto, longe, grande, pequeno, próximo, distante, maior, menor), pois as imagens espaciais estão achatadas na tela, sem profundidade, sem diferenças e sem localidade (a China e a Índia estão tão próximas quanto o bairro em que se vive); em segundo lugar, com a perda da relação com o tempo como diferença entre o presente, o passado e o futuro, como vivência de lembranças e expectativas, pois as imagens se oferecem como um presente perene, intemporal, e o tempo se reduz ao instantâneo; em terceiro lugar, embora os alunos pareçam agir, são na verdade passivos, porque são apenas *usuários* de máquinas cujo funcionamento real é inteiramente desconhecido por eles, dando-lhes uma vivência de tipo mágico em que basta apertar um botão ou dar um comando de voz para que as coisas aconteçam na tela. Aqui, muito mais do que no caso dos antigos audiovisuais, cabem as perguntas que fizemos anteriormente: a quem interessa, sob a ilusão da magia, ocultar a dimensão da educação como trabalho do corpo e do espírito no acesso ao saber e na criação de saber? A quem interessa que a educação seja apenas mais um item da cultura de massa e da indústria cultural? Quem lucra, do ponto de vista econômico, com a disseminação desses recursos, sobretudo quando vemos que em lugar de vender mercadoria a um cliente, novos meios vendem um cliente para empresas, sob a aparência de conhecer os gostos e as preferências deles? Quem ganha, social e politicamente, com seu uso?

A dinâmica de grupo

À primeira vista, se considerarmos, por exemplo, a ideia desenvolvida por Sartre do "grupo em fusão" como acontecimento histórico e social decisivo porque destrói (ainda que momentaneamente) a multidão como massa sem rosto, então a dinâmica de grupo parece ser um recurso valioso: diminui a competição e o individualismo típicos do universo burguês, cria condições para uma intersubjetividade na qual as tensões podem ser trabalhadas em lugar de serem camufladas ou mantidas numa situação de pura destrutividade recíproca, torna possível uma participação efetiva dos estudantes em seus próprios problemas e nos de suas relações com o professor e com a escola, abre campo para discussões coletivas e, portanto, para o entendimento recíproco das diferenças.

Todavia, quando examinamos mais de perto as "teorias" acerca da dinâmica de grupo,[8] tendemos a desconfiar de seus resultados, ou melhor, podemos perceber que elas viabilizam resultados opostos aos que eram esperados. Há pelo menos dois efeitos da dinâmica de grupo que merecem atenção por parte dos educadores. O primeiro deles concerne ao fato de que tal dinâmica tende a gerar uma forma nova e mais sutil de dependência recíproca. De fato, ao abolir, em decorrência

---

[8] Particularmente as elaboradas pela psicologia social e pela sociologia estadunidenses, que visam à adaptação dos "desadaptados" e ao treinamento para o sucesso nas situações competitivas, fazendo surgir a figura do líder.

da força numérica do grupo, a autoridade visível do professor, a dinâmica recria no interior do próprio grupo autoridades *invisíveis,* porque as relações têm a aparência de serem paritárias, quando não o são. Surgem líderes e liderados. E há toda uma parafernália psicologizante para "explicar" esse surgimento como algo natural e inevitável, sem que se questione sua origem verdadeira, isto é, a dinâmica de grupo como reprodução, no interior da escola, daquilo que a racionalidade organizatória promove dentro das empresas: a diferença entre dirigentes e dirigidos, sob a ilusão da vida em grupo. O segundo efeito da dinâmica de grupo consiste em criar nos seus membros a expectativa de ampliar para além do espaço grupal (no caso, espaço escolar e de classe) a mesma experiência, o que, sendo impossível, gera frustração permanente, pois o microcosmo artificial criado pela dinâmica de grupo não pode transformar-se em macrocosmo social. A tendência, portanto, poderá ser a de tornar os membros do grupo incapazes de enfrentar e resolver conflitos reais toda vez que o "modelo do grupo" não puder ser aplicado, ou, então, torná-los apáticos e indiferentes a tudo quanto ocorra "fora" do grupo. Assim, em lugar de o espaço ser ampliado, ele encontra-se reduzido pela dicotomia entre o "dentro" e o "fora".

Evidentemente, quando se procura examinar o que se oculta sob a proposta da dinâmica de grupo, não se trata de eliminar uma forma de trabalho pedagógico que a experiência tem revelado ser extremamente rica: refiro-me ao *trabalho em grupo,* cuja riqueza pedagógica advém justamente do fato de ser um *trabalho,* isto é, de as relações entre os membros do grupo estarem mediadas por uma tarefa comum, sendo ela o elemento que une e diferencia esses membros. Nesse caso, já não estamos diante da pura relação interpessoal em cujo interior a educação não só tende a tornar-se psicoterapia ilusória, mas ainda pode servir para reproduzir e preparar os estudantes para modelos de relações sociais desejadas pela ideologia contemporânea (como, por exemplo, aquelas produzidas pelos Departamentos de Relações Humanas (DRH) nas empresas).

Educação como formação e como conscientização

Em geral, costuma-se opor educação como formação e educação entendida como informação, oposição que reaparece quando se distinguem aprendizagem e treinamento, conscientização e pragmatismo, espírito crítico e autômato. Em contrapartida, aqueles que privilegiam o polo formação/aprendizagem/conscientização têm a esperança de que a educação possa ser um instrumento de conhecimento e de transformação da realidade graças à sua compreensão crítica. Não podemos também ignorar o fato de que tais oposições implicam uma outra, qual seja, entre uma visão humanista e uma visão tecnocrática da educação.

O que é "formar"? Quem lê o *Emílio* de Rousseau, *"O que é o esclarecimento"* de Kant, a *Fenomenologia do espírito* de Hegel, *Democracia e educação* de Dewey, as propostas da escola nova e da escola ativa, as de Summerhill ou as de Freinet, para não mencionar a *República* de Platão, o *Dos ofícios* de Cícero, o *De magistro* de Santo Agostinho e a obra de Paulo Freire, há de perceber que a ideia de formação é inseparável de um determinado campo teórico e do contexto histórico no qual é formulada a proposta pedagógica, de sorte que esta não pode ser compreendida sem o entendimento do papel atribuído ao educador com relação à sociedade, à política e ao saber. Lembradas essas obviedades, a questão colocada – que é "formar"? – permanece inteiramente aberta à procura de resposta.

Parece-me um tanto duvidosa as oposições formação/informação e aprendizagem/treinamento, não porque quem forma informa e quem ensina treina, mas porque, ao contrário, informar já é também uma maneira determinada de conceber a formação, assim como treinar já é uma maneira determinada de conceber o aprendizado. Os termos não são dicotômicos e opostos, mas complementares. Evidentemente, poderia se argumentar dizendo que a diferença entre as duas concepções se estabelece num outro plano, ou seja: num dos casos há uma opção humanista, na qual o estudante, como ser humano, é o *fim* da educação, enquanto no outro caso há uma opção tecnocrática, na qual o estudante, e o ser humano, é *meio* ou instrumento da educação. Ora, se fizermos a distinção entre as duas alternativas pedagógicas usando tais critérios, estaremos apenas optando entre duas versões da ideologia burguesa, pois o ser humano tanto como fim (Kant, Mounier) quanto como meio (Skinner, Taylor) é uma abstração. Foi em nome da "humanidade" que os povos da África, Ásia e América foram escravizados e trucidados, isto é, colonizados para que de "bárbaros" se tornassem "civilizados". Foi em nome da "humanidade" que durante o processo da acumulação primitiva do capital decretou-se que todos os homens eram livres, se bem que a "natureza" tivesse feito alguns mais aptos e outros menos aptos para a liberdade. Foi para salvar o "homem integral" que fascismo e nazismo eliminaram os que eram "menos" homens do que outros. Etc., etc., etc. Se for em nome do humanismo e da humanidade como fim que estabelecemos oposições entre alternativas pedagógicas, corremos o sério risco de andar em má companhia. Mesmo que se argumente que não se trata dessas concepções deturpadas ou oportunistas do humanismo, mas de um humanismo "verdadeiro" ou "autêntico", não creio que tenhamos saído do campo definido pela ideologia burguesa, pois é nela que, pela primeira vez, se definiu *o* homem como fim, de sorte a legitimar a existência *dos* homens como meio. Em uma palavra, optar pelo humanismo não é, ainda, criticar a ideologia, mas permanecer no interior de um campo cujas regras são dadas por ela.

Suponhamos, porém, um professor que, tendo trabalhado as ideias de Freud e de Marx, se decidisse pela crítica do humanismo burguês. A partir desse momento, a educação seria para ele um problema e não uma solução, pois o que há de ser formar um outro quando se conhece a força irredutível do inconsciente (Freud) e a dissimulação sistemática da exploração através da moral da responsabilidade (Marx)? Para tal professor, formar não seria informar os alunos acerca dessas questões e discuti-las com eles? Mas como poderia esse professor ter a pretensão de formar para a "liberdade" conhecendo o papel corrosivo e repressivo da cultura como superego e o significado de uma sociedade que se reproduz pela reposição da repressão (do corpo e do espírito) através da exploração econômica? Não estaria esse professor tocando justamente nos limites e nas ilusões do humanismo? Não seria esse o começo da educação como crítica desses limites e dessas ilusões?

Com isso, talvez seja necessário rever a ideia da educação como conscientização. Como sabemos, o surgimento da consciência de si como subjetividade livre e autônoma inaugura o pensamento moderno (Reforma Protestante e filosofia moderna). Mas sabemos também que papel foi dado a essa ideia na formação da ideologia burguesa. Sob certos aspectos, aliás, poderíamos considerar a ideologia contemporânea da organização/administração como mais "honesta" do que a formulação inicial da ideologia burguesa. Com efeito, nesta a consciência servia para definir a igualdade, a liberdade e a responsabilidade, isto é, a identidade de todos os homens garantindo a dissimulação das diferenças de classe. Na ideologia contemporânea, o elemento "consciência" já não exerce qualquer papel, tendo sido substituído pelas ideias de eficiência e de competência no interior dos quadros definidos pela organização. É nisso que a nova ideologia é mais "honesta" do que a anterior. Nela, a consciência permanece apenas a título de retórica no discurso do poder (o apelo à consciência dos cidadãos) e como espetáculo oferecido pelo poder (o prêmio ao melhor operário, estudante, policial, empresário, professor, cientista, isto é, aos "mais conscientes" de seus deveres e responsabilidades para com o mundo capitalista).

Poderia se argumentar aqui exatamente como se argumentou no caso do humanismo, isto é, dizendo-se que a conscientização seria justamente a formação de um espírito crítico que contestasse as duas versões dominantes acerca da consciência (seja como igualdade, liberdade e responsabilidade abstratas, seja como resíduo retórico ou como espetáculo de reafirmação ideológica). Cabe, portanto, aprofundarmos um pouco a discussão indagando se há ou não riscos ideológicos na concepção da educação como conscientização.

É verdade que a ideia de conscientização pressupõe a aceitação (e a crítica) das diferenças de classe a partir da divisão social e que, sob esse aspecto, ela é anti-ideológica. Todavia, cabe agora uma pergunta: como a classe social tende a ser tomada na perspectiva da conscientização? Como uma coisa (um fato social) e como uma ideia (a consciência de classe), ou traduzindo para uma linguagem mais conhecida: a classe em si e a classe para si. No caso pedagógico, teríamos o aluno em si e o aluno para si ou o aluno ser-social-em si e o aluno ser-social-para si. Ora, uma classe social e um aluno não são coisas ou fatos (como pensa a sociologia), nem são ideias (como pensa a filosofia): são um acontecer, um fazer-se, ação e reação, conflito e luta, movimento de autodescoberta e de autodefinição pelo seu próprio agir, em cujo curso a classe, tanto quanto o aluno, se constituem sabendo de si. Qual seria, então, o risco ideológico da noção de conscientização?

Em primeiro lugar, haveria o risco de imaginar o aluno (e a classe social) como uma consciência latente ou virtual, adormecida no seu ser em si e que o professor (ou a vanguarda) viria atualizar ou despertar. Há o risco do que chamamos de atitude iluminista, isto é, que alguém ou alguns tragam as luzes da consciência para outros.

Em segundo lugar, haveria o risco de imaginar o aluno (e a classe social) como uma consciência de si que, por ignorar-se a si mesma, isto é, não ser ainda para si, tenderia a manifestar-se através de palavras e de ações alienadas ou como "falsa consciência". Assim sendo, parecerá necessário esperar que a desalienação ou a consciência "verdadeira" lhe seja trazida *de fora* por aqueles que "sabem". Há o risco ideológico de diferenciar o aluno (e a classe social) do professor (e da vanguarda) em termos de imaturidade/maturidade, ignorância/saber, alienação/verdade, em suma, diferenciar hierarquizando e fazendo com que um dos polos seja uma espécie de receptáculo vazio e dócil no qual viria depositar-se um conteúdo exterior trazido pelo outro polo. Com isso, sob o nome de conscientização, reedita-se com nova roupagem o conservadorismo e o autoritarismo da educação que se pretendia combater.

Não se trata, evidentemente, de abandonar a questão da conscientização, mas apenas de reavaliá-la para que algumas questões novas possam ser colocadas. Não seria mais rico, em termos educacionais, se o professor, na relação com os alunos, levasse em conta um fenômeno que encontramos entre aqueles genericamente definidos como oprimidos e dominados (fenômeno, aliás, que encontramos em nós mesmos enquanto professores), qual seja, o da contradição interna entre uma consciência que sabe e uma consciência que nega seu saber? Isto é, a divisão interna entre a clara e total consciência que se tem de uma dada situação e, diante do sentimento ou da percepção da impossibilidade de transformá-la (apesar de conhecê-la), o surgimento de uma segunda consciência, um segundo discurso, uma segunda prática que negam ou anulam aquilo que realmente se sabe. Levar em conta esse fenômeno não seria enfrentar cara a cara o enigma da dominação? Não seria mais rica (em termos pedagógicos, políticos e históricos) uma pedagogia que percebesse e interrogasse esse fenômeno no qual um saber real, uma consciência verdadeira das condições objetivas, é sufocado *internamente* sob o peso da adversidade que impede à verdade conhecida e reconhecida propagar-se numa prática e que, ao contrário, cinde essa consciência *que sabe* fazendo-a produzir atos e discursos negadores de seu saber? Em lugar de nos comprazermos no maniqueísmo apaziguador de certas dicotomias, nas quais tanto a ignorância quanto a verdade vêm de fora, tanto o mal (a opressão) quanto o bem (a liberação) também vêm de fora, não seria mais rica uma pedagogia que levasse a sério o fenômeno da consciência contraditória? Por que essa pedagogia seria mais rica (poderíamos mesmo dizer: libertária)? Porque a contradição sendo *interna* (tanto no aluno quanto no professor), pode pôr-se em movimento por si mesma sem que precise aguardar a ação de um "bom" motor que, de fora, a faça mover-se, tirando-a da suposta passividade para levá-la a uma não menos suposta atividade. Uma pedagogia desse tipo não seria iluminista, intervencionista, dirigista, mas tentaria captar aqueles momentos objetivos e subjetivos nos quais a contradição possa vir a explicitar-se. Não se trata de um espontaneísmo aguardando que cada um faça quando puder e como puder a autodescoberta de suas contradições; trata-se apenas de uma pedagogia capaz de criar condições (o que pode ser obra tanto dos alunos quanto do professor quanto de todos) para que a descoberta possa acontecer. Por isso, o primeiro tema que sugeri para o debate foi o da retomada da noção de maturidade e de seu papel na confecção de programas e currículos. De que garantia dispomos para nos certificarmos de que a noção de maturidade não é um dos grandes obstáculos para essa pedagogia que busca desenvolver e superar a consciência contraditória?

O que seria o professor?

Platão diria: aquele capaz de fazer com que o outro se lembre da verdade, reconhecendo-a. Rousseau diria: aquele capaz de fazer da cultura uma astúcia que reproduza, por novos caminhos, a vida natural perdida. Kant diria: o que traz as luzes, ensinando a pensar em lugar de fornecer pensamentos. O jesuíta disse: aquele capaz de estabelecer uma distância absoluta entre o conhecimento e a realidade, ensinando, por exemplo, a crianças que falam o português, não a língua portuguesa, mas o latim por meio das regras da gramática latina. Hegel diria: aquele capaz de fazer lembrar e de trazer as luzes, respeitando as etapas de desenvolvimento da consciência. Victor Cousin disse: um funcionário posto pelo Estado a fim de transmitir moral e civismo formando espíritos aptos necessários ao próprio Estado. Um marxista perguntaria: quem educa o educador? Paulo Freire disse: aquele capaz de conscientizar, revelar a opressão e anular a colonização.

Essa multiplicidade de afirmações díspares (quase um samba do crioulo doido) e abstratas, pois foram feitas sem qualquer consideração do contexto histórico que as solicitava, tem apenas a finalidade de um lembrete óbvio: quando propomos uma pedagogia, além de possuirmos determinadas ideias acerca do conhecimento e de sua transmissão e uma ideia acerca do aluno, qual o professor que pressupomos?

Na qualidade de professora e de alguém que há pouco fez sugestões pedagógicas a partir da visão do aluno como consciência contraditória, sinto-me na obrigação de explicitar brevemente qual seria o professor aqui pressuposto. Gostaria de adiantar que se trata de um professor utópico. Por utópico não entendo ideal e impossível, pois a utopia não é isso. Trata-se de um professor que é utópico porque ora pode existir, ora pode desaparecer, cuja permanência é fugaz porque, como seus alunos, também é uma consciência dividida que substitui o que realmente sabe por uma prática negadora de seu saber efetivo. É um professor possível (e não provável), isto é, que tanto pode existir quanto não existir, tudo dependendo das condições contingentes de seu trabalho. É, portanto, um professor que não possui modelos para imitar porque aceitou o risco radical da experiência pedagógica.

O trabalho pedagógico, por ser um trabalho, não é transmissão de conhecimento (para isso existem outros instrumentos), mas também não é um diálogo, uma comunicação intersubjetiva entre o professor e seus alunos. O professor trabalha para suprimir a figura do aluno enquanto aluno, isto é, o trabalho pedagógico se efetua para fazer com que a figura do estudante desapareça no final do percurso. Para isso, o professor precisa fazer um esforço cotidiano para que ele e o lugar que ocupa não se identifiquem, pois, nesse caso, o lugar estaria para sempre já ocupado por alguém. Seu trabalho é tomar possível o preenchimento desse lugar por todos aqueles que estão excluídos dele e que aspiram por ele e pelo qual não poderiam aspirar se já estivesse preenchido por um senhor e mestre – isto é, que seus estudantes deixarão de ser estudantes porque poderão ocupar o lugar que ele agora ocupa e que, na verdade, está sempre vazio, pois não é propriedade sua (isso não significa, evidentemente, que todos os estudantes se tornarão professores, e sim que qualquer um deles pode sê-lo, se o desejar). Porque existe o lugar do professor, mas existe como lugar vazio, todos podem desejá-lo e ninguém pode preenchê-lo senão sob o risco de destruí-lo. A relação professor-aluno é assimétrica e sem diálogo: este se torna possível quando o aluno desaparece e em seu lugar existe o novo professor. *O diálogo é ponto de chegada e não ponto de partida*, só se torna real quando o trabalho pedagógico termina e o professor encontra-se com o não-aluno, o outro professor, seu igual. É preciso aceitar a assimetria com rigor para não forjar a caricatura do diálogo e exercer disfarçadamente a autoridade. Ausência de diálogo não significa presença de autoritarismo: o lugar do professor está vazio, pois seu ocupante ali se encontra não como autoridade incontestável, e sim para deixá-lo através de seu próprio trabalho. Ao professor não cabe dizer "faça como eu", mas "faça comigo". O professor de natação não pode ensinar o aluno a nadar na areia fazendo-o imitar seus gestos, mas leva-o a lançar-se n'água em sua companhia para que aprenda a nadar lutando contra as ondas, fazendo seu corpo coexistir com o corpo ondulante que o acolhe e repele, revelando que o diálogo do aluno não se trava com seu professor, mas com a água. *O diálogo do aluno é com o pensamento, com a cultura corporificada nas obras e nas práticas sociais transmitidas pela linguagem e pelos gestos do professor, simples mediador.*

Por que esse professor é utópico ou possível? Por que ora aparece, ora desaparece? Porque sua posição é muito arriscada: está sempre a um passo de tornar-se guru, de assenhorear-se do lugar do mestre e manter os alunos, para sempre, na condição de discípulos. Uma pedagogia crítica deveria interrogar esse risco cotidiano: de onde vem e por que vem a sedução de tornar-se guru? De onde vem e por que vem em nós e nos alunos o desejo de que haja um mestre, o apelo à figura da autoridade? E por que, divididos que somos, não cessamos de ter consciência desse risco e dessa sedução sem cessarmos de agir para promovê-los? Que forma mais sutil e sedutora poderia haver para reconciliar nossa divisão interior do que fazer com que os alunos dialoguem *conosco* e não com o pensamento e com o mundo que os rodeia, dissimulando nesse diálogo imaginário o deslocamento operado para conduzir a assimetria real até uma simetria ilusória? A ideologia não está fora de nós como um poder perverso que falseia nossas boas intenções: ela está dentro de nós, talvez porque tenhamos boas intenções.

Universidade para uma sociedade democrática[1]

Ao propor para debate um tema como esse, explicável pela conjuntura política que atravessamos, conviria meditar um pouco na formulação "universidade para uma sociedade democrática". Esse "para" pode ser interpretado pelo menos de duas maneiras: por um lado, pode sugerir que a universidade se realize de tal modo que contribua para o advento de uma sociedade democrática – seria uma universidade para fazer surgir uma sociedade democrática –, mas, por outro lado, pode sugerir uma universidade que depende, para ser democrática, da existência de uma sociedade já democrática – nesse caso, a situação da universidade seria a de uma espécie de "variável dependente" do restante do sistema social e político. Em uma palavra, o "para" é ambíguo porque sugere tanto que a universidade seja condição para a sociedade democrática quanto que a sociedade democrática seja condição para a universidade. Penso que nos dois casos a ideia não é muito feliz: o primeiro possui o viés liberal iluminista que espera das luzes da razão o advento da democracia; o segundo possui o viés mecanicista que faz da universidade um reflexo da sociedade. Por não considerar o tema muito propício à reflexão, prefiro tratá-lo de outra maneira, qual seja: o que são relações democráticas como relações econômicas, sociais e

---

[1] Intervenção no I Congresso sobre Educação da USP, em 15 de setembro de 1980; originalmente publicada em: *Ora, pombas!* (Revista da Casa do Politécnico), São Paulo, p. 6-12, abr./maio 1981. (N. do Org.)

políticas que se efetuam em todas as esferas da vida coletiva e das quais a universidade é uma das formas particulares? Deixarei essa questão para o final de minha exposição.

Grosso modo, podemos caracterizar a situação da universidade hoje no Brasil considerando-a, em primeiro lugar, como não sendo um assunto do Ministério da Educação e Cultura, mas como um negócio do Ministério do Planejamento. Isso significa, antes de mais nada, que a educação e a pesquisa não são mais encaradas como bens culturais das elites, mas como capital que deve produzir lucro social. Em outras palavras, a determinação econômica da educação e da pesquisa se sobrepõe a suas determinações sociais e políticas. Como consequência, a educação e a pesquisa têm menos a ver imediatamente com a função tradicional de reprodução de ideologia e muito mais a ver com a criação de força de trabalho. Muitos têm contestado que esta seja realmente a função da universidade, alegando que, pelo contrário, ela perdeu totalmente sua função ideológica e não tem função econômica porque as empresas capitalistas são capazes de, por si mesmas, criar a mão de obra de que precisam em menor tempo, isto é, com menor custo. Nesse caso, a universidade teria se tornado uma instituição sem sentido: por um lado, é economicamente anacrônica e um peso morto nas costas do Estado, razão pela qual, dizem alguns, ela "funciona para não funcionar", isto é, tornou-se irracional para o sistema econômico; por outro lado, politicamente ela deixou de ter qualquer papel relevante, na medida em que seus dirigentes não saem dos quadros letrados ou universitários, mas de outros segmentos sociais, razão pela qual ela é, politicamente, um estorvo para o sistema, um foco de descontentamento, de frustração por não participar do poder e um polo potencial de rebelião. Discordo dessas análises. No meu entender, a universidade que herdamos é a universidade irracional e anacrônica para as exigências do atual sistema econômico e social, mas por isso mesmo ela vem sendo submetida a reformas contínuas que visam a adaptá-la à finalidade que mencionei anteriormente, isto é, de produtora de força de trabalho a baixo custo para objetivos prédeterminados na esfera do Ministério do Planejamento.

Assim não fosse, seria incompreensível a implantação das licenciaturas curtas em ciências exatas e naturais e, agora, licenciatura plena em estudos sociais. Exército ilustrado de reserva.

Um segundo traço que me parece caracterizar hoje a universidade consiste em sua forma: ela está estruturada segundo o modelo organizacional da empresa, isto é, tem o rendimento como fim, a burocracia como meio e as leis do mercado como condição. Assim, creio que cometemos um engano quando denunciamos a articulação empresa-universidade como uma articulação entre duas realidades distintas – hoje, não apenas pelos serviços que lhe deve prestar, mas porque está internamente organizada conforme ao modelo da empresa capitalista. Isso significa que além de participar da divisão social do trabalho, que separa trabalho manual e intelectual, serviços e produção cultural, ela realiza em seu próprio interior a divisão social do trabalho intelectual, isto é, dos trabalhos administrativos, pedagógicos e de pesquisa. Consequentemente, a universidade se encontra fragmentada em todos os níveis, tanto nos graus do ensino quanto nos da carreira, tanto nos cargos administrativos e docentes quanto nos postos de direção e de execução. Essa fragmentação geral da universidade é "corrigida" pela forma capitalista ou moderna de unificação, qual seja, centralização pela burocracia como hierarquia de postos, salários, autoridade e poder, e sobretudo como separação radical entre a esfera da decisão e do controle e a esfera da execução.

Um terceiro e último traço que mencionaria nessa caracterização sumária concerne ao estado de total heteronomia da universidade: ela é heterônoma do ponto de vista econômico (orçamentos, dotações, verbas – e sua distribuição – e bolsas não são decididas pela própria universidade), no plano educacional (currículos, programas, créditos, formas de avaliação, credenciamento de cursos, revalidação de diplomas e títulos e tipos de licenciaturas são decididos fora da universidade, assim como é fora dela que se decidem os vestibulares), no plano cultural (os critérios de cursos de graduação e de pós-graduação, a decisão quanto ao número de professores e de estudantes por disciplinas, os julgamentos de currículos, os cerimoniais de prazos e títulos para a carreira e a forma da carreira dos funcionários são quantitativos e abstratos e decididos fora da universidade) e no plano social e político (na medida em que professores, funcionários e estudantes não decidem qual o serviço que querem prestar à sociedade, nem a quem querem prestá-lo, nem o que fazer com o instrumental cultural de que dispõem, etc.).

Nessas circunstâncias, o que ocorre com a ideia da universidade como produtora de saber e de cultura? Em geral, tendemos a responder a essa questão com três respostas que, embora verdadeiras, são parciais. No que tange à área de produção de ciência vinculada à tecnologia, dizemos que o sistema econômico é de tal natureza que não comporta sequer a ideia de produção científica, pois suas exigências se esgotam no adestramento de aplicadores de receitas estrangeiras. No que tange à área das humanidades, dizemos que o sistema econômico e social é de tal natureza que instrumentaliza a cultura, enfatiza o tecnicismo e anula o papel das humanidades, que se tornam anacrônicas e inúteis. No que tange à adequação entre universidade e sociedade, muitos se sentem fascinados pela ideia de modernização, e portanto aceitam sem crítica que "modernizar" é um valor progressista e positivo, sem se darem conta de que modernizar significa simplesmente subordinar a universidade aos critérios econômicos da produtividade e do rendimento, desconsiderando inteiramente as exigências próprias do trabalho intelectual e reforçando a ligação mecânica entre universidade e sociedade pela redução de ambas ao critério da administração e da organização planejada, sem indagar a quem essa organização beneficia e por quê.

As considerações a respeito da impossibilidade da produção cultural me parecem parciais por três motivos. O primeiro deles decorre do fato de que se identifica autonomia da produção cultural com autonomia nacional, fazendo da perspectiva nacionalista uma finalidade que obscurece dois fatos fundamentais: que o capitalismo é um fenômeno global ou mundial que determina por sua própria lógica a forma de inserção nacional no mercado mundial, e que há a divisão da sociedade em classes. O segundo consiste em opor tecnicismo e humanismo, sem que se perceba que o humanismo moderno nasce como ideal de domínio técnico sobre a natureza, sobre a sociedade e sobre a história, de tal modo que o que chamamos de "homem ocidental moderno" não é a negação tecnocrata, mas seu surgimento, na medida em que o sujeito moderno, enquanto sujeito do conhecimento, agente moral e político, tem como ideal fundamental a dominação prática em toda a realidade. O saber moderno, em cujo interior é produzido o humanismo moderno, nasce sob a divisa de que saber é poder, e de que o poder é o domínio técnico do real. Enfim, o terceiro motivo para julgar aquelas avaliações anteriores como parciais consiste no fato de que não levamos em consideração a diferença essencial entre conhecimento e pensamento. O conhecimento é a apropriação intelectual de fatos e de conceitos dados – é tomar posse, pela inteligência e pelas suas operações, de objetos factuais ou ideais já dados como fatos ou como ideias. O pensamento, no entanto, não é isso, não é a apropriação intelectual dos fatos e das ideias, mas é o trabalho intelectual para elaborar experiências novas e que pedem para ser compreendidas, ditas e realizadas. O pensamento é a produção de saber, e não aquisição de ciências e de técnicas. O pensamento é o trabalho da reflexão para tornar inteligível uma realidade qualquer que é experimentada por nós como algo desconhecido porque ainda não pensado. Só há produção de cultura onde há pensamento. (Por isso há uma enorme falácia quando se opõe cultura popular ou iletrada como formas diversas de conhecimento do real, pois são maneiras diferentes de pensar o real e de produzi-lo como algo mediado pela reflexão.)

Eu diria que não somos produtores de cultura somente porque somos economicamente "dependentes" ou porque o humanismo foi devorado pela tecnocracia, ou porque não temos verbas para transmitir conhecimentos, mas sim porque a universidade está estruturada de tal forma que sua função é conhecer para não pensar. Adquirir e reproduzir para não produzir. Consumir, em lugar de realizar o trabalho da reflexão. Porque conhecemos e não pensamos, tudo que entra na universidade só pode ser legitimamente aceito pela academia se for reduzido a um conhecimento, isto é, a um objeto controlado intelectualmente. É preciso que a realidade se converta em coisa morta para ter direito à universidade.

Eu gostaria de mencionar algumas consequências dessa situação. Ou melhor, algumas manifestações de professores e estudantes que parecem incompreensíveis. Do lado dos professores, eu mencionaria a adesão à modernização e aos critérios de rendimento e de produtividade. Para muitos de nós, que não aderimos à mística da modernização, parece incompreensível que boa parte de nossos colegas se deixe fascinar pela contagem de horas-aula, créditos, prazos rígidos de conclusão de pesquisas, presença física no *campus* para provar serviço, confiança nos critérios quantitativos como expressão de realidades qualitativas. Para muitos de nós, essa adesão ao "moderno" aparece como abdicação ao verdadeiro espírito da cultura. Ora, não é verdade. Os colegas professores que aderiram ao mito da modernização o fizeram porque adotaram os dois grandes pilares da ideologia burguesa: do lado objetivo, a aceitação da razão como razão instrumental, como construção de modelos teóricos para aplicações técnicas; do lado subjetivo, a crença de que o rendimento, a produtividade, o cumprimento de créditos e de prazos são prova de honestidade e de seriedade, isto é, são expressões de valores morais. A modernização, portanto, para muitos de nossos colegas significa que, enfim, a universidade se tornou capaz de realizar a ideia moderna de razão e de abrigar trabalhadores honestos.

Do lado dos estudantes, ocorre o oposto. Recusando a razão moderna instrumental, grande parte de nossos estudantes tende para duas atitudes alternativas: alguns passam a valorizar o puro sentimento contra a falsa objetividade do saber; outros fazem da "Tese n.º 11 contra Feuerbach"[2] uma palavra de ordem dogmática. Tenho medo dessas duas atitudes, embora me pareçam plenamente compreensíveis. Tenho medo dessa valorização imediatista do sentimento, porque ela é arma poderosa para políticas fascistas que exploram os sentimentos, querem a explosão da sensibilidade mas a impedem de ser elaborada, de fazer seu caminho próprio, de se expandir e de se transformar, graças à reflexão suscitada. A uma política fascista interessa a emergência do sentimento para bloqueá-lo, dando-lhe um conteúdo e um destino que o disciplinem para determinados fins políticos, dos quais o terror não está alheio. Mas também tenho medo da defesa dogmática da "Tese n.º 11", porque quando se acredita que não há mais necessidade de pensar para compreender o real, que já é possível transformá-lo, é porque se admite implicitamente que já existe uma teoria definitiva para a compreensão desse real e que já existe uma prática que aplica essa teoria e modifica a história. Essa abdicação da necessidade de pensar o aqui e o agora reduz o trabalho teórico a um modelo abstrato dado de antemão e para sempre, e reduz a prática a uma aplicação técnica desse modelo, segundo táticas e estratégias. Com isso, anula-se o trabalho do pensamento e da compreensão histórica, e anula-se a prática como práxis social.

Não falarei aqui dos movimentos estudantis e dos funcionários, pois não os conheço com clareza suficiente. Falarei apenas do que me parece ser a busca de alternativas por parte dos professores. Acredito

---

[2] Marx: "Os filósofos até agora se preocuparam em interpretar o mundo. Cabe agora transformá-lo".

que de nossa parte a proposta de uma democratização da universidade se faz de duas maneiras principais: 1) a criação da Adusp como poder de veto e como capacidade para criar um consenso quanto às reivindicações dirigidas aos poderes universitários e estatais, além da tentativa de organizá-la sob a forma descentralizada dos conselhinhos de unidade e de privilegiar a representação dos professores de grau mais baixo na carreira, invertendo a representação oficial da USP; 2) a luta pela diminuição da autoridade burocrática no plano administrativo e no da carreira, pela alteração dos regimes de trabalho e dos salários, diminuindo as diferenças impostas pela hierarquia oficial. A democratização é entendida: a) como modificação dos critérios de representação docente, discente e de funcionários nos órgãos colegiados e nos órgãos de direção; b) como direito de controle dos orçamentos, das verbas e da sua distribuição; c) como defesa da liberdade de pesquisa e de ensino, como defesa contra a triagem ideológica e como valorização do qualitativo sobre o quantitativo. Assim, contra a burocracia propomos o reforço dos parlamentos universitários; contra a falta de autonomia econômica propomos a abertura dos orçamentos e o controle das verbas, e, enfim, contra a falta de autonomia cultural propomos a liberdade de ensino e pesquisa e o critério da qualidade.

Sem dúvida essas posições são de grande importância e têm sido fundamentais para diminuir o autoritarismo reinante na universidade. No entanto, parece-me que nossas posições não ultrapassam uma proposta de democracia liberal, na medida em que: 1) temos em mira uma democratização que visa a modificar os parlamentos universitários pelo aumento da representação, mas não chegamos a discutir o significado do maior obstáculo à democracia, que é a separação radical entre direção e execução. Queremos aumentar a representação nos órgãos de poder já existentes, queremos tomar parte neles, mas em nenhum momento temos posto em dúvida sua necessidade e sua legitimidade; 2) temos defendido a liberdade de pesquisa e de ensino como defesa da liberdade de opinião, de modo que a universidade aparece para nós como espaço público (porque espaço de opinião livre), mas nunca a encaramos como coisa pública. No meu entender, essa concepção possui duas consequências sobre as quais não temos refletido: a) entendida a universidade como espaço de formação e de circulação da opinião pública, o que a distingue dos meios de comunicação?

Em geral, tendemos a dizer que os meios de comunicação de massa estão muito mais ligados à manipulação da opinião pública do que à sua formação, e isso nos distinguiria deles. Ora, até que ponto nossas pedagogias não são manipulações de consciências? Também costumamos nos distinguir dos meios de comunicação, que constituem junto conosco o espaço da opinião pública, usando o critério da competência. Ora, a partir da "modernização da universidade", se há um critério que não podemos invocar para nos distinguirmos de outros meios formadores de opinião é, justamente, o da competência; b) entendida a universidade como espaço público e não como coisa pública, a questão da democratização se esgota para nós no direito de ocupar livremente esse espaço, escamoteando aquilo que a ideia da universidade como coisa pública não nos permitiria escamotear. O que não poderia ser escamoteado por nós? Em primeiro lugar, o fato de que uma das maneiras antidemocráticas de lidar com o saber consiste em vulgarizá-lo e banalizá-lo para o consumo geral, pois, enquanto opinião pública, o saber pertence à esfera do simples consumo de informações e não põe em jogo o problema de sua produção: "todos" podem consumir cultura, desde que nem todos a produzam. Em segundo lugar, se a universidade fosse entendida como coisa pública e não como espaço público, tornaria imediatamente visível a divisão social do trabalho e o fato de uma parte da sociedade estar excluída não do espaço público da universidade, mas do direito de produzir cultura. A universidade como coisa pública não significa que os produtos mais elaborados da cultura sejam imediatamente compreensíveis – esse é o ideal da gratificação imediata do consumidor próprio da televisão –, mas sim que é muito diferente o direito de ter acesso a essa produção e considerá-la, em nome de sua dificuldade e de suas exigências de iniciação, um privilégio de classe.

Penso que nossas lutas pela democratização, se ficarem limitadas ao aumento da representação e da participação, nos reduzirão a mais um grupo de pressão dentro da universidade. Ora, um grupo de pressão o é porque se dirige a interlocutores cuja posição, legitimidade e poder não são contestados, visto que são aqueles aos quais dirigimos nossas reivindicações. Passada a fase em que essa luta tem sentido porque é uma forma de resistência ao autoritarismo, ela deixa um saldo pequeno e que, no limite, poderia ser assim resumido: tudo pode permanecer como está, desde que nos seja dado o direito de intervir e de participar no que está concebido. Friso muito esse saldo pequeno porque ele me parece presente nas oposições políticas brasileiras, pois elas não puderam superar a forma de ação que possuíam, quando ser oposição significava resistir, no momento em que ser oposição passou a significar capacidade de transformação.

Grosseiramente podemos dizer que a ideia de democracia comporta as seguintes determinações: a ideia de comunidade, de igualdade, de liberdade, de poder popular, de eletividade e rotatividade dos governos e a ideia de conflito. Por ser avesso a essas determinações, o liberalismo é uma política antidemocrática, e a democracia liberal é o resultado da ação da luta de classes ou das lutas populares pela participação política. A democracia liberal não é a política espontânea da classe dominante no sistema capitalista, mas a política a que esta é forçada por pressões populares. Se o termo "democracia" veio juntar-se ao termo "liberal", cabe-nos considerar a democracia liberal não como toda a democracia possível, nem como a falta de democracia, mas apenas como uma forma histórica determinada da realização da ideia democrática. Para entendê-la, façamos referência breve ao modo como ela resolve os problemas da comunidade, da liberdade, da igualdade, do conflito e da eleição. A comunidade, na ideia geral de democracia, é definida por aquilo que há em comum entre os cidadãos, isto é, a comunidade é definida pela liberdade e pela igualdade. Ora, numa sociedade de classes não é possível falar em comunidade, tanto assim que a sociedade civil é definida pelo pensamento político não como lugar da liberdade e da igualdade, mas da guerra e da luta de interesses. Na democracia liberal, duas entidades devem figurar a comunidade ocupando o lugar que cabia à liberdade e à igualdade: o Estado, como comunidade imaginária de interesses coletivos, e a Nação, como comunidade imaginária de origem e de identificação social. A liberdade será definida como direito à propriedade do corpo e dos bens necessários à manutenção do corpo, de sorte que será determinada pela propriedade privada e pela relação de contrato entre proprietários. A igualdade, enfim, será definida pela relação contratual e pela igualdade perante a lei, isto é, a igualdade não é social, econômica e política, mas jurídica. Os conflitos, por seu turno, sendo realmente conflitos de classe, não podem ser tratados pela própria sociedade, mas devem ser rotinizados por canais institucionais, de sorte que a rotina política bloqueie a luta social. Enfim, as eleições perdem sua dimensão simbólica (o momento em que o poder, estando vazio, revela que não pertence a ninguém e que se encontra espalhado pela sociedade soberana) para se tornarem rotina de substituição de governo. A tendência da democracia liberal consiste em fortalecer a ideia de cidadania, de modo a fazer da democracia um fenômeno exclusivamente político, esvaziando seu caráter social e histórico. A ideia de representação encobre a de participação, reduzindo esta ao instante periódico do voto. Com a politização da democracia e com a redução dos sujeitos sociais ao cidadão, a liberdade se torna liberdade de opinião ou de voz e de voto, enquanto a igualdade se reduz ao direito de acionar a lei em seu favor e de ter representantes políticos.

Se quisermos ir além da forma liberal de democracia, precisamos considerar democracia não como um regime político, mas como uma forma de existência social. Isso significa que precisamos ser sensíveis ao fato de que o poder não se restringe à dimensão do Estado, mas se encontra difundido e espalhado por toda a sociedade civil sob a forma da exploração e da dominação, da separação entre produtor e proprietário, entre dirigentes e executantes. Precisamos também compreender como as divisões sociais operam de modo a privatizar cada vez mais a existência social, mobilizando os indivíduos para melhor despolitizá-los. Precisamos também repensar a ideia de representação antes de acoplá-la imediatamente à de participação. Precisamos perceber qual é o ponto fundamental sobre o qual se apoiam as formas existentes de dominação e perceber que a espinha dorsal da dominação contemporânea, feita sob a forma de administração burocrática, é a separação absoluta, em todas as esferas da vida social, econômica cultural e política, entre dirigentes e executantes e que, portanto, a questão democrática, antes de ser a questão da cidadania e da representação, precisa ser uma questão que torne a cidadania e a representação concretas – essa questão é a da gestão da vida econômica, social, política e cultural pelos seus agentes. Em uma suma, só a quebra da divisão social do trabalho, da vida, da cultura e da política como quebra da separação entre direção e execução repõe de modo concreto a possibilidade de os objetos sociais e políticos conquistarem a condição de sujeitos sociais e políticos.

Com isso, a democracia recoloca na ordem do dia o problema da violência como redução de um sujeito à condição de coisa, de instrumento manipulável. A violência não é a violação da lei – pois nesse caso não poderíamos falar em leis violentas –, mas a posição, sob forma de lei, do direito de reduzir um sujeito a uma coisa. Ora, que é a separação entre dirigentes e executantes senão a redução de uma parte da sociedade à condição de coisa? E é aqui, acredito, que a universidade entra em questão.

Ao afirmar anteriormente que nossas lutas, importantes enquanto formas de resistência ao autoritarismo, não ultrapassam, a longo prazo, a democracia de tipo liberal, eu o fiz menos por desconsiderar a importância dessas lutas e mais porque elas podem nos dar desculpas para não analisarmos aqueles pontos nos quais nossa violência se exerce cotidianamente e nossa incapacidade democrática se revela de modo assustador. Eu gostaria de mencionar apenas dois aspectos entre os inúmeros que poderiam ser mencionados. Chamo o segundo de "história do vencedor" e o primeiro de "direito vitalício ao poder pelo amor à competência". O segundo se refere às nossas pesquisas nas áreas das humanidades, e o primeiro se refere à pedagogia que empregamos.

Se examinarmos o modo como elaboramos a história da sociedade brasileira, o modo como encaramos o problema político e social, o modo como encaramos a assim chamada cultura popular, o modo como incorporamos a história das ideias políticas, literárias, filosóficas, científicas no Ocidente, veremos, talvez com espanto, que nossa maneira de periodizar a história social, política, cultural, tanto no Brasil quanto no restante do Ocidente, é uma periodização cujo corte tem como referência a visão que a classe dominante tem de si mesma. É sua história e a de suas ideias que nos ocupa. Não estou dizendo que os movimentos populares não sejam considerados por nós. Eles o são, mas o que é grave é que são pesquisados, narrados, interpretados, transmitidos e periodizados segundo cortes e visões que não são suas, e sim da classe dominante, da qual somos membros, mesmo que nosso coração não goste da ideia. Não se trata apenas de encararmos o outro com o nosso próprio pensamento e o reduzirmos a um objeto de conhecimento, despojando-o da sua condição de sujeito, mas trata-se sobretudo do fato de sua história, suas revoltas, suas produções, seus anseios, seus projetos históricos deixarem de lhes pertencer porque são tomados por nós no *continuum* de uma história que não é a deles, mas a dos vencedores.

Se examinarmos o que se passa na relação pedagógica, também não veremos um quadro que alegre nossos corações democráticos. Não me refiro ao autoritarismo próprio dos regulamentos universitários aos quais nos curvamos todos, estudantes, professores, funcionários. Refiro-me ao uso do saber como exercício de poder, reduzindo os estudantes à condição de coisas, roubando-lhes o direito de serem sujeitos de seu próprio discurso. Longe de aceitarmos que a relação professor-aluno é assimétrica, ocultamos de duas maneiras essa assimetria: ou tentamos o "diálogo" e a "participação em classe", fazendo de conta que não há diferença real entre professor e aluno e, portanto, ficando incapazes de trabalhar essa diferença, ou, então, usamos a assimetria para impor nossa autoridade. O que seria admitir a assimetria e a diferença, trabalhá-las e alcançar uma pedagogia democrática? Seria considerar, talvez, que o bom professor de natação não ensina a nadar na areia, nem diz ao aluno "faça como eu", e sim lança-se à água com o aluno, lhe diz "faça comigo", deixando que o diálogo seja do aluno com a água e não com ele, professor. Uma pedagogia democrática faz com que o estudante não dialogue conosco, mas com o pensamento, que sejamos os mediadores desse diálogo, e não seu obstáculo. O diálogo dos estudantes é com o pensamento e com as práticas sociais corporificadas nas obras da cultura e, por isso mesmo, numa relação pedagógica democrática, o lugar do saber sempre se encontra vazio, por esse motivo todos podem almejá-lo. O trabalho pedagógico é o esforço para suprimir o aluno como aluno, para que em seu lugar surja aquele que é igual ao professor – por isso o diálogo não é o ponto de partida, mas o ponto de chegada. Por isso também podemos compreender o que significa o momento em que aqueles postos como desiguais pela sociedade afirmam o direito ao diálogo: esse direito significa que os desiguais não reconhecem nem legitimam a desigualdade. É toda essa dimensão simbólica dos atos políticos que nos indica quando há democracia, sobretudo quando a sociedade repele a democracia. A sociedade democrática não é um ideal nem um direito, mas uma conquista.

O que é ser educador hoje? Da arte à ciência: a morte do educador[1]

Um preâmbulo

Causa espanto e mal-estar, hoje em dia, quando se sabe que Platão excluíra da *politeia* ideal tanto os poetas quando os sofistas. Se, para muitos, a exclusão destes últimos parece justificada – afinal, dizia Platão, eles eram caçadores e sedutores de jovens –, a expulsão dos poetas, no entanto, parece incompreensível e signo de um pensamento autoritário. Um pouco de senso histórico não nos fará mal. Quem são os excluídos da cidade real? Os poetas épicos, os poetas trágicos e os sofistas. Os primeiros porque ensinam a virtude da aristocracia de sangue – a *aretê* do guerreiro belo e bom; os trágicos porque justificam e legitimam a passagem do mundo político aristocrático, fundado na vingança do sangue familiar, para o mundo democrático, fundado nas

---

[1] Conferência proferida no III Encontro Nacional de Supervisores de Educação, realizado entre 20 e 25 de outubro de 1980 em Goiânia; originalmente publicada com o título "A morte do educador" em: *Jornal Opção*, Goiânia, 9 nov. 1980, Suplemento Dominical, p. 8-12; republicada com o presente título em: Encontro Nacional de Supervisores de Educação, III, 1980, Goiânia. *Anais...* Goiânia: ASSUEGO (Associação dos Supervisores Escolares do Estado de Goiás), 1981; e em BRANDÃO, Carlos Rodrigues (Org.). *O educador: vida e morte. Escritos sobre uma espécie em perigo*. Rio de Janeiro: Graal, 1982. p. 53-70. (N. do Org.)

leis, no direito, no tribunal e nas assembleias populares; e os sofistas porque educam os jovens para essa democracia, desenvolvendo neles a capacidade retórica e o senso da oportunidade política, segundo uma forma tradicional da inteligência prática e astuta que os gregos denominavam *métis*. Mais do que nos determos no fato de que Platão exclui certos pedagogos de sua cidade, interessa compreender como e por que ele os exclui. Torna-se patente que o vínculo entre a *paideia* e a política é indissolúvel e que são posições políticas determinadas o alvo visado por Platão. A identidade entre o belo/bom/justo/verdadeiro encontra-se na base das exclusões platônicas. Isto é, o filósofo pretende afastar toda pedagogia (e, portanto, toda política) que não esteja comprometida com o conhecimento simultâneo do verdadeiro e do justo, que para ele são o próprio bem e o belo. É na qualidade de propagadores de simulacros desses valores que os poetas e os sofistas são excluídos. Eram os males do passado remoto e do presente recente que o filósofo pretendia eliminar (com ou sem razão, é outra questão). E pretendia fazê-lo por intermédio de uma outra arte de ensinar, na qual aprender fosse lembrar; conhecer, re-conhecer. Dessa arte, o *Mênon* é a forma exemplar. A pedagogia seria esse lado da filosofia voltado para aquelas almas que não se esqueceram inteiramente da verdade outrora contemplada, que não beberam das águas do rio Esquecimento, sabendo suportar a sede momentânea para não perder um bem irrecuperável na sociedade. Pedagogia e filosofia, destinadas a liberar o espírito das sombras da caverna, pô-lo em contato com a luz fulgurante do bem/belo. Ensinar era dividir a palavra – diálogo com aqueles que *já* sabem, embora *ainda* não o saibam.

Rousseau é o primeiro filósofo a tematizar o significado do término da bela cidade ética. Desde Maquiavel, o mundo moderno descobre com horror o fim da ideia e da realidade da comunidade. Descobre que toda cidade se encontra dividida entre "o desejo dos Grandes de oprimir e comandar e o desejo do Povo de não ser oprimido nem comandado".[2] Descobre a divisão social irremediável, a simbolização da unidade pelo Estado destacado do social, a universalidade abstrata do cidadão, contraposta à individualidade, também abstrata, do sujeito particular. Tecendo uma genealogia do mal, uma teodiceia às avessas,

---

[2] MAQUIAVEL. *O príncipe*, cap. IX.

Rousseau dirá que não é possível formar o cidadão; política e ética estão cindidas, e o máximo que se pode fazer é compensar a perda da inocência natural e da universalidade ético-política educando o indivíduo para que possa respeitar e amar o outro enquanto seu outro. Rousseau esperava que o preceptor fosse capaz de arte: artifícios para colocar Emílio numa realidade natural perdida, fazê-lo, pela arte pedagógica, reencontrar o que a vida social destruíra com o advento do "teu" e do "meu", com o discurso sedutor do rico pela união com os pobres para melhor explorá-los. Sons, cores, odores, artesanato, ofícios, vida comunitária, festas, direito e instituições sociais – eis o que, devagar, o preceptor deveria levar Emílio a descobrir, como se cada um pudesse e devesse fazer sozinho todo o caminho feito pela humanidade, sem, contudo, corromper-se. Impedir a corrupção de um homem no interior da corrupção dos homens, eis a arte do pedagogo e o papel fundamental que esta arte tem de ensinar a "olhar ao longe" para compreender e amar o que está próximo – o lugar do selvagem como o Outro perdido, que em sua diferença nos ensina o que perdemos e o que ainda podemos desejar. Fazer de Emílio um cidadão do mundo, já que não é possível fazê-lo um cidadão de seu Estado, implica pô-lo em contato com o silêncio das origens, a fim de que sua fala restaure, no mundo da cultura, um pouco do que se aprende na calada natureza.

Contrariamente a Rousseau, Hegel, para quem a Revolução Francesa é o momento decisivo da criação do Estado moderno como universalidade concreta ou como espiritualidade objetiva que resume e resolve as contradições entre o público (social) e o privado (individual), pensa a filosofia como pedagogia da cultura. Cada um de nós é o herdeiro silencioso de uma história mundial que constitui o acervo da humanidade e que a filosofia recolhe, rememorando o caminho feito pelo trabalho paciente do negativo. A *Bildung*, formação cultural dos indivíduos, não consiste apenas em fazê-los percorrer, enquanto individualidades singulares, os caminhos feitos pelo Espírito enquanto cultura e universalidade, nem consiste em formar os cidadãos reconciliando os interesses privados (que definem a sociedade civil) e o interesse universal (que define o Estado), mas consiste sobretudo num processo de amadurecimento pelo qual cada um atravessa toda a história de sua cultura e faz parte dela. A pedagogia hegeliana, como a platônica e a rousseauniana, é um recordar, um lembrar. Não pelos mesmos motivos filosóficos, nem pelas mesmas finalidades políticas, mas porque nos três filósofos há um ponto comum: o de que ensinar e aprender são uma arte intimamente relacionada com a morte. A morte de Sócrates, a morte das origens naturais, a morte do trabalhador espiritual – eis o que leva Platão, Rousseau e Hegel a criarem um vínculo entre filosofia e pedagogia e, sobretudo, a estranha peculiaridade do ensinar/aprender como diálogo.

Como efeito, nos três filósofos, mestre e aprendiz estão numa relação de palavra dividida ou partilhada – o *logos* a dois. No entanto, com quem fala o aluno platônico? Com o morto. Com quem fala o aluno rousseauniano? Com o morto. Com quem fala o aluno hegeliano? Com o morto. Sócrates, o silêncio das origens e o trabalho da história são os mortos com quem se fala. Mas, que significa esse paradoxal diálogo? Significa que através de um *outro silencioso* a palavra e o pensamento do aluno poderão nascer. É a dimensão simbólica do ensinamento e do aprendizado que se manifesta nesse diálogo com um outro que não é alguém, porque é o saber. Por isso, aprender é lembrar – ou, como dizia o camponês goiano: "Pra toda gente saber de novo o que já sabe, mas pensa que não. Parece que nisso tem segredo que a escola não conhece".[3]

Toda arte é ofício de segredos e mistérios. Quando as mãos e os olhos do pintor trabalham, é o mistério da visibilidade que se realiza – o quadro, visão operante, como dizia Merleau-Ponty, revela que a profundidade, isto é, o que não está nem pode estar pintado, não é a terceira dimensão do espaço, mas aquilo pelo que a visão é possível, seu mistério de estar nas coisas e nos nossos olhos, não estando em nenhum deles. Quando o escritor escreve, é o mistério da palavra que se realiza – o verbo que se faz carne e habita entre nós. Como o tecelão que tece pelo avesso, o escritor se rodeia de sinais para que, sem que saibamos onde e quando, o sentido se manifeste, como o desenho da tapeçaria, urdidura incompreensível de fios. Toda arte é segredo e mistério. A morte do educador é a morte de uma arte milenar: a de fazer vir ao mundo um saber que já estava lá e pedia para nascer. "Parece que nisso tem segredo que a escola não conhece."

---

[3] Citado em BRANDÃO, Carlos Rodrigues. *A questão política da educação popular.* São Paulo: Brasiliense, 1980. p. 198.

A ciência e a morte do educador

A tristeza é o que sentimos ao perceber que nossa
realidade diminui porque nossa capacidade de agir
encontra-se diminuída ou entravada.
Espinosa

Como todo filósofo, Espinosa não considera os afetos de um ponto de vista estreitamente "psicológico", isto é, como estado de alma observável e controlável, mas como disposição interior, *éthos*. O sentimento possui dimensão fenomenológica – manifesta um modo de existir – e um sentido ontológico – exprime um modo de ser. É nossa vida por inteiro, corpo e alma, que se encontra implicada numa história afetiva da qual, segundo Espinosa, a alegria e a tristeza são as formas originárias das quais nascerão todas as outras. A alegria é o que sentimos quando percebemos o aumento de nossa realidade, isto é, de nossa força interna e capacidade para agir. Aumento de pensamento e de ação, a alegria é caminho da autonomia individual e política. A tristeza é o que sentimos ao perceber a diminuição de nossa realidade, de nossa capacidade para agir, o aumento de nossa impotência e a perda da autonomia. A tristeza é caminho da servidão individual e política, sendo suas formas mais costumeiras o ódio e o medo recíprocos.

A ciência manipula as coisas e recusa-se a habitá-las, dizia Merleau-Ponty. Reduz o real a um conjunto de variáveis designando tudo quanto existe como o "objeto X", pronto a entrar no laboratório. O pensamento científico é um artificialismo absoluto, porque operacionalismo absoluto concebido sob o modelo de máquinas humanas, pois o "homem se converteu no *manipulandum* que pensa ser ou entra num regime de cultura em que não há mais verdadeiro e falso no que toca ao homem e à história, num sono ou num pesadelo do qual nada pode despertá-lo".[4]

Vivemos num mundo comandado por aquilo que a ideologia dominante convencionou designar como "progresso tecnológico". Resultado da exploração física e psíquica de milhões de homens, mulheres e crianças, da domesticação de seus corpos e espíritos por um

---

[4] MERLEAU-PONTY, Maurice. *L'oeil et l'esprit*. Paris: Gallimard, 1999. p. 12.

processo de trabalho fragmentado e desprovido de sentido, da redução de sujeitos à condição de objetos socioeconômicos manipuláveis politicamente e pelas estruturas da organização burocrático-administrativa, o "progresso" sequestra a identidade pessoal, a responsabilidade social, a direção política e o direito à produção da cultura por todos os não-dominantes. Todavia, mesmo para aqueles que podem usufruir dos resultados de fartura trazidos pela ciência e pela tecnologia, não deixa de ser verdadeira a afirmação de Octavio Paz: "o progresso povoou a história com as maravilhas e os monstros da técnica, mas desabitou a vida dos homens. Deu-lhes mais coisas, mas não lhes deu mais ser".[5] Aumentou posse e consumo de uns, miséria e fome de outros – diminuiu em todos a realidade, o ser, a capacidade interna de agir. Colocando-nos a mil léguas da autonomia e da liberdade, roubou-nos a alegria. Nefasto portador da tristeza.

Espinosa dizia que a razão só inicia o trabalho do pensamento quando sentimos que pensar é um bem ou uma alegria, e ignorar, um mal ou uma tristeza. Somente quando o desejo de pensar é vivido e sentido como um afeto que aumenta nosso ser e nosso agir é que podemos avaliar todo mal que nos vem de não saber. Pensar, agir, ser livre e feliz constituem uma forma unitária de viver, individual e politicamente. Ignorar, padecer, ser escravo e infeliz também constituem um modo unitário de existir. Por isso, escrevia Espinosa, não há instrumento mais poderoso para manter a dominação sobre os homens do que conservá-los no medo, e, para conservá-los no medo, nada melhor do que conservá-los na ignorância. Inspirar terror, alimentar o medo, cultivar esperanças ilusórias de salvação e conservar a ignorância são as armas privilegiadas dos governos violentos.

Ora, quando examinamos as reformas do ensino no Brasil após 1968, o papel conferido à segurança nacional (levando à introdução do ensino de moral e civismo e da organização social e política do Brasil), ao desenvolvimento econômico nacional (levando aos cursos profissionalizantes no ciclo médio, às licenciaturas, curtas ou plenas, em estudos sociais, ciências, comunicação e expressão, e aos convênios empresa/escola) e à modernização da escola (cientificização do ensino,

---

[5] PAZ, Octavio. *O labirinto da solidão e post-scriptum*. Rio de Janeiro: Paz e Terra, 1984, p. 202.

organização burocrático-administrativa da escola, centralização e tutela curricular), notamos a aliança intrínseca entre uma certa concepção da ciência, da tecnologia, da profissionalização e do "progresso" que não só indica a morte da pedagogia como arte de ensinar, mas revela também o novo papel conferido à escola: além de reprodutora de ideologia e das relações de classe, está destinada a criar em pouco tempo, a baixo custo e em baixo nível, um exército alfabetizado e letrado de reserva. Para compreendermos o que significa transformar a pedagogia em ciência, o educador em cientista prático (técnico) e o aprendizado em criação de força de trabalho, precisamos avaliar o significado da cultura contemporânea como poderoso agente de exclusão e de intimidação social e política. Sem isso, não compreenderemos por que ensinar/ aprender deixou de ser arte e rememoração, e por que hoje, mais do que nunca, a cultura popular está no fim.

Quando examinamos a ciência contemporânea, dificilmente poderemos vê-la como instrumento de liberação e, muito menos, como um pensamento criador que nos torna mais reais e mais ativos. Pelo contrário, condição e fruto do "progresso", a ciência tornou-se poderoso elemento de intimidação sociopolítica através da noção de competência. Poderíamos resumir a noção de competência no seguinte refrão: não é qualquer um que pode dizer qualquer coisa a qualquer outro em qualquer lugar e sob qualquer circunstância.

O discurso e a prática científicos, enquanto competentes, possuem regras precisas de exclusão e de inclusão cuja determinação em última instância é dada, finalmente, pela divisão das classes sociais. No entanto, não é apenas como reprodutora da divisão social e dos sistemas de exclusão social que a ciência é poderoso instrumento de dominação, e nem mesmo como condição necessária da tecnocracia. Ela é poderoso elemento de dominação porque é fonte de intimidação. Com efeito, a vulgarização e a banalização dos resultados científicos através dos meios de comunicação de massa, das terapias (ocupacionais ou não), do sistema eufemisticamente denominado nas indústrias como "relações humanas" e, enfim, através da escola, têm a finalidade de interpor entre a experiência real de cada um e sua vida a fala do especialista. Entre nosso corpo e nossa sexualidade, interpõe-se a fala do sexólogo, entre nosso trabalho e nossa obra, interpõe-se a fala do técnico, entre nós como trabalhadores e o patronato, interpõe-se o especialista das "relações humanas", entre a mãe e a criança, interpõe-se a fala do pediatra e da nutricionista, entre nós e a natureza, a fala do ecologista, entre nós e nossa classe, a fala do sociólogo e do politólogo, entre nós e nossa alma, a fala do psicólogo (muitas vezes para negar que tenhamos alma, isto é, consciência). E entre nós e nossos alunos, a fala do pedagogo.

Essas múltiplas falas de especialistas competentes geram o sentimento individual e coletivo da incompetência, arma poderosa de dominação. Essas falas científicas ou técnicas têm a finalidade de tornar a realidade absolutamente transparente, dominável, controlável, previsível, determinando de antemão o que cada um de nós deve ser para, simplesmente, poder ser. Interpostos entre nós e nossas experiências, esses discursos competentes têm a finalidade de fazer-me considerar minha própria vida como desprovida de sentido enquanto não for obediente aos cânones do "progresso científico" que me dirão como ver, tocar, sentir, falar, ouvir, escrever, ler, pensar, viver.

A intimidação, porém, não se esgota nesse aspecto. O que me é dado sob a aparência de saber não é sequer o próprio saber, mas sua caricatura banalizada e vulgarizada. Recebo, sob a forma de informação, uma versão degradada de um saber que desconheço tanto no nível de sua produção quanto no de seu consumo. Nem mesmo como consumidor tenho acesso aos produtos mais elaborados da cultura letrada, ao mesmo tempo em que, para as classes dominadas e exploradas, essa "invasão cultural" (Paulo Freire) é um assalto à identidade e um rombo no trabalho de resistência. Esse é o mundo no qual a festa se converteu em festival, a educação em gratificação instantânea do consumidor e o real num grande espetáculo transparente. Mas é também um mundo no qual o vínculo entre o saber e o poder tornou-se indissolúvel, não sendo mais possível manter o álibi dos liberais, isto é, de que o saber é mais usado pelo poder. Identificaram-se.

Há várias maneiras antidemocráticas de lidar com o pensamento, mas as principais talvez sejam as seguintes: em primeiro lugar, impedir que um sujeito tenha o direito à produção da cultura – o que se pode fazer, no plano da cultura letrada, pela exclusão de uma classe social ou, no plano da cultura popular, por sua transformação em folclore e pela oposição piedosa entre o "tradicional" e o "moderno". Em segundo lugar, impedir que um sujeito tenha o direito de acesso aos produtos da cultura e do saber – o que se pode fazer, nas sociedades liberais, pela indústria cultural, e nas sociedades autoritárias, pela censura. Em terceiro lugar, desenvolver um ideal de conhecimento tal que suas divisões internas não sejam determinadas pela própria produção do saber, mas por razões e políticas estabelecidas, como é o caso, por exemplo, do desenvolvimento tecnológico que conhecemos, elaborado de maneira a excluir de seu conhecimento todos aqueles que deverão ser reduzidos à condição de meros executantes de um saber cuja origem, sentido e finalidade lhes escapa inteiramente. Essa divisão social do saber tecnológico é o que tem permitido a muitos liberais de boa cepa, como Norberto Bobbio, afirmar que é da essência da tecnologia separar técnicos e produtores, sem perceber como a tecnologia foi concebida justamente de modo a criar os incompetentes sociais.

Qual há de ser a função do educador hoje? Como pensar uma escola (do ensino fundamental à universidade) capaz de romper com essa violência chamada "modernização"? Como não cair nas armadilhas da pedagogia como ciência? Talvez recuperá-la como arte signifique menos uma atitude nostálgica e muito mais uma atitude crítica corajosa cujo tema seja nosso próprio trabalho enquanto professores. No meu caso, a questão é a da universidade, onde... "ensino".

Universidade e cultura

Posta pela divisão social do trabalho do lado "improdutivo", na sociedade capitalista a cultura deverá, de algum modo, compensar essa "improdutividade". A compensação, efetuada de várias maneiras, resulta sempre no mesmo, ou seja, na instrumentalização da produção cultural.

Grosso modo, existem três formas imediatas e visíveis de instrumentalização da cultura: aquela efetuada pela educação, tanto para reproduzir relações de classe e sistemas ideológicos quanto para adestrar mão de obra para o mercado; aquela que transforma a cultura em coisa valiosa em si por si, numa reificação que esgota a produção cultural na imagem do prestígio de quem a faz e de quem a consome; e aquela conseguida por meio da indústria cultural que, além de vulgarizar e banalizar as obras culturais, conserva a mistificação da cultura como valor em si, ao mesmo tempo em que veda seu acesso real à massa dos consumidores.

Há, porém, duas outras maneiras de instrumentalizar a cultura, mais sutis e perigosas. A primeira, partindo da indústria cultural, consiste em convencer cada indivíduo de que ele estará fadado à exclusão social se cada uma de suas experiências não for precedida de informações competentes que orientem sua ação, seus sentimentos, seus desejos e fins. A cultura se transforma em guia prático para viver corretamente (orientando a alimentação, a sexualidade, o trabalho, o gosto, o lazer) e, consequentemente, em poderoso elemento de intimidação social. A segunda consiste em confundir conhecimento e pensamento. Conhecer é apropriar-se intelectualmente de um campo dado de fatos ou de ideias que constituem o saber estabelecido. Pensar é desentranhar a inteligibilidade de uma experiência opaca que se oferece como matéria para o trabalho da reflexão para ser compreendida e, assim, negada enquanto experiência imediata. Conhecer é tomar posse. Pensar é trabalho da reflexão. O conhecimento se move na região do instituído; o pensamento, na do instituinte.

A universidade brasileira está encarregada dessa última forma de instrumentalização da cultura ao reduzir a questão do saber à do conhecimento, podendo, por isso mesmo, administrá-lo, pois sendo seu campo o saber instituído, nada mais fácil do que dividi-lo, dosá-lo, distribuí-lo e quantificá-lo.

No entanto, quando nos acercamos das queixas feitas pelos universitários no tocante à produção cultural, as discussões enveredam por outros caminhos.

Assim, no que tange à área de produção científica ligada à tecnologia, afirma-se que o sistema econômico é de tal modo dependente que bloqueia toda pesquisa autônoma, forçando a universidade a limitar-se ao adestramento de aplicadores do *know-how* estrangeiro.

Na área das humanidades, afirma-se que o sistema socioeconômico é de tal modo avesso à própria ideia de cultura, encontra-se a tal ponto imerso no puro tecnicismo que anula o sentido das humanidades, que elas ficam relegadas à condição de ornamento ou de anacronismo tolerado.

No que concerne à adequação entre universidade e sociedade, muitos se sentem fascinados pela modernização, isto é, pela racionalidade administrativa e pela eficácia quantitativa, opondo-se àqueles que lamentam o fim de uma universidade onde ensinar era uma arte, e pesquisar, a tarefa de uma vida.

Essas observações, que exprimem o desencanto dos universitários como produtores de cultura, embora verdadeiras, são parciais.

É bastante duvidoso, por exemplo, identificar autonomia cultural e autonomia nacional, não só porque essa identificação abre comportas para ideologias nacionalistas (em geral, de cunho estatista), mas sobretudo porque obscurece o essencial: por um lado, a divisão em classes da sociedade brasileira, e por outro lado, o capitalismo como fenômeno mundial que determina suas formas de realização particulares pela mediação do Estado nacional. Sem dúvida, a heteronomia econômica é real, mas não porque haja dependência, e sim porque há a lógica própria do imperialismo como capitalismo do capital financeiro que desconhece inteiramente a possibilidade de qualquer ideia de autonomia nacional – seja para o "centro", seja para a "periferia" do sistema. O fundamental não é indagar "que pesquisas científicas servem ao Brasil?". Mas "a quem, no Brasil, servem as pesquisas científicas?".

A oposição muito imediata entre humanismo e tecnicismo também pode revelar-se um tanto ilusória. Não podemos esquecer que o humanismo moderno nasce como ideal de domínio técnico sobre a natureza (pela ciência) e sobre a sociedade (pela política), de sorte que o chamado homem ocidental moderno não é a negação do tecnocrata, mas um de seus ancestrais. O homem moderno, na qualidade de sujeito do conhecimento e da ação, é movido pelo desejo de dominação prática sobre a totalidade do real. Para tanto, precisa elaborar uma ideia acerca da objetividade desse real que o torne suscetível de domínio, controle, previsão e manipulação. Na condição de sujeito do conhecimento, isto é, de consciência instituidora de representações, o homem moderno cria um conjunto de dispositivos teóricos e práticos, fundado na ideia moderna de objetividade como determinação completa do real, possibilitando a realização do adágio baconiano: "saber é poder". Se a ciência e a técnica manipulam as coisas, "recusando-se a habitá-las", é porque foram convertidas em objetividades, isto é, representações controláveis, e essas representações são um efeito do sujeito moderno. Ora, para tornar-se sujeito das representações e dos dispositivos práticos, foi preciso que o homem moderno desse a si mesmo um lugar. O sujeito, enquanto constituidor das representações, ocupa o lugar do puro observador, isto é, instala-se num polo separado das coisas, e graças a essa separação pode dominá-las. Consciência soberana, porque destacada dos objetos, o homem ocupa exatamente o mesmo tipo de lugar (separado e externo) que, na sociedade moderna, ocupam o poder e sua figuração, o Estado. O lugar do poder, no mundo moderno, é o lugar separado. Instalando-se como polo separado das coisas, o sujeito dá a si mesmo a marca própria do moderno poder. É esse o sentido profundo do adágio baconiano, pois Bacon dizia que a melhor maneira de dominar a natureza era começar por obedecê-la, definindo, portanto, a relação de conhecimento e a relação técnica como relação de mando e submissão, isto é, sob a forma da dominação. Assim, opor de maneira muito imediata humanismo e tecnicismo não leva muito longe, pois são resultados diversos da mesma origem. Para que a oposição humanidade/tecnocracia adquirisse um novo sentido seria preciso, talvez, um pensamento novo para o qual a subjetividade, a objetividade, a teoria e a prática fossem questões abertas, e não soluções já dadas. Um pensamento que, abandonando o ponto de vista da consciência soberana, pensasse na imbricação das consciências e das relações sociais e estivesse sempre atento para o problema da dominação do homem; um pensamento chamado "luta de classes".

Retomando meu ponto de partida, eu ousaria dizer que não somos produtores de cultura, somente somos economicamente "dependentes", ou porque a tecnocracia devorou o humanismo, ou porque não dispomos de verbas suficientes para transmitir conhecimentos, mas sim porque a universidade está estruturada de tal forma que sua função seja *dar a conhecer para que não se possa pensar.* Adquirir e reproduzir para não criar. Consumir, em lugar de realizar o trabalho de reflexão. Porque conhecemos para não pensar, tudo quanto atravessa as portas da universidade só tem direito à entrada e à permanência se for reduzido a um conhecimento, isto é, a uma representação controlada e manipulada intelectualmente. É preciso que o real se converta em coisa para adquirir cidadania universitária.

Dessa situação resultam algumas consequências que convém examinar.

Do lado do corpo docente, leva à adesão fascinada à modernização e aos critérios do rendimento, da produtividade e da eficácia. Para muitos de nós, que não aderimos à mística modernizadora, parece incompreensível a atitude daqueles colegas que se deixam empolgar pela contagem das horas-aula, dos créditos e dos prazos rígidos para conclusão de pesquisas, pela obrigatoriedade de subir todos os degraus da carreira (que são burocraticamente definidos), pelo dever da presença física nos *campi* (para demonstrar prestação de serviço), pela confiança nos critérios quantitativos para exprimir realidades qualitativas, pela corrida aos postos e aos cargos. Para muitos, a adesão ao "moderno" aparece como abdicação do espírito de cultura. Não é bem verdade. Aqueles que aderiram ao mito da modernização simplesmente interiorizaram as vigas mestras da ideologia burguesa: do lado objetivo, a aceitação da cultura pelo viés da razão instrumental, como construção de modelos teóricos para aplicações práticas imediatas; do lado subjetivo, a crença na "salvação pelas obras", isto é, a admissão de que o rendimento, a produtividade, o cumprimento dos prazos e créditos, o respeito ao livro de ponto, a vigilância sobre os "relapsos", o crescimento do volume de publicações (ainda que sempre sobre o mesmo tema, nunca aprofundado porque apenas reescrito) são provas de honestidade moral e de seriedade intelectual. Para boa parte dos professores, além de se beneficiarem com financiamentos e convênios, a modernização significa que, enfim, a universidade se tornou útil e, portanto, justificável, realizando a ideia contemporânea da racionalidade (administrativa), e capaz de albergar trabalhadores honestos. Em que pesem a visão mesquinha da cultura aí implicada, a morte da arte de ensinar e do prazer de pensar, esses professores se sentem enaltecidos pela consciência do dever cumprido, ainda que estúpido. Evidentemente, não entram aqui os casos de pura e simples má-fé – isto é, dos colegas que usam a universidade não tanto para ocultar sua incompetência, mas para vigiar e punir os que pensam.

Do lado dos estudantes, a tendência é oposta. Recusando a razão instrumental, a maioria deles se rebela contra a estupidez modernizante, e essa rebelião costuma assumir duas formas: a valorização imediata do puro sentimento contra a falsa objetividade do conhecimento ou a transformação da "Tese n.º 11 contra Feuerbach", de Marx, em palavra de ordem salvadora, pedra de toque contra a impotência universitária. Embora compreensíveis, essas atitudes não deixam de ser preocupantes.

A valorização imediatista e absolutizadora do sentimento sempre foi uma arma poderosa para políticas fascistas que promovem a exacerbação dos afetos, mas impedem sua elaboração reflexiva, gerando, com isso, frustrações que permitem canalizar a vida afetiva para conteúdos políticos determinados. À política fascista interessa a explosão dos sentimentos desde que se possa impedir seu fluxo e curso naturais, desviando-os para objetivos determinados pelo poder, que passa, então, a manipulá-los segundo suas regras e desígnios, entre os quais ocupam lugar privilegiado a infantilização, necessária ao culto da autoridade, e o medo, necessário à prática do terror. O sentimento comunitário, construído sobre a imediateza dos afetos, sem elaboração e sem reflexão, se transforma em sentimento gregário, numa passividade agressiva, pronta a investir contra tudo quanto surja como outro, pois quem estiver fora do agregado só pode ser seu inimigo. Som e fúria, dependência e agressão, medo e apego à autoridade – esse costuma ser o saldo de uma realidade constituída apenas por manipuladores e manipulados.

Quanto ao apego dogmático imediatista à "Tese n.º 11", é certo que também resulta em autoritarismo. Este pressupõe um saber já dado (a "teoria" como modelo explicativo acabado), uma prática já dada (os feitos passados erigidos em ações exemplares a imitar ou evitar), um discurso já dito (as palavras de ordem de eficácia comprovada). O autoritarismo, erguido sobre o já sabido, já feito e já proferido, inutiliza a necessidade de pensar aqui e agora. A defesa dogmática da "Tese n.º 11", além de despojá-la do contexto histórico e prático que lhe dava sentido, supõe a admissão da inutilidade do pensamento e da reflexão na compreensão do real, o que permite a crença na possibilidade de passar imediatamente à sua transformação, por que já existiria, pronta e acabada, a explicação definitiva – uma "ciência", costuma-se dizer – à espera de aplicação. Sob o ativismo transformista esconde-se o medo de enfrentar o real como algo a ser compreendido e que está sempre na encruzilhada do saber e do não-saber. Abdicando da necessidade de pensar, de desentranhar o sentido de uma experiência nova e os caminhos de uma ação por fazer, os estudantes tendem a reduzir o trabalho teórico à repetição *ad nauseam* de modelos abstratos e à prática, à aplicação mecânica desses modelos, sob a forma de táticas e estratégias. Dessa maneira, não é apenas o trabalho do pensamento que se perde, mas a própria ideia da ação como práxis social, uma vez que a atividade, longe ser criação do possível histórico, se consome numa pura técnica de agir circunscrita ao campo do provável e do previsível.

A dificultosa questão: universidade e democracia

Trata-se, aqui, de universitários, de homens que profissionalmente se encontram, de algum modo, em íntima relação com combates espirituais, com as dúvidas e as críticas dos estudantes. Esses universitários procuram garantir, como lugar de trabalho, um meio completamente estranho, cortado dos demais e, no isolamento, exercem uma atividade limitada, cuja totalidade consiste em realizar uma universidade abstrata [...].
Nenhum laço é criado com os outros – nem com os universitários, nem com os estudantes, nem com os trabalhadores. Há, quando muito, o laço do dever ou da obrigação, pelo qual se ministram cursos ou se faz assistência social, mas nenhum trabalho próprio e íntimo. Apenas o sentimento do dever, derivado e limitado, que não nasce do próprio trabalho. O laço com o outro, reduzido ao dever, é uma ação realizada sem a paixão por uma verdade percebida no doloroso escrúpulo do pesquisador, numa disposição de espírito ligada à vida, mas num absoluto contraste mecânico entre o teórico e prático.
Walter Benjamin

Por toda parte têm surgido, entre professores, estudantes e funcionários, propostas e práticas visando à democratização da universidade. Do lado dos professores, os esforços têm sido concentrados em duas direções principais: o fortalecimento das associações docentes como poder de pressão e de veto face à burocracia universitária e a luta pela diminuição da autoridade hierárquica, através do aumento da representação docente, discente e funcional nos órgãos colegiados e nos centros de decisões.

Através da pressão e da reivindicação por maior representação, sobretudo dos graus mais baixos das carreiras, os professores têm se empenhado pelo direito de acesso aos orçamentos universitários e na defesa da liberdade de ensino e de pesquisa, denunciando a triagem ideológica e a desvalorização do trabalho docente e de investigação pelos critérios da quantidade. Assim, contra a burocracia administrativa, temos proposto o reforço dos parlamentares universitários; contra a falta de autonomia econômica, a abertura e o controle dos orçamentos e das verbas; e, enfim, contra a falta de autonomia cultural, a liberdade de ensino e de pesquisa e o critério da qualidade.

Face ao autoritarismo reinante nas universidades, essas propostas e algumas de suas conquistas têm significado um avanço político e cultural imenso, causando preocupações nos administradores universitários, que veem aí uma ameaça ao seu poderio. O que não deixa de ser sintomático, pois, quando bem analisadas, nossas tentativas democratizantes não ultrapassam o quadro das exigências de uma democracia liberal!

De fato, nossas propostas não ultrapassam o quadro liberal na medida em que temos tido em mira uma democratização visando à transformação dos parlamentos universitários pelo aumento da representação, mas não chegamos a discutir o significado do grande obstáculo à democracia que é a separação radical entre direção e execução. Queremos aumentar a representação nos órgãos de poder já existentes, queremos deles participar, mas em nenhum momento temos posto em dúvida sua necessidade e legitimidade. Por outro lado, temos defendido a liberdade de ensino e de pesquisa como defesa da liberdade de opinião (o que neste país é uma tarefa gigantesca, diga-se de passagem), de modo que a universidade é defendida por nós muito mais como *espaço público* (porque lugar da opinião livre) do que como *coisa pública* (o que suporia uma análise de classes). A universidade como coisa pública nos forçaria a compreender que a divisão social do trabalho exclui uma parte da sociedade não do espaço público (em princípio, todos têm direito à livre opinião), mas do direito à produção do saber e da cultura letrada. A universidade como coisa pública não significa que os produtos mais rigorosos da cultura letrada sejam imediatamente acessíveis e compreensíveis aos não-iniciados – reproduzindo o ideal da gratificação imediata do consumidor, próprio da televisão –, mas significa, simplesmente, que se torna clara a diferença entre o direito de ter acesso à produção dessa cultura e a ideologia que permite considerá-la, em nome de suas dificuldades e exigências de iniciação, um problema de talento ou de aptidão, isto é, um privilégio de classe.

De modo grosseiro, podemos dizer que a ideia da democracia comporta as seguintes determinações: a ideia de comunidade política fundada na igualdade e na liberdade, a ideia de poder popular, conflito, eletividade e rotatividade de governo. Ora, essas determinações fazem do liberalismo uma política avessa à democracia, de sorte que a existência das democracias liberais é o resultado da ação das lutas populares e de classes pela participação política, e não uma decisão espontânea das classes dominantes. Isso significa, por um lado, que a democracia liberal não é uma falsa democracia, e, por outro lado, que ela não é a única forma possível da democracia, mas sim que é uma forma historicamente determinada de realização da ideia democrática.

A democracia liberal define e articula de modo determinado as ideias democráticas, dando-lhes um conteúdo próprio. Assim, na ideia geral da democracia, a comunidade é definida por aquilo que há em comum entre os membros da coletividade, aquilo que os torna equivalentes a partir de uma "medida" comum, que é a liberdade, pela qual se estabelecerá a igualdade na participação no poder e na repartição dos bens. Ora, numa sociedade de classes, não é possível falar em comunidade, tanto assim, que a sociedade civil é definida pelo pensamento político não como lugar da liberdade e da igualdade, mas do conflito entre interesses particulares (a célebre "guerra de todos contra todos"). Na democracia liberal, duas entidades deverão figurar a comunidade, ocupando os lugares que deveriam ser da liberdade e da igualdade: a Nação e o Estado. A primeira é a face subjetiva da comunidade como identificação imaginária de uma origem comum a todos, enquanto o segundo é a face objetiva da comunidade, figurando a comunidade do interesse geral, acima dos interesses particulares. A liberdade será definida pela ideia de independência, o que, na verdade, significa sua definição pelo direito à propriedade privada, única a permitir a não-dependência com relação a outrem (portanto, os "dependentes" não são livres). Essa ideia é incompatível com a de igualdade, evidentemente, pois o direito formal de todos à propriedade privada não possui menor viabilidade concreta, uma vez que o sistema social no seu todo funda-se na desigualdade de classe. A igualdade, então, passa a ser definida pela propriedade privada do corpo e pela relação de contrato entre iguais (sendo todos proprietários de seus corpos e de suas vontades), e, sendo a relação contratual encarada como uma realidade jurídica, a igualdade será definida como igualdade perante a lei. Os conflitos, por seu turno, não sendo realmente conflitos de interesses, mas de classes, não podem ser trabalhados socialmente, mas são rotinizados por meio de canais institucionais que permitem sua expressão legal e, portanto, seu controle. As eleições, articuladas à ideia de rotatividade dos governantes, perdem seu caráter simbólico (isto é, de revelação periódica da origem do poder, pois, durante o período eleitoral, o lugar do poder, achando-se vazio, revela-se como não pertencente a ninguém, mas espalhado pela sociedade soberana), para reduzir-se à rotina de substituição de governos (permanecendo o poder sempre ocupado). Enfim, a democracia liberal reforça a ideia de cidadania, de modo a fazer da democracia um fenômeno exclusivamente político, ocultando a possibilidade de encará-la como social e histórica. A ideia de representação recobre a de participação reduzindo-a ao instante periódico do voto. A liberdade se reduz à de voz (opinião) e voto, e a igualdade, ao direito de ter a lei em seu favor e de possuir representantes.

Num país como o Brasil, de tradição fortemente autoritária, a democracia liberal aparece, toda vez em que se pode implantá-la durante algum tempo, como um grande passo histórico e político. Por esse motivo, no quadro da universidade, é perfeitamente compreensível que a democratização permaneça no contexto liberal. Mas isso não nos impede de compreender uma possibilidade democrática para além dos limites liberais. Nesse caso, precisaríamos começar pela compreensão de que *a democracia não é a forma de um regime político, mas uma forma de existência social*. Compreendida sob esse ângulo, ela nos permitiria perceber que o poder não se restringe à esfera do Estado, mas se encontra espalhado pelo interior de toda a sociedade civil sob a forma da exploração econômica e da dominação social veiculada pelas instituições, pela divisão social do trabalho, pela separação entre produtores e proprietários, dirigentes e executantes. A democracia, entendida como democracia social e política, também nos permitiria perceber como as divisões sociais operam no sentido de privatizar cada vez mais o campo das ações comuns ou grupais, restringindo o espaço social ao espaço doméstico isolado (basta examinar o urbanismo contemporâneo para que essa privatização da vida salte aos olhos), mobilizando periodicamente os indivíduos para melhor despolitizá-los.

Seria preciso também que retomássemos o exame da ideia de representação antes de acoplá-la imediatamente à de participação. O ponto de apoio da dominação contemporânea, sob a forma da administração burocrática ou da organização, é a separação entre direção e execução operada em todas as esferas da vida social (da economia ao lazer, passando pelas instituições sociais – como a escola, o hospital, o espaço urbano, os transportes –, pelas organizações partidárias, e até pelo núcleo da produção cultural). Assim sendo, a questão democrática, antes de ser discussão sobre a cidadania como direito à representação, deveria ser a questão da concreticidade da própria cidadania – trata-se do *direito à gestão* da vida econômica, social, política e cultural por seus agentes. A democracia social e política, fundada numa cidadania concreta que começa no plano do trabalho, é a passagem dos objetos sociopolíticos em que nos tornamos à condição de sujeitos históricos.

Encarada sob essa perspectiva, a democracia coloca na ordem do dia o problema da violência, isto é, da redução de um sujeito à condição de uma coisa. Violência não é violação da lei – pois nesse caso não poderíamos sequer falar em leis violentas –, mas a posição, frequentemente sob a forma da lei, do direito de reduzir um sujeito social a um objeto manipulável. Ora, o que é a separação entre dirigentes e executantes senão a redução institucionalizada de uma parte da sociedade à condição de coisa? E é aqui, acredito, que a universidade como pesquisa e como pedagogia pode ser posta em questão.

A afirmação anterior de que nossas lutas e propostas de democratização não vão além do quadro liberal não implicava minimizar a importância dessas lutas e propostas, sobretudo quando se considera o contexto autoritário, mas visava apenas a sugerir que com elas não chegamos a analisar a violência que nós mesmos exercemos, frequentemente sem saber. Cotidianamente, enquanto professores e pesquisadores, exercemos violências, e nossa incapacidade democrática é cada vez mais assustadora porque reforçada pela instituição universitária, interiorizada por nós. Basta tomarmos duas situações (entre inúmeras outras) para que isso se torne perceptível: a relação pedagógica, transformada em posse vitalícia do saber, e as pesquisas comprometidas com a "história do vencedor".

Quando examinamos a relação pedagógica na universidade, não encontramos razões para regozijo. Não se trata, aqui, do autoritarismo próprio dos regulamentos universitários, pois já sabemos o que são e para que são. Trata-se de uso do saber para exercício de poder, reduzindo os estudantes à condição de coisas, roubando-lhes o direito de serem sujeitos de seu próprio discurso. Longe de aceitarmos que a relação professor aluno é assimétrica, tendemos a ocultá-la de duas maneiras: ou tentamos o "diálogo" e a "participação em classe", fingindo não haver uma diferença real entre nós e os alunos, exatamente no momento em que estamos teleguiando a relação, ou então admitimos a diferença, mas não para encará-la como assimetria, e sim como desigualdade justificadora do exercício de nossa autoridade. A relação dos estudantes não é conosco, mas com o pensamento; somos mediadores desse diálogo e não seu obstáculo. Se o diálogo dos estudantes for com o saber e com a cultura corporificada nas obras, e, portanto, com a práxis cultural, a relação pedagógica revela que o lugar do saber se encontra sempre vazio, e que por esse motivo todos podem igualmente aspirar por ele, porque não pertence a ninguém. O trabalho pedagógico seria, então, trabalho no sentido pleno do conceito: movimento para suprimir o aluno como aluno a fim de que em seu lugar surja aquele que é o igual do professor, isto é, um outro professor. Por isso o diálogo não é ponto de partida, mas de chegada, quando a assimetria foi superada e a igualdade foi instalada graças à própria assimetria. Seria preciso admitir que o lugar do professor é tanto simbólico – e por isso sempre vazio – quanto imaginário – e por isso sempre pronto a ter proprietários. Se não pensarmos sobre o significado do ato de ensinar e de aprender, não seremos capazes de pensar numa democracia universitária. Condenados à morte pela organização "científica" da escola, seremos autores de nosso suicídio.

Se, por outro lado, examinarmos o campo de nossas investigações, também não encontraremos grandes motivos de júbilo. Estamos comprometidos até o âmago com o saber das classes dominantes. Se nas áreas das ciências exatas esse compromisso aparece mediado, isto é, o teor das pesquisas está condicionado aos financiamentos, no caso das ciências humanas o compromisso não possui sequer o álibi da submissão financeira. A sociedade brasileira, tanto em sua estrutura quanto em sua história, tanto na política quanto nas ideias, é descrita, narrada, interpretada e periodizada segundo cortes e visões próprios da classe dominante. Esse aspecto se torna verdadeiramente dramático naqueles casos em que o "objeto de pesquisa" é a classe dominada. Além de roubar-lhe a condição de sujeito, as pesquisas tratam sua história, seus anseios, suas revoltas, seus costumes, suas produções e sua cultura no *continuum* de uma história que, além de não ser a dela, muitas vezes é justamente aquela que o dominado está implícita ou explicitamente recusando. Em outras palavras, os dominados penetram nas pesquisas universitárias sob as lentes dos conceitos dominantes, são incluídos numa sociedade que os exclui, numa história que os vence periodicamente e numa cultura que os diminui sistematicamente. Comparsas involuntários dos dominantes, os "objetos de pesquisa" não têm hora e vez no recinto da universidade. Se não pensarmos nesses compromissos que determinam a própria produção universitária, nossas discussões sobre a democratização se convertem num voto piedoso e sem porvir.

A democracia como conquista[1]

Examinando as ideias que nortearam a reforma do ensino no Brasil, notaremos que sempre foram mantidas aquelas que estabelecem um vínculo entre educação e segurança nacional, desenvolvimento nacional e integração nacional. Enquanto a ideia de segurança nacional deixa clara a dimensão política da educação (expressa pelos cursos de civismo e brasilidade no primeiro e no segundo grau e pelo estudo de "problemas brasileiros" no terceiro grau), as outras duas marcam a dimensão econômica da escola. Se outrora, em sua forma liberal clássica, a escola fora encarregada de realizar a "igualdade" pelo igual direito de todos à educação, e fora encarregada da reprodução e transmissão da ideologia dominante, hoje a educação é encarada como adestramento de mão de obra para o mercado (sempre incerto, diga-se de passagem). Concebida como capital, é um investimento e, portanto, deve gerar lucro social, sendo menos um assunto do MEC e mais um apêndice do Ministério do Planejamento.

Veio daí a ênfase nos cursos profissionalizantes (no ensino médio) e nas licenciaturas curtas em ciências, estudos sociais, comunicação e expressão (no ensino universitário), isto é, na criação a curto prazo e a baixo custo de mão de obra treinada. Ao mesmo tempo, as determinações econômicas recebem justificativas ideológicas. Afirmando-se

---

[1] Originalmente publicado em: *Folha de S. Paulo*, São Paulo, 01 nov. 1981, Folhetim, p. 6-7; uma versão resumida apareceu também em: *Boletim da Associação dos Docentes da UnB*, Brasília, p. 3, nov. 1981. (N. do Org.)

que a educação é fator primordial de desenvolvimento econômico da Nação, afirma-se que, a longo prazo, ela beneficia igualmente a todos e que seu crescimento bruto é, em si e por si mesmo, índice de democratização. Afirmando-se que a educação é fator de integração nacional, afirma-se que ela racionaliza e unifica a vida social, moderniza a Nação e, a longo prazo, beneficia a todos igualmente, porque é portadora do progresso.

Muitos têm contestado que universidade seja, como o restante da escola, um local de adestramento de mão de obra, uma vez que essa tarefa é cumprida de modo rápido, eficaz e seguro pelas empresas que contratam universitários. Outros contestam que a universidade realize pesquisas determinadas pelas empresas (particulares ou estatais), uma vez que surgiram centros de estudos especializados que se destinam a essa tarefa. Assim, despojada de sua antiga função ideológica, a universidade não teria conseguido uma função econômica, convertendo-se numa peça anacrônica e inútil e, por isso mesmo, foco permanente de frustrações e ressentimentos, lugar de rebeldias sem futuro. Ampliada para receber os filhos da classe média, ela parece não lhes oferecer vantagens materiais nem prestígio social. Desemprego, incompetência, desistência e evasão aparecem como provas do não-senso universitário.

Ora, se dermos atenção ao fenômeno das licenciaturas curtas e da compressão das áreas científicas (exatas e humanas) e literárias nas licenciaturas longas de ciências, estudos sociais e comunicação e expressão, notaremos que foi dada uma nova função à universidade: a expansão do ensino médio e do ensino superior serve para constituir um exército letrado de reserva e para baratear o custo de mão de obra especializada. Mas não só isso. O encurtamento da formação universitária é qualitativo, ou seja, cria um profissional despojado de visão de conjunto de sua área de conhecimento e da vida social e política, de sorte que ele se torna dócil a todos os comandos que determinam sua atividade profissional.

Em outros termos: a universidade está encarregada de produzir incompetentes sociais, presas fáceis da comunicação e da rede intrincada de autoridades. A universidade, como a empresa, adestra sim, e o fato de a formação universitária poder ser encurtada e simplificada e de a empresa poder "requalificar" em algumas horas a mão de obra universitária prova, simplesmente, que quanto mais cresce o acervo cultural, científico e tecnológico, tanto menos se deve aprender. Caso contrário, a educação ofereceria aos sujeitos sociais algumas condições de controle real sobre seu trabalho, algum poder de decisão e de veto e alguma concreticidade à reivindicação pelo direito de participação (seja no processo educativo, seja no processo de trabalho).

A universidade encontra-se estruturada segundo o modelo organizacional da grande empresa: tem o rendimento como fim, a burocracia como meio e o mercado como condição. A articulação universidade-empresa não se reduz, portanto, ao financiamento de pesquisas (pelas empresas) e ao adestramento de mão de obra (pelas universidades), pois a universidade acha-se internamente organizada conforme o modelo da grande empresa. Dessa maneira, além de reiterar a divisão social do trabalho, ela realiza em seu interior uma divisão do trabalho intelectual, isto é, dos serviços administrativos, das atividades pedagógicas e da produção de pesquisas.

A fragmentação da universidade ocorre em todos os níveis, tanto nos graus do ensino quanto nos da carreira, tanto nos cargos administrativos e docentes quanto nos de direção. Essa fragmentação não é irracional, mas deliberada, pois obedece à racionalidade empresarial, cuja palavra de ordem é separar para controlar. Essa fragmentação, no plano do ensino e da pesquisa, é corolário da fragmentação imposta à cultura e ao trabalho pedagógico pelas ideias de especialização e de competência (burocrática), de sorte que a reunificação do dividido se faz por critérios extrínsecos à produção cultural, isto é, pelos critérios da eficácia e do rendimento.

Além disso, a fragmentação permite uma forma precisa de unificação que conserva a separação entre decisão e execução: a da administração burocrática. A burocracia caracteriza-se pela hierarquia funcional de postos e cargos, que, por sua vez, determina uma hierarquia de salários e de autoridade, um sistema de poder em que cada qual sabe quem o comanda e quem ele próprio comanda diretamente, sem que seja possível uma visão de conjunto e a determinação de responsabilidades. A administração, porque opera com princípios abstratos que se aplicam a qualquer instituição (empresa, hospital, escola, prisão), implica total exterioridade entre as atividades universitárias (de ensino e pesquisa) e sua direção ou controle. Os altos escalões administrativos das universidades públicas não diferem de seus congêneres nas universidades particulares. Porém, nas primeiras, o cerimonial burocrático obscurece um fato essencial: que os dirigentes só em aparência pertencem ao corpo universitário (em geral, são professores), quando na realidade são prepostos dos governantes no interior da universidade.

O que ocorre, neste momento, na Unicamp é a prova cabal dessa realidade.[2] Dessa maneira, a unificação administrativa e burocrática da universidade significa, além da exterioridade entre direção e educação/cultura, a presença da tutela e vigilância estatais, determinando o todo da vida universitária. Ligados aos governantes e desligados da coletividade universitária, os órgãos dirigentes reduzem professores, funcionários e estudantes à condição de executantes de ordens superiores cujo sentido e cuja finalidade devem permanecer secretos, visto que é do sigilo que o burocrata recebe poder.

A universidade pública brasileira é uma instituição completamente heterônoma. A heteronomia é econômica (orçamentos, dotações, bolsas, financiamentos de pesquisas e convênios não são decididos pela própria universidade), educacional (currículos, programas, sistema de créditos, de frequência e de avaliação, determinação de prazos, tipos de licenciatura, títulos, forma da carreira, diplomas, vestibulares e credenciamento de cursos de pós-graduação não são decididos pela universidade), cultural (os critérios para fixar graduação e pós-graduação, a decisão quanto ao número de alunos por classe e conforme a disciplina ministrada e o julgamento de currículos, títulos e diplomas são critérios puramente quantitativos e decididos fora da universidade), social e política (professores, funcionários e estudantes não decidem quanto à natureza dos serviços que desejam prestar à sociedade, nem a quem irão prestá-los, de sorte que o modo de aquisição e de utilização dos instrumentos culturais não é decidido pela universidade).

Boa parte dos professores, entretanto, embarca nesse mito modernizante, fascinados pelos critérios do rendimento, da produtividade e da eficácia, empolgados pela contagem das horas-aula, dos créditos e dos prazos rígidos para a conclusão de pesquisas, pela obrigatoriedade de subir todos os degraus da carreira (burocraticamente definidos e doadores de poder), pela presença física nos *campi* (demonstrando prestação honesta de serviços), pela confiança nos critérios quantitativos

---

[2] Sobre a situação da Unicamp, ver, à frente, p. 273, nota 3. (N. do Org.)

para exprimir realidades qualitativas. Aceitaram a razão instrumental (construção de modelos teóricos para rápida aplicação prática) e acreditam, puritanamente, na "salvação pelas obras", isto é, que o rendimento (volume de teses e de publicações, sem consideração de sua qualidade), a obediência a prazos e créditos, o respeito pelo livro de ponto, a vigilância sobre os "relapsos" (mente desocupada, oficina do diabo) são provas de honestidade moral e de seriedade intelectual.

Para tais professores, parece que, enfim, a universidade se tornou útil e justificável, pois é racional (porque administrada) e albergue de trabalhadores honestos (concursados, legalizados, pontuais, responsáveis). Em que pese a visão mesquinha da cultura aí implicada, a morte da arte de ensinar e do prazer de pensar, o imediatismo míope e autoritário, esses professores–burocratas sentem-se enaltecidos pelo sentimento do dever cumprido, ainda que estúpido. Mais uma vez, o que se passa atualmente na Unicamp esclarece o que estamos descrevendo.

Os estudantes, quando não embarcam nas mesmas crendices, oscilam entre várias atitudes, todas preocupantes. Alguns, alimentados pelos meios de comunicação de massa, infantilizados pela gratificação imediata de seus desejos (manipulados), tendem ao consumismo intelectual e se desanimam com as exigências e a paciência necessárias para o trabalho teórico.

Outros, repudiando a instrumentalização do saber, cultivam o "puro sentimento", que, não sendo trabalhado pela reflexão, pode desembocar num espírito gregário, numa passividade agressiva pronta para investir contra tudo e todos, vendo um inimigo em todo aquele que se acha fora do agregado, encaminhando-se para a frustração, que pode ser (como mostram os regimes fascistas) canalizada para o medo e para o culto da autoridade.

Outros, enfim, optam pelo ativismo, por uma prática validada em si e por si mesma, referida a alguns modelos teóricos prévios, que inutilizam a necessidade de pensar aqui e agora, o significado da cultura, da vida social e da própria política.

O perfil acima parece pouco propício a veleidades democráticas. O autoritarismo é a tônica da vida universitária não somente como decorrência da heteronomia e da burocratização, mas também porque a prática pedagógica, a prática estudantil, o conteúdo e a forma das pesquisas reproduzem o autoritarismo visceral da sociedade brasileira.

No presente, a luta pela democratização tem enfatizado o combate à administração burocrática pelo reforço da representação e da participação nos parlamentos universitários e pela eleição direta dos dirigentes (diretores de unidades e reitores), de modo a transformar os estatutos universitários, ampliar o conhecimento dos orçamentos e de seu destino para nele interferir e denunciar a triagem ideológica e a desvalorização do trabalho universitário pelos critérios quantitativos. Assim, contra a burocracia, o reforço dos colegiados e da representação; contra a heteronomia econômica, a abertura dos orçamentos da decisão interna; contra a heteronomia cultural e a triagem ideológica, a defesa da liberdade de ensino e de pesquisa, segundo critérios qualitativos.

A maior novidade dessas tentativas encontra-se no fato de não terem sido limitadas aos docentes e estudantes, mas terem incluído os funcionários. Essa novidade decorre de uma outra: o surgimento, nos últimos anos, das associações de professores e de funcionários, que, apoiadas pelas associações estudantis, realizaram greves conjuntas. A novidade, portanto, está no fato de que a luta pela democratização da universidade começa pelo questionamento da separação (sempre imposta) das categorias que constituem o corpo universitário como tal. Isso não significa a "unidade" dessas categorias, nem mesmo a "unidade" no interior de cada uma delas, mas uma maneira nova de lidar com as diferenças entre elas e em cada uma delas. Numa palavra, entre a separação burocraticamente determinada e uma "unidade" fictícia instalou-se a politização das diferenças.

O que se esboça nessas primeiras tentativas é a luta pela gestão da universidade por ela mesma e, portanto, um primeiro aprendizado de autonomia, através da capacidade para lidar com as diferenças (sociais, políticas e culturais) e com os necessários conflitos que alimentam a vida universitária. Aprendizado difícil, porque durante quase vinte anos a universidade brasileira foi sendo estruturada por impedi-lo, de sorte que a democratização é uma aventura cheia de riscos e de imprevistos, de impasses e superações. Se houver democracia, terá sido uma conquista, e não uma doação.

Pensando numa
democracia universitária[1]

Alguns lugares-comuns constituem o campo semântico da ideia de democracia, lugares-comuns que se conservam desde Aristóteles e sem os quais não podemos sequer esboçar uma discussão da prática democrática. *Grosso modo*, o conceito de democracia é constituído pela articulação das seguintes ideias: a de comunidade política baseada na liberdade e na igualdade dos direitos, a de poder popular baseado no consenso da maioria e na salvaguarda das minorias, a de conflitos internos resolvidos por intermédio de dispositivos institucionais que garantam a luta política pelo poder, a de competição, elegibilidade e rotatividade dos governantes. As diferentes formas históricas assumidas pela democracia dependem, por um lado, do modo como se articulam essas ideias (quais são consideradas determinantes das outras) e, por outro lado, das condições sociais que permitam o surgimento de reivindicações concernentes ao direito do exercício do poder.

Isso significa que não só é impossível falar em democracia no singular (há democracias), como ainda só é possível a existência da prática democrática como efeito de pressões e demandas populares, uma vez que as classes dominantes de uma sociedade não possuem o menor interesse por um regime político no qual, em princípio, sua

---

[1] Originalmente publicado em: *Folha de S. Paulo*, São Paulo, 8 nov. 1981, Folhetim, p. 10. (N. do Org.)

dominação está sempre em risco. Não é por acaso, portanto, que, nas democracias liberais, os dominantes criam instituições jurídicas, legais, políticas e ideológicas encarregadas de frear as franquias populares.

A indústria política − sistemas partidários, *lobbies*, círculo de influências econômicas, manipulação das informações pelos meios de comunicação de massa, etc. − acaba transformando a competição pelo poder em cerimonial de troca de governantes no interior da mesma classe social, reduz a participação ao momento do voto e rotiniza os conflitos que nunca chegam a ser efetivamente trabalhados pela sociedade em vista de uma transformação histórica real.

Sem dúvida, uma compreensão dos problemas enfrentados pela prática democrática nas sociedades de classe não pode deixar na sombra a questão do Estado. Este, que surge para figurar a universalidade e a comunidade sociais, regulando os conflitos da sociedade civil e prestando serviços públicos, aparece como bloqueio da violência generalizada (a luta de classes), mas, na realidade, não representa o universal − e sim interesses particulares da classe que o controla − nem bloqueia a violência − porém passa a exercê-la sob forma legal. Além disso, em sua forma contemporânea, tornou-se um agente econômico dotado de interesses próprios, comprometendo sua própria função de expressão da comunidade social e política.

Uma discussão da democracia também não poderia deixar de lado o fato de que a exploração econômica, a dominação política e a exclusão cultural fazem da igualdade e da liberdade − isto é, da cidadania − uma questão aberta e a ser definida, pois nas condições atuais tanto a liberdade quanto a igualdade acabam assumindo uma dimensão puramente formal. Não é por acaso que os movimentos sociais tenham se tornado cada vez mais reivindicações de direitos e busca de participação para além (ou aquém) dos canais institucionais conhecidos.

Enfim, não se poderia omitir a necessidade de discutir a forma contemporânea da dominação em todas as esferas da vida social, política e cultural, ou seja, a racionalidade administrativa e burocrática fundada na separação radical entre decisão/direção e execução. A fragmentação do trabalho (manual e intelectual), do cotidiano, do lazer, do espaço urbano, das informações e da cultura impõe a todas as atividades uma dispersão deliberada que impede aos sujeitos sociais uma visão de conjunto da sociedade, da política, da economia e da cultura, criando a heteronomia das práticas (reduzidas a técnicas de agir e a tarefas) e bloqueando uma participação efetiva.

A privatização e despolitização da vida social, o consumo como substituto da decisão e da participação, as esferas sociais regidas pelo princípio da maximização do ganho e da minimização da perda (sem que se pergunte "qual ganho?", "qual perda?", "ganho de quem?", "perda de quem?"), que fazem dos critérios que regem o mercado econômico critérios para toda a existência social (desde a escolha do emprego e do parceiro sexual até a do hospital e da escola), nos levam, ao fim e ao cabo, a indagar se a democracia pode ser apenas um regime político ou se precisa ser tomada como uma forma global de sociedade. De qualquer modo, o que vem se tornando claro é que a democracia parlamentar e representativa não esgota o problema da democracia, e que a separação imposta entre direção/decisão e execução põe na ordem do dia a democracia como gestão da vida social pelos sujeitos.

Se voltarmos a vista para a universidade, teremos pouco motivo para regozijo. Em artigo publicado no último *Folhetim* (de 1º de novembro de 1981),[2] procuramos traçar o perfil de nossa universidade, marcada pelo autoritarismo modernizante, isto é, administrativo e burocrático. Não voltaremos a esse aspecto. Tomando como referência a questão do direito à gestão e, portanto, à participação tanto quanto à representação, procuremos no cotidiano da universidade a existência ou inexistência de uma vida democrática.

Nossas relações pedagógicas são marcadas pelo autoritarismo. Não se trata, aqui, de nossa subserviência aos regulamentos burocráticos. Trata-se do uso do saber para exercício de autoridade, reduzindo os estudantes à condição de coisas, roubando-lhes o direito de serem sujeitos de seu próprio pensamento e de seu próprio discurso. Longe de aceitarmos que a relação professor-aluno é assimétrica, tendemos a ocultar a assimetria de duas maneiras: alguns tentam o "diálogo", fingindo não haver diferença real entre professor e aluno, exatamente no instante em que o professor está comandando a "participação"; outros admitem a diferença, mas não para encará-la como assimetria, e sim como desigualdade justificadora do exercício da autoridade.

---

[2] Cf., anteriormente, "A democracia como conquista". (N. do Org.)

Que seria admitir a assimetria como diferença a ser trabalhada? Seria considerar que o diálogo dos estudantes não é conosco, professores, mas com o pensamento e com a cultura corporificada em obras, e que somos mediadores desse diálogo, e não obstáculos a ele. Se o diálogo dos estudantes for com a práxis cultural passada e presente, da qual fazem parte também, a relação pedagógica revelará que o lugar do saber se encontra sempre vazio (por isso há uma história do próprio conhecimento) e que, por esse motivo, todos podem aspirar por ele, isto é, podem aspirar pelo direito de produzir cultura e ciência e não apenas se contentar em consumi-las, a produção e posse delas não sendo privilégio do professor.

O trabalho pedagógico democrático seria, então, trabalho no sentido pleno do termo: movimento para suprimir o aluno enquanto aluno a fim de que em seu lugar surja um igual, isto é, um outro professor. O diálogo com a cultura, o direito à produção de saber, a conquista da igualdade pela liberdade de pensamento fazem com que o diálogo real dos estudantes com os professores só possa ocorrer no ponto de chegada e não no ponto de partida, quando a assimetria foi superada graças à própria assimetria. Entre o paternalismo (maternalismo) democratista e o autoritarismo, uma relação pedagógica democrática descobriria que o lugar do professor é simbólico – por isso, sempre vazio – e imaginário – por isso, sempre pronto a ter proprietários.

Mas essa relação, por seu turno, suporia, da parte dos estudantes, a compreensão de que há duas maneiras antidemocráticas de lidar com a cultura: aquela que converte o trabalho do pensamento em privilégio de classe, mas também e sobretudo aquela que banaliza, simplifica e vulgariza os produtos da cultura para rápido consumo e para gratificação imediata do consumidor, que, satisfeito, não percebe que foi iludido, pois foi-lhe roubado o direito de produzir cultura.

Se examinarmos o campo de nossas pesquisas, veremos que também não há grande motivo para alegria. Estamos comprometidos, até o âmago, com os padrões culturais estabelecidos. Se, na área das ciências chamadas exatas, esse compromisso surge mediado pelos financiamentos que determinam a natureza das pesquisas, no caso das chamadas ciências humanas o compromisso não possui sequer esse álibi financeiro. Nelas, a sociedade brasileira é descrita, classificada, interpretada e periodizada segundo cortes e visões próprios à classe dominante.

Esse aspecto torna-se verdadeiramente dramático quando os "objetos" de pesquisa são os dominados, pois estes são descritos e avaliados conforme critérios que anulam o fato bruto da dominação. Sua história, seus anseios, suas revoltas, seus costumes, suas produções culturais, sua linguagem são postos no *continuum* de uma história que não é a deles e que, muitas vezes, é justamente aquela que, implícita ou explicitamente, eles estão recusando. A diferença cultural, a diferença histórica, a diferença política são anuladas numa visão homogênea, de tal modo que os dominados entram nas pesquisas universitárias sob as lentes do saber dominante, incluídos numa sociedade que não cessa de excluí-los, numa história que não cessa de vencê-los, numa cultura que não cessa de diminuí-los.

Ora, se a diferença não for respeitada e avaliada, se a opressão, a dominação, a exclusão e a repressão não forem consideradas, como poderemos pensar democraticamente? Não se trata de populismo (pois todo populismo é autoritário), nem de afirmar que os dominados, porque dominados, são portadores da verdade (a alienação os atinge tanto quanto aos dominantes e de modo mais dramático), nem, enfim, de dizer que por serem oprimidos precisam de nossa compreensão (não estamos em condição sequer de compreender a nós mesmos). Trata-se apenas de perceber que nosso conhecimento é, ainda que involuntariamente, exercício de dominação e, sobretudo, de violência, pois os "objetos" de pesquisa só adquirem "cidadania universitária" quando sua realidade é manipulada por nossos conceitos.

Enfim, talvez fosse interessante lembrar que a universidade liberal chegou ao fim, isto é, esgotou-se o mito da igualdade através da educação, assim como se esgotou o mito iluminista ou do pedagogo portador das luzes da razão, que farão a massa passar da minoridade à maioridade política. Esgotou-se o mito da universidade como espaço público. Talvez seja o momento de pensá-la e fazê-la como coisa pública. Entendida como coisa pública, nos levaria a compreender que a divisão social do trabalho não exclui uma parte da sociedade apenas do espaço público (do campo das opiniões), mas também do direito à produção de cultura letrada.

Uma visão democrática da universidade não pensaria apenas em abri-la para todos, nem apenas em reivindicar "mais verbas para a educação", mas procuraria tornar claro que, embora os produtos da cultura letrada não sejam imediatamente acessíveis aos não iniciados (pois, no caso contrário, seria confundir o trabalho intelectual com a gratificação imediata, própria da televisão), isso não justifica (em nome de dificuldades teóricas) a exclusão social. Como coisa pública, a universidade revelaria que há enorme diferença entre fazer da cultura letrada um privilégio de talentos e aptidões (isto é, de classe) e o direito de ter acesso não ao consumo do já pensado e já dito, mas à produção de pensamento e de discurso. Mas isso supõe que se transforme a gestão da universidade.

Reflexos da política na forma de educação[1]

Três concepções de educação na política brasileira

Independentemente do fato geral de que, numa sociedade de classes, a educação realiza a reprodução da ideologia dominante pela transmissão e interiorização de ideias, valores, normas, regras e práticas que a classe dominante apresenta como dotados de alcance universal, pode-se considerar que a tarefa reprodutora não se cumpre sem contradições. Frequentemente, em seu contato com a realidade mais ampla, não escolar, a educação formal cria modalidades de resistência, de contestação e de crítica que bloqueiam o sucesso pleno da ideologia dominante. É nessa perspectiva que a educação pode ser considerada cultura e política. Cultura, porque capaz de ultrapassar as condições em que se realiza e abrir novos campos de pensamento e de ação; política, porque assim procedendo interfere nas decisões globais tomadas pelo Estado quanto à sociedade. Todavia, apreender o fenômeno educacional pelo prisma das contradições enfatiza muito mais ilusões otimistas e leva a negligenciar a eficácia ideológica do Estado. Por esse motivo, nossas considerações enfatizarão muito mais o sucesso estatal e ideológico do que as modalidades de resistência, contestação e crítica.

---

[1] Originalmente publicado em: *Jornal da APUFPR (Associação dos Professores da UFPR)*, Curitiba, p. 7-10, dez. 1984. (N. do Org.)

Ainda que, no Brasil, não possamos afirmar que tenha havido ou haja uma política rigorosamente liberal, podemos, contudo, falar na presença contínua do liberalismo como ideologia de parcela da classe dominante, especialmente no tocante à cultura e à educação, resultando em políticas educacionais baseadas no ideário liberal. No pré-64, são liberais as seguintes ideias presentes nas políticas educacionais:

1) A educação como fonte de igualdade social e política, uma vez que é definida como direito de todos os cidadãos e dever público (no caso, do Estado).

2) A educação como fonte de igualdade por abrir caminho a iguais oportunidades para todos os cidadãos rumo à ascensão social e ao poder político.

3) A vinculação entre a esfera pública e a educação através de duas ideias principais: a) a educação como serviço público da competência do Estado ou de particulares comprometidos com o espaço público; b) a educação como formadora de opinião pública (juntamente com a imprensa e os partidos políticos), isto é, vínculo entre educação e formação da cidadania.

Ora, os fatos mostram que, na prática, a concepção liberal permaneceu abstrata ou formal porque as condições concretas econômicas e sociais da população nunca permitiram que finalidades de estilo liberal pudessem efetuar-se. Todavia, seria equivocado imaginar que o formalismo liberal se refere ao igualitarismo, pois a marca fundamental do liberalismo nunca foi a igualdade, mas o elitismo. Por conseguinte, a ideologia liberal brasileira, coerentemente, reduz a igualdade de oportunidades educacionais à escola primária (é aqui que fracassa, pois nem mesmo nesse nível a finalidade se efetiva), reservando o espaço público enquanto opinião e decisão públicas àqueles que, na formulação da ilustração europeia, têm direito ao "uso público da razão" (isto é, os que têm interesses no mercado, os proprietários privados, os sábios e jornalistas, os políticos saídos da classe proprietária), definidos como independentes e em estado de maioridade. Constituem a elite. Estão excluídos da esfera pública, portanto, os dependentes e menores (trabalhadores, mulheres, crianças e velhos). A elite forma a sociedade civil. Os demais estão excluídos tanto da sociedade civil quanto do Estado.

Embora liberais progressistas, como Stuart Mill e Ruy Barbosa, acreditassem que, com o desenvolvimento da sociedade capitalista, o direito à educação se estenderia e alcançaria quase todos, ampliando a esfera pública, prevaleceu no Brasil a concepção liberal conservadora, que não encara a educação pelo prisma democratizante, mas aristocrático (das elites).

O essencial na concepção liberal se reduz a considerar que todos os seres humanos são racionais, que a educação lhes deve ser ministrada para que cumpram suas tarefas sociais, mas que a direção e condução da esfera pública, isto é, da política, está reservada a uma elite intelectual e política cuja função é a de esclarecer o restante da sociedade acerca das necessidades e dos valores gerais. Para tanto, um mínimo de escolarização é requerido, pois sem isso boa parte da aceitação das necessidades e dos valores gerais não poderia ser obtida, exigindo o uso da força. Nessa perspectiva, a escola primária e a de segundo grau têm a tarefa de preparar os indivíduos para a recepção de verdades e de interesses gerais oferecidos pela elite intelectual e dirigente que se apresenta como farol da sociedade, dando-lhe as luzes racionais.

A concepção brasileira que parece opor-se a essa é a populista. Aqui, a política, também reduzida às ações do Estado, passa a ter a função de tutela sobre a população ou sobre o povo. Encarada como tutelar e protetora, a ação estatal surge ela própria com pedagógica ou educativa, dividindo com a escola a tarefa de proteção da alma popular. Face à concepção liberal, a populista se diferencia quanto ao conteúdo da educação. Isto é, passa a considerar que a tarefa da educação é devolver ao povo aquilo que o povo sabe sem saber. Em outras palavras, a concepção populista encara a educação como uma atividade que recolhe o saber popular inconsciente e alienado, torna-o consciente e desalienado e o devolve ao povo, isto é, aos educandos. Não se trata, como na concepção liberal, de oferecer ao educando um saber que ele não possuía, um saber elaborado pelas elites e distribuído em doses regulares segundo as necessidades dominantes, e sim de oferecer ao educando a verdade do que ele sabia sem saber. Ora, essa diferença aparente entre as duas concepções mascara uma identidade de fato, pois a verdade populista a ser oferecida ou devolvida é descoberta e apresentada pelos educadores sob a orientação do Estado, que decide tutelarmente o que é bom para o povo escolar. O elitismo cede lugar ao paternalismo. Com a agravante de que agora, contrariamente ao liberalismo, espera-se do educando a atitude filial de adesão à tutela do Estado. Na perspectiva populista brasileira não há, exatamente, a sociedade civil liberal (os proprietários nas relações e na opinião pública independente do Estado), mas a absorção do social pelo estatal que tudo regula em nome do povo e para o bem do povo. A educação se tornaria, caso o populismo tivesse sido bem-sucedido, algo semelhante ao nosso sindicalismo.

Percebe-se que tanto a concepção liberal quanto a populista possuem traços autoritários, ainda que o autoritarismo seja diverso. No caso liberal, ele se realiza pela exclusão de um setor da sociedade da participação na esfera pública ou política graças à educação seletiva formadora de elites dirigentes. No caso populista, ele se realiza pela desqualificação mascarada de uma parcela da população que participa da esfera pública apenas depois de constituída como tutelada pelo Estado. Nos dois casos, porém, a educação opera como mecanismo sociopolítico de legitimação da expropriação do direito à cultura e à participação por meio da escolarização que, no liberalismo, seleciona os "aptos" e afasta os "inaptos" e, no populismo, separa o "bom" povo do "antipovo".

A terceira concepção de educação, geralmente identificada com o autoritarismo do pós-64, consiste numa visão administrativa-modernizante do processo educacional, destinado a preencher necessidades do mercado de mão de obra para empresas privadas e estatais e para as burocracias políticas. Se, nas concepções anteriores, a escola aparece como lugar privilegiado de reprodução das estruturas de classe, das relações de poder e da ideologia dominante (e, na concepção liberal, a universidade aparece como bem cultural superior das elites dirigentes), na concepção administrativa-modernizante a educação é encarada como adestramento rápido e lucrativo de mão de obra para o mercado. Concebida com capital, a educação é definida pelos vários planos educacionais do MEC como investimento que deve gerar lucro social. Donde a ênfase no Mobral, nos cursos profissionalizantes do segundo grau e nas licenciaturas curtas, no nível universitário.

Essa perspectiva é mais adequada à forma contemporânea do Estado (de que falaremos mais adiante), que, ao se tornar socioeconômico ou parte integrante da chamada sociedade civil, perdeu a aura que possuía enquanto fora considerado um polo separado, árbitro legal de conflitos entre grupos e classes. Com essa perda, o Estado passou a necessitar de outras formas de legitimação política, uma das quais é a chamada política social ou política do bem-estar social, que inclui, além de saúde, alimentação, transporte e habitação, a educação. Como benfeitor, o Estado passa a ter a obrigação educacional. Como capitalista, o Estado usa a educação para adestrar mão de obra para a acumulação do capital.

No caso brasileiro, a modernização é claramente autoritária, na medida em que a educação ficará submetida a critérios militares de natureza geopolítica (invasão externa e subversão interna), além dos critérios capitalistas mais gerais. A concepção geopolítica fez com que todos os projetos educacionais estivessem regulados por três ideias basilares: segurança nacional, desenvolvimento nacional e integração nacional.

Afirmando-se que a educação é fator de segurança nacional, afirma-se que o conteúdo e a forma do ensino estão diretamente submetidos ao controle e à censura estatais, ficando alunos e professores na condição de suspeitos potenciais (ou, como deseja a Lei de Segurança Nacional (LSN), culpados até que provem a inocência). Mas significa também que o Estado decidirá quais as pesquisas que interessam à segurança do país e quais as que não podem ser patrocinadas por ferirem a segurança nacional. Afirmando-se que a educação é fator primordial de desenvolvimento econômico da Nação, afirma-se que, a longo prazo, ela poderá e deverá beneficiar igualmente a todos e que seu crescimento bruto é, em si mesmo, um fator de democratização. Afirmando-se que a educação é fator de integração nacional, afirma-se que ela racionaliza e unifica a vida social, moderniza a Nação gerando progresso que, a longo prazo, beneficia igualmente a todos. Na qualidade de fator de desenvolvimento nacional, a educação mascara a divisão social existente, pois a unidade nacional oculta a divisão das classes. Na qualidade de fator de integração nacional, a educação mascara seu papel de reprodutora das divisões sociais através da manutenção da estrutura ocupacional determinada pela escolarização. Por outro lado, a subordinação do MEC e das Secretarias de Educação ao Ministério do Planejamento (Seplan) e às Secretarias de Planejamento estaduais revela que a educação se transformou numa espécie de "variável flutuante" das decisões econômicas, sendo ora estimulada com verbas, ora desativada por cortes orçamentários, segundo critérios inteiramente alheios à atividade educacional e de pesquisa, pois determinados exclusivamente pelas conjunturas de desempenho do capital. Assim, as ideias de segurança nacional e de integração nacional "politizam" a educação, isto é, fazem dela uma função estatizante, enquanto a ideia de desenvolvimento nacional "economiza" a educação, fazendo dela um fator de desempenho do capital e dos mercados. Nos dois casos, a educação como tal torna-se irrelevante.

Feitos por grupos fechados e ligados a interesses econômicos precisos, os vários planos de educação, de 1964 a 1984, também se realizam sob a égide da LSN e sob o controle do SNI, de forma que a chamada modernização significou a centralização, o segredo, a verticalização e a censura ideológica sobre a educação. Ao mesmo tempo, consolidando-se no período do chamado "milagre econômico", os planos visavam ainda a atender três imperativos: 1) a formação rápida de mão de obra alfabetizada para um mercado de trabalho em expansão (donde os projetos como o Saci-Exern, o Mobral, o Minerva e os telecursos); 2) a formação de consumidores alfabetizados para um mercado de consumo dito moderno e que exige um mínimo de alfabetização; 3) a compensação da classe média urbana por sua falta de poder político, dando-lhe recursos para prestígio e ascensão social através da escola (donde a chamada massificação do ensino universitário) e do consumo de bens culturais (donde a expansão do mercado de artes, livros e discos).

Terminado o "milagre", iniciada a crise socioeconômica sem precedentes, fracassados muitos pontos dos projetos anteriores (como o caso do profissionalizante e das licenciaturas curtas), além da crise universitária (queda do nível do ensino e excesso de diplomados para um mercado em retração), um novo plano de política educacional foi formulado a partir de 1982, no qual as prioridades são dadas ao primeiro grau ou à educação básica e à cultura popular. Não cabe examinar o plano com minúcia, pois em suas linhas gerais conserva os princípios anteriores, mas convém não menosprezar o significado da ênfase conferida ao primeiro grau ou à educação básica, pois vincula-se ao projeto mais amplo de privatização do ensino superior, isto é, o ensino público universitário pago. Tanto assim que define a educação básica como aquela que confere "terminalidade" e prepara os educandos para o trabalho e para a cidadania. Uma vez que o dever estatal se cumpre com essa "terminalidade", nenhuma obrigação resta para com a universidade, agora supérflua.

Ensino público e gratuito: direito, interesse ou benemerência?

Quando Eduardo Portella era ministro, declarou que a luta pelo ensino público universitário gratuito era batalha perdida, porque 70% da educação superior do país já se encontrava privatizada, seja porque as escolas eram particulares, seja porque o sistema das fundações havia privatizado as universidades federais. Apesar dessa revelação, os universitários mantiveram e mantêm a campanha pelo ensino púbico universitário gratuito, e vale a pena examinarmos os termos desse debate.

Após cassações, triagens ideológicas e repressão policial, no correr dos anos 1970 as escolas públicas de primeiro e segundo graus foram deixadas ao léu, sem recursos financeiros, sem infraestrutura de serviços, sem remuneração decente para professores e funcionários e submetidas a reformas educacionais que pretendiam, a um só tempo, realizar as ideias basilares da nova concepção educativa, fornecer mão de obra barata para um mercado em expansão e indivíduos minimamente escolarizados para um novo tipo de consumo, além de favorecer a indústria cultural nascente (livro descartável, mercado de revistas de divulgação cultural-científica, sistemas audiovisuais, telecursos). Ao descaso com a escola pública corresponde, como era de se esperar, o incentivo à privatização do ensino ou à indústria escolar.

Ao mesmo tempo em que abandonava a escola de primeiro e segundo graus (ainda que a mantivesse sob a rédea curta da censura e da triagem ideológica), o "milagre econômico" (isto é, a futura dívida externa e o sempiterno arrocho salarial) pretendeu bloquear o que, durante certa época, foi conhecido como "evasão de cérebros", injetando grandes somas no setor universitário, especialmente para ampliação das universidades federais. Não foi casual, mas deliberado, o uso de recursos abundantes para contratação de professores e pesquisadores com salários dignos e o estímulo a centros financiadores de pesquisas, a bolsas de estudo no país e no estrangeiro e aos convênios com empresas para pesquisas, além do estímulo às fundações. Tratava-se, segundo a terminologia da época, de "conservar os cérebros" no país, adequá-los às novas exigências econômicas, silenciá-los graças a recursos financeiros e controlar a produção em escolas novas ou nas antigas que não possuíam vínculos aparentes com os "núcleos de subversão" dos anos 1960.

O projeto naufragou nas vagas da crise econômica. A retração do mercado de mão de obra letrada ou científica, a inadequação dos cursos profissionalizantes e das licenciaturas curtas, a resistência cultural e a contestação política dos universitários (particularmente o movimento estudantil e as greves de professores e funcionários do final dos anos 1970) deram cabo das pretensões milagreiras. Todavia, os rastros ficaram: o controle empresarial (das escolas privadas) e o controle burocrático (das escolas públicas), tidos como substitutos modernos e racionais do controle cultural antiquado e irracional, isto é, a repressão visível. É no quadro dessa "modernização" que vem inscrever-se o projeto do ensino público universitário pago.

A proposta não teria sido grotesca se tivesse havido alguma imaginação para justificá-la. Não foi o caso. Foi apresentada como promoção de justiça social.

Num país onde o déficit previdenciário e a corrupção não podem sequer ser calculados, onde as casinholas populares do BNH desmoronam antes de ocupadas e não podem ser pagas depois da ocupação, onde o transporte coletivo carrega gente como se fosse gado e passa por contínuos acidentes fatais, onde trabalhadores pagam pelo FGTS que não lhes é devolvido senão sob ação judicial, onde boias-frias (trabalhando de dez a doze horas diárias, não recebendo sequer salário mínimo, sem as menores garantias trabalhistas e submetidos à violência física patronal) não têm como sobreviver, onde com o desemprego espera-se por volta de 3 milhões de mortos por fome e desnutrição, tornou-se a regra do cotidiano declarar o ensino público universitário pago fonte de justiça social e zombar do bom-senso dos cidadãos.

A fórmula empregada pelos governantes parece irretorquível: "os ricos devem pagar pelos pobres". Nesse nível de argumentação, poderia se perguntar: por que os ricos não pagariam o INPS, o BNH ou o FGTS dos pobres? Os transportes usados pelos pobres? Por que os ricos não pagariam berçários e creches para os pobres? Em suma, por que não converter de uma vez a política social do Estado em obra de benemerência e de caridade pública?

Num país onde a concentração da riqueza, as taxas de desemprego, de mortalidade infantil, de desnutrição, de doenças endêmicas, de flagelados por secas e enchentes, os índices de arrocho salarial e de violência rural e urbana atingem proporções inigualáveis, por que iniciar a "justiça social" pela universidade? A não ser numa perspectiva religiosa e piedosa, que evidentemente não é a da burocracia nem a da tecnocracia nacionais, haveria como justificar a alegação do MEC?

Não contente com a fórmula brilhante – "os ricos devem pagar pelos pobres" –, a capacidade acaciana dos dirigentes conseguiu concluir que a universidade paga é fator de democratização. Se tal fosse o caso, deveríamos estar nadando em democracia educacional no primeiro e no segundo grau, privatizados em sua quase totalidade. Ora, é exatamente o contrário que ocorre. Com efeito, o descaso pelas escolas públicas dos dois primeiros graus teve como corolário o fortalecimento das escolas particulares, que permitem a seus alunos, depois do malfadado "cursinho" (também fruto milagreiro), ingressar nas universidades públicas porque podem atender às exigências culturais ali feitas. Se, como os governantes alegam, os pobres são forçados a cursar universidades particulares ou a desistir do ensino superior, isso se deve, entre outras razões, à negligência governamental face às escolas públicas dos dois primeiros graus. Porque negligenciaram o ensino público e patrocinaram a indústria escolar, os governantes criaram a discriminação que hoje fingem querer eliminar, sem tocar em suas causas.

Diante da contestação ao projeto de privatização das universidades públicas, os governantes pareceram alterar a tática declarando não pretender transformar o ensino superior em ensino pago, mas criar ou converter universidades na condição de fundações, gozando da autonomia e da participação da sociedade em sua manutenção. Novamente, parecemos estar diante de argumento irretorquível.

Ora, como demonstram estudos da Andes, uma fundação é uma entidade jurídica que deve ou pode ter recursos provenientes de três fontes alternativas ou simultâneas: empresas, estudantes pagantes e Estado.

Supondo-se que as verbas venham de empresas, as universidades correm os seguintes riscos: em primeiro lugar, de seus quadros docente, discente e administrativo, seus currículos e programas, suas pesquisas e formas de avaliação serem decididos por interesses empresariais cujo sentido e cuja finalidade lhes escapam – e, com eles, a autonomia propalada;

em segunda lugar, podem ficar a serviço, imediato ou mediato, de uma parte da sociedade (os empresários, que constituirão os conselhos curadores), sendo levadas a encarar seus trabalhos e as questões culturais, científicas e técnicas pelo ângulo exclusivo dos interesses dessa parcela da sociedade, justamente aquela que dirige o social e controla a política, destruindo novamente a autonomia e, sobretudo, impedindo que as universidades definam por si mesmas que serviços querem prestar à sociedade e por quê. Numa palavra, em nome da democratização, a universidade ficará subordinada a uma classe social determinada, e por ela será tutelada ou vigiada.

Supondo-se, ao contrário, que a universidade seja sustentada por alguns pagantes, ela desaparecerá. Os estudos da Andes revelam que os pagamentos efetuados pelos alunos jamais cobrirão as despesas mínimas de uma universidade, a menos que as taxas sejam exorbitantes. O que é curioso numa proposta de democratização universitária, que teria o resultado paradoxal de afastar do ensino superior a maioria da população estudantil do país.

Seja, enfim, a hipótese de manutenção pelo Estado. Nesse caso, caberia indagar qual o interesse em converter as universidades em fundações, já que o Estado se encarregaria delas exatamente como deve fazê-lo na situação vigente. A resposta esclarece os motivos. Uma fundação, juridicamente, possui normas que garantem a intervenção da instituição mantenedora toda vez que isso for considerado de "interesse público". Fica, pois, garantida por lei a ingerência direta dos governantes nas universidades, o MEC passando a ter poderes iguais ou semelhantes aos do Ministério do Trabalho sobre os sindicatos. Assim, no caso de manutenção pelo Estado (que será a única viável no país), a autonomia universitária não é dificultada; é abolida. Exemplos não faltam de intervenções em fundações, particularmente naquelas que elegeram diretamente seus reitores e diretores.

Ao lado de razões políticas óbvias, não alegadas, os governantes alegam razões econômico-sociais para a instalação da universidade pública paga. A argumentação gira em torno de três alegações principais: 1) o pagamento da escola por alunos e empresas aliviará as despesas da União, permitindo o uso das verbas para os dois primeiros graus; 2) estabelecendo pagamentos diferenciados e o não pagamento para os alunos carentes, o Estado corrigirá desigualdades sociais (como se fora um velho Estado liberal e como se a educação fosse origem das desigualdades); 3) a Constituição brasileira garante a obrigatoriedade do ensino gratuito apenas para os dois primeiros graus (ou para a "terminalidade" da educação básica), não havendo obrigação do Estado para com os outros graus, sobretudo as universidades, destinadas às elites.

Com relação ao primeiro argumento, vale a pena lembrar que a União não está obrigada a custear os primeiros graus pelo assaz simples motivo de esses graus serem encargos dos governos municipais e estaduais. Também vale a pena lembrar que a União tentou "resolver" o problema do analfabetismo através do Mobral e fracassou, como fracassou no monumental projeto de educação via satélite, o Saci-Exern. Isso para não mencionarmos os gastos portentosos com os telecursos de primeiro e segundo graus, transmitidos pela rede Globo.

Com relação ao segundo argumento, não custa recordar que as desigualdades sociais são produzidas, reproduzidas e reforçadas pela infraestrutura econômica. O maior índice de evasão escolar ocorre nos dois primeiros anos do primeiro grau, quando as crianças são forçadas a abandonar a escola, seja para trabalhar, seja para cuidar de irmãos menores para que pai e mãe trabalhem, seja enfim por falta de alimentação, vestuário e transporte que permitam o acesso a escolas (quando as há, e não o prédio festivamente inaugurado). É a miséria que afasta as crianças da escola – 35 milhões de crianças não contam com a pré-escola e, se contassem, mais da metade não poderia frequentá-la por falta de recursos; 7 milhões de adolescentes são analfabetos porque, além da falta de escolas, são obrigados, pela pobreza, a abandonar o curso primário. Desemprego, arrocho salarial, péssimas condições de saúde, habitação, vestuário, transporte e alimentação expulsam crianças da escola, e não será o pagamento das universidades que corrigirá essa calamidade, ainda que com o nome pomposo de "democracia para a justiça social".

Com relação ainda ao segundo argumento, a Andes indagou qual seria o "indicador" para aferir riqueza e pobreza, quem pagará e quem não pagará a universidade. Consta que o "indicador" seria o imposto de renda. Ora, se "ricos devem pagar para pobres", o último critério a nunca, jamais utilizar é o imposto de renda. Em primeiro lugar, pelo motivo comezinho de que, neste país, os ricos sonegam o imposto de renda. Em segundo lugar, pelo motivo de esse imposto concernir a salários e consumo, e não aos lucros, isto é, não se refere ao capital e, até que se prove o contrário, rico é quem acumula capital pela exploração do trabalho alheio. Ao que parece, portanto, os remediados de classe média irão pagar para os miseráveis da classe trabalhadora, na costumeira socialização da pobreza, própria do igualitarismo à brasileira.

O terceiro argumento dos governantes possui base legal, ainda que se possa questionar sua legitimidade. O argumento constitucional é importante porque tanto os que querem o ensino pago quanto os que lutam contra ele invocam os deveres do Estado e os direitos dos cidadãos, de tal modo que o combate entre os dois lados parece um jogo de espelhos em que os argumentos de uma das partes são invertidos nos reflexos da outra.

Vejamos, inicialmente, como o Estado tem cumprido seu dever educacional. Deixemos de lado a situação calamitosa dos dois primeiros graus e pensemos apenas no Mobral. A campanha de alfabetização mobralina foi desenvolvida quando o mercado de trabalho pedia mão de obra alfabetizada e quando o mercado de bens de consumo pedia consumidores alfabetizados. Além disso, nascido dos escombros dos movimentos populares de alfabetização, como o MEP, o Mobral tinha a função ideológica de anular a memória histórica desses movimentos, doutrinando a população a ser alfabetizada segundo os cânones do saber oficializados. Assim, o Estado cumpriu (e mal) seu dever apenas quando exigências externas à própria educação o impeliram nessa direção. Isso significa que a educação é visualizada pelo Estado do ponto de vista do interesse (econômico, ideológico), e jamais do ponto de vista do direito (como participação na esfera dos conhecimentos). Invocar, pois, os deveres do Estado pode ser argumento frágil quando não se leva em conta que os direitos são criados e defendidos pelos cidadãos, por grupos e por classes sociais, e não pelo Estado, que apenas defende interesses, ainda que, como Estado de Direito, devesse acolher, proteger e defender direitos. Um direito ultrapassa o interesse e ganha dimensão política somente quando chega a ser formulado publicamente e exige reconhecimento social. Quando a alfabetização é interesse (de mercado e de ideologia) e quando a pesquisa é interesse (de mercado e de burocracia), educação e cidadania nada possuem em comum e, nessa perspectiva, o Estado pode perfeitamente cumprir seu dever legal (quem fez a lei? A que interesses atende?) conforme lhe aprouver e com os meios que escolher.

Quando se argumenta que o Estado tem o dever de dar educação gratuita em todos os graus porque pagamos indiretamente por ela através dos impostos, podemos cair noutro engano, qual seja, identificar cidadão e contribuinte. Reduzimos o Estado à mera dimensão fiscal e a cidadania ao critério do fisco. Nesse caso, de duas uma: ou os que, *de jure*, não podem pagar impostos (os realmente pobres) ficam excluídos da cidadania ou, para aceder a esse tipo de cidadania, aceitamos identificar poder político e Estado fiscal, legitimando impostos como o imposto sindical, contra o qual há anos lutam os trabalhadores. O critério (do liberalismo conservador, diga-se de passagem) do imposto como definidor da representação política e dos direitos é um economicismo disfarçado que repõe ideologicamente a discriminação socioeconômica combatida no plano educacional.

Enfim, o argumento dos "deveres" do Estado não exclui, ao contrário, fortifica a proposta das fundações universitárias sob tutela estatal direta, de modo que, na luta contra a privatização, pode-se cair no polo oposto, oscilando, como o próprio governo, entre a privatização (controle empresarial das fundações) e a estatização (controle estatal direto das universidades). Não sem motivo, o slogan escolhido pelos mandantes é "Educação, dever e direito do povo e do Estado". Isto é, o dever do povo é imposto e o direito do Estado é o controle social e político. Em suma, do direito pouco ou nada resta.

Se é um sofisma a universidade pública paga como portadora de justiça social, não menor é o sofisma que dela se espera a democracia educacional. Não só porque o número de estudantes universitários diminuirá (a classe média não poderá custear os estudos universitários), nem só porque a discriminação econômica aumentará (os cursos que forem mais procurados serão, pela lei mercantil da oferta e da procura, os mais caros: a contratação de professores ficará na dependência do "ibope" estudantil pagante, como nos Estados Unidos; o preço da mercadoria docente ficará na dependência de polpudos *curricula vitae*, em que a picaretagem produtivista será a regra), mas porque o direito à formação universitária terá sido burlado, uma vez que a universidade paga pretende ser a solução para os resultados desastrosos do "milagre econômico" na recessão, isto é, a saturação do mercado universitário, criado pela indústria educacional.

Como era previsível, o assunto pertence ao MEC. Cai na esfera da Seplan. O que significa, também, que será assunto para o Conselho de Segurança Nacional. Ou o país não se modernizou?

Diferença entre política e administração

Evidentemente, nossa tendência é considerar que os planos educacionais realizados no pós-64 e o atual projeto de ensino público pago são decorrentes da forma do regime político e do modelo econômico implantado no país. Embora correta, essa afirmação é parcial, porque deixa de lado o fato de que, eliminadas a repressão e o controle ideológico postos em prática pela escola brasileira, talvez não fosse muito diferente uma política educacional por parte do Estado. O que queremos dizer com isso são três coisas:

1) A presença maciça do Estado na educação decorre da presença maciça do Estado contemporâneo no interior da sociedade, seja na qualidade de participante da economia (por meio das empresas estatais, das políticas fiscais e cambiais, do controle dos preços, etc.), seja na qualidade de promotor do bem-estar social através dos serviços públicos. Tanto num caso como noutro, o Estado não opera mais na qualidade de árbitro legal de conflitos sociais, pairando acima da sociedade, mas age no interior dela através da administração pública com as seguintes finalidades: a) obter a legitimação por meio de mecanismos econômicos que garantam a acumulação e reprodução do capital, seja impedindo políticas econômicas anticapitalistas, seja promovendo a harmonia entre os capitais particulares e o capital social total; b) obter a legitimação fazendo gastos públicos com a educação, a saúde, o transporte, a habitação, a fim de garantir a reprodução da força de trabalho ou, pelo menos, o barateamento desta; c) obter a legitimação através de práticas mascaradoras que lhe deem o aspecto de generalizador e universalizador da sociedade dividida em classes. Dessa maneira, a presença do Estado na esfera da educação, ainda que tenha tomado os caminhos específicos que o autoritarismo brasileiro

lhe deu, é uma presença que decorre de sua própria forma no mundo contemporâneo.

2) Descontados os aspectos específicos do autoritarismo brasileiro, a ideia geral dos planos educacionais se funda numa concepção determinada da política segundo a qual política é administração. Ora, a administração é solidária: a ideia de organização racional (entidade como centralização das decisões e separação entre direção e execução); a ideia de planejamento (entidade como conjunto de operações que reduzam a realidade a modelos constituídos, forçando o real a acomodar-se ao artifício do modelo ou plano); a ideia de racionalidade técnica (entidade como despolitização das questões, a fim de eliminar o que houver de conflituoso, antagônico e contraditório na realidade social). Basicamente, trata-se de uma concepção instrumental da realidade social e, portanto, de uma concepção instrumental da cultura e da educação definidas pelos critérios da eficácia, da eficiência, do rendimento, da produtividade e do lucro. A especificidade da educação (mas também de todas as atividades sociais, culturais, políticas) é abolida em nome de um conjunto de operações tidas como organizativas, planificadoras e reacionais, válidas tanto para um setor do social quanto para qualquer outro. Essa visão administrativa da política, reduzida a um conjunto de técnicas de intervenção, ou a um conjunto de "táticas" e de "estratégias", elimina a questão política fundamental, qual seja, a questão do poder e a da justiça social. A política como expressão de interesses, direitos, vontades e práticas conflitantes de sujeitos sociopolíticos cede lugar a um conjunto de fórmulas repetitivas, mágicas, ritualísticas e burocráticas, destinadas a tornar nulos todo conflito e toda diferença. Por esse motivo não é casual, mas compreensível, no caso da educação, que as decisões venham do exterior da escola e sejam homogêneas, unificadoras, previsíveis e controláveis. A burocratização da educação não é causa dos desastres educacionais, mas efeito da identificação entre política e administração.

A propalada modernização brasileira, em geral, e a modernização da educação, em particular, nada mais foram do que essa absorção do político pelo administrativo como técnica de controle social, de exploração econômica e de dominação política. A partir do momento em que se considera a racionalidade social e cultural como um conjunto de operações que localizam os postos de mando e de execução (isto é, a organização) e um conjunto de operações que pretendem "maximizar os ganhos e minimizar as perdas" (sem que se definam a natureza e a finalidade tanto do ganho quanto da perda), essa racionalidade é suficiente para despolitizar todas as esferas da vida social e, entre elas, os projetos educacionais.

3) Tanto a forma do Estado contemporâneo quanto a identificação entre política e técnica administrativa são solidárias de um tipo peculiar de ideologia na qual a educação se encontra diretamente comprometida e que precisamos examinar, caso nos disponhamos a pensar numa política educacional democrática. Trata-se da ideologia da competência. A ideologia da competência se caracteriza, em primeiro lugar, pela predeterminação de quem tem o direito de falar, ouvir, pensar e agir, pela predeterminação do que deve ser falado, ouvido, pensado e feito e pela predeterminação do lugar, do tempo e das circunstâncias em que se pode falar, ouvir, pensar e agir. Um conjunto de regras fixa de antemão aqueles que podem falar, ouvir, pensar e agir, o conteúdo desses atos e suas circunstâncias, de sorte que tais regras, simultaneamente, excluem aqueles despojados dos direitos de falar, ouvir, pensar e agir. Os que possuem tais direitos são considerados portadores de um saber que os torna competentes; os excluídos são classificados como incompetentes. Assim, a primeira característica da ideologia é produzir a figura dos incompetentes sociais, políticos e culturais. A segunda característica dessa ideologia é a afirmação de que aqueles que possuem determinados conhecimentos científicos, técnicos, filosóficos têm, em decorrência dessa posse intelectual, o direito ao mando e ao poder. Numa palavra, a posse de conhecimentos é transformada imediatamente em exercício de autoridade. A competência deixa de significar um conhecimento real para significar um poder arbitrário que se exerce em virtude do saber. Dessa maneira, a ideologia da competência divide a sociedade entre os que sabem e por isso

mandam e os que não sabem e por isso obedecem. A divisão entre competentes e incompetentes sob a forma do mando e da submissão é o ponto de honra da concepção administrativa da sociedade e da política, imperando nas fábricas, nos hospitais, nos partidos políticos, no funcionalismo público e sobretudo no seu lugar primordial de irradiação, isto é, na escola. Em terceiro lugar, a ideologia da competência se caracteriza pela dissimulação da exploração econômica, da exclusão política e da espoliação cultural através da máscara da incompetência como falta de escolarização e como desqualificação social e profissional. Trata-se de um poderoso dispositivo de intimidação sociopolítica, na medida em que obtém a obediência e a submissão graças à interiorização da incompetência pelo sentimento da incapacidade e da inaptidão. Desvalorizando o saber real que diferentes sujeitos sociais possuem a respeito da natureza, da sociedade, da política, da história, da saúde e da doença, do bem e do mal, do justo e do injusto, do verdadeiro e do falso, do possível e do impossível, do sagrado e do profano, a ideologia da competência se realiza através de um processo educacional destinado a intimidar, imobilizar e doutrinar a população. Além de desequilibrar o saber existente em nome de conhecimentos técnicos, científicos e filosóficos, a ideologia da competência, através da seletividade econômica e social da educação, priva os sujeitos sociais, isto é, os explorados e dominados, do acesso a tais conhecimentos que, assim, se reforçam como instrumentos de autoridade.

Essas precárias observações que fizemos acerca da forma do Estado, da visão administrativa e da ideologia da competência pretenderam apenas servir de pano de fundo para a discussão a respeito de uma política educacional democrática.

Não é nossa intenção traçar aqui tal projeto. Gostaríamos apenas de sugerir alguns pontos que nos parecem necessários para uma concepção democrática da educação:

1) A educação como direto e não apenas como interesse, pois como direito se refere a sujeitos sociais, enquanto como interesse pode tomar os educandos apenas como objetos e instrumentos para fins que requerem a passagem pela escolarização.

2) O acesso à educação como direito de acesso às informações culturais que tornam possível não só compreender o que se passa na história, na sociedade, na política e na cultura dita letrada, mas também intervir ativamente em todas essas esferas da teoria e da prática.

3) O acesso à educação não apenas como consumo de produções intelectuais, artísticas e técnicas, mas como direito a produzir conhecimentos, artes e técnicas, isto é, como direito a fazer cultura e ser reconhecido como tal.

4) A educação como meio necessário para a ampliação e modificação dos conhecimentos e das práticas, com uma compreensão reflexiva que permita desfazer a discriminação socioeconômica e sociopolítica entre competentes e incompetentes, mandados e executantes.

5) Articulação entre educação e condições sociais, econômicas e políticas necessárias para permitir a escolarização em todos os graus e para toda a população que assim o deseje, de sorte que a política educacional é inseparável não só dos demais setores da política social (alimentação, saúde, habitação, transporte), mas ainda da gestão pública e como bem público, de modo que os grupos e as classes sociais antagônicas em presença possam decidir prioridades educacionais, segundo suas exigências específicas.

6) Professores, alunos e todos os que se acham envolvidos no campo da educação não são objetos do trabalho educativo, mas seus sujeitos, o que exige a socialização ou a democratização da própria instituição escolar, nos trabalhos didáticos, pedagógicos, de pesquisa, de gestão e de decisão, o que inclui a participação dos envolvidos no campo educacional em todas as esferas de decisão e de direção, dos ministérios e secretarias às delegacias, inspetorias, diretorias, reitorias e salas de aula.

7) Os sujeitos da educação podem e devem intervir na elaboração de orçamentos e verbas de políticas do livro, do material escolar, de bibliotecas, de laboratórios, de centros de financiamento de pesquisas, da elaboração de programas, currículos e formas de avaliação segundo as necessidades locais, regionais, de grupos e de classes.

8) As questões educacionais, como aliás todas as que se referem à política social ou pública, não podem ser reduzidas a problemas técnico-administrativos, mas tratadas como questões político-culturais dotadas de especificidade.

9) Assim como se trata de criar condições materiais adequadas para a escolarização de crianças, adolescentes e adultos, é necessário criar condições materiais para o trabalho escolar, entre elas a dignidade salarial dos professores e funcionários e a possibilidade contínua de atualização dos conhecimentos, das trocas de experiência entre educadores e do descanso merecido.

10) Na relação pedagógica propriamente dita, a escola não pode continuar a banalizar os conhecimentos, a transmitir a visão unilateral dos dominantes sobre a sociedade, a história e o saber e sobretudo não pode permitir que a assimetria professor-aluno, de um lado, e a assimetria dos cargos e funções dos docentes, de outro, sirvam de pretexto ou de ocasião para serem convertidas de assimetrias em desigualdades, de desigualdades em hierarquias e de hierarquias em formas de mando e de submissão.

Ética e universidade[1]

Normalmente, identificamos ética (do grego *"éthos"*) e moral (do latim *"mores"*) significando os costumes, as normas, e os valores que, estabelecidos por uma sociedade, determinam o comportamento de seus membros. Todavia, os dois conceitos se referem a realidades distintas quando consideramos uma outra palavra grega: *"éthos"*, significando, agora, caráter, temperamento, disposição física e pesquisa individual. Nessa acepção, a ética refere-se à educação do caráter dos indivíduos em vista da felicidade, da vida justa e livre que, para os gregos, só era possível como vida política. A moral impõe as regras do comportamento e da ação, além de definir sanções para a prática desviante. A ética supõe um sujeito racional e livre, capaz de, por si mesmo, estabelecer valores e respeitá-los.

Apesar da diferença, três pontos são comuns à ética e à moral:

1) A prática ética e o comportamento autônomo se definem pela disposição do indivíduo (ética) e da sociedade (moral) de colocar um término à violência. Fundamentalmente, a violência é a violação da natureza ou da essência de um outro ser, forçando-o a sentir, pensar, dizer e fazer o oposto do que sua natureza

---

[1] Originalmente publicado em: *Ciência hoje*, Rio de Janeiro, n. 102, p. 38-42, ago. 1994; republicado em: *Universidade e sociedade*, São Paulo, n. 8, p. 82-87, fev. 1995. (N. do Org.)

determina. No caso dos seres humanos, parte-se da ideia de que são seres sensíveis, dotados de consciência e vontade, capazes de deliberação, escolha e decisão, isto é, são *sujeitos*. Assim, a violência consiste em tratar um sujeito humano como se fosse coisa ou objeto, isto é, desprovido de vontade e de capacidade para deliberar, escolher e decidir.

2) Tanto uma como outra constituem o campo da práxis, na qual o agente reúne a capacidade, a disposição e a aptidão para praticar uma ação que encontra nela mesma sua própria finalidade. Em outras palavras, na práxis, o agente, o ato e a finalidade da ação são uma só e mesma coisa.

3) Ambas diferenciam os conhecimentos teóricos das práticas técnicas. A teoria visa à explicação de uma realidade, enquanto a ética visa à ação subjetiva e intersubjetiva segundo valores; a técnica é uma ação regida pelas ideias de utilidade e eficácia de uma ação instrumental para alcançar certos fins, enquanto a ética é uma relação intersubjetiva não-instrumental. Teoria e técnica operam no campo do necessário, e a práxis ética, no campo do possível, do que poderá ser diferente graças à ação dos humanos.

O campo da vida ético-moral

Se deixarmos de lado a história do pensamento ético e das formas de moralidade na sociedade para ficarmos apenas com o que foi proposto pelo pensamento ocidental moderno, podemos dizer que o campo ético-moral é instituído por um sujeito ético-moral consciente, dotado de vontade para controlar seus instintos, impulsos e paixões, e capaz de deliberar e perceber as situações como simultaneamente determinadas e abertas, necessárias e possíveis. Esse sujeito ético-moral é igualmente capaz de definir os fins da ação ético-moral como recusa da violência contra si e contra os outros, e de estabelecer uma relação justa e legítima entre os meios e os fins da ação, considerando que meios violentos são incompatíveis com fins ético-morais. O campo ético-moral é formado ainda por valores e normas postos pelos próprios sujeitos ético-morais, na qualidade de deveres, virtudes ou bens realizáveis por todos e cada um.

Questões da ética contemporânea

Quando nos aproximamos da sociedade contemporânea, podemos perceber que alguns problemas novos foram colocados para a ética.

A psicanálise, com o conceito de inconsciente, e o marxismo, com o de ideologia, estabeleceram limites instransponíveis para a crença no poderio total da consciência autônoma, enfatizando seus limites. O marxismo trouxe ainda a ideia de que a moral vigente, representando os interesses dos dominantes, não pode ter a pretensão à universalidade, porque o sujeito social está internamente dividido em classes sociais diferentes e contraditórias. Se a psicanálise cria problemas para a noção de subjetividade consciente autônoma, o marxismo os cria para a noção de subjetividade universal e de intersubjetividade comunicativa.

A esses dois problemas, veio acrescentar-se mais um quando, a partir dos anos 1950 e 1960, nas ciências humanas, o estruturalismo considerou que o sujeito autônomo não existe verdadeiramente. O que existe são as estruturas (econômicas, sociais, linguísticas, psíquicas, políticas, culturais), que são necessárias e inconscientes, e das quais os indivíduos são partes determinadas, sentindo, agindo e pensando de acordo com regras e normas estruturais.

Falou-se, assim, na morte do sujeito ou da subjetividade, na medida em que esta pressupunha um agente autônomo que as estruturas revelaram não existir.

Michel Foucault foi mais longe, mostrando que as ideias de homem e sujeito, humanidade e subjetividade são muito recentes no pensamento ocidental e, sob certos aspectos, datam do final do século XIX e início do século XX. Não são apenas recentes. São frágeis e destinadas a uma rápida desaparição no pensamento contemporâneo. Em seu lugar, diz Foucault, surgem conceitos novos, tais como vontade de poder, vontade de saber, ciência como desejo de poder social, econômico e político, instituições sociais como formas disciplinadoras e repressivas, realizando-se em micropoderes que determinam a estrutura e o modo de funcionamento da família, da escola, do trabalho, das prisões, dos asilos psiquiátricos, da sexualidade, dos partidos políticos, etc.

A essas formulações devemos acrescentar as mudanças trazidas pelos anos 1960 e 1970, com a introdução na cena sociopolítica de um outro tipo de sujeito: não mais o individual nem mesmo o sujeito como classe social, mas o sujeito coletivo criado pelos movimentos populares e sociais de reivindicação e criação de direitos e, portanto, de ética e democracia.

Desse modo, a distinção clássica entre esfera privada da existência ética e esfera pública da existência política não pode ser mantida. Sem a garantia de direitos não há ética possível, pois somente os direitos são capazes de combater a violência. A questão ética tornou-se, assim, inseparável da democrática, na medida em que a democracia afirma os princípios de igualdade, justiça, liberdade e felicidade como direitos universais criados pelos agentes sociais, assim como o princípio do direito às diferenças, universalmente reconhecidas como legítimas.

Mas é nesse ponto que irrompem o neoliberalismo e a ideologia pós-moderna, esfarelando qualquer pretensão ética à universalidade e à diferença real.

Neoliberalismo e pós-modernismo

Ao afirmar que os imperativos do mercado são racionais e, por si mesmos, capazes de organizar a vida econômica, social e política, o neoliberalismo introduz a ideia de competição e competitividade como solo instransponível das relações sociais, políticas e individuais. Dessa maneira, transforma a violência econômica em modelo da ação humana e destrói toda a possibilidade da ética.

Ao retirar a validade das antigas ideias de razão, universalidade, consciência, liberdade, luta de classes, justiça, responsabilidade, e também as distinções entre natureza e cultura, público e privado, ciência e técnica, subjetividade e objetividade, o pós-modernismo, ideologia do capitalismo neoliberal, passou a afirmar como realidades únicas e últimas a superfície veloz do aparecer social, a intimidade e a privacidade narcísicas – expostas sob a forma da propaganda e da publicidade –, a competição e a vitória individual a qualquer preço.

O liberalismo – fragmentando e dispersando a esfera da produção por meio da terceirização, usando a velocidade das mudanças científicas, tecnológicas e dos meios de informação, operando com o desemprego e a inflação estruturais – fez com que o capital passasse a acumular-se de modo oposto à sua forma clássica, isto é, não pela absorção e incorporação crescente dos indivíduos e dos grupos ao mercado de trabalho e do consumo, mas pela exclusão crescente da maioria da sociedade, polarizando-a em dois grandes blocos: o da carência absoluta e o do privilégio absoluto.

O pós-modernismo aceitou os efeitos do neoliberalismo e, tomando-os como verdade única e última, renunciou aos conceitos modernos de racionalidade, liberdade, felicidade, justiça e utopia, para mergulhar no instante presente como tempo único e último.

A esse quadro é preciso acrescentar um aspecto que, diretamente, nos diz respeito: as mudanças nas ciências e nas tecnologias.

A ciência antiga definia-se como teoria, isto é, para usarmos a expressão de Aristóteles, estudava aquela realidade que independe de toda ação e intervenção humanas. A ciência moderna, ao contrário, afirmava que a teoria tinha como finalidade abrir o caminho para que os humanos se tornassem senhores da realidade natural e social. Todavia, ainda acreditava que a realidade existia em si mesma, separada do sujeito do conhecimento, e que este apenas podia descrevê-la por meio das leis e agir sobre ela por meio das técnicas. A ciência contemporânea, porém, não contempla nem descreve realidades, mas as constrói intelectual e experimentalmente nos laboratórios. Os humanos realizam, hoje, o sonho dos magos da Renascença, isto é, serem deuses porque capazes de criar a própria realidade.

A mudança do estatuto da ciência corresponde à mudança do estatuto da técnica. Para a ciência antiga, teoria e técnica nada possuíam em comum, a técnica sendo uma arte para encontrar soluções para problemas práticos sem qualquer relação com a ciência. A ciência moderna modificou a natureza dos objetos técnicos porque os transformou em objetos tecnológicos, isto é, em ciência materializada, de tal maneira que a teoria cria objetos técnicos e estes agem sobre os conhecimentos teóricos. A ciência contemporânea foi além ao transformar os objetos técnicos em autômatos. Um sistema de objetos autorreferidos, autorregulados e dotados de lógica própria, capazes de intervir não só sobre teorias e práticas, mas sobre a organização social e política.

A ciência e a técnica contemporâneas tornaram-se forças produtivas e trouxeram um crescimento brutal do poderio humano sobre o todo da realidade que, afinal, é construída pelos próprios homens. As tecnologias biológicas, nucleares, cibernéticas e de informação revelam a capacidade humana para um controle total sobre a natureza, a sociedade e a cultura. Controle que, não sendo puramente intelectual, mas determinado pelos poderes econômicos e políticos, pode ameaçar todo o planeta.

Filósofos e cientistas antigos e modernos haviam apostado nos conhecimentos como fontes liberadoras para os seres humanos: seriam liberados do medo e da superstição, das carências impostas por uma natureza hostil, e sobretudo do medo da morte, graças aos avanços das ciências, das técnicas e de uma política capaz de deter as guerras.

Mas a ciência e a tecnologia contemporâneas, submetidas à lógica neoliberal e à lógica pós-moderna, parecem haver-se tornado o contrário do que delas se esperava: em lugar de fonte de conhecimento contra as superstições, criaram a ciência e a tecnologia como novos mitos e magias; em lugar de fonte liberadora das ciências naturais e responsável pelo cerceamento de guerras, tornaram-se, através do complexo industrial-militar, causas de carências e genocídios. Surgem como poderes desconhecidos, incontroláveis, geradores de medo e de violência, negando a possibilidade da ação ética como racionalidade consciente, voluntária, livre e responsável, sobretudo porque operam sob a forma do segredo (o controle das informações como segredos de Estado e dos oligopólios transnacionais) e da desinformação propiciada pelos meios de comunicação de massa.

Ética e universidade

Se a ética está referida à recusa da violência, à ideia de inter-subjetividade consciente e responsável, de igualdade e de justiça, de liberdade como criação do possível no tempo, e ainda à democracia como invenção, reconhecimento e garantia de direitos – baseados nos princípios da igualdade e da diferença –, e se a forma contemporânea do capitalismo e da ideologia é contrária aos valores e normas que constituem o campo ético, creio que nossa primeira tarefa, enquanto universitários, é o combate lúcido ao que impede a ética na sociedade contemporânea.

Todavia, essas ideias são muito gerais e vagas para definir a relação entre ética e universidade, e assim continuarão sendo enquanto não tivermos uma visão mais concreta do que se passa, hoje, na sociedade e nas universidades públicas brasileiras.

Do ponto de vista da sociedade brasileira, podemos dizer que seus principais traços são:

1) Relações sociais hierárquicas ou verticais, nas quais os sujeitos sociais se distribuem como superiores mandantes competentes e inferiores obedientes incompetentes; não opera, portanto, o princípio da igualdade formal-jurídica, nem o da igualdade social real. Imperam as discriminações sociais, étnicas, de gênero, religiosas e culturais.

2) Relações sociais e políticas fundadas em contatos pessoais, sem a mediação das instituições sociais e políticas, estabelecendo-se como paradigmas da relação sociopolítica o favor, a clientela e a tutela; não operam, portanto, as formas de representação e participação nas decisões concernentes à coletividade, mas formas variadas de paternalismo, populismo e mandonismos locais e regionais. Inexistem o princípio da liberdade e o da responsabilidade. Imperam poderes oligárquicos.

3) As desigualdades econômicas e sociais alcançaram patamares extremos, não só porque 92% do PIB concentra-se nas mãos de 2% de indivíduos e grupos, enquanto 8% do PIB se distribui para os 98% restantes da população, mas também porque a forma contemporânea do capitalismo e da política liberal, operando com o encolhimento do espaço público e o alargamento do espaço privado, com o desemprego estrutural e a exclusão sociopolítica, polariza a sociedade brasileira entre a carência e o privilégio. Ora, uma carência é sempre particular e específica, e não consegue generalizar-se num interesse comum, nem universalizar-se num direito. Um privilégio, por definição, é sempre específico e particular, não podendo generalizar-se sem deixar de ser privilégio. Na medida em que prevalecem carências e privilégios, e os direitos não conseguem instituir-se, inexistem condições para a cidadania e para a democracia que, como vimos, tornaram-se inseparáveis da ética.

4) Na medida em que não vigoram os princípios da igualdade, da liberdade, da responsabilidade, da representação e da participação, nem o da justiça e o dos direitos, a lei não funciona como lei, isto é, não institui um polo de generalidade e universalidade social e política no qual a sociedade se reconheça.

A lei funciona como repressão, do lado dos carentes, e como conservação de privilégios, do lado dos dominantes. Por não ser reconhecida como expressão de uma vontade social, a lei é percebida como inútil, inócua, incompreensível, podendo ou devendo ser transgredida, em vez de ser transformada. Torna-se espaço privilegiado para a corrupção.

Esses quatro traços indicam o evidente: a sociedade brasileira é violenta, e sua violência tende a aumentar com o avanço neoliberal que fortifica carências e privilégios.

Como a universidade tem-se inserido nesse tecido social oligárquico, autoritário e violento?

Com relação ao corpo discente, a universidade pública tem aceitado passivamente a destruição do ensino público de primeiro e segundo graus, a privatização desse ensino, o aumento das desigualdades educacionais e um sistema que reforça privilégios, porque coloca o ensino superior público a serviço das classes e dos grupos mais abastados. Para agravar ainda mais esse quadro, alguns propõem "democratizar" a universidade pública fazendo-a paga, ainda que só devam pagar os "mais ricos". Procura-se remediar um problema destroçando o princípio ético-democrático do direito à educação.

Com relação ao corpo docente, na medida em que a economia opera com o desemprego e a inflação estruturais, ao mesmo tempo em que fragmenta e dispersa todas as esferas da produção, os trabalhadores industriais e dos serviços, tendo perdido suas referências de classe e de luta, tendem à luta sob a forma corporativa de defesa das categorias profissionais.

O corpo docente universitário procura imitar os procedimentos de organização e luta dos trabalhadores industriais e dos serviços, assumindo também a organização e a luta corporativas por empregos, cargos e salários. Ao fazê-lo, deixam as questões relativas à docência, à pesquisa, aos financiamentos e à avaliação universitária nas mãos das direções das universidades, perdendo de vista o verdadeiro lugar da batalha.

Os universitários, cada vez mais, aceitam a separação entre docência e pesquisa, permitindo que os títulos universitários funcionem como graus hierárquicos de separação entre graduação e pós-graduação, em lugar de pensá-las integradamente. Além disso, e como consequência, aceitam a decisão das direções universitárias de reduzir a graduação à escolarização – número absurdo de horas-aula, desconhecimento de línguas estrangeiras por parte de estudantes e docentes, miséria bibliográfica e informativa, ausência de trabalhos de laboratório e de pequenas pesquisas de campo, etc. Isso significa reduzir a graduação a um segundo grau avançado para formação rápida e barata de mão de obra com diploma universitário. Em contrapartida, aceitam que a pós-graduação seja o funil seletivo de docentes e estudantes, aos quais é reservada a verdadeira formação universitária.

Nas universidades federais, verifica-se a aceitação acrítica do modo como foram criadas para servir aos interesses e prestígio de oligarquias locais que as transformaram em cabides de empregos para clientes e parentes, não lhes dando condições materiais – bibliotecas, laboratórios, sistema de bolsas e de auxílios – de funcionar como verdadeiras universidades.

Em lugar da luta pela universitarização da instituição, os docentes tendem a lutar por cargos, salários e carreiras baseadas no tempo de serviço, e não na formação, pesquisa e apresentação de trabalhos relevantes para a ciência e as humanidades.

Quanto aos financiamentos das pesquisas, a tendência é aceitar sem crítica a privatização destas, perdendo de vista o papel público do trabalho de investigação. A aceitação dos financiamentos privados produz os seguintes efeitos principais: a) perda da autonomia ou liberdade na definição de prioridades, conteúdos, formas, prazos e utilização das pesquisas; b) aceitação de que o Estado seja desincumbido da responsabilidade pela pesquisa nas instituições públicas; c) transformação dos financiamentos privados em complementação salarial e fornecimento de infraestrutura para os trabalhos de investigação, privatizando a universidade pública; d) desprestígio crescente das humanidades, cuja produção não pode ser imediatamente inserida nas forças produtivas, como ocorre com os resultados das ciências; e) aceitação da condição terceiro-mundista para a pesquisa científica, uma vez que os verdadeiros financiamentos para pesquisas de longo prazo e a fundo perdido são feitos no primeiro mundo.

Com relação aos órgãos públicos de financiamento, como Capes, CNPq ou Finep, sabe-se que a burocracia desses órgãos absorve a maior parte dos recursos em sua própria autorreprodução. Os financiamentos ficam fragmentados, sem objetivos e prioridades claramente definidos, não há uma política para financiar e manter bibliotecas e laboratórios, para adquirir contínua e sistematicamente materiais e instrumentos de precisão, nem para acompanhar, no longo prazo, grupos e centros universitários de pesquisa. Chegamos ao caso da malversação do dinheiro público.

Em relação à administração universitária ou do corpo de funcionários, impera a ausência de carreiras definidas, de concursos públicos transparentes, de clareza de funções. Não há programas de formação e atualização dos funcionários. Os procedimentos do trabalho administrativo não são atualizados, mesmo porque isso significaria quebrar por dentro a burocracia.

Ora, a burocracia não é uma mera forma de administrar, mas uma formação social e um tipo de poder cujos fundamentos são: a hierarquia dos cargos e das funções, o segredo do cargo e a rotina dos serviços. Três fundamentos claramente antidemocráticos, uma vez que a democracia recusa a hierarquia pelo princípio da igualdade e do mérito, recusa o segredo em nome do direito à informação, e recusa a rotina em nome da invenção e criação de direitos.

O poder burocrático bloqueia internamente a vida universitária e, externamente, retira dos funcionários a condição de servidores públicos, para colocá-los na condição de servidores dos dirigentes e governantes. Como escreveu um autor do século XIX, na burocracia a cabeça ignora o que fazem os membros e estes ignoram o que faz a cabeça, ninguém se responsabilizando por coisa alguma.

Percebemos, assim, que imperam nas universidades públicas todos os elementos contrários à ética:

- abandono do princípio ético da igualdade e da justiça pelo reforço da carência e do privilégio;
- perda de identidade e de autonomia, que implica o abandono do princípio ético da liberdade;
- privilégios e desigualdades, pela divisão do corpo docente entre professores e pesquisadores, com renúncia ao princípio ético da excelência dos valores e das ações entre parceiros iguais e livres;
- privilégios e heteronomia nos financiamentos privados às pesquisas;

- desperdício dos fundos públicos, no caso dos financiamentos públicos às pesquisas, que fere o princípio ético da responsabilidade;
- poder burocrático e perda da ideia de serviço público aos cidadãos, com o abandono do princípio ético da responsabilidade, do direito à informação e da transparência administrativa;
- submissão aos padrões neoliberais que subordinam os conhecimentos à lógica do mercado, ferindo os princípios de autonomia, liberdade e responsabilidade, já que a utilização dos resultados científicos não é determinada nem por pesquisadores nem pelo poder público;
- abandono do princípio ético da honestidade pela privatização do que é público, uma vez que as universidades públicas formam pesquisadores com recursos da sociedade, mas os financiadores usam esses pesquisadores para fins privados;
- submissão à ideologia pós-moderna que, subordinando as pesquisas ao mercado veloz da moda e do descartável, leva ao abandono do princípio ético da racionalidade consciente e da responsabilidade social;
- reforço dos padrões autoritários, oligárquicos e violentos da sociedade brasileira, pela ausência tanto de controle interno da universidade quanto de verdadeira prestação de contas à sociedade.

Na medida em que há uma relação instrumental com a universidade por parte de estudantes, docentes, pesquisadores e funcionários, e uma relação técnico-estratégica das empresas e do Estado com a universidade pública, o campo ético encontra-se ausente da vida universitária.

Dito isso, que tal recomeçarmos a universidade pública?

A importância da avaliação no ensino superior[1]

A avaliação das atividades universitárias é necessária e indispensável para:

1) Orientar a política universitária do ponto de vista de um saber da universidade sobre si mesma, de seu modo de inserção na sociedade e do significado de seu trabalho, e para reorientação de programas e projetos.

2) Orientar a análise técnica dos problemas operacionais e financeiros, suprir carências, atender demandas, quebrar bolsões de privilégios e de inoperância.

3) A prestação de contas devida aos cidadãos.

Ora, a "avaliação" que vem sendo realizada não cumpre nenhuma dessas finalidades porque, paradoxalmente, a universidade, centro de investigação em que tudo quanto existe deveria transformar-se em objeto de conhecimento, renunciou a colocar-se a si mesma como objeto de investigação, criando métodos próprios que permitam elaborar técnicas específicas de autoavaliação. Em vez disso, por ter aceitado

---

[1] Este texto resulta da condensação, pelo organizador, de duas versões: o texto "Notas para a discussão sobre a excelência acadêmica", publicado em: *Caderno de abertura do Núcleo de Estudos Jean Maugüé*, São Paulo, nov. 1996, p. 17-26; e a apresentação proferida, com o mesmo título aqui adotado, na Reunião Anual do CRUB, realizada em Brasília em novembro de 1998. (N. do Org.)

o padrão organizacional da pesquisa e os critérios que a avaliam pela competitividade, eficiência e sucesso, vem aceitando também, de modo acrítico e desastrado, a imposição governamental dos critérios avaliativos usados pelas empresas, imitando – e muito mal – procedimentos ligados à lógica do mercado, portanto, aceitando passivamente uma aberração científica e intelectual porque aceita algo mais profundo, isto é, a visão neoliberal da escola e a ideologia pós-moderna da pesquisa.

Quais as consequências?

1) Empregando critérios que visam à homogeneidade, a avaliação despoja a universidade de sua institucionalidade própria, isto é, a diversidade e a pluralidade de suas atividades, determinadas pela natureza própria dos objetos de pesquisa e de ensino, regidos por lógicas específicas, temporalidades e finalidades diferentes.

2) Nada é conseguido como autoconhecimento da instituição, mas é promovida sua redução a funções operacionais, e o resultado avaliativo aparece como um catálogo de atividades e publicações (acompanhadas de inexplicados conceitos classificatórios) que passa a orientar a alocação de recursos, vagas, concursos, etc.

3) A prestação de contas à sociedade não se cumpre porque tanto orçamentos quanto execuções orçamentárias são apresentados com os números agregados, sem explicitação de critérios, prioridades, objetivos e finalidades e sem revelar publicamente os convênios privados (montante dos recursos, destinação, prazos das pesquisas, usos dos resultados, etc.).

Em geral, os critérios empregados para *avaliar* a chamada "excelência acadêmica" costumam ser identificados aos indicadores usados para *medi-la*, pois por "qualidade acadêmica" costuma-se entender o número de teses e de publicações, estágios no estrangeiro e participação em congressos, numa visão simplista da pesquisa, deixando na sombra a docência, seus problemas e sua qualidade própria, uma vez que o ensino é considerado tarefa menor e de adestramento, sem qualquer papel formador. Minha proposta será a de inverter o costume, propondo critérios de excelência que exijam a criação de indicadores – a qualidade acadêmica é que deve suscitar indicadores quantitativos, se quisermos que a discussão se refira a uma ética acadêmica.

A título de exemplo, a respeito dos problemas criados pelos indicadores existentes, menciono:

1) Congressos e seminários: em geral, sobretudo quando não são pequenos colóquios e seminários específicos, os acadêmicos vão para fazer relações profissionais de intercâmbio, e não para apresentar trabalhos originais e de fôlego – não é um bom critério de aferição.

2) Artigos *versus* livros: nas humanidades, os livros, mesmo os ensaísticos, são mais importantes do que os artigos isolados, e o tempo de preparação e publicação de um livro é muito maior do que o de um artigo. Ora, usando os critérios da universidade operacional, e nela enfatizando os das áreas científico-tecnológicas, os artigos valem mais do que os livros, e valem mais ainda se publicados em revistas internacionais. Desconsidera-se que esse tipo de publicação tem uma finalidade precisa: garantir qual o cientista ou qual a instituição fez uma descoberta ou uma mudança conceitual original e relevante, pois isso assegura, de um lado, uma vitória na competição com outros pesquisadores e outras instituições e, de outro, como consequência, a obtenção de financiamento (em geral privado) para o pesquisador e a instituição. Por outro lado, desconsidera-se a precariedade do mercado editorial brasileiro, com graves problemas técnicos para a edição e sobretudo para a distribuição; portanto, um pequeno número de livros e revistas não indica que não houve pesquisa, e sim que é possível não haver verba para publicar a revista e, no caso do livro, que o autor pode estar "na fila" de espera de uma editora sem ter ideia do tempo que essa espera durará. Por fim, em algumas áreas, como na filosofia, "pega mal" publicar muito – significa ou que o autor está "reciclando" artigos ou que há pouco pensamento, poucas pesquisas, pouca reflexão; ninguém tem grandes e novas ideias anualmente. O critério da publicação pode ser abstrato quando não leva em conta todas essas especificidades.

3) Os problemas graves de infraestrutura são levados em conta para avaliar e "recredenciar" uma universidade, mas, no caso das universidades públicas, em que bibliotecas, laboratórios, instrumentos de precisão, material para trabalho de campo e

informatização não recebem verbas suficientes, a avaliação, em lugar de estimular concessão de verbas para infraestrutura, penaliza cursos e áreas inteiras com uma nota "baixa".

4) A ausência de diversificação dos critérios avaliativos também é irracional. Por exemplo, nas áreas de ciências básicas – exatas, naturais, humanas e filosofia –, o intercâmbio internacional é muito importante, mas seu grau de importância, de necessidade e de intensidade não é o mesmo em cada uma delas. Se, para um químico, um físico ou um biólogo é essencial ter sua pesquisa imediatamente publicada em periódicos internacionais, no caso dos pesquisadores de humanas, dependendo do assunto (por exemplo, um trabalho de História sobre a economia colonial; um estudo literário sobre Machado de Assis; ou um estudo geográfico sobre um aspecto característico da caatinga), a urgência de publicação internacional não é tão grande, sendo muito mais importante torná-la imediatamente conhecida no Brasil. Portanto, se a publicação internacional for um critério decisivo, como julgam alguns, a relevância de pesquisas locais e nacionais se perde. Ademais, há o problema dos prazos. Em certas áreas, como na filosofia, um bom doutorado deve ser feito em cinco anos; infelizmente, o uso do critério norte-americano (três anos, em média) prejudica a qualidade da produção.

5) A irônica perversidade de alguns critérios supostamente avaliativos. Por exemplo, o número de citações de um trabalho pode ser efetivamente um indicador da relevância e qualidade da pesquisa, no entanto, como esse critério passa a servir para determinar financiamentos, cargos e empregos melhores, os universitários norte-americanos passaram a tomar duas atitudes: formar "grupos de citação recíproca" e "reciclar artigos" para serem citados novamente (isso para não falar em empresas especializadas em conseguir, por um preço módico, citações para trabalhos acadêmicos!). Muito pior, essas atitudes reduzem e restringem as áreas de pesquisa, mantendo apenas as já existentes, pois quando um campo novo está sendo aberto, não há como ter citações dos trabalhos, já que eles são pioneiros e não há muita gente pesquisando o assunto – o critério da citação, que poderia ser um bom indicador, acaba oscilando entre a picaretagem e o modismo.

6) Preparo dos estudantes: com o segundo grau tal como é, quem está contente com o nível dos estudantes? Que se pode fazer numa graduação em que os estudantes não estão preparados para a vida universitária e em instituições nas quais não há condições de trabalho adequadas? A qualidade da docência decai quando precisa adaptar-se ao nível em que os estudantes chegam à universidade: em lugar de uma excelente graduação que permita preparar uma boa pós-graduação, a graduação tende a ser um colegial avançado, e a pós, a antiga graduação – omitir na avaliação da qualidade da docência e da pesquisa a situação dos primeiro e segundo graus também é uma abstração que distorce os resultados.

7) Critérios de financiamento: embora tenha havido grande melhora na decisão para financiamentos, ainda existem os casos de bolsa em Paris para doutoramento sobre os engenhos de açúcar; bolsa em Londres para doutoramento sobre imigração italiana no Brasil; bolsa nos Estados Unidos para doutoramento sobre movimentos populares – em suma: critério coronelístico de uso dos recursos.

8) As burocracias das agências de financiamento consomem mais da metade dos recursos para sua autorreprodução, de tal modo que recursos preciosos para criar infraestrutura em universidades que desejam estimular a pesquisa e para fornecer auxílios individuais ou para grupos tornam-se escassos – além disso, as agências financiadoras tendem a uma rotina que gera não-senso; por exemplo, uma agência exigiu exame de habilitação em língua estrangeira para um bolsista que ia fazer pesquisa em Portugal!

9) Como a forma atual do capitalismo opera com a terceirização e com a alta rotatividade de bens e mão de obra, a tendência de todas as formas de trabalho – universitárias ou não – é o individualismo extremamente competitivo e que se realiza sob duas formas principais: ou o uso e abuso da patronagem (é o prestígio de alguém mais velho na carreira que permite o trabalho de um mais jovem, numa relação de clientela), ou a formação de núcleos autônomos que fragmentam a universidade – em geral, acha-se isso muito bom e fala-se em pluralismo e diversificação, quando na verdade se tem clientelismo

acadêmico, individualismo competitivo e fragmentação dos trabalhos acadêmicos.

O que tem faltado nas avaliações sobre a excelência acadêmica? Entre outras coisas:

1) Histórico do que aconteceu com o primeiro e o segundo graus durante o "milagre" e seus efeitos sobre todo o trabalho universitário.

2) Histórico das causas de criação da maioria das universidades federais durante a ditadura – para satisfazer ao desejo de prestígio de caciques e oligarcas locais que empregam nelas seus apadrinhados (lembre-se do que Quércia-Fleury fizeram com a Unesp, absorvendo faculdades privadas de baixo nível) – e das consequências tanto para os que desejam transformá-las em universidades verdadeiras e entram em desespero quanto para os que nelas se empoleiraram definitivamente, bloqueando o esforço dos primeiros e desconhecendo os critérios mínimos da atividade universitária.

3) Avaliação das agências de financiamento.

4) Diversificação dos critérios avaliativos.

Que contribuições poderíamos dar à discussão sobre a avaliação da docência e da pesquisa? De modo esquemático, gostaria de propor algumas perguntas e algumas respostas, enfatizando a ideia de excelência qualitativa da docência e da pesquisa.

No caso da docência, que indagações poderiam balizar a definição de sua qualidade? Evidentemente, a primeira pergunta, pressuposto de todas as outras, é: os professores têm condições de trabalho que lhes permitam uma boa docência? Supondo uma resposta positiva para essa indagação, sugerimos, entre muitas outras, as seguintes perguntas:

1) Os professores variam os conteúdos de seus cursos, preparam suas aulas, pesquisam para novos cursos, introduzem novas questões para os alunos, exigem pesquisas dos estudantes, transmitem os clássicos de sua área, as principais questões e impasses, as inovações mais significativas? Ou prevalecem rotina, repetição, pouca exigência para avaliação dos alunos, pouco conhecimento dos clássicos da área e de seus principais problemas e inovações?

2) Os cursos são capazes de mesclar e equilibrar informação e formação? Os estudantes são iniciados, por meio do estilo de aula

e do método de trabalho do professor, ao estilo acadêmico, ou não? Qual a bibliografia usada? Como o estudante é introduzido ao trabalho de campo e ao laboratório? Como o professor e os alunos enfrentam a precariedade do ensino médio quanto a informações e desconhecimento de línguas estrangeiras? Que tipos de trabalhos são exigidos dos alunos? Que condições de trabalho são dadas aos estudantes pela universidade?

3) O que poderíamos considerar elementos indispensáveis da excelência do trabalho docente? Pensamos que, entre outros aspectos, a docência excelente seria aquela em que o professor: a) apresenta para os estudantes os clássicos, os problemas e as inovações da área; b) varia e atualiza cursos e bibliografias, aproveitando os trabalhos de pesquisa que ele próprio está realizando (tanto para uma tese quanto para um livro ou um artigo); c) apresenta para os estudantes o estilo e as técnicas de trabalho próprios da área; d) informa e forma novos professores ou profissionais não acadêmicos da área; e) força os estudantes ao aprendizado de outras línguas e consegue que os departamentos de línguas ofereçam cursos a eles; f) luta por condições de infraestrutura para os estudantes: bibliotecas, laboratórios, computadores, instrumentos de precisão, veículos para trabalho de campo, etc.; g) exige trabalhos escritos e orais contínuos dos estudantes, oferecendo-lhes uma correção explicativa de cada trabalho realizado, de tal modo que cada novo trabalho possa ser melhor do que o anterior graças às correções, observações e sugestões do professor; h) incentiva os diferentes talentos, sugerindo trabalhos que, posteriormente, auxiliarão o estudante a optar por uma área de trabalho acadêmico, ou uma área de pesquisa ou um aspecto da profissão escolhida e que será exercida logo após a graduação. Em suma, a docência forma novos docentes, incentiva novos pesquisadores ou prepara profissionalmente para atividades não acadêmicas.

No caso da pesquisa, também partimos de uma resposta positiva à pergunta que é pressuposto de todas as outras: o pesquisador tem condições adequadas de trabalho? Dito isso, poderíamos discutir o estabelecimento de alguns parâmetros, a partir de um conjunto de indagações sobre a qualidade desse trabalho. Assim, por exemplo, podemos indagar:

1) Os temas escolhidos são relevantes na área, seja porque enfrentam impasses e dificuldades teóricas e práticas nela existentes, seja porque inovam em métodos e resultados, abrindo caminho para novas pesquisas?

2) O pesquisador conhece as várias alternativas metodológicas e as implicações científicas, políticas e ideológicas de cada uma delas, de modo que, ao escolher a metodologia, o faz com conhecimento de causa?

3) O pesquisador conhece o estado da arte no tema que está pesquisando: as discussões clássicas e as discussões mais recentes sobre o assunto e a bibliografia clássica e atual sobre o assunto? O pesquisador dispõe de tempo para várias horas seguidas de trabalho? Recebe auxílio financeiro para isso?

4) O orientador estimula caminhos novos para seus orientandos e é cientificamente receptivo a conclusões, mesmo quando estas contrariam resultados e ideias a que ele próprio havia chegado em suas pesquisas? O orientador estimula estágios no estrangeiro, escolhendo os locais onde, de fato, o tema trabalhado pelos orientandos tem sido objeto de pesquisas importantes? O orientador luta para que haja condições de infraestrutura para o trabalho dos orientandos e o seu próprio? O orientador tem clareza da necessidade de diferenciar prazos para seus orientandos em função do tema escolhido por eles, das diferentes condições de vida e trabalho de cada um, das dificuldades ou facilidades de expressão de cada um deles, da infraestrutura e da bibliografia disponíveis para os diferentes trabalhos?

5) O orientador estimula a formação de pequenos grupos de discussão e de seminários de seus orientandos? O orientador respeita a pesquisa solitária, conforme o tipo de tema ou de personalidade dos orientandos? O orientador não se apropria da pesquisa dos orientandos e não a publica em seu próprio nome? O orientador não explora os orientandos como força de trabalho?

6) A universidade reconhece a importância da pesquisa e cria condições para que ela se realize, se renove e se amplie (bibliotecas,

laboratórios, instrumentos e equipamentos, intercâmbios nacionais e internacionais, verbas para publicação de revistas, verbas para editora universitária, verba para coedições com editoras comerciais, bolsas)?

7) O pesquisador pode contar com o reconhecimento público de seu trabalho, tanto pela publicação quanto pela utilização acadêmica, profissional ou social que dele é ou será feito? O pesquisador pode ter expectativa de reproduzir seu aprendizado e formar novos pesquisadores porque outras universidades do país poderão contratá-lo ou porque sua própria universidade tem uma previsão de ampliação dos quadros? O pesquisador tem clareza da diferença entre pesquisa e consultoria, pesquisa e assessoria?

Indagações como essas podem auxiliar-nos a formular um conceito geral da excelência na pesquisa e encontrar critérios qualitativos para avaliá-la. Aqui, sugerimos alguns:

1) A inovação: seja pelo tema, seja pela metodologia, seja pela descoberta de dificuldades novas, seja por levar a uma reformulação do saber anterior sobre a questão.

2) A durabilidade: a pesquisa não é servil a modismos e seu sentido não terminará quando a moda acadêmica acabar porque não nasceu de uma moda.

3) A obra: a pesquisa não é um fragmento isolado de ideias que não terão sequência, mas cria passos para trabalhos seguintes, do próprio pesquisador ou de outros, sejam seus orientandos, sejam os participantes de mesmo grupo ou setor de pesquisa; há obra quando há continuidade de preocupações e investigações, quando há retomada do trabalho de alguém por um outro, e quando se forma uma tradição de pensamento na área.

4) Dar a pensar: a pesquisa faz com que novas questões conexas, paralelas ou do mesmo campo possam ser pensadas, mesmo que não tenham sido trabalhadas pelo próprio pesquisador; ou que questões já existentes, conexas, paralelas ou do mesmo campo possam ser percebidas de maneira diferente, suscitando um novo trabalho de pensamento por parte de outros pesquisadores.

5) Impacto ou efeito social, político ou econômico: a pesquisa alcança receptores extra-acadêmicos para os quais o trabalho passa a ser referência de ação, seja porque leva à ideia de pesquisa

aplicada, a ser feita por outros agentes, seja porque seus resultados são percebidos como direta ou indiretamente aplicáveis em diferentes tipos de ação.

6) Autonomia: a pesquisa suscita efeitos para além do que pensara ou previra o pesquisador, mas o essencial é que tenha nascido de exigências próprias e internas a ele e ao seu campo de atividades, da necessidade intelectual e científica de pensar sobre um determinado problema, e não por determinação externa (ainda que tenham sido outros sujeitos acadêmicos, sociais, políticos ou econômicos que possam ter despertado no pesquisador a necessidade e o interesse da pesquisa, esta só consegue tornar-se excelente se nascida de uma exigência interna ao pensamento e à ação do próprio pesquisador).

7) Articulação de duas lógicas diferentes, a lógica acadêmica e a lógica histórica (social, econômica, política): a pesquisa inovadora, duradoura, autônoma, que produz uma obra e uma tradição de pensamento e que suscita efeitos na ação de outros sujeitos é aquela que busca responder às questões colocadas pela experiência histórica e para as quais a experiência, enquanto experiência, não possui respostas; em outras palavras, a qualidade de uma pesquisa se mede pela sua capacidade de enfrentar os problemas científicos, humanísticos e filosóficos postos pelas dificuldades da experiência de seu próprio tempo; quanto mais uma pesquisa é reflexão, investigação e resposta ao seu tempo, menos perecível e mais significativa ela é.

8) Articulação entre o universal e o particular: a pesquisa excelente é aquela que, tratando de algo particular, o faz de tal maneira que seu alcance, seu sentido e seus efeitos tendam a ser universalizáveis – quanto menos genérica e quanto mais particular, maior a possibilidade de possuir aspectos ou dimensões universais (por isso, e não para "contagem de pontos", é que poderá vir a ser publicada e conhecida internacionalmente, quando o tempo dessa publicação surgir). Donde a preocupação que os orientadores deveriam ter com o momento em que os estudantes escolhem um tema de iniciação à pesquisa, que antecipa o futuro mestrado e o futuro doutorado, de modo que o primeiro tema fosse um exercício

preparatório para as escolhas seguintes, garantindo, ao final do percurso, um novo pesquisador em condições de realizar novos trabalhos nos quais a articulação entre o particular e o universal se torne perceptível para ele por ter aprendido, na iniciação e no mestrado, a trabalhar sobre o particular com rigor e originalidade.

Em resumo, estou procurando definir critérios de qualidade da docência e da pesquisa que orientem a formulação de parâmetros de avaliação, em lugar de submetê-los a critérios heterônomos, externos, abstratos ou arbitrários. Sem dúvida, tudo quanto eu disse coloca o problema de encontrar os "indicadores" de avaliação e, portanto, de traduzir quantitativamente o que é qualitativo. Mas há muito cientista excelente que poderá fazer essa delicada operação.

Essa forma de *autoavaliação* permitiria que a universidade lutasse para recuperar sua condição de instituição social e, ao fazê-lo, avançasse sua ação compreendendo que a universidade neoliberal ou operacional possui todos os traços que destroem a instituição universitária tanto como espaço de conhecimento, reflexão e crítica quanto como espaço público, colocando-a a serviço da exclusão social e cultural para com isso reproduzir os principais traços do autoritarismo da sociedade brasileira, que se caracteriza pela extrema verticalidade hierárquica das relações sociais e pela impossibilidade de constituir a esfera democrática dos direitos, porque está fundada na polarização entre a carência e o privilégio, isto é, entre duas particularidades que não podem transformar-se na universalidade dos direitos.

O autoconhecimento da universidade poderia levá-la a perceber os efeitos de sua condição atual, quais sejam:

- reforço da polarização entre carência e privilégio, no caso do corpo discente; portanto, inexistência do princípio democrático da igualdade e da justiça;
- reforço da perda de identidade e de autonomia, no caso do corpo docente; portanto, ausência do princípio democrático da liberdade;
- reforço de privilégios e desigualdades, no caso do corpo docente, dividido hierarquicamente em professores e pesquisadores, com desprezo pelo princípio democrático da ação comunicativa entre parceiros racionais, iguais e livres;

– reforço dos privilégios e da heteronomia, no caso dos financiamentos privados às pesquisas e, portanto, presença da mentalidade conservadora que não espera do pensamento a transcendência que lhe permite ultrapassar uma situação dada numa situação nova a partir da noção de possibilidade objetiva; o possível fica reduzido ao provável, e este, às condições imediatamente dadas;

– reforço do poder burocrático e da perda da ideia de serviço público aos cidadãos, no caso do corpo administrativo; portanto, ausência do princípio democrático da responsabilidade pública, do direito do cidadão à informação e da visibilidade administrativa;

– reforço da submissão aos padrões neoliberais que subordinam os conhecimentos à lógica do mercado e, portanto, ausência do princípio democrático da autonomia e da liberdade, de um lado, e da responsabilidade, de outro, uma vez que a utilização dos resultados científicos não é determinada nem pelos pesquisadores nem pelo poder público;

– reforço da privatização do que é público, na medida em que as universidades públicas formam os pesquisadores com os recursos trazidos pela sociedade, mas os financiadores usam esses pesquisadores para fins privados; portanto, ausência do princípio republicano da distinção entre o público e o privado, e do princípio democrático que distingue os direitos e os interesses;

– reforço da submissão à ideologia pós-moderna, que subordina as pesquisas ao mercado veloz da moda e do descartável e, portanto, abandono do princípio ético da racionalidade consciente e do princípio político da responsabilidade social;

– reforço dos padrões autoritários, oligárquicos e violentos da sociedade brasileira pela ausência de controle interno da universidade por ela mesma e pela ausência de verdadeira prestação de contas das atividades universitárias à sociedade; portanto, abandono do princípio democrático da informação dos e aos cidadãos.

A universidade pública
sob nova perspectiva[1]

I

A universidade é uma instituição social e, como tal, exprime de maneira determinada a estrutura e o modo de funcionamento da sociedade como um todo. Tanto é assim que vemos no interior da instituição universitária a presença de opiniões, atitudes e projetos conflitantes que exprimem divisões e contradições da sociedade como um todo. Essa relação interna ou expressiva entre universidade e sociedade é o que explica, aliás, o fato de que, desde seu surgimento, a universidade pública sempre foi uma instituição social, isto é, uma *ação* social, uma *prática* social fundada no reconhecimento público de sua legitimidade e de suas atribuições, num princípio de diferenciação, que lhe confere autonomia perante outras instituições sociais, e estruturada por ordenamentos, regras, normas e valores de reconhecimento e legitimidade internos a ela. A legitimidade da universidade moderna fundou-se na

---

[1] Conferência proferida na sessão de abertura da 26ª Reunião Anual da Associação Nacional de Pós-Graduação e Pesquisa em Educação (Anped), realizada em Poços de Caldas, Minas Gerais, em 5 de outubro de 2003; originalmente publicada em: *Revista Brasileira de Educação*, Rio de Janeiro, n. 24, set./dez. 2003, p. 5-15. (N. do Org.)

conquista da ideia de autonomia do saber em face da religião e do Estado, portanto, na ideia de um conhecimento guiado por sua própria lógica, por necessidades imanentes a ele, tanto do ponto de vista de sua invenção ou descoberta como de sua transmissão. Em outras palavras, sobretudo depois da Revolução Francesa, a universidade concebe-se a si mesma como uma instituição republicana e, portanto, pública e laica. A partir das revoluções sociais do século XX e com as lutas sociais e políticas desencadeadas por elas, a educação e a cultura passaram a ser concebidas como constitutivas da cidadania e, portanto, como direitos dos cidadãos, fazendo com que, além da vocação republicana, a universidade se tornasse também uma instituição social inseparável da ideia de democracia e de democratização do saber: seja para realizar essa ideia, seja para opor-se a ela, no correr do século XX a instituição universitária não pôde furtar-se à referência à democracia como ideia reguladora. Por outro lado, a contradição entre o ideal democrático de igualdade e a realidade social da divisão e luta de classes obrigou a universidade a tomar posição diante do ideal socialista.

Vista como instituição social de cunho republicano e democrático cujas mudanças acompanham as transformações sociais, econômicas e políticas, a relação entre universidade e Estado também não pode ser tomada como relação de exterioridade, pois o caráter republicano e democrático da universidade é determinado pela presença ou ausência da prática republicana e democrática no Estado. Em outras palavras, a universidade como instituição social diferenciada e autônoma só é possível em um Estado republicano e democrático.

Postos os termos dessa maneira, poderia supor-se que, em última instância, a universidade, mais do que determinada pela estrutura da sociedade e do Estado, seria antes um reflexo deles. Não é, porém, o caso. É exatamente por ser uma instituição social diferenciada e definida por sua autonomia intelectual que a universidade pode relacionar-se com o todo da sociedade e com o Estado de maneira conflituosa, dividindo-se internamente entre os que são favoráveis e os que são contrários à forma como a sociedade de classes e o Estado reforçam a divisão e a exclusão sociais, impedem a concretização republicana da instituição universitária e suas possibilidades democráticas.

Se essas observações tiverem alguma verdade, elas poderão nos ajudar a enfrentar com mais clareza a mudança sofrida por nossa universidade pública nos últimos anos, particularmente com a reforma do Estado realizada no último governo da república. De fato, essa reforma, ao definir os setores que compõem o Estado, designou um destes como setor de serviços não exclusivos do Estado, e nele colocou a educação, a saúde e a cultura. Essa localização da educação no setor de serviços não exclusivos do Estado significou: 1) que a educação deixou de ser concebida como um direito e passou a ser considerada um serviço; 2) que a educação deixou de ser considerada um serviço público e passou a ser considerada um serviço que pode ser privado ou privatizado. Mas não só isso. A reforma do Estado definiu a universidade como uma organização social, e não como uma instituição social.

Uma organização[2] difere de uma instituição por definir-se por uma prática social determinada por sua instrumentalidade: está referida ao conjunto de meios (administrativos) particulares para obtenção de um objetivo particular. Não está referida a ações articuladas às ideias de reconhecimento externo e interno, de legitimidade interna e externa, mas a operações definidas como estratégias balizadas pelas ideias de eficácia e de sucesso no emprego de determinados meios para alcançar o objetivo particular que a define. Por ser uma administração, é regida pelas ideias de gestão, planejamento, previsão, controle e êxito. Não lhe compete discutir ou questionar sua própria existência, sua função, seu lugar no interior da luta de classes, pois isso que para a instituição social universitária é crucial é, para a organização, um dado de fato. Ela sabe (ou julga saber) por que, para que e onde existe.

A instituição social aspira à universalidade. A organização sabe que sua eficácia e seu sucesso dependem de sua particularidade. Isso significa que a instituição tem a sociedade como seu princípio e sua referência normativa e valorativa, enquanto a organização tem apenas a si mesma como referência, num processo de competição com outras que fixaram os mesmos objetivos particulares. Em outras palavras, a instituição se percebe inserida na divisão social e política e busca definir uma universalidade (ou imaginária ou desejável) que lhe permita responder às contradições impostas por essa divisão. Ao contrário, a organização pretende gerir seu espaço e tempo particulares aceitando

---

[2] A distinção entre instituição social e organização social é de inspiração frankfurtiana, e feita por Michel Freitag em *Le naufrage de l'université*. Paris: La Découverte, 1996.

como dado bruto sua inserção num dos polos da divisão social, e seu alvo não é responder às contradições, e sim vencer a competição com seus supostos iguais.

Como foi possível passar da ideia da universidade como instituição social à sua definição como organização prestadora de serviços?

A forma atual do capitalismo se caracteriza pela fragmentação de todas as esferas da vida social, partindo da fragmentação da produção, da dispersão espacial e temporal do trabalho, da destruição dos referenciais que balizavam a identidade de classe e as formas da luta de classes. A sociedade *aparece* como uma rede móvel, instável, efêmera de organizações particulares definidas por estratégias particulares e programas particulares, competindo entre si. Sociedade e natureza são reabsorvidas uma na outra e uma pela outra porque ambas deixaram de ser um princípio interno de estruturação e diferenciação das ações naturais e humanas para se tornarem, abstratamente, "meio ambiente"; um "meio ambiente" instável, fluido, permeado por um espaço e um tempo virtuais que nos afastam de qualquer densidade material; "meio ambiente" perigoso, ameaçador e ameaçado, que deve ser gerido, programado, planejado e controlado por estratégias de intervenção tecnológica e jogos de poder. Por isso mesmo, a permanência de uma organização depende muito pouco de sua estrutura interna e muito mais de sua capacidade de adaptar-se celeremente a mudanças rápidas da superfície do "meio ambiente". Donde o interesse pela ideia de flexibilidade, que indica a capacidade adaptativa a mudanças contínuas e inesperadas.

A visão organizacional da universidade produziu aquilo que, segundo Freitag, podemos denominar *universidade operacional*. Regida por contratos de gestão, avaliada por índices de produtividade, calculada para ser flexível, a universidade operacional está estruturada por estratégias e programas de eficácia organizacional e, portanto, pela particularidade e instabilidade dos meios e dos objetivos. Definida e estruturada por normas e padrões inteiramente alheios ao conhecimento e à formação intelectual, está pulverizada em micro-organizações que ocupam seus docentes e curvam seus estudantes a exigências exteriores ao trabalho intelectual. A heteronomia da universidade autônoma é visível a olho nu: o aumento insano de horas-aula, a diminuição do tempo para mestrados e doutorados, a avaliação pela quantidade de publicações, colóquios e congressos, a multiplicação de comissões e relatórios, etc.

Nela, a docência é entendida como transmissão rápida de conhecimentos, consignados em manuais de fácil leitura para os estudantes, de preferência ricos em ilustrações e com duplicata em CDs. O recrutamento de professores é feito sem levar em consideração se dominam ou não o campo de conhecimentos de sua disciplina e as relações entre ela e outras afins – o professor é contratado ou por ser um pesquisador promissor que se dedica a algo muito especializado, ou porque, não tendo vocação para a pesquisa, aceita ser escorchado e arrochado por contratos de trabalho temporários e precários, ou melhor, "flexíveis". A docência é pensada como habilitação rápida para graduados, que precisam entrar rapidamente num mercado de trabalho do qual serão expulsos em poucos anos, pois tornam-se, em pouco tempo, jovens obsoletos e descartáveis; ou como correia de transmissão entre pesquisadores e treino para novos pesquisadores. Transmissão e adestramento. Desapareceu, portanto, a marca essencial da docência: a formação.

Por sua vez, a pesquisa segue o padrão organizacional. Numa organização, uma "pesquisa" é uma estratégia de intervenção e de controle de meios ou instrumentos para a consecução de um objetivo delimitado. Em outras palavras, uma "pesquisa" é um *survey* de problemas, dificuldades e obstáculos para a realização do objetivo, e um cálculo de meios para soluções parciais e locais para problemas e obstáculos locais. O *survey* recorta a realidade de maneira a focalizar apenas o aspecto sobre o qual está destinada a intervenção imediata e eficaz. Em outras palavras, o *survey* opera por fragmentação. Numa organização, portanto, pesquisa não é conhecimento de alguma coisa, mas posse de instrumentos para intervir e controlar alguma coisa. Por isso mesmo, numa organização não há tempo para a reflexão, a crítica, o exame de conhecimentos instituídos, sua mudança ou sua superação. Numa organização, a atividade cognitiva não tem como nem por que realizar-se. Em contrapartida, no jogo estratégico da competição no mercado, a organização se mantém e se firma se for capaz de propor áreas de problemas, dificuldades, obstáculos sempre novos, o que é feito pela fragmentação de antigos problemas em novíssimos microproblemas, sobre os quais o controle parece ser cada vez maior. A fragmentação, condição de sobrevida da organização, torna-se real, propõe a especialização como estratégia principal e entende por "pesquisa" a delimitação estratégica de um campo de intervenção e controle. É evidente que a avaliação desse trabalho só pode ser feita em termos compreensíveis para uma organização, isto é, em termos de custo-benefício, pautada pela ideia de produtividade, que avalia em quanto tempo, com que custo e quanto foi produzido. Reduzida a uma organização, a universidade abandona a formação e a pesquisa para lançar-se na fragmentação competitiva. Mas por que ela o faz? Porque está privatizada e a maior parte de suas pesquisas é determinada pelas exigências de mercado impostas pelos financiadores. Isso significa que a universidade *pública* produz um conhecimento destinado à *apropriação privada*. Essa apropriação, aliás, é inseparável da mudança profunda sofrida pelas ciências em sua relação com a prática.

De fato, até os anos 1940, a ciência era uma investigação teórica com aplicações práticas. Sabemos, porém, que as mudanças no modo de produção capitalista e na tecnologia transformaram duplamente a ciência: em primeiro lugar, ela deixou de ser a investigação de uma realidade externa ao investigador para tornar-se a construção da própria realidade do objeto científico por meio de experimentos e de constructos lógico-matemáticos – como escreveu um filósofo, a ciência tornou-se manipulação de objetos construídos por ela mesma; em segundo lugar e, como consequência, ela se tornou uma força produtiva e, como tal, inserida na lógica do modo de produção capitalista. A ciência deixou de ser teoria com aplicação prática e tornou-se um componente do próprio capital. Donde as novas formas de financiamento das pesquisas, a submissão delas às exigências do próprio capital e a transformação da universidade numa organização ou numa entidade operacional.

II

Tomada sob a perspectiva operacional, a universidade pública corre o risco de passar por uma modernização que a faça contemporânea do século XXI, sem que se toque nas causas que deram origem a esse modelo universitário. Desse desejo de modernização acrítico e pouco reflexivo, são sinais duas ideias apresentadas com insistência crescente pelos organismos internacionais que subsidiam e subvencionam universidades públicas. A primeira ideia é a de *sociedade do conhecimento*; a segunda, uma nova concepção da *educação permanente ou continuada*.

A transformação do capital e da ciência, a qual nos referimos anteriormente, articulada às mudanças tecnológicas referentes à circulação da informação, produziu a ideia de *sociedade do conhecimento*, na qual o fator mais importante é o uso intensivo e competitivo dos conhecimentos.

Mas o que significa exatamente *sociedade do conhecimento*?

Ao se tornarem forças produtivas, o conhecimento e a informação passaram a compor o próprio capital, que se torna dependente disso para sua acumulação e reprodução. Na medida em que, na forma atual do capitalismo, a hegemonia econômica pertence ao capital financeiro e não ao capital produtivo, a informação prevalece sobre o próprio conhecimento, uma vez que o capital financeiro opera com riquezas puramente virtuais cuja existência se reduz à própria informação. Entre outros efeitos, essa situação produz um resultado bastante preciso: o poder econômico se baseia na posse de informações e, portanto, elas se tornam secretas e constituem um campo de competição econômica e militar sem precedentes, ao mesmo tempo em que, necessariamente, bloqueiam poderes democráticos, os quais se baseiam no direito à informação, tanto o de obtê-la como o de produzi-la e fazê-la circular socialmente. Em outras palavras, a assim chamada *sociedade do conhecimento*, do ponto de vista da informação, é regida pela lógica do mercado (sobretudo financeiro), de sorte que ela não é propícia nem favorável à ação política da sociedade civil e ao desenvolvimento efetivo de informações e conhecimentos necessários à vida social e cultural. Em resumo: a noção de *sociedade do conhecimento*, longe de indicar uma possibilidade de grande avanço e desenvolvimento autônomo das universidades enquanto instituições sociais comprometidas com a vida de suas sociedades e articuladas a poderes e direitos democráticos, indica o contrário, isto é, tanto a heteronomia universitária (quando a universidade produz conhecimentos destinados ao aumento de informações para o capital financeiro, submetendo-se às suas necessidades e à sua lógica) como a irrelevância da atividade universitária (quando suas pesquisas são autonomamente definidas ou quando procuram responder às demandas sociais e políticas de suas sociedades). O sinal da heteronomia é claro, por exemplo, na área das chamadas pesquisas básicas nas universidades latino-americanas, nas quais os objetos e métodos de pesquisa são determinados pelos vínculos com grandes centros de pesquisa dos países que possuem a hegemonia econômica e militar, pois tais vínculos são postos tanto como condição para o financiamento das pesquisas quanto como instrumento de reconhecimento acadêmico internacional. O sinal da irrelevância, por outro lado, aparece claramente na deterioração e no desmantelamento das universidades públicas, consideradas cada vez mais um peso para o Estado (donde o avanço da privatização, da terceirização e da massificação) e um elemento perturbador da ordem econômica (donde a desmoralização crescente do trabalho universitário público).

Um outro aspecto que tem sido muito enfatizado pelos organismos internacionais que discutem o ensino superior é que a sociedade do conhecimento é inseparável da velocidade, isto é, a acentuada redução do tempo entre a aquisição de um conhecimento e sua aplicação tecnológica, a ponto de essa aplicação acabar determinando o conteúdo da própria investigação científica. Fala-se numa *explosão do conhecimento*, quantitativa e qualitativa, tanto no interior das disciplinas clássicas como com a criação de disciplinas novas e novas áreas de conhecimento. Segundo alguns autores, o conhecimento levou 1.750 anos para duplicar-se pela primeira vez, no início da era cristã; depois, passou a duplicar-se a cada 150 anos; depois, a cada 50 anos, e estima-se que, a partir de 2000, se duplicará a cada 73 dias. Além disso, afirma-se que a cada 4 anos duplica-se a quantidade de informação disponível no mundo.

No entanto, penso que é importante observar o seguinte: as cifras sobre a quantidade e a velocidade dos conhecimentos, cifras provenientes da publicação de artigos nos quais são apresentadas descobertas científicas, pode levar-nos ainda a uma outra reflexão. Seria ela: a quantidade de descobertas implicou uma mudança na definição de uma ciência? Em outras palavras, a química, a matemática, a biologia e a história (para ficarmos com os exemplos mais frequentes) foram redefinidas em termos de seus objetos, métodos, procedimentos, de tal maneira que poderíamos dizer, por exemplo, que, hoje, a mudança epistemológica na química equivaleria à mudança da alquimia para a química no século XVII? Ou que, hoje, a mudança epistemológica na história equivaleria àquela que, no século XIX, rompeu com a tradição historiográfica de narrativa dos *memorabilia*, levou a separar natureza e cultura, a considerar a historicidade como o modo de ser do homem e a buscar uma solução para o tema clássico (que define a história desde Heródoto e Tucídides) da alternativa entre contingência e necessidade? Ou ainda: sabemos que a mudança epistemológica fundamental entre a ciência clássica e a contemporânea (século XX) encontra-se, de um lado, no fato de que a primeira julgava alcançar as coisas tais como são em si mesmas, enquanto a segunda não titubeia em tomar seus objetos como constructos, e, de outro, no fato de que a ciência clássica julgava operar com as ideias de ordem e conexão causais necessárias, enquanto a ciência contemporânea tende a abandonar a ideia de leis causais e a elaborar noções como as de probabilidade, regularidade, frequência, simetria, etc. Ao falar em *explosão do conhecimento* e em *explosão epistemológica*, podemos dizer que a *sociedade do conhecimento* introduziu mudanças epistemológicas de tal monta que transformou as ciências? Houve mudança na *estrutura* das ciências nos últimos 30/40 anos?

Essas perguntas são suscitadas por dois motivos principais: 1) o fato, por exemplo, de a química descobrir novos elementos ou de a matemática desenvolver novos teoremas poderia ser considerado simplesmente como aumento quantitativo dos conhecimentos, cujos fundamentos não mudaram nos últimos 30/40 anos, aumento quantitativo decorrente tanto de novas tecnologias usadas nas pesquisas quanto do crescimento do número de pesquisadores no mundo inteiro; 2) a quantidade de publicações precisa ser tomada *cum grano salis*, pois sabemos que ela pode exprimir pouca qualidade e pouca inovação porque: a) os chamados processos de avaliação da produção acadêmica, dos quais dependem a conservação do emprego, a ascensão na carreira e a obtenção de financiamento de pesquisas, são baseados na quantidade de publicações de artigos e no comparecimento a congressos e simpósios; b) a quantidade de "pontos" obtidos por um pesquisador também depende de que ele consiga publicar seus artigos nos periódicos científicos definidos hierarquicamente pelo *ranking*; c) os grandes centros de pesquisa só conseguem financiamentos públicos e privados se continuamente "provarem" que estão alcançando novos conhecimentos, visto que a avaliação deixou cada vez mais de ser feita pelos pares e passou a ser determinada pelos critério da eficácia e da competitividade (outro sinal de nossa heteronomia). Essas perguntas também se referem a um problema de fundo, qual seja, a mudança imposta ao *tempo* do trabalho intelectual e científico.

Sabemos que uma das características mais marcantes da cultura contemporânea é aquela que David Harvey denominou *compressão espaçotemporal*.

De fato, examinando a condição pós-moderna, David Harvey[3] analisa os efeitos da acumulação flexível do capital, isto é, a fragmentação e dispersão da produção econômica, a hegemonia do capital financeiro, a rotatividade extrema da mão de obra, a obsolescência vertiginosa das qualificações para o trabalho em decorrência do surgimento incessante de novas tecnologias, o desemprego estrutural decorrente da automação e da alta rotatividade da mão de obra, a exclusão social, econômica e política. Esses efeitos econômicos e sociais da nova forma do capital são inseparáveis de uma transformação sem precedentes na experiência do espaço e do tempo. Essa transformação é designada por Harvey com a expressão *compressão espaçotemporal*, isto é, o fato de que a fragmentação e a globalização da produção econômica engendram dois fenômenos contrários e simultâneos: de um lado, a fragmentação e dispersão espacial e temporal e, de outro, sob os efeitos das tecnologias de informação, a compressão do espaço – tudo se passa *aqui*, sem distâncias, diferenças nem fronteiras – e a compressão do tempo – tudo se passa *agora*, sem passado e sem futuro.

Podemos acrescentar à colocação de Harvey que falar do presente, como muito hoje falam, como sendo a "era da incerteza" indica menos uma compreensão filosófico-científica da realidade natural e cultural e mais a aceitação da destruição econômico-social de todos os referenciais de espaço e de tempo cujo sentido se encontrava não só na percepção cotidiana, mas também nos trabalhos da geografia, da história, da antropologia e das artes. Em vez de incerteza, mais vale falar em *insegurança*. Ora, sabemos que a insegurança não gera conhecimento e ação inovadora e sim medo e paralisia, submissão ao instituído, recusa da crítica, conservadorismo e autoritarismo.

Na verdade, fragmentação e dispersão do espaço e do tempo condicionam sua reunificação sob um espaço indiferenciado e um

---

[3] Cf. *A condição pós-moderna*. São Paulo: Loyola, 1992.

tempo efêmero, ou sob um espaço que se reduz a uma superfície plana de imagens e sob um tempo que perdeu a profundidade e se reduz ao movimento de imagens velozes e fugazes.

No caso da produção artística e intelectual (humanidades), a compressão do espaço e do tempo transformou o mercado da moda (isto é, do descartável, do efêmero determinado pelo mercado) em paradigma: as obras de arte e de pensamento duram uma *saison* e, descartadas, desaparecem sem deixar vestígio. Para participar desse mercado efêmero, a literatura, por exemplo, abandona o romance pelo conto, os intelectuais abandonam o livro pelo *paper*, o cinema é vencido pelo videoclipe ou pelas grandes montagens com "efeitos especiais". Para a ideologia pós-moderna, a razão, a verdade e a história são mitos totalitários; o espaço e o tempo são sucessão efêmera e volátil de imagens velozes e compressão dos lugares e instantes na irrealidade virtual, que apaga todo contato com o espaço-tempo enquanto estrutura do mundo; a subjetividade não é a reflexão, mas a intimidade narcísica, e a objetividade não é o conhecimento do que é exterior e diverso do sujeito, e sim um conjunto de estratégias montadas sobre jogos de linguagem, que representam jogos de pensamento. A história do saber aparece como troca periódica de jogos de linguagem e de pensamento, isto é, como invenção e abandono de "paradigmas", sem que o conhecimento jamais toque a própria realidade.

A compressão espaçotemporal produz efeitos também nas universidades: diminuição do tempo de graduação e de pós-graduação e do tempo para realização de dissertações de mestrado e de teses de doutorado. A velocidade faz com que, no plano da docência, as disciplinas abandonem, cada vez mais, a necessidade de transmitir aos estudantes suas próprias histórias, o conhecimento de seus clássicos, as questões que lhes deram nascimento e as transformações dessas questões. Em outras palavras: as absorções do espaço-tempo do capital financeiro e do mercado da moda conduzem ao abandono do núcleo fundamental do trabalho universitário, qual seja, a *formação*.

E isso torna-se também muito evidente quando se vê a discussão da segunda ideia, qual seja, a *educação continuada ou permanente*. Afirma-se que diante de um mundo globalizado e em transformação constante, a educação permanente ou continuada é uma estratégia pedagógica indispensável, pois somente com ela é possível a adaptação às mudanças incessantes se se quiser manter-se ativo no mercado de trabalho. A educação permanente ou continuada significa que a educação não se confunde com os anos escolares, isto é, ela deixa de ser preparação para a vida e se torna educação durante toda a vida.

Precisamos ponderar critica e reflexivamente sobre essa ideia. De fato, não se pode chamar isso de *educação* permanente. Como vimos anteriormente, a nova forma do capital produz a obsolescência rápida da mão de obra e o desemprego estrutural. Por isso, passa-se a confundir educação e "reciclagem", exigida pelas condições do mercado de trabalho. Trata-se de aquisições de técnicas por meio de processos de adestramento e treinamento para saber empregá-las de acordo com as finalidades das empresas. Tanto é assim, que muitas empresas possuem escolas, centros de treinamento e de reciclagem de seus empregados, ou fazem convênios com outras empresas destinadas exclusivamente a esse tipo de atividade. E essa atividade pressupõe algo básico, ou seja, a escolaridade propriamente dita. Muitas vezes também, a competição no mercado de trabalho exige que o candidato ao emprego apresente um currículo com mais créditos do que outros ou que, no correr dos anos, acrescente créditos ao seu currículo, mas dificilmente poderíamos chamar isso de educação permanente, porque a educação significa um movimento de transformação interna daquele que passa de um suposto saber (ou da ignorância) ao saber propriamente dito (ou à compreensão de si, dos outros, da realidade, da cultura acumulada e da cultura no seu presente ou se fazendo). A educação é inseparável da formação, e é por isso que ela só pode ser permanente.

III

Se quisermos tomar a universidade pública sob uma nova perspectiva, precisamos começar exigindo, antes de tudo, que o Estado não tome a educação pelo prisma do gasto público, e sim como investimento social e político, o que só é possível se ela for considerada um direito e não um privilégio nem um serviço. A relação democrática entre Estado e universidade pública depende do modo como consideramos o núcleo da república. Esse núcleo é o fundo público ou a riqueza pública, e a democratização do fundo público significa investi-lo não para assegurar a acumulação e a reprodução do capital – que é o que faz o neoliberalismo com o chamado "Estado mínimo" –, e sim para assegurar a concreticidade dos direitos sociais, entre os quais se encontra a educação. É pela destinação do fundo público aos direitos sociais que se mede a democratização do Estado e, com ela, a democratização da universidade.

A reversão também depende de que levemos a sério a ideia de formação.

O que significa exatamente *formação*? Antes de mais nada, como a própria palavra indica, uma relação com o tempo: é introduzir alguém ao passado de sua cultura (no sentido antropológico do termo, isto é, como ordem simbólica ou de relação com o ausente), é despertar alguém para as questões que esse passado engendra para o presente, e é estimular a passagem do instituído ao instituinte. O que Merleau-Ponty diz sobre a obra de arte nos ajuda aqui: a obra de arte recolhe o passado imemorial contido na percepção, interroga a percepção presente e busca, com o símbolo, ultrapassar a situação dada oferecendo-lhe um sentido novo que não poderia vir à existência sem a obra. Da mesma maneira, a obra de pensamento só é fecunda quando pensa e diz o que sem ela não poderia ser pensado nem dito, e sobretudo quando, por seu próprio excesso, nos dá a pensar e a dizer, criando em seu próprio interior a posteridade que irá superá-la. Ao instituir o novo sobre o que estava sedimentado na cultura, a obra de arte e de pensamento reabre o tempo e forma o futuro. Podemos dizer que há formação quando há obra de pensamento e que há obra de pensamento quando o presente é apreendido como aquilo que exige de nós o trabalho da interrogação, da reflexão e da crítica, de tal maneira que nos tornamos capazes de elevar ao plano do conceito o que foi experimentado como questão, pergunta, problema, dificuldade.

Pensando numa mudança da universidade pública sob a perspectiva da formação e da democratização, creio que podemos assinalar alguns pontos que são a condição e a forma dessa mudança:

1) Colocar-se claramente contra a exclusão como forma da relação social definida pelo neoliberalismo e pela globalização: tomar a educação superior como um direito do cidadão (na qualidade de direito, ela deve ser universal); defender a universidade pública tanto pela ampliação de sua capacidade de absorver sobretudo os membros das classes populares quanto pela firme

recusa da privatização dos conhecimentos, isto é, impedir que um bem público tenha apropriação privada. Romper, portanto, com o modelo proposto pelo Banco Mundial e implantado no Brasil com a pretensão de resolver os problemas da educação superior por meio da privatização das universidades públicas ou pelos incentivos financeiros dados a grupos privados para criar estabelecimentos de ensino superior, o que provocou não só o desprestígio das universidades públicas (porque boa parte dos recursos estatais foram dirigidos às empresas universitárias), como a queda do nível do ensino superior (cuja avaliação era feita por organismos ligados às próprias empresas).

2) Definir a autonomia universitária não pelo critério dos chamados "contratos de gestão", mas pelo direito e pelo poder de determinar suas normas de formação, docência e pesquisa. A autonomia é entendida em três sentidos principais: a) como autonomia institucional ou de políticas acadêmicas (autonomia em relação aos governos); b) como autonomia intelectual (autonomia em relação a credos religiosos, partidos políticos, ideologia estatal, imposições empresariais e financeiras); c) como autonomia financeira que lhe permita destinar os recursos segundo as necessidades regionais e locais da docência e da pesquisa. Em outras palavras, a autonomia deve ser pensada como autodeterminação das políticas acadêmicas, dos projetos e das metas das instituições universitárias e da autônoma condução administrativa, financeira e patrimonial. Essa autonomia só terá sentido se: a) internamente houver o funcionamento transparente e público das instâncias de decisão; b) externamente as universidades realizarem, de modo público e em períodos regulares fixados, o diálogo e o debate com a sociedade civil organizada e com os agentes do Estado, tanto para oferecer a todos as informações sobre a vida universitária como para receber críticas, sugestões e demandas vindas da sociedade e do Estado. Isso significa também que a autonomia é inseparável da elaboração da peça orçamentária anual, pois é esta que define prioridades acadêmicas de docência e pesquisa, metas teóricas e sociais, bem como as formas dos investimentos dos recursos. Para que haja autonomia com caráter público e democrático

é preciso que haja discussão dos orçamentos por todos os membros da universidade, segundo o modelo do orçamento participativo. Finalmente, a autonomia universitária só será efetiva se as universidades recuperarem o poder e a iniciativa de definir suas próprias linhas de pesquisas e prioridades, em lugar de deixarem-se determinar externamente pelas agências financiadoras.

3) Desfazer a confusão atual entre democratização da educação superior e massificação. Para isso, três medidas principais são necessárias:

a) Articular o ensino superior público e os outros níveis de ensino público: sem uma reforma radical do ensino fundamental e do ensino médio públicos, a pretensão republicana e democrática da universidade será inócua. A universidade pública tem que se comprometer com a mudança no ensino fundamental e no ensino médio públicos. A baixa qualidade do ensino público nos graus fundamental e médio tem encaminhado os filhos das classes mais ricas para as escolas privadas e, com o preparo que ali recebem, são eles que irão frequentar as universidades públicas, cujo nível e cuja qualidade são superiores aos das universidades privadas. Dessa maneira, a educação superior pública tem sido conivente com a enorme exclusão social e cultural dos filhos das classes populares que não têm condições de passar da escola pública de ensino médio para a universidade pública. Portanto, somente a reforma da escola pública de ensino fundamental e médio pode assegurar a qualidade e a democratização da universidade pública. A universidade pública deixará de ser um bolsão de exclusões sociais e culturais quando o acesso a ela estiver assegurado pela qualidade e pelo nível dos outros graus do ensino público.

b) Reformar as grades curriculares atuais e o sistema de créditos, uma vez que ambos produzem a escolarização da universidade, com a multiplicação de horas-aula, retirando dos estudantes as condições para leitura e pesquisa, isto é, para sua verdadeira formação e reflexão, além de provocarem a fragmentação e a dispersão dos cursos e estimularem a superficialidade. É precisão diminuir o tempo em horas-aula e o excesso de disciplinas semestrais. Dependendo da área acadêmica, as disciplinas podem ser ministradas em cursos anuais, permitindo que o estudante se aprofunde num determinado aspecto do conhecimento. É preciso também não somente assegurar espaço para a implantação de novas disciplinas exigidas por mudanças filosóficas, científicas e sociais, como também organizar os cursos de maneira a assegurar que os estudantes possam circular pela universidade e construir livremente um currículo de disciplinas optativas que se articulam às disciplinas obrigatórias da área central de seus estudos.

c) Assegurar, simultaneamente, a universalidade dos conhecimentos (programas cujas disciplinas tenham nacionalmente o mesmo conteúdo no que se refere aos clássicos de cada uma delas) e a especificidade regional (programas cujas disciplinas reflitam os trabalhos dos docentes-pesquisadores sobre questões específicas de suas regiões). Assegurar que os estudantes conheçam as questões clássicas de sua área e, ao mesmo tempo, seus problemas contemporâneos e as pesquisas existentes no país e no mundo sobre os assuntos mais relevantes da área. Para isso são necessárias condições de trabalho: bibliotecas dignas do nome, laboratórios equipados, informatização, bolsas de estudo para estudantes de graduação, alojamentos estudantis, alimentação e atendimento à saúde, além de convênios de intercâmbio de estudantes entre as várias universidades do país e com universidades estrangeiras.

4) Revalorizar a docência, que foi desprestigiada e negligenciada com a chamada "avaliação da produtividade", apenas quantitativa. Essa revalorização implica:

a) Formar verdadeiramente professores, de um lado, assegurando que conheçam os clássicos de sua área e os principais problemas nela discutidos ao longo de sua história e, de outro lado, levando em consideração o impacto das mudanças filosóficas, científicas e tecnológicas sobre sua disciplina e sobre a formação de seus docentes.

b) Oferecer condições de trabalho compatíveis com a formação universitária, portanto, infraestrutura de trabalho (bibliotecas e laboratórios realmente equipados).

c) Realizar concursos públicos constantes para assegurar o atendimento qualitativamente bom de um número crescente de estudantes em novas salas de aula (o processo de democratização aumentará o acesso às universidades).

d) Garantir condições salariais dignas que permitam ao professor trabalhar em regime de tempo integral de dedicação à docência e à pesquisa, de maneira que ele tenha condições materiais de realizar permanentemente seu processo de formação e de atualização dos conhecimentos e das técnicas pedagógicas.

e) Incentivar o intercâmbio com universidades brasileiras e estrangeiras, de maneira a permitir a completa formação do professor, bem como familiarizá-lo com as diferenças e especificidades regionais e nacionais bem como as grandes linhas do trabalho universitário internacional.

5) Revalorizar a pesquisa, estabelecendo não só as condições de sua autonomia e as condições materiais de sua realização, mas também recusando a diminuição do tempo para realização dos mestrados e doutorados. Quanto aos pesquisadores com carreira universitária, é preciso criar novos procedimentos de avaliação que não sejam regidos pelas noções de produtividade e de eficácia, e sim pelas de qualidade e de relevância social e cultural. Essa qualidade e essa relevância dependem do conhecimento, por parte dos pesquisadores, das mudanças filosóficas, científicas e tecnológicas e de seus impactos sobre as pesquisas. Quanto à relevância social das pesquisas, cabe às universidades públicas e ao Estado fazer um levantamento das necessidades do seu país no plano do conhecimento e das técnicas e estimular trabalhos universitários nessa direção, assegurando, por meio de consulta às comunidades acadêmicas regionais, que haja diversificação dos campos de pesquisa segundo as capacidades e as necessidades regionais. As parcerias com os movimentos sociais nacionais e regionais podem ser de grande valia para que a sociedade oriente os caminhos da instituição universitária, ao mesmo tempo em que esta, por meio de cursos de extensão e

de serviços especializados, poderá oferecer elementos reflexivos e críticos para a ação e o desenvolvimento desses movimentos. Ou seja, a orientação de rumos das pesquisas pode ser feita segundo a ideia de cidadania.

6) A valorização da pesquisa nas universidades públicas exige políticas públicas de financiamento por meio de fundos públicos destinados a esse fim por intermédio de agências nacionais de incentivo à pesquisa, mas que sigam duas orientações principais: a) projetos propostos pelas próprias universidades; b) projetos propostos por setores do Estado que fizeram levantamentos locais e regionais de demandas e necessidades de pesquisas determinadas e que serão subvencionadas pelas agências. A avaliação dos projetos, para concessão de financiamento, e a avaliação dos resultados devem ser feitas por comissões democraticamente escolhidas pelas comunidades universitárias, em consonância com a definição de um programa nacional de pesquisas, estabelecido pelo conjunto das universidades após o levantamento das necessidades, interesses e inovações das pesquisas para o país. Além dessa avaliação do conteúdo, deve haver uma avaliação pública dos objetivos e das aplicações das pesquisas e uma avaliação pública, feita pelo Estado, sobre o uso dos fundos públicos. Em outras palavras, a universidade deve prestar publicamente contas de suas atividades de investigação à sociedade e ao Estado.

7) Adotar uma perspectiva crítica muito clara tanto sobre a ideia de *sociedade do conhecimento* quanto sobre a de *educação permanente*, tidas como ideias novas e diretrizes para a mudança da universidade sob a perspectiva da modernização. É preciso tomar a universidade sob a perspectiva de sua autonomia e de sua expressão social e política, cuidando para não correr em busca da sempiterna ideia de modernização que, no Brasil, como se sabe, sempre significa submeter a sociedade, em geral, e as universidades públicas, em particular, a modelos, critérios e interesses que servem ao capital, e não aos direitos dos cidadãos.

Contra a universidade operacional[1]

As mudanças da universidade: do espaço público à privatização do saber

Desde seu surgimento (no século XIII europeu), a universidade sempre foi uma instituição social, isto é, uma *ação* social, uma *prática* social fundada no reconhecimento público de sua legitimidade e de suas atribuições, num princípio de diferenciação que lhe confere autonomia perante outras instituições sociais, e estruturada por ordenamentos, regras, normas e valores de reconhecimento e legitimidade internos a ela. A legitimidade da universidade moderna fundou-se na conquista da ideia de autonomia do saber em face da religião e do Estado, portanto, na ideia de um conhecimento guiado por sua própria lógica, por necessidades imanentes a ele, tanto do ponto de vista de sua invenção ou descoberta como de sua transmissão. Por isso mesmo, a universidade europeia tornou-se inseparável das ideias de *formação*, *reflexão*, *criação* e *crítica*. Com as lutas sociais e políticas dos últimos séculos, com a conquista da educação e da cultura como direitos, a universidade tornou-se também uma instituição social inseparável da

---

[1] Este texto sintetiza posições exprimidas em diversos escritos da autora, especialmente os publicados em *Escritos sobre a universidade* (São Paulo: Edunesp, 2001). Apresentado e discutido em diferentes oportunidades, o documento teve várias versões; aqui adotamos aquela que nos pareceu a mais completa e madura. (N. do Org.)

ideia de democracia e de democratização do saber: seja para realizar essa ideia, seja para opor-se a ela, a instituição universitária não pôde furtar-se à referência à democracia como ideia reguladora, nem pôde furtar-se a responder, afirmativa ou negativamente, ao ideal socialista.

Hoje, porém, a universidade passou a ser encarada como uma organização social.[2] Que significa, então, passar da condição de instituição social à de organização social? Antes de mais nada significa pensar uma instituição a partir da ideia e da prática da administração. Como mostrou a Teoria Crítica da Escola de Frankfurt, a ideia de administração é inseparável do modo de produção capitalista como produção de equivalentes para o mercado. O capitalismo estabeleceu uma mercadoria como equivalente universal que serve para avaliar o valor de todas as outras mercadorias, o dinheiro, generalizador da troca de equivalentes. A universalização dos equivalentes faz com que tudo seja equivalente a tudo, ou que cada equivalente possa ser considerado homogêneo a qualquer outro. Essa homogeneização permite o aparecimento da ideia e da prática da administração como um conjunto de regras e princípios formais idênticos para todas as instituições sociais. Assim, não há diferença entre administrar uma montadora de veículos, um *shopping center* ou uma universidade. É a concepção administrativa que transforma uma instituição social numa organização.

A ideologia da competência administrativa se consolidou com a implantação da nova forma da acumulação do capital denominada neoliberalismo.

O que chamamos de neoliberalismo nasceu de um grupo de economistas, cientistas políticos e filósofos, entre os quais Popper e Lippmann, que, em 1947, reuniu-se em Mont Pèlerin, na Suíça, à volta do austríaco Hayek e do norte-americano Milton Friedman. Esse grupo opunha-se encarniçadamente ao surgimento do Estado de Bem-estar de estilo keynesiano e social-democrata e à política norte-americana do New Deal, e elaborou um detalhado projeto econômico e político no qual atacava o chamado Estado Providência,

---

[2] A oposição entre instituição social e organização social como definição da universidade é proposta por Michel Freitag, que acompanha várias das ideias da Teoria Crítica da Escola de Frankfurt em sua obra *Le naufage de l'université*. Paris: La Découverte, 1996. Aqui trabalharemos a partir da oposição feita por esse autor.

com seus encargos sociais e com a função de regulador das atividades do mercado, afirmando que esse tipo de Estado destruía a liberdade dos cidadãos e a competição, sem as quais não há prosperidade. Essas ideias permaneceram como letra morta até a crise capitalista do início dos anos 1970, quando o capitalismo conheceu, pela primeira vez, um tipo de situação imprevisível, isto é, baixas taxas de crescimento econômico e altas taxas de inflação: a famosa estagflação. O grupo de Hayek, Friedman e Popper passou a ser ouvido com respeito por que oferecia a suposta explicação para a crise: esta, diziam eles, fora causada pelo poder excessivo dos sindicatos e dos movimentos operários, que haviam pressionado por aumentos salariais e exigido o aumento dos encargos sociais do Estado. Teriam, dessa maneira, destruído os níveis de lucro requeridos pelas empresas e desencadeado os processos inflacionários incontroláveis. Feito o diagnóstico, o grupo do Mont Pèlerin propôs os remédios: 1) um Estado forte para quebrar o poder dos sindicatos e movimentos operários, para controlar os dinheiros públicos e cortar drasticamente os encargos sociais e os investimentos na economia; 2) um Estado cuja meta principal fosse a estabilidade monetária, contendo os gastos sociais e restaurando a taxa de desemprego necessária para formar um exército industrial de reserva que quebrasse o poderio dos sindicatos; 3) um Estado que realizasse uma reforma fiscal para incentivar os investimentos privados e, portanto, que reduzisse os impostos sobre o capital e as fortunas, aumentando os impostos sobre a renda individual e, portanto, sobre o trabalho, o consumo e o comércio; 4) um Estado que se afastasse da regulação da economia, deixando que o próprio mercado, com sua racionalidade própria, operasse a desregulação. Em outras palavras, abolição dos investimentos estatais na produção, abolição do controle estatal sobre o fluxo financeiro, drástica legislação antigreve e vasto programa de privatização. O modelo foi aplicado, primeiro, no Chile, depois na Inglaterra e nos Estados Unidos, expandindo-se para todo o mundo capitalista (com exceção dos países asiáticos) e, depois da queda do muro de Berlim, para o leste europeu. Esse modelo político tornou-se responsável pela mudança da forma da acumulação do capital, hoje conhecida como "acumulação flexível", isto é, o incentivo à especulação financeira em vez dos investimentos na produção; o monetarismo superou a indústria. Donde falar-se em "capitalismo pós-industrial".

Em resumo, o neoliberalismo é a decisão de investir o fundo público no capital e privatizar os direitos sociais, de maneira que podemos defini-lo como alargamento do espaço privado dos interesses de mercado e encolhimento do espaço público dos direitos, cujo pressuposto ideológico básico é a afirmação de que todos os problemas e malefícios econômicos, sociais e políticos do país decorrem da presença do Estado não só no setor de produção para o mercado, mas também nos programas sociais, donde se conclui que todas as soluções e todos os benefícios econômicos, sociais e políticos procedem da presença das empresas privadas no setor de produção e no dos serviços sociais. Em outras palavras, o mercado é portador de racionalidade sociopolítica e agente principal do bem-estar da república. Isso transparece claramente na substituição do conceito de *direitos* pelo de *serviços*, que leva a colocar *direitos sociais* (como a saúde, a educação e a cultura) no setor de *serviços privados*.

A esse conjunto de condições materiais precariamente esboçado aqui corresponde um imaginário social ou uma ideologia que busca justificá-las (como racionais), legitimá-las (como corretas) e dissimulá-las enquanto formas contemporâneas da exploração e dominação. Essa ideologia toma como o ser da realidade a fragmentação econômico-social e a compressão espaçotemporal gerada pelas novas tecnologias e pelo percurso do capital financeiro. Essa ideologia, usando a imagem da meritocracia, corresponde a uma forma de vida determinada pela insegurança e violência institucionalizada pelo mercado. Essa forma de vida possui cinco traços principais: 1) a insegurança, que leva a aplicar recursos no mercado de futuros e de seguros; 2) a dispersão, que leva a procurar uma autoridade política forte, com perfil despótico; 3) o medo, que leva ao reforço de antigas instituições, sobretudo a família, e ao retorno das formas místicas e autoritárias ou fundamentalistas de religião; 4) o sentimento do efêmero e da destruição da memória objetiva dos espaços levando ao reforço de suportes subjetivos da memória (diários, biografias, fotografias, objetos), pois o paradigma do consumo tornou-se o mercado da moda, veloz, efêmero e descartável; 5) relega à condição de mitos totalitários os conceitos que fundaram e orientaram a modernidade: as ideias de racionalidade, universalidade, o contraponto entre necessidade e contingência, os problemas da relação entre subjetividade e objetividade, a história como dotada de sentido imanente, a diferença entre natureza e cultura, etc. A ideologia neoliberal realiza três grandes inversões: substitui a lógica da produção pela da circulação; substitui a lógica do trabalho pela da informação; e substitui a lógica da luta de classes pela da satisfação-insatisfação dos indivíduos no consumo.

É nesse contexto que podemos compreender a transformação da universidade de instituição social em organização social. De fato, uma organização difere de uma instituição por definir-se por uma outra prática social, qual seja, a de sua instrumentalidade: está referida ao conjunto de meios particulares para obtenção de um objetivo particular. Não está referida a ações articuladas às ideias de reconhecimento externo e interno, de legitimidade interna e externa, mas a operações definidas como estratégias balizadas pelas ideias de eficácia e de sucesso no emprego de determinados meios para alcançar o objetivo particular que a define. É regida pelas ideias de gestão, planejamento, previsão, controle e êxito. Não lhe compete discutir ou questionar sua própria existência, sua função, seu lugar no interior da luta de classes, pois isso que para a instituição social universitária é crucial é, para a organização, um dado de fato. Ela sabe (ou julga saber) por que, para que e onde existe.

A instituição social aspira à universalidade. A organização sabe que sua eficácia e seu sucesso dependem de sua particularidade. Isso significa que a instituição tem a sociedade como seu princípio e sua referência normativa e valorativa, enquanto a organização tem apenas a si mesma como referência, num processo de competição com outras que fixaram os mesmos objetivos particulares. Em outras palavras, a instituição se percebe inserida na divisão social e política e busca definir uma universalidade (ou imaginária ou desejável) que lhe permita responder às contradições impostas por essa divisão. Ao contrário, a organização pretende gerir seu espaço e tempo particulares aceitando como dado bruto sua inserção num dos polos da divisão social, e seu alvo não é responder às contradições, e sim vencer a competição com seus supostos iguais. Numa palavra, a instituição está orientada para o espaço público; a organização é determinada pela privatização dos conhecimentos.

Como foi possível passar da ideia da universidade como instituição social à sua definição como organização prestadora de serviços?

A forma atual do capitalismo se caracteriza pela fragmentação de todas as esferas da vida social, partindo da fragmentação da produção, da dispersão espacial e temporal do trabalho, da destruição dos referenciais que balizavam a identidade de classe e as formas da luta de classes. A sociedade *aparece* como uma rede móvel, instável, efêmera de organizações particulares definidas por estratégias particulares e programas particulares, competindo entre si. Sociedade e natureza são reabsorvidas uma na outra e uma pela outra porque ambas deixaram de ser um princípio interno de estruturação e diferenciação das ações naturais e humanas para se tornarem, abstratamente, "meio ambiente"; um "meio ambiente" instável, fluido, permeado por um espaço e um tempo virtuais que nos afastam de qualquer densidade material; "meio ambiente" perigoso, ameaçador e ameaçado, que deve ser gerido, programado, planejado e controlado por estratégias de intervenção tecnológica e jogos de poder. Por isso mesmo, a permanência de uma organização depende muito pouco de sua estrutura interna e muito mais de sua capacidade de adaptar-se celeremente a mudanças rápidas da superfície do "meio ambiente". Donde o interesse pela ideia de flexibilidade, que indica a capacidade adaptativa a mudanças contínuas e inesperadas. Como afirma Michel Freitag, a organização pertence à ordem biológica da plasticidade do comportamento adaptativo.

No Brasil, a passagem da universidade da condição de instituição à de organização inseriu-se nessa mudança geral da sociedade, sob os efeitos do neoliberalismo, portanto, do encolhimento do espaço público dos direitos e do alargamento do espaço privado dos interesses de mercado. Essa mudança, iniciada sob a ditadura, foi consolidada no final dos anos 1990 com os governos de Fernando Henrique Cardoso. Embora os governos de Lula (2003-2011) e Dilma Rousseff (2012-2016) tenham tentado recuperar o sentido da universidade pública como instituição social,[3] o processo de sua transformação numa organização já havia sido consolidado pelos próprios dirigentes

---

[3] Nesses dois governos, foi ampliada a rede de universidades públicas federais (programa Reuni) e foram criados o programa de bolsas de estudo universitário para jovens de famílias de baixa renda (ProUni) e o programa de cotas universitárias para estudantes negros e para aqueles vindos das escolas públicas do ensino médio, mudando a composição de classe social das universidades.

universitários, que o impuseram como se fosse o movimento natural e necessário da história e da sociedade.

Podemos dizer que a mudança da universidade pública brasileira ocorreu em três fases sucessivas, a primeira tendo sido anterior ao neoliberalismo, e as duas seguintes já sob o modelo neoliberal. Na primeira fase, durante a ditadura (1964-1980), tornou-se *universidade funcional* voltada para a formação rápida de profissionais requisitados como mão de obra altamente qualificada para o mercado de trabalho; adaptando-se às exigências do mercado, a universidade alterou seus currículos, programas e atividades para garantir a inserção profissional dos estudantes no mercado de trabalho, separando cada vez mais docência e pesquisa. Na segunda fase, durante a nova república (1985-1994), tornou-se *universidade de resultados*, isto é, sem preocupação com a qualidade da docência e voltada para a pesquisa, em conformidade com as ideias de eficiência, produtividade e competitividade, ou seja, adotando o modelo do mercado para determinar a qualidade e a quantidade das pesquisas. Finalmente, na terceira fase (1994-2002), consolidou-se como *universidade operacional*, entendida como uma organização social e, portanto, voltada para si mesma enquanto estrutura de gestão e de arbitragem de contratos.

A universidade operacional

Como opera a universidade operacional?

Ela é definida por um léxico vindo da ideologia administrativa, no qual os termos principais são autonomia, flexibilização, qualidade e avaliação.

– Autonomia universitária: é a gestão de receitas e despesas, de acordo com o contrato de gestão pelo qual o Estado estabelece metas e indicadores de desempenho, que determinam a renovação ou não renovação do contrato. A autonomia universitária se reduz, portanto, ao gerenciamento empresarial da instituição, e a responsabilidade do Estado é a mesma que ele tem, por exemplo, com as empresas encarregadas pelo recolhimento do lixo. A "autonomia" prevê que, para cumprir as metas e alcançar os indicadores impostos pelo contrato de gestão, a universidade tem "autonomia" para "captar recursos" de outras fontes, fazendo parcerias com as empresas privadas. Cria-se também um Fundo de Apoio Universitário, com recursos públicos que podem ser repassados a qualquer universidade, desde que ela se apresente como prestadora de serviços e cumpridora das cláusulas do contrato de gestão.

– Flexibilização: é o corolário da "autonomia". "Flexibilizar" significa: 1) eliminar o regime único, o concurso público e a dedicação exclusiva, substituindo-os por "contratos flexíveis", isto é, temporários e precários; 2) simplificar os processos de compras (as licitações), a gestão financeira e a prestação de contas (sobretudo para proteção das chamadas "outras fontes de financiamento", que não pretendem se ver publicamente expostas e controladas); 3) adaptar os currículos de graduação e pós-graduação às necessidades profissionais do mercado, isto é, às demandas das empresas; 4) separar docência e pesquisa, deixando a primeira na universidade e deslocando a segunda para centros autônomos de pesquisa.

– Qualidade: é definida como competência e excelência, tendo como critério seu "atendimento às necessidades de modernização da economia e do desenvolvimento social", e é medida pela produtividade. A produtividade, que mede a qualidade, é orientada por três critérios: *quanto* a universidade produz, *em quanto tempo* produz e *qual o custo* do que é produzido. Em outras palavras, os critérios da produtividade são quantidade, tempo e custo, que orientarão os contratos de gestão. Observa-se que a pergunta pela produtividade não indaga o que se produz, como se produz, para que ou para quem se produz. Ora, nos documentos da reitoria, a docência não entra na medida da produtividade e, portanto, não faz parte da qualidade universitária, o que, aliás, justifica a proposta de mudanças na carreira através de um vocabulário vago e impreciso, qual seja, "segundo as normas que regem a atividade docente", sem que saibamos que normas são essas, ou seja, não há definição de critérios para "medir" a qualidade da docência.

– Avaliação: é o corolário da "qualidade", portanto, medida pela produtividade.

Regida por contratos de gestão, avaliada por índices de produtividade, calculada para ser flexível, a universidade operacional está estruturada por estratégias e programas de eficácia organizacional e, portanto, pela particularidade e instabilidade dos meios e dos objetivos. Definida e estruturada por normas e padrões administrativos inteiramente alheios ao conhecimento e à formação intelectual, está pulverizada em micro-organizações que ininterruptamente ocupam seus docentes e curvam seus estudantes a exigências exteriores ao trabalho do conhecimento. A heteronomia da universidade é visível a olho nu: o aumento insano de horas-aula, a diminuição do tempo para mestrados e doutorados, a avaliação pela quantidade de publicações, colóquios e congressos, a multiplicação de comissões e relatórios, etc. Voltada para seu próprio umbigo, mas sem saber onde este se encontra, a universidade operacional opera e por isso mesmo não age. Não surpreende, então, que esse operar co-opere para sua contínua desmoralização pública e degradação interna.

Que se entende por docência e pesquisa na universidade operacional, produtiva e flexível?

A docência é entendida como transmissão rápida de conhecimentos, consignados em manuais de fácil leitura para os estudantes, de preferência, ricos em ilustrações e com duplicata em suportes eletrônicos, graças às tecnologias eletrônicas. O recrutamento de professores é feito sem levar em consideração se dominam ou não o campo de conhecimentos de sua disciplina e as relações entre ela e outras afins – o professor é contratado ou por ser um pesquisador promissor que se dedica a algo muito especializado, ou porque, não tendo vocação para a pesquisa, aceita ser escorchado e arrochado por contratos de trabalho temporários e precários, ou melhor, "flexíveis". A docência é pensada, em primeiro lugar, como habilitação rápida para graduados, que precisam entrar rapidamente num mercado de trabalho do qual serão expulsos em poucos anos, pois tornam-se, em pouco tempo, jovens obsoletos e descartáveis; e, em segundo lugar, como correia de transmissão entre pesquisadores e o treinamento para novos pesquisadores. A docência se reduz a transmissão e adestramento. Desapareceu, portanto, sua marca essencial: a formação.

A desvalorização da docência teria significado a valorização excessiva da pesquisa? Ora, o que é a pesquisa na universidade operacional?

À fragmentação econômica, social e política, imposta pela nova forma do capitalismo, corresponde uma ideologia autonomeada pós-moderna.

Essa nomenclatura pretende marcar a ruptura com as ideias clássicas e ilustradas, que fizeram a modernidade. Para essa ideologia, a razão, a verdade e a história são mitos totalitários; o espaço e o tempo são sucessão efêmera e volátil de imagens velozes – o espaço se reduz à compressão dos lugares, e o tempo, à compressão de instantes sem passado e sem futuro – ou seja, estamos imersos na irrealidade virtual, que apaga todo contato com o espaço-tempo enquanto estrutura do mundo; a subjetividade não é a reflexão, mas a intimidade narcísica, e a objetividade não é o conhecimento do que é exterior e diverso do sujeito, e sim um conjunto de estratégias montadas sobre jogos de linguagem, que representam jogos de pensamento. A história do saber aparece como troca periódica de jogos de linguagem e de pensamento, isto é, como invenção e abandono de "paradigmas", sem que o conhecimento jamais toque a própria realidade. O que pode ser a pesquisa numa universidade operacional sob a ideologia pós-moderna? O que há de ser a pesquisa quando razão, verdade, história são tidas por mitos, espaço e tempo se tornaram a superfície achatada de sucessão de imagens, pensamento e linguagem se tornaram jogos, constructos contingentes cujo valor é apenas estratégico?

Numa organização, uma "pesquisa" é uma estratégia de intervenção e de controle de meios ou instrumentos para a consecução de um objetivo delimitado. Em outras palavras, uma "pesquisa" é um *survey* de problemas, dificuldades e obstáculos para a realização do objetivo, e um cálculo de meios para soluções parciais e locais para problemas e obstáculos locais. Pesquisa, ali, não é conhecimento de alguma coisa, mas posse de instrumentos para intervir e controlar alguma coisa. Por isso mesmo, numa organização não há tempo para a reflexão, a crítica, o exame de conhecimentos instituídos, sua mudança ou sua superação. Numa organização, a atividade cognitiva não tem como nem por que realizar-se. Em contrapartida, no jogo estratégico da competição no mercado, a organização se mantém e se firma se for capaz de propor áreas de problemas, dificuldades, obstáculos sempre novos, o que é feito pela fragmentação de antigos problemas em no-víssimos microproblemas, sobre os quais o controle parece ser cada vez maior. A fragmentação, condição de sobrevida da organização, torna-se real, propõe a especialização como estratégia principal e entende por "pesquisa" a delimitação estratégica de um campo de intervenção e controle. É evidente que a avaliação desse trabalho só pode ser feita em termos compreensíveis para uma organização, isto é, em termos de custo-benefício, pautada pela ideia de produtividade, que avalia em quanto tempo, com que custo e quanto foi produzido. Eis a "pesquisa" na universidade operacional.

Em suma, se por pesquisa entendermos a investigação de algo que nos lança na interrogação, que nos pede reflexão, crítica, enfrentamento com o instituído, descoberta, invenção e criação; se por pesquisa entendermos o trabalho do pensamento e da linguagem para pensar e dizer o que ainda não foi pensado nem dito; se por pesquisa entendermos uma visão compreensiva de totalidades e sínteses abertas que suscitam a interrogação e a busca; se por pesquisa entendermos uma ação civilizatória contra a barbárie social e política, então, é evidente que não há pesquisa na universidade operacional.

O paradoxo consiste no fato de a universidade – lugar onde todas as coisas se transformam em objetos de conhecimento – não conseguir colocar-se a si mesma como objeto de conhecimento e inventar os procedimentos para a pesquisa de si mesma. Diante da universidade, os cientistas e pesquisadores parecem tomados pela ignorância e pela perplexidade, como se estivessem diante de um fenômeno opaco e incompreensível. Como consequência, a universidade não parece capaz de criar os seus próprios indicadores, e passa a usar um indicador que tem sentido nas empresas, mas não se sabe qual seria o seu sentido na docência e na pesquisa: a chamada "produtividade", própria das organizações. Como consequência, os resultados da avaliação universitária têm sido:

1) Com relação ao autoconhecimento da universidade: quase nada é conseguido, na medida em que, em lugar de uma interpretação de dados qualitativos e quantitativos propostos pela universidade, a avaliação oferece um catálogo ao qual é acrescentado um conjunto de conceitos abstratos – "bom", "sofrível", "regular", "mau" –, como se um catálogo de atividades oferecesse as informações necessárias para a interpretação e permitisse que esta última fizesse autoavaliação universitária. Os relatórios obtidos não se distinguem de listas telefônicas, e possuem menos utilidade do que estas.

2) Com relação à especificidade da ação universitária: qual é a especificidade e o bem mais precioso da universidade? Ser uma

instituição social constituída por diferenças internas que correspondem às diferenças dos seus objetos de trabalho, cada qual com uma lógica própria de docência e de pesquisa, ao contrário das empresas que, por força da lógica do mercado, operam como entidades homogêneas para as quais os mesmos padrões de avaliação podem ser empregados em toda a parte: custo/benefício, quantidade e qualidade, velocidade da produção, velocidade da informação, eficiência na distribuição de tarefas, organização da planta industrial, modernização dos recursos de informação e conexão com o sistema mundial de comunicação, etc. No caso da universidade, além de os critérios não poderem ser os mesmos da produção industrial e da prestação de serviços pós-industrial, a peculiaridade e a riqueza da instituição estão justamente na ausência de homogeneidade, pois os seus objetos de trabalho são diferentes e regidos por lógicas, práticas e finalidades diferentes. As avaliações em curso abandonam essa especificidade e, em lugar de valorizar a diferença e a heterogeneidade, as consideram um obstáculo e se propõem a produzir, de qualquer maneira, a homogeneidade.

Algumas possibilidades contra a universidade operacional

Mudemos, agora, nosso foco a fim de propor um conjunto de perguntas que nos auxiliem a enfrentar a universidade operacional. Essas perguntas são de dois tipos: um conjunto de questões se refere à definição da qualidade acadêmica, e um outro conjunto propõe a questão da compatibilidade ou incompatibilidade entre a dimensão humanística e científica e a dimensão política da universidade.

Comecemos pelas questões relativas à qualidade acadêmica:

1) Os professores e pesquisadores têm condições efetivas de trabalho – salários, carreira, infraestrutura de laboratórios? Os estudantes têm condições efetivas de trabalho – salas de aula, equipamentos de laboratórios, bibliotecas, computadores, instrumentos de precisão, veículos para trabalho de campo?

2) Os professores estão mergulhados em atividades administrativas e burocráticas ou dispõem de tempo e recursos para variar os

conteúdos de seus cursos, preparar suas aulas, fazer pesquisas para novos cursos, introduzir novas questões para os alunos? Exigem pesquisas dos estudantes, transmitem os clássicos de sua área, as principais questões e impasses, as inovações mais significativas? Ou prevalece a falta de condições que leva à rotina, repetição, pouca exigência para avaliação dos alunos, pouco conhecimento dos clássicos da área e dos principais problemas e inovações da área?

3) Os cursos são capazes de mesclar e equilibrar informação e formação? Os estudantes são iniciados, por meio do estilo de aula e do método de trabalho do professor, ao estilo acadêmico, ou não? Qual a bibliografia usada? Como o estudante é introduzido ao trabalho de campo e ao laboratório? Como o professor e os alunos enfrentam a precariedade do ensino médio quanto a informações e desconhecimentos de línguas estrangeiras? Que tipos de trabalhos são exigidos dos alunos?

4) O que poderíamos considerar elementos indispensáveis da excelência do trabalho docente? Pensamos que, entre outros aspectos, a docência excelente seria aquela em que o professor:

– apresenta para os estudantes os clássicos, os problemas e as inovações da área;

– varia e atualiza cursos e bibliografias, aproveitando os trabalhos de pesquisa que ele próprio está realizando (para uma tese, um livro ou um artigo);

– apresenta para os estudantes o estilo e as técnicas de trabalho próprios da área;

– informa e forma novos professores ou profissionais não acadêmicos da área;

– força os estudantes ao aprendizado de outras línguas e consegue que os departamentos de línguas lhes ofereçam cursos;

– exige trabalhos escritos e orais contínuos dos estudantes, oferecendo-lhes uma correção explicativa de cada trabalho realizado, de tal modo que cada novo trabalho possa ser melhor do que o anterior graças às correções, observações e sugestões do professor;

– incentiva os diferentes talentos, sugerindo trabalhos que, posteriormente, auxiliarão o estudante a optar por uma área de trabalho acadêmico, ou uma área de pesquisa ou um aspecto da profissão escolhida e que será exercida logo após a graduação.

Em suma, a docência forma novos docentes, incentiva novos pesquisadores e prepara profissionalmente para atividades não acadêmicas.

No caso da pesquisa, também podemos formular um conjunto de indagações sobre a qualidade desse trabalho:

1) Os temas escolhidos são relevantes na área, seja porque enfrentam impasses e dificuldades teóricas e práticas nela existentes, seja porque inovam em métodos e resultados, abrindo caminho para novas pesquisas?

2) O pesquisador conhece as várias alternativas metodológicas e as implicações científicas, políticas e ideológicas de cada uma delas, de modo que, ao escolher a metodologia, o faz com conhecimento de causa?

3) O pesquisador conhece o estado da arte no tema que está pesquisando: as discussões clássicas e as discussões mais recentes sobre o assunto? O pesquisador dispõe de tempo para várias horas seguidas de trabalho? Recebe auxílio financeiro para isso?

4) O orientador estimula caminhos novos para seus orientandos e é cientificamente receptivo a conclusões, mesmo quando estas contrariam resultados e ideias a que ele próprio havia chegado em suas pesquisas? O orientador estimula estágios no estrangeiro, escolhendo os locais onde, de fato, o tema trabalhado pelos orientandos tem sido objeto de pesquisas importantes? O orientador luta para que haja condições de infraestrutura para o trabalho dos orientandos e o seu próprio?

5) O orientador tem clareza da necessidade de diferenciar prazos para seus orientandos em razão do tema por eles escolhido, das diferentes condições de vida e trabalho de cada um, das dificuldades ou facilidades de expressão de cada um deles, da infraestrutura e da bibliografia disponíveis para os diferentes trabalhos?

6) O orientador estimula a formação de pequenos grupos de discussão e de seminários de seus orientandos? Respeita a pesquisa solitária, conforme o tipo de tema ou de personalidade dos orientandos? O orientador não se apropria da pesquisa dos orientandos e não a publica em seu próprio nome? Não explora os orientandos como força de trabalho?

7) A universidade reconhece a importância da pesquisa e cria condições para que ela se realize, se renove e se amplie (bibliotecas, laboratórios, instrumentos e equipamentos, intercâmbios nacionais e internacionais, verbas para publicação de revistas, para editora universitária, para coedições com editoras comerciais, bolsas)?

8) O pesquisador pode contar com o reconhecimento público de seu trabalho, tanto pela publicação quanto pela utilização acadêmica, profissional ou social que dele é ou será feito? O pesquisador pode ter expectativa de reproduzir seu aprendizado e formar novos pesquisadores porque outras universidades do país poderão contratá-lo ou porque sua própria universidade tem uma previsão de ampliação dos quadros? O pesquisador tem clareza da diferença entre pesquisa e consultoria, pesquisa e assessoria?

Indagações como essas podem auxiliar-nos a formular um conceito geral da excelência na pesquisa e encontrar critérios qualitativos para avaliá-la, como:

1) A inovação: seja pelo tema, seja pela metodologia, seja pela descoberta de dificuldades novas, seja por levar a uma reformulação do saber anterior sobre a questão.

2) A durabilidade: a pesquisa não é servil a modismos e seu sentido não terminará quando a moda acadêmica acabar porque não nasceu de uma moda.

3) A obra: a pesquisa não é um fragmento isolado de ideias que não terão sequência, mas cria passos para trabalhos seguintes, do próprio pesquisador ou de outros, sejam seus orientandos, sejam os participantes de mesmo grupo ou setor de pesquisa; há obra quando há continuidade de preocupações e investigações, quando há retomada do trabalho de alguém por um outro, e quando se forma uma tradição de pensamento na área.

4) Dar a pensar: a pesquisa faz com que novas questões conexas, paralelas ou do mesmo campo possam ser pensadas, mesmo que não tenham sido trabalhadas pelo próprio pesquisador; ou que questões já existentes, conexas, paralelas ou do mesmo campo possam ser percebidas de maneira diferente, suscitando um novo trabalho de pensamento por parte de outros pesquisadores.

5) Efeito social, político ou econômico: a pesquisa alcança receptores extra-acadêmicos para os quais o trabalho passa a ser referência de ação, seja porque leva à ideia de pesquisa aplicada, a ser feita por outros agentes, seja porque seus resultados são percebidos como direta ou indiretamente aplicáveis em diferentes tipos de ação.

6) Autonomia: a pesquisa suscita efeitos para além do que pensara ou previra o pesquisador, mas o essencial é que tenha nascido de exigências próprias e internas a ele e ao seu campo de atividades, da necessidade intelectual e científica de pensar sobre um determinado problema, e não por determinação externa (ainda que tenham sido outros sujeitos acadêmicos, sociais, políticos ou econômicos que possam ter despertado no pesquisador a necessidade e o interesse da pesquisa, esta só consegue tornar-se excelente se nascida de uma exigência interna ao pensamento e à ação do próprio pesquisador).

7) Articulação de duas lógicas diferentes, a lógica acadêmica e a lógica histórica (social, econômica, política): a pesquisa inovadora, duradoura, autônoma, que produz uma obra e uma tradição de pensamento e que suscita efeitos na ação de outros sujeitos é aquela que busca responder às questões colocadas pela experiência histórica e para as quais a experiência, como experiência, não possui respostas; em outras palavras, a qualidade de uma pesquisa se mede pela sua capacidade de enfrentar os problemas científicos, humanísticos e filosóficos postos pelas dificuldades da experiência de seu próprio tempo; quanto mais uma pesquisa é reflexão, investigação e resposta ao seu tempo, menos perecível e mais significativa ela é.

8) Articulação entre o universal e o particular: a pesquisa excelente é aquela que, tratando de algo particular, o faz de tal maneira que seu alcance, seu sentido e seus efeitos tendam a ser universalizáveis – quanto menos genérica e quanto mais particular, maior a possibilidade de possuir aspectos ou dimensões universais (por isso, e não para "contagem de pontos", é que poderá vir a ser publicada e conhecida internacionalmente, quando o tempo dessa publicação surgir). Donde a preocupação que os orientadores deveriam ter com o momento em que

os estudantes escolhem um tema de iniciação à pesquisa, que antecipa o futuro mestrado e o futuro doutorado, de modo que o primeiro tema fosse um exercício preparatório para as escolhas seguintes, garantindo, ao final do percurso, um novo pesquisador em condições de realizar novos trabalhos nos quais a articulação entre o particular e o universal se torne perceptível para ele por ter aprendido, na iniciação e no mestrado, a trabalhar sobre o particular com rigor e originalidade.

Esse conjunto de questões nos encaminha, então, para a questão da compatibilidade ou incompatibilidade entre a dimensão acadêmica e a dimensão política da universidade.

Dimensão acadêmica e dimensão política da universidade

A articulação das duas dimensões da universidade, quando feita a partir dela mesma e por sua iniciativa própria, tende a nos oferecer a compatibilidade das duas dimensões, pois a universidade assume explícita e publicamente tal articulação como algo que a define internamente. Ao contrário, porém, quando essa articulação é feita sob o prisma da reprodução sociopolítica e da formação de um grupo social específico – o que chamo de intelectuais orgânicos da classe dominante –, tende a oferecer a face sombria da compatibilidade, pois é tácita, implícita e, muitas vezes, secreta e determinada pela via indireta do modo de subvenção e financiamento das pesquisas.

A compatibilidade das duas dimensões também aparece sob outras duas formas: pelos serviços – isto é, a extensão – que a universidade presta à sociedade sob a orientação do poder político ou em cooperação com ele, e pela cessão de quadros universitários para funções no interior da administração pública. Na medida, porém, em que essas formas de absorção dos quadros científicos e serviços universitários se realizam por iniciativa do Estado, e não por um projeto interno à própria universidade, isto é, não por uma decisão que a universidade tome explicitamente, a percepção da relação entre as duas dimensões tende a diluir-se, aparecendo ou como ação fortuita do Estado ou como carreira individual e pessoal de alguns quadros universitários.

A compatibilidade também aparece internamente à universidade. De fato, por mais seletiva e excludente que seja a universidade, ainda assim, em seu interior, reaparecem as divisões sociais, diferenças políticas e projetos culturais distintos, ou seja, a universidade é uma instituição social e, nessa qualidade, ela exprime em seu interior a realidade social das divisões, das diferenças e dos conflitos. O que é angustiante é o fato de a universidade querer sempre esconder isso e deixar que essas coisas aflorem só em momentos específicos – por exemplo, na eleição de um reitor, na discussão de um estatuto ou numa greve. Por esse motivo, a universidade nunca trabalha os seus próprios conflitos internos. Ela periodicamente opera com eles, mas se recusa, em nome da sua suposta vocação científica, a aceitar aquilo que é a marca do Ocidente: a impossibilidade de separar conhecimento e poder.

No que se refere à incompatibilidade entre a dimensão acadêmica e a política, a primeira entre ambas surge quando examinamos a diferença da temporalidade que rege a docência e a pesquisa e a que rege a política. O tempo da política é o aqui e o agora. O planejamento político, mesmo quando distingue o curto, o médio e o longo prazo, é feito com um calendário completamente diferente do planejamento científico, pois o tempo da ação e o tempo do pensamento são totalmente diferentes. Além disso, a ação política se realiza como tomada de posição e decisão acerca de conflitos, demandas, interesses, privilégios e direitos, devendo realizar-se como resposta à pluralidade de exigências sociais e econômicas simultâneas. A ação política democrática é, ao mesmo tempo, heterônoma e autônoma. Heterônoma, pois a origem da ação encontra-se fora dela, nos grupos e classes sociais que definem suas carências, necessidades, interesses, direitos e opções. Autônoma, pois a origem da decisão política encontra-se nos grupos que detêm o poder e que avaliam, segundo seus próprios critérios, a deliberação e a decisão. De todo modo, porém, a velocidade, a presteza da resposta política e o seu impacto simbólico são fundamentais, e o seu sentido só aparecerá muito tempo depois da ação realizada. Ao contrário, o tempo da docência e da pesquisa segue um outro padrão e uma outra lógica. Os anos de ensino e formação para a transmissão dos conhecimentos, a invenção de novas práticas de ensino, as alterações curriculares exigidas pelas consequências e inovações das pesquisas da área que está sendo ensinada e aprendida, as condições materiais de trabalho, bibliotecas e laboratórios exigem que o tempo da docência se constitua segundo sua lógica e sua necessidade internas específicas. Do lado da pesquisa, a preparação dos pesquisadores, a coleta de dados, as decisões metodológicas, as experiências e verificações, os ensaios e erros, a necessidade de refazer percursos já realizados, o retorno ao ponto zero, a recuperação de pesquisas anteriores nas novas, a mudança de paradigmas de pensamento, a descoberta de novos conceitos feitos em outros campos do saber (não diretamente vinculados ao campo pesquisado, mas com consequências diretas ou indiretas sobre o andamento e as conclusões de pesquisa), a exigência lógica de interrupções periódicas, a necessidade de discutir os passos efetuados e controlá-los, enfim, tudo aquilo que caracteriza a pesquisa científica – sem falarmos aqui nas condições materiais de sua possibilidade, como a inexistência de recursos para prosseguir numa linha que deverá ser abandonada por outra para a qual existam recursos materiais e humanos, além de saber acumulado – faz com que o tempo científico e o tempo político sigam lógicas diferentes e padrões de ação diferentes.

Assim como seria suicídio político pretender agir somente mediante ideias claras, distintas e absolutamente precisas, rigorosas e logicamente verdadeiras, também seria suicídio teórico pretender submeter o tempo da pesquisa ao da velocidade e do imediatismo da ação política. A política parece não ter tempo para adiantar-se aos resultados do seu próprio trabalho. É por isso, aliás, que a política não é uma ciência, embora exista uma ciência política, que não é política propriamente dita (é uma ciência sobre a política, e não da política). Essa diferença das temporalidades leva a supor que a dimensão política da universidade precisa subordinar-se à sua dimensão acadêmica, ou seja, a ação política só pode apropriar-se da pesquisa científica depois que esta estiver consolidada, e não pode impor a ela outro ritmo que não o do pensamento. Isso leva a duas consequências. Em primeiro lugar, a de que os objetivos de uma política podem auxiliar materialmente o tempo da pesquisa, tornando-o mais rápido graças a condições materiais da sua realização; em segundo, que a pesquisa científica pode orientar projetos políticos, na medida em que pode oferecer elementos de elucidação da própria ação política.

A segunda incompatibilidade entre as duas dimensões decorre da natureza da política democrática, fundada na alternância periódica dos ocupantes do poder. Essa alternância, essencial à democracia, significa que, periodicamente, a sociedade pode decidir seja pela continuidade, seja pela descontinuidade das políticas, isto é, de um projeto político ou de um conjunto de políticas públicas. A dimensão humanística e científica da universidade, porém, só pode realizar-se se houver continuidade dos projetos e programas de formação e pesquisa. Evidentemente, uma política não precisa ser exclusivamente a que emana dos órgãos públicos dirigentes do Estado, podendo ter outras origens e finalidades. Nesse caso, a incompatibilidade das duas dimensões pode ser superada desde que a universidade se engaje em políticas de longo prazo que não estejam submetidas ao tempo descontínuo da política estatal.

No Brasil, a terceira incompatibilidade entre as duas dimensões decorre da estrutura de nossa sociedade. A sociedade brasileira é uma sociedade autoritária, oligárquica, hierárquica e vertical, tecida por desigualdades profundas, e gera um sistema institucionalizado de exclusões sociais, políticas e culturais. Isso faz com que dimensão acadêmica tenda a reforçar a exclusão social. E essa exclusão pode ainda ser aumentada se a dimensão política da universidade se mantiver na mesma direção excludente que a sociedade impõe às classes sociais, isto é, favorecendo privilégios oligárquicos e os interesses privados que definem o mercado. No entanto, a verdadeira dimensão política da universidade, se comprometida com a democracia, exige que ela entre em choque com o autoritarismo social, e ela o fará se a dimensão política se propuser a diminuir o sistema de exclusões e, portanto, contestar o caráter excludente atribuído à dimensão humanística e científica. Todavia, como sabemos, a ampliação social da universidade pode não corresponder às condições exigidas para o trabalho de formação e da pesquisa científica. Isso parece nos colocar diante de uma equação perversa, ou seja: a boa realização da dimensão acadêmica é incompatível com a dimensão democrática da universidade e reforça a ideologia de conservação de desigualdades culturais, fundada nas desigualdades sociais e econômicas.

Esse reforço ideológico vem sobretudo da classe média, que vê na universidade simplesmente o diploma para a ascensão social individual. Por não ocupar um lugar definido na divisão social das classes que estabelecem o núcleo do capitalismo, a classe média se vê excluída do poder político (ela não tem o poder de Estado) e do poder social (ela não tem a força dos movimentos sociais dos trabalhadores organizados). Ela procura compensar essa falta de lugar exercendo um poder muito preciso: o poder ideológico. Como sabemos, a classe média tem um sonho e um medo: sonha em se tonar burguesia e tem medo de se proletarizar. Por isso, atualmente, ela se torna o suporte social e político da ideologia neoliberal, individualista e competitiva, que produz o estreitamento do espaço público e o alargamento do espaço privado. A adoção e defesa dessa ideologia leva a classe média a afirmar a incompatibilidade entre as duas dimensões da universidade e a propor que se deixe por conta do mercado a definição das prioridades de formação acadêmica e pesquisa. Essa posição antidemocrática significa a defesa da universidade operacional e da privatização do saber, que entra em choque com uma política de abertura e expansão da universidade como um espaço social de criação e afirmação de direitos e de inclusão.

Eis por que acredito que nossa ação universitária como ação do saber e da política deve ser o combate em todas as frentes contra a universidade operacional e a ideologia conservadora que a sustenta.

PARTE III
Combates

Se houver democracia,
terá sido uma conquista e não uma doação.

A universidade está em crise?[1]

JS: Paulo Duarte[2] afirmou recentemente que a universidade no Brasil, e em particular a USP, foi desmantelada a partir da cassação de seus professores mais combativos e da intimidação ou adesão dos demais. Aponta também um violento rebaixamento do nível do ensino. Essas críticas revelariam de fato a existência de uma crise da universidade?

MC: Eu não gosto muito da palavra "crise" tal como ela costuma ser usada no discurso da direita e da esquerda. Quando se usa essa palavra, normalmente se acredita que há uma organização racional do mundo, em termos causais, que ele é constituído por partes que têm seu lugar determinado, que cada uma preenche uma função e que o mundo é racional por isso. E, de repente, uma parte começa a ter disfunção, outras começam a parar de funcionar, outras funcionam mais do que se esperava, certas causas e certos efeitos parecem se deslocar de suas partes. Então, de repente, parece que o mundo ficou irracional e está em crise. A noção de crise serve na verdade pra você nunca pensar que a racionalidade do mundo é racionalidade da contradição, e é com a contradição que você tem que trabalhar, e não com a harmonia das partes. Bom, então eu não vou dizer que a Universidade de São Paulo

---

[1] Entrevista originalmente publicada em: *Jornal da Semana*, São Paulo, 21 ago. 1977, p. 4. (N. do Org.)

[2] Paulo Duarte (1899-1984) foi jornalista e professor de arqueologia na USP, de 1962 a 1969, quando foi cassado. (N. do Org.)

está em crise. O que há é que estão explodindo certas contradições dentro dela. A história interna da USP, em linhas gerais, é uma história de produção de pensamento liberal e de um certo pensamento de esquerda. Essa produção se realizava tradicionalmente dentro de uma estrutura burocrático-administrativa razoavelmente flexível e elástica. Acontece que isso vem mudando dentro do processo global da sociedade brasileira, e a USP vem sendo amoldada para prestar outro tipo de serviço. Por exemplo: ela tem que ser uma válvula de escape para o descontentamento da pequena burguesia, para o desejo de ascensão da classe média, para a ausência de participação política efetiva de uma série de setores da sociedade.

Então, a maneira de acalmar a pequena burguesia, acalmar a classe média, é lhe oferecendo a chance de ascensão social através da universidade. Então você abre as portas da universidade. No caso das particulares, se você tem uma empresa que vai auferir lucros, então lá a massificação se faz de outra maneira: para responder aos anseios da classe média, é claro, mas evidentemente também para aquisição imediata de capital. A faculdade particular é pra lucro imediato, a universidade pública é pra lucro a longo prazo. Ela vai entrar no processo de reprodução do capital, mas de uma maneira lenta. Então houve a massificação (para responder ao Paulo Duarte), o que é uma contradição perante a estrutura pedagógico-burocrático-administrativa que a USP tinha. Ela tinha uma determinada estrutura interna, de trabalho, de carreira, e há uma exigência social do tipo de população que ela tem de atender (pra que não haja conflitos) e que não está preparada para receber. Uma segunda contradição que há é o fato de que essa organização que a USP tem é uma organização que ela defendeu porque sempre foi autárquica. Acontece que a reforma pela qual ela está passando e que se exprime luminosamente nos novos estatutos (que nós não vamos aceitar) está ligada à proposta de reforma da universidade brasileira decorrente do acordo MEC-USAID. Esse acordo, que foi baseado no Relatório Atcon, tinha três pilares: criar *a universidade para segurança nacional, a universidade para um vínculo com a comunidade* e *a universidade adequada às necessidades nacionais*. Por *segurança* o que se entendia era uma universidade que funcionasse de tal modo que, respondendo aos anseios da classe média, sobretudo, garantisse a ausência de conflitos, ao mesmo tempo que controlasse o trabalho dos estudantes, dos professores e do administrativo graças a toda uma remodelação burocrática da universidade. No tópico *universidade-comunidade*, a ideia era fazer com que a comunidade se fizesse representada pela escola pra que suas necessidades fossem satisfeitas pela escola. A comunidade seria representada através de conselhos mistos com participação de um representante da federação das indústrias, da federação do comércio, em suma, representantes de todos os setores do *patronato* brasileiro. Então o patronato é identificado como o representante das necessidades da comunidade. De tal modo que a escola tem que produzir *mão de obra* para o patronato brasileiro. Isso muda totalmente o teor do que vai ser produzido dentro da escola: ela vai produzir profissionais determinados e vai profissionalizar rapidamente, o que não era função da USP quando foi criada. Quando de sua criação, sua missão era produzir professores para o curso secundário e pesquisadores. Só que ela passou a produzir outra coisa, mas com a estrutura antiga que tinha. Ou seja, o pessoal docente não se conformou com o que estava fazendo. Depois, o item *escola/necessidades nacionais* diz: a universidade no Brasil é elitista, e ela é um luxo. Só deixará de ser um luxo, aparentemente, se o que ela produzir puder ser imediatamente usado pela Nação. Na verdade, o que se queria dizer com isso é que ela deixa de ser um luxo na medida em que produzir profissionais em grande quantidade, isto é, mão de obra farta e barata, se criar um exército de reserva, se criarem profissionais adaptados para aplicar no Brasil uma tecnologia importada.

Para fazer isso era preciso "*limpar*" (!) a Universidade de São Paulo. A USP, como era, não ia aceitar o projeto MEC-USAID. Então limparam. Limparam de todas as maneiras, de modo que todos aqueles que tinham condições de impedir a reforma pelo acordo MEC-USAID fossem mandados embora, com algumas exceções. Aqueles que não "tiveram a cabeça cortada" estavam isolados, sem companheiros, além do que bastava lembrá-los periodicamente do que poderia acontecer, que então eles não fariam nada. Então, pela intimidação dos que ficaram, pela limpeza dos que saíram e pelo uso dos elementos que eles têm lá dentro, a reforma entrou, transformando a graduação num curso secundário mais avançado e a pós-graduação na antiga graduação, eliminando a cátedra e realizando o processo de burocratização interna. Em 1970 o estatuto veio, e não tinha uma VIVA ALMA pra saber que havia um estatuto novo na USP. Com isso explodiu outra contradição, pois o estatuto era o primeiro passo para implantar o projeto MEC-USAID, que propunha que a reforma se fizesse de maneira gradual e paulatina, para não engendrar conflito com a estrutura escolar vigente. Nesse momento a reforma já se realizara. A última coisa que faltava eram os pró-reitores, a pró-reitoria, que está em vias de implantar-se, arrematando o processo. O organograma do Relatório Atcon dizia: é preciso estabelecer uma adequação da universidade à empresa. Por adequação da universidade à empresa se entendia não só esse processo de fornecimento de mão de obra e do conteúdo que essa mão de obra tinha que saber aplicar, mas também o seguinte: a escola, a universidade, deve ser ela mesma *organizada* segundo o *modelo* de organização da empresa. *E portanto ela tem que ser hierarquicamente rígida, inteiramente burocratizada e com controle de todos os seu escalões.* Esse estatuto novo, de agora, é a realização da USP na forma de uma empresa, de alto a baixo, como uma pirâmide burocrática. O reitor tem um conselho de Estado, que são os pró-reitores, designados pelo reitor, e que entram nos vários conselhos universitários. Então, os professores, limitados agora na sua carreira, não elegem mais, também, o seu conselho. Os estatutos da USP são o espelho da organização social e política brasileira. A reitoria exerce controle total, através das pró-reitorias: vão ser controladas quais são as pesquisas que interessam para o Estado, haverá controle integral dos currículos, controle da pedagogia, controle das contratações, controle das verbas, controle absoluto sobre a universidade. Não há autonomia do aluno, nem do professor, nem da pesquisa. Nada. Só que eles imaginavam que estavam em 1970, e o estatuto baixou. E ele está sendo objeto de discussão. É possível que vá ser aprovado, mas tem de ser discutido, rejeitado, e a Associação dos Docentes da USP está preparando uma crítica rasante, item por item, e propondo um estatuto alternativo.

Dentro desse quadro, aquilo que o Paulo Duarte chama de *impotência* dos que sobraram é uma impotência relativa, na medida em que um trabalho muito sério continua a ser efetuado. É claro que tem que ser dado um tempo pra nós, um tempo pra você voltar a respirar, voltar a produzir e voltar a combater. Eu acho que do ano passado pra cá isso está muito claro, e os frutos começam a ser colhidos. Então é verdade quando o Paulo Duarte diz que o nível abaixou. Não há dúvida de que abaixou. Mas precisa levar em conta o que é que abaixou, através de que abaixou, e se há uma produção de boa qualidade saindo de lá. E eu posso garantir que há.

JS: Como entender a questão da "licenciatura curta" dentro desse quadro da política educacional que você está traçando?

MC: A licenciatura curta entra no tópico "adaptar a escola às necessidades nacionais", do acordo MEC-USAID. Então, para ele, a necessidade nacional é o aumento do número de escolas. Com isso, é preciso aumentar também o número de professores. E, para tanto, estimular através de sistema de financiamento a implantação de universidades particulares e escolas de ensino médio particulares, para que o Estado não arque com todas as despesas da implantação de novas universidades A ideia do acordo era a privatização progressiva do ensino. Pretextava-se que era preciso ampliar a escola média para que ela se incumbisse de formar os profissionais, já que, por mais ampliada que seja a "abertura" universitária, ela é um funil que receberá muito pouca gente. E o mercado continua precisando de mão de obra. Para que a escola cumprisse suas funções profissionalizantes, era preciso ter, *muito depressa*, professores. E a proposta então era a de que a universidade formasse professores em um ano e meio, para que o processo de profissionalização da escola média se efetuasse.

Essa é a alegação. Na verdade, o que se quis fazer da escola média foi mudar sua estrutura, pra que fosse criado um tipo de estudante adequado a essa universidade que deve nascer. No lugar de filosofia, psicologia ou sociologia, aparece *educação moral e cívica*. Em vez de história e geografia, *estudos sociais e organização política brasileira*, dada por um só professor (veja a economia que se procura com isso). No lugar de língua portuguesa e literatura, *comunicação e expressão*. E *ciência integrada* no lugar de todas as ciências naturais. E o *profissionalizante*. A ideia fundamental é estabelecer o que eles chamam *estudo dirigido*, que é o sistema do teste com cruzinha, e o *guia curricular*, que é um programa onde se coloca, semana por semana, tudo o que o professor tem que fazer na aula. E isso é nacional. Então você controla a matéria que o professor dá, através do *guia curricular*, e controla o que os estudantes aprendem através da escolha múltipla. Não é brincadeira! Não é brincadeira o que aconteceu no Brasil! É uma coisa fora do comum! A graduação na forma da licenciatura longa deve ser feita por aqueles que querem fazer pós-graduação e que vão ser professores universitários. Para os professores que vão dar aulas na escola primária e escola média, fica só a licenciatura curta em ciências ou em estudos sociais. Portanto eles aprenderão, em um ano e meio, rudimentos "manualescos" que não formam ninguém, e não terão assim condições de formular o seu próprio curso. Eles não têm ideia da bibliografia, dos problemas. NÃO TÊM IDEIA DE ABSOLUTAMENTE NADA. Portanto, esse sujeito precisa do guia curricular pra poder dar aula, e vai dar o curso que o governo mandar. O professor é inteiramente dirigido pelo Estado, sem mediação. A massa de licenciados curtos que sai das "fábricas de professores" que são as faculdades privadas (cujo lucro é descomunal) é enorme. Daí, ocorre que você forma um profissional incompetente como professor e desqualificado profissionalmente, ganhando um salário irrisório, sem contrato. Houve a formação de um monstruoso *exército de reserva* de professores secundários passivos e dóceis, porque não têm condição material nem intelectual pra reagir. Por aí você vê o tipo de aluno que é produzido. E esse aluno sai profissionalizado, o que é uma piada, ou ele vai pra universidade. E é isso que nós recebemos lá, no curso de filosofia, por exemplo; alunos que não sabem falar, escrever, ouvir ou ler. A grande massa escreve textos ininteligíveis, não pelos erros gramaticais, mas porque *não têm sentido*! Não são alunos analfabetos. São intelectualmente *castrados*. É uma coisa realmente sinistra.

Agora, em termos globais você pode perguntar: como vai interessar para o capitalismo a produção desse tipo de profissionais? No caso do capitalismo brasileiro interessa, porque, se você tira o professor, que é pra fazer esse serviço, virão outros profissionais para aplicar tecnologia importada. Você não vai ter uma física, uma química, uma biologia, uma ciência social produzida aqui, você vai ter uma aplicação de modelos. Vai se criar, *sem mais mistificação nenhuma*, uma cultura inteiramente dependente, isto é, de como o Brasil serve aos interesses do capitalismo internacional servindo aos interesses do seu próprio capitalismo. Agora haverá os executivos da cultura. Bom, isso como proposta do alto pra baixo. Precisa saber se a *base está DE ACORDO*. É isso aí. Mas é um malthusianismo intelectual que está sendo praticado. Vende pílula anticoncepcional no INPS e faz licenciatura curta na universidade. Não é muito diferente, não! A proposta é a mesma. Você de acionar fundações existentes para complementar indiretamente as universidades (bibliotecas, laboratórios, bolsas de estudo). Enfim, não seria impossível, por exemplo, que os universitários concluíssem que, com menos verba, porém mais bem gerida pela própria comunidade universitária, parte da subvenção estatal fosse realocada para setores como os de assistência ao menor abandonado.

No entanto, o que seria necessário para que tais ideias pudessem ser discutidas e efetivadas? Que a sociedade brasileira, em geral, e as comunidades educativas (universitárias, de primeiro e segundo graus) pudessem participar das decisões acerca da política educacional e de suas verbas, interferindo no Estado Administrativo. Ora, a sociedade e as comunidades educativas encontram-se inteiramente alijadas de toda discussão e decisão, cabendo-lhes, quando muito, engolir medidas irresponsáveis e descabidas na esfera educacional. Quem, neste país, discutiu e decidiu sobre as reformas do ensino, senão o grupúsculo do Conselho Federal de Educação? Quem, neste país, pôde controlar o surgimento desenfreado das escolas-empresas, fábricas escandalosas de títulos e diplomas a alto preço? Quem, neste país, poderá garantir que as verbas destinadas às universidades, ao serem suspensas, irão beneficiar os setores de saúde ou de habitação, em lugar de serem desviadas para usinas nucleares, construções de novas capitais ou de rodovias para servir empresas determinadas? Depois dos contratos de risco, da compra da Light e do "caso Vale",[4] como poderia o Estado esperar que os universitários ficassem de braços cruzados diante da possibilidade da destruição do ensino pela malversação dos dinheiros públicos? Quando, neste país, as comunidades universitárias tiveram pleno acesso aos orçamentos universitários, à distribuição das verbas recebidas no interior da própria universidade?

Alegações de todo calibre impedem, dentro das universidades, o acesso aos dados, a discussão dos orçamentos e decisões coletivas por partes de professores, funcionários e estudantes sobre a gestão universitária. A universidade reproduz, em pequeno, a situação geral da

---

[4] Todos escândalos em evidência naquele momento, envolvendo contratos de risco com companhias estrangeiras para exploração de petróleo, a venda de ações da Companhia Vale do Rio Doce, a estatização da Light Serviços de Eletricidade. (N. do Org.)

uma defesa, confundisse *habeas corpus* e *Corpus Christi*. Além disso, o Sr. Azevedo parece desconhecer alguns detalhes relevantes do modelo universitário norte-americano, tais como: 1) Sendo o sistema político norte-americano efetivamente federativo, o Estado, enquanto órgão federal, não subvenciona as universidades, mas, em contrapartida, a autonomia estadual faz com que haja subvenções estaduais diretas ou indiretas (bibliotecas, laboratórios, bolsas, refeitórios, alojamentos) para as universidades. 2) Centros avançados de pesquisa, como o MIT, recebem subvenção federal. 3) Caiu vertiginosamente o número de estudantes da New York City University após a retirada da subvenção estatal, pois Nova York (como Paris, Londres e São Paulo) é metrópole que recebe estudantes estrangeiros e do restante do país, filhos de imigrantes e de migrantes. Não é este, porém, o ponto.

Embora seja lugar-comum do "nacionalismo comum e pragmático" a ideia de que o que é bom para a General Motors é bom para o Brasil, a questão do ensino pago não se coloca no contexto de ideologias nacionalistas. A questão é bem outra. Apesar de ser característico de todo regime capitalista o fato de que o Estado Representativo (a dimensão pública do consenso e da legitimidade) seja dublado e dirigido pelo Estado Administrativo (secreto, vertical, de legalidade resultante apenas do exercício de fato do poder), também é verdade que, nas democracias liberais, o Estado Representativo permite à sociedade controlar, acatar ou vetar medidas do Estado Administrativo. Ora, não é esse o caso brasileiro. Não vamos nos alongar sobre a natureza sobejamente conhecida do Estado brasileiro. Salta aos olhos que, não havendo sequer o Estado Representativo neste país, não há a menor possibilidade de interferência social sobre o Estado Administrativo.

A que vêm tais considerações? Ao seguinte fato: não seria impossível criar-se um consenso social acerca das subvenções estatais para as universidades, no sentido de uma distribuição mais equitativa de verbas para a educação, de sorte que professores e estudantes do primeiro e segundo graus fossem beneficiados (sem necessidade de greves que culminam em prisões e perdas de cargos); também não seria de todo impossível um consenso social acerca das prioridades educacionais relacionadas com os alarmantes problemas da saúde pública e da moradia, como seria inviável um consenso sobre a necessidade

Educação em país pobre[1]

Não iremos aqui nos referir à situação da universidade brasileira. Artigos publicados nesta *Folha*, como os dos professores Miguel Reale, Reginaldo Prandi e André Franco Montoro,[2] entre outros, deixaram o assunto bastante claro para que não seja preciso retomá-lo. Queremos, porém, tecer algumas considerações em torno do artigo "Educação em país rico" (*Folha*, 1º jun. 1980),[3] do Sr. José Carlos Azevedo, oficial de reserva da Marinha e dirigente, ao que tudo indica, vitalício da Universidade de Brasília.

Quem leu o artigo do referido senhor (em repúdio ao ensino universitário gratuito) imaginaria que estudantes e professores do país lutam pela implantação do modelo universitário norte-americano no Brasil. Ora, como não é o caso, o artigo do Sr. Azevedo soa como alguém que, diante do repúdio social pelas usinas nucleares, proferisse um discurso sobre as desvantagens do modelo marciano em relação ao de Júpiter. Ou como o de um advogado novato que, no calor de

---

[1] Originalmente publicado em: *Folha de S. Paulo*, São Paulo, 8 jun. 1980, Primeiro caderno, p. 3. (N. do Org.)

[2] Cf. os seguintes artigos, todos publicados na *Folha de S. Paulo*: REALE, "A 'crise' da USP (1)", 23 maio 1980, e "A 'crise' da USP (2)", 29 maio 1980; PRANDI, "A USP e o ensino de pós-graduação", 27 mar. 1980; MONTORO, "Ensino pago ou imposto progressivo?", 18 mar. 1980. (N. do Org.)

[3] O mesmo artigo voltará a ser objeto de análise em "Educação, simplesmente", à frente. (N. do Org.)

não deixa crescer a população e não deixa crescer os intelectuais. Quer dizer, em vez de você ter uma lei do aborto decente e uma liberação sexual, distribui pílula. Houve um episódio fantástico em Goiás. A USAID mandava leite em pó pro Brasil, mas se esqueceu de distribuir uma remessa. Ela ficou num convento e o leite envelheceu. Então as freiras disseram: "Vamos fazer alguma coisa com esse leite". Era um leite bom... Então as freiras deram o leite para uma criação de porcos e ovelhas do convento. Esterilizou tudo.

JS: De que modo a universidade responde às imposições?

MC: Quanto a isso, é preciso mencionar duas coisas muito importantes. Uma é o renascimento da Associação dos Docentes da USP, que se deu através de uma campanha eleitoral democrática. A proposta é que ela seja feita pela base: em nenhum momento sua diretoria e seu conselho coincidirão com a direção da universidade. A Adusp está preparando uma crítica rasante do estatuto que foi proposto e formulando um estatuto alternativo extremamente democrático. Outra coisa importantíssima é a organização dos estudantes. Com todos seus altos e baixos, seus momentos de doença infantil, na verdade eu concordo inteiramente com o Paulo Duarte em que, não que eles sejam a única coisa boa que existe na universidade, mas que o que faz valer a pena ficar na USP são seus estudantes.

sociedade brasileira, que executa ordens despachadas em pacotes, sem jamais intervir na discussão e na decisão dos processos econômicos, sociais e políticos. Não vamos longe. Pensemos, simplesmente, no fato de que os reitores das universidades são escolhidos pela Presidência da República (no caso das universidades federais) e pelos governadores (no caso das universidades estaduais). Não lhes cabendo sequer decidir quanto aos seus dirigentes, as universidades se encontram inteiramente nas mãos e à mercê do Estado, que, agora, pretende furtar-se ao custeio daquilo que deseja manter sob seu controle.

É preciso acabar com a demagogia de que só rico usa a universidade pública. Não se trata, aqui, de responder a isso alegando números que provem o contrário, nem de enfatizar o papel da pesquisa de alto nível para o desenvolvimento do país. Trata-se, apenas, de devolver ao Estado os frutos de sua própria política econômica e social. Quem foi responsável pela situação atual da classe média brasileira (pois é ela o "rico" da escola pública)? Quem fez "milagres" que permitissem, de um lado, a escandalosa concentração da riqueza e, de outro, compensações consumistas para a classe média, dando-lhe expectativas de comprar automóvel e diploma, satisfazendo seu desejo de ascensão social? Quem semeia ventos colhe tempestades. Embora não morramos de amores pela classe média, convenhamos, no entanto, que ela já paga pelo ensino público: não paga impostos?

A que vem o ensino universitário pago? Além de nos obrigar a permanecer na ignorância quanto ao destino das verbas que serão roubadas da educação, além de nos obrigar a conviver com direções que não foram por nós escolhidas, o Estado, irresponsavelmente, deixará nas mãos de empresas privadas a gestão econômica e cultural das universidades. Seria ingênuo, nos dias que correm, defender uma universidade desvinculada das exigências de mercado, pois ambas se determinam reciprocamente. Todavia, é bastante diverso um trabalho universitário que tenha como alvo ensino e pesquisa (interessados, mas cujo interesse a própria comunidade universitária define) e uma universidade teleguiada diretamente por necessidades empresariais. A ambiguidade do par "universidade/serviço à sociedade" tem sido profícua, pois deixa uma brecha para que os universitários decidam qual o serviço que querem prestar e a quem, na sociedade brasileira, ele se destina. A desaparição do ensino gratuito significará o desaparecimento daquela ambiguidade e a predeterminação do trabalho universitário pelas empresas "protetoras".

Impondo os dirigentes universitários e instituindo o ensino pago, o Estado intervém de modo absoluto no coração das universidades, deixando entrever que a muitos desses "reitores" interessa (direta ou indiretamente) que o Estado os imponha e as empresas os subvencionem. Em país (de povo) pobre como o Brasil, é assim que (o mandante) se faz.

Educação, simplesmente[1]

Lendo o artigo, publicado nesta *Folha* de 22 de junho, "Educação em país rico",[2] foi possível, enfim, compreender por que alguns insistem em traçar um paralelo entre a universidade brasileira e a norte-americana. Ao saber que Reagan,[3] o canastrão-candidato à presidência dos Estados Unidos, quando governador da Califórnia demitiu reitores e professores por razões ideológicas, a comparação com o Brasil tornou-se insofismável. Que isso sirva de lição aos incautos que andam apostando na democracia liberal a ser brevemente inaugurada no País.

Nos debates sobre o ensino pago tem imperado o desejo de "cientificidade", isto é, os números. Pretende-se, com eles, apelar para uma neutralidade numérica, que jamais é neutra, e fazer de uma abstração o índice da objetividade. No Brasil, o uso de números tem agravantes: além de serem abstratos e de não serem neutros, aqui eles não costumam ser muito rigorosos. Quem não se lembra dos números de 1973 sobre a inflação, ou dos de 1979 sobre a pólio? Ou dos que indicam erradicação da malária quando centenas de pessoas estão morrendo desse mal no centro do País, ou dos do Banco Nacional da

---

[1] Originalmente publicado em: *Folha de S. Paulo*, São Paulo, 29 jun. 1980, Primeiro Caderno, p. 3. (N. do Org.)

[2] O artigo, de José Carlos Azevedo, reitor da Universidade de Brasília, já fora objeto de análise no texto "Educação em país pobre", anteriormente. (N. do Org.)

[3] Ronald Reagan (1911-2004) foi presidente dos EUA entre 1981 e 1989.

Habitação (BNH) fazendo supor que as favelas se acabaram? Não há, pois, motivo algum para crermos em números no tocante à educação, nem para enveredarmos por um caminho tão desmoralizado entre nós.

Se a questão do ensino gratuito concerne à despesa pública, por que não transferir para a educação, por exemplo, recursos despendidos a mancheias no setor de informação? Se, como muitos alegam, uma das tarefas prioritárias da educação é impedir que crianças e jovens caiam na criminalidade, por que não transferir para as escolas recursos gastos nos "aparelhos da ordem", de modo a prevenir o crime em vez de remediá-lo? Mas todos sabem que não há relação causal direta entre crime e escolaridade. Afinal, os assassinos de Araceli e os de Cláudia Lessin não são trombadinhas analfabetos. Nem os de Manoel Fiel Filho. Não é o analfabetismo a causa da ação dos flagelados pela seca no Nordeste. Nem foi a ausência de escolas a causa das mortes em Conceição do Araguaia.[4] A violência não é violação de leis, mas toda ação que reduza um sujeito à condição de coisa. Ela vem do alto. Muitas vezes da própria lei.

Argumentos rápidos nem sempre são pertinentes. E a rapidez tem sido a tônica de muito texto em defesa do ensino pago. Assim, quando defensores do ensino pago, como o reitor de Brasília, estabelecem uma relação imediata entre gratuidade do ensino, estatização e totalitarismo, precisariam, pelo menos, definir o que entendem por Estado. Se, por Estado, entende-se a centralização e a concentração do poder, a burocratização e a verticalidade da autoridade definida por postos e cargos, o reforço dos órgãos executivos e dos mecanismos

---

[4] Em maio de 1973, Araceli Cabrera Sánchez Crespo, de oito anos, foi raptada ao sair do colégio em que estudava em Vitória. Seis dias depois seu corpo foi encontrado desfigurado por ácido e com marcas de violência sexual. As investigações sugeriram o envolvimento de um grupo composto por membros da alta sociedade capixaba, oficiais da PM, médicos, enfermeiros, mas ninguém chegou a ser condenado em definitivo. Cláudia Lessin Rodrigues foi assassinada em julho de 1977, aos 21 anos. Os dois acusados eram milionários que frequentavam a alta sociedade carioca. Um foi condenado por ocultação de cadáver, outro, com dupla nacionalidade, refugiou-se na Suíça. O operário Manoel Fiel Filho foi preso em janeiro de 1976, acusado de vínculo com o PCB, e morreu nas dependências do DOI-CODI, em São Paulo. A versão oficial é que se suicidou usando as próprias meias. Por fim, referência aos assassinatos cometidos pelo Exército quando do desmantelamento da guerrilha do Araguaia; em regra, os guerrilheiros eram presos, interrogados e executados. (N. do Org.)

de repressão ou o controle sociopolítico e cultural, a participação direta na acumulação e reprodução do capital, a separação radical entre dirigentes e executantes, a identificação entre sociedade, partido e Estado, então estatização e totalitarismo podem caminhar juntos. Mas isso significa, ainda, que todo reforço social e político do Estado que aí está vai na mesma direção, pois totalitarismo não é apenas sinônimo de stalinismo, mas também de fascismo. Por outro lado, quando alguns, como o reitor de Brasília, estabelecem uma relação direta entre ensino pago, liberdade e democracia, certamente queimam etapas no raciocínio. O ensino pago apenas define a educação como mercadoria e o mercado da compra e venda do trabalho educativo sob a forma da livre-concorrência. O que tais determinações econômicas têm a ver com liberdade e democracia é o que fica por demonstrar.

Quando, em tom solene, muitos convocam a Nação para, numa corrente pra frente, aceitar unida essa hora de esforço e sacrifício, parecem esquecer-se de que convocam toda a sociedade brasileira a assumir responsabilidades pelos desastres da política econômica e social dos mandantes. Convocar a sociedade toda para gerir crises provocadas por uma parte que nada irá sacrificar é impor uma tarefa coletiva sem consultar os interessados. Como de costume, aliás.

Falar em reforma do ensino no Brasil é triste eufemismo. As decisões sobre educação têm sido da alçada do Ministério do Planejamento, do qual o Ministério da Educação, como os outros, é apenas dócil executante de ordens. Embora a forma e o conteúdo do ensino tenham sido responsabilidade do MEC, as linhas-mestras da educação foram traçadas pelo Planejamento. Quando se leem decretos, portarias e leis educacionais, tem-se a impressão de ler planos empresariais, pois os textos são vazados num vocabulário feito de termos como "demanda", "investimento", "rendimento", "produtividade", "eficácia", "*input*", "*output*" etc.

No caso das universidades, por exemplo, a reforma impôs a departamentalização, cuja finalidade é reunir num mesmo espaço e tempo o maior número de alunos para um único curso, diminuindo as despesas materiais (do giz à contratação de docentes) e facilitando o controle administrativo (entenda-se econômico e ideológico). A introdução das matrículas por disciplina faz com que o estudante componha seu currículo matriculando-se em disciplinas obrigatórias e optativas, porém o que é obrigatório para um aluno é optativo para outro, de sorte que um mesmo professor, num mesmo espaço e num mesmo tempo, atenderá a maior número de alunos, eliminando a necessidade de ampliar o corpo docente e sem que se indague qual será a qualidade de um curso ministrado em tais condições, às vezes quase circenses. O curso básico foi introduzido com a capacidade de aproveitar a "capacidade ociosa" de certos cursos, isto é, reunir estudantes daqueles pouco procurados com outros dos muito requisitados, deixando-os a cargo de um único professor. Com isso, não só foi barateada a mão de obra docente (em geral, o básico é ministrado pelos jovens professores assistentes que preparam teses, cumprem créditos em cursos de pós-graduação e que, na USP, recebem ordenado correspondente a tempo parcial – Cr$ 10 mil[5] –, embora sua carga de trabalho se equipare à do regime de tempo integral), como ainda se criou o "vestibular interno", que suscita menos celeuma e rebelião estudantil que o "vestibular externo", do passado. O básico permite controlar gastos e insatisfações. A unificação do vestibular e o sistema de classificação garantem o preenchimento de vagas em escolas pouco procuradas, o que, forçando o aluno à opção, o levam a matricular-se em escolas privadas que, sem esse recurso, não seriam procuradas. Básico e vestibular criam o "mercado unificado da educação universitária".

A fragmentação da graduação e as licenciaturas curtas visam a, por um lado, atender às "demandas" estudantis, mas, por outro lado, manter os estudantes por pouco tempo nas escolas, diminuindo os gastos do Estado e transferindo para o mercado da compra e venda de graduados as tensões sociais. A pós-graduação, restabelecendo a verticalidade do ensino universitário, tem como finalidade aparente criar docentes de alto nível e mão de obra altamente qualificada para as burocracias estatais e empresariais. Na verdade, ela restabelece o caráter discriminatório do ensino e a discriminação social em geral, pois a titulação não só comanda a carreira universitária e a estrutura de poder dentro das universidades mas também confere, além do prestígio simbólico, a oportunidade de melhores empregos para os que tiveram tempo e dinheiro para a titulação, lançando o graduado à condição de degradado ou de peão universitário. É por essa estrutura do ensino que as pessoas deverão pagar, a fim de receber uma educação livre e democrática.

---

[5] Para uma estimativa, a cotação média do dólar americano em junho de 1980 era de Cr$ 52,32; portanto, Cr$ 10.000,00 equivaliam a US$ 191,13. (N. do Org.)

Não cabe aqui analisar a situação do primeiro e do segundo grau, mais alarmante. Interessa-nos simplesmente avaliar o sentido geral da reforma do ensino. A escola sempre foi o local privilegiado para a reprodução da ideologia dominante, das estruturas de classe e das relações de poder. Agora, porém, com a entrada do Brasil no "concerto das nações civilizadas", a educação é tomada fundamentalmente pelo seu aspecto econômico imediato, sendo a função da escola reproduzir a força de trabalho. Se, no passado, a educação era luxo e bem de consumo das elites e da alta classe média necessária ao regime, hoje ela é encarada imediatamente como capital, produção e investimento que deve gerar lucro social. Como se legitimou esse novo sentido da educação perante a sociedade brasileira? Em primeiro lugar, pela afirmação de que o crescimento escolar bruto é em si uma forma de democratização sem que se pergunte qual escola, para quem e para quê. Em segundo lugar, pela afirmação de que a educação é fator de desenvolvimento econômico da Nação, beneficiando a todos a longo prazo, ainda que, com sacrifício de alguns, a curto prazo. Pondo a Nação como beneficiária, todos aqueles que criticarem os projetos educacionais, denunciando seu caráter não cultural e não democrático, aparecem como gongóricos inimigos da Nação. Em terceiro lugar, pela afirmação de que um país moderno deve racionalizar a educação, escondendo, porém, o verdadeiro sentido dessa racionalidade, qual seja, reproduzir as relações de classe pela mediação da estrutura ocupacional definida pela escolarização. A reforma do ensino deixa patente que a educação não é encarada sequer como criação e produção de cultura, mas como investimento "racional" para preparar o educando para o trabalho, isto é, torná-lo o mais produtível possível para a empresa que irá contratá-lo. E como a empresa não pode aparecer como o beneficiado, inventa-se que o benefício é da Nação.

Se, do lado dos que clamam por mais verbas para a educação, é preciso, primeiro, que indaguem "qual educação?", do lado dos que defendem o ensino pago como fator de democratização é preciso, primeiro, que esclareçam "qual democracia?". Incautos uns, cínicos outros, todos nós silenciamos a discussão sobre o significado cultural da educação e sobre a reprodução das relações sociais através do ensino e da pesquisa. Esse silêncio é a "crise da Universidade".

Uma finalidade ideológica muito precisa[1]

Eu acho que existem várias possibilidades de se ter uma visão antidemocrática da cultura, da educação. A mais convencional é aquela onde cultura e educação são privilégio de classe. Mas existe uma forma muito mais insidiosa, muito mais sutil, muito mais perigosa de reabilitar a antidemocracia através da educação e da cultura, que consiste na vulgarização do saber, no uso do produto cultural na sua forma mais degradada.

---

[1] Ao início de setembro de 1980, a Associação Nacional dos Professores Universitários de História (Anpuh) denunciou o trâmite no Conselho Federal de Educação (CFE) de um projeto de resolução, já com parecer favorável, para a criação do curso superior de Estudos Sociais, cujo diploma habilitaria para o ensino de história, geografia, educação moral e cívica, organização social e política do Brasil. A reação contrária da comunidade acadêmica foi imediata. Em 13 de outubro a *Folha de S. Paulo* organizou um debate com o tema geral "Estudos Sociais", sob coordenação de Carlos Guilherme Mota, professor do Departamento de História da USP e membro do conselho editorial do periódico. Do encontro participaram: Paulo Natanael Pereira de Souza (conselheiro do CFE e autor de um estudo favorável à criação do curso), Maria de Lourdes Mariotto Haldar (presidente do Conselho Estadual de Educação/SP), Manuel Seabra (Associação dos Geógrafos Brasileiros), Maria de Lourdes Janotti (Departamento de História da USP), Maria Nilde Mascellani (Faculdade de Educação da USP), Zilda Marcia Grícoli Iokoi (professora do segundo grau) e Marilena Chaui. Uma sinopse do debate foi publicada, com o título "Natanael explica projeto e docentes criticam", em 2 nov. 1980, Terceiro caderno, p. 26-27. Daí extraímos a intervenção de Chaui, adotando o título proposto pelo jornal. (N. do Org.)

Neste país, além de se impedir o acesso à produção do saber, impede-se também o acesso mínimo à informação. O que se tem é um conteúdo absolutamente banal, mas com uma finalidade ideológica muito precisa. A história que se ensina é a história do vencedor; a geografia que se ensina não tem nada a ver com a estratégia de guerra da qual nós sabemos que ela nasceu. A filosofia é abolida e em seu lugar está a educação moral e cívica. Organização social e política do Brasil é um conceito, indica uma determinada posição teórica e política com retaliação ao social. A ideia do social a partir não da divisão, não da luta, não da diferença, mas a partir da organização. Portanto, a partir da ideia de harmonia. É toda assim a Educação brasileira.

Por outro lado, fomos inundados por duas grandes místicas. A primeira é a mística da segurança nacional. A lei está o tempo todo vinculada ao conceito de segurança nacional. Isso informa a ideia do curso primário, do curso do primeiro grau, do segundo grau e da universidade. O resultado, no plano imediato, é, por exemplo, no caso da universidade, a triagem ideológica.

No plano mediato, está a mística da modernização, uma visão produtivista da educação, cujo fim é a ideia de eficácia e de rendimento, cujo conteúdo nunca é definido. Não porque não tenha definição, mas porque não pode ser definido. Se se definir o conteúdo da rentabilidade, da produtividade, da eficácia que se espera da educação, é óbvio que o que se espera é o exercício de dominação de classe, através dela. O que se espera é mão de obra competente para o mercado de trabalho.

É por isso que é totalmente irrelevante discutirmos a distinção, aparentemente fundada, do educador, do pesquisador, do estudioso, do cientista, do divulgador, porque qualquer uma dessas categorias, hoje, no Brasil sob o mito da modernização da Educação, está subordinada à ideia de formar rapidamente mão de obra.

Formar rapidamente mão de obra significa informar pessimamente, não formar, não qualificar, simplesmente dar elementos mínimos para o aproveitamento dócil, por parte do mercado.

Existe, portanto, uma visão que explica por que é que a lei que produz a cultura, que produz a educação, que produz currículo, por que é que o parecer vai nessa direção, por que é que a diretriz vai não sei pra onde, por que é em gabinete que se decide. É que a ideia que está por trás dessa concepção é a ideia contemporânea, ligada à mística da modernização, que é a ideia de administração.

Administrar significa simplesmente três coisas: 1) Posse de um conjunto de princípios formais, gerais, vazios, abstratos, aplicáveis a qualquer realidade que por definição se torna administrável. 2) Separação radical e absoluta entre decisão e execução. 3) Hierarquização burocrática, que nos escalona por carreira, por grau, por posto. Essa é a ideia moderna de organização. E nós estamos com uma educação organizada, uma cultura organizada e com uma organização ministrada até como disciplina na escola. Esses elementos fazem com que a nossa discussão tenha que ser no sentido de bloquear as leis. Porque o que nos resta, como capacidade de pressão, é bloquear as leis.

Qual a função da universidade?[1]

A função da universidade liberal sempre foi a de reproduzir a ideologia dominante e de oferecer a imagem de igualdade social através da igualdade de oportunidades (educacionais e profissionais) que contrabalançasse a realidade das desigualdades e exclusões sociopolíticas, de origem econômica. Determinada pelo Estado e pela empresa, a chamada universidade "moderna" possui funções diferentes das tradicionais: fornecer burocratas para o Estado, tecnocratas para as empresas e professores pesquisadores para a perpetuação universitária. Embora nos chamados países desenvolvidos todas essas funções tenham sido contestadas e demolidas no correr dos anos 1960, criando a chamada "crise da universidade", no Brasil ainda não estamos a braços com tais problemas, apesar do número crescente de desempregados diplomados. Bem ou mal, nossa universidade preenche as funções mencionadas e seu núcleo não é o MEC, mas o Ministério do Planejamento, pois seu caráter empresarial (como forma da organização universitária) e econômico tornou-se plenamente visível. Para cumprir com eficácia e rendimento suas tarefas, foi submetida à "modernização", isto é, à fragmentação das atividades (didáticas, administrativas e de pesquisa) e

---

[1] Originalmente publicado em: *Leia Livros*, São Paulo, 15 jul.-14. ago. 1981, p. 14. Trata-se de resposta a uma enquete da revista que pôs a mesma pergunta a vários intelectuais; retomado, com o título "Qual a função da universidade de hoje?", em: *Folha do Aeroporto*, São Paulo, out. 1983.

à unificação vertical de todas elas pela burocratização. Desprestigiada como centro pedagógico e de pesquisa, possui a função de um colegial avançado e de um prolongamento sofisticado dos meios de comunicação de massa, colorindo de "democratismo" a banalização rápida das ideias. É autoritária, dispersiva e passiva. Não creio que modificações sociais e políticas de envergadura possam nascer da universidade, mas acredito que nela é possível movimentar certas contradições cujo alcance, a longo prazo, pode ser de alguma importância: recusar o mito da modernização (portanto, da fragmentação do trabalho intelectual, da unificação burocrática das atividades, do desrespeito à pesquisa e ao trabalho pedagógico); recusar a reprodução da ótica dominante sobre a sociedade e a política (seja na luta pela escola gratuita, no interesse pela "história dos vencidos", na crítica contínua do lugar atribuído aos intelectuais); empenhar-se em experiências democráticas (seja nas associações docentes, de funcionários e do movimento estudantil). Creio que, se não voltarmos a cair no logro de falsas dicotomias (populismo *versus* elitismo, nacionalismo *versus* entreguismo ou "dependência", humanismo *versus* tecnocracia), os universitários, na prática diária e no saber que tentam produzir, podem contestar a função que o Estado e a empresa deram à escola nos últimos vinte anos. A modificação das relações entre professores e estudantes e de todos entre si, assim como a clara percepção do tipo de conhecimento e de cumplicidade que nos são cotidianamente solicitados podem ser uma tarefa modesta, mas a história não se faz necessariamente apenas com grandes gestos.

A universidade em linha de montagem[1]

SF: Poderíamos começar pelos sintomas da crise universitária. Por exemplo, como você vê a questão do emburrecimento da universidade?

MC: Vamos tomar como referência dos sinais da crise três aspectos. Primeiro: a situação em que os estudantes chegam à universidade depois de terem passado por um segundo grau que montou um esquema pedagógico simplificador, pobre com relação ao mundo da cultura, desvinculado de uma visão mais global da realidade brasileira com uma diminuição enorme da área de "humanas", de tal modo que você encontra no primeiro ano de faculdade, em qualquer das áreas, um estudante que aprendeu a consumir de maneira rápida um grande número de informações sem que o sentido dessas informações também tivesse sido dado.

SF: E os professores?

MC: É o seguinte ponto: os professores trabalham em obediência a currículo, horários, formas de avaliação, número de classes, número de alunos por classe – sem que esses professores possam opinar e decidir sobre tais assuntos. Então o trabalho pedagógico se torna uma rotina quase intolerável. Esse professor, que pode e deve ser pesquisador, tem a sua pesquisa controlada por algo exterior à pesquisa e que é a exigência burocrática da carreira. Tem prazos para ir galgando os graus

---

[1] Entrevista realizada por Severino Francisco, originalmente publicada em: *Correio Braziliense*, Brasília, 6 dez. 1981, p. 8. (N. do Org.)

da carreira como forma de se manter na universidade. Em vez de a carreira depender das pesquisas, estas é que dependem da carreira. Daí o empobrecimento do trabalho teórico, a mediocridade qualitativa diretamente proporcional à riqueza quantitativa desse currículo. Você tem um trabalho inteiramente controlado por itens burocráticos de tal modo que ensinar e aprender deixam de ser uma arte na relação efetiva entre as pessoas e a cultura. O resultado é rotinização pedagógica.

SF: Parece que os mínimos movimentos das pessoas dentro das universidades é programado por computadores...

MC: A universidade virou linha de montagem, está estruturada como uma fábrica. Estamos apertando parafuso, muitas vezes sem saber. Ela é uma universidade-empresa na medida em que a universidade fornece mão de obra técnica e qualificada para a empresa. A relação mais profunda da universidade com a empresa está na sua estruturação: a administração burocrática decide e controla a produção universitária. Além disso a área de execução – a área docente – está desvinculada da decisão. A universidade tem a burocracia como meio, o rendimento ou a produtividade como fim, e o mercado de trabalho como condição.

SF: Essa forma de estruturação pressupõe dois mitos: o da "modernização" e o da "racionalização". Você poderia falar sobre eles?

MC: O pressuposto é de que a universidade é moderna, e porque é moderna é racional. E é racional porque rende. Quando você analisa essa suposta racionalidade, você vai ver que ela é racional e irracional. É racional na medida em que realiza uma separação entre a decisão e a execução, excluindo da gestão universitária os próprios professores. Como estrutura de poder ela é racional, mas como espaço de produção cultural ela é irracional. Ela é irracional porque, ao rotinizar a pedagogia e a pesquisa, ela é no máximo – quando consegue – repetitiva, reiterativa, sem criatividade nenhuma. Portanto, que rendimento cultural é esse?

SF: Como você analisa a universidade, nos últimos tempos, em termos de modelo?

MC: Eu diria que nós passamos de uma universidade que tinha uma proposta liberal – mais voltada para a formação de professores e intelectuais para o aparelho de Estado – para uma universidade-empresa. Depois de 1964, tivemos a universidade, por um lado, claramente vinculada ao mercado, preocupada com um tipo de pesquisa que fosse de aplicação muito imediata na área das ciências exatas, pouquíssimo preocupada com a sociedade brasileira no seu conjunto e, internamente, centralizada, com uma hierarquia rígida e um poder burocrático interferindo de ponta a ponta no trabalho universitário. Ela está administrada por cúpulas que têm uma relação mínima com a própria universidade.

SF: Sinteticamente, você poderia dizer quais são os fundamentos ideológicos desses dois modelos de universidade?

MC: Digamos o seguinte: na perspectiva liberal, a concepção de universidade como formação de elites culturais estava ligada a duas ideias iluministas: a primeira é a existência de uma razão, que tinha como portadores alguns homens que cuja função social era criar o espaço público como espaço de opinião pública – que fosse uma educação política das massas. E o pressuposto, portanto, era o de que as massas eram irracionais e carentes de luzes. O segundo é o de que essas luzes possuídas por alguns não seriam igualmente distribuídas a todos mas somente àquela parte das massas: os cidadãos ativos que são os proprietários. Os trabalhadores estavam duplamente excluídos da razão. A perspectiva atual conserva esses dois traços do liberalismo iluminista. Só que acrescido de um terceiro termo que permite restringir a elite e a criação das luzes ao menor número possível de pessoas. E esse elemento da razão é entendido como razão tecnológica.

SF: Que radiografia você faria dessa crise e da reação a ela?

MC: Ela é uma manifestação do pior – a crise econômica – e do melhor – a liberalização do regime político, que implicou visibilidade maior dos movimentos sociais. Mas como essa liberalização está na dependência da crise econômica, você tem um jogo incerto o tempo todo. Acho que os universitários perceberam três coisas principais. Primeiro: a total falta de autonomia intelectual e pedagógica da universidade. Segundo: a total falta de autonomia da universidade nas decisões econômicas – ninguém sabe de que ordem são os orçamentos. Terceiro: a total falta de autonomia de uma política cultural que nascesse de um projeto ou de vários projetos das próprias universidades. Em suma: o que os universitários descobriram foi a ausência de liberdade de pensamento e de expressão, não daquela forma que existia anteriormente, que era a de triagem ideológica, mas na forma profunda em que há falta de liberdade. Por outro lado, penso que o reconhecimento, por parte do MEC, do fracasso da reforma geral do ensino no Brasil, da situação de calamidade pública que são o ensino de primeiro e segundo graus e da falta de perspectiva do terceiro grau, tudo isso é um reconhecimento de que não foi possível encobrir a crise porque professores, estudantes e alunos estão apontando essa situação.

SF: Você poderia desdobrar alguns pontos tais como o da autonomia econômica, autonomia cultural? Poderia dar exemplos de como isso se manifesta nas relações cotidianas?

MC: Vejamos: o que seria racional numa sala de aula? Um professor para cinquenta cabeças. Hoje, vemos um professor ensinando para 150 e até 1.600 alunos. Isso significa que a departamentalização colocou estudantes dispersos na mesma sala com um professor. Por quê? Porque isso significa economia administrativa. Toda essa estrutura vai explodir porque é irracional em todos os níveis – seja de poder, seja cultural, pedagógico ou de pesquisas. As origens e destinações dos orçamentos escapam não somente do nosso controle, mas do nosso conhecimento. Sequer temos direito a esse nível mínimo permitido pelo liberalismo: a opinião pública.

SF: O que você entende por autonomia cultural?

MC: Vamos ver como isso se dá em cursos de filosofia ou em pesquisas. Vamos dizer que determinadas pesquisas requeiram quinze anos. Que eu saiba, doutorado em filosofia, em física ou literatura têm a mesma direção. Onde está a autonomia cultural? Créditos, prazos e o diabo!

SF: Qual o ponto fundamental nessa questão da autonomia cultural?

MC: A democratização da produção cultural. Democratização não é integração. O que seria uma relação pedagógica democrática? Eu diria que é uma relação onde nós, professores, não sejamos a encarnação provisória ou vitalícia dessa cultura que dá direito a poder. Nisso eu detectaria mais alguns tópicos, até que ponto nossas pesquisas estão relacionadas com os problemas da sociedade brasileira? Existe democracia, no máximo, enquanto consumo e direito a consumir os produtos da cultura. É preciso perguntar: quem tem e por que tem o direito a produzir cultura? Democratizar a cultura não é transformá-la em um enorme vídeo de TV provocando a satisfação imediata de um desejo e uma consequente infantilização.

SF: Você vê possibilidades concretas de transformação nesse quadro geral da universidade? A curto prazo, isso não seria utópico?

MC: A utopia é o lugar do mundo. Não se mede a utopia pela sua possiblidade concreta, mas pela sua capacidade de detectar o absurdo e abrir a possibilidade de transformação. Aqui, o critério não pode ser o de realismo. A utopia não é um programa. A utopia é, em si, irrealizável.

SF: Mas como transformar concretamente a universidade sem uma transformação global da sociedade brasileira?

MC: É muito claro que a universidade não é ponto de partida para nenhuma transformação. Mas é outra ilusão pensar que, enquanto outros setores não se alterarem, a universidade estará imobilizada. Então qual o outro raciocínio? É inegável, a curto prazo, a capacidade de transformação dos movimentos sociais – e a transformação da universidade está dentro disso tudo. Eu me pergunto, por exemplo, se já não é possível nos indagarmos sobre o conteúdo de nossas pesquisas. Só para ilustrar: em nossas pesquisas os dominados entram como objetos e não como sujeitos – e com os parâmetros dos dominantes. Alguns antropólogos começaram a mostrar isso, desmistificaram alguns mitos como o de que essas populações não têm cultura, ou de que são politicamente desorganizadas. Não têm cultura porque não dominam uma linguagem dominante, mas expressam sua cultura no cotidiano, de outras formas. Isso já se pode fazer agora. O que significa esperar para depois? Vamos depender de outras coisas.

SF: Os alunos teriam efetivamente condições de participar de uma autogestão do projeto cultural? Eles não seriam incompetentes para assumir tal responsabilidade?

MC: Acontece que foram criados incompetentes sociais. A racionalização da indústria significou produzir um incompetente como trabalhador: ele desconhece a tecnologia, os comandos, tudo que acontece numa fábrica. Isso é um produto histórico – a incompetência é socialmente produzida. Só que, do mesmo modo como isso foi um processo – da nossa prática política/social/cultural –, isso pode ser desmanchado. O discurso da competência – como eu chamo – é responsável pela criação de incompetentes. Não podemos legitimar tudo pela nossa competência produzida socialmente.

SF: Você acha que o expediente de solicitar verbas é primeira reivindicação?

MC: Não se pode pedir mais verbas abstratamente, porque inclusive isso pode reforçar certas áreas de poder. É preciso saber como cada caso concreto se manifesta enquanto estrutura de poder.

SF: Você não acha que o autoritarismo já começa pela relação professor/aluno?

MC: Vou contar uma experiência. De 1972 a 1975, dei aulas para o primeiro ano do curso de filosofia. Por um lado é importante, por outro é quase alfabetização. O caráter experimental é fundamental. Eu organizava uma série de exercícios e explicava: o campo da filosofia é o do discurso. Se não houver uma participação como sujeito da linguagem, não dá para fazer filosofia. Cada item era justificado, explicado. Quando chegava o dia da dissertação, o pau quebrava. Acabou virando psicodrama. Eles me chamavam de fascista, autoritária. Eu explicava como o fascismo entra na cabeça da criança, aquele processo todo. Quem tivesse mais força de persuasão ganhava. Eu ficava abaladíssima quando me chamavam de autoritária. Em 1976, não teve briga, aí bateu uma campainha na minha cabeça: eu era autoritária. Eu me dei conta disso porque as brigas não punham em risco a minha vida. Em nenhum momento abalou meu método pedagógico. Descobri que uma coisa é autoritária não porque eu trazia uma proposta, mas porque não me punha em risco, não permitia o desenvolvimento do conflito. Uma relação só é democrática quando põe em risco ambas as partes. Então você sempre corre o risco de fingir que é democrático, de fingir que existe um diálogo. Outro polo é a simetria para exercer o poder. Mas, para mim, o pior é fingir que a democracia existe.

SF: Qual é a mecânica do autoritarismo?

MC: Os cientistas sociais têm se preocupado muito com as práticas autoritárias. Como alguém da área de filosofia, me preocupo com o pensar autoritário. Ele possui três determinações precisas, variando seus conteúdos. A experiência é aquilo que está pedindo para ser pensado. Ela tem um sentido que está capturado dentro dela. O pensamento autoritário é aquele que recusará a experiência nova. Ele tem três recursos para anular a novidade: o "já feito", o "já pensado", o "já vivido". No "já feito", o passado não é uma experiência, é um modelo. Nunca há o novo na ação – a prática não ensina nada. O "já dito" expressa isso, é a linguagem estabelecida, não existe história. Por aí entra a noção de progresso.

SF: O que está atrás dessa noção de progresso?

MC: Ela pressupõe o tempo como um espaço neutro, onde se depositam os acontecimentos encadeados numa relação de causa e efeito. A história é apenas o desdobramento da mesma coisa. O progresso significa, por antecipação, o começo e o fim. Dentro dessa noção de progresso, agir não é uma experiência – é uma técnica. O progresso serve para legitimar os acontecimentos como ordem estabelecida. Essas coisas merecem muita atenção porque há no Brasil um poderosíssimo pensamento autoritário. O autoritarismo no Brasil não é uma coisa só de 1964. É algo que vem desde 1500 até hoje.

A universidade brasileira virou uma grande empresa[1]

CL: Marilena, seria possível traçar um perfil da universidade brasileira?

MC: É bastante difícil, pois as universidades brasileiras, apesar de a estrutura interna ser sempre a mesma, possuem um funcionamento variado em função de dois aspectos: dos interesses locais, ou seja, do compromisso que os dirigentes da universidade têm localmente, e do tipo de vínculo que a universidade e aquela região possuem com o poder central. Então, quando os laços são muito fortes, as determinações vindas do MEC governam a universidade. Por outro lado, quando os vínculos são mais distantes, não existe tanto a presença das diretrizes estatais dentro da universidade, como é o caso da Universidade de São Paulo (USP), que é uma universidade mais autárquica, e que, de alguma maneira, define vários de seus caminhos. Essas universidades mais autárquicas cumprem uma série de determinações vindas do MEC, mas não estão subordinadas a ele para sobreviver, ao passo que as federais mantêm uma relação umbilical com o Ministério da Educação. E, um ponto interessante a ressaltar é que, por causa desse vínculo tão estreito com o MEC, há em diversas regiões uma tendência a preferir a

---

[1] Entrevista realizada por Consuelo Lins; originalmente publicada em: *Tribuna da Imprensa*, Rio de Janeiro, 25 mar. 1982, p. 12. (N. do Org.)

transformação das universidades em fundações, considerando que, dessa forma, é possível se ter uma autonomia maior. No entanto, isso é uma ilusão, porque a situação de dependência de uma fundação é constante. Então, em vista desses aspectos, acho que vale a pena diferenciarmos as universidades a partir da região em que se situam.

CL: Não daria, então, para fazer um quadro mais geral da universidade com relação à conjuntura que o país está vivendo.

MC: Eu acho que não. O que dá é para fazer um quadro do modelo proposto para as universidades, pois é no interior desse modelo comum que as variações se estabelecem. E o modelo é a universidade como grande empresa, ou seja, a educação é um investimento, um capital social, que deve gerar lucro social e tem um mercado como finalidade. Além disso, há toda uma estrutura burocrática, semelhante à burocracia da grande empresa, que a sustenta internamente, especialmente naquilo que caracteriza a empresa moderna, que é a clara separação entre a esfera de decisão e de execução.

CL: Ou seja, não são os professores e estudantes que decidem sobre a natureza do próprio trabalho.

MC: Exatamente. E um traço que me parece mais significativo de semelhança é que tanto a empresa quanto a universidade estão regidas pela ideia de uma racionalidade administrativa. O fato de poder administrar e seguir os princípios gerais de administração é considerado como aquilo que garante o funcionamento, o êxito e a paz no interior da universidade e da empresa.

CL: A implantação do ensino pago, que o governo tem defendido com tanta ênfase, fortaleceria essa estrutura?

MC: Sem dúvida nenhuma. E não só fortaleceria como tornaria isso o traço definidor da universidade para sempre. Se o ensino é pago, isso significa que os estudantes custarão para as suas famílias um sacrifício muito grande. Com isso, os estudantes não terão mais a possibilidade de pensar o trabalho universitário como uma coisa lenta, paciente, de longo prazo, sem resultados imediatos e sem visar direta ou indiretamente o mercado de trabalho. O relevante será que a universidade forme rapidamente essas pessoas, já que elas não podem ficar despendendo tanto dinheiro para pagar a universidade, e que garanta de uma maneira imediata mercado de trabalho.

CL: E que é um mercado incerto...

MC: Mas independentemente disso, a figura da profissionalização imediata do universitário pelo mercado de trabalho determinará a tarefa dos professores. Daí por diante, os cursos terão que ser pensados não em termos de produção de cultura ou de incentivo à pesquisa mas de rendimento imediato do bom profissional. E haverá seleção para os estudantes, os professores e os cursos a serem apresentados pela universidade. Quanto aos estudantes, a seleção será econômica, ou melhor, o fato econômico se tornará absoluto, pois atualmente esse elemento está muito diluído. Para cursar uma universidade pública, o indivíduo tem que fazer um bom colégio particular e um bom cursinho, pois essas universidades, pelo menos em termos de vestibular, são mais exigentes. Por outro lado, geralmente vão para as universidades pagas aqueles que não pagaram o secundário, o que significa dizer que de uma maneira ou de outra está todo mundo pagando. Então, o que agora é obscuro e pouco perceptível vai se tornar claro e absoluto.

CL: E quanto aos cursos a serem apresentados?

MC: Bom, levando em conta as demandas do mercado, alguns cursos serão muito procurados, outros mais ou menos, e certamente haverá cursos que não terão procura nenhuma. Mas esses cursos e seus professores não serão selecionados pela sua importância social e cultural, mas sim por dois critérios que já vêm sendo utilizados pelos cursinhos e espeluncas de ensino que existem por aí. Se analisarmos o que ocorreu recentemente no Centro Unificado Profissional (CUP),[2] quando 85 professores foram demitidos sob a alegação de que eram de tal natureza que os estudantes começaram a se desinteressar, veremos que o que conta agora é que o profissional garanta a manutenção do público. A partir daí, o professor, para ser contratado, terá que ser um

---

[2]   O Centro Universitário Profissional foi criado em 1974, a partir de uma dissidência da PUC-Rio, e funcionou até 1981. Marcado pela experimentação no ensino e difusão do saber, a instituição recebeu como professores nomes importantes do panorama intelectual brasileiro. (N. do Org.)

excelente ator de picadeiro, pois, se o público é pagante, quer que o espetáculo seja bom. Em suma, será o elemento teatral, espetacular, audiovisual, circense ou televisivo capaz de ser mobilizado pelo professor que determinará sua seleção. O segundo critério de seleção será o ideológico, mas não no sentido de uma triagem policial do que pensa ou não pensa aquele professor. Essa triagem será o aspecto sutil da determinação pelo mercado, ou seja, se aquilo que o professor pesquisa interessa ao mercado. Com isso, teremos uma transformação na universidade de uma envergadura tal que não podemos prever o que vai acontecer.

CL: Há algum modelo externo semelhante?

MC: Não, mas a nossa tendência é pensar que esse modelo é o americano, mas não é verdade, porque a universidade americana dividiu com muita clareza para si própria quais universidades estão voltadas para determinados campos. E isso não ocorrerá aqui.

CL: Mas isso não terminará acarretando problemas para o próprio Estado.

MC: Claro que sim, mas eles embarcam nessa como embarcam em Carajás, no Jari, no Proálcool,[3] e estou cada vez mais convencida de que fora o projeto global do governo, que é de "não largar a rapadura", tudo vale. Não há um projeto político, econômico e cultural no país, mas pequenos planos de curto prazo para resolver situações críticas imediatas. Quando surge uma crise num determinado ponto, se vê a maneira mais rápida de resolvê-la. E é assim que se vem governando este país. São soluções conjunturais para pequenas crises locais, e pouco tempo depois o problema vai reaparecer em algum outro lugar. A Transamazônica foi assim, Angra será assim.[4] É incessante, e não se

---

[3] Referência, respectivamente, ao Programa Grande Carajás, para exploração mineral em área compreendida entre os atuais estados de Tocantins, Maranhão e Pará; ao Projeto Jari, para produção de celulose e energia às margens do rio Jari, entre Pará e Amapá; ao Programa Nacional do Álcool, que visava estimular a produção de álcool combustível (hoje denominado etanol) em larga escala para fazer frente à crise do petróleo. (N. do Org.)

[4] Referência à rodovia Transamazônica e à usina nuclear de Angra do Reis (N. do Org.).

trata sequer de uma improvisação, trata-se simplesmente de uma total fragmentação de politicas, se é que se pode chamar isso de política.

CL: Como você está vendo a reformulação da universidade pretendida pelo MEC?

MC: Essa reformulação, na minha opinião, se dará a partir de dois pilares: a transformação das universidades em fundações e, como corolário disso, a instituição do ensino superior pago. Acho que existem grandes chances de isso acontecer, apesar da forte oposição e crítica que estudantes e professores vêm fazendo, mas não acredito que os universitários tenham força para impedir a implantação desse projeto. Isso porque a crítica da comunidade a essa implantação permanece no mesmo quadro de referências do MEC, e nisso reside a grande chance de o projeto ser implantado, e não na força do governo. No meu entender, uma provável aprovação se deve ao fato de os que lutam contra isso não terem montado uma concepção de educação e uma estratégia de educação fora dos quadros definidos pelo próprio governo. Então, temos um elenco de argumentos empregados pelo estudo e esses mesmos argumentos devolvidos virados pelo avesso pelos adversários.

CL: Como você pensa a questão da autonomia universitária?

MC: Bom, falar de autonomia universitária no atual quadro é uma abstração. A universidade depende, em todos os níveis, de decisões que são tomadas fora dela, como as verbas, as bolsas a serem distribuídas, os currículos, a forma de avaliação de trabalho, a carreira. O máximo que se pode dizer de autonomia é que os professores podem dar seus cursos de acordo com suas próprias ideias, isso se não houver censura no interior da universidade. Então, essas características, mais as que já falei, como a triagem ideológica para selecionar os professores, nos levam à seguinte conclusão: a questão da autonomia universitária é uma questão a ser posta. Por isso, não faz sentido sair defendendo a autonomia quando ela não existe. Tem que começar a perguntar por que não existe.

CL: Marilena, para concluir, como se daria a participação da comunidade universitária na esfera de decisões?

MC: Em termos de participação, acho que precisamos lutar por duas coisas. Primeiro, entender a participação daqueles que executam as atividades numa universidade como sendo também aqueles que decidem. Pensar essa participação como a quebra da divisão entre a esfera de divisão e execução, ou seja, modificar as relações de mando no interior da universidade. E, por último, temos que entender a universidade como participante da sociedade e pensarmos o modo como tem sido essa participação: tem servido efetivamente a interesses sociais da população ou a interesses particulares, de pequenos grupos? Por isso vejo a participação como algo a ser remanejado no interior da universidade, na relação dos docentes e estudantes com os colegiados, mas também é preciso rever sua prestação de serviço à sociedade brasileira. Se consideramos a educação como um bem público, um bem cultural e um serviço social, há que se determinar o modo pelo qual a universidade participa da vida social para prestar esse serviço e realizar essas atividades.

USP, urgente[1]

Expulsos como criminosos do edifício da rua Maria Antônia, incendiado em 1968 por forças policiais e militares com auxílio de indivíduos alojados na Universidade Mackenzie, os cursos de filosofia, ciências sociais e letras da Faculdade de Filosofia da USP foram transferidos aos trancos e barrancos para barracões pré-fabricados na Cidade Universitária, e, na "mudança", livros foram danificados ou destruídos, documentos se perderam, móveis ficaram imprestáveis, num total descaso pelo patrimônio público.

Supostamente provisórios até a construção de prédios definitivos (hoje ainda não concluídos, passados 15 anos), os "barracos" não possuíam isolamento térmico (frio e calor eram intoleráveis), acústico (estudantes ouviam simultaneamente três a quatro aulas ministradas em salas diferentes), vedação contra chuvas (que batiam com som e fúria nos telhados, impedindo o prosseguimento das aulas, enquanto goteiras nas salas de professores, secretarias e bibliotecas danificavam material didático, administrativo e de pesquisa) e permaneciam cercados de espesso matagal que enchia o local com ratos, percevejos, baratas e pernilongos. Foi sob tais condições que, durante anos, a Faculdade de Filosofia resistiu à repressão e à destruição cultural através de cursos, pesquisas, teses, livros e revistas.

---

[1] Originalmente publicado em: *Folha de S. Paulo*, São Paulo, 9 maio 1983, Primeiro Caderno, p. 2. (N. do Org.)

Após anos de espera, professores dos três departamentos de Letras aceitaram oferta da reitoria para ocuparem as dependências da residência estudantil (o Crusp), parcialmente desativada por temor de subversão e de "maus" costumes juvenis. Parte dos professores foi contrária à mudança, julgando que o local deveria ser reconvertido em morada estudantil e que as condições eram inadequadas para funcionamento de cursos e pesquisas. A maioria, porém, foi favorável, e os três departamentos se instalaram nas "colmeias" (blocos B e C), com as salas de aula permanecendo no térreo porque os pisos superiores não aguentavam o peso de alunos e livros.

Entre 1982 e este ano, os estudantes foram pouco a pouco refazendo a residência ocupando os vários blocos e desalojando os cursos de Letras – salas de professores, de pós-graduação e secretarias foram ocupadas, restando salas de aula, laboratórios e biblioteca a conviver com o cotidiano habitacional para prejuízo de todos. Assembleias de estudantes, de professores, de ambas as categorias reunidas, greves, passeatas, comissão de moradores tentando negociar com a reitoria, mediação da Diretoria da Faculdade de Filosofia foram inúteis. A reitoria considera a ocupação ilegal, e o Fundo de Construção da USP (Fundusp) declara não haver fundos para concluir os prédios da Letras e o da residência estudantil.

A título precário, os Departamentos de Filosofia e Ciências Sociais (alojados em edifícios inconclusos) cedem à Letras salas para professores e para aulas, estas últimas, porém, apenas no turno da manhã e em número insuficiente para as necessidades dos cursos de Letras que permanecem parcialmente nas "colmeias", juntamente com laboratórios e biblioteca.

Como se não bastasse, desabrigados vivendo nas imediações da Cidade Universitária, cientes da existência de espaço para moradia, vieram alojar-se no Crusp. A falta de recursos e de assistência, a surdez das autoridades universitárias às reivindicações dos estudantes e o silêncio do governador Montoro[2] (que recebeu uma carta das mãos de uma estudante no momento da posse) estão convertendo o Crusp em favela estudantil.

---

[2] André Franco Montoro (1916-1999), então governador de São Paulo. (N. do Org.)

Fazendo ouvidos moucos aos pedidos de estudantes, professores e da direção da Faculdade de Filosofia, a Coordenadoria de Saúde e Assistência Social (Coseas) não aceita entender-se com os moradores, pretendendo forçá-los a abandonar o local pelo corte dos serviços de manutenção – água, luz, limpeza e vigilância, embora ela mesma declare estar "materialmente preparada para assumir" tais serviços. Num total descaso pelas pessoas (assaltos e estupros começam a acontecer), pelo trabalho universitário (as poucas salas de aula estão sem condições para funcionar) e pelo patrimônio público (laboratórios com equipamentos caríssimos e biblioteca com 120 mil volumes), as autoridades da USP fazem como se o problema não existisse. Existe.

Ano que vem, a USP comemorará seu cinquentenário. Que tal antecipar os festejos entregando, desde já, um local decente para as Letras e uma habitação digna para os estudantes? É urgente.

Universidade: a difícil democracia[1]

A palavra "democracia" entrou em nosso cotidiano como necessidade, reivindicação, luta e conquista. Essa reaparição de um vocábulo esquecido nos leva a rememorar brevemente o contexto de seu ressurgimento. Não por acaso, democracia ressurgiu quando duas outras palavras, sufocadas durante 18 anos, também reapareceram: "ditadura" e "greve". Até há pouco tempo, os governantes se referiam ao regime como "Revolução de 64" ou "o Sistema", enquanto as oposições usavam o termo "autoritarismo". Por seu turno, os trabalhadores faziam greves, mas estas, além de não serem noticiadas por uma imprensa sob censura, também não eram nomeadas como tais pelos próprios grevistas que usavam palavras como "paragem" (belíssima), "paralisação", "parada", "dia de protesto". No entanto, a partir sobretudo de 1978 e 1979, "ditadura" e "greve" passaram não só à fala e à escrita, mas, além de nomeadas, foram também mostradas (filmes, peças teatrais, romances, teses, debates públicos e acadêmicos). A palavra "democracia" percorreu um caminho peculiar, pois pronunciá-la poderia ser um risco tão grande quanto silenciá-la. Do lado dos governantes, surgiram a "diástole" do General Golbery, a "distensão lenta, gradual e segura" do General Geisel, a "abertura democrática" do General Figueiredo, a "liberação do regime" do empresariado. Do lado da classe média

---

[1] Intervenção em debate na UFSCar para a constituição de uma lista de nomes para o cargo de reitor, em 27 de abril de 1983. Texto inédito. (N. do Org.)

urbana, falava-se em democratização, os debates girando em torno dos direitos e liberdades civis, dos movimentos pela anistia e pelo fim da tortura e da censura à imprensa escrita e falada, pelo pluripartidarismo, pelo reforço do legislativo e pela democratização da escola e da saúde. Do lado dos trabalhadores, as discussões se voltavam para a liberdade sindical, para a modificação da política social do Estado, contra a rotatividade e a instabilidade no emprego, por melhores condições de vida (trabalho, saúde, moradia, transporte, educação) e sobretudo pelo direito de greve, pelas comissões de fábrica, pela distribuição das terras aos posseiros, pelo salário mínimo unificado, pela formação de uma central única de trabalhadores e por uma redistribuição mais justa das riquezas sob controle paritário de patrões e trabalhadores. Quatro, talvez, tenham sido as reivindicações que unificaram a luta pela democratização da sociedade brasileira: fim da Lei de Segurança Nacional, da Lei dos Estrangeiros, do modelo econômico e da violência policial (uma vez que os métodos de luta militar contra a guerrilha urbana foram transferidos para o tratamento geral da população). Com sentidos diferentes, com fins e interesses diferentes, a palavra "democracia" surgiu num contexto no qual, acredito, duas foram as questões principais: a da cidadania e a da representação-participação.

No campo da cidadania, as reivindicações se distribuíram em três grandes linhas. Em primeiro lugar, como exigência do estabelecimento de uma ordem legal de estilo democrático na qual os cidadãos participam da vida política através de partidos, da voz e do voto, diminuindo o raio de ação do executivo em benefício do legislativo; nesse nível, a cidadania estava referida ao direito de representação política. Em segundo lugar, como exigência do estabelecimento de garantias individuais, sociais, econômicas, políticas e culturais cujas linhas principais definem o Estado de Direito como pactos a serem respeitados e como direito à oposição. Aqui, a ênfase recaía sobretudo na defesa da independência do judiciário, a cidadania estando referida aos direitos e às liberdades civis. Em terceiro lugar, como exigência do estabelecimento de um novo modelo econômico destinado à redistribuição mais justa da renda, contra o arrocho salarial e a atual política social do Estado, e, sobretudo, como exigência da classe trabalhadora de defender seus próprios direitos e interesses, tanto através de movimentos sociais, sindicais e de opinião pública quanto pela participação direta nas decisões concernentes às condições de vida e de trabalho. Aqui, a cidadania surgiu como emergência sociopolítica dos trabalhadores e como questão de justiça social e econômica. Cremos que as lutas pela cidadania, como lutas pela representação, pela liberdade e pela justiça atravessaram a sociedade como um todo, e nelas podemos inserir as reivindicações universitárias pela democratização da escola a partir da redefinição do lugar e das decisões dos seus membros.

No campo da representação-participação, os movimentos sociais e populares e, em particular, as lutas universitárias antecederam a discussão que iria, logo a seguir, ocupar os novos partidos políticos tanto em sua constituição interna quanto em sua relação com a sociedade e o Estado. Nas universidades, as greves, as campanhas salariais, a luta pelo ensino gratuito modificaram as relações entre professores, funcionários, estudantes, administração e autoridades estatais em virtude do papel conferido à ideia e à prática da autonomia universitária. Antes de voltarmos a esse tema (que nos interessa particularmente no momento), cremos valer a pena retraçar brevemente os caminhos da própria ideia de representação.

A ideia de representação política como "agir por" e "falar por" é recente na história ocidental e quase inexistente na história brasileira. Essa ideia costuma ser imediatamente associada à de democracia, porém, se é verdade que esta última pressupõe o direito à representação, também é verdade que a política conservadora desenvolveu a ideia de governo representativo como forma eficaz para bloquear os avanços democráticos, submetendo representantes e representados a critérios explícitos para serem politicamente qualificados. Assim, por exemplo, no Brasil, explicitamente o analfabeto não tem direito à representação e, implicitamente, os trabalhadores manuais não possuem tal direito, a menos que lutem diretamente por ele.

Excluindo a ideia medieval de representação (muito interessante e que vigora nos regimes autoritários e totalitários onde se é representante *porque* se governa, e não o contrário), poderíamos, *grosso modo*, distinguir três grandes concepções da representação política: 1) A liberal conservadora, para a qual o representante não representa interesses, direitos e vontades de classes, grupos ou indivíduos, mas interesses, direitos e vontade objetivos, a Razão, a Verdade, a Justiça e a Vontade Geral da sociedade inteira; o representante faz parte de uma elite esclarecida que conhece os interesses e as vontades gerais e possui instrumentos racionais para realizá-los, instrumentos que são menos políticos e mais de natureza técnica e pedagógica. 2) A liberal progressista, que admite divergências, diferenças e conflitos sociopolíticos entre interesses, vontade e direitos que devem exprimir-se por canais institucionais como partidos, associações, sindicatos e parlamentos para que da discussão das divergências surja o consenso como vontade da maioria, respeitados os direitos de oposição da minoria. Embora, *de facto*, a sociedade não reconheça a todos o direito de serem representantes e representados, *de jure* a representação é aberta a todos, podendo ampliar-se graças à opinião pública e à educação política. 3) A socialista, para a qual a representação é uma delegação delimitada de poder para um representante cuja delegação e autoridade estão limitadas à questão para a qual foi escolhido como representante, sua representação terminando seja porque a questão foi resolvida, seja porque aqueles que o constituíram como representante revogam seu mandato. Aqui, o representante não representa vontades e interesses particulares nem gerais, mas representa o direito de decidir sobre o que é público e de controlar o que é social em nome de direitos coletivos, historicamente determinados e mutáveis. Essa ideia, que sustenta por exemplo a prática de conselhos populares, não significa a fiscalização das ações governamentais, mas a participação mediata ou imediata da sociedade na política, impedindo a formação de um poder separado e centralizado.

No Brasil, onde não se pode, a rigor, falar numa história de partidos políticos, isto é, com tradição, programa e membros definidos, porquanto prevalecem siglas mutáveis que duram o tempo de uma emenda constitucional ou de uma eleição, pode-se falar todavia em relações entre representantes e representados, prevalecendo três tipos principais de relacionamento: nos partidos conservadores, burocráticos e clientelísticos, a relação entre representante e representado é a do *favor*; nos partidos populistas, também clientelísticos, a relação é de *tutela*; nos partidos vanguardistas revolucionários, a relação é de *substituição* e essencialmente *pedagógica*. Em todos eles, portanto, tende a prevalecer a primeira ideia da representação, as duas outras raramente conseguindo transformar-se numa prática efetiva. Ora, é nos movimentos sociais, e, no nosso caso particular, em alguns movimentos universitários, que vemos a prática da representação nos outros dois sentidos tentar realizar-se, com maior ou menor sucesso, desde que a relação de assimetria entre representante e representado não seja convertida, como no caso dos partidos, numa relação de hierarquia. É por esse caminho, creio, que a prática da representação vem encontrar a ideia de participação.

O percurso da noção de participação é curioso por dois motivos. Em primeiro lugar, porque essa palavra designa a forma de relação dos cidadãos com o poder na democracia grega – os gregos desconhecem o termo político "representação" e empregam o de participação porque o poder é considerado por eles um valor e um bem social *comum* que não pode ser repartido, mas compartilhado ou participado. Em segundo lugar, porque essa palavra designa uma prática própria de um tipo de sociabilidade que já não existe: a comunidade. A comunicação pressupõe a ideia de indivisão interna, de unidade e identidade de vida, de interesse e de destino sob o bem comum (por isso são possíveis as comunidades religiosas, nas quais a mesma fé torna o grupo de fiéis indiviso e uno). A sociedade pressupõe e repõe (por sua prática) a divisão interna como constitutiva do tecido social, como diferenciação, oposição e mesmo contradição internas entre classes, grupos e indivíduos, cujos interesses, condições de vida e direitos são não só diferentes mas conflitantes. A participação não exclui a representação, mas a recoloca em outro nível, tudo dependendo de saber se a encaramos como "comunitária" ou como "social". Se a encararmos como comunitária, teremos enorme dificuldade para fazê-la vigorar socialmente, pois as condições históricas lhe são adversas. Se, no entanto, a encararmos como social, talvez possamos consegui-la. A ideia de representação exige que haja um estalão ou um padrão por meio do qual se possa determinar quem, quando e como pode representar ou ser representado (algo que faça de alguém, de um grupo ou de uma classe representante de outros indivíduos, grupos ou classes). Ora, o estalão da participação é apenas um: a igualdade. Esta não é a identidade entre indivíduos, grupos ou classes, pois nesse caso não haveria por que falar em representantes. A igualdade é, por um lado, a possibilidade de conservar diferenças e assimetrias sem convertê-las em hierarquias que legitimem o mando de um ou de algum sobre os demais; e, por outro lado, não é algo *dado*, mas criado ou constituído por uma prática social. Nós nos fazemos iguais na diferença, graças à prática social e política. Sem dúvida, os movimentos sociais, em geral, e o universitário, em particular, podem ser encarados pelo prisma da prática da representação-participação tal como a esboçamos anteriormente, pois nos movimentos sociais há luta por direitos comuns (direitos que criam a igualdade dos diferentes), ao mesmo tempo que cada movimento social luta por direitos diferenciados entre si (água, luz, esgoto, transporte, para uns; creches, para outros; contra discriminação racial, para uns; contra a discriminação sexual, para outros; pelo direito à criação e ao acesso à cultura, para uns; pelo direito à educação, para outros). Os direitos não só são diferentes como podem ser conflitantes, em alguns casos, ou convergentes e consensuais em outros.

Ora, se acreditarmos que a democracia é criação de novos direitos, é direito aos direitos, é capacidade para não ocultar conflitos, e sim para trabalhá-los, ela não se opõe, mas ao contrário pede a participação como forma preferencial de representação.

Ao falar aqui em diferenças e em assimetrias, em pluralidade conflitante ou consensual de direitos, em instituição prática de igualdade e da liberdade, pretendi colocar-me contra três posições que prevalecem nos movimentos universitários pela democratização: em primeiro lugar, evidentemente, contra os que acreditam na racionalidade funcional e eficaz da universidade administrada e por isso despolitizada, na qual prevalece a representação conservadora ou a elite técnico-administrativa e burocrática que torna a universidade uma realidade inteiramente fundada na heteronomia (pois todas as decisões são tomadas fora do corpo docente, discente e de funcionários, que se transformam em meros executantes de ordens vindas do exterior); em segundo lugar, contra os que afirmam ser uma ilusão o desejo de uma universidade autônoma, isto é, dirigida por seus próprios membros, autonomia considerada como visão pequeno-burguesa da democracia como funcionamento transparente da boa comunidade feita por professores, estudantes e funcionários (a ilusão está em supor que autonomia e participação exijam como suporte a ideia de comunidade e de transparência); em terceiro lugar, contra aqueles que consideram intransponíveis as diferenças e os conflitos entre professores (e destes entre si), estudantes (e destes entre si) e funcionários (e destes entre si), não só porque suas funções, cargos e encargos são diferentes, mas também porque a melhor forma de relação entre eles seria a da competição mortal imposta à universidade pelo mercado, de tal modo que a qualidade das relações universitárias e a qualidade de suas produções para si mesma e para a sociedade devessem ser avaliadas pelos padrões da competição, da eficácia mercantil e do rendimento lucrativo. As três posições às quais me oponho em nome de uma democracia universitária fundada na representação-participação possuem em comum o seguinte traço: ao mesmo tempo que consideram a universidade uma instituição social específica ou singular, tentam reduzir essa diferença fazendo-a idêntica a outras instituições, graças aos imperativos da administração burocrática ou aos imperativos da competição mercantil. Creio que a cultura não se realiza por esse caminho.

Para finalizar, como pensar uma universidade capaz de democracia?

Por natureza, democracia não possui receita. Mas pode ser um projeto coletivo. Se considerarmos a diferença entre a autoridade pessoal (favorecida pela administração burocrática) e o poder como instância da lei coletiva que abre o campo de conservação e criação de direitos, portanto como possibilidade de justiça, talvez uma universidade democrática seja aquela capaz de lidar com o poder sem cair no autoritarismo. Nela seriam possíveis:

1) Direito coletivo à escolha dos representantes como dirigentes que expressam interesses e direitos comuns de tal modo que, no lugar da relação dirigente-dirigido como relação entre direção e execução, possa surgir a relação entre o dirigente-representante e os representados-participantes.

2) Direito de cada categoria a possuir seu próprio fórum de debates no que respeita à diferença interna de seus interesses e direitos.

3) Direito de todas as categorias possuírem um fórum de debates onde sejam decididas prioridades e onde sejam constituídos os direitos e interesses comuns a serem efetivados ou preservados pelos dirigentes-representantes eleitos.

4) Recriação da relação professores-funcionários como relação de não subordinação recíproca.

5) Recriação da relação pedagógica na qual a assimetria entre professores e estudantes não seja escamoteada pelo democratismo, nem seja transformada em autoritarismo hierárquico, mas que possa ser trabalhada como criação dos iguais pelos desiguais, desde que o saber não apareça nem se mantenha como posse privada de alguns e interditado aos outros.

6) Representação do conteúdo e da forma das pesquisas indagando a quem, na sociedade, queremos que nosso trabalho se dirija e por quê.

7) Reconsideração de nossa relação com o Estado não como relação de subordinação e dependência, mas como relação que o impeça de transformar o poder em manipulação, controle e censura – isto é, inverter nossa relação com o Estado, fazendo-o compreender que existe como *coisa pública* para a sociedade, e não como *coisa privada* que se apropria da sociedade e, nela, da universidade.

8) Batalha pela democracia cultural (não só pelo ensino público gratuito), isto é, pelo direito de todos ao acesso à educação como *bem público*, pelo direito de todos à criação de cultura (e não apenas ao consumo dela) e pelo respeito às formas diferenciadas da cultura questionando a divisão entre "cultos" e "incultos" (qual a origem dessa divisão? A que e a quem ela serve?).

9) Reflexão sobre o mito da "competência", isto é, sobre a autoridade que conferimos a determinadas formas do saber para que controlem, decidam e manipulem os "incompetentes" sociais e políticos.

Como se nota, evitei um "decálogo", assim como evitei "onze teses". Muito obrigada.

Crusp, Coseas e mais siglas[1]

Corre em São Paulo o mito de que a USP é universidade destinada às elites econômicas do País, dispondo de opulentas verbas para seu funcionamento, as quais, segundo muitos professores da própria USP, seriam malbaratadas por docentes preguiçosos, ineficazes e parasitas, por estudantes radicaloides e por funcionários ineptos. Uma pena. Em artigo publicado há dias nesta *Folha*,[2] procuramos lembrar, através dos "barracos" e das "colmeias" destinados à Faculdade de Filosofia, a partir de 1968, uma faceta de nossa decantada opulência. Na mesma ocasião, fizemos referência à situação calamitosa em que se encontra a residência estudantil (Crusp), ocupada por estudantes e não estudantes. Queremos aqui voltar ao assunto depois de havermos ouvido a coordenadoria da Coseas (Coordenadoria de Saúde e Assistência Social) e alguns estudantes moradores.

Mundo afora, *campus* universitário e cidade universitária não coexistem no mesmo espaço geográfico – cursos e pesquisas se realizam em locais específicos para tais fins, enquanto a residência estudantil e de professores ocupa outro espaço, definido por outras normas. Infelizmente não é esse o caso da USP, onde residência e trabalho universitário coexistem para prejuízo de todos.

---

[1] Originalmente publicado em: *Folha de S. Paulo*, São Paulo, 17 maio 1983, Primeiro Caderno, p. 13. (N. do Org.)

[2] Cf. "USP, urgente", neste volume. (N. do Org.)

Em conversa informal com Lúcia Amaral Lopes, pudemos ler os documentos da Coseas historiando a situação da moradia, os pontos apresentados coincidindo com muitos dos que nos foram apresentados pelos estudantes moradores. Várias tentativas de negociação entre as partes foram tentadas depois do comum acordo quanto ao direito à moradia para todos os estudantes carentes, as dificuldades tendo aparecido quando houve discordância quanto a outros pontos de uma pauta de reivindicação feita pelos estudantes: pagamento ou não de uma taxa, participação ou não da Coseas na administração da moradia, presença ou não do DCE nas negociações e na futura administração.

A interrupção das negociações decorreu de dupla decisão: do lado dos moradores, pela recusa em discutir os pontos da pauta sobre os quais havia divergência; do lado da Coseas, por causa da invasão do bloco F por estudantes e sobretudo por não estudantes (bandos de punks, desabrigados vivendo nas imediações da Cidade Universitária, desconhecidos que agridem alunos e professores da Letras).

A retomada parece cada vez mais difícil porquanto os moradores começam a não conseguir constituir uma comissão de negociação reconhecida por eles como representativa e não estão satisfeitos com a interferência do DCE, ao mesmo tempo que, da parte da Coseas (que já adquiriu, mas recolheu, os materiais necessários para equipar, manter e fiscalizar a moradia), a condição para retomar a negociação é a saída imediata dos não estudantes da moradia, como salvaguarda dos estudantes e do patrimônio da Letras.

Está, assim, criado o impasse, no qual as divergências de orientação política entre os estudantes não são negligenciáveis, mas preponderantes. Os moradores possuem um projeto de autogestão da moradia, e muitas correntes políticas (entre as quais o DCE) parecem dela discordar, dificultando a formação da comissão de negociação. A Coseas, por seu turno, não deseja colocar vigilantes nas "colmeias" da Letras (solicitação feita pela direção da Faculdade de Filosofia) temendo que a situação se torne explosiva, com danosas consequências.

A situação atual não pode ser compreendida a partir de dados recentes, isto é, da ocupação estudantil, da invasão dos não estudantes e da tentativa de negociação por parte da Coseas. Os vinte anos de autoritarismo que celebraram o que se convencionou designar como a "modernização da universidade", isto é, sua verticalização burocrática e centralizada e seu caráter de empresa administrada, produziram várias consequências, uma das quais se apresenta no caso atual: a desconfiança dos estudantes em relação à Coseas e o temor desta última com relação ao Crusp.

Usamos propositadamente as siglas porque elas são reveladoras do sentido da "modernização". A pretexto de descentralizar as decisões e o controle da vida universitária, a USP foi tomada pelo frenesi das comissões. Estas são sempre representadas sob a forma de siglas (CO, Cogep, Codac, CPG, CPDI, CPGR, Fundusp, etc.). Ora, sabemos que siglas cumprem três funções principais: 1) Ocultar sua função, pois esta nunca é enunciada, de tal modo que cada sigla se reduz a peça de uma engrenagem que constitui a "máquina universitária". 2) Aparentar impessoalidade, que, sob o anonimato da sigla, acoberta toda sorte de arbítrio, intimidando as pessoas. 3) Aparentar eficiência e controle. Resultado: o corpo docente e o discente, assim como os funcionários, oscilam entre a passividade (a "sigla" decide), o alheamento (não se sabe por que e para que uma "sigla" existe), o temor (nunca se sabe o que uma "sigla" nos imporá) e a desconfiança (a "sigla" não somos nós). Poucos sabem o que é Crusp, mas a maioria, sobretudo professores, "sabe" que é subversivo; poucos sabem o que é a Coseas, mas a maioria, sobretudo estudantes, "sabe" que é corrupta. E assim é com cada uma das siglas que, nada dizendo, tudo dizem sob forma mistificada.

O episódio atual serve, porém, para que dele tiremos duas lições: em primeiro lugar, que a "comunidade universitária" é uma expressão oca; em segundo lugar, que o Crusp é morada de estudantes, e a atual Coseas, tentativa de realizar a função a que está destinada. Não é um bom começo para a retomada da discussão sobre a democratização da universidade? É urgente.

Intervenções[1]

O sindicalismo brasileiro, cópia do modelo fascista-corporativo da *Carta del Lavoro* de Mussolini, atrelado ao Estado não só pelo imposto sindical mas também pela lei e pelo uso de pelegos, é uma instituição política tanto quanto econômica, e toda luta sindical se realiza direta ou indiretamente como luta política. A CLT, outorga estatal que inúmeros sindicalistas designam como "o AI-5 dos trabalhadores", regula jurídica e politicamente o trabalho. A Lei de Greve, como tão bem o mostrou Dalmo Dallari nesta *Folha*, é aberração jurídica, pois, se respeitada, uma greve não é greve e, se desrespeitada, uma greve é impossível (em matéria de Não-Ser, o país é campeão[2]). A configuração política do sindicato melhor se evidencia quando da intervenção estatal, pois o estado passa a governá-lo diretamente. Para fazê-lo, porém, um ritual prévio é obedecido, por exemplo, declarar a ilegalidade da greve e só intervir caso esta continue. Curiosamente, o ritual não foi observado na última intervenção no sindicato de São Bernardo, nem na dos metroviários e muito menos na dos bancários, os quais, segundo as próprias autoridades, sequer estavam em greve.

---

[1] Originalmente publicado em: *Folha de S. Paulo*, São Paulo, 1º ago. 1983, Primeiro Caderno, p. 2. (N. do Org.)

[2] Remissão ao argumento do texto publicado por Chaui uma semana antes na mesma coluna: "21 de julho: o Não-Ser existe", *Folha de S. Paulo*, São Paulo, 25 jul. 1983, Primeiro Caderno, p. 2. (N. do Org.)

Porém, o uso da intervenção não se restringe a sindicatos. Até as eleições de 1982, o poder executivo estadual estava sob intervenção, e esta permanece para as capitais estaduais e "áreas de segurança nacional". Isso para nem falarmos na estrutura do Senado semibiônico, no decurso de prazo, na atuação do Conselho de Segurança Nacional e no decreto sobre as PMs.

Contudo, não é somente sobre sindicatos, executivos municipais, legislativos que sofrem pela intervenção. Ela também ocorre no campo da educação. O caso da Unicamp[3] está na memória de todos (para ficarmos com casos pós-abertura, evidentemente), e dois outros aparecem agora: os das universidades de São Carlos e de Uberlândia.

Em 1983, não foi reconduzido à reitoria de São Carlos o reitor eleito pela universidade William Saad Hossne, tendo o MEC posto um interventor em seu lugar, o que não foi reconhecido pelos universitários. Entendimentos com a ministra da Educação e forte trabalho pela democratização efetuado por professores, estudantes e funcionários levaram a uma lista de nove nomes pertencentes à UFSCar e a outras escolas para, após debates em que cada um expôs seu projeto para uma universidade democrática, fossem eleitos seis, cujos nomes foram enviados ao MEC (Dalmo Dallari, Carlos Franchi, Carlos G. Motta, Modesto Carvalhosa, Aziz Ab'Saber e Bolívar Lamounier). Infelizmente, declarou a senhora ministra, o presidente da República não poderia aceitar qualquer um daqueles nomes por desconhecê-los. Também, com as sinopses que lê.

... Assim, por estarmos diante de ilustres desconhecidos no país e no estrangeiro, e porque o Conselho de Curadores (compostos majoritariamente de notáveis locais do PDS) também não concorda com os nomes, o Conselho Federal de Educação se prepara para intervir na UFSCar.

---

[3] A situação crítica da Unicamp vinha pelo menos desde outubro de 1980, quando o reitor Plínio Alves de Morais, após já ter demitido vários funcionários da universidade, exonerou oito diretores de unidades. Em 1982, ele forçou a eleição de uma lista sêxtupla, apesar dos vários questionamentos, inclusive judiciais, da comunidade universitária por desrespeito às regras estatutárias de representação docente e discente. Vale salientar o pormenor de que, durante todo esse período, a reitoria contou com a assessoria jurídica do escritório de Alfredo Buzaid, ex-ministro da Justiça do governo de Garrastazu Médici. (N. do Org.)

O caso de Uberlândia é grotesco. Em 1981, oito professores do Departamento de Psicologia foram acusados por vinte colegas de ferirem o Código de Ética Profissional do Psicólogo. Sem conhecerem até hoje o conteúdo das acusações, sem que o caso fosse entregue ao Conselho Regional de Psicologia e sem que lhes fosse dado o direito de defesa, os professores foram informados de que o colegiado do Departamento de Psicologia (infringindo seu estatuto, porque não respeitou o quórum e os votantes eram os acusadores) havia votado por sua exclusão. Entre os expulsos, estava o chefe eleito do Departamento cujo lugar foi ocupado por interventor. Este tomou três providências: 1) Para evitar o "clima de discórdia" colocou os professores à disposição da reitoria e os enviou a fazer pós-graduação em outras paragens, mas sem tempo para conclusão dos trabalhos. 2) Para apurar "fatos", nomeou comissão de inquérito que interrogou estudantes e professores sobre suas posições políticas e ideológicas. 3) Demitiu o funcionário que apoiou os professores e exonerou estes últimos alegando não ser necessário ouvi-los, pois "quando uma grande empresa de Uberlândia dispensa empregados, não são chamados para nenhuma justificativa" (que trabalhador o ignora? E que a universidade seja empresa, quem duvidaria?). Além disso, afirmou, tais professores sempre criticaram a universidade e devem procurar emprego em outra freguesia. E concluiu: "Nenhum deles é de Uberlândia, nem têm familiares aqui. Não vejo por que estão reclamando". Lei dos Estrangeiros neles, interventor?

A intervenção tem sido forma canônica de governo no atual regime. Afinal, será o FMI nosso convidado? Uma peculiaridade da ideologia autoritária é exigir obediência cega porque ela própria se sustenta em atos de subserviência. Porém, se os mandantes aceitam servir porque desejam o poder, motivo não há para que os mandados aceitem a servidão voluntária. Se o fazem (e os casos aqui mencionados não são de submissão), é por causas profundas desenvolvidas ao máximo por regimes autoritários e totalitários: o medo de uns e a delação de outros.

Unesp-Assis, urgente[1]

País afora, professores, funcionários e estudantes, reunidos setorial e conjuntamente, discutem a democratização da universidade e buscam realizar eleições diretas para os postos de direção universitária (reitores e diretores), enfrentando, porém, o problema da ausência de previsão desse procedimento nos estatutos universitários. Para legitimar o processo, usam três vias sucessivas: assembleias gerais, onde candidatos aos postos apresentam projetos de gestão democrática (a começar pela mudança de estatutos e regimentos); eleição direta desses candidatos, para composição de lista sêxtupla (exigência legal) a ser oferecida às congregações e aos conselheiros para encaminhamento ao reitor (caso das diretorias) e aos poderes executivos estadual e federal (caso das reitorias); exigência de que essas instâncias respeitem a ordem dos nomes listados segundo a votação obtida e que seja escolhido o mais votado, que encabeça a lista. Via de regra, essa exigência não é respeitada. As autoridades universitárias ou governamentais ignoram as listas (caso de São Carlos) ou alteram sua ordem (caso de Assis), a escolha recaindo sobre alguém de confiança dessas autoridades. O caso de Assis, em muitos pontos semelhantes aos da Unicamp e da UFSCar, possui ainda um traço que o aproxima (em outro nível) do

---

[1] Originalmente publicado em: *Folha de S. Paulo*, São Paulo, 15 ago. 1983, Primeiro Caderno, p. 2. A autora voltará ao assunto em texto de 26 de dezembro, servindo-se inclusive do mesmo título. (N. do Org.)

de Uberlândia (aqui relatado há duas semanas),[2] pois uma "comissão de negociação", na realidade, de sindicância ou inquérito (não se sabe ao certo), já preparou lista para expurgos. Professores e funcionários correm o risco de demissão, e os alunos, de expulsão.

De abril a junho, por meio de assembleias setoriais ou conjuntas e debates públicos, o *campus* de Assis realizou eleições para formação da lista sêxtupla de nomes para a diretoria. Enviada à congregação, a lista foi alterada: o professor mais votado (26%), Quelce Salgado, passou do primeiro para o terceiro lugar, enquanto o atual diretor, Manuel Fernandes, passou do quinto lugar (8% dos votos) para o primeiro, vindo a ser nomeado para o cargo pelo reitor da Unesp. Em sinal de protesto, os universitários lacraram as portas da diretoria, considerada interventora, enterraram simbolicamente diretor e reitor, obtiveram apoio de associações docentes e estudantis de todo o Estado, da OAB, de parlamentares da região, de partidos de oposição e, em caravanas, se dirigiram ao governador para que resolvesse o impasse. Pretendendo esvaziar o movimento, o diretor de Assis antecipou o período das férias, porém, no início de agosto, em assembleia geral, o *campus* declarou-se em greve, e estudantes ocuparam as dependências da diretoria, mas foram expulsos pela polícia, chamada para "proteger o patrimônio público". Sem armas e sem gases, duas investigações policiais ocorreram, esmerando-se na persuasão pela força. Em suma, baixou em Assis, como em junho na USP,[3] a "repressão democrática" (para usarmos a curiosa expressão criada pelo governo de São Paulo por ocasião da greve geral de 21 de julho[4]).

Neste momento, os universitários ocupam o *campus* de Assis discutindo projetos de política cultural, cursos, pesquisas, serviços à população, e coletivamente professores e estudantes cuidam da limpeza, alimentação e pousada, num esforço de autonomia efetiva. Convocada

---

[2] Para os casos de São Carlos e de Uberlândia, cf. "Intervenções", texto anterior; para o caso da Unicamp, ver nota do organizador ao mesmo texto. (N. do Org.)

[3] Por conta de uma paralisação que durara oito dias, foi requisitada pela reitoria a ação da Polícia Militar. (N. do Org.)

[4] Nesse dia fora convocada uma greve nacional contra a política econômica do governo. Ao menos 19 pessoas foram autuadas com base na Lei de Segurança Nacional. (N. do Org.)

para apurar "destruição de patrimônio público", uma comissão de vereadores atesta estar o *campus* cuidado, intacto e íntegro. Os universitários exigem do governador: afastamento imediato do diretor; direção regimentalmente exercida pelo vice-diretor até o fim de seu mandato (setembro); negociações visando à nomeação do candidato mais votado.

Onde o impasse? Por que eleições universitárias têm sido bloqueadas? Em respeito à chamada autonomia universitária, o Executivo não pode intervir nos atos de um reitor, como é o caso de Assis. Essa autonomia é ficção institucional, pois os reitores são nomeados pelos executivos (federal ou estadual), sendo as reitorias consideradas cargos de confiança dos governantes (no caso de Assis, o governador não pode interferir no ato de um reitor da confiança do ex-governador). Em suma, a "autonomia" existente consagra o princípio da intervenção do Executivo sobre a universidade, de modo que a prática real da autonomia, de que as eleições diretas são um caso, contraria a "autonomia" institucionalizada. Eleições diretas para todos os postos são elementos de um processo de mudança institucional da universidade, e por isso são barradas em toda parte onde tentadas.

Sejam quais forem os dilemas que o Executivo tiver que enfrentar, o certo é que a experiência em curso na faculdade de Assis não pode ser destruída (como o foi na Unicamp e está sendo em São Carlos). A curto prazo, o Executivo não pode permitir a "repressão democrática" nem a "repressão branca" (punições, demissões, expulsões). A longo prazo, precisa confirmar mudanças institucionais que se realizam pela prática social. Afinal, não "é tempo de mudar"?

O ensino profissionalizante
entrou em falência[1]

JO: Como está o ensino profissionalizante na sua opinião? É importante? Houve erro na implantação? Qual a solução?

MC: Eu considero que o ensino profissionalizante entrou em falência primeiro porque o modo da implantação foi errado, não houve discussão a respeito dele – se era importante, se não era importante, o que se faria, quem você vai profissionalizar, por que você vai profissionalizar. Não houve nenhuma dessas discussões, mas uma imposição inteiramente abstrata. Então já a implantação, pelo depoimento mesmo dos diretores de escolas, foi completamente absurda, sem condições práticas, materiais ou humanas para se realizar. Eu acho evidentemente que um ensino profissionalizante é importante, mas não esse que está implantado aí e que está em vias de se desfazer. A solução eu não sei, o caminho, eu acho, é o da discussão com os professores, com a comunidade, com os estudantes, a respeito do que seja um ensino profissionalizante, onde, como e por que deve ser implantado. Agora,

---

[1] Entrevista originalmente publicada em: *Jornal Opinião*, Catanduva/SP, 11 out. 1983, p. 4. Quanto ao contexto da discussão, é preciso lembrar que ela se dá quase exatamente um ano após a Lei n. 7.044, de 18 de outubro de 1982, que alterava dispositivos da Lei n. 5.692 de 11 de agosto de 1971, que instituíra o ensino profissionalizante como obrigatório a todo o segundo grau. Ambas só vieram a ser revogadas em 1996, com a nova LDB, Lei n. 9.394, de 20 de janeiro de 1996. (Devemos este esclarecimento a Fernando Bonadia de Oliveira; N. do Org.)

se para isso a gente tem uma solução, eu não sei. Eu só tenho receio do profissionalizante num aspecto, que é o de correr o risco de cortar de uma parte grande da população a possibilidade do ensino superior, em nome da profissionalização feita no ensino médio.

JO: O método Paulo Freire pode ser aplicado no Brasil?

MC: Eu diria que não só pode como deve. Não só porque é um método internacionalmente aplicado com enorme sucesso, mas porque é um método que foi pensado pelo Paulo Freire a partir da realidade brasileira. Então, a implantação da pedagogia do Paulo Freire na sociedade brasileira torna esse método mais do que viável. Eu acho que torna esse método necessário. Por outro lado, eu diria que, política e culturalmente, o método Paulo Freire deveria ser aplicado no Brasil porque justamente a ideia fundamental do Paulo é a valorização dos conhecimentos, do pensamento, do saber, da cultura que cada pessoa, cada grupo e cada classe traz, os quais você apenas amplia. E nisso você faz com que cada um, cada grupo, cada classe, sozinhos, possam chegar a seu próprio trabalho educacional. Então, como o método Paulo Freire é um método de experiência de liberdade, acho que ele tem que ser aplicado no Brasil como uma pedagogia que não é política no sentido de passar conteúdos políticos para que as pessoas tenham práticas determinadas, ele é Político no sentido forte da palavra, com pê maiúsculo, no sentido de que ele é uma prática para a liberdade.

JO: A classe operária é carente de instrução e educação. Como se pode fazer hoje, no Brasil, a integração dessa classe nas escolas de primeiro e segundo graus?

MC: A primeira coisa é que as escolas de primeiro e segundo graus têm que ser maciçamente públicas e gratuitas, com a inteira assistência por parte do Estado, que tem a obrigação constitucional com o primeiro grau e a obrigação moral, política e cultural com o segundo grau. O que significa esse empenho com o primeiro e o segundo graus públicos, gratuitos, materialmente preparados, com professores, e todo um corpo de trabalhadores dessas escolas remunerados, conscientes do que estão fazendo? Que isso quer dizer? Isso quer dizer ampliação das redes escolares para toda a população que é carente nessa área. Mas significa também outra coisa: significa que não é apenas fornecer qualquer tipo de instrução, qualquer tipo de educação que torna a classe operária de alguma maneira integrada culturalmente na sociedade. E acho que é preciso também respeitar a maneira pela qual essa própria classe entende o que seja educação e qual a importância da educação para si. Eu acho que ela também tem de ser consultada, e é por isso que eu preferia o método Paulo Freire, porque você consulta o educando a respeito da educação que ele mesmo vai acabar proporcionando a si próprio. Então, eu acho que não se trata de impor à classe operária as escolas de primeiro e de segundo graus, mas se trata de criar essas escolas ao mesmo tempo que se consulte essa classe a respeito do que é que ela deseja quanto à educação.

JO: Como melhorar o ensino universitário e a universidade?

MC: Essa pergunta eu não vou ter condições de responder. A resposta seria muito longa porque, como é a área da minha especialidade, é um assunto no qual eu tenho mexido, tenho escrito a respeito, tenho vários artigos, tenho três ensaios longos sobre isso, então eu teria muita dificuldade, em algumas palavras, para dizer como melhorar o ensino universitário e a universidade. A única coisa que eu posso afirmar é que a condição é a melhoria do ensino de primeiro e segundo graus. E a outra condição, para melhorar agora a universidade, é desmantelar a estrutura vertical, hierárquica, autoritária que ela tem como uma burocracia. Enquanto não desburocratizar a universidade, não melhora o que ela pode fazer.

JO: Que solução o Fórum de Debates[2] pode trazer para o ensino?

MC: Bom, ontem [dia 7/10], entre as várias propostas concretas de formas de representação, de atuação, os primeiros pontos nos quais as reivindicações devem atuar, o que saiu como uma proposta foi que a primeira atividade do Fórum é uma reflexão sobre a situação geral do ensino, a partir da qual se começará coletivamente a encaminhar as soluções. Bem, eu penso que as soluções que virão através do Fórum vão ter dois aspectos novos e importantes. O primeiro é que as mudanças que puderem ser feitas no ensino sejam feitas a partir de uma

---

[2] Trata-se do I Fórum Regional de Educação de Catanduva, de que participara Chaui. (N. do Org.)

discussão, que os próprios professores, os estudantes e os funcionários fizeram das dificuldades, todas elas de problemas reais e concretos que encontram na sua prática cotidiana, e não através de um conjunto de leis, de projetos caídos do céu. E em segundo lugar eu acho que as soluções que o Fórum pode trazer têm como traço de novidade não apenas esse aspecto concreto, das soluções por que elas passam, numa análise das dificuldades e dos problemas, mas também o fato que as soluções que vão ser propostas, isso é que eu acho novo, virão daqueles que estão com a mão na massa, que estão em contato cotidiano com os problemas da educação e que poderão propor soluções para ela. Acho que as propostas feitas, a dos conselhos de representantes, a de estímulo à participação estudantil e também a de sindicalização dos professores nas suas entidades de classe, são o primeiro passo para essa reflexão conjunta. Entretanto, acho que não devemos esperar que ele produza soluções. Acho que a especificidade do Fórum é que ele crie um espaço de debate e de reflexão. As soluções virão a partir daí, mas não no Fórum como tal.

Professores, professoras[1]

Como em pesquisa anterior, na qual foi alta a nota conferida pela população aos jornalistas, na pesquisa publicada ontem pela *Folha*[2] professores e professoras obtiveram a média mais alta. Merece reflexão esse respeito por categorias profissionais nada tecnicistas, cujos instrumentos de trabalho são a palavra e o pensamento.

Considerando-se as condições reais de trabalho de jornalistas e professores/as (censura, má remuneração, desemprego, injunções burocráticas e empresariais, reprodução e reforço de ideologias, processos judiciários e administrativos, cassações brancas, interventorias), o significado *simbólico* das notas que lhes foram atribuídas revela que, através desses profissionais, a população valorizou a combatividade no plano público – de um lado, a opinião pública como circulação e discussão das informações (pois onde há segredo não há democracia) e, de outro lado, a luta pela educação como direito sociopolítico.

Submetidos, desde sempre, a baixíssimos salários (sobretudo no primeiro grau) e, desde 1964, à repressão física e ideológica; forçados pelas sucessivas reformas do ensino à burocratização de suas atividades

---

[1] Originalmente publicado em: *Folha de S. Paulo*, São Paulo, 14 nov. 1983, Primeiro Caderno, p. 2. (N. do Org.)

[2] A pesquisa fora realizada na semana anterior, em seis capitais. Numa escala de 0 a 10, foram avaliadas as imagens de militares (nota 3,8), professores (nota 7,0), médicos (nota 6,6) e advogados (nota 5,5). (N. do Org.)

(reguladas por critérios exteriores à pedagogia, à transmissão de conhecimentos e à criação de saber); relegados pelo segredo orçamentário a condições de ensino e de pesquisa irrisórias (desde a falta de giz, apagador e carteiras, no primeiro grau, até a de laboratórios, bibliotecas e salas de aula, na universidade); empurrados pela organização empresarial das escolas públicas e privadas ao rebaixamento do nível de sua formação (licenciaturas curtas, supressão das escolas normais, as famigeradas OSPB e comunicação e expressão) e ao alto custo dessa precária formação (taxas nas escolas públicas, mensalidades pesadas nas particulares e nos amaldiçoados cursinhos e vestibulares, preço exorbitante do material escolar, especialmente livros, para não mencionar o "material descartável"); lutando contra resignação e passividade de uns, conservadorismo e reacionarismo de outros e o medo de todos, professores e professoras de todos os graus conseguiram a duras penas criar ou refazer suas associações, ocupar o espaço público para críticas, denúncias, reivindicações e apresentação de projetos alternativos para a escola – do ensino à forma da representação e da gestão no campo educacional.

Derrotas aqui, vitórias acolá, talvez não soubessem (não soubéssemos) qual o valor das lutas perante a sociedade. A pesquisa da Folha é um índice benfazejo de que os caminhos são bons e de que a batalha pela escola pública gratuita, por mais verbas para a educação, pela democratização da escola em todos os graus, por melhores condições de ensino, trabalho e vida encontra eco e apoio na sociedade, no conjunto das lutas por uma nova política social neste país. Professores e professoras não são funcionários de governos, mas servidores *públicos*, participantes da república para quem a educação não é apenas um bem e o valor mas *coisa pública*, direito de todos não só no acesso à cultura letrada mas sobretudo na criação, produção e direção dela, conforme as necessidades e os anseios definidos pela própria sociedade.

Paradoxalmente, num instante em que se procura levar a população à histeria coletiva e fascistoide em torno do "aumento da criminalidade", essa população não deu as notas mais altas aos que se encarregam da segurança vital, jurídica e nacional. A média obtida pelo professorado sugere que permanece verdadeiro algo escrito no século XVII por um filósofo que aceitou o risco de afirmar que "a liberdade não é contrária, mas necessária à paz e à segurança da república" – Baruch Espinosa. "Se fosse tão fácil dominar os espíritos como se censuram as línguas, não haveria governo violento, pois todos julgariam o verdadeiro e o falso, o bom e o mau, o justo e o iníquo segundo os decretos dos governantes, e estes reinariam em segurança. Mas tal não acontece. É impossível fazer com que o espírito de alguém seja possuído totalmente por outro, pois ninguém transfere a outrem o direito natural ou a faculdade de pensar e de julgar livremente em todas as circunstâncias."

Os universitários e o arrocho[1]

Durante a campanha eleitoral,[2] circulou no meio do funcionalismo público um panfleto onde se lia: "Vamos governar com Montoro para, em comum acordo com as entidades de classe representativas dos funcionários: 1) Recuperar a dignidade do serviço público e corrigir os salários aviltados pela política do atual governo; debater a questão salarial a partir da época da elaboração do orçamento; estudar a implantação de reajuste semestral ou de outras formas de reajuste periódico [...]. 2) Estimular a participação dos funcionários nas decisões administrativas e orçamentárias [...]".[3]

Infelizmente, contrariando as expectativas da maioria dos professores universitários do Estado de São Paulo, cá estamos nós revivendo uma situação que se imaginava enterrada com o governo Maluf:[4] de um lado, professores forçados à paralisação das atividades docentes para reivindicar melhores salários; do outro, o governo do Estado manipulando dados e usando argumentos supostamente técnico-administrativos,

---

[1] Originalmente publicado em: *Folha de S. Paulo*, São Paulo, 5 dez. 1983, Primeiro Caderno, p. 2. (N. do Org.)

[2] Para o governo do Estado de São Paulo, em 1982, quando André Franco Montoro, que se elegeria, foi candidato pelo PMDB. (N. do Org.)

[3] Essa proposta voltará a ser confrontada com os fatos no texto "A greve do professorado", a seguir. (N. do Org.)

[4] Paulo Salim Maluf foi governador biônico do Estado de São Paulo entre 1979 e 1982.

aqueles mesmos combatidos outrora pelos que hoje decidem sobre orçamentos, verbas e salários. Quem diria, hein?

Sem dúvida, tudo agora se passa de modo muito mais civilizado do que antes: "negociações" "*in palazzo*" (ah! Essa mania monárquica rondando a república...), carta de docentes respondida com amável telegrama da Secretaria do Governo, prometendo atender às "principais reivindicações, dentro da realidade orçamentária do Estado [...] num futuro próximo". Tudo "*comme il faut*", entre acadêmicos respeitáveis. Só faltam flores e, evidentemente, dados e falas confiáveis. Até o momento, desconhecemos a "realidade orçamentária do Estado", não participamos da feitura dos orçamentos relativos ao funcionalismo público e sequer conhecemos o índice de reajuste salarial a ser proposto pelo Executivo.

Bloqueados entre o passado recente e o "futuro próximo" (ainda bem que a língua portuguesa possui menos tempos verbais que a grega ou a russa), os universitários vivem um presente alarmante, pois nossos salários sofreram uma perda real de 50%, índice mais alto dentre todas as categorias profissionais (seja entre os chamados trabalhadores intelectuais, seja entre os manuais como os professores da Escola Politécnica), e mais baixo apenas que a perda real dos que realizam o chamado "trabalho não qualificado". Seria bom esclarecer que grande parte dos docentes está no início de carreira (são os MS-1), trabalha em regime de tempo parcial (RTP) e ganha por volta de Cr$ 73.000,00.[5] Os docentes sequer estão pleiteando reajuste salarial. Reivindicam a recomposição do salário para superar a queda brutal sofrida. Exigem o mínimo de 132%, mas circulam boatos de que o Executivo planeja oferecer 35%. Em matéria de "recuperação da dignidade do serviço público", o Executivo possui ideias, no mínimo, paradoxais.

Em sua coluna, nesta página, ontem, o senador Severo Gomes dizia que os trabalhadores obtiveram reajustes de 120% e que a Fundação Getúlio Vargas calcula em 381,5% o aumento dos produtos agrícolas e em 200% a taxa de inflação.

O senador peemedebista afirma também que os decretos-leis aviltam os salários e não resolvem a dívida externa, calculando em 19%

---

[5] Para uma estimativa, a cotação oficial do dólar americano para compra no dia 16 de novembro de 1983 era de Cr$ 852,00; portanto, Cr$ 73.000,00 equivaliam a US$ 85,68. (N. do Org.)

o índice de redução das indústrias. Curiosamente, numa das conversas entre docentes e a Secretaria de Planejamento e Gestão do Estado de São Paulo, indagaram os primeiros se os economistas do PMDB não conheciam a extensão da crise quando aceitaram as promessas eleitorais de seu partido, ao que o senhor secretário respondeu: "Vai ver que os economistas do PMDB são incompetentes". Vai ver que foi por esse motivo que, em entrevista concedida a Joelmir Beting e publicada nesta *Folha*, o ministro Delfim Netto elogiava a Secretaria de Planejamento de São Paulo... Para os ideólogos da competência, a coisa vai mal das pernas.

A USP não é uma instituição milenar (tem apenas 50 anos como universidade) nem são milenares a Unicamp e a Unesp. Isso, porém, não diminui a responsabilidade que não exime o governo da "participação democrática" que ele ignora. Donde a pergunta: pretende o Executivo paulista incluir em seu repertório o "arrocho democrático"? E com que fim?

Unesp-Assis, urgente[1]

A 15 de janeiro próximo, 56 perigosos delinquentes deverão apresentar suas defesas à Reitoria da Unesp, respondendo a acusações feitas por uma comissão de sindicância, nomeada pelo magnífico reitor. Trata-se de professores, estudantes e funcionários sobre os quais pesam gravíssimas suspeitas de atentado à civilização ocidental e à cultura pátria.

Essa gentalha, que ousou debates públicos e eleições para formar uma lista de nomes para a escolha do novo diretor do *campus* da Assis, inconformada por ver desrespeitada sua vontade política, fez barbaridades. Conforme a peça acusatória da comissão de sindicância, o grupo de malfeitores atentou contra a ordem: deu "chutinhos" (não se sabe onde), cuspiu (não se sabe em que ou em quem), disse palavrões (não é dito quais), tocou bumbo, violão e tamborim (tá vendo só, Noel?), regalou-se em "almoço festivo" (também, com os bandejões existentes, toda comida é festa), dormiu nas dependências da escola, ministrou aulas apesar das proibições, enterrou simbolicamente as autoridades.

Não fossem a viva lembrança das duas últimas décadas, o *curriculum vitae* dos membros da sindicância e a permanência do passado nos estatutos, regimentos e dispositivos legais do presente, a peça acusatória poderia ir para o rol das comédias descosidas, onde o grotesco e o burlesco se alternam compondo infeliz farsa. Porém o passado ainda

---

[1] Originalmente publicado em: *Folha de S. Paulo*, São Paulo, 26 dez. 1983, Primeiro Caderno, p. 2. O assunto já fora tratado em texto anterior, de 15 de agosto, com o mesmo título (N. do Org.)

não é pretérito. As preciosidades da acusação – chutinhos, cusparada, batucada – foram obtidas pelas vias costumeiras: delação e intimidação. E costumeiras são as propostas dos acusadores: demissão, expulsão, suspensão. Cá estamos, de volta aos bons tempos, quando bastava um telefonema ou uma assinatura para ceifar uma vida de trabalho ou o renovar das esperanças.

Malgrado o tom farsante e pândego, o que se passa em Assis é grave. Ali não só se preserva, através de duvidosa legalidade, o autoritarismo atávico das direções universitárias como também se estimula a perene caça às bruxas. Enquanto procuradores do Estado e radialistas caçam trombadinhas e as populações da periferia das cidades lincham, em busca da ilusória segurança numa sociedade estruturalmente violenta, os guardiões da ordem universitária se preparam para acusar, condenar e punir a "desordem" democrática.

Na Unesp, o reitor será o único que, pelos estatutos, poderá ler e julgar as defesas, enfeixando em suas mãos o direito de vigiar e punir. Ora, essa vigilância e punição se destacam sobre um pano de fundo político que convém não esquecer: 1) A tentativa para cortar a movimentação universitária para escolha livre do novo reitor, impedindo que o nome do Prof. William Saad Hossne seja indicado por professores, estudantes e funcionários. 2) A tentativa para manter oculta a situação revelada pela Comissão de Educação da Assembleia Legislativa que apontou irregularidades administrativas e regimentais, práticas de favoritismo e nepotismo, perseguição política e pressão contra professores e funcionários.

Se as consequências não fossem sérias para os 56 indiciados e para todos os que lutam pela democratização da universidade, se o relatório da Comissão de Educação não abrisse fendas no edifício universitário, não valeria a pena dar-se ao trabalho de refutar a ridícula peça de acusação dos vigilantes do *campus* de Assis. Mas não. O chutinho, o cuspe e a batucada, postos sob a férula do mestre-escola, deixam de ser signos da irreverência para se converterem em crimes cuja punição extravasa as grades invisíveis da universidade atingindo uns poucos hoje e muitos amanhã. Como ontem.

Biblioteca[1]

Águas de chuvas torrenciais inundaram a biblioteca de filosofia e ciências sociais da USP. Jornalistas escreveram sobre o fato e muitos, com dedicação, se ocupam agora da restauração dos livros e da manutenção do local. Mas talvez valha a pena meditar brevemente sobre essa instituição peculiar, a biblioteca.

A biblioteca e o museu não são necessariamente benfazejos. Se permitem que se veja o conjunto das obras e as perceba como momentos de um esforço cultural único, perdem o essencial, isto é, o trabalho que animava sua criação; reduzidas a coisas ou ideias, postas em regime de inventário, penduradas nas paredes ou enfileiradas nas estantes para o espetáculo dos visitantes, as obras amortecidas nas necrópoles "culturais" nos levam a indagar, com o filósofo, se "tantas alegrias e dores, tanta cólera e tanto trabalho estariam destinadas a se refletirem na luz triste" dessas salas e corredores. Falando de seu tempo, em seu tempo, para e contra seu tempo, as obras se inscrevem numa história feita de necessidade e contingência, lógica e acaso. Arrancando-as de sua relação viva com o mundo, o museu e a biblioteca amortecem suas lutas, criam a ilusão de um tempo contínuo e de uma história

---

[1] Originalmente publicado em: *Folha de S. Paulo*, São Paulo, 9 jan. 1984, Primeiro Caderno, p. 2; republicado, como "Biblioteca, uma reflexão", em: *Duas Palavras* (Revista da Biblioteca Pública Estadual Luiz de Bessa), Belo Horizonte, n. 1, dez. 1984, p. 18-19. (N. do Org.)

progressiva, sem acidentes e impasses, sem rupturas e criações. Dão às obras um falso prestígio, o da história oficial pomposa. Espetáculos para a cerimônia do olhar "desinteressado", as obras deslizam na exterioridade do consumo, da autossatisfação do espectador e da neutralização de tudo quanto nelas é subversivo.

No entanto, é possível ir ao museu como ali vão os artistas: na alegria da obra comum, na rivalidade mortal e inconscientemente fraterna, na busca de novos caminhos, no contato com a tradição para poder esquecê-la e tudo recomeçar.

Para quem lê movido pelo desejo de escrever (ainda que jamais venha a fazê-lo), a biblioteca não é guardiã do passado. O escritor interpela a matéria da experiência, interrogando-a para levá-la à expressão reflexiva pelo trabalho do pensamento e da linguagem. Ao fazê-lo, imprime inesperada torção nas ideias, nas práticas e nas palavras, roubando-lhes o equilíbrio e o centro instituídos, abrindo, doravante, um campo de significações teóricas, práticas e artísticas que já não pode ser ignorado e que, ao pensar, faz pensar. Há, para usarmos aqui uma feliz expressão, o "trabalho da obra" que não é apenas o do escritor sobre a experiência e a linguagem, nem apenas o do leitor a decifrar a escrita, mas o movimento interno pelo qual a obra, ao compreender algo em seu tempo ou de seu tempo, abre-se para o pensamento e a criação dos que vieram depois dela, quer seguindo sua trilha, quer insurgindo-se contra ela. Dando a pensar no momento em que pensa, a obra cria de seu próprio interior um tempo de trabalho que a diferencia do passado e do porvir, comunicando-se com eles. Lida, cria no leitor o desejo e a necessidade de escrever, seja para continuá-la, seja para contestá-la no contato com outras experiências e questões que levava a interrogar sem que ela mesma pudesse respondê-las.

Se é na esteira de outros que aprendemos a falar e a pensar, a biblioteca não é sepulcro, nem espetáculo, nem tabernáculo: é oficina, ateliê, laboratório e, num país de excluídos culturais porque explorados e iletrados, ainda é a maneira de conservá-los vivos registrando suas falas, lembranças, esperanças, derrotas e promessas.

Vertiginosa, como a descreveu Borges, assustadora, como a narrou Eco, comovente, como a imaginou Bradbury, vivente, como a fazem os historiadores e antropólogos, a biblioteca valerá sempre que para nós não for apenas e estupidamente edificante. E quando nos permita, ao percorrê-la nela trabalhando, lembrar o risco e o prazer da liberdade de pensar e de dizer, o horror da censura e do siso do sensor, a sandice do poder com seu "Ministério da Verdade", a quietude mortal dos que não duvidam nem se inquietam.

Quão difícil tem sido, numa universidade fascinada pelos ganhos com a prestação de serviços técnicos a empresas e à administração estatal, perceber a necessidade e o valor da biblioteca, o respeito pela qualidade do seu acervo e a exigência de local e pessoal adequados para seu funcionamento.

Nossa ideia da universidade[1]

Na Universidade de São Paulo, divergem as opiniões quanto à situação atual da universidade.

Segundo alguns, a USP vai muito bem, realizando a contento (ainda que não de modo perfeito) os princípios da reforma universitária, de acordo com os quais a universidade reformada visa a "conseguir sua eficiência, modernização, flexibilidade administrativa e formação de recursos humanos de alto nível para o desenvolvimento do país".[2] Nessa perspectiva, julga-se que a USP tem sido capaz de propor um "repertório de soluções realistas e medidas operacionais"[3] que permitiram racionalizar as atividades universitárias, dando-lhes maior produtividade (número de cursos, de teses e títulos, de publicações, etc.).

Para muitos outros, no entanto, essa definição técnico-administrativa da instituição universitária, produtivista, quantitativa e articulada a interesses empresariais e da administração estatal, pressupondo

---

[1] Originalmente publicado em: *Jornal da Adusp*, São Paulo, jan. 1984, p. 6-7, com a seguinte nota introdutória: "Transcrevemos a seguir texto elaborado pela Profa. Marilena Chaui a partir das discussões realizadas por uma comissão designada em assembleia da Adusp e integrada pelos professores B. Fétizon, Rocha Barros, Miraglia, J. Jeremias, Bicudo e M. Chaui". O trabalho, datado de 12 de janeiro de 1984, foi apresentado no dia 25 daquele mês durante as comemorações do cinquentenário da USP. (N. do Org.)

[2] In: *Relatório Geral do Grupo de Trabalho para a Reforma Universitária*, mimeo, p. 1.

[3] In: *Relatório Geral do Grupo de Trabalho para a Reforma Universitária*, mimeo, p. 1.

certa concepção do que sejam os serviços prestados pela universidade à sociedade, criou obstáculos que impedem a efetiva realização da universidade, mergulhando-a em crises sucessivas e em equívocos jamais discutidos, armando uma estrutura de poder tal que promove a alienação, a vida universitária escapando dos objetivos e desígnios de professores e estudantes.

Ainda que raramente explicitadas, essas divergências de opinião têm como pressuposto divergência na concepção do que sejam a docência e a pesquisa, os vínculos da universidade com o Estado e os serviços a serem prestados à sociedade. Na primeira concepção, aliás, a sociedade comparece na qualidade de demandante de serviços através de empresas e na qualidade de contribuinte ou pagadora de impostos que cobra da universidade um bom desempenho que justifique os gastos com seus trabalhos (docência e pesquisa), de sorte que os critérios da produção universitária não são dados por ela mesma, e sim pelo mercado e pelo fisco. Quanto ao Estado, supõe-se que possa ser reduzido à posição do tutor e do fiscal, ao mesmo tempo que garantidor da autonomia universitária, ainda que a cúpula dirigente da universidade seja escolhida pelos governantes, sendo quase impossível saber se os dirigentes representam a universidade perante o Estado, ou se representam o Estado perante a universidade.

Uma vez que a Adusp considera haver uma crise na USP, que afeta a docência, a pesquisa e a administração, as formas de decisão, as relações com a sociedade e os vínculos com o Estado, convém explicar o que a associação pensa da universidade, a fim de melhor esclarecer suas críticas e propostas concernentes à democratização da USP e ao sentido da atividade universitária como um todo. Não falaremos aqui das diferenças ou especificidades dos diversos setores que constituem a USP, cada qual com seu elenco próprio de críticas e propostas, mas apenas da universidade em seus aspectos mais gerais.

Nossa existência individual e coletiva é tecida por experiências variadas em nosso contato com a natureza e com os demais, na simbolização de divisões e diferenças que constitui a vida cultural a partir do trabalho, da linguagem, da relação com o tempo ou com o ausente – o passado e o porvir – e da constituição do direito e da lei. Se considerarmos que o saber se diferencia da experiência imediata – individual e social, temporal e espacial – porque a interroga e busca compreendê-la interpretando-a, pesquisando e refletindo sobre suas origens, formas, sentidos e direções possíveis ou necessárias, então o saber pode ser considerado um trabalho para transformar os dados imediatos e as questões postas pela experiência elaborando conceitos e práticas que explicitam sua inteligibilidade. Como trabalho, o saber é peculiar captura das ideias e dos fatos dados para negá-los naquilo que possuem de aparência, buscando sua gênese no campo cultural mais amplo, onde deitam raízes. Como negação do imediato dado, como descoberta, interpretação, invenção e criação, o saber, enquanto pensamento e práxis, possui uma característica que lhe é própria e decisiva, qual seja, a capacidade para pensar-se a si mesmo, conhecer seus caminhos, limites e impasses e novas possibilidades, sendo intrinsecamente autorreflexivo e crítico. Criando campos de questões e de soluções que se comunicam entre si e com o passado, além de abrirem significações prosseguidas ou refutadas pelo futuro, o saber autorreflexivo é avesso ao princípio da obediência à autoridade instituída, pois não cessa de questionar a si mesmo no contato com as experiências múltiplas que o suscitam e se articulam entre si. Interdisciplinar por vocação e não por decreto, temporal por essência e não por exigências externas de "progresso", o saber é busca de liberdade (a autonomia do pensamento autorregulado), de rigor (o controle metódico de seus passos) e de emancipação (a clarificação do sentido das experiências para conservá-las ou superá-las). É direito à dúvida, sem a qual morre de inanição, mas também é direito à esperança do verdadeiro, só possível quando afastado do dogma.

Como vaivém incessante dos fatos aos conceitos, destes àqueles e de ambos às práticas diferenciadas, o saber se efetua em duas dimensões internamente articuladas: a da história das ideias e práticas científicas, artísticas, literárias, técnicas e filosóficas (seu movimento de autorreflexão metódica) e o da história das experiências culturais, sociais, políticas, econômicas que o suscitaram em momentos determinados. O saber é, pois, um trabalho histórico que mergulha em três sentidos: na história cultural das experiências de onde nasce como questionamento; em sua própria história interna de autotransformação, seja movido pelos impasses ou pelas sugestões das ideias, seja movido pelo acaso, criador de suas descobertas; e na história social através das instituições onde se realiza e se transforma, transformando-as também. Não indaga apenas:

o que há para saber? Não se satisfaz apenas em realizar-se no interior de uma instituição, mas ainda indaga: o que é essa instituição, por que e para que ela existe?

Entre várias instituições de uma sociedade onde há criação, conservação e transmissão do saber, encontra-se aquela que, na história do Ocidente, particularmente medieval e moderno, é considerada por excelência o espaço de criação e de transmissão dos conhecimentos: a universidade. Como instituição social, os laços da universidade com o poder sempre foram determinantes para sua definição e para suas atividades. Seja como fonte de justificativas jurídico-teológicas para a política – como na universidade medieval –, seja como produtora de instrumentos técnico-científicos de controle da natureza e da sociedade – como na universidade moderna –, a instituição universitária oscila incessantemente entre exigências decorrentes do trabalho do pensamento e as que lhe advêm de suas relações com as instituições de poder. Isso, porém, não há de servir como álibi para que acomode às necessidades imediatistas do mercado e do Estado, em prejuízo do espaço que propicia criação e invenção como atividades transformadoras de sua própria estrutura. Se a universidade é realização de saber, se o saber é autorreflexão e movimento temporal que determina sua transformação e a da sua prática, então a universidade, pelo tipo de trabalho que a caracteriza, há de ser capaz de compreender e modificar suas próprias condições de trabalho, isto é, a instituição. Se hoje nos propomos a discutir amplamente a transformação da estrutura dessa universidade é por entendermos que sua forma atual de organização desconsidera as características do trabalho que nela é ou deveria ser realizado.

Evidentemente, a universidade não foi, não é nem poderia ser o único espaço de realização do pensamento e de elaboração artística da sensibilidade. Frequentemente, a pretensão que lhe outorgar tal exclusividade encobre objetivos ideológicos e políticos difusos que convém explicitar. Assim, a divisão costumeira entre formas superiores e inferiores de saber, a suposição de que a universidade se ocupa das primeiras e deve excluir as segundas ou subordiná-las, absorvendo-as no aparelho escolar, é um meio para legitimar a exclusão de grande quantidade de práticas e de conhecimentos de setores da sociedade que foram despojados do direito ao pensamento e à cultura dita letrada ou erudita, ou ainda é um meio para afastar como inúteis, perigosas ou errôneas experiências, ideias e ações consideradas indignas de recepção no recinto do saber oficial que se suporia produzido e mantido pela universidade. Por outro lado, no entanto, a imagem da exclusividade da instituição universitária no processo do conhecimento também serve para prestigiar a universidade a fim de que seu prestígio possa validar ideias, práticas e aplicações de conhecimento cuja pesquisa real é feita fora dela e cuja finalidade é decidida segundo critérios exteriores a ela, os quais permanecem secretos porque são ligados a decisões e interesses do Estado, como é o caso, por exemplo, da energia nuclear, do controle populacional, da modificação de comportamentos sociais etc. Nessa perspectiva, a universidade acaba prensada entre duas exclusões: a do saber social não oficial ou não reconhecido oficialmente e a do uso oficial do saber como validação de conhecimentos que universitários produzem sem que sejam da alçada da própria universidade. Ao mesmo tempo valorizada por sua capacidade excludente e desvalorizada em sua capacidade crítica, a universidade parece rodopiar sobre si mesma, desprovida de sentido e de finalidade. Para lhe dar algum sentido social procura-se, então, atrelá-la à prestação de serviços a empresas privadas e a burocracias estatais. Para tanto, duas medidas são tomadas: por um lado, a diminuição dos recursos para a docência e a pesquisa da própria universidade, e, por outro, a localização dos recursos nas burocracias estatais (estaduais e federais) ou em órgãos financeiros, e nas empresas que estabelecem convênios com a universidade. Através dessas medidas, as decisões quanto ao conteúdo, à forma, à finalidade, aos meios, ao tempo e aos resultados das pesquisas sofrem um deslocamento, passando da universidade para agências que lhe são exteriores e a governam de fora. Cria-se a heteronomia universitária. Pelo enclausuramento institucional, pelas formas internas e externas de poder, procura-se neutralizar o cerne da universidade: a criação livre dos conhecimentos.

Esse processo conduz a um resultado em nada surpreendente. Alimentada com a imagem de seu pretenso prestígio de elite pensante e ilustrada, farol da sociedade ignara que lhe pede as boas luzes, na realidade a universidade está reduzida à rotina e à repetição infindável das ideias, caricatura infeliz e inconsciente da chamada "alta cultura". Escapam de seu alcance as decisões sobre as pesquisas fundamentais, e aquelas que conseguem vencer os obstáculos chegando a completarem-se não recebem outro reconhecimento senão o do título conferido ao docente.

A universidade é, pois, uma realidade contraditória: como criação de saber, ela acredita na transformação histórica das experiências que fizeram nascer pesquisas, interpretações, técnicas e práticas, transformando-as também; ao mesmo tempo, no entanto, está organizada de modo a bloquear a invenção e a fragmentar os conhecimentos, pois as divisões institucionais raramente correspondem a necessidades internas do desenvolvimento do próprio conhecimento mas decorrem de critérios administrativos, burocráticos e financeiros extrínsecos ao pensamento e às práticas, fragmentação que neutraliza as descobertas e obsta as transformações, sobretudo se estas se articulam a outras, em curso na sociedade. Assim, o vínculo interno da universidade com a realidade natural, social, política, artística, vínculo determinado pela relação entre o saber e as experiências por ele elaboradas, tende a ser esquecido ou mesmo anulado pela teia intrincada da administração universitária que estabelece, por sua conta e risco, a relação da instituição com o mercado e o Estado.

Essa contradição não é um acidente, um mal-entendido casual, mas é constitutiva do ser da universidade, não podendo ser negligenciada sob pena de perdermos a possibilidade de compreendermos o que seja a instituição universitária e o trabalho que nela se realiza ou deveria realizar-se.

Essa contradição transparece, por exemplo, na infindável querela entre as escolas profissionais e as faculdades e os institutos de pesquisa da USP, ou seja, entre a reprodução e a transmissão de conhecidos instituídos, de um lado, e a invenção de saber, de outro. Ou ainda nos discursos da fundação e da reforma da USP, pois tais discursos afirmam, simultaneamente, o caráter inovador e conservador da universidade. Por um lado, afirma-se que o papel da USP é criador, sementeira e cultivo de novas ideias e de novas práticas, sendo por isso uma realidade temporal ou histórica em perene transformação; por outro lado, afirma-se também que a ela cabe o papel de ser guardiã das tradições culturais que devem ser transmitidas pela docência e servir de guias seguros para as pesquisas, formando elites intelectuais para a direção da sociedade ou para o desenvolvimento do país. Via de regra, as duas faces do discurso são unificadas ou reconciliadas não pela compreensão de que são reciprocamente negativas, mas sim pela ideia da modernização conservadora, isto é, de mudanças conceituais, artísticas, técnicas que não tragam verdadeira ruptura no instituído, que não sejam uma reflexão transformadora. Nessa perspectiva, juntam-se harmoniosamente as ideias de conservação e de sua adequação organizacional aos novos tempos – numa palavra, o progressismo.

Misto de laboratório, estufa e cátedra, a USP estaria destinada à proeza da mudança conservadora que a torna instrumento eficaz do que lhe escapa no plano geral das decisões culturais e políticas. Escolhendo um dos lados da contradição – o lado institucional dado – e ocultando o conflito entre instituição e saber, a USP aceita derrotar-se a si mesma, derrotando suas finalidades, imobilizando-se na agitação aparente e estéril da listagem de títulos, do ritual da carreira, do cômputo de pesquisas e créditos, do afã de multiplicar as publicações sem que tenham tempo de amadurecer, do empenho num didatismo simplificador e imediatista que rouba dos estudantes a possibilidade de uma relação concreta com o conhecimento e a cultura. Linha intelectual de montagem, taylorista e stakanovista, só resta a seus docentes a reivindicação de melhor salário que faça jus a tanta "serviceira".

Quando se aceita a discussão institucional sem articulá-la à outra face da contradição, a propalada crise da USP acaba sendo reduzida a seus aspectos mais visíveis e imediatos: a formação do poder e da representação, a centralização que fragmenta os conhecimentos e unifica as instâncias burocrático-administrativas, o caráter secreto das decisões, a não circulação das informações, a concentração de autoridade em comissões nomeadas em confiança, a estrutura da carreira docente e a subordinação da pesquisa à titulação, a homogeneização da atividade pedagógica sem consideração pela especificidade dos cursos ministrados, a precariedade das instalações e de sua conservação, a diferenciação discriminatória no atendimento das necessidades materiais de cada unidade, a rotinização da pós-graduação, os privilégios na decisão quanto a publicações de teses e resultados parciais de pesquisas, a manipulação dos orçamentos e das verbas, a subordinação crescente aos interesses empresariais externos, o controle ideológico de professores, estudantes e funcionários, o oportunismo das direções universitárias que hoje se autoproclamam democráticas para acompanharem os ventos do tempo e melhor conservarem seus cargos e postos e sua prática autoritária.

Todavia, essas são apenas as formas do aparecer da crise, ou se se quiser, a crise visível que oculta a verdadeira e profunda crise. Essa crise visível corre o risco de ser estéril, seja porque não é reconhecida pelos dirigentes universitários (para os quais o que acabamos de descrever aparece justamente como sinal da organização racional moderna), seja porque pode ser por eles administrada com pequenos remanejamentos *ad hoc* e pequenas concessões aqui e acolá. Por isso enfatizamos a necessidade de debatermos a crise profunda.

Se a universidade é uma realidade contraditória, se a contradição se constitui entre a face institucional do saber e sua face reflexiva e autoconservadora, então uma universidade que se preze vive numa crise permanente. A crise profunda da USP nasce do próprio ser da universidade, pois ela vive sob o risco ininterrupto daquilo que pode destruí-la. Com efeito, se o saber emerge na elaboração daquilo que as experiências nos oferecem para pensar e fazer, se as experiências capazes de suscitar pensamento e ação são justamente aquelas que ainda não foram pensadas e das quais ainda não surgiram novas formas de ação, percebe-se que a universidade, através de sua face institucional, se realiza amortecendo o novo trazido pelas experiências. Há domesticação do inédito, há neutralização do instigante, há seleção prévia do que pode e o que não pode ser trabalhado.

A experiência nova, passando primeiro pelo crivo institucional de classe e do Estado que controla a instituição, força o pensamento a se realizar sob controles e imperativos exteriores a ele próprio e graças aos quais a experiência sociocultural na sua totalidade não pode penetrar no recinto institucional. Entretanto, o saber é dotado da capacidade peculiar e extraordinária de conservar laços intrínsecos com as experiências que abrem campos de interrogação e de significações que o impelem para a sociedade nesta ou naquela direção, recuperando, assim, a experiência que a instituição tenta sequestrar para conservar seus próprios interesses, agora definidos pela relação não só com o Estado mas também com o mercado e as ideologias da eficácia. A universidade é, assim, simultaneamente, uma instituição conservadora – repositório das tradições, do conhecimento instituído, das práticas reconhecidas, da ideologia vigente que ela reproduz e transmite – e possibilidade contínua de ruptura com o já pensado, já proferido e já feito, um saber instituinte e corrosivo, guiado por outras experiências que não aquelas de que deveria ser a suposta guardiã. O conteúdo e a forma das pedagogias e das pesquisas, a ênfase em determinados aspectos das profissões, as articulações entre profissão, pedagogia e pesquisa se estabelecem com e no curso da história teórica e social, podendo sempre encontrar forças para romper os diques do instituído, corroendo a instituição. Consideramos, pois, que, para a USP, a realização da autonomia intelectual e a determinação das formas de reciprocidade entre ela e seu campo histórico-cultural pedem que nos voltemos para essa crise, cultivando-a com o nosso método de trabalho como crise fecunda que não teme o tempo e o mundo, participando do movimento deles.

Contraditória e crítica – isto é, capaz de viver sob o signo da crise –, a universidade pode ser a contradição em movimento. Neste, cada descoberta científica, cada criação literária e artística, cada interrogação filosófica, acolhendo a lógica que lhes é própria e a contingência das experiências que as solicitam, ao mesmo tempo que se institucionalizam como patrimônio cultural também abrem o instituído para experiências que ele desejaria recusar ou evitar, ampliam o leque das questões e se inserem num campo temporal mas abrangente, qual seja, o da sociedade e dos conflitos que a constituem. Se consciente da crise profunda e fecunda que a define, se consciente das modalidades diferenciadas de relações com o social e o político, a cada movimento o trabalho universitário pode tornar a instituição envelhecida e rejuvenescida perante si própria.

Se é essa nossa ideia do saber e do trabalho universitário, se não nos consideramos condutores da sociedade nem seus dóceis subordinados, mas uma dimensão do social articulada às outras e sobre elas trabalhando, então para nós, da Adusp, desejar mudanças não é pretender a destruição da USP, mas sua revitalização contínua, sua incessante recriação sob o signo do ainda não pensado, não dito e não feito. Por isso a modernização conservadora, que sob a fachada da organização racional esclerosa o pensamento e embrutece a sensibilidade para que melhor sirvam ao produtivismo imposto pelos dominantes, pelo mercado e pelas burocracias, não é a renovação por nós almejada. Não somos tabernáculo inviolável, mas também não somos serviçais, autômatos desprovidos de pensamento e liberdade. Embora repisada e quase desgastada, a busca da democratização da USP significa, para nós, a tentativa e o empenho de findar o ciclo da crise estéril e reabrir o campo do possível criado pela crise fecunda, inerente ao trabalho universitário e que a ele confere sentido. Por isso, também, convidamos toda a USP a debater as mudanças que deseja, procurando defini-las e as condições para realizá-las. Que mudanças queremos? Por quê? Para? Como? Esse debate, que em nossa concepção de universidade é permanente porque se reabre após cada solução simples e prática encontrada, terá, neste ano do cinquentenário, seu ponto mais alto no Segundo Congresso da USP, para o qual a Adusp convida.

Universidade pública, urgente[1]

Em resposta aos 50 dias de greve das universidades federais e dos médicos residentes dos hospitais-escolas, o MEC lançou um "apelo" para o retorno à "normalidade", alegando boa vontade e "respostas apresentadas de forma tão honesta e tão clara" pelo governo. A boa vontade estaria no atendimento às reivindicações salariais dos grevistas e nas tentativas para obtenção de verbas, por meio da Seplan, para os serviços mínimos de infraestrutura.

O documento é significativo pelo menos sob três aspectos: 1) Declara que estudos foram enviados aos órgãos da área econômica do governo – ora, por que não aos principais interessados, isto é, aos universitários? 2) Declara que os reitores e diretores devem esclarecer os grevistas quanto ao teor das reivindicações e tratativas ministeriais, por muitos desconhecidas – ora, os universitários sabem o que reivindicam e constituíram comissões para dialogar com o MEC. 3) Sobretudo, e como de praxe, coloca nas costas dos grevistas "prejuízos e aflições incalculáveis" – ora, a greve está sendo realizada justamente para demonstrar a responsabilidade total do governo e do MEC quanto à situação calamitosa do ensino público. Curiosamente, o texto declara não haver risco de fechamento das universidades e dos hospitais porque o "governo não ignora que a educação é o maior e mais rentável dos investimentos". Que o MEC e o governo encarem a educação pelo prisma empresarial

---

[1] Originalmente publicado em: *Folha de S. Paulo*, São Paulo, 9 jul. 1984, Primeiro Caderno, p. 2. (N. do Org.)

do lucro e do rendimento dos investimentos não causa a menor surpresa, já que foi esse o espírito das "reformas da educação" nos últimos vinte anos. Todavia, é sintomático que tal declaração coincida com o retorno a Belo Horizonte, de mãos vazias, do reitor da Universidade Federal de Minas Gerais, isto é, sem as verbas requisitadas para o funcionamento mínimo do hospital-escola. Por que sintomático? Porque, ao afirmar que a educação é um "investimento rentável", o MEC não afirma que a universidade seja patrimônio e coisa *públicos*, a rentabilidade do investimento podendo ser obtida pela *privatização* do ensino e da pesquisa.

Professores e médicos têm deixado claro que não lutam apenas por salários, mas pela existência de condições materiais e políticas para o ensino, a pesquisa e o atendimento à população. Lutam por uma universidade *pública, gratuita* e *democrática*. Pública: não submetida a imperativos empresariais. Gratuita: não submetida a discriminações socioeconômicas. Democrática: que garanta o direito não só de acesso à educação mas também de criação científico-cultural e sobretudo que garanta aos universitários formas de representação, de participação e de intervenção nas políticas educacionais-culturais, o acesso aos orçamentos e à distribuição das verbas e à definição das prioridades didáticas, de pesquisa e de serviços à população.

Para a defesa da universidade pública, gratuita e democrática realiza-se hoje, às 13 horas, no Anfiteatro 2 do Biênio da Escola Politécnica da USP, durante os trabalhos da SBPC, uma assembleia para a qual toda a população está convidada. Uma mesa-redonda em que falarão representantes das diferentes áreas de conhecimento (Florestan Fernandes, Rogério Cerqueira Leite, Alberto Carvalho da Silva), das associações de docentes federais, estaduais e nacional, dos médicos residentes e da SBPC (Crodowaldo Pavan), culminará com a leitura e discussão de um manifesto a ser entregue à ministra da Educação, acrescido das moções apresentadas na assembleia de encerramento da SBPC. O manifesto descreve a política autoritária e predatória do Estado contra a escola pública, o desdém perante o fato de que 90% da pesquisa básica brasileira é obra da universidade pública, na qual são formados pesquisadores e professores de primeiro e segundo graus e pela qual são preservados o acervo cultural do país e a memória histórica.

Fórum aberto e urgente, a assembleia de hoje precisa contar com a presença não só dos universitários mas de toda a população, pois são os destinos da educação e da pesquisa que estão em jogo nos impasses criados pelo MEC na área da questão universitária e de saúde.

Dia do Professor[1]

Num país onde a ideologia liberal não conseguiu implantar-se (aqui a educação nunca pôde funcionar como álibi de igualdade social pelo igual direito e pela igual oportunidade de acesso à escola) e a ideologia populista nunca dispôs de recursos estatais suficientes para afirmar-se (aqui, a tutela do Estado que pretende doar verdades ao povo bom e alienado não chegou a materializar-se de modo duradouro), o 15 de outubro tem sempre um jeito dramático de filme da velha Pelmex, sem o charme, evidentemente. É o dia em que autoridades lembram a dedicação da primeira professora e a criançada escreve composições, recita poesias tipo "padecer no paraíso". Exceção feita à boa-fé da criançada, o restante beira a náusea.

O relatório do BID para o ano de 1980 revela que o Brasil é, de todos os países da América Latina, aquele que dedica a menor verba à educação: 7,7% do orçamento nacional. Considerando-se, porém, que este é o país da manipulação estatística e da fraude numérica, certamente a porcentagem real é menor que a oficial. Basta lembrar o que vem ocorrendo com a emenda Calmon[2] para que se avalie a situação.

---

[1] Originalmente publicado em: *Folha de S. Paulo*, São Paulo, 15 out. 1984, Primeiro Caderno, p. 2. (N. do Org.)

[2] A Emenda Constitucional n. 24, de 1983, proposta pelo senador João Calmon, estabelecia a obrigatoriedade de aplicação anual em educação de, no mínimo, 13%, pela União, e 25%, pelos estados e municípios, da renda resultante dos impostos. (N. do Org.)

Há, no país, 35 milhões de analfabetos, oito milhões de crianças em idade escolar fora da escola, 57% de evasão escolar, já no primeiro ano do primeiro grau (de cada 100 crianças que entram para o primeiro grau, somente 28 concluem o primeiro ano), resultando num total de 35 milhões de crianças excluídas da educação que, segundo consta, é um direito garantido pela Constituição. Das matrículas no ensino universitário, 78,7% são feitas em escolas particulares, atestando a privatização do terceiro grau que acompanha a do segundo grau, de 80%. Nas cidades, a maioria dos professores (de todos os graus) recebe em média dois salários mínimos e, na zona rural, 10% do salário mínimo. Não mencionaremos a situação dramática da merenda escolar nem as calamitosas condições de trabalho – crianças levam mesas e cadeiras para as salas de aula ou sentam-se no chão; professoras escrevem na palma da mão por falta de quadro-negro e giz. Cadernos, lápis, livros? Nem sonhar. Não falemos também das longas distâncias que alunos e professores percorrem (na maioria das vezes a pé) para chegar às escolas.

Centralizada, burocrática, vertical, autoritária e mistificada, a educação, simples apêndice flutuante da Seplan e das secretarias de planejamento estaduais, sofreu sucessivas reformas no pós-64, todas elas, porém, baseadas em três ideias: segurança nacional (entenda-se: triagem ideológica e censura), desenvolvimento nacional (entenda-se: formação rápida de mão de obra semialfabetizada para um mercado de trabalho em expansão e para um tipo de consumo que exige escolarização mínima) e integração nacional (entenda-se: a geopolítica da potência emergente, ano 2000). Pensada como investimento que deve gerar lucro, posta sob o modelo e sob as exigências das grandes empresas, incentivada na privatização, a política educacional do pós-64 fracassou, e, para corrigir o fracasso, fala-se agora em privilegiar a educação básica (escola para crianças entre 7 e 14 anos) com a finalidade de "preparação para o trabalho" e para o "exercício consciente da cidadania". Além do caráter vago dessas finalidades, resta saber, diante dos números que mencionamos anteriormente, como tal proeza será realizada. O que é certo, porém, é que sob a pompa do palavreado oficial prepara-se a etapa final de privatização do ensino público universitário, uma vez que as verbas serão destinadas apenas à educação básica.

A calamidade educacional articula-se a dois fenômenos que marcam o autoritarismo da sociedade brasileira: a recusa da cidadania para os analfabetos e a ideologia da competência. No primeiro caso, além da superexploração econômica da mão de obra analfabeta, lançada nas tarefas "desqualificadas", efetua-se também a espoliação política dos analfabetos que carregam o peso da dupla discriminação. No segundo caso, transforma-se a posse de conhecimentos em direito ao mando e à autoridade: quem sabe, manda; quem não sabe, obedece. Nos dois casos, a educação funciona como poderoso instrumento de dominação política e de intimidação social.

Nesse contexto, docentes são convidados à "participação", entendida como reivindicação (e, de modo geral, como reivindicação salarial apenas) e jamais como intervenção nas diretrizes e decisões educacionais. Para estas, evidentemente, são julgados incompetentes. Viva o Dia do Professor!

Sábios e sabidos, uma discussão ociosa[1]

> *Possivelmente cada um de nós tenha a universidade de seus sonhos rodopiando na imaginação. A minha é tão utópica que nem vale a pena falar dela. Qualquer coisa assim como os votos de feliz ano novo que espalhamos em míticas meias-noites de tempo nenhum para lugar nenhum. Nenhures. Talvez por isso me pareçam tão aborrecidas as sérias discussões sobre o delicado assunto. Acho que estou cada vez mais sabida... Mas como ainda não pude exercer meu sagrado direito à preguiça (quem poderia, com inflação a duzentos por cento?), mãos à obra. Enfrentemos a carranca dos sábios.*

Todos se recordam de que, na tradição sociológica inaugurada por Weber, a burocracia é o "tipo mais puro do exercício da autoridade legal", substituindo a dominação pessoal, de tipo carismático, pela racionalidade impessoal da legalidade técnico-científica ou administrativa.

---

[1] Originalmente publicado em: *Folha de S. Paulo*, São Paulo, 22 set. 1985, Folhetim, p. 8-9. O texto discute o artigo de José Arthur Giannotti, "O mérito do poder e o poder do mérito", *Folha de S. Paulo,* 4 ago. 1985, Folhetim, p. 6-8; Giannotti responderá, no mesmo jornal, com o texto "A douta incompetência", 29 set. 1985, Folhetim, p. 4-5. (N. do Org.)

Remédio contra a autocracia, a burocracia introduz uma autoridade regida pela organização dos cargos (delimitados por normas impessoais), pela circunscrição de áreas específicas de competência (obrigações no desempenho de funções definidas, presença de uma autoridade responsável por esse desempenho, definição de instrumentos racionais de coerção e limitação de seu uso a condições determinadas), pela clara separação entre o *bureau* e o domicílio (isto é, entre o público e o privado) e pela clara hierarquia dos cargos e das funções, segundo regras específicas de preenchimento que pressupõem conhecimento e especialização.

Sendo o cargo e a função definidos por normas, o ocupante deles chega mediante certas formalidades (concurso e contratos), e o direito ao cargo ou à função não depende da apreciação do ocupante, mas sim do atendimento aos requisitos técnicos e legais para ocupá-los. Os atos administrativos devem ser proferidos e registrados em documentos cuja circulação contínua constitui o *bureau* propriamente dito (vide Kafka). O cargo é a única e principal ocupação do funcionário, que é submetido rigorosa e sistematicamente à impessoalidade legal do mando e da obediência, segundo uma hierarquia na qual os graus inferiores estão subordinados à autoridade dos graus imediatamente superiores, de sorte que nenhum dos graus, senão os últimos, mantêm contato direto ou imediato com o centro das decisões.

A dominação legal de tipo burocrático funda-se no saber ou na competência institucional, na medida em que o preenchimento dos cargos depende de conhecimentos específicos, e o aumento de poder (ou a ascensão na hierarquia) depende do aumento de conhecimentos advindos da prática burocrática ou do serviço no interior da instituição. Na descrição weberiana, como todos se lembram, a burocracia tende ao nivelamento pelo recrutamento de uma base de funcionários cada vez mais ampla e dependente da qualificação profissional, ao mesmo tempo que tende à plutocracia porque tal qualificação depende de uma formação profissional cada vez mais longa, determinada pelo funcionamento da autoridade no seio do serviço burocrático. Finalmente, nessa descrição, a burocracia, caracterizada como autoridade *sine ira et studio*, define-se pela impessoalidade formalista e pela neutralidade política, podendo conservar-se incólume às mudanças de regime e de governo. É autárquica.

Burocracia e favor

São conhecidas as críticas, de variadas procedências, à racionalidade burocrática weberiana. Não cabe retomá-las. Vale a pena, no entanto, recordar uma das observações, também conhecida, sobre o equívoco weberiano: a burocracia não é um tipo de organização administrativa, mas uma atividade social dotada de lógica própria. Assume formas e sentidos diferentes segundo se realiza neste ou naquele campo social, a burocracia empresarial sendo diferente da partidária, ambas diferentes da estatal, e as três, diferentes da universitária. O mais importante, nessa perspectiva, é captar a burocracia como prática social e política definindo modalidades de poder nas quais a racionalidade da dominação legal é atravessada e mesmo constituída por outras racionalidades, ainda que estas últimas pareçam "irracionais" do ponto de vista da estrita formalidade burocrática. Nesse caso, patronagem, clientelismo, favor, relações pessoais, autocracia, não são práticas excluídas pela e da burocracia.

Entre os vários aspectos enfatizados nas discussões sobre a universidade, a burocracia tem aparecido como um dos eixos das polêmicas. Para alguns, a crise da universidade advém do excesso burocrático. Para outros, da falta de burocracia, em sentido weberiano (ainda que isso não seja explicitamente afirmado). Alguns criticam os efeitos do excesso: centralização e segredo das decisões, rotinização da carreira, exterioridade entre normas administrativas formais e particularidades do ensino e da pesquisa. Outros criticam os efeitos da falta: populismo (isto é, retorno ou permanência da autocracia, disfarçada em apelo à participação igualitarista), corporativismo defensivo, ilegalidade no preenchimento de cargos e funções (isto é, clientelismo e favor), ignorância, ociosidade, ausência de controle racional do desempenho acadêmico.

Aristocratismo platônico

A todos move o desejo de reconstruir a universidade, fazê-la digna, respeitável, confiável publicamente porque publicamente sustentada, soerguê-la depois de combalida por anos de autoritarismo. Porque os diagnósticos diferem, diferentes serão os remédios, polarizando discussões nas quais cada uma das partes acusa a outra de autoritária.

Se, para facilitar a exposição, tomarmos a polarização das perspectivas empregando a terminologia usada por Giannotti (*Folha de S. Paulo*, Folhetim, 4/8/1985), veremos que se apresenta como oposição entre o sabido e o sábio, este último assim caracterizado: "Soldado da ciência e das luzes, transformando sua particularidade num momento do desdobrar da razão" e "pesquisador que precisa escolher livremente seus auxiliares, encontrar subalternos que se entusiasmem com o projeto dele".[2]

A oposição sábio-sabido é adequada para a universidade exatamente por ser *inadequada* para política democrática e para o processo de trabalho industrial. Há dois casos em que a oposição sábio-sabido é politicamente pertinente: numa política pautada pelos requisitos da racionalidade burocrática de tipo weberiano (que exclui o sabido por não preencher os ditos requisitos) e numa política aristocrática de estilo

---

[2] A terminologia empregada por Giannotti é um tanto problemática porque dificulta a manutenção da oposição sábio-sabido, essencial ao argumento. Se mantivermos a metáfora militar, a oposição universitária se desfaz porque, sendo "soldado" a categoria militar mais baixa, e sendo o sábio, soldado, não há lugar para o sabido na tropa universitária. O sabido está excluído de antemão, e, nesse caso, a oposição não pode ser intrauniversitária. É possível, porém, tomar os universitários como uma classe (no sentido lógico), e seus elementos, de acordo com a descrição-construção giannottiana, seriam: o sábio-soldado-pesquisador e o não sábio (funcionários docentes, funcionários não docentes e estudantes). Aqui, o não sábio forma uma subclasse com três elementos e constitui o conjunto dos subalternos do sábio. Nesse caso, os sabidos encontram-se na universidade apenas do ponto de vista fático ou empírico, mas não do ponto de vista lógico, pois não pertencem à classe dos universitários. A oposição se estabeleceria entre duas classes heterogêneas: a meramente fática (sábios e sabidos) e a lógica (sábios e subalternos), cujo ponto de interseção seria o fato "estar na universidade", e a oposição requer a lógica modal para ser resolvida, além de exigir que o termo "sábio" seja elemento de dois conjuntos diferentes. Enfim, outra possibilidade seria interpretar o termo "soldado" no sentido genérico, tal como aparece, por exemplo, na expressão "soldado de Cristo". A vantagem da metáfora religiosa sobre a simplesmente militar é que com ela podemos tomar a universidade à maneira de Santo Agostinho quando definia a igreja. Todos lembram que, na polêmica com a heresia donatista, Santo Agostinho precisava, ao mesmo tempo, valorizar e desvalorizar o batismo. A solução foi perfeita: existe a igreja em sentido amplo como *congregatio fidelium*, instaurada pelo batismo (no caso da universidade, os protocolos da carreira), mas, no interior dessa igreja grande, há bons e maus; a verdadeira igreja é a igreja menor, dos justos e bons que praticam a *caritas* e têm a grande possibilidade de predestinados à salvação (no caso da universidade, os sábios, que trabalham pelas luzes e pela ciência, corresponderiam aos *justi et boni* agostinianos). A única chatice, aqui, é que a gente corre o risco de pensar nos sábios formando a igreja menor, isto é, uma igrejinha.

platônico, quando a aristocracia não é definida pela linhagem ou pelo sangue, mas pelo conhecimento. A política platônica pretendia, como todos se lembram, substituir a opinião pela ciência, o sabido (sofista) pelo sábio (filósofo). Entretanto, essa oposição é inadequada para a política democrática porque nesta (seja na versão grega, seja na versão liberal progressista) uma das componentes da igualdade entre os cidadãos é a *isegoria*, isto é, o direito de ter, emitir, defender e refutar opiniões que, sendo meras opiniões, estão sujeitas ao confronto e requerem persuasão para serem aceitas (situação completamente diversa da ciência, cujos conceitos são evidentes e para a qual a demonstração racional é suficiente, as provas não tendo caráter persuasivo).

A oposição sábio-sabido também é inadequada para diferenciar os envolvidos no processo de trabalho industrial, onde a "gerência científica" monopoliza conhecimentos e decisões, exclui a participação efetiva dos trabalhadores, reduzidos a meros executantes de tarefas cuja origem e finalidade não discutiram, não decidiram e, muitas vezes, não compreenderam. Aqui, a oposição se estabelece entre sábios e incompetentes (o grau de incompetência socialmente produzida podendo ser medido pelo tempo cada vez mais curto para a "qualificação" de um trabalho industrial).

Soldados das luzes

É, pois, na universidade que a oposição sábio-sabido é adequada. A universidade, diferentemente da política democrática, não lida com opiniões, mas com verdades ou conceitos; e, diferentemente do processo de trabalho industrial, deve criar os competentes (isto é, a "gerência científica") e o saber científico-tecnológico, tido, por muitos, como a verdadeira força produtiva da economia contemporânea (o que, sem dúvida, torna ainda mais necessária a incompetência dos trabalhadores industriais, não sendo descabido afirmar que a competência, por si só, não gera poder, precisando para tanto de mediação institucional).

Extramuros, tal situação dificulta enormemente para muitos universitários aceitar a condição de meros cidadãos opinantes, condição que teriam de compartilhar com os outros na esfera pública. Será isso que tem levado alguns à tentativa de serem "soldados das luzes" ocupando cargos no poder executivo para geri-lo cientificamente?

A querela sábios-sabidos gira sobre dois eixos: o da administração racional do ensino e da pesquisa (sabidos são os que querem furtar-se ao controle racional de suas atividades, sábios, os que querem fazer o controle) e o da gestão de uma instituição pública (os sabidos querem usufruto privado e clientelístico da coisa púbica; os sábios, que o Estado avalie o desempenho universitário para decidir quanto à alocação de recursos). Implicitamente, um certo padrão universal serve de baliza à polêmica: o das universidades norte-americanas, regidas, porém, por imperativos diferentes dos nossos.

Sabidos *made in* USA

Não estamos defendendo a broinha contra o Big Mac, *of course*. A menção do modelo tácito foi feita apenas para lembrar que há crise da universidade tanto lá como cá. Se aqui, sob o manto protetor do Estado e de relações socais fundadas no favor, estiolam docência e pesquisa, ali, sob a fúria impiedosa do mercado, ensino e investigação embrutecem. Medidos pelo índice de produtividade (que, aliás, democratiza todos os trabalhadores e não confere privilégios aos intelectuais, ainda que, de preferência, os melhores empregos fiquem com homens, brancos e protestantes – não há democracia perfeita, nem mesmo a do mercado...), universitários descuram atividades docentes e publicam em quantidade e velocidade espantosas. Sem dúvida, porque o mercado requer bons produtos, são oferecidas condições excelentes de trabalho (bibliotecas perfeitas, serviços de reprodução, serviços de impressão, laboratórios de vanguarda, serviços de secretaria, tradutores, auxiliares), mas as exigências quantitativas do mercado neutralizam as vantagens materiais, mesmo porque, para fazer jus a elas, é preciso aumentar a produtividade. Com raras exceções (sobretudo nos setores de investigação de ponta), repetição e monotonia caracterizam as publicações e os cursos, cuja rotina tende a ser entregue a jovens assistentes (atormentados com feitura de teses e publicação de artigos para se lançarem na praça) que dependem dos mais titulados para conseguir futuros empregos e financiamentos de pesquisas. Se a patronagem ou o favor são a marca dos sabidos e se a operosidade e o método são a dos sábios, estatisticamente a universidade norte-americana nos coloca diante de um paradoxo: a existência de sábios sabidos.

Regimes em conflito

Colocada em sua pureza formal, a oposição sábio-sabido, ainda que desagrade a muitos, parece inevitável e se amplia em duas novas oposições: não populista-populista e alta administração-baixo clero. Os sabidos populistas formam a massa de universitários de baixo escalão que, por serem sabidos, não preenchem os requisitos da carreira e, ficando automaticamente excluídos das decisões, passam a clamar por assembleias deliberativas e igualitaristas. Vejamos, porém, se as distinções formais entre sábios e sabidos podem ser mantidas materialmente, isto é, preenchidas com a prática universitária. Um exemplo uspiano pode ajudar-nos.

Vem de alguns anos um conflito entre professores universitários propriamente ditos e profissionais liberais que também lecionam na USP, preenchem os requisitos formais para ascensão na carreira e compõem as altas esferas administrativas. A esses não interessa um Regime de Dedicação Integral à Docência e à Pesquisa (RDIDP), visto que a atividade extrauniversitária é mais rendosa. Ora, possui a USP outros regimes de trabalho, nos quais não há exigência de "dedicação exclusiva" – o tempo parcial (ocupado majoritariamente pelo baixo clero, que aí está confinado porque se alega "falta de verba" para transferi-lo ao RDIDP) e o turno completo (ocupado por aqueles que dividem suas atividades entre a USP e empresas). Por que os profissionais das chamadas "Grandes Escolas" não optam pelo tempo parcial ou pelo turno completo, liberando verbas para os que desejam dedicar-se apenas à universidade? Porque remuneração, sinecuras, prebendas e altos postos administrativos vinculam-se ao RDIDP, tal como é exercido pelos altos escalões universitários. Pois bem. Inventou-se, na alta administração, um expediente pelo qual haveria dois regimes de trabalho – o atual RDIDP, batizado de "integralão", e um tempo integral sem exigência de "dedicação exclusiva", mantidos os privilégios atuais dos altos administradores. Espalhou-se pela USP arenga persuasiva em prol do novo regime de trabalho. Arenga incompatível com a condição de sábios que, como vimos, não lidam com opiniões nem com a persuasão, mas com conceitos e evidências racionais. E se passou à ação: portaria estabelecendo a novidade. Como evitar que o baixo clero esperneie e reclame o direito de participar nas decisões? Como evitar que desconfie dos colegiados, ocupados pela alta administração e nos quais têm ínfima representação? Nesse episódio, quem está brincando com o fundo público? Quem vai "dar sua aulinha e sumir o resto da semana"? Não estamos outra vez, diante de sábios sabidos?

Escolha autônoma

É indiscutível a importância de propostas, feitas por muitos, para reformular a representação nos colegiados e mudar-lhes o perfil. No entanto, seria uma questão de justiça, antes de criticar o suposto democratismo assembleísta, lembrar suas causas. Podemos discutir se o contraponto entre colegiados e assembleias é adequado ou se merece ser desfeito, graças a modificações na representação. O que não podemos é fazer de conta que o contraponto é irracional e oportunista, visto que conhecemos sua origem.

Tomemos a oposição sábio-sabido por outro prisma. Ao definir os sabidos como populistas assembleístas, um dos motivos implícitos da definição é a cansativa discussão a respeito da escolha de reitores. Conservemos aqui a necessária distinção entre política universitária e política partidária, feita pelos que têm escrito sobre a universidade. Suponhamos que houvesse realmente nos colegiados universitários puros "soldados das luzes e da ciência" e que, fiéis à racionalidade weberiana, escolhessem, *sine ira et studio*, alguns nomes para compor a lista de reitoráveis a ser entregue ao Executivo. Uma vez que partimos da premissa de que há diferença entre política universitária e partidária, precisamos admitir que o Executivo opera segundo regras e fins distintos dos que regem os colegiados universitários. Isso significa que, de fato e de direito, o Executivo pode escolher um nome segundo critérios partidários. Em que pé ficamos, depois do esforço para distinguir as duas politicas? Se levarmos até o fim a distinção, ela não desembocará em populismo, democratismo ou corporativismo: por sua lógica própria, a distinção das políticas implica a escolha do reitor pela própria universidade, sem interferência do Executivo. Podemos discutir se isso é ou não desejável, se é ou não possível, mas, agora, teríamos que passar ao plano das opiniões. Do ponto de vista demonstrativo, as premissas conduzem à necessidade da escolha autônoma. O que reabre o problema em outro nível: sendo os colegiados o que sabemos que são, podem, sozinhos, escolher reitores, diretores e, no caso das fundações de pesquisa estatais, as "comissões de alto nível"?

Multiplicação dos órgãos

No caso dessas comissões, o que ocorreu na elaboração do anteprojeto de estatutos da USP também é interessante. Nomeada pelo reitor, uma comissão de notáveis (considerada suficientemente heterogênea para espelhar as diferenças uspianas) trabalhou durante nove meses e entregou à alta administração um texto, posteriormente levado à discussão entre as três categorias que compõem a universidade. O anteprojeto é inovador e se oferece como descentralizador (grande número de colegiados, ampliação da representação das categorias, divisão racional das tarefas). Porém, quando examinado nos detalhes, percebe-se que há nele pelo menos três aspectos problemáticos: a autoridade da reitoria é ampliada (os principais colegiados são dirigidos pelos pró-reitores, indicados pelo reitor), o poder de decisão dos departamentos é drasticamente diminuído (as principais atribuições, como contratação de professores, avaliação de pesquisas, currículos, criação e extinção de cursos, alocação de recursos, são transferidas para outras instâncias) e a eleição do reitor, sob a aparência de ser quase direta, fica nas mãos dos referidos colegiados, cujos representantes constituem a assembleia universitária. Dessa maneira, várias conquistas anteriores, relativas à descentralização, e várias reivindicações, relativas à participação, foram deixadas de lado em nome da racionalização da hierarquia. Inevitável, uma vez que a comissão, por ser de alto nível, não consultou os universitários para a elaboração do texto, apenas o enviou para receber emendas e retoques. Descentralização foi confundida com multiplicação de órgãos administrativos (o que é correto, na perspectiva da burocracia racional), e melhoria do desempenho foi confundida com submissão de todos os trabalhos a instâncias superiores (comissão de avaliação e planejamento).

Outros imperativos

Rigorosamente, toda essa discussão é ociosa. Para que tivesse algum sentido seria preciso que as partes em conflito possuíssem um ponto em comum, isto é, admitissem a necessidade da democratização da universidade. Não é o caso. Os vários textos publicados pelos envolvidos na reforma universitária, estadual e federal, são de clareza meridiana: referem-se à racionalização da universidade. Neles, a política universitária é regida por imperativos diferentes dos que regem a política *tout court*, de modo que a discussão da democracia – como forma da atividade social e política, implicando, entre outras coisas, escolha de dirigentes, participação nas decisões, conflito de direitos, interesses e opiniões – é rigorosamente contrária à natureza da própria instituição. Queiramos ou não, a universidade é uma aristocracia de talentos, e sua regra, a seleção natural dos mais aptos (se o mercado brasileiro não é capaz de selecionar, que o Estado o faça). É verdade que, nessa perspectiva, o corporativismo se torna inexpugnável, ainda que se pretenda extirpá-lo. Por isso, acredita-se que o meio para corrigi-lo é o apelo à racionalidade weberiana, imaginada capaz de assegurar à sociedade e ao Estado que os talentosos serão submetidos a rigorosas exigências de desempenho e que, na universidade, o poder nascerá do mérito.

E ai de quem fizer a mera sugestão de que a burocracia não opera dessa maneira. Ai de quem sugerir que a razão (na universidade e fora dela) não é neutra, mas comprometida e contraditória, trabalhando tanto para a emancipação quanto para o fortalecimento de dominação. Ai de quem fizer a suprema besteira de assinalar como, na sociedade contemporânea, articulam-se competência técnico-científica e direito ao mando.

Radical de salão, eu? Credo, cruz! Esconjuro! *Vade retro*, Satanás!

Num tempo de sertão sem veredas, melhor é não meter a mão em cumbuca. Eles lá, que são brancos, que se entendam. Quero dizer, os sábios.

A greve do professorado[1]

Professor/a é aquela pessoa que, no dia 15 de outubro, é brindada com feriado escolar, hasteamento do "salve lindo pendão" e canto do "virundum", além de ouvir enfadonhos discursos oficiais e comoventes composições de alunos sobre o sagrado sacerdócio do magistério. Isso, evidentemente, quando não decide comportar-se como trabalhador e cidadão, reivindicando direitos, pois, nesse caso, ouvirá frases lapidares como a proferida por Maluf, quando governador de São Paulo,[2] dirigindo-se às professoras primárias em greve: "Não tenho culpa se a professorinha é malcasada". Frase antológica que sintetiza a visão oficial sobre o magistério: desprezo ("a professorinha") e machismo ("malcasada"). Postos entre duas imagens ilusórias – a da abnegação missionária e a da profissão desprezível –, professores e professoras abalam a cena sociopolítica quando nela atuam em defesa de direitos. É o que ocorre, neste momento, com a greve do professorado da rede estadual de ensino, que já alcançou a média de 70% a 95% de paralisação na maioria do estado. Greve que, graças às cartas dirigidas à população e às reuniões regionais com pais e mães de alunos, vem recebendo apoio da sociedade, conforme atestam documentos a serem entregues ao governador e ao secretário da Educação ainda nesta semana, após

---

[1] Originalmente publicado em: *Folha de S. Paulo*, São Paulo, 29 set. 1986, Primeiro Caderno, p. 2. (N. do Org.)

[2] Sobre Maluf, cf. p. 285, nota 4. (N. do Org.)

assembleia geral do magistério, a ser realizada no pátio da Assembleia Legislativa, na próxima quarta-feira, às 14 horas.

Qual a reivindicação do professorado? A mudança do piso salarial, pois o professor P1, em início de carreira, recebe Cz$ 1.784,00 mensais![3] Em 1979, o piso salarial do magistério correspondia a cinco salários-mínimos. Com a política "educacional" de Maluf e a política salarial do PMDB, desceu, em 1986, para 2,2 salários-mínimos. Para alcançar o indispensável à sobrevivência, professores/as passaram a dobrar e a triplicar as horas-aula em vários estabelecimentos de ensino, institucionalizando a hora extra no campo da educação. Se inaceitável nos outros campos de trabalho, a hora extra no campo educacional é desastrosa: a jornada de trabalho de um/a professor/a não termina quando conclui sua aula. Nem nela se inicia. A aula foi preparada com antecedência, e dela resultarão trabalhos e provas que deverão ser corrigidos e avaliados. Professores atendem alunos com dificuldades de aprendizagem, participam da vida local através das associações de pais e mestres, realizam atividades extracurriculares de serviço à escola, precisam periodicamente renovar-se em conteúdos e formas pedagógicas, por meio de cursos de extensão e aperfeiçoamento. Poderão fazê-lo com Cz$ 1.784,00 ou entrando no regime da hora extra? Será incapaz, o governo, de compreender os efeitos gravíssimos dessa situação para um verdadeiro programa educacional?

Que diz o governo? 1) Que não discutirá piso salarial, apenas sistemas de referências e gratificações no período setembro-1986/janeiro-1987, perfazendo um reajuste de 40%; deixa na sombra os dados da Apeoesp e do Dieese que calculam a inflação (a contar de janeiro de 1986) em 45% e tendendo a aumentar até janeiro de 1987 (as negociações com os pecuaristas deixam clara a subida inflacionária). 2) Que não pode atender à reivindicação do professorado porque esta ultrapassa a arrecadação do ICM (dita a ser de 103%), mas nunca, apesar das exigências dos grevistas, apresentou documento comprovando a alegação (o professorado buscou os dados no Tribunal de Contas e na Assembleia Legislativa, mas nada encontrou), de sorte que os servidores

---

[3] Para uma estimativa, a cotação oficial do dólar americano para compra no dia 29 de setembro de 1986 era de Cz$ 13,77; portanto, Cz$ 1.784,00 equivaliam a US$ 129,55. (N. do Org.)

públicos – pois governante é apenas servidor público – estão sonegando informações aos cidadãos. 3) Em programa da RTC,[4] transmitido terça e quarta-feira passadas, governador e secretário da Educação responderam a perguntas da população sobre a situação do magistério, mas recusaram-se a aceitar perguntas vindas das entidades e associações docentes, configurando verdadeiro quadro de contrainformação.

Circulam boatos (e o caso dos bancários, da Vasp e de Leme seriam confirmadores desse rumor) de que o Planalto ordenou a direções de empresas (privadas e estatais) e de autarquias que não negociem com grevistas. Ora, não foi exatamente contra isso que o atual governo do estado, apresentou-se, em 1982, com a proposta da "participação popular"?[5] Ou era mais um *slogan* eleitoral?

[4] RTC: Rádio e Televisão Cultura, era então o nome da atual TV Cultura. (N. do Org.)

[5] O governador de São Paulo era André Franco Montoro. A proposta em questão já fora mencionada pela autora em "Os universitários e o arrocho", neste mesmo livro. (N. do Org.)

Os rumos da universidade[1]

ML: A série "Universidade em exame" detectou sintomas importantes na universidade, como a questão da frequência, constantemente burlada pelos alunos, a má qualidade das aulas e a complacência dos professores na avaliação. Como e onde pode ser rompido esse círculo vicioso?

MC: Antes de responder sobre como romper o círculo, eu gostaria de tecer alguns comentários sobre estes três tópicos: a questão da frequência, da má qualidade e da complacência na avaliação. Penso que é preciso levar em conta que o estudante vem para a universidade tendo como referencial de atividade didática o segundo grau, mais em particular o cursinho. Então, ele está acostumado com pequenas aulas de cinquenta minutos e com um tipo de escolaridade que é o da tutela permanente, porque o essencial é feito em classe sob cuidados dos professores e com apostilas. Quando ele chega à faculdade, percebe que a aula funciona de outra maneira, pois ao mesmo tempo que lhe fornece informações, exige dele que faça um trabalho em casa, trabalho

---

[1] Ao longo de novembro e dezembro de 1986, a *Folha de S. Paulo* publicou uma série de reportagens intitulada "Universidade em exame", buscando mapear a situação do ensino universitário brasileiro. Em 17 de dezembro o jornal reuniu para uma conversa os professores Marilena Chaui e José Arthur Giannotti, com moderação de Marcelo Leite. O resultado foi publicado na edição de 4 de janeiro de 1987, no Segundo Caderno, p. 21-22, sob o título "Marilena e Giannotti debatem os rumos da Universidade". Aqui, selecionamos apenas as intervenções de Chaui; os cortes e interpolações são nossos. (N. do Org.)

de biblioteca, trabalho de pesquisa, para poder acompanhar com a bibliografia a discussão que ouviu em classe. Bom, o primeiro impacto do aluno é de considerar que ele não assistiu a uma boa aula, que não teve uma boa aula, porque precisará trabalhar sozinho depois dela.

Acho que existe outro problema e que está ligado à frequência. Muitos de nós enfrentamos o problema de o aluno encarar a aula como se esta fosse um espetáculo. Quer dizer, é muito frequente o aluno chegar à porta da sala de aula e perguntar aos colegas: "Está interessante hoje?". Como se o professor fosse uma espécie de palhaço de circo ou de animador de TV. No dia em que ele está "inspirado", a classe fica cheia; no dia que está mais cansado, a sala esvazia. A relação dos estudantes com as aulas, como se fosse relação com o vídeo, com o espetáculo, com o palco, faz com que muitos alunos façam uma espécie de seleção dos cursos em função daquilo que seria a popularidade momentânea do assunto, a capacidade do professor de seduzir os alunos para que eles permaneçam em classe. A gente sabe que o lado circense é exigido do professor de cursinho, e todos sabem que o interesse dos alunos tem sido maciçamente fabricado pelo livro didático, que tem que ser engraçadinho, leve e suave. E ele não vai à aula se esta exigir dele mais do que aquilo a que está acostumado. Não vou negar que haja cursos monótonos, cursos repetitivos, que haja professores que entraram na rotina, não preparam aula, não têm interesse pelos alunos. Não estou desqualificando a queixa dos alunos. Só estou querendo explicitar um pouco a condição em que o aluno chega à universidade, e a primeira reação que ele tem é a da rejeição, da queixa. Por rejeição, não frequenta as aulas. Por queixa, diz que são ruins e chatas.

Quanto à complacência na avaliação, não posso generalizar e por isso direi apenas algumas coisas relativas a minha própria experiência. Nos anos 1970, por causa do autoritarismo, os alunos do curso de filosofia tendiam a esperar da universidade uma relação não autoritária com o saber, uma relação não competitiva com os colegas e uma relação de avaliação recíproca, isto é, o direito a avaliar os professores e os cursos. Preferiam trabalhos em grupos, seminários em lugar de dissertações e assembleias semestrais de avaliação do departamento. Na década de 1980, parecem-me mais individualistas e competitivos, exigem dissertações, aulas expositivas e notas rigorosas. Só que, então, observam-se dois fenômenos curiosos: primeiro, o aluno que recebe nota baixa tende a reclamar ou a oferecer inúmeras justificativas para o desempenho fraco (é aí que o curso é dito chato, monótono, desinteressante); segundo, dando um exemplo pessoal, eu corrijo minuciosamente os trabalhos, às vezes linha a linha (incluindo língua portuguesa!), teço comentários, faço sugestões, mas depois descubro que, se os trabalhos não foram devolvidos em classe e sim deixados na secretaria, lá permanecem porque o aluno verificou a nota na lista de nomes e nem se interessou em apanhar o trabalho corrigido para saber as razões de sua nota e de sua avaliação.

Então, é muito curioso, porque é pedido que você seja exigente, que você avalie com severidade, mas, quando você o faz, de alguma maneira, os alunos têm uma atitude de rejeição com relação a isso. Mas observei também o contrário, o que pode ser a oportunidade para quebrar o círculo de que se falou. Observei que, quando o aluno efetivamente recebe o trabalho de volta e se dá conta de quais são suas deficiências, ele refaz o trabalho. Isso tem sido constante. A correção rigorosa dos trabalhos é fundamental para o aluno compreender o significado do curso que está fazendo, entender o que é um trabalho universitário e como melhorar isso. Fico por aqui.

[...]

A universidade precisa ter uma voz muito mais ativa no vestibular. Se houver uma intervenção séria da USP sobre o vestibular, isso vai ter que repercutir tanto sobre o colegial quanto sobre o cursinho. Então, a partir do momento em que nós pusermos em questão a Fuvest, o vestibular unificado, a forma e o conteúdo desse vestibular, tenho a impressão de que já vamos contribuir também para alterações importantes lá no segundo grau. Isso eu acho que a universidade tem que fazer. Uma vez que a seleção é feita, a universidade tem que estabelecer quais são os critérios que ela considera indispensáveis no preparo e na formação do estudante, para que ele não chegue à universidade nesse estado de desamparo que se vê.

[...]

Penso que há duas coisas que podemos propor para a universidade toda: a primeira é a mudança do vestibular, e a segunda é a supressão do ciclo básico, que não é básico nem faz essa ponte [entre o segundo grau e a universidade] que Giannotti sugere. No lugar do ciclo básico, as unidades e mesmo cada departamento de cada unidade podem organizar pedagogicamente o primeiro semestre letivo como preparação do estudante para o curso universitário. Penso numa espécie de adaptação ao estilo do trabalho universitário e no preenchimento das deficiências de informação e de meios de expressão dos alunos recém-chegados.

[...]

Bom, há mais uma coisa que eu quero dizer, engatando no que chamo de sistema de queixas do vestibulando. Se nós tomarmos tudo o que vocês levantaram, pode-se notar que as queixas dos estudantes, acabam formando um pequeno sistema. E uma das coisas que me impressionou nesse "sistema" é que as queixas revelam que os alunos se habituaram, no segundo grau e no cursinho, a uma atividade excessivamente tutelada. Pode parecer muito contraditório e não é. Se você examina o livro descartável, a apostila e o aprendizado por teste, você dirá que há pouca tutela e quase abandono do aluno a si mesmo. Não é verdade. O uso do livro descartável significa que você exige do aluno que complete o pensamento de um outro (o autor), em lugar de pensar por si mesmo. Não há estímulo à autonomia, e sim à dependência, à necessidade de ser acompanhado e tutelado. Naquele primeiro semestre letivo que esbocei antes, isso poderia ser feito, pois o aluno teria acompanhamento seguido de suas atividades, ao mesmo tempo que iria conquistando sua própria autonomia de trabalho. Essa questão da tutela me preocupa muito não só porque alimenta as queixas dos alunos e abre brecha para os futuros orientadores de pósgraduação darem preferência aos mais dóceis e dependentes, destruindo a liberdade de pesquisa, mas também porque me parece muito ligada ao universo do consumo, dos meios de comunicação de massa que operam estimulando desejos de satisfação imediata, uma infantilização. Do ponto de vista da cultura, isso é um desastre porque elimina a ideia de trabalho paciente e longo. Do ponto de vista universitário, também é muito negativo porque uma aula, se for excelente, exige do estudante não só esforço para segui-la e compreendê-la mas também que saiba completá-la sozinho com uma pequena pesquisa bibliográfica, num trabalho vagaroso feito em casa. Sobretudo exige que ele também seja capaz de tolerar o tempo que ele levará para compreender inteiramente o problema que está sendo discutido.

[Giannotti discorre sobre as dificuldades impostas pelas universidades a estudantes que frequentam cursos de vários departamentos ou que tomam um novo rumo, da filosofia para as ciências sociais ou para a matemática, por exemplo; a burocracia não admite isso, obriga-os a novo ingresso e não aceita o aproveitamento das disciplinas cursadas em outras áreas.]

Isso, Giannotti, no caso da USP, foi uma batalha dentro do Conselho Universitário – primeiro dentro de algumas congregações, depois dentro do Conselho Universitário – contra essa ideia de que a mudança [...] seja ruim; segundo, que a mudança deva exigir novo vestibular; e terceiro, a ideia de que você estaria esbanjando os recursos universitários porque os alunos fazem transferência para outros cursos. A solução encontrada, que eu considero, como o Giannotti, uma catástrofe, bloqueia o trânsito dos estudantes no interior da universidade.

ML: Atualmente através até mesmo dos vestibulares.

MC: É. É a noção mesma de universidade que vai embora quando a estrutura da universidade é adversa à formação universitária do estudante.

ML: Vamos passar à questão da avaliação: um dos pontos levantados pelas reportagens de "Universidade em exame" foi o sigilo da avaliação que é feita sistematicamente, pela Capes, dos cursos de pós-graduação. Segundo o diretor-geral da Capes, Edson Machado, em nome de uma questão ética. Qual é a posição de vocês sobre isso?

MC: Eu concordo com o Giannotti em que a avaliação da Capes e de outros organismos que avaliam unidades deve ser pública. Pelo seguinte: as instituições explicitam suas exigências para que a unidade seja avaliada – fontes de publicações, projetos de pesquisa etc., etc., e depois tornam públicos os resultados da avaliação feita...

ML: O conceito.

MC: O conceito. Mas o processo da avaliação e seus critérios permanecem sigilosos, o que considero uma aberração, em primeiro lugar. Em segundo lugar, acho que o critério tem que ser público pelo seguinte: se nós admitirmos a necessidade dessa avaliação, temos que saber os critérios pelos quais ela se pauta, para sabermos se vamos aceitá-la ou não. Quer dizer, se a unidade desconhecer os critérios pelos quais se deixa avaliar, ela entrega sua autonomia de mão beijada aos avaliadores. Ora, uma unidade não pode abdicar dos seus princípios de pesquisa em nome de critérios que ou ela desconhece ou não discutiu. Enfatizo esse aspecto pelo seguinte: suponhamos uma unidade que tenha recebido o conceito "C". Que garantia essa unidade tem de que recebeu tal conceito pelo nível real de sua pesquisa ou apenas porque a pesquisa por ela realizada não interessa às empresas A, B, C, D? Portanto, ela recebe uma avaliação aparentemente acadêmica, mas que foi ditada por um critério empresarial. E a questão é saber, primeiro, se a unidade admite ser avaliada por um critério empresarial; segundo, se ela admite a mescla do critério acadêmico e do empresarial, ou se ela considera válido somente o critério acadêmico, por exemplo. Então, a publicidade dos critérios é indispensável para que se possa decidir se se deseja ou não o auxílio desta ou daquela instituição. Suponha, por exemplo, que uma instituição estabeleça um critério quantitativo para a avaliação das unidades (o número de publicações anuais) e desconsidere a diferença entre elas no que respeita à qualidade e ao tempo necessário para produzir uma obra significativa. Nesse caso, unidades que deveriam receber auxílio de pesquisa não receberão. No tocante à filosofia, gosto do exemplo dado por Lebrun num artigo da página 3 da *Folha*:[2] se Frederico, o Grande, tivesse exigido quarenta *papers* para recontratar Kant para a cadeira de Filosofia, em Königsberg, Kant não teria tido tempo para escrever a *Crítica da razão pura*. No caso do meu departamento, o Departamento de Filosofia da USP, tomamos a decisão de enviar à Capes nossos critérios de produção e de autoavaliação, solicitando-lhe que nos enviasse os seus para sabermos se há ou não compatibilidade com os nossos, e caso não haja, para decidirmos que sugestões acadêmicas lhe faremos para que aprimore seus próprios critérios. Você não pode destruir um projeto cultural de longo alcance em nome de critérios quantitativos que, ainda por cima, desconhece em profundidade. A publicidade é fundamental para que nós avaliemos os critérios com os quais seremos avaliados e que não podem ser homogêneos sob pena de destroçar a própria ideia de universidade.

[2] Cf. LEBRUN, Gérard. "Da rentabilidade", *Folha de S. Paulo*, São Paulo, 31 ago. 1986, Primeiro caderno, p. 3. (N. do Org.)

ML: De certo modo você já está respondendo à pergunta seguinte, que é a questão de quem deve fazer a avaliação. Se é que eu estou entendendo, sua proposta seria de que cada unidade, ou no caso, cada departamento, propusesse os seus próprios critérios de avaliação?

MC: É.

[...]

Olha, então deixe-me fazer algumas observações, ainda que um tanto fragmentadas. Uma de minhas maiores restrições ao modo como a questão da avaliação vem sendo posta tem uma fonte muito precisa: ao se tomar como modelo de avaliação para a universidade o mesmo da relação dos centros de pesquisas com fundações ou instituições financiadoras, você incorre numa deformação, porque a financiadora que financia o projeto de um centro quer comprar um produto. Você vai vender um produto. Ora, creio que a relação da universidade com o Estado não é a da compra e venda de produtos. A relação aqui diz respeito à ideia de um direito civil, que é a educação; à ideia de serviço público, de bem coletivo e de formação cultural; e à ideia de patrimônio cultural. É relação entre sociedade e Estado.

[...]

Minha observação vai mais na direção da proposta geral que você fez e que tende a pensar a alocação de recursos por critérios de excelência (com o que eu concordo), mas sem levar em conta as lutas internas de poder nas universidade. Conhecendo a universidade como eu conheço, o que eu imagino que pode acontecer é que, em nome disso, recursos para pesquisas nos departamentos sejam esvaziados e "capelas" se formem.

[...]

Sobre esse problema [a "distribuição indiferenciada dos recursos", segundo Giannotti], quero dizer que subscrevo a entrevista de Bourdieu ao *Libération* transcrita pela *Folha*.[3] Bourdieu afirma que os *apparatchiks* da esquerda elegeram, para a França, um modelo de sociedade fundado num modelo empresarial preciso − a empresa informatizada − e num modelo de homem preciso − o jovem empresário moderno e progressista. Como a França parecia ter absorvido perfeitamente o modelo

---

[3] Cf. "Para Bourdieu, reformas mascaram problemas", *Folha de S. Paulo*, São Paulo, 15 dez. 1986, Primeiro Caderno, p. 14. (N. do Org.)

dos *apparatchiks* de esquerda, a direita (para quem esse modelo é a meta desejada) julgou que poderia prosseguir o trabalho da esquerda aplicando as mesmas ideias à educação e à universidade. E levou um susto com a resposta dos estudantes e professores. Sobretudo porque havia um projeto universitário feito pelo Collège de France, oposto ao do ministro da Educação. No nosso caso, o que me preocupa é que há, ainda que amalucado, um projeto e um modelo econômicos para o Brasil que também estão sendo encarados como ideal de sociedade, de homem, de valores e ideias, oferecendo-se como uma espécie de grande organizador social a partir do Estado. E esse modelo empresarial-organizacional dos economistas está implícito nas discussões da reforma universitária, no projeto do Geres[4] e na questão da avaliação. Está havendo um tratamento de estilo administrativo para a universidade e a cultura. Quando eu digo que me oponho ao modelo empresarial da relação entre financiadoras e centros de pesquisa aplicado à universidade e à avaliação, é nisso que estou pensando. A pergunta, me parece, não é: A universidade é contra ou a favor da avaliação? E sim: Qual o modelo de avaliação que está sendo proposto? Acho que está havendo uma inversão cujos resultados podem ser catastróficos: em lugar da universidade apresentar seu projeto (ou seus projetos) de ensino e pesquisa e, a seguir, discutir com o MEC e as instituições de auxílio como administrar esse projeto ou esses projetos, está ocorrendo exatamente o contrário. Considera-se a crise universitária e sua solução como problemas administrativos, e não de política cultural, científica, tecnológica.

[...]

Eu acho que é porque a ênfase está sendo dada à ideia da avaliação como controle que a discussão não avança. Eu, por exemplo, não penso a avaliação sob a forma de controle e sob o modelo de custo/benefício.

[...]

Eu acho que o ponto anterior é: a universidade tem que discutir o seu projeto cultural. Eu acho que a universidade não está discutindo

---

[4] Referência ao documento apresentado em setembro de 1986, pelo Grupo Executivo para a Reformulação da Educação Superior (Geres), do MEC, com propostas para reforma do ensino universitário, em particular a criação de um sistema de avaliação. (N. do Org.)

seu projeto cultural. Se a avaliação não é controle administrativo-burocrático do ensino e da pesquisa, a pergunta é: Por que ela está sendo proposta dessa maneira? Porque as dificuldades da universidade estão sendo reduzidas a meros problemas de gerência e administração, por um lado, mas também porque há uma ideia implícita e difusa a respeito do que seria importante ensinar e pesquisar, a importância sendo determinada de fora da universidade pelas empresas estatais, mistas e privadas. Por isso venho insistindo em que a universidade elabore e discuta publicamente seu projeto de ensino e pesquisa, seus critérios de avaliação e sua autonomia, em lugar de esperar que medidas administrativas decidam racionalizar docência e pesquisa segundo parâmetros de máximo ganho e mínimo prejuízo. Ganho e prejuízo em que, de quem e para quem? Se a universidade for capaz de propor e justificar seu trabalho científico e cultural, será capaz de autoavaliação, e caberá às instituições de auxílio auxiliá-la, em lugar de administrá-la. Como um administrador poderia, por exemplo, estipular de antemão o número de horas, dias e meses de uma pesquisa quando sabemos que ela possui altos e baixos, períodos de criatividade e paralisia, dificuldades internas e também de condições materiais? Como estipular o mesmo tempo para pesquisas em áreas completamente diferentes? Como o administrador poderia decidir qual pesquisa é mais importante que outra? Você pode destruir a universidade com decisões da racionalidade administrativa.

[...]

É que nós estamos "pondo o carro na frente dos bois" ao dar prioridade aos aspectos puramente administrativos.

[...]

Quando disse que a fúria administrativa pode ocultar os verdadeiros problemas e criar outros, piores, estava pensando em situações absurdas, já ocorridas. Por exemplo, em lugar de considerar computador, máquina de escrever, papel, xerox, salas de trabalho, laboratórios, bibliotecas e serviços de secretaria como infraestrutura da pesquisa, houve avaliações que concederam recursos porque os pesquisadores já dispunham daquela infraestrutura, considerada, então, prova de seriedade no trabalho intelectual! Para muitos, a avaliação deixou de ser o que você, Giannotti, parece desejar. Tornou-se mais ou menos o seguinte: em quanto tempo a pesquisa X será produzida e qual a sua aplicação imediata? Em função desses critérios são distribuídos recursos

– dinheiro para livros, para material de laboratório, para serviços de secretaria. Ora, isso não é avaliação do trabalho intelectual. É controle do tempo e da finalidade da pesquisa em termos de produtividade e rendimento.

[...]

Eu também acho que a solução para a universidade não é despejar indiscriminadamente mais recursos, não. [...] Os imperativos burocráticos dominarão a universidade enquanto ela não explicitar seus imperativos culturais, científicos, artísticos. A prova disso é o malfadado "Relatório Miranda",[5] que é puramente quantitativo que tem como um dos critérios de avaliação a quantidade de alunos nos cursos. Ora, como número de alunos e eficiência foram identificados, um dos resultados desse relatório foi suscitar a ideia de que, por exemplo, o curso de Grego deveria ser suprimido. Você já imaginou uma universidade onde é suprimido o curso de Grego? Uma aberração. Se a gente examinar unidade por unidade da USP perceberá que, seja explícita, seja implicitamente, há um projeto cultural em cada uma delas. Seria preciso que todos os projetos fossem explicitados e que a universidade tivesse a capacidade para lidar com sua diferenciação interna. A minha preocupação com a solução de problemas por via administrativa é a de que ela estabeleça – para usar a sua linguagem – uma medida que acaba não medindo coisa alguma, sobretudo porque a diferenciação das áreas de pesquisa pode ser desconsiderada, prejudicando aquelas mais afastadas dos interesses empresariais.

[...]

Quando digo que os projetos de pesquisa precisam ser projetos culturais e devem ser prioritários é justamente para reforçar a ideia de que são os projetos de trabalho que devem orientar os recursos e não só recursos conduzirem o trabalho teórico, experimental e de docência. Quando inventei a expressão "ideologia da competência", pensei em

---

[5] Em maio de 1986, o Prof. Orlando Pinto de Miranda, da FFLCH-USP, divulgou um documento intitulado "Situação dos cursos de graduação da FFLCH", denunciando a presença de numerosos "alunos-fantasmas", a existência de cursos com baixíssimo número de alunos formados, etc. O documento causou enorme polêmica e passou a ser conhecido como "Relatório Miranda". Cf. "Relatório afirma que 'alunos-fantasmas' vão à USP só pelo clube", *Folha de S. Paulo*, São Paulo, 10 maio 1986, Educação e Ciência, p. 25. (N. do Org.)

certos tipos muito precisos de intelectuais: o administrador ou "gerente científico" que detém o mando porque detém a direção da produção industrial graças aos conhecimentos técnicos-científicos que os demais, mero executantes, não possuem; o clássicos intelectual de esquerda, o *apparatchik*, que tanto na direção partidária quanto pela posição no aparelho do Estado detém o poder de mando porque possuiria um saber científico sobre a história e a sociedade que o faria condutor dos "incompetentes" sociais; e o burocrata universitário que, em nome da titulação e do chamado "direito nato" a ocupar os postos nos colegiados e direções da universidade, disporia do poder de mando para conduzir a universidade porque teria competência administrativa. A competência vira "ideologia da competência" porque você transforma o suposto saber de alguém em direito natural à autoridade e ao poder. E essa ideologia dissimula, rouba, sequestra ou impede a competência real, aquela que é efetivamente realizada pelos produtores numa indústria mas também pelos criadores no campo científico, no campo artístico, no das humanidades, graças a um verdadeiro trabalho intelectual. A ideologia da competência sufoca o trabalho do pensamento (como massacra o trabalho das mãos e da cabeça). Um bando de incompetentes passa a mandar e a bloquear a competência real – política, teórica, artística. Pode a universidade se desenvolver com essa ideologia sobre as costas?

[...]

Bom, isso que você chama de espaço para os sábios é o que eu chamo de direito a uma autonomia crítica dentro da universidade. Então, meus receios da avaliação fundada em critérios administrativos empresariais estão ligados a isso, quer dizer, nós vamos ter a ideologia da competência bloqueando a autonomia desse espaço crítico, que é o espaço da competência real e que inclui a gestão universitária.

ML: Agora, a questão do projeto do Geres, que é uma coisa que está posta na mesa para discussão. Eu queria saber a posição de cada um de vocês, de uma forma sucinta, com relação a esse projeto.

MC: Faço três objeções principais ao projeto do Geres. Primeiro, quanto aos equívocos na relação docência-pesquisa. Ora o projeto imagina universidades só de ensino, ora imagina outras só de pesquisa, o que é absurdo. Uma universidade é justamente o lugar onde ensino e pesquisa são inseparáveis, onde transmissão de conhecimentos e criação de pensamento caminham juntas, e separá-las é destruir a universidade. Minha segunda objeção se refere à proposta da criação da universidade como um novo "ente jurídico", pois no projeto do Geres isso implica centralização e perda da autonomia universitária, uma vez que a universidade passa a ser governada pelo Ministério da Educação e controlada pelos preceitos administrativos que já critiquei aqui. A terceira objeção se refere ao resultado das duas primeiras. Quer dizer, tanto a separação docência-pesquisa quanto a centralização administrativa têm como pressuposto (nunca explicitado) a ideia de que as universidades serão hierarquizadas conforme o desenvolvimento econômico-cultural das diferentes regiões do país. Assim, por exemplo, certas regiões mereceriam apenas universidade de ensino enquanto outras teriam universidade de pesquisa. Em lugar da diferenciação peculiar a cada universidade, teríamos a distribuição administrativa de tarefas, conforme o grau de modernização de cada região do país. O projeto do Geres acaba reforçando, no plano educacional e cultural, o modelo econômico da Belíndia, quando as universidades poderiam ser centros diferenciados de irradiação e integração cultural. Isso para não falar nas desigualdades criadas entre professores, pesquisadores e estudantes de todo o país. Em vez de democratização do saber, criam-se novas desigualdades, hierarquias e exclusões. Enfim, tenho uma objeção de princípio ao texto do Geres, pois ele ousa atribuir a crise atual da universidade às tentativas de democratização feitas nos últimos dez anos. Em lugar de indagar qual era a estrutura burocrática do poder na universidade da ditadura, que impeliu à criação de associações docentes e de funcionários e à renovação do movimento estudantil, à ênfase nas decisões por assembleias, por colegiados com representação de todas as categorias, à luta por eleições direta dos dirigentes, em lugar disso, o texto atribui ao assembleísmo rousseauísta a crise universitária. O texto é a-histórico, equivocado e um desaforo.

ML: Afinal, quem são as pessoas que têm competência para fazer avaliação nos vários níveis? Parece não haver nas universidades – tirando algumas poucas pessoas que são *hors concours* – essa credibilidade pública, interna, que confere a alguns a competência da avaliação.

MC: Não tenho opinião formada a respeito de como isso se processaria. Eu daria um passo atrás, faria uma pergunta que não é só minha, pois é um dos problemas que têm sido discutidos por muitos a respeito da questão da avaliação: o problema da credibilidade daqueles que, no topo da hierarquia, apareceriam como dotados do direito natural para fazer a avaliação acadêmica, mas que não têm o reconhecimento dos demais universitários para exercer essa função. Aliás, nós sabemos que sobre inúmeras comissões de avaliação da USP paira uma discreta e difusa crítica a esse respeito, das escolhas completamente clientelistas ou arbitrárias que são feitas para a composição das comissões e sobre os critérios pouco claros usados pelos avaliadores. Eu resumiria a questão da avaliação acadêmica aos seguintes pontos: primeiro, deve partir de critérios de autoavaliação das universidades, critérios públicos e reconhecidos. Segundo, é preciso equilibrar critérios de docência e de pesquisa, a partir das finalidades explícitas que a universidade dá a si mesma. Terceiro, são necessários referenciais "externos", isto é, tanto exigências e necessidades sociais quanto centros de excelência estrangeiros. É interessante observar que, conforme a área de trabalho, os universitários possuem referências estrangeiras muitos precisas: se você vai à França, descobre que a referência de certas áreas é a Inglaterra ou a Alemanha; na Inglaterra, são os Estados Unidos, os quais, em certas áreas, tomam a Alemanha e a França ou o Japão como referências. Há um "internacionalismo acadêmico", por mais provincianos que nós, intelectuais, possamos ser. Então, não tenho nada contra a ideia do Giannotti de comissões avaliadoras com membros de universidades estrangeiras. Quarto, os critérios administrativos de avaliação devem subordinar-se aos critérios acadêmicos de ensino e pesquisa, se quisermos manter o princípio da autonomia universitária e da liberdade de pensamento.

Perfil do professor improdutivo[1]

Diante da calamitosa incompetência acadêmica e da inacreditável falta de ética profissional da reitoria da Universidade de São Paulo, cabe oferecer aos leitores informações sobre o trabalho universitário, a fim de que, sabedores das condições das atividades universitárias, possam livremente formar sua opinião. Peço licença para escrever na primeira pessoa do singular e para apresentar meu perfil de professora improdutiva, misteriosamente assim não considerada pelos pequenos burocratas da USP.

Há 22 anos trabalho na USP (no Departamento de Filosofia); estou na categoria MS-6, ponto final da carreira, professora titular em RDIDP, isto é, em Regime de Dedicação Integral à Docência e à Pesquisa, com obrigatoriedade de 40 horas semanais de serviço e pelas quais recebo líquidos Cz$ 104.307,00[2] (estou enviando xerox de meu holerite de janeiro de 88 para a *Folha*). Para fazer jus ao título e ao salário, redigi três teses (mestrado, 350 páginas, em 1967; doutorado, 250 páginas, em 1971; livre-docência, 750 páginas, em 1977) e passei

---

[1] Originalmente publicado em: *Folha de S. Paulo*, São Paulo, 24 fev. 1988, Primeiro Caderno, p. 3. Em sua edição de 21 de fevereiro daquele ano, a Folha publicara uma "lista dos improdutivos" da USP, a qual fora preparada pela reitoria da universidade e, desconfiava-se, comunicada à imprensa por intervenção do próprio reitor José Goldemberg. (N. do Org.)

[2] Para uma estimativa, a cotação oficial do dólar americano para compra no dia 24 de fevereiro de 1988 era de Cz$ 95,23; portanto, Cz$ 104.307,00 equivaliam a US$ 1095,32. (N. do Org.)

por três concursos de provas e títulos, ministrando aula magna, apresentando memorial acadêmico e o conjunto de trabalhos publicados até 1986, desde livros, ensaios, artigos, resenhas, prefácios e traduções até conferências e comunicações em congressos. Exigências normais. Como eu, assim procederam e procedem todos os professores das humanidades da USP.

No Departamento de Filosofia as 40 horas semanais de serviço assim se distribuem: quatro horas de aula de graduação para o diurno, quatro horas de graduação para o noturno, quatro horas de pós-graduação, duas horas de plantão de atendimento para alunos de graduação e duas horas de plantão de atendimento para orientandos de pós-graduação, totalizando 18 horas de atividades didáticas no recinto universitário. Para preparação de quatro horas de aula para graduação (o mesmo curso é repetido no noturno) são necessárias, em média, de cinco a sete horas semanais; para as aulas de pós-graduação, em média de seis a dez horas. Como a bibliografia necessária aos estudantes não existe em grande parte nas bibliotecas (muito pobres) e os textos são em línguas estrangeiras que a maioria desconhece (grego, latim, inglês, francês, italiano, alemão, espanhol), pode ocorrer que uma parte do tempo do professor seja usada ou para traduzir os textos ou para expor resumos aos estudantes (sobretudo nos quatro primeiros semestres). Os trabalhos podem ser provas mensais ou dissertações semestrais. As classes variam entre 20 e 50 alunos (com exceção do primeiro ano, quando há de 80 a 100 alunos por período). A correção dos trabalhos necessita de seis a dez horas semanais, para provas mensais e classes de 50 alunos; e de 15 a 20 horas, se forem dissertações semestrais de graduação para classes de 50 alunos (via de regra, uma dissertação tem em média cinco a oito laudas, na graduação). Na pós-graduação, as dissertações são semestrais e exigem de 30 a 40 horas para correção porque são textos de 15 a 20 laudas. Como se observa, embora o RDIDP se refira a 40 horas para ensino e pesquisa, só a atividade docente quase ultrapassa as 40 horas.

Além dessas atividades didáticas (que o professor não titular acumula com a preparação de suas próprias pesquisas e teses), a partir do doutorado, torna-se também orientador de teses. A orientação implica: 1) Entrevista individual com candidatos para selecionar os orientandos (cada professor pode orientar sete pesquisadores, além de três professores "da casa", podendo chegar, como é meu caso, a dez orientandos). 2) Avaliação dos projetos ou mesmo auxílio em sua elaboração. 3) Sugestões bibliográficas (com empréstimo inevitável de textos aos orientandos). 4) Acompanhamento das leituras, dos cursos seguidos, dos primeiros esboços de redação. 5) Entrevistas periódicas para aconselhar no prosseguimento do trabalho; leitura da primeira versão para remanejamento. 6) Leitura e observação da segunda versão e da versão final do trabalho para encaminhamento à defesa. 7) Participação na banca de defesa de tese. Se o orientando é bolsista de alguma fundação de auxílio à pesquisa, o orientador acompanha a preparação do projeto a ser enviado e, se aprovado, os relatórios de atividades periódicos que o orientando remete à fundação. Nas humanidades, uma tese de mestrado pede o mínimo de quatro anos para ser escrita, a de doutorado, no mínimo, oito anos. Um professor improdutivo como eu e meus colegas já orientamos (desde 1971, quando iniciei a atividade de orientação) 20 teses de mestrado e 15 de doutorado, as quais, evidentemente, foram escritas e defendidas por outros tantos improdutivos.

Além dessas atividades, a partir de seu mestrado, o professor passa a ter atividades em órgãos colegiados e comissões de trabalho da direção de seu departamento e de sua unidade, podendo ser eleito como representante de sua categoria para a Congregação da unidade e para o Conselho Universitário. Quando titular, é membro nato do Conselho Departamental, da Congregação e da presidência das principais comissões de trabalho. A partir do doutoramento, participa de bancas de qualificação e de defesa de teses; o titular também participa de bancas dos concursos de livre-docência, ingresso, adjunção e titulação. Participar dos órgãos colegiados significa, uma vez por mês, dedicar um dia completo às reuniões administrativas – se o professor participa de vários colegiados e comissões deve dispender vários dias completos nessas atividades administrativas. Participar de uma banca de defesa de tese significa ler um trabalho com 200 a 500 páginas em média, preparar uma arguição e fazê-la publicamente. Um titular participa, em média, de três a quatro bancas por semestre. Um concurso de livre-docência dura cinco dias, com quatro provas e uma defesa de tese. A defesa de tese de doutoramento e de livre-docência dura por volta de cinco a seis horas: há cinco arguidores que arguem o candidato, cada um podendo arguir por 30 ou 40 minutos, o candidato dispondo de 30 a 40 minutos para responder a cada arguidor. Considerando-se o tempo para leitura da tese, preparação da arguição e cerimônia de defesa, um improdutivo necessita de uma média de 50 horas de trabalho. A defesa de mestrado é mais rápida porque há apenas três arguidores. Nos concursos de adjunção e titulação, o candidato é arguido por cinco professores, durante várias horas, sobre seu *curriculum vitae* e sua produção intelectual. O sistema de teses e concursos é a forma de avaliação da produção universitária. Teses e concursos, assim como conferências e comunicações e artigos, avaliam cada um de nós pelo mais terrível critério de avaliação: a qualidade, que define o que temos de mais precioso, isto é, a reputação intelectual. Eis por que o critério acadêmico da reputação intelectual é contrário ao critério burocrático da "produtividade", onde a quantidade de besteira posta no papel vale mais do que a seriedade intelectual.

Além dessas atividades no interior da universidade, o professor presta assessoria à fundação de auxílio à pesquisa e, muitas vezes, é eleito para a direção e para os colegiados dessas fundações, sem interromper suas atividades universitárias. Participa de sociedades e associações científicas nacionais e internacionais, apresentando trabalhos em congressos, colóquios e simpósios, trabalhos que, dependendo da situação financeira da sociedade ou da associação, podem ser publicados. É também regularmente convidado para conferências e debates em associações docentes e discentes de todo o país e em associações da sociedade civil (das primeiras, sempre na penúria, nada recebe como remuneração; das últimas costuma receber um pró-labore simbólico). É bom lembrar que as atividades em congressos e simpósios frequentemente não são remuneradas; dependendo da situação das entidades, o convidado recebe passagem e verba de estadia, em outros casos, nem mesmo isso. Um improdutivo das humanidades participa, em média, de dois a três congressos anuais no país e de um ou dois no exterior (desde que receba passagem e tenha a estadia paga, coisa frequente porque, diferentemente da reitoria da USP, as entidades internacionais têm grande apreço pelos professores uspianos); muitos costumam ser convidados a dar, a cada dois anos, um curso em universidade estrangeira e, durante as férias, cursos de extensão universitária em universidade de outros estados. Faz regularmente várias conferências mensais para associações docentes, discentes e civis. Um texto para congresso e simpósio exige, em média, dois a três meses de preparação (no caso dos internacionais um pouco mais, porque devemos traduzir o trabalho para a língua oficial do congresso ou simpósio); uma conferência exige dois ou três dias de preparação, levando, em média, duas horas para exposição e duas ou três horas para os debates subsequentes (se a conferência for em outra cidade do estado ou em outros estados, deve-se contar o tempo de locomoção e de estadia). Um congresso (excluído tempo de viagem e de estadia) pede em média 60 a 80 horas de trabalho; uma conferência, em média, 20 horas; um curso de extensão costuma exigir 70 horas de trabalho, contando-se as horas de aula. Faz também resenha de livros para revistas especializadas (grátis) e para jornais e revistas não especializados (pró-labore simbólico).

Pouparei os prezados leitores da parte mais ingrata e grotesca: as condições materiais para as pesquisas. Caso haja necessidade, dedicarei um artigo a esse tópico, contando-lhes como são as nossas bibliotecas, o que um professor gasta comprando livros estrangeiros e solicitando xerox, microfilmes e microfichas de bibliotecas estrangeiras e o tempo (de dois a três meses) de espera para a chegada do material necessário, quando chega. Posso garantir-lhes (porque já trabalhei em universidades estrangeiras) que, se um professor estrangeiro precisa de dois a três anos para escrever um trabalho (dispondo de bibliotecas completas, serviços de xerox, microfilmes, datilografia e computação gratuitos, de material de escritório grátis e do chamado "ano sabático", quando é dispensando de todas as atividades acadêmicas e administrativas para dedicar-se à pesquisa e à redação), o improdutivo uspiano, se for sério, precisa de cinco a seis anos, sendo redator, xeroqueiro, datilógrafo, revisor e pagador dos custos de seu trabalho e sem "ano sabático". Quer a reitoria medir-nos com padrões de Yale, Harvard e Oxford, mas nos dá condições haitianas. Se o professor (graças às teses e aos trabalhos realizados, que formam sua reputação intelectual) obtiver auxílio de fundações de pesquisa, poderá adquirir parte do material necessário sem ter que gastar todo o seu salário (um livro importado de filosofia custa, em média, Cz\$ 12 mil[3]).

Ao contrário dos demais funcionários públicos e de várias categorias profissionais, o improdutivo uspiano trabalha na universidade e

---

[3] Pelo critério já utilizado, Cz\$ 12.000,00 equivaliam a US\$ 126,01. (N. do Org.)

em casa, à noite, nos fins de semana e durante as férias, sendo um caso exemplar de hora extra permanente, sem remuneração.

Por 22 anos de trabalho, três teses, três concursos, livros, artigos, por muito mais de 40 horas semanais de dedicação ao ensino e à pesquisa, por serviços à sociedade, recebe, no final da carreira, Cz$ 104.300,00. Não é um luxo? Veja, caros leitores, aonde vão parar seus impostos. Ah! Esqueci-me: somos descontados para o IR na fonte. Corrijo-me: vejam aonde vão parar nossos impostos. É mesmo uma pouca vergonha!

Em defesa da Escola Normal[1]

Sempre foi um lugar-comum, no Brasil, criticar a precariedade do ensino primário e recompensar seus professores com flores e poemas no dia 15 de outubro ou por ocasião da aposentadoria.

A crítica e a homenagem são parte de um mesmo ritual: a primeira se dirige contra a política educacional do Estado, enquanto a segunda reconhece o esforço individual para vencer as calamidades daquela política. Talvez tenha chegado o momento de os homenageados se encarregarem da crítica e se colocarem diante da política educacional na qualidade de cidadãos e de principais responsáveis pelo ensino de primeiro grau.

Provavelmente um dos aspectos mais desastrosos da reforma educacional, empreendida durante os anos 1970, tenha sido a supressão da Escola Normal. Em nome da "modernização" (palavra mágica que serviu de álibi para os disparates educacionais em todos os níveis do ensino), considerou-se a Escola Normal arcaica, isto é, ineficiente e incompetente. Todavia, em lugar de refazê-la segundo novos padrões, o Estado simplesmente a suprimiu.

O resultado aí está: professores despreparados e desprotegidos, currículos empobrecidos, alunos desinformados e mal-alfabetizados. Confundiu-se a profissionalização do professor com a rapidez em seu

---

[1] Originalmente publicado em: *O Anchieta* (Órgão do Professorado Católico de São Paulo), São Paulo, n. 6 ago. 1989, p. 4. (N. do Org.)

preparo. Confundiu-se a alfabetização do aluno com a aplicação sumária de técnicas da pedagogia-psicologia behavioristas. A fusão dessas duas perspectivas produziu um fenômeno singular, isto é, de um lado, a dependência e a docilidade dos professores às diretrizes e às normas baixadas pela burocracia, e, de outro lado, a relação puramente mecânica e instrumental dos alunos com os conhecimentos.

Não se trata, evidentemente, de regressar à antiga Escola Normal, cujas deficiências eram por todos conhecidas. Mas trata-se de recuperar a ideia central que a definia, qual seja, a da especificidade da formação daqueles que terão o difícil encargo de iniciar outros no conhecimento. Não é possível continuar considerando os professores primários como meros preparadores de alunos – sua tarefa é a da iniciação, da qual depende todo o futuro escolar e profissional dos alunos. É preciso que os professores recebam formação especial para essa tarefa e que participem das decisões sobre o assunto.

Não podemos esquecer que a supressão da Escola Normal acarretou três desqualificações para os professores primários: 1) Intelectual (que os reduziu à docilidade perante a burocracia). 2) Profissional (que se exprime em seus vergonhosos salários). 3) Cultural (que os colocou à margem do desenvolvimento cultural do País).

A luta em defesa de uma nova Escola Normal (ou outro nome que possa vir a ter) é luta contra essa tríplice desqualificação e pela recuperação do lugar que, em toda sociedade que se preze, possuem aqueles que se dedicam ao trabalho da iniciação.

Universidade e iniciativa privada[1]

Não é minha intenção polemizar com José Goldemberg ("A universidade e o neoliberalismo", *Folha*, 7/07). Tanto porque polêmicas não favorecem o debate de opiniões, pois negligenciam a diferença de pressupostos e das lógicas argumentativas dos debatedores, transformando-os em meros oponentes que desejam persuadir aos demais; quanto porque julgo a melhor resposta a seu artigo aquela já dada por meio de artigos e entrevistas dos professores doutores Pimentel Wutke e Isaias Raw, os quais relatam a situação calamitosa de abandono em que se encontram nossos grandes institutos públicos de pesquisa.[2] Aliás, justamente aqueles que se caracterizam pela total independência perante os interesses das indústrias farmacêuticas, química, de fertilizantes e agrotóxicos, alimentícia e das empreiteiras.

Certamente, pesquisas nesses campos não deixaram de ser feitas em São Paulo e, dada a situação desesperadora dos institutos públicos, conclui-se que a investigação vem sendo feita em outros lugares (na universidade e fora dela) para atender aos interesses das empresas privadas, e não aos da sociedade. Não responderia a Goldemberg, se não houvesse sido nominalmente citada por seu artigo.

---

[1] Originalmente publicado em: *Folha de S. Paulo*, São Paulo, 29 jul. 1994, Primeiro Caderno, p. 3. (N. do Org.)

[2] Cf. a reportagem "Crise ameaça institutos paulistas de pesquisa", *Folha de S. Paulo*, São Paulo, 15 jul. 1994, Primeiro Caderno, p. 12.

A discordância de nossas posições depende da resposta a uma única pergunta: deve a universidade pública gozar de autonomia acadêmica para definir suas atividades e o modo de realizá-las, ou deve aceitar como critério satisfazer aos interesses da iniciativa privada?

Em outras palavras, é a universidade que decide em que, como e quando relacionar-se com as empresas, ou é o contrário?

A pergunta pressupõe uma certa concepção da democracia. Se esta for considerada apenas como regime político baseado na lei e na alternância no governo, através da disputa de partidos políticos que representam interesses de grupos sociais com poderes desiguais, a resposta será diferente daquela que, além dos aspectos anteriores, considera a democracia uma forma geral da existência social baseada na criação, no reconhecimento e na garantia de direitos e deveres dos cidadãos.

Nesse segundo caso, a distinção fundamental se faz entre carência, privilégio, interesse e direito. Carências e privilégios são específicos e particulares; interesses são gerais para grupos e classes sociais diferentes; direitos são universais (ou porque são os mesmos para todos, ou porque, sendo diferenciados, são universalmente reconhecidos por todos como legítimos).

Carências e privilégios não têm como generalizar-se em interesses nem universalizar-se em direitos (a satisfação das carências e a quebra de privilégios é precondição e não a finalidade da democracia); interesses particulares e de pequena generalidade social também não conseguem universalizar-se em direitos.

Numa democracia, portanto, a universidade pública volta-se para os direitos dos cidadãos e não para a satisfação de interesses, sejam estes os das corporações empresariais ou os das corporações universitárias. Isso exige que possua autonomia para decidir e realizar suas atividades, devendo prestar contas ao poder público e à sociedade.

Goldemberg parece operar com pressupostos diferentes dos meus, tomando a democracia pelo prisma dos interesses, e, por alguma razão, entre os interesses das corporações empresariais e os das corporações universitárias, escolhe os das primeiras (não há como saber, na esfera dos interesses, por que os da Fiesp, da Ciesp, da Febraban etc. seriam mais válidos e legítimos do que os da Adusp e do Sintusp).

Não se trata de sacralizar nem satanizar os interesses das corporações empresariais nem os das corporações universitárias, mas de indagar se a discussão sobre a universidade pública democrática deve ser feita no campo dos interesses ou no dos direitos.

Se no dos interesses, é preciso provar por que uns são mais legítimos que outros; se no dos direitos, então a autonomia universitária é precondição para definir campos de interesses.

Quanto ao resto, façamos alguns reparos.

1) Há engano em estabelecer comparação entre as grandes escolas francesas (sem vínculo com as universidades) e as grandes escolas profissionalizantes ligadas à USP: as primeiras nasceram sem vínculo com a universidade não por causa da distinção entre ciência pura e aplicada, como imagina Goldemberg, mas sob os imperativos da ideologia positivista e da visão napoleônica do Estado, isto é, destinadas a formar quadros técnicos e administrativos do império francês, por isso recebendo como estudantes os filhos da antiga nobreza e da grande burguesia, enquanto a universidade, seguindo a tradição de 1789, afirmava o direito universal à educação e à ciência.

2) O Conselho Nacional de Pesquisa Científica francês (CNRS) é uma instituição exemplar que deveria existir no Brasil, reorganizando nossas instituições de fomento à pesquisa (enquanto ministro da Educação, Goldemberg poderia ter pensado nisso). Contrariamente ao que afirma, o CNRS não opera apenas fora da universidade, mas em três frentes simultâneas, financiando: institutos públicos de pesquisa; grupos de pesquisadores ou pesquisadores individuais com ou sem vínculo com a docência universitária; e grupos universitários de pesquisa, bem como professores universitários que se dedicam simultaneamente à docência e à pesquisa.

Bastaria ler com atenção as capas ou contracapas das publicações da produção universitária (particularmente de humanidades, visto que Goldemberg parece supor que estas não são subsidiadas pelo CNRS) para encontrar a referência àquele financiamento.

3) Sobre a diversidade interna na universidade, não só não sou contra ela como a defendo, julgando um dos desastres da "avaliação" implantada na USP, justamente, a desconsideração dessa diversidade. Goldemberg e eu concordamos em que seja bom para a universidade possuir docentes cujas experiências extrapolem a

esfera da vida acadêmica, oferecendo-lhes oportunidade para contato mais estreito com a sociedade, e, no caso das profissões diretamente voltadas para o mercado, é interessante que os docentes possam informar, orientar e encaminhar seus estudantes. Discordamos, porém, num aspecto: o uso privado da universidade por docentes. É frequente, nas universidades norte-americanas, docentes serem consultores de empresas e fundações; as universidades, porém, estabelecem o limite de tempo para as consultorias e, nas de maior vulto, não só o consultor, mas também a universidade, recebe por elas.

Desconheço procedimentos semelhantes nas grandes escolas da USP. Esta opera com fundos públicos e, portanto, com maior razão, deveria ser retribuída pelos serviços externos de seus docentes.

4) Não me referi ao "produtivismo" do modelo neoliberal, mas à ausência de reflexão crítica, por parte da USP, sobre o encolhimento do espaço público e o alargamento do espaço privado, o desemprego e a inflação estruturais, que cria bolsões de excluídos miseráveis (carência da maioria, privilégio da minoria e, portanto, ausência de direitos ou de cidadania) e a transformação da ciência e da tecnologia em forças produtivas (submetendo os conhecimentos a uma única lógica, a do mercado, portanto, ausência de diversidade real).

A universidade operacional[1]

A Reforma do Estado brasileiro pretende modernizar e racionalizar as atividades estatais, redefinidas e distribuídas em setores, um dos quais é designado setor dos serviços não exclusivos do Estado, isto é, aqueles que podem ser realizados por instituições não estatais, na qualidade de prestadoras de serviços. O Estado pode prover tais serviços, mas não os executa diretamente nem executa uma política reguladora dessa prestação. Nesses serviços estão incluídas a educação, a saúde, a cultura e as utilidades públicas, entendidas como "organizações sociais" prestadoras de serviços que celebram "contratos de gestão" com o Estado.

A Reforma tem um pressuposto ideológico básico: o mercado é portador de racionalidade sociopolítica e agente principal do bem-estar da República. Esse pressuposto leva a colocar direitos sociais (como a saúde, a educação e a cultura) no setor de serviços definidos pelo mercado. Dessa maneira, a Reforma encolhe o espaço público democrático dos direitos e amplia o espaço privado não só ali onde isso seria previsível – nas atividades ligadas à produção econômica – mas também onde não é admissível – no campo dos direitos sociais conquistados.

A posição da universidade no setor de prestação de serviços confere um sentido bastante determinado à ideia de autonomia universitária e

---

[1] Originalmente publicado em: *Folha de S. Paulo*, São Paulo, 9 maio 1999, Mais!, p. 3. (N. do Org.)

introduz termos como "qualidade universitária", "avaliação universitária" e "flexibilização da universidade".

De fato, a autonomia universitária se reduz à gestão de receitas e despesas, de acordo com o contrato de gestão pelo qual o Estado estabelece metas e indicadores de desempenho, que determinam a renovação ou não renovação do contrato. A autonomia significa, portanto, gerenciamento empresarial da instituição e prevê que, para cumprir as metas e alcançar os indicadores impostos pelo contrato de gestão, a universidade tem "autonomia" para "captar recursos" de outras fontes, fazendo parcerias com as empresas privadas.

A "flexibilização" é o corolário da "autonomia". Na linguagem do Ministério da Educação, "flexibilizar" significa: 1) Eliminar o regime único de trabalho, o concurso público e a dedicação exclusiva, substituindo-os por "contratos flexíveis", isto é, temporários e precários. 2) Simplificar os processos de compras (as licitações), a gestão financeira e a prestação de contas (sobretudo para proteção das chamadas "outras fontes de financiamento", que não pretendem se ver publicamente expostas e controladas). 3) Adaptar os currículos de graduação e pós-graduação às necessidades profissionais das diferentes regiões do país, isto é, às demandas das empresas locais (aliás, é sistemática nos textos da Reforma referentes aos serviços a identificação entre "social" e "empresarial"). 4) Separar docência e pesquisa, deixando a primeira na universidade e deslocando a segunda para centros autônomos.

A "qualidade" é definida como competência e excelência, cujo critério é o "atendimento às necessidades de modernização da economia e desenvolvimento social"; e é medida pela produtividade, orientada por três critérios: quanto uma universidade produz, em quanto tempo produz e qual o custo do que produz. Em outras palavras, os critérios da produtividade são quantidade, tempo e custo, que definirão os contratos de gestão. Observa-se que a pergunta pela produtividade não indaga: o que se produz, como se produz, para que ou para quem se produz, mas opera uma inversão tipicamente ideológica da qualidade em quantidade. Observa-se também que a docência não entra na medida da produtividade e, portanto, não faz parte da qualidade universitária, o que, aliás, justifica a prática dos "contratos flexíveis". Ora, considerando-se que a proposta da Reforma separa a universidade e o centro de pesquisa, e considerando-se que a "produtividade" orienta o contrato de gestão, cabe indagar qual haverá de ser o critério dos contratos de gestão da universidade, uma vez que não há definição de critérios para "medir" a qualidade da docência.

O léxico da Reforma é inseparável da definição da universidade como "organização social" e de sua inserção no setor de serviços não exclusivos do Estado. Ora, desde seu surgimento (no século XIII europeu), a universidade sempre foi uma instituição social, isto é, uma ação social, uma prática social fundada no reconhecimento público de sua legitimidade e de suas atribuições, num princípio de diferenciação, que lhe confere autonomia perante outras instituições sociais, e estruturada por ordenamentos, regras, normas e valores de reconhecimento e legitimidade internos a ela. A legitimidade da universidade moderna fundou-se na conquista da ideia de autonomia do saber diante da religião e do Estado, portanto na ideia de um conhecimento guiado por sua própria lógica, por necessidades imanentes a ele, do ponto de vista tanto de sua invenção ou descoberta quanto de sua transmissão.

Por isso mesmo, a universidade europeia tornou-se inseparável das ideias de formação, reflexão, criação e crítica. Com as lutas sociais e políticas dos últimos séculos, com a conquista da educação e da cultura como direitos, a universidade tornou-se também uma instituição social inseparável da ideia de democracia e de democratização do saber: seja para realizar essa ideia, seja para opor-se a ela, a instituição universitária não pôde furtar-se à referência à democracia como ideia reguladora, nem pôde furtar-se a responder, afirmativa ou negativamente, ao ideal socialista.

Que significa, então, passar da condição de instituição social à de organização social?

Uma *organização* difere de uma instituição por definir-se por outra prática social, qual seja, a de sua instrumentalidade: está referida ao conjunto de meios particulares para obtenção de um objetivo particular. Não está referida a ações articuladas às ideias de reconhecimento externo e interno, de legitimidade interna e externa, mas a operações definidas como estratégias balizadas pelas ideias de eficácia e de sucesso no emprego de determinados meios para alcançar o objetivo particular que a define. É regida pelas ideias de gestão, planejamento, previsão, controle e êxito. Não lhe compete discutir ou questionar sua própria existência, sua função, seu lugar no interior da luta de classes, pois isso, o que para a instituição social universitária é crucial, é, para a organização, um dado de fato. Ela sabe (ou julga saber) por que, para que e onde existe.

A instituição social aspira à universalidade. A organização sabe que sua eficácia e seu sucesso dependem de sua particularidade. Isso significa que a instituição tem a sociedade como seu princípio e sua referência normativa e valorativa, enquanto a organização tem apenas a si mesma como referência, num processo de competição com outras que fixaram os mesmos objetivos particulares. Em outras palavras, a instituição se percebe inserida na divisão social e política e busca definir uma universalidade (ou imaginária ou desejável) que lhe permita responder às contradições impostas pela divisão. Ao contrário, a organização pretende gerir seu espaço e tempo particulares aceitando como dado bruto sua inserção num dos polos da divisão social, e seu alvo não é responder às contradições, e sim vencer a competição com seus supostos iguais.

Como foi possível passar da ideia da universidade como instituição social à sua definição como organização prestadora de serviços?

A forma atual do capitalismo se caracteriza pela fragmentação de todas as esferas da vida social, partindo da fragmentação da produção, da dispersão espacial e temporal do trabalho, da destruição dos referenciais que balizavam a identidade de classe e as formas da luta de classes. A sociedade aparece como uma rede móvel, instável, efêmera de organizações particulares definidas por estratégias particulares e programas particulares, competindo entre si.

Sociedade e Natureza são reabsorvidas uma na outra e uma pela outra, porque ambas deixaram de ser um princípio interno de estruturação e diferenciação das ações naturais e humanas para se tornarem, abstratamente, "meio ambiente"; e "meio ambiente" instável, fluido, permeado por um espaço e um tempo virtuais que nos afastam de qualquer densidade material; "meio ambiente" perigoso, ameaçador e ameaçado, que deve ser gerido, programado, planejado e controlado por estratégias de intervenção tecnológica e jogos de poder.

Por isso mesmo, a permanência de uma organização depende muito pouco de sua estrutura interna e muito mais de sua capacidade de adaptar-se celeremente a mudanças rápidas da superfície do "meio ambiente", donde o interesse pela ideia de flexibilidade, que indica a capacidade adaptativa a mudanças contínuas e inesperadas. A organização pertence à ordem biológica da plasticidade do comportamento adaptativo.

A passagem da universidade da condição de instituição à de organização insere-se nessa mudança geral da sociedade, sob os efeitos da nova forma do capital, e ocorreu em duas fases sucessivas, também acompanhando as sucessivas mudanças do capital. Numa primeira fase, tornou-se *universidade funcional*; na segunda, *universidade operacional*. A universidade funcional estava voltada para a formação rápida de profissionais requisitados como mão de obra altamente qualificada para o mercado de trabalho.

Adaptando-se às exigências do mercado, a universidade alterou seus currículos, programas e atividades para garantir a inserção profissional dos estudantes no mercado de trabalho, separando cada vez mais docência e pesquisa. Enquanto a universidade clássica estava voltada para o conhecimento e a universidade funcional estava voltada diretamente para o mercado de trabalho, a nova universidade ou universidade operacional, por ser uma organização, está voltada para si mesma enquanto estrutura de gestão e de arbitragem de contratos.

Regida por contratos de gestão, avaliada por índices de produtividade, calculada para ser flexível, a universidade operacional está estruturada por estratégias e programas de eficácia organizacional e, portanto, pela particularidade e instabilidade dos meios e dos objetivos. Definida e estruturada por normas e padrões inteiramente alheios ao conhecimento e à formação intelectual, está pulverizada em microorganizações que ocupam seus docentes e curvam seus estudantes a exigências exteriores ao trabalho intelectual.

A heteronomia da universidade autônoma é visível a olho nu: o aumento insano de horas-aula, a diminuição do tempo para mestrados e doutorados, a avaliação pela quantidade de publicações, colóquios e congressos, a multiplicação de comissões e relatórios etc. Virada para seu próprio umbigo, mas sem saber onde este se encontra, a universidade operacional opera e por isso mesmo não age. Não surpreende, então, que esse operar coopere para sua contínua desmoralização pública e degradação interna.

Que se entende por docência e pesquisa, na universidade operacional, produtiva e flexível?

A docência é entendida como transmissão rápida de conhecimentos, consignados em manuais de fácil leitura para os estudantes, de preferência, ricos em ilustrações e com duplicata em CDs. O recrutamento de professores é feito sem levar em consideração se dominam ou não o campo de conhecimentos de sua disciplina e as relações entre ela e outras afins – o professor é contratado ou por ser um pesquisador promissor que se dedica a algo muito especializado, ou porque, não tendo vocação para a pesquisa, aceita ser escorchado e arrochado por contratos de trabalho temporários e precários, ou melhor, "flexíveis". A docência é pensada como habilitação rápida para graduados, que precisam entrar rapidamente num mercado de trabalho do qual serão expulsos em poucos anos, pois tornam-se, em pouco tempo, jovens obsoletos e descartáveis; ou como correia de transmissão entre pesquisadores e treino para novos pesquisadores. Transmissão e adestramento. Desapareceu, portanto, a marca essencial da docência: a formação.

A desvalorização da docência teria significado a valorização excessiva da pesquisa? Ora, o que é a pesquisa na universidade operacional?

À fragmentação econômica, social e política, imposta pela nova forma do capitalismo, corresponde uma ideologia autonomeada pós-moderna. Essa nomenclatura pretende marcar a ruptura com as ideias clássicas e ilustradas, que fizeram a modernidade. Para essa ideologia, a razão, a verdade e a história são mitos totalitários; o espaço e o tempo são sucessão efêmera e volátil de imagens velozes e a compressão dos lugares e instantes na irrealidade virtual, que apaga todo contato com o espaço-tempo enquanto estrutura do mundo; a subjetividade não é a reflexão, mas a intimidade narcísica, e a objetividade não é o conhecimento do que é exterior e diverso do sujeito, e sim um conjunto de estratégias montadas sobre jogos de linguagem, que representam jogos de pensamento.

A história do saber aparece como troca periódica de jogos de linguagem e de pensamento, isto é, como invenção e abandono de "paradigmas", sem que o conhecimento jamais toque a própria realidade. O que pode ser a pesquisa numa universidade operacional sob a ideologia pós-moderna? O que há de ser a pesquisa quando razão, verdade e história são tidas por mitos, espaço e tempo se tornaram a superfície achatada de sucessão de imagens, pensamento e linguagem se tornaram jogos, constructos contingentes cujo valor é apenas estratégico?

Numa organização, uma "pesquisa" é uma estratégia de intervenção e de controle de meios ou instrumentos para a consecução de um objetivo delimitado. Em outras palavras, uma "pesquisa" é um *survey* de problemas, dificuldades e obstáculos para a realização do objetivo, e um cálculo de meios para soluções parciais e locais para problemas e obstáculos locais. Pesquisa, ali, não é conhecimento de alguma coisa, mas posse de instrumentos para intervir e controlar alguma coisa. Por isso mesmo, numa organização não há tempo para a reflexão, a crítica, o exame de conhecimentos instituídos, sua mudança ou sua superação. Numa organização, a atividade cognitiva não tem como nem por que realizar-se.

Em contrapartida, no jogo estratégico da competição no mercado, a organização se mantém e se firma se for capaz de propor áreas de problemas, dificuldades, obstáculos sempre novos, o que é feito pela fragmentação de antigos problemas em novíssimos microproblemas, sobre os quais o controle parece ser cada vez maior. A fragmentação, condição de sobrevida da organização, torna-se real e propõe a especialização como estratégia principal e entende por "pesquisa" a delimitação estratégica de um campo de intervenção e controle. É evidente que a avaliação desse trabalho só pode ser feita em termos compreensíveis para uma organização, isto é, em termos de custo/benefício, pautada pela ideia de produtividade, que avalia em quanto tempo, com que custo e quanto foi produzido.

Em suma, se por pesquisa entendermos a investigação de algo que nos lança na interrogação, que nos pede reflexão, crítica, enfrentamento com o instituído, descoberta, invenção e criação; se por pesquisa entendermos o trabalho do pensamento e da linguagem para pensar e dizer o que ainda não foi pensado nem dito; se por pesquisa entendermos uma visão compreensiva de totalidades e sínteses abertas que suscitam a interrogação e a busca; se por pesquisa entendermos uma ação civilizatória contra a barbárie social e política, então é evidente que não há pesquisa na universidade operacional.

Essa universidade não forma e não cria pensamento, despoja a linguagem de sentido, densidade e mistério, destrói a curiosidade e a admiração que levam à descoberta do novo, anula toda pretensão de transformação histórica como ação consciente dos seres humanos em condições materialmente determinadas.

Universidade em liquidação[1]

Volta à baila uma afirmação que, vira e mexe, reaparece na cena política: a da universidade pública paga como "uma questão pública de justiça social". A novidade, agora, está em considerar-se que tal medida já não corre o risco de impopularidade com a opinião pública porque a sociedade brasileira, de um lado, teria absorvido a ideia de que o mercado é a *ultima ratio* da realidade e, de outro, será sempre favorável a medidas governamentais que, dizem alguns, tratam de "beneficiar maiorias em detrimentos de minorias", mesmo que essas esperneiem com a perda de privilégios.

Essa cantilena populista não é nova. Foi entoada nos anos 1970 e 1980 com o refrão "os ricos devem pagar pelos pobres". Curiosamente, porém, não a ouvimos quando o governo despejou bilhões para beneficiar bancos e banqueiros, os quais, até prova em contrário, não parecem constituir exatamente a camada dos pobres. Também não a ouvimos nos processos de privatização da saúde e seus planos escorchantes. Nem quando se trata de definir as concessões para as telecomunicações. Por alguma razão insólita, volta e meia, no país dos dez milhões de desempregados, a ideia de começar a justiça social pela cobrança de ensino universitário público parece incendiar corações e mentes. Mais surpreendente ainda é a aparente recepção positiva dessa ideia num país que não consegue acertar a declaração do Imposto de

---

[1] Originalmente publicado em: *Folha de S. Paulo*, São Paulo, 11 jul. 1999, Mais!, p. 3. (N. do Org.)

Renda nem taxar as grandes fortunas e que, portanto, não tem como saber legalmente quem são os ricos.

O entusiasmo populista é tão grande que não se deixa afetar por esse argumento, nem mesmo por argumentos econômicos comparativos que mostram que nos países metropolitanos o investimento público no ensino superior é elevado (chega a ser a única fonte de financiamento, em alguns países europeus, que também praticam o sistema de bolsas para estudantes de graduação; e é fonte majoritária dos recursos investidos nas pesquisas de ponta, nos Estados Unidos).

O primeiro argumento em favor do ensino universitário público pago baseia-se num dado de fato: os filhos da classe média e da classe dominante estudam em caros colégios particulares, recebem um formação aprimorada, fazem os cursinhos pré-vestibular (em geral, caríssimos) e tomam praticamente todas as vagas nas universidades públicas, delas excluindo os filhos da baixa classe média e da classe trabalhadora (que permanecem fora do ensino superior ou cursam universidades privadas dispendiosas e muitas vezes de baixo nível). A esse argumento acrescenta-se um segundo, também com base em fatos: fala-se nos elevados custos das universidades públicas, que poderiam ser reduzidos com a cobrança de mensalidades para os filhos das classes abastadas.

Qual o logro do primeiro argumento? Escamotear o principal, isto é, a devastação a que foi submetida a escola pública de primeiro e segundo graus quando a ditadura – que tinha no Conselho Federal de Educação os proprietários das escolas privadas – desviou recursos públicos para as escolas particulares, introduziu a licenciatura curta para formação de professores de ensino fundamental e médio, arrochou os salários e preparou o caminho da exclusão universitária para a baixa classe média e a classe trabalhadora, oferecendo-lhes como consolação o funesto e fracassado profissionalizante. O argumento, portanto, abandona o campo das causas, opera com os efeitos da política dominante e propõe uma solução duplamente falsa: em primeiro lugar, porque deixa intocado o problema de origem; em segundo, porque acaba levando para a universidade o mesmo projeto que destruiu a escola pública de primeiro e segundo graus.

O segundo argumento é enganador, pois calcula os gastos tomando as verbas anuas das universidades públicas, dividindo-as pelo número de alunos, e tem como resultado uma cifra altíssima, porque deixa na sombra o fato de que nessas verbas estão incluídos hospitais universitários, centros de atendimento à população, centros de pesquisas, obras de infraestrutura e aquisição de livros e equipamentos para laboratórios, além do salário dos inativos. Porém é enganador ainda por uma outra razão mais profunda.

Com efeito, em muitas unidades da USP (não sabemos se o mesmo ocorre em outras universidades estaduais e federais), o ensino pago já está instituído com o uso de dois mecanismos principais: 1) Por um decreto do MEC, estudantes de pós-graduação devem cumprir uma parte de seus créditos dando aulas para a graduação (maneira de não abrir concursos para contratar novos professores), e isso libera professores, que passam a oferecer cursos pagos de extensão universitária e que, por serem pagos, são altamente seletivos ou elitistas. 2) Por meio de convênios com fundações e empresas privadas, são oferecidos cursos pagos de especialização e de pós-graduação com critérios próprios de seleção e de avaliação, os quais, como no caso anterior, produzem discriminação econômico-social entre os estudantes. Em outras palavras, até prova em contrário, pagamento de cursos e igualdade de condições (isto é, justiça democrática) não andam juntos.

A posição populista aparece como moderna e pragmática porque parece se basear em análises de problemas reais das universidades públicas, e, se cala fundo nas mentes conservadoras, é porque desde o "milagre brasileiro" a universidade foi oferecida à opinião pública como meio certo de ascensão social e prestígio.

Essa proposta, porém, não é realmente pragmática porque não introduz (correta ou incorretamente) os fatos para encontrar uma solução localizada e mediata que resolveria, no curto prazo, alguns dos sérios problemas sociais brasileiros, dos quais a universidade pública e gratuita é apenas um caso particular. Também não é realista e pragmática porque a solução apontada não leva em conta aspectos práticos complicados e talvez insolúveis, por exemplo, a determinação de quem, com equidade, pode pagar e quanto pode pagar. Na verdade, os fatos e a solução são colocados para afirmar que se trata de uma questão de princípio, isto é, de justiça social.

Vejamos então se, no nível dos princípios, a universidade pública paga, que à primeira vista pareceria ser um fator decisivo de justiça social, cumpriria efetivamente esse papel.

Fala-se atualmente em "colapso da modernização" para referir o declínio do Estado de Bem-Estar e a sua correção racionalizadora pela economia política neoliberal. Esse "colapso", no entanto, pode ser analisado sob outra perspectiva, se o percebermos, como faz Francisco de Oliveira, a partir das transformações econômicas e políticas introduzidas pelo próprio Estado de Bem-Estar com a criação do fundo político. Esse se caracteriza:

1) Pelo financiamento simultâneo da acumulação do capital (os gastos públicos com a produção, desde subsídios para a agricultura, a indústria e o comércio, até subsídios para a ciência e a tecnologia, formando amplos setores produtivos estatais que desaguaram no célebre complexo militar-industrial, além da valorização financeira do capital por meio da dívida pública etc.).

2) Pelo financiamento da reprodução da força de trabalho, alcançando toda a população por meio dos gastos sociais (educação gratuita, medicina socializada, previdência social, seguro-desemprego, subsídios para transporte, alimentação e habitação, subsídios para cultura e lazer, salário-família etc.).

Em suma, o Estado de Bem-Estar introduziu a república entendida estruturalmente como gestão dos fundos públicos, os quais se tornam públicos, os quais se tornam precondição da acumulação e da reprodução do capital (e da formação da taxa de lucro) e da reprodução da força de trabalho por meio das despesas sociais. Resumindo, houve a socialização dos custos da produção e a manutenção da apropriação privada dos lucros ou da renda (isto é, a riqueza não foi socializada).

A ação de duplo financiamento gerou um segundo salário, o indireto, ao lado do salário direto; isto é, o direto é aquele pago privadamente ao trabalho, e o indireto é aquele pago publicamente aos cidadãos para a reprodução de uma força de trabalho. O resultado foi o aumento da capacidade de consumo das classes sociais, particularmente da classe média e da classe trabalhadora, ou seja, o consumo de massa.

Nesse processo de garantia de acumulação e reprodução do capital e da força de trabalho, o Estado endividou-se e entrou num processo de dívida pública conhecido como déficit fiscal ou "crise fiscal do Estado". A isso se deve acrescentar o momento crucial da crise, isto é, o instante de internacionalização oligopólica da produção e da finança, pois os oligopólios multinacionais não enviam a seus países de origem os ganhos obtidos fora de suas fronteiras e, portanto, não alimentam o fundo público nacional, que deve continuar financiando o capital e a força de trabalho. É isso o "colapso da modernização" e a origem da política neoliberal, que propõe "enxugar" ou encolher o Estado.

Ora, o que significa exatamente o fundo público (ou a maneira como opera a esfera pública no Estado de Bem-Estar)? Como explica Francisco de Oliveira, o fundo público é o antivalor (não é o capital) e é a antimercadoria (não é a força de trabalho) e, como tal, é a condição ou o pressuposto da acumulação e da reprodução do capital e da força de trabalho. É nele que se vem pôr a contradição atual do capitalismo, isto é, ele é o pressuposto necessário do capital e, como pressuposto, é a negação do próprio capital (visto que o fundo público não é capital nem trabalho).

Por outro lado, o lugar ocupado pelo fundo público com o salário indireto faz com que a força de trabalho não possa ser avaliada apenas pela relação capital-trabalho (pois na composição do salário entra também o salário indireto pago pelo fundo público). Ora, no capitalismo clássico o trabalho era a mercadoria padrão que media o valor das outras mercadorias e da mercadoria principal, o dinheiro. Quando o trabalho perde a condição de mercadoria padrão, essa condição também é perdida pelo dinheiro, que deixa de ser mercadoria e se torna simplesmente moeda ou expressão monetária da relação entre credores e devedores, provocando, assim, a transformação da economia em monetarismo.

Além disso, com sua presença sob a forma do salário indireto, o fundo público desatou o laço que prendia o capital à força de trabalho (ou o salário direto). Essa amarra era o que, no passado, fazia a inovação técnica pelo capital ser uma reação ao aumento real de salário e, desfeito o laço, o impulso à inovação tecnológica tornou-se praticamente ilimitado, provocando expansão dos investimentos e agigantamento das forças produtivas, cuja liquidez é impressionante, mas cujo lucro não é suficiente para concretizar todas as possibilidades tecnológicas. Por isso mesmo, o capital precisa de parcelas da riqueza pública, isto é, do fundo público, na qualidade de financiador dessa concretização.

Esse quadro indica que o fundo público define a esfera pública da economia de mercado socialmente regulada e que as democracias representativas agem num campo de lutas polarizado pela direção dada ao fundo público. Visto sob a perspectiva da luta política, o neoliberalismo não é, de maneira nenhuma, a crença na racionalidade do mercado, o enxugamento do Estado e a desaparição do fundo público, mas a posição, no momento vitoriosa, que decide cortar o fundo público no polo de financiamento dos bens e serviços públicos (ou o do salário indireto) e maximizar o uso da riqueza pública nos investimentos exigidos pelo capital, cujos lucros não são suficientes para cobrir todas as possibilidades tecnológicas que ele mesmo abriu.

Que o neoliberalismo é a opção preferencial pela acumulação e reprodução do capital, o montante das dívidas públicas dos Estados nacionais fala por si mesmo. Mas isso significa também que a luta democrática das classes populares está demarcada como luta pela gestão do fundo público, opondo-se à gestão neoliberal. E é nesse campo democrático que se coloca, como questão de princípio, a universidade pública gratuita, juntamente com a melhoria da escola pública do primeiro e do segundo graus.

Em outras palavras, a luta pela qualidade do ensino, pela boa formação dos professores e dos alunos, pela ampliação da rede pública escolar, pela dignidade dos salários de professores e funcionários, assim como a luta pela gratuidade da universidade pública e pela qualidade da formação e da pesquisa não são lutas de uma minoria barulhenta nem de lobistas e corporativistas, mas a disputa democrática pela direção da aplicação do fundo pública. É nesse campo que se põe a justiça social.

De fato, que significa a cantilena "os ricos devem pagar pelos pobres"? Significa, em primeiro lugar, que os ricos são vistos como cidadãos (pagam impostos e mensalidades) e os pobres não (mesmo que saibamos que, neste país, os ricos justamente não pagam impostos); em segundo lugar, que a educação não é vista como um direito de todos, mas como um direito dos ricos e uma benemerência para os pobres; em terceiro lugar, que a cidadania, reduzida ao pagamento de impostos e mensalidades, e o assistencialismo, como compaixão pelos deserdados, destroem qualquer possibilidade democrática e de justiça.

Ultrapassando a simples ideia de um regime político identificado à forma de governo, a democracia, como forma geral de uma sociedade, caracteriza-se pela afirmação da liberdade e da igualdade dos cidadãos, e, por essa razão, o maior problema da democracia numa sociedade de classes é o da manutenção desses dois princípios sob os efeitos da desigualdade real. Eis por que a luta política democrática na sociedade de classes contemporânea passa pela gestão do fundo público pelo qual a igualdade se define como direito à igualdade de condições. Somente com a ideia de criação e conservação dos direitos estabelece-se o vínculo profundo entre democracia e a ideia de justiça.

Embora a visão liberal reduza a democracia ao regime da lei da ordem, essa imagem deixa escapar o principal, isto é, que a democracia está fundada na noção de direitos e por isso mesmo está apta a diferenciá-la de privilégios e carências. Os primeiros são, por definição, particulares, não podendo generalizar-se num interesse comum nem universalizar-se num direito, porque deixariam de ser privilégios.

Carências, por sua vez, são sempre específicas e particulares, não conseguindo ultrapassar a especificidade e a particularidade rumo a um interesse comum nem universalizar-se num direito. A cantilena "os ricos devem pagar pelos pobres" reforça a polarização entre privilégio e carência e, longe de ser instrumento de justiça social, é a impossibilidade de que esta seja instituída pela ação criadora de direito. A educação, em todos os seus níveis, é um direito e, como tal, dever do Estado, isto é, da esfera pública na sociedade de classes, quando o fundo público não se destina exclusivamente ao capital.

Tiros no próprio pé[1]

Comentou-se, no Brasil, um editorial do *Financial Times*, em que se dizia o governo FHC haver realizado em quatro anos o que Margaret Thatcher só pudera fazer em vinte.

Pode-se supor que fosse um elogio. Visto de perto, porém, o editorial nos obriga a indagar por que foi esse o caso. A resposta não é difícil. Em primeiro lugar, Thatcher encontrou um Estado de Bem-Estar solidamente implantado e precisou de vinte anos para destruí-lo; em contrapartida, FHC encontrou um pequeno número de direitos sociais mal e mal respeitados e que puderam ser desmanchados numa penada. Em segundo lugar, Thatcher encontrou uma sociedade civil altamente organizada, cuja oposição teve que ser respeitada por ela durante vinte anos; em compensação FHC conseguiu que a mística do real e do franguinho desmoralizasse os movimentos sociais e montou um discurso de desqualificação de todas as manifestações de oposição (caipiras, arcaicas, violentas, golpistas). Em terceiro lugar, Thatcher enfrentou partidos de oposição e precisou de vinte anos para vencê-los até ser por eles derrotada; em vez disso, FHC sempre teve a maioria no Congresso, o recurso das medidas provisórias, o apoio das oligarquias regionais e a paródia de um legislativo que opera com o preceito "é dando que se recebe".

---

[1] Originalmente publicado em: *Folha de S. Paulo*, São Paulo, 31 out. 1999, Mais!, p. 3. (N. do Org.)

Sob essa perspectiva, podemos até mesmo considerar espantoso que, detendo condições privilegiadas de controle social e político, o governo FHC tenha dado tantos tiros no próprio pé que a impressão reinante seja a de que não há governo no país.

Um caso particular, muito pequeno, se comparado aos grandes problemas que assolam o país, pode servir de exemplo para entendermos a razão do sentimento de ausência de governo ou de um governo que destrói a si mesmo. Trata-se do Programa Especial de Treinamento (PET), da Coordenação de Aperfeiçoamento de Pessoal de Nível Superior (Capes).

O programa foi criado em 1979, pela Capes, com o objetivo de melhorar os cursos de graduação e a qualidade das pós-graduações, trabalhando com grupos selecionados de estudantes de graduação, sob a coordenação de um professor-tutor. Em seu documento de instalação, o PET foi apresentado pela Capes com a finalidade de promover formação acadêmica de nível excelente, crítica e atuante, estimular a integração com a carreira profissional, particularmente a universitária, e fomentar a atividade coletiva interdisciplinar, com programas diversificados de atividades. Há hoje, no Brasil, 314 grupos PET e 3.500 estudantes (cada um recebe uma bolsa de R$ 241,00 mensais, por 12 horas de trabalho semanal durante 12 meses; o professor-tutor recebe uma complementação salarial de R$ 724,00 mensais para coordenar os trabalhos e orientar os alunos).

Em 1997, aparentemente insatisfeita com as avaliações enviadas pelos grupos PET, a Capes afirmando a ineficácia do programa por atingir um número muito pequeno de estudantes e ter custos muitos elevados, fez cortes dos recursos e de bolsas e contratou uma avaliação externa, na expectativa de justificar a extinção do programa em dezembro de 1999.

Todavia os avaliadores chegaram a conclusões altamente positivas, observando que o programa: 1) Produziu melhora substancial nos cursos de graduação. 2) Promoveu a integração dos estudantes com a instituição universitária. 3) É o único institucional voltado para a graduação, para a interdisciplinaridade e para o trabalho de grupo. 4) Demonstrou ser fundamental para ações voltadas para a comunidade, particularmente aquelas ligadas ao ensino básico (fundamental e médio), com projetos integrados entre universidades e prefeituras. 5) Mostrou preparo relevante para a pesquisa, pois os estudantes que passaram pelo PET tendem a ter um desempenho superior na pós-graduação e a realizar suas dissertações de mestrado num tempo mais curto, uma vez que, graças ao trabalho tutorial, são preparados para a pesquisa (estudos de línguas estrangeiras, hábitos de leitura e crítica, expressão oral e escrita com aumento da capacidade argumentativa etc.). 6) Estimulava mais os estudantes envolvidos a atuar nos cursos, frequentando as aulas, envolvendo-se nas disciplinas e participando em sala de aula.

Depois de apresentar várias sugestões para a melhora e a ampliação desejável do programa, os avaliadores concluíram que:

> O Programa Especial de Treinamento (PET) é uma das iniciativas mais consistentes e produtivas no sentido de estimular os estudantes e melhorar a qualidade de ensino de graduação no país e as relações com a comunidade, principalmente as ações voltadas para o ensino fundamental e médio [...]. O PET é um programa complexo e completo e não pode ser avaliado apenas pelo número de pessoas que atinge diretamente. Como programa institucional de longa duração, o PET melhora o desempenho global do curso no qual se insere, tanto no que tange à eficiência na formação de estudantes quanto no que se refere à maior produtividade dos professores, mesmo que não estejam diretamente envolvidos no programa [...]. Como uma das prioridades do país, no âmbito educacional, é melhorar a formação superior (graduação), um dos mecanismos mais eficazes instalados no momento é sem dúvida o Programa Especial de Treinamento.

De fato, o PET estimula renovações curriculares, instalação de bibliotecas, laboratórios e recursos de informática naquelas universidades de menor porte que não possuem pós-graduações, prepara os alunos para serem enviados aos cursos de pós-graduação de outras instituições para que depois possam ser instaladas pós-graduações em suas universidades de origem, cria laços importantes com a sociedade, por meio de atividades integradas com as prefeituras, sobretudo nas ações educacionais voltadas para o ensino fundamental. Exatamente por isso os avaliadores afirmam que o PET não pode ser apreciado apenas levando-se em conta as pessoas diretamente envolvidas, pois os efeitos do programa alcançam o todo da instituição universitária, setores importantes da sociedade civil e outros níveis de governo (particularmente as prefeituras).

Assim, um programa institucional com a tradição de 20 anos, com a disposição de aperfeiçoar-se e ampliar-se, com a avaliação positiva de especialistas não envolvidos em suas atividades, está destinado a ser extinto com a alegação de que seus custos são muito elevados (R$ 14.504.922,47) e que sua ação é elitista! Isso quando, em qualquer madrugada, o governo federal despeja milhões num banco qualquer para "salvá-lo" ou usa recursos públicos para financiar uma "privatização"...

Por que o governo dá mais um tiro em seu próprio pé, propondo a extinção de um programa positivamente consolidado?

Um documento da Capes, de agosto de 1999, endereçado ao deputado federal Gervásio Silva, declara que será implantado um "Programa Especial de Apoio a Projetos Destinados à Modernização e Qualificação Institucional do Ensino Superior Público", alcançando 150 instituições públicas de ensino superior que apresentem projetos relevantes e que receberão um financiamento no valor máximo de R$ 150.000,00. Diz o documento que os projetos somente serão aprovados se estiverem de acordo com o Plano de Desenvolvimento Institucional do MEC, em outras palavras, com a reforma do ensino que está em curso. Trata-se, portanto, de suprimir o PET, já consolidado e com frutos, e criar um novo Programa Especial em consonância com o modelo da universidade operacional proposta pela reforma.

Ora, sabemos que há uma sintonia fina entre o MEC e o pensamento do Banco Interamericano de Desenvolvimento (BID), e que este, num documento de 1996, diagnostica o ensino superior da América Latina e do Caribe, propondo corretivos e melhorias como condição para novos financiamentos na região. O núcleo do documento do BID é a avaliação das universidades em termos de custo/benefício e de modernização curricular para atender às exigências da forma atual do mercado capitalista.

Afirmando que as universidades latino-americanas são dispendiosas, irracionais e com currículos obsoletos, o BID propõe uma reforma na qual o ensino superior se divida em quatro níveis: 1) Formação de elites intelectuais com financiamento exclusivo pelos fundos públicos. 2) Formação profissional (graduação) com mescla de fundos públicos e privados e com currículos determinados pelo mercado. 3) Ensino técnico com cursos superiores de curta duração (dois anos), financiados por empresas privadas, a fim de atender às necessidades imediatas do mercado. 4) "Generalista", ou pequenos cursos de graduação, em que o estudante compõe a grade curricular com a finalidade de "aditar valor" ao seu *curriculum vitae* para a competição no mercado de trabalho.

A extinção do PET e sua substituição por um novo Programa Especial de Modernização e Qualificação inclui-se no projeto BID-MEC de esvaziamento da instituição universitária, preparando-a para ceder lugar a uma hierarquia de "modernidade" e "qualidade", na qual a graduação deverá adequar-se a um dos níveis ou funções do ensino superior, na qual a formação para a pesquisa ficará restrita aos centros de excelência escolhidos pelo MEC, e os projetos acadêmicos deverão consolidar-se em "contratos de gestão" com o Estado.

Qual o valor dessa mudança que extingue um programa cujo sentido acadêmico e social era claro e positivo? Talvez o relatório do Banco Mundial sobre o desastre planetário do neoliberalismo e da "agenda social" do FMI nos ofereça a melhor resposta.

São mesmo vinte anos em quatro...

Nova barbárie: "aluno inadimplente"[1]

No dia seguinte à publicação dos novos dados do censo do IBGE, segundo os quais por volta de 90% das crianças brasileiras estão na escola, a imprensa publicou a notícia de que escolas privadas pretendem exigir fiador no momento da matrícula e desejam expulsar alunos "inadimplentes" antes mesmo do fim do ano letivo. A seguir, em 4 de dezembro, a *Folha* noticiou o caso de alunos impedidos de realizar provas por atraso no pagamento das mensalidades.[2]

Tão surpreendente quanto as notícias foi a maneira como foram discutidas: advogados discutiam se as exigências dos proprietários da indústria escolar eram ou não legais; pais e mães desempregados declararam que seriam obrigados a transferir os filhos para a escola pública, exprimindo nessa atitude o sentimento de queda, inferioridade e de quase castigo causado pelo desemprego; o MEC se pronunciou afirmando que a atitude dos proprietários é "aceitável", embora talvez não seja constitucional ou legal; alunos de cursos supletivos, excluídos das provas, explicavam que seus salários são divididos entre o pagamento da escola e a ajuda à família, sendo inevitável o atraso nas contas; a imprensa recomendava que procurassem o Procon e a Comissão de Defesa dos Direitos do Consumidor. E por aí foi.

---

[1] Originalmente publicado em: *Folha de S. Paulo*, São Paulo, 12 dez. 1999, Primeiro Caderno, p. 3. (N. do Org.)

[2] Cf. "Escola particular enfrenta legislação e proíbe alunos devedores de fazer prova", *Folha de S. Paulo*, São Paulo, 4 dez. 1999, Caderno São Paulo, p. 1. (N. do Org.)

Três aspectos do problema não surgiram nem nas notícias nem nas discussões suscitadas por elas: 1) Ninguém parece ter visto contradição entre os dados do IBGE e a exclusão dos alunos "inadimplentes". 2) Ninguém parece ter se interessado pelo lamento dos pais por se sentirem forçados a transferir os filhos para a escola pública. 3) Ninguém parece ter ficado impressionado com o tratamento dado à educação quando submetida às regras do mercado e devendo ser protegida por órgãos de defesa do consumidor.

Esses três aspectos estão interligados. No que respeita aos dados do IBGE, devemos indagar: 1) Por "estar na escola" o IBGE entende estar matriculado ou estar cursando e concluindo o 1º e 2º graus? 2) Se for o primeiro caso, isto é, se se referir somente à matrícula, então que sentido tem o número "90%"? 3) Se for o segundo caso, cursar e concluir cursos, então em qual escola estão, de fato, as crianças e os adolescentes, se uma parte deles, dita "inadimplente", poderá ficar fora da escola? 4) O número "90%" inclui um cruzamento de dados que nos permita saber onde estão as crianças e os adolescentes excluídos, isto é, os chamados "menores de rua" e os que estão lançados no mercado de trabalho? 5) Dada a revolta dos "inadimplentes", o número "90%" inclui aqueles que são obrigados a trabalhar para poder "estar na escola"?

No que tange ao segundo aspecto – o lamento dos pais desempregados –, cabe indagar: 1) Que mudanças qualitativas para melhor realizou o atual governo na área de educação, se os pais continuam vendo a escola pública como inferior e como castigo? 2) A primeira pergunta é tanto mais relevante quanto mais se considera que, num Estado como São Paulo, o governo estadual desviou milhões de reais destinados à educação, cabendo indagar como e por que foi isso possível. 3) Que ideologia perversa leva os desempregados a se culparem pelo desemprego e a se sentirem responsáveis por um futuro incerto para os filhos porque são obrigados a enviá-los à escola pública? 4) Que marquetagem tem permitido alimentar a imagem de que qualquer escola privada, por ser privada, é boa e melhor que uma escola pública? Ou, como tão bem observou Eliane Cantanhêde (*Folha*, p. 2, Opinião, 2/12), quem controla a produção dessa imagem, quando a superioridade é apresentada pelas cores alegres do edifício, a florzinha a modo de jardim e a presença de uma única professora rodeada de "assistentes"?

Evidentemente, é o terceiro aspecto que "amarra" as perguntas suscitadas anteriormente e encaminha possíveis respostas: a educação é ou não um direito social dos cidadãos? Desde a Revolução Francesa, no século XVIII (antes do desenvolvimento de ideias socialistas), a resposta foi afirmativa. Ora, a atual reforma do Estado brasileiro, ao propor o "enxugamento racionalizador e modernizador" da administração pública, considerou não só que o Estado devia se afastar da produção econômica direta e dos serviços ligados às utilidades públicas (luz, água, telefonia etc.) mas também que havia um setor, designado com o nome de "setor de serviços não exclusivos do Estado", do qual o Estado deveria afastar-se gradualmente, deixando-o por conta do mercado. Esse setor inclui saúde, educação, ciência e tecnologia, entre outros. Em suma, a reforma do Estado retirou educação e saúde do campo dos direitos sociais e as incluiu no dos serviços não exclusivos do Estado.

Essa pequena alteração terminológica – passar do direito ao serviço – não só as transferiu para a rede do mercado como também legitimou seu tratamento como uma mercadoria qualquer, sujeita aos mecanismos contratuais que regem as ações mercantis e que identificam o cidadão com o consumidor, deslocando sua defesa para órgãos como Procon.

A figura inédita do "aluno inadimplente" não se coloca em termos de legalidade e constitucionalidade, mas como problema da barbárie e da humilhação degradante de crianças e adolescentes por quem o Estado não sente a menor responsabilidade, uma vez que não lhes dá a escola pública gratuita a que têm direito e permite a indignidade de sua expulsão da escola privada, exclusão que tem como causa direta a política econômica que arrocha salários, produz desemprego e estabiliza a moeda, instabilizando a vida, estimulando, entre outras façanhas, a manutenção do trabalho infantil.

A essa figura bárbara devemos acrescentar outra, de mesmo jaez: a campanha "adote um analfabeto e pague com cartão de crédito".[3]

---

[3] A campanha foi lançada em julho de 1999 pelo programa Alfabetização Solidária, que era um braço da Comunidade Solidária, do governo federal. A adesão ao programa implicava um débito de R$ 17,00 mensais, no cartão de crédito, ao longo de um semestre, tempo de duração de um módulo do curso de alfabetização de adultos. (N. do Org.)

Se, no segundo caso, a atitude do governo significa que o Estado transforma o direito à educação em benemerência e caridade, no primeiro significa que o governo lançou a educação no campo mercantil.

Nos dois casos o efeito é o mesmo: seja como caridade, seja como mercadoria, a educação desapareceu do campo democrático dos direitos sociais, os quais, juntamente com seus portadores, estão sendo sumariamente jogados na lata de lixo da história.

Educação: direito do cidadão e não mercadoria[1]

I

Num ensaio sobre os problemas da educação brasileira, o professor Carlos Jamil Cury observa que a escola e a educação no Brasil encontram-se sob um desafio que se apresenta sob dois pares de conceitos tidos como irreconciliáveis: modernidade/qualidade e democracia/equidade. De fato, diz ele, como a sociedade brasileira opera por meio da desigualdade e da exclusão, considera-se que modernidade e qualidade do ensino excluem necessariamente a democratização – isto é, o direito universal de acesso à escola e ao saber – e a equidade – isto é, o reconhecimento do outro como um igual e titular de direitos. A escola e a educação têm por isso estado a serviço do aumento e da legitimação da desigualdade social e política. Penso que é nesse quadro que podemos compreender um fenômeno que percorre a educação brasileira em todos os níveis, qual seja, a simultaneidade entre massificação e privatização do ensino. A massificação substitui a democratização: em lugar do igual direito de todos de acesso ao

[1] Palestra na Semana dos Calouros da FFLCH-USP, em 20 de fevereiro de 2003. (N. do Org.)

saber, a massificação envolve o ensino público no nível fundamental e no nível médio, de maneira que, embora o número de crianças e adolescentes escolarizados seja grande, a qualidade do ensino é baixa e precária. Por sua vez, a privatização se torna sinônimo de modernidade e qualidade, sobretudo nos níveis fundamental e médio, de maneira que a educação supostamente de qualidade torna-se claramente uma mercadoria, desaparecendo a ideia de que seja um direito do cidadão. Cabe-nos, então, indagar por que a sociedade brasileira aceita tal situação como natural e normal.

Em 2000, o Centro de Pesquisa e Documentação de História Contemporânea do Brasil (CPDOC) e o Instituto de Estudos da Religião (ISER) realizaram pesquisas para verificar o que a população brasileira entende por direitos do cidadão e quais são os direitos que ela considera como os mais fundamentais. Os resultados foram alarmantes.

45% dos entrevistados não tinham ideia do que fosse um direito do cidadão e tendiam a identificar "direito" com "o que é correto" ou "direito" com "o que é certo", dando uma interpretação moral para um conceito político.

Dos 55% restantes que entendiam, mesmo que vagamente, o que é um direito do cidadão, praticamente todos colocaram a segurança pessoal como o primeiro dos direitos, e apenas 11% citaram a educação como um direito do cidadão.

Desses 11%, apenas 5% disseram que o direito à educação deve ser assegurado pelo Estado por meio da escola pública gratuita.

Curiosamente, porém, ao serem indagados sobre suas aspirações e desejos, 60% dos entrevistados colocaram a instrução, juntamente com o emprego, entre suas aspirações principais.

Outra pesquisa, dessa vez circunscrita ao estado de São Paulo, feita pelo jornal *O Estado de S. Paulo*, indagava a opinião da população sobre a escola pública de ensino fundamental. A pesquisa foi feita durante o período de matrículas, quando na capital e em algumas outras grandes cidades do estado as filas eram enormes, e as vagas, poucas. As respostas foram de dois tipos: os entrevistados pertencentes às classes populares afirmaram que a escola já havia sido melhor, mas que a violência, de um lado, e a aprovação automática dos alunos, de outro, haviam prejudicado a qualidade do ensino. Os entrevistados pertencentes à classe média, que haviam ou perdido o emprego ou tido uma redução salarial, explicavam que os filhos sempre haviam frequentado escolas particulares e que somente pela força das circunstâncias adversas estavam sendo obrigados a cursar a escola pública, e que isso era um verdadeiro castigo, uma humilhação e um infortúnio, pois a qualidade do ensino é péssima, o que tornará quase impossível a entrada numa faculdade.

As três pesquisas indicam que:

Poucos brasileiros compreendem que a educação é um direito.

Os que a compreendem assim, não atribuem ao Estado o dever de assegurar esse direito.

O desejo de instrução é forte porque frequentemente vem associado à possibilidade de um emprego melhor.

As classes populares lastimam a perda da qualidade do ensino nas escolas públicas.

As classes médias abominam a escola pública porque ela não oferece instrumentos para a competição pelo ensino universitário e, consequentemente, para a obtenção de empregos mais qualificados.

Se cruzarmos os dados das pesquisas, obteremos a seguinte interpretação: a educação não é percebida como um direito por três motivos principais: 1) Porque a maioria da população ignora o que seja um direito do cidadão. 2) Porque a educação não é encarada sob o prisma da *formação*, e sim como instrumento para a entrada no mercado de trabalho. 3) A escola pública é desvalorizada porque não é um instrumento eficaz para a entrada nesse mercado.

Precisamos, por isso, fazer duas indagações: em primeiro lugar, por que há desconhecimento do que sejam os direitos da cidadania, dentre os quais o direito à educação? Em segundo lugar, por que a escola é imediatamente associada ao mercado? Essas duas perguntas nos dirigem, de um lado, para a compreensão do que é a sociedade brasileira e, de outro, para a compreensão dos efeitos do neoliberalismo sobre a educação.

II

Conservando as marcas da sociedade colonial escravista, a sociedade brasileira é fortemente hierarquizada: nela, as relações sociais e intersubjetivas são sempre realizadas como relação entre um superior, que manda, e um inferior, que obedece. As diferenças e assimetrias são sempre transformadas em desigualdades que reforçam a relação mando-obediência. O outro jamais é reconhecido como sujeito nem como sujeito de direitos, jamais é reconhecido como subjetividade nem como alteridade. As relações, entre os que se julgam iguais, são de cumplicidade; já entre os que são vistos como desiguais, o relacionamento toma a forma do favor, da clientela, da tutela ou da cooptação, e, quando a desigualdade é muito marcada, assume a forma da opressão.

Podemos resumir os principais traços de nosso autoritarismo social considerando que a sociedade brasileira se caracteriza pelos seguintes aspectos:

- Incapacidade para fazer operar o princípio liberal da igualdade formal e para lutar pelo princípio socialista da igualdade real: as diferenças são postas como desigualdades e, estas, como inferioridade (no caso das mulheres, dos trabalhadores, dos negros, dos índios, dos migrantes, dos idosos) ou como monstruosidade (no caso dos homossexuais).

- Incapacidade para operar com o princípio liberal da igualdade jurídica e para lutar contra formas de opressão social e econômica: para os grandes, a lei é privilégio; para as camadas populares, repressão. A lei não consegue figurar o polo público do poder e da regulação dos conflitos, nunca definindo direitos e deveres dos cidadãos. Por esse motivo, as leis aparecem como inócuas, inúteis ou incompreensíveis, feitas para serem transgredidas e não para serem transformadas. O poder judiciário surge como distante, secreto, representante dos privilégios das oligarquias e não dos direitos da população.

- Indistinção entre o público e o privado: a indistinção entre o público é a forma mesma de realização da sociedade e da política: não apenas os governantes e parlamentares se transformam em "donos do poder", mantendo com os cidadãos relações pessoais de favor, clientela e tutela e praticando a corrupção sobre os fundos públicos, como também não há a percepção social de uma esfera pública das opiniões e da sociabilidade coletiva, assim como não há a percepção dos direitos à privacidade e à intimidade. Do ponto de vista dos direitos sociais, há um encolhimento do espaço público; do ponto de vista dos interesses econômicos, um alargamento do espaço privado, tornando a sociedade presa fácil e fascinada pelo neoliberalismo.

- Incapacidade para trabalhar conflitos e contradições sociais, econômicas e políticas. Conflitos e contradições são sempre considerados perigo, crise, desordem, e a eles se oferece uma única resposta: a repressão policial e militar.
- Incapacidade para tolerar e fortalecer movimentos populares e sociais: a sociedade civil auto-organizada é vista como perigosa para o Estado e para o funcionamento selvagem do mercado. Isso não significa que conflitos e contradições sejam ignorados, e sim que recebem uma significação precisa: são sinônimo de perigo, crise, desordem, e a eles se oferece como uma única resposta a repressão policial e militar, para as camadas populares, e o desprezo condescendente, para os opositores em geral. Em suma, a sociedade auto-organizada que expõe conflitos e contradições é claramente percebida como perigosa para o Estado (pois este é oligárquico) e para o funcionamento "racional" do mercado (pois este só pode operar graças ao ocultamento da divisão social).
- Incapacidade para criar a esfera pública da opinião como expressão dos interesses e dos direitos de grupos e classes sociais diferenciados e/ou antagônicos. Os meios de comunicação monopolizam a informação, e o consenso é confundido com a unanimidade, de sorte que a discordância é posta como ignorância, atraso ou ignorância.
- Naturalização das desigualdades econômicas e sociais (o salário-mínimo irrisório indica que se considera natural que os trabalhadores tenham dificuldades até mesmo para reproduzir-se como força de trabalho), do mesmo modo que há naturalização das diferenças étnicas como desigualdades raciais entre superiores e inferiores, das diferenças religiosas e de gênero, bem como naturalização de todas as formas visíveis e invisíveis de violência.
- Fascínio pelos signos de prestígio e de poder: uso de títulos honoríficos sem qualquer relação com a possível pertinência de sua atribuição, o caso mais corrente sendo o uso de "doutor" quando, na relação social, o outro se sente ou é visto como superior ("doutor" é o substituto imaginário para os antigos títulos de nobreza do período colonial e da monarquia); ou

da manutenção de criadagem doméstica cujo número indica aumento (ou diminuição) de prestígio e de *status*, ou, ainda, como se nota no desprezo pelo trabalho manual e na valorização dos diplomas que credenciam atividades não manuais, etc. O fascínio pelos signos de prestígio tem como contrapartida o desprezo pelo trabalho manual.

A desigualdade salarial entre homens e mulheres, entre brancos e negros, a exploração do trabalho infantil e dos idosos são consideradas normais. A existência dos sem-terra, dos sem-teto, dos desempregados é atribuída à ignorância, à preguiça e à incompetência dos "miseráveis". A existência de crianças de rua é vista como "tendência natural dos pobres à criminalidade". Os acidentes de trabalho são imputados à incompetência e à ignorância dos trabalhadores. As mulheres que trabalham (se não forem professoras ou assistentes sociais) são consideradas prostitutas em potencial, e as prostitutas, degeneradas, perversas e criminosas, embora, infelizmente, indispensáveis para conservar a santidade da família.

Não temos então que nos surpreender com os dados da pesquisa sobre os direitos. No Brasil não há cidadania nem democracia. O autoritarismo social e as desigualdades econômicas fazem com que a sociedade brasileira esteja polarizada entre as carências das camadas populares e os interesses das classes abastadas e dominantes, sem conseguir ultrapassar carências e interesses e alcançar a esfera dos direitos. Os interesses, porque não se transformam em direitos, tornam-se privilégios de alguns, de sorte que a polarização social se efetua entre os despossuídos (os carentes) e os privilegiados. Estes, por serem portadores dos conhecimentos técnicos e científicos, são os "competentes", cabendo-lhes a direção da sociedade. Ora, uma carência é sempre específica, sem conseguir generalizar-se num interesse comum nem universalizar-se num direito. Um privilégio, por definição, é sempre particular, não podendo generalizar-se num interesse comum nem universalizar-se num direito, pois, se tal ocorresse, deixaria de ser privilégio. Visto que a democracia é criação e garantia de direitos, podemos dizer que a sociedade brasileira, polarizada entre a carência e o privilégio, não consegue ser democrática, e nela a população não consegue perceber a esfera dos direitos sociais e políticos, como mostram as pesquisas que mencionamos.

III

A ideia de que a educação e a cultura são direitos da cidadania é uma ideia recente, que data de meados do século XIX e que se consolidou universalmente apenas em 1947 quando da Declaração Universal dos Direitos Humanos pela ONU. No caso das universidades, em decorrência de sua origem europeia eclesiástica e da distinção entre elas e as chamadas escolas profissionalizantes – medicina, engenharia, farmácia –, esta decorrente da separação entre artes liberais e artes mecânicas, a ideia da formação superior como um direito do cidadão é ainda mais tardia. No entanto, na Europa, data do período napoleônico a instituição da universidade como instituição pública, laica e estatal. Essa concepção da universidade só se instala no Brasil a partir de 1934, com a criação da USP, destinada a formar administradores para o Estado brasileiro e professores para o ensino médio e o superior, e a realizar pesquisas básicas.

Inserindo-se no contexto autoritário da sociedade brasileira, o caráter público e gratuito da USP não pretendia a democratização do ensino e da pesquisa, mas sua modernidade e qualidade. Todavia, inserida também no contexto das lutas sociais e políticas dos anos 1950 e 1960, primeiro, e dos anos 1980, depois, sua natureza pública, laica e gratuita permitiu tomá-la, juntamente com outras universidade de mesmo tipo, como espaço em que uma concepção democrática do ensino e da formação pudesse ser paradigmáticas. Entretanto, embora posta como ideal formador, a USP, como outras universidades públicas brasileiras, não atravessou incólume o período da ditadura conhecido como "milagre econômico". É desse período que provieram as atuais características burocrático-administrativas da universidade, a massificação, a distinção entre graduação e pós-graduação não como níveis de escolaridade e formação mas como distinção entre massa e elite universitárias, os cursos profissionalizantes e as licenciaturas curtas. Apesar das lutas pela democratização e autonomia universitárias, a USP foi dirigida nos últimos vinte anos sob uma perspectiva operacional e quantitativa, com forte ênfase na privatização, isto é, na relação da formação e das pesquisas com os interesses de empresas investidoras. Essa situação consolidou-se nos últimos oito anos, quando o modelo neoliberal implantou-se na economia e na política brasileiras.

A Reforma do Estado brasileiro, realizada nos últimos oito anos, pretende modernizar e racionalizar as atividades estatais, redefinidas e distribuídas em setores, um dos quais é designado setor dos serviços não exclusivos do Estado, quais sejam, aqueles que podem ser realizados por instituições não estatais, na qualidade de prestadoras de serviços. O Estado pode prover tais serviços, mas não os executa diretamente nem executa uma política reguladora dessa prestação. Nesses serviços estão incluídas a educação, a saúde, a cultura e as utilidades públicas.

Isso significa que a Reforma não prevê a saída do Estado apenas do setor de produção para o mercado (como seria de se esperar numa ideologia da "desregulação" econômica), mas também do setor de serviços públicos, pois estabelece uma identificação imediata entre intervenção estatal reguladora da economia e direitos sociais. Em outras palavras, exclui as exigências democráticas dos cidadãos ao *seu* Estado e aceita apenas as exigências feitas pelo capital ao *seu* Estado, isto é, exclui todas as conquistas econômicas, sociais e políticas vindas de lutas populares no interior da luta de classes. Essa identificação entre o Estado e o capital em sua forma neoliberal aparece de maneira clara na substituição do conceito de *direitos* pelo de *serviços*, que leva a colocar *direitos* (como a saúde, a educação e a cultura) no setor de *serviços* estatais, destinados a se tornar não estatais. A Reforma encolhe o espaço público dos direitos e amplia o espaço privado não só ali onde isso seria previsível – nas atividades ligadas à produção econômica – mas também onde não é admissível – no campo dos direitos sociais conquistados. O Estado se desobriga, portanto, de uma atividade eminentemente política, uma vez que pretende desfazer a articulação democrática entre poder e direito. Dessa maneira, ao colocar a educação no campo de serviços, deixa de considerá-la um direito dos cidadãos e passa a tratá-la como qualquer outro serviço público, que pode ser terceirizado ou privatizado.

O pressuposto da Reforma do Estado é o chamado "colapso da modernização" ou o declínio do Estado de Bem-Estar, que deve receber a ação racionalizadora trazida pela economia política neoliberal, nascida de um grupo de economistas, cientistas políticos e filósofos que, em 1947, se opôs encarniçadamente contra o surgimento do Estado de Bem-Estar de estilo socialdemocrata. Navegando contra a corrente das décadas de 1950 e 1960, o grupo elaborou um detalhado projeto econômico e político no qual atacava o chamado Estado Providência com seus encargos sociais e com a função de regulador das atividades do mercado, afirmando que esse tipo de Estado destruía a liberdade dos indivíduos e a competição, sem as quais não há prosperidade.

Essas ideias permaneceram como letra morta até a crise capitalista do início dos anos 1970, quando o capitalismo conheceu, pela primeira vez, um tipo de situação imprevisível, isto é, baixas taxas de crescimento econômico e altas taxas de inflação: a famosa estagflação. O grupo neoliberal passou a ser ouvido com respeito porque oferecia a suposta explicação para a crise: esta, diziam eles, fora causada pelo poder excessivo dos sindicatos e dos movimentos operários que haviam pressionado por melhores salários e exigido o aumento dos encargos sociais do Estado. Teriam, dessa maneira, destruído os níveis de lucro requeridos pelas empresas e desencadeado os processos inflacionários incontroláveis. Feito o diagnóstico, o grupo propôs os remédios: 1) Um Estado forte para quebrar o poder dos sindicatos e movimentos operários, para controlar os dinheiros públicos e cortar drasticamente os encargos sociais e os investimentos na economia. 2) Um Estado cuja meta principal deveria ser a estabilidade monetária, contendo os gastos sociais e restaurando a taxa de desemprego necessária para formar um exército industrial de reserva que quebrasse o poderio dos sindicatos. 3) Um Estado que realizasse uma reforma fiscal para incentivar os investimentos privados e, portanto, que reduzisse os impostos sobre o capital e as fortunas, aumentando os impostos sobre a renda individual e, portanto, sobre o trabalho, o consumo e o comércio. 4) Um Estado que se afastasse da regulação da economia, deixando que o próprio mercado, com sua racionalidade própria, operasse a desregulação; em outras palavras, abolição dos investimentos estatais na produção, abolição do controle estatal sobre o fluxo financeiro, drástica legislação antigreve e vasto programa de privatização. O modelo foi aplicado, primeiro, no Chile de Pinochet, depois na Inglaterra de Thatcher e nos Estados Unidos de Reagan, expandindo-se para todo o mundo capitalista (com exceção dos países asiáticos) e, depois da "queda do muro de Berlim", para o Leste Europeu. É esse modelo, com os ajustes monetaristas, que vem sendo aplicado para a Reforma do Estado brasileiro.

Essa Reforma, porém, exige que compreendamos o nexo necessário entre a forma anterior do Estado e o que se propõe agora para reformá-lo.

A economia política que sustentava o Estado de Bem-Estar possuía, *grosso modo*, três características principais: 1) O fordismo na produção, isto é, as grandes plantas industriais que realizavam a atividade econômica desde a produção da matéria-prima até sua distribuição no mercado de bens e de consumo, controlando, por meio do planejamento e da chamada "gerência científica", a organização do trabalho, a produção de grandes estoques e o controle dos preços. 2) A inclusão crescente dos indivíduos no mercado de trabalho, orientando-se pela ideia de pleno emprego. 3) Monopólios e oligopólios que, embora transnacionais ou multinacionais, tinham como referência reguladora o Estado nacional. Para que essa economia realizasse o Bem-Estar foi preciso que o Estado nela interviesse como regulador e como parceiro, o que foi feito pela criação do fundo público. Foram as contradições geradas pelo fundo público que, segundo Francisco de Oliveira, levaram ao que veio a se chamar de "crise fiscal do Estado" ou "o colapso da modernização".[2]

Como opera o fundo público? De duas maneiras principais: 1) Pelo financiamento simultâneo da acumulação do capital (os gastos públicos com a produção, desde subsídios para a agricultura, a indústria e o comércio, até subsídios para a ciência e a tecnologia, formando amplos setores produtivos estatais que desaguaram no célebre complexo militar-industrial, além da valorização financeira do capital por meio da dívida pública, etc.); e 2) Pelo financiamento da reprodução da força de trabalho, alcançando toda a população por meio dos gastos sociais (educação gratuita, medicina socializada, previdência social, seguro desemprego, subsídios para transporte, alimentação e habitação, subsídios para cultura e lazer, salário-família, salário-desemprego, etc.).

A ação de duplo financiamento gerou um segundo salário, indireto, ao lado do salário direto; isto é, o direto é aquele pago privadamente ao trabalho e o indireto é aquele pago publicamente aos cidadãos para a reprodução de sua força de trabalho. O resultado foi o aumento da capacidade de consumo das classes sociais, particularmente da classe média e da classe trabalhadora; ou seja, o consumo de massa.

---

[2] Cf. OLIVEIRA, Francisco de. "O surgimento do anti-valor. Capital, força de trabalho e fundo público". In: *Os direitos do anti-valor. A economia política da hegemonia imperfeita.* Petrópolis: Vozes, 1998.

Nesse processo de garantia de acumulação e reprodução do capital e da força de trabalho, o Estado endividou-se e entrou num processo de dívida pública conhecido como déficit fiscal ou "crise fiscal do Estado". A isso se deve acrescentar o momento crucial da crise, isto é, o instante de internacionalização oligopólica da produção e da finança, pois os oligopólios multinacionais não enviam a seus países de origem os ganhos obtidos fora de suas fronteiras e, portanto, não alimentam o fundo público nacional, que deve continuar financiando o capital e a força de trabalho. É isso o "colapso da modernização" e a origem da aplicação da política neoliberal, que propõe "enxugar" ou encolher o Estado.

No capitalismo clássico, o trabalho era a mercadoria padrão que media o valor das outras mercadorias e da mercadoria principal, o dinheiro. Quando o trabalho deixa de ser mercadoria padrão, essa condição também é perdida pelo dinheiro que deixa de ser mercadoria e se torna simplesmente moeda ou expressão monetária da relação entre credores e devedores, provocando, assim, a transformação da economia em monetarismo. Além disso, com sua presença sob a forma do salário indireto, o fundo público desatou o laço que prendia o capital à força de trabalho (ou o salário direto). Essa amarra era o que, no passado, fazia a inovação técnica pelo capital ser uma reação ao aumento real de salário, e, desfeito o laço, o impulso à inovação tecnológica tornou-se praticamente ilimitado, provocando expansão dos investimentos e agigantamento das forças produtivas cuja liquidez é impressionante mas cujo lucro não é suficiente para concretizar todas as possibilidades tecnológicas. Por isso mesmo, o capital precisa de parcelas da riqueza pública, isto é, do fundo público, na qualidade de financiador dessa concretização.

Esse quadro indica que o fundo público define a esfera pública da economia de mercado socialmente regulada e que as democracias representativas agem num campo de lutas polarizado pela direção dada ao fundo público. Visto sob a perspectiva da luta política, o neoliberalismo não é, de maneira nenhuma, a crença na racionalidade do mercado, o enxugamento do Estado e a desaparição do fundo público, mas a posição, no momento vitoriosa, que decide cortar o fundo público no polo de financiamento dos bens e serviços públicos (ou o do salário indireto) e maximizar o uso da riqueza pública nos investimentos exigidos pelo capital, cujos lucros não são suficientes para cobrir todas as possibilidades tecnológicas que ele mesmo abriu. Que o neoliberalismo é a opção preferencial pela acumulação e reprodução do capital, o montante das dívidas públicas dos Estados nacionais fala por si mesmo. Mas isso significa também que a luta democrática das classes populares está demarcada como luta pela gestão do fundo público, opondo-se à gestão neoliberal (donde a ênfase de Chico de Oliveira, em sua aula magna, contra a autonomia do Banco Central, isto é, contra mais um procedimento que impede a democratização do Estado brasileiro[3]).

É essa luta, portanto, que definirá se a população brasileira, além de compreender, finalmente, que a educação é um direito do cidadão, poderá também valorizar a escola pública como espaço da formação de um ser humano completo e de um cidadão ativo, abandonando a ideia de que a educação é um instrumento do mercado.

---

[3] Referência à aula magna da FFLCH–USP proferida dias antes pelo Prof. Francisco de Oliveira com o título "Em busca do consenso perdido". (N. do Org.)

Universidade, sociedade, formação[1]

I

Penso que é um equívoco colocar a relação entre universidade e sociedade como relação de exterioridade, isto é, tomar a universidade como uma entidade independente, que precisa encontrar mecanismos ou instrumentos para relacionar-se com a sociedade. Ao contrário, a universidade é uma instituição social, e, como tal, exprime de maneira determinada a estrutura e o modo de funcionamento da sociedade como um todo. Tanto é assim que vemos no interior da instituição universitária a presença de opiniões, atitudes e projetos conflitantes que exprimem divisões e contradições da sociedade como um todo. Essa relação interna ou expressiva entre universidade e sociedade é o que explica, aliás, o fato de que, desde seu surgimento, a universidade pública sempre foi uma instituição social, isto é, uma ação social, uma prática social fundada no reconhecimento público de sua legitimidade e de suas atribuições, num princípio de diferenciação, que lhe confere autonomia perante outras instituições sociais, e estruturada por ordenamentos, regras, normas e valores de reconhecimento e legitimidade

---

[1] Intervenção no seminário "Universidade: por que e como reformar?", realizado pela Secretária de Educação Superior (SESu) do MEC, em 6 e 7 de agosto de 2003. O tema proposto foi: "Sociedade, Universidade e Estado: autonomia, dependência e compromisso social". (N. do Org.)

internos a ela. A legitimidade da universidade moderna fundou-se na conquista da ideia de autonomia do saber em face da religião e do Estado, portanto, na ideia de um conhecimento guiado por sua própria lógica, por necessidades imanentes a ele, do ponto de vista tanto de sua invenção ou descoberta quanto de sua transmissão. Em outras palavras, sobretudo depois da Revolução Francesa, a universidade concebe-se a si mesma como uma instituição republicana e, portanto, pública e laica. A partir das revoluções sociais do século XX, e com as lutas sociais e políticas desencadeadas a partir delas, a educação e a cultura passaram a ser concebidas como constitutivas da cidadania e, portanto, como direitos dos cidadãos, fazendo com que, além da vocação republicana, a universidade se tornasse também uma instituição social inseparável da ideia de democracia e de democratização do saber: seja para realizar essa ideia, seja para opor-se a ela. No correr do século XX, a instituição universitária não pôde furtar-se à referência à democracia como ideia reguladora. Por outro lado, a contradição entre o ideal democrático de igualdade e a realidade social da divisão e luta de classes obrigou a universidade a tomar posição diante do ideal socialista.

Vista como instituição social, cujas mudanças acompanham as transformações sociais, econômicas e políticas, e como instituição social de cunho republicano e democrático, a relação entre universidade e Estado também não pode ser tomada como relação de exterioridade, pois o caráter republicano e democrático da universidade é determinado pela presença ou ausência da prática republicana e democrática no Estado. Em outras palavras, a universidade como instituição social diferenciada e autônoma só é possível em um Estado republicano e democrático.

Postos os termos dessa maneira, poderia supor-se que, em última instância, a universidade, mais que determinada pela estrutura da sociedade e do Estado, seria, antes, um reflexo deles. Não é, porém, o caso. É exatamente por ser uma instituição social diferenciada e definida por sua autonomia intelectual que a universidade pode relacionar-se com o todo da sociedade e com o Estado de maneira conflituosa, dividindo-se internamente entre os que são favoráveis e os que são contrários à maneira como a sociedade de classes e o Estado reforçam a divisão e a exclusão sociais, e impedem a concretização republicana da instituição universitária e suas possibilidades democráticas.

Se essas observações tiverem alguma verdade, elas poderão nos ajudar a enfrentar com mais clareza a mudança sofrida por nossa universidade pública nos últimos anos, particularmente com a reforma do Estado realizada no último governo da República. De fato, essa reforma, ao definir os setores que compõem o Estado, designou um desses setores como setor de serviços não exclusivos do Estado e nele colocou a educação, a saúde e a cultura. Essa localização da educação no setor de serviços não exclusivos do Estado significou que a educação: 1) Deixou de ser concebida como um direito e passou ser considerada um serviço. 2) Deixou de ser considerada um serviço público e passou a ser considerada um serviço que pode ser privado ou privatizado. Mas não só isso. A reforma do Estado definiu a universidade como uma organização social e não como uma instituição social.

Uma organização[2] difere de uma instituição por definir-se por uma prática social determinada por sua instrumentalidade: está referida ao conjunto de meios (administrativos) particulares para obtenção de um objetivo particular. Não está referida a ações articuladas às ideias de reconhecimento externo e interno, de legitimidade interna e externa, mas a operações definidas como estratégias balizadas pelas ideias de eficácia e de sucesso no emprego de determinados meios para alcançar o objetivo particular que a define. Por ser uma administração, é regida pelas ideias de gestão, planejamento, previsão, controle e êxito. Não lhe compete discutir ou questionar sua própria existência, função ou seu lugar no interior da luta de classes, pois isso que é crucial para a instituição social universitária é, para a organização, um dado de fato. Ela sabe (ou julga saber) por que, para que e onde existe.

A instituição social aspira à universalidade. A organização sabe que sua eficácia e seu sucesso dependem de sua particularidade. Isso significa que a instituição tem a sociedade como seu princípio e sua referência normativa e valorativa, enquanto a organização tem apenas a si mesma como referência, num processo de competição com outras que fixaram os mesmos objetivos particulares. Em outras palavras, a instituição se percebe inserida na divisão social e política e busca definir

---

[2] A distinção entre instituição social e organização social, feita por Michel Freitag em *Le naufrage de l'université* (Paris: Éditions de la Découverte, 1996), é de inspiração frankfurtiana.

uma universalidade (ou imaginária, ou desejável) que lhe permita responder às contradições impostas pela divisão. A organização, ao contrário, pretende gerir seu espaço e seu tempo particulares, aceitando como dado bruto sua inserção num dos polos da divisão social; e seu alvo não é responder às contradições, e sim vencer a competição com seus supostos iguais.

Como foi possível passar da ideia da universidade como instituição social à sua definição como organização prestadora de serviços?

A forma atual de capitalismo se caracteriza pela fragmentação em todas as esferas da vida social, a partir da fragmentação da produção, da dispersão espacial e temporal do trabalho, da destruição dos referenciais que balizavam a identidade de classe e as formas da luta de classes. A sociedade aparece como uma rede móvel, instável, efêmera, de organizações particulares definidas por estratégias particulares e programas particulares, competindo entre si. Sociedade e Natureza são reabsorvidas uma na outra e uma pela outra, porque ambas deixaram de ser um princípio interno de estruturação e diferenciação das ações naturais e humanas para se tornarem, abstratamente, "meio ambiente"; e "meio ambiente" instável, fluido, permeado por um espaço e um tempo virtuais que nos afastam de qualquer densidade material; "meio ambiente" perigoso, ameaçador e ameaçado, que deve ser gerido, programado, planejado e controlado por estratégias de intervenção tecnológica e jogos de poder. Por isso mesmo, a permanência de uma organização depende muito pouco de sua estrutura interna e muito mais de sua capacidade de adaptar-se celeremente a mudanças rápidas da superfície do "meio ambiente", donde o interesse pela ideia de flexibilidade, que indica a capacidade adaptativa a mudanças contínuas e inesperadas. A organização pertence à ordem biológica da plasticidade, do comportamento adaptativo.

No Brasil, a universidade pública laica foi uma instituição social nascida com quatro finalidades: 1) A formação de quadros para a administração pública. 2) O desenvolvimento da pesquisa em ciências e humanidades. 3) A qualificação de profissionais liberais. 4) A transmissão do saber com a formação de professores para o ensino do segundo grau e para o ensino superior. O critério de admissão e de promoção dos estudantes era o mérito intelectual, assim como o mérito era o critério para a carreira universitária. Sendo expressão da sociedade brasileira, a universidade, embora pública e laica, não era democrática, mas reproduzia os privilégios e a hierarquia social. No entanto, era atravessada por uma contradição entre privilégio e mérito, e essa contradição dava-lhe brechas democráticas. Essa situação muda a partir da ditadura de 1964, com a qual se preparou a futura passagem da universidade da condição de instituição à de organização. Numa primeira etapa, tornou-se universidade funcional (correspondente ao "milagre econômico", produzido pela ditadura dos anos 1970); na segunda, universidade de resultados (correspondente ao processo conservador de abertura política dos anos 1980); e, na terceira, a atual, universidade operacional (correspondente ao neoliberalismo dos anos 1990 e início do século XXI). Em outras palavras, a passagem da universidade de instituição a organização correspondeu às várias reformas do ensino superior destinadas a adequar a universidade ao mercado.

A universidade funcional, dos anos 1970, foi o prêmio de consolação que a ditadura ofereceu à sua base de sustentação político-ideológica, isto é, à classe média despojada de poder. A ela foram prometidos prestígio e ascensão social por meio do diploma universitário. Daí a massificação operada, a abertura indiscriminada de cursos superiores, o vínculo entre universidades federais e oligarquias regionais e a subordinação do MEC ao Ministério do Planejamento. Essa universidade foi aquela voltada para a formação rápida de profissionais requisitados como mão de obra altamente qualificada para o mercado de trabalho. Adaptando-se às exigências do mercado, a universidade alterou seus currículos, programas e atividades para garantir a inserção profissional dos estudantes no mercado de trabalho.

A universidade de resultados, dos anos 1980, foi aquela gestada pela etapa anterior, mas trazendo duas novidades. Em primeiro lugar, a expansão para o ensino superior da presença crescente das escolas privadas, encarregadas de continuar alimentando o sonho social da classe média; em segundo lugar, a introdução da ideia de parceria entre a universidade pública e as empresas privadas. Esse segundo aspecto foi decisivo na medida em que as empresas deveriam não só assegurar o emprego futuro aos profissionais universitários e estágios remunerados aos estudantes como ainda financiar pesquisas diretamente ligadas a seus interesses. Eram os empregos e a utilidade imediata das pesquisas que garantiam à universidade sua apresentação pública como portadora de resultados.

A universidade operacional, dos anos 1990, difere das formas anteriores. De fato, enquanto a universidade clássica estava voltada para o conhecimento, a universidade funcional para o mercado de trabalho e a universidade de resultados para as empresas, a universidade operacional, por ser uma organização, está voltada para si mesma enquanto estrutura de gestão e de arbitragem de contratos. Em outras palavras, a universidade está virada para dentro de si mesma, mas isso não significa um retorno a si, e sim, antes, uma perda de si mesma. Regida por contratos de gestão, avaliada por índices de produtividade, calculada para ser flexível, a universidade operacional está estruturada por estratégias e programas de eficácia organizacional e, portanto, pela particularidade e instabilidade dos meios e dos objetivos. Definida e estruturada por normas e padrões inteiramente alheios ao conhecimento e à formação intelectual, está pulverizada em micro-organizações que ocupam seus docentes e curvam seus estudantes a exigências exteriores ao trabalho intelectual. A heteronomia da universidade autônoma é visível a olho nu: o aumento insano de horas-aula, a diminuição do tempo para mestrados e doutorados, a avaliação pela quantidade de publicações, colóquios e congressos, a multiplicação de comissões e relatórios, etc.

Nela, a docência é entendida como transmissão rápida de conhecimentos, consignados em manuais de fácil leitura para os estudantes, de preferência, ricos em ilustrações e com duplicata em CDs. O recrutamento de professores é feito sem levar em consideração se dominam ou não o campo de conhecimentos de sua disciplina e as relações entre ela e outras afins – contrata-se o professor ou por ser um pesquisador promissor que se dedica a algo muito especializado, ou porque, não tendo vocação para a pesquisa, aceita ser escorchado e arrochado por contratos de trabalho temporários e precários, ou melhor, "flexíveis". A docência é pensada como habilitação rápida para graduados, que precisam entrar rapidamente num mercado de trabalho do qual serão expulsos em poucos anos, pois se tornam, em pouco tempo, jovens obsoletos e descartáveis, ou como correia de transmissão entre pesquisadores e treino para novos de pesquisadores. Transmissão e adestramento. Desapareceu, portanto, a marca essencial da docência: a formação.

Por sua vez, a pesquisa segue o padrão organizacional. Numa organização, uma "pesquisa" é uma estratégia de intervenção e de controle de meios ou instrumentos para a consecução de um objetivo delimitado. Em outras palavras, uma "pesquisa" é um *survey* de problemas, dificuldades e obstáculos para a realização do objetivo e um cálculo de meios para soluções parciais e locais de problemas e obstáculos locais. O *survey* recorta a realidade de maneira a focalizar apenas o aspecto sobre o qual está destinada a intervenção imediata e eficaz. Em outras palavras, o *survey* opera por fragmentação. Numa organização, portanto, pesquisa não é conhecimento de alguma coisa, mas posse de instrumentos para intervir e controlar alguma coisa. Por isso mesmo, numa organização não há tempo para a reflexão, a crítica, o exame de conhecimentos instituídos, sua mudança ou sua superação. Numa organização, a atividade cognitiva não tem como nem por que se realizar. Em contrapartida, no jogo estratégico da competição no mercado, a organização se mantém e se firma se for capaz de propor áreas de problemas, dificuldades, obstáculos sempre novos, o que é feito pela fragmentação de antigos problemas em novíssimos microproblemas, sobre os quais o controle parece ser cada vez maior. A fragmentação, condição de sobrevida da organização, torna-se real e propõe a especialização como estratégia principal e entende por "pesquisa" a delimitação estratégica de um campo de intervenção e controle. É evidente que a avaliação desse trabalho só pode ser feita em termos compreensíveis para uma organização, isto é, em termos de custo/benefício, pautada pela ideia de produtividade, que avalia em quanto tempo, com que custo e quanto foi produzido. Reduzida a uma organização, a universidade abandona a formação e a pesquisa para lançar-se na fragmentação competitiva. Mas por que ela o faz? Porque está privatizada e a maior parte de suas pesquisas é determinada pelas exigências de mercado impostas pelos financiadores. Isso significa que a universidade pública produz um conhecimento destinado à apropriação privada. Essa apropriação, aliás, é inseparável da mudança profunda sofrida pelas ciências em sua relação com a prática.

De fato, até os anos 1940, a ciência era uma investigação teórica com aplicações práticas. Sabemos, porém, que as mudanças no modo de produção capitalista e na tecnologia transformaram duplamente a ciência: em primeiro lugar, ela deixou de ser a investigação de uma realidade externa ao investigador para tornar-se a construção da própria realidade do objeto científico por meio de experimentos e de constructos lógico-matemáticos – como escreveu um filósofo; a ciência tornou-se manipulação de objetos construídos por ela mesma. Em segundo lugar e, como consequência, ela se tornou uma força produtiva e, como tal, inserida na lógica do modo de produção capitalista.

A ciência deixou de ser teoria com aplicação prática e tornou-se um componente do próprio capital, donde as novas formas de financiamento das pesquisas, a submissão delas às exigências do próprio capital e a transformação da universidade numa organização ou numa entidade operacional.

II

Se desejarmos reverter esse quadro, será preciso, antes de tudo, que o Estado não tome a educação pelo prisma do gasto público e sim como investimento social e político, o que só será possível se ela for considerada um direito e não um privilégio ou um serviço. A relação democrática entre Estado e universidade autônoma depende do modo como consideramos o núcleo da República. Esse núcleo é o fundo público ou a riqueza pública, e a democratização do fundo público significa investi-lo não para assegurar a acumulação e a reprodução do capital – que é o que faz o neoliberalismo com o chamado "Estado mínimo" –, e sim para assegurar a concreticidade dos direitos sociais, entre os quais se encontra a educação. É pela destinação do fundo público aos direitos sociais que é medida a democratização do Estado e, com ela, a democratização da universidade.

A reversão também depende de que levemos a sério a ideia de formação.

O que significa exatamente formação? Antes de mais nada, como a própria palavra indica, uma relação com o tempo: é introduzir alguém ao passado de sua cultura (no sentido antropológico do termo, isto é, como ordem simbólica ou de relação com o ausente); é despertar alguém para as questões que esse passado engendra para o presente, e é estimular a passagem do instituído ao instituinte. O que Merleau-Ponty diz sobre a obra de arte nos ajuda aqui: a obra de arte recolhe o passado imemorial contido na percepção, interroga a percepção presente e busca, com o símbolo, ultrapassar a situação dada, oferecendo-lhe um sentido novo, que não poderia vir à existência sem a obra. Da mesma maneira, a obra de pensamento só é fecunda quando pensa e diz o que sem ela não poderia ser pensado nem dito e, sobretudo, quando, por seu próprio excesso, nos dá a pensar e a dizer, criando em seu próprio interior a posteridade que irá superá-la. Ao instituir o novo sobre o que estava sedimentado na cultura, a obra de arte e de pensamento reabre o tempo e forma o futuro. Podemos dizer que há formação quando há obra de pensamento e que há obra de pensamento quando o presente é apreendido como aquilo que exige de nós o trabalho da interrogação, da reflexão e da crítica, de tal maneira que nos tornamos capazes de elevar ao plano do conceito o que foi experimentado como questão, pergunta, problema, dificuldade.

Pensando a reforma da universidade, sob o prisma da formação, creio que a mudança da universidade depende:

1) Da definição da autonomia universitária, não pelo critério dos contratos de gestão, mas pelo direito e pelo poder de definir suas normas de formação, docência e pesquisa – a autonomia precisa ser entendida em três sentidos principais: a) como autonomia institucional ou de política acadêmicas; b) como autonomia intelectual; c) como autonomia financeira.

2) Do abandono da massificação com o abandono das grades curriculares atuais e do sistema de créditos, uma vez que ambos produziram a escolarização da universidade, reduzida à condição de um ensino substitutivo do ensino colegial, com a multiplicação de horas-aula, retirando do estudante as condições para leitura e pesquisa, isto é, para sua verdadeira formação e reflexão, além de provocarem a fragmentação e dispersão dos cursos e estimularem a superficialidade. Assegurar simultaneamente a universalidade dos conhecimentos (programas cujas disciplinas tenham nacionalmente o mesmo conteúdo, no que se refere aos clássicos de cada uma delas) e a especificidade regional (programas cujas disciplinas reflitam os trabalhos dos docentes-pesquisadores sobre questões específicas de suas regiões). Programas nacionais de iniciação à pesquisa para estudantes de graduação. Condições de trabalho: bibliotecas dignas do nome, laboratórios equipados, informatização, bolsas para estudantes de graduação, alojamentos estudantis, alimentação e saúde, convênios de intercâmbio de estudantes entre as várias universidades.

3) Do abandono da massificação, com a limitação das classes de graduação a, no máximo, trinta estudantes por professor, o que implica: a) abertura de vagas e de concursos públicos para o quadro docente; b) aumento do número de cursos.

4) Do abandono do atual sistema de admissão por vestibulares com testes de múltipla escolha e feito por empresas privadas.

5) Da revalorização da docência, que foi desprestigiada e negligenciada com a "avaliação da produtividade". Essa revalorização implica: a) formar verdadeiramente professores, de um lado, assegurando que conheçam os clássicos de sua área e os principais problemas nelas discutidos ao longo de sua história e, de outro lado, levando em consideração o impacto das mudanças filosóficas, científicas e tecnológicas sobre sua disciplina e sobre a formação de seus docentes; b) oferecer condições de trabalho compatíveis com a formação universitária, portanto, infraestrutura de trabalho (bibliotecas e laboratórios realmente equipados); c) concursos públicos constantes; d) condições salariais dignas que permitam ao professor realizar permanentemente seu processo de formação e de atualização dos conhecimentos e das técnicas pedagógicas.

6) Da revalorização da pesquisa, estabelecendo não só as condições materiais de sua realização mas sobretudo criando novos procedimentos de avaliação que sejam regidos pela noção de produtividade e sim de qualidade e de relevância social e cultural. Essa qualidade e essa relevância dependem do conhecimento, por parte dos pesquisadores, das mudanças filosóficas, científicas e tecnológicas e seus impactos sobre as pesquisas. Quanto à relevância social, cabe indagar se o Estado teria condições de fazer um levantamento das necessidades do País, no plano do conhecimento e das técnicas, e estimular trabalhos universitários nessa direção, assegurando, por meio de consulta às comunidades acadêmicas regionais, que haja diversificação dos campos de pesquisa segundo as capacidades regionais e as necessidades regionais. As parcerias com os movimentos sociais, nacionais e regionais poderiam ser de grande valia para que a sociedade oriente os caminhos da instituição universitária, ao mesmo tempo que poderia oferecer os elementos reflexivos e críticos para esses movimentos.

7) Da articulação do ensino superior e de outros níveis de ensino público: sem uma reforma radical do ensino fundamental e do ensino médio públicos, será inútil tentar reformar a universidade. Esta deve comprometer-se com a reforma do ensino fundamental e do ensino médio públicos. Somente a reforma da escola pública de ensino fundamental e médio pode assegurar a qualidade e a democratização da universidade pública. A universidade pública deixará de ser um bolsão de exclusões sociais e culturais quando o acesso a ela estiver assegurado pela qualidade e pelo nível dos outros graus do ensino público.

8) Da garantia, a curto prazo, da entrada e da permanência de estudantes vindos da classe trabalhadora por meio de um sistema nacional de bolsas de estudo. Do estudo da questão das cotas étnicas.

Tomar extremo cuidado e agir com extrema cautela acerca de uma nova ideia que está sendo muito difundida, qual seja, a de "sociedade do conhecimento", identificada com os meios eletrônicos de informação e comunicação ou com a informatização. De fato, esses meios podem ter grande importância na formulação de práticas pedagógicas novas e inovadoras e no acesso às informações, mas seu papel se limita ao momento da difusão de saberes e conhecimentos, e não ao momento da invenção, da criação e da interrogação que definem o processo de formação propriamente dito. Não podemos confundir a velocidade da difusão e a necessária paciência da formação.

Autonomia e inovação[1]

Para responder afirmativamente é preciso fazer duas ressalvas: 1) Não se trata de transferir para a universidade pública todos os recursos das agências de fomento à pesquisa (a universidade não deve ter o monopólio da pesquisa no país, e há vários aspectos e dimensões da pesquisa que não podem nem precisam ser atendidos pela universidade). 2) Não se trata de defender a transferência de recursos de pesquisa para a universidade pública tal como ela se encontra hoje, mas só no contexto de uma proposta geral de sua revitalização, para que recupere a iniciativa acadêmica quanto ao ensino e à pesquisa.

A pergunta de fato suscita dúvidas quanto à naturalidade com que, desde alguns anos, aceita-se que o financiamento de pesquisas universitárias não é da competência da universidade e que esta deve ocupar uma posição subalterna ante o monopólio dos recursos pelas agências de fomento à pesquisa.

Muitos acham natural essa situação porque julgam a universidade pública antiquada, burocrática, corporativa, improdutiva. E consideram as agências transparentes em seus procedimentos, visto que oferecem critérios precisos e imparciais para a concessão de auxílios, operam com assessores externos para julgamento e acompanhamento dos projetos e

---

[1] Originalmente publicado em: *Folha de S. Paulo*, 17 jan. 2004, Primeiro Caderno, p. 3. A questão proposta pelo jornal era: "Os recursos das agências devem passar às universidades?". (N. do Org.)

com comissões avaliadoras das condições orçamentárias e dos resultados dos projetos. A aceitação dessas imagens tornou-se uma espécie de senso comum social.

Essas imagens foram produzidas, paradoxalmente, quando a universidade pública parecia destinada a cumprir sua finalidade como centro de novos conhecimentos, ou seja, com o crescimento das pós-graduações. No entanto, porque esse crescimento se deu na mesma ocasião em que se consolidava a crença na racionalidade e na eficiência do mercado, um conjunto de ideias e de práticas, nascido do fascínio pelo produtivismo e pelas estatísticas, decretou a falência universitária para corresponder às demandas mercantis e promoveu o processo de sua desqualificação.

A contrapartida à universidade "antiquada" foi a invenção da "modernidade" das agências de fomento e a promoção deliberada de seu poder desmedido, visto que passaram a ser tidas como capazes de criar e subvencionar "centros de excelência", promover o "alto nível" intelectual, garantir a produtividade teórica etc. O sucateamento da universidade pública não decorreu de sua ineficiência e improdutividade, foi a imagem neoliberal da eficiência e da produtividade que rebaixou a universidade e elevou as agências.

E deixemos de lado discutir a veracidade da imagem da transparência e da isenção das agências, pois isso nos levaria a indagar, por exemplo, qual a legitimidade de financiamentos públicos para fins privados de pesquisas em parceria com empresas privadas, que participam com parcela irrisória nos gastos e usufruem de todo o lucro e benefício dos resultados. Ou ainda nos faria discutir o fato de que dirigentes, assessores, membros das comissões julgadoras e de avaliação de projetos também integram grupos universitários, e muitos deles tornaram-se gestores quase vitalícios das agências, sem que se pudesse impedir um poder oligárquico agindo como se diz que agem as corporações universitárias, isto é, por meio da distribuição de privilégios, da proteção sistemática de alguns e exclusão de outros.

Depois de aprovado em provas específicas e de ter seu projeto de pesquisa avaliado e aceito por um orientador, um estudante inscreve-se num curso de pós-graduação, mas não faz o curso nem realiza a pesquisa se não conseguir uma bolsa de estudos. Como a universidade não dispõe de recursos para isso, o estudante depende das agências de fomento – nas quais seu projeto pode não ser aprovado (e não são apenas razões intelectuais que pesam).

São, portanto, as agências, em última instância, que decidem quem faz e quem não faz pesquisa no Brasil, e não as universidades. São elas também que decidem o tempo intelectualmente necessário para a pesquisa, uma vez que, embora a universidade considere que um mestrado possa (e talvez deva) ser feito em três anos e meio e um doutorado em cinco, as agências definem dois e três anos, respectivamente.

Laboratórios universitários de pesquisa, projetos de grupos de docentes pesquisadores, investigações posteriores ao doutorado, publicações de trabalhos, intercâmbio internacional dependem inteiramente dos critérios e das decisões das agências, que defendem como princípio definidor da importância dos trabalhos a "competitividade" (dada pela quantificação da atividade dos pesquisadores), em vez da cooperação.

Afirmar que a universidade pública deve receber dotações próprias para a subvenção de pesquisas significa retirá-la da posição subalterna para que seja sujeito de suas próprias ações, isto é, autônoma. Essa democratização – pois é disso que se trata – só ocorrerá se a universidade recuperar suas finalidades como instituição pública: compromisso social, funcionamento democrático, autonomia intelectual e responsabilidade no uso dos fundos públicos.

Isso não elimina, de modo nenhum, a existência das agências de fomento, que, além de poderem cooperar nas pesquisas universitárias de grande porte, hão de patrocinar pesquisas que a universidade não esteja realizando e, assim, continuar financiando os projetos dos institutos públicos não universitários de pesquisa. Nada impede, enfim, que, reunidas nacionalmente, possam patrocinar a criação de um organismo nos moldes do Centre national de la recherche scientifique (CNRS), da França, e subvencionar seus projetos de pesquisa.

Propomos, portanto, ampliar o escopo e o alcance do financiamento público da pesquisa, assegurando, de um lado, a autonomia democrática da universidade pública e, de outro, a inovação nos campos e formas de atuação das agências de fomento.

Revitalizar a universidade pública[1]

Durante os últimos quinze anos e, particularmente, nos últimos oito, uma política deliberada de desqualificação das universidades públicas brasileiras produziu três efeitos principais: *perante a sociedade*, as universidades públicas passaram a ser apresentadas como envelhecidas, burocráticas, ineficientes, improdutivas, corporativas e incapazes de realizar a função social de assegurar o ensino superior gratuito à maioria dos jovens; *perante os governos*, surgiram como um sorvedouro de verbas mal administradas, destinadas a privilegiados com prejuízo dos direitos à educação de milhões de crianças e jovens da classe trabalhadora; *perante si mesmas*, as universidades dividiram-se em dois grandes grupos, um deles, promotor da desqualificação, procurou qualificar-se apresentando-se como produtivo, eficaz e moderno porque competitivo e competente, uma ilha de "alto nível" em meio a um mar de "baixo nível", e o outro, com forte presença sindical, procurou manter a dignidade universitária reivindicando mais verbas para a educação, melhores condições salariais e de trabalho.

Pouco a pouco essas imagens se cristalizaram e deixaram as universidades cada vez mais fragilizadas. Os governos praticaram cortes de verbas e de pessoal, ao mesmo tempo que se empenharam na massificação

---

[1] Texto redigido por Marilena, em parceria com Sérgio Cardoso, como síntese das discussões sobre o ensino universitário brasileiro realizadas no âmbito do Fórum de Políticas Públicas, do Instituto de Estudos Avançados da USP. Originalmente publicado em: *Teoria e Debate*, São Paulo, n. 57, mar.-abr. 2004, p. 20-26. (N. do Org.)

do ensino (basta lembrar que as federais passaram, de 1990 para cá, de 360 mil para 560 mil estudantes, enquanto o número de seus professores caiu de 48 mil para 42 mil) e transferiram recursos para as agências de fomento à pesquisa, destinadas a cultivar as "ilhas de excelência" ou de "alto nível". Internamente, instalou-se o desalento dos professores, a incerteza sobre seus rumos e mesmo sobre suas funções sociais próprias. Externamente, consolidou-se uma opinião pública que vê as universidades públicas como expressão da desigualdade social, sua gratuidade significando privilégio num país onde não é respeitado o direito de todos os cidadãos à educação.

Os efeitos dessa situação configuram uma verdadeira *crise de identidade* das universidades públicas, que vários documentos de associações docentes e discentes exprimem mas não chegam a tematizar, de tal maneira que o impasse parece estabelecer-se entre a palavra de ordem universitária por mais verbas e melhores salários e a palavra de ordem social e governamental (alimentada pelos meios de comunicação) de questionamento da gratuidade do ensino superior público. Tudo parece reduzir-se a um problema de verbas, cuja discussão deixa na sombra outros problemas apontados por professores e estudantes.

Diante desse quadro, um grupo de professores de todo o Brasil se dispôs a discutir várias propostas de reforma universitária, uma das quais foi elaborada pelo Fórum de Políticas Públicas da USP, oferecida ao debate público e à apreciação do governo e, agora, aqui publicada. Os proponentes julgaram necessário "mudar de assunto". Ou seja, não basta pensar apenas em verbas, com os professores reivindicando aumento do corpo docente e de salários e o governo imaginando fontes alternativas de financiamento para um sistema abalado pela descrença e pela incerteza. Acompanhando várias ideias de um documento da Associação Nacional dos Dirigentes das Instituições Federais de Ensino Superior (Andifes) entregue ao presidente da República em janeiro de 2003, o Fórum da USP julgou necessárias medidas mais profundas: reverter o processo da desqualificação universitária, repensar o papel social da universidade pública e produzir corajosamente correções de rumo em seus diversos níveis de atividade.

Não se trata, de maneira nenhuma, de "reinventar" a universidade, pois existem boas razões para sustentar que se trata de uma instituição que conserva seu vigor conceitual e histórico como forma social de produção de saber e conhecimento. O que se tem em vista é a renovação e a revitalização da universidade pública e, ainda, sua adequação ao momento social e político da vida brasileira, com a preocupação de enraizar tais propósitos em medidas práticas, de modo a acomodá-los ao terreno do possível. Em outras palavras, trata-se de *propor um novo modelo* para a universidade pública, distanciando-se do passado (quando o modelo visava a formar membros da classe média como elite intelectual para a administração do Estado) e do presente (em que o modelo, implantado a partir de 1969, considera a relação com o mercado o definidor das políticas e práticas universitárias). Trata-se de propor o modelo de uma universidade *republicana* (e não mercantil) e *democrática* (e não formadora de elites). Sem essa perspectiva, de nada adianta a vinda de mais verbas, pois o modelo existente as destinará para reforçar-se e manter-se em vez de transformar-se. A luta por verbas é indispensável, mas cremos que ela ganhará fôlego se respaldada por um novo modelo de universidade.

O sentimento comum é o da urgência de uma mudança de rumos. Isso depende de ações do governo (que, com o documento produzido pelo Grupo Interministerial, parece ter feito sua lição de casa[2]), mas depende ainda mais, e muito mais, de uma disposição real de repensar-se por parte da própria universidade.

Os conceitos que orientam a proposta do Fórum de Políticas Públicas da USP são os mesmos que se ouvem hoje por toda parte nas universidades: a exigência de *Compromisso Social, Autonomia Institucional e Funcionamento Democrático.*

Todos os temas debatidos e todas as medidas sugeridas envolvem problemas e dificuldades de várias ordens, e alguns são bastante polêmicos, como tem ficado claro nas observações, nas sugestões e nas críticas enviadas por professores de todo o Brasil, pois, além das questões comuns a todas as universidades públicas, há heterogeneidade na situação das federais, estaduais e municipais, bem como aspectos

---

[2] Referência ao relatório produzido Grupo de Trabalho Interministerial criado por decreto presidencial de 20 de outubro de 2003 para, "no prazo de sessenta dias", "analisar a situação atual e apresentar plano de ação visando a reestruturação, desenvolvimento e democratização das Instituições Federais de Ensino Superior (IFES)". (N. do Org.)

regionais e locais que as diferenciam. Nesta apresentação, colocamos um item final (Propostas Adicionais), levando em conta um primeiro debate do Fórum (dezembro de 2003) e parte do que nos foi enviado pelos colegas (entre novembro e dezembro de 2003), embora ainda não tenhamos incorporado tudo o que nos enviaram (entre janeiro e fevereiro de 2004), pois estão agendados vários encontros, promovidos pelo Fórum, para a formação de grupos de trabalho que, tomando todas as observações, sugestões e críticas já enviadas e elaborando suas, cheguem a uma proposta final a ser entregue ao governo federal.

Proposta para a revitalização da rede pública das universidades brasileiras

Diretrizes de política acadêmica e de gestão

I)

Objetivo: Propor um conjunto de medidas para a revitalização das universidades públicas, visando à recuperação de sua capacidade de iniciativa acadêmica, condição do exercício de seu papel social e político.

A perda da capacidade de iniciativa acadêmica pelas universidades públicas decorre de sua perda de iniciativa no tocante ao acesso ao ensino, às pesquisas e à extensão.

Causa da corrosão da vitalidade acadêmica das universidades: o modelo neoliberal, que enfatiza a racionalidade e eficácia do mercado como mola social e política e como modelo de organização das instituições sociais.

Origem do processo de corrosão institucional das universidades: relatório do Banco Mundial sobre as universidades públicas da América Latina e do Caribe (meados dos anos 1980). Nele as universidades públicas são apresentadas como improdutivas, ineficientes, pesadamente burocráticas. O relatório propôs uma reforma (realizada pelo MEC) com os seguintes traços principais: transferência das decisões sobre pesquisas e suas avaliações para agências de fomento e para fundações privadas (recomendação de fomento a centros de excelência extrauniversitários ou interuniversitários), prioridade para cursos profissionalizantes e de curta duração, escolarização da graduação, privatização de cursos (tanto por meio de fundações e parcerias com empresas privadas quanto por exclusão de determinados cursos nas universidades públicas e sua transferência para universidades privadas), subvenção pública a universidades privadas e seu rápido reconhecimento pelas agências de fomento, implantação da pós-graduação *lato sensu* etc.

Diagnóstico

Perda da iniciativa quanto às pesquisas: as decisões sobre linhas de pesquisa, temas de investigação, conteúdos e formas das pesquisas, prazos para conclusão de investigações, avaliação de métodos e de resultados, intercâmbios internacionais passaram a ser tomadas e definidas pelas agências de fomento e por fundações privadas operando no interior das universidades públicas.

Perda da iniciativa quanto ao acesso: as decisões sobre o acesso às universidades públicas passaram a ser tomadas por empresas realizadoras dos exames vestibulares e pelas empresas de cursos pré-vestibulares, que definem os conteúdos dos programas e a forma dos exames, bem como os critérios de avaliação dos estudantes.

Perda da iniciativa quanto ao ensino: não são definidas pelas universidades públicas as grades curriculares, o sistema de créditos, a distinção das disciplinas em obrigatórias e optativas, a duração semestral e não anual das disciplinas, a forma de recuperação dos estudantes não aprovados em disciplinas, etc. Além disso, as universidades enfrentam a massificação, que decorre: a) do aumento de vagas sem aumento do corpo docente, transformando os cursos em caricaturas do que já se passa nos cursinhos pré-vestibulares; b) da baixa qualidade do ensino médio, tanto nas escolas públicas quanto nas particulares (estas últimas se diferenciam das primeiras porque oferecem computadores, laboratórios, salas de cinema, vídeo e teatro, salas de lazer, quadras esportivas, como se os meios definissem a qualidade dos fins), cujos programas, material didático, formas de avaliação deixam a desejar; além do preparo precário dos docentes, vindos em sua maioria de licenciaturas curtas ou de cursos de pedagogia em faculdades privadas, salarialmente escorchados, submetidos a violências físicas e psíquicas (como nas periferias de São Paulo e do Rio de Janeiro).

Perda da iniciativa quanto à extensão: a extensão universitária passa, cada vez mais, a ser compreendida como prestação de serviços remunerados oferecidos ao mercado e como fonte de recursos suplementares de manutenção para a instituição e de subsídio para a remuneração insatisfatória de docentes e funcionários (cursos de línguas, cursos de curta duração, seminários, estruturas de assessoria etc.).

Conclusão

Essa perda da capacidade de iniciativa das universidades públicas assinala a *perda ou a inexistência de sua autonomia*, em prejuízo do cumprimento de suas funções sociais próprias.

II)

Este documento propõe, assim, *medidas práticas* para a necessária readequação e revitalização da rede pública das universidades brasileiras – particularmente do sistema federal de ensino superior – tendo em vista a efetivação ou acentuação dos traços institucionais fundamentais que devem caracterizar essas universidades enquanto instituições sociais de interesse público. A saber:

- Comprometimento, para além de seus fins mais específicos (a educação e formação superior de cidadãos e profissionais especializados e o exercício livre e aberto da interrogação e da atividade crítica e construtiva do conhecimento em seus registros diversos), com o desenvolvimento humano, cultural, sociopolítico e econômico da sociedade brasileira, a inclusão política, econômica e social e a extensão a todos dos benefícios da investigação científica, da tecnologia e de todo conhecimento.
- Funcionamento interno pautado por valores, regulações e procedimentos democráticos, seja no nível da convivência e cooperação acadêmicas, seja naquele dos processos de decisão e administração atinentes a todos os registros da vida universitária, inclusive naquele de sua infraestrutura física e financeira.
- Autonomia na determinação de suas políticas acadêmicas, projetos e metas, bem como em sua gestão administrativa, financeira e patrimonial – concebida não como independência e arbítrio de suas decisões mas como meio indispensável para o cumprimento adequado de suas funções e finalidades sociais, de tal modo que sua contrapartida necessária seja o diálogo permanente com os poderes públicos e com a sociedade, que promovem e mantêm as universidades e delas se beneficiam.

São tais traços institucionais fundamentais das universidades públicas – *compromisso social, funcionamento democrático e autonomia* – que as propostas que se seguem visam a determinar, especificar e implementar indicando procedimentos aptos a catalisar mudanças profundas no sistema público da educação superior brasileira, tanto na direção de seus princípios norteadores e ideais históricos quanto naquela das exigências do desenvolvimento cultural, social e econômico da sociedade brasileira, bem como ainda das expectativas atuais da própria comunidade universitária.

Proposta n. 1 (Gestão)

- A destinação e a gestão da totalidade dos recursos públicos que constituem as dotações das universidades do sistema federal de ensino superior serão realizadas pelas próprias universidades de acordo com *planos de atuação periódicos* por elas elaborados, cabendo ao governo federal supervisionar sua utilização e zelar para que se faça em conformidade com os planos de atuação autonomamente determinados pelas próprias universidades.
- Para tanto, em períodos regulares, os Conselhos Universitários das universidades públicas, a partir da iniciativa e sob a coordenação das respectivas reitorias, elaborarão o *plano de atuação* de sua universidade para o período subsequente (anual, bienal ou trienal, conforme decisão das próprias universidades), estabelecendo as diretrizes de suas políticas acadêmica, administrativa, financeira e patrimonial e designando, de modo claro e *com as respectivas previsões orçamentárias*, as prioridades de ensino e de pesquisa, projetos e metas da instituição, além dos recursos humanos e equipamentos necessários para sua atuação no período.
- Desde que elaborado pelo Conselho Universitário tal *plano de atuação*, a reitoria da universidade convocará um *Fórum Público* para sua apreciação e discussão, para o qual convidará autoridades dos diversos poderes do Estado e representantes da sociedade civil organizada, visando a adequá-lo às necessidades e demandas sociais, culturais e econômicas – sobretudo locais e regionais –, mediante a incorporação das sugestões e críticas.

- O *plano de atuação* da universidade, assim definido, será *finalmente apreciado, discutido, emendado e votado por um colegiado amplo*, constituído em sua base por professores representantes das diferentes unidades universitárias (faculdades, institutos etc.) eleitos por seus pares especialmente para esse fim, em número proporcional ao do total de docentes da universidade. Integrarão ainda tal colegiado os diretores de unidade e uma significativa representação estudantil e de funcionários, segundo um número proporcional ao da base docente do colegiado.
- Os Conselhos Universitários serão, internamente, os fiadores do fiel cumprimento do *plano de atuação*, cabendo às Congregações das diferentes unidades um papel de vigilância, que elas exercerão, nos casos de possíveis irregularidades, mediante representações dirigidas aos respectivos Conselhos Universitários ou ainda, em casos excepcionais, à agência reguladora do governo, estabelecida nos quadros do Ministério da Educação.

Proposta n. 2 (Pesquisa)

- Visto que, em função da política atual de fomento à pesquisa (com todo o seu aparato de diretrizes ideológicas), a capacidade institucional das universidades públicas relativamente à iniciativa, à condução e à gestão dos projetos e linhas de investigação nelas desenvolvidas tornou-se irrisória, dado que foi – como já assinalado acima – progressivamente transferida para as agências federais e estaduais de fomento, que hoje elegem, controlam e avaliam os projetos, estabelecendo uma relação direta com os professores-pesquisadores (quase sempre pagos pelas próprias universidades em regime de dedicação exclusiva) ou com estudantes e orientadores, não obstante sua vinculação formal à responsabilidade acadêmica e institucional das universidades.
- Visto, portanto, que as universidades correm o risco de se tornar cada vez mais, no domínio da pesquisa, meros suportes institucionais de uma produção científica parasitária (ainda que frequentemente de relevância e qualidades indiscutíveis), à qual fornecem bases materiais e estruturas institucionais de legitimação, chancela social e reconhecimento público

(heteronomia que se torna patente pelo esvaziamento das "comissões de pesquisa" de suas diversas unidades e pela redução das pró-reitorias de pesquisa a meros órgãos mediadores de programas internacionais de intercâmbio e a zeladorias dos programas das agências de fomento)

Considera-se imperativo e urgente devolver às universidades públicas a iniciativa e a responsabilidade institucionais (no nível da eleição, condução, supervisão e avaliação) sobre os programas e projetos de pesquisa, bem como seminários, colóquios etc. realizados em seus institutos, departamentos ou laboratórios, sem o que dificilmente poderão responder de forma autônoma, plena e efetiva aos seus fins próprios e compromissos sociais quanto à produção do conhecimento.

Propõe-se, assim, que o financiamento estatal à pesquisa universitária passe paulatinamente a ser feito às próprias universidades, institucionalmente consideradas, levando-se em conta, na repartição dos recursos, seja sua capacidade historicamente comprovada de produção científica e de conhecimento, sejam seus *planos de atuação* e de expansão previstos para o período considerado. Isso se fará através de duas modalidades de financiamento características:

1. Um *sistema de cotas* relativas ao total dos recursos disponíveis para o fomento à pesquisa (aos moldes do que já se faz hoje com as bolsas de pós-graduação da CAPES ou com aquelas de iniciação científica do CNPq, atribuídas às diferentes instituições e às suas várias unidades), sendo as cotas estabelecidas segundo os critérios anteriormente designados, além daquele da relevância social dos programas a serem desenvolvidos.
2. Um sistema constituído por *editais específicos* regularmente dirigidos às universidades (públicas e privadas, consorciadas ou não) para a produção de pesquisas referentes a áreas e temas estratégicos ou que impliquem conhecimentos e recursos intelectuais de grande complexidade ou desafio, ou ainda capacitação científica e tecnológica muito sofisticada – em qualquer que seja o domínio do conhecimento (não excluídas as diversas disciplinas das humanidades e das artes).

Ao lado do financiamento atribuído diretamente às universidades, o fomento e apoio à pesquisa por parte do governo federal se farão ainda por dois sistemas distintos – geridos, estes, diretamente pelo MCT:

1. Pela *manutenção e expansão da valiosa rede dos institutos de pesquisa e tecnologia* – especializados em questões de saúde, agricultura, meteorologia, energia etc. (como a Embrapa, o Instituto Oswaldo Cruz, o Instituto Butantan, institutos agronômicos e de tecnologia de alimentos etc.).

2. Pela *criação de um sistema de financiamento de carreiras de pesquisadores independentes* – indivíduos ou grupos – não vinculados às universidades (segundo o modelo francês do CNRS, que deverá ser devidamente estudado para sua implantação) e ainda de *financiamento de projetos pontuais de interesse público* (segundo o modelo, por exemplo, do que têm feito várias fundações para áreas do conhecimento e da cultura que apresentam afinidades com seus interesses próprios).

Proposta n. 3 (Ensino)

- Vários elementos, como já se assinalou anteriormente, têm concorrido tanto para a restrição, perversa, do acesso à rede das universidades públicas quanto para a queda da qualidade da formação nelas oferecida. Podem ser citados: o investimento insuficiente na expansão e qualificação da rede, a precariedade do ensino médio proporcionado por nossas escolas, a inadequação dos sistemas de seleção em vigência (exames vestibulares) e, sobretudo, as respostas equivocadas que foram oferecidas até aqui a esses problemas, resultando numa massificação progressiva do ensino superior e na perda do traço histórico e definidor mais próprio das instituições universitárias, a saber, a associação da transmissão e da produção do conhecimento.

- Assim, considerada a necessidade urgente de reversão de tal quadro, *propõem-se* aqui cinco medidas específicas concernentes às condições de acesso às universidades e cinco outras relativas às suas atividades de ensino, sobretudo de graduação.

Quanto ao acesso às universidades, propõe-se que:

1. As medidas relativas às universidades propostas neste documento sejam concomitantes com uma ampla rearticulação do ensino médio e fundamental, visando esta, sobretudo, a implementação de meios eficazes para a capacitação dos docentes, o estabelecimento de um sistema consistente de avaliação dos estudantes e a produção de materiais didáticos de qualidade – ações que deverão contar com uma efetiva contribuição programática e operacional por parte dos diversos setores das universidades.

2. Seja promovido um aumento progressivo do número de vagas nas universidades públicas, respaldado, porém, pelo aumento de seus corpos docentes – através de concursos públicos exigentes, de modo a induzir por eles uma preparação mais intensa por parte dos candidatos. Sejam, deste modo, definitivamente descartadas as figuras do professor substituto ou temporário, do professor bolsista, horista, etc. como componentes estruturais das funções docentes das universidades.

3. Seja significativamente ampliada a oferta de cursos noturnos, estabelecidos com condições adequadas de funcionamento e, sobretudo nas grandes cidades, em locais de fácil acesso para as camadas da população hoje excluídas das universidades.

4. As modalidades de seleção e o teor dos eventuais exames vestibulares (programas, formato das provas, critérios de avaliação) sejam definidos e supervisionados pelos colegiados docentes dos cursos, institutos ou faculdades específicas a que se destinam os estudantes.

5. As diversas universidades considerem, nos casos de manifesta insuficiência de outros mecanismos de inclusão e integração por elas estabelecidos (sistemas de seleção, cursos noturnos, cursos preparatórios etc.), a definição de *cotas étnicas e de cotas para os egressos do sistema público de ensino médio* para o preenchimento das vagas nelas disponíveis – consultados os movimentos sociais concernidos.

Quanto ao ensino proporcionado pelas universidades públicas, propõe-se que:

1. O corpo docente dessas universidades seja fundamentalmente constituído por professores a elas vinculados em *regime de tempo integral e dedicação exclusiva* – adequadamente remunerados para tal e efetivamente exigidos no cumprimento de seus compromissos – e só suplementarmente, ou excepcionalmente, admitidos em regimes de trabalho de menor envolvimento com a vida universitária. *Todos os encargos de gestão ou coordenação das atividades acadêmicas, em todos os níveis, serão reservados aos professores atados à instituição nos termos do regime de dedicação exclusiva.*

2. Se limitem progressivamente, como regra geral, as classes dos cursos de graduação ao número de quarenta alunos, medida sem a qual as universidades dificilmente poderão desempenhar seu papel formador.

3. Sejam repensadas as estruturas curriculares e o sistema de créditos, de modo a remediar a fragmentação atual do ensino oferecido e a permitir uma formação mais sólida principalmente nas disciplinas de base de cada uma das áreas do conhecimento (que poderão oferecer cursos anuais ou sequenciados). *A grade curricular dos diferentes cursos será constituída por dois grupos de disciplinas: um de vigência nacional (definido pelo Ministério da Educação, ouvidas as universidades), outro estabelecido regional ou localmente,* a partir das necessidades e demandas particulares das regiões e de acordo com as características próprias e projetos específicos de cada universidade.

4. (Tendo em vista particularmente que o ensino universitário não pode reduzir-se à produção de profissionais especialistas, mas deve estender-se à formação do homem e do cidadão), *sejam oferecidas todos os anos aos estudantes de graduação disciplinas optativas de caráter interdisciplinar concernentes a temas de cultura geral,* concebidas como um conjunto consistente de aulas-conferência organizadas em torno de questões cultural e socialmente relevantes. Tais cursos serão programados conjuntamente por diferentes unidades da instituição, envolvendo seus professores e estudantes, de modo a, subsidiariamente, proporcionar-lhes também a ampliação de sua experiência propriamente universitária.

5. *Todos os professores-doutores, qualquer que seja seu nível funcional, tempo de serviço ou distinções acadêmicas, ministrem cursos na graduação*

e na pós-graduação. Tal medida visa a levar à sua plena realização a vocação mais fundamental das universidades enquanto instituições em que a formação em uma determinada área do saber se pensa como inseparável da produção desse próprio saber; ela contribui ainda para evitar o estabelecimento de hierarquias entre professores (prática incompatível com a orientação democrática das universidades), abre aos alunos de graduação a possibilidade de seguir cursos com professores mais experimentados e proporciona aos pós-graduandos a emulação do contato com professores mais jovens e mais próximos de seu estágio de formação.

Proposta n. 4 (Extensão)

As atividades de extensão pelas quais as universidades contribuem para a educação permanente dos cidadãos e tornam acessíveis os saberes nelas conquistados a todos aqueles que deles possam precisar e se beneficiar são um dos aspectos fundamentais do compromisso social a que as universidades, via de regra, têm sido incapazes de atender de maneira ampla e satisfatória. É, portanto, imperioso que as universidades públicas deem a tais atividades a importância e o alcance a elas devidos – enquanto derivadas de suas funções institucionais próprias – e que as compreendam de maneira abrangente, não só como difusão de conhecimentos, mas como meios de inserção cultural e de educação para a vida e a cidadania.

Neste sentido, apresentam-se também aqui cinco propostas:

1. *Os planos de atuação periódicos das universidades públicas* (cf. Proposta n. 1) *conterão obrigatoriamente diretrizes de políticas específicas de extensão e cultura* voltadas para os interesses e as necessidades das populações locais e concebidas como forma de integração e cooperação eficaz entre a comunidade universitária (professores, estudantes e funcionários) e a sociedade. Tais políticas englobarão atividades culturais, de ensino, treinamentos, assessorias, apoio técnico e estratégico para empreendimentos de caráter econômico, social ou cultural – sobretudo cooperativos – nas diversas áreas do conhecimento (engenharias, saúde, direito, psicologia etc.).

2. *Uma porcentagem fixa e permanente dos recursos orçamentários de cada uma das universidades federais será designada e obrigatoriamente destinada à implementação de suas políticas de extensão e cultura, conforme definidas em seus planos de atuação periódicos.* Em hipótese alguma as atividades de extensão poderão ter fins lucrativos ou de suplementação dos recursos orçamentários destinados à instituição ou de remuneração indireta a professores ou servidores.

3. A coordenação e gestão das políticas de extensão e cultura estarão sob a responsabilidade de uma comissão universitária de extensão e cultura de ampla representatividade – integrada por professores de diferentes unidades, estudantes e funcionários –, reunida e coordenada pela respectiva Pró-Reitoria de Extensão e Cultura ou órgão equivalente.

4. *As autoridades universitárias providenciarão as condições necessárias para a abertura dos* campi *às populações locais,* dando-lhes livre acesso aos espaços comuns e incentivando sua presença através de programações de caráter nitidamente cultural (exposições, cineclubes, música, teatro, palestras e cursos), que lhes serão franqueadas – gratuitamente –, assim como a todos os estudantes.

5. Todos os professores das universidades públicas – independentemente de seu grau acadêmico, função institucional ou administrativa –, tendo em vista seu necessário compromisso com os fins gerais da instituição, deverão obrigatoriamente realizar a cada ano ao menos uma atividade caracterizada como de extensão, integrando-se aos programas propostos pela universidade ou a projetos específicos desenvolvidos em suas unidades de origem. Tais atividades serão incluídas na carga horária obrigatória dos docentes.

Fórum de Políticas Públicas da USP – Novembro de 2003
Propostas adicionais:

1. As medidas de política acadêmica e de gestão anteriormente propostas dependem em grande parte de um programa corajoso de recuperação da saúde financeira das universidades públicas (algo como um PROER para as universidades); um programa que contemple solução definitiva para o crônico problema da remuneração dos inativos e a necessidade urgente de um aumento significativo de suas verbas de custeio e manutenção. Sem tal medida, as universidades dificilmente poderão enfrentar os desafios da renovação e promover o necessário aumento de seus corpos docentes, passando a desempenhar adequadamente suas funções sociais próprias. Considerem-se também como inadiáveis medidas no sentido de *proporcionar uma remuneração mais adequada a professores e funcionários, particularmente aos docentes vinculados ao regime de tempo integral e dedicação exclusiva.*

2. Deverá ser reconhecido, valorizado e apoiado o papel suplementar desempenhado no sistema da educação superior brasileira pelo ensino oferecido por instituições privadas. Elas não só colaboram com o Estado no cumprimento de suas tarefas educacionais como garantem um horizonte mais amplo de pluralismo no que se refere às concepções culturais diversas da tarefa da formação humana e profissional. No que se refere a tais instituições, o governo buscará, em vista do interesse público, estabelecer instrumentos mais eficazes e rigorosos para o exercício de seu papel fiscalizador – garantindo a qualidade do ensino e inibindo uma mercantilização de suas atividades incompatível com sua função social própria.

   – *O governo utilizará também, no exercício de seu papel regulador, um sistema de credenciamento dessas instituições (pautado por exigências relativas às condições de ensino, equipamentos, valor das mensalidades, etc.) para o acolhimento de bolsistas financiados pelo governo –* provenientes preferencialmente das escolas públicas de nível médio e escolhidos a partir de critérios socioeconômicos e de desempenho escolar. Tais bolsas serão concedidas diretamente aos estudantes, que procurarão obter acesso a uma das instituições credenciadas, em função de suas escolhas de formação e de viabilização de seu projeto de educação universitária.

   – *Todo o apoio do governo federal às instituições privadas de ensino superior se fará por esse sistema de financiamento indireto que visa prioritariamente aos estudantes e ao interesse público, além de revelar-se um instrumento eficaz de incentivo para o aprimoramento dessas instituições.* O governo evitará, portanto, todas as outras formas de financiamento ao ensino superior privado, mormente aquelas de provimento de recursos diretos para projetos de instalação, programas de equipamento e financiamento institucional para pesquisa (ressalvados os recursos advindos das concorrências a que alude a Proposta n. 2 deste texto), tendo em conta não só os interesses privados envolvidos nesses investimentos como também a exiguidade dos fundos públicos destinados à educação superior.

– *As universidades e faculdades particulares, como beneficiárias do ensino de pós-graduação oferecido pelas universidades públicas*, a quem devem a formação de grande parte de seus quadros docentes, serão chamadas a oferecer contrapartidas a tais benefícios, pela contribuição (juntamente com outros interessados diretos no sistema) a um fundo público destinado ao financiamento e ao apoio aos cursos de pós-graduação do país.

3. No tocante ao financiamento da pesquisa com recursos repassados às universidades, o mérito será assegurado por quatro medidas principais:

a) definição de prioridades de pesquisa determinada pelo *plano de atuação* (no qual cada universidade definiu democraticamente suas prioridades de ensino e pesquisa, evitando a guerra mortal entre grupos para obtenção de recursos): a subvenção dos projetos levará em consideração tais prioridades, sem contudo tomá-las como único critério, ressalvando as pesquisas de longo prazo, que extravasam o período de um *plano de atuação*;

b) definição de critérios qualitativos e não quantitativos para a avaliação do mérito dos projetos de pesquisa;

c) mudança no papel das comissões de pós-graduação e de pesquisa, hoje reduzidas a funções burocráticas: assim como nas agências há comissões de avaliação do mérito dos projetos (eleitas pelos pares, em alguns casos; nomeadas pela presidência, em outros), as comissões universitárias devem passar a ter papel, fazendo valer os critérios qualitativos, definidos por sua universidade;

d) presença de pareceristas externos *ad hoc*: assim como as agências recorrem a pareceristas externos, assim também as comissões universitárias recorrerão a pareceristas externos para avaliação do mérito dos projetos de pesquisa.

Pela comissão da verdade da USP[1]

Boa noite a todos e a todas, obrigada pelo convite. Quero começar fazendo duas colocações. A primeira, certamente vocês sabem, mas sou avó, como alguns colegas de colegial e faculdade. Nós[2] estudávamos juntas, foi ela que escolheu meu namorado, com quem eu me casei. Estive com ela na véspera do dia da prisão, ela foi a minha casa e tivemos uma longa conversa, fizemos planos, íamos nos ver no dia seguinte, mas eu não a vi mais. Entendo o que a Vera[3] diz, levei muitos anos para enterrar, não podia admitir.

A segunda é sobre outro colega meu, o Salinas,[4] que não morreu na prisão, mas morreu por causa da prisão. Foi preso, torturado, e, na época, ele não fazia parte de nenhum movimento ou grupo, nada. Mas tinha feito muito antes, na altura de 1964, e isso aconteceu no final dos anos 1970. A esposa dele era jornalista e havia publicado uma matéria, os policiais, militares, não entenderam algumas palavras e

---

[1] Depoimento no ato de lançamento da campanha pela criação da Comissão da Verdade da USP realizado na Faculdade de Economia e Administração da USP, em 12 de junho de 2012. (N. do Org.)

[2] O "nós" explica-se pela referência anterior, feita ao longo das falas, a Heleny Telles Ferreira Guariba (1941-?). Formada pela FFLC-USP, dedicou-se sobretudo ao estudo do teatro; em 1971, foi presa e torturada, e seu corpo jamais foi encontrado; presume-se que tenha morrido na "Casa da Morte" de Petrópolis/RJ. (N. do Org.)

[3] Vera Paiva, professora do Instituto de Psicologia da USP, que falara antes de Marilena. (N. do Org.)

[4] Sobre Salinas, cf. p. 46, nota 2. (N. do Org.)

interpretaram como um código. Foram ao apartamento deles e, como ela não estava, pegaram Salinas, que foi torturado no pau de arara dias a fio para dizer qual era o deciframento do código, das palavras do artigo da mulher dele. Não era código, não havia o que dizer, e ele foi estraçalhado. O resultado dessa prisão: foi anulado, evidentemente, o estado físico do Salinas e seu estado psíquico. Foram anos para ele se refazer, e nunca conseguiu realmente se refazer. Teve trombose nas duas pernas, tendo que cortar dedos dos pés, e morreu com uma síncope. Ou seja, foi morto pela tortura. Amigo meu do coração, entramos juntos no Departamento de Filosofia e, juntos, nos tornamos professores no departamento.

Gostaria de contar para vocês como foi entrar no *campus* da USP em 1969, logo depois de dezembro de 1968, quando foi promulgado o AI-5. Você vinha para cá e não tinha nenhuma garantia de que não seria preso e torturado, portanto, não sabia se seus alunos estariam na classe, e, quando você se dava conta de que alguns não estavam, não ousava perguntar se tinham faltado à aula, se tinham partido para o exílio, se já estavam presos ou se já estavam mortos. E a mesma coisa com relação aos colegas. Tínhamos o pessoal do Dops à paisana nas salas de aula e escutas na sala dos professores e no cafezinho. Éramos vigiados noite e dia.

Eu lembro que, em 1975, a Unicamp fez um congresso internacional de historiadores e convidou Hobsbawm, Thompson, enfim, a esquerda internacional. Houve as exposições dos brasileiros, e os estrangeiros disseram: "Não estamos conseguindo entender nada do que vocês dizem, não entendemos as exposições e sobretudo não estamos entendendo os debates entre vocês". Então, nos demos conta de que falávamos uma língua cifrada para não sermos presos. A esquerda acadêmica criou um dialeto, uma linguagem própria na qual dizia tudo o que queria dizer e não dizia nada que fosse compreensível fora do seu próprio círculo. Foi uma forma de autodefesa e uma forma de continuar produzindo, pensando e discutindo. Ao mesmo tempo, essa forma nos fechou num círculo no qual só nós nos identificávamos com nós mesmos. Isso é uma coisa importante, que a Comissão da Verdade traga o fato de você criar um dialeto, criar um conjunto de normas, de regras, de comportamentos em relação aos outros, tendo em vista não ser preso, torturado e morto, durante anos a fio.

Costumo dizer aos mais novos que eles não avaliam o que é o medo, pânico. Sair e não saber se volta, sair e não saber se vai encontrar seus filhos em casa, sair e não saber se vai encontrar seu companheiro, ir para a escola e não saber se encontrará seus alunos e colegas. Você não sabe nada. Paira sobre você uma ameaça assustadora, de que tem o controle da sua vida e da sua morte. Isso foi a USP durante quase dez anos, todos os dias. Além das pessoas que iam desaparecendo, desaparecendo... Ao lado das cassações.

Eu teria gostado que a Eunice Durham pudesse ter vindo, porque, quando ela fez parte da Adusp na gestão do Modesto Carvalhosa, fez o chamado *Livro negro da USP*, que tem o relato de como foram feitas as cassações. As cassações não vieram do alto. As congregações de cada instituto, de cada faculdade, se encarregavam de denunciar, de delatar e de fazer a cassação. Isso é uma coisa que a Comissão da Verdade precisa deixar muito claro, não foram forças lá de fora nem militares que fizeram isso. Foram os civis acadêmicos, dentro da universidade, que fizeram uma limpeza de sangue. É uma coisa sinistra, mas foram nossos colegas que fizeram isso.

E, impávidos, quando começou a luta pela volta da democracia, quando começaram as greves no ABC, quando começaram as lutas pelas diretas etc. e tal, eu ia às assembleias da Adusp e do DCE e ficava lado a lado com muitos deles que estavam ali para fazer a defesa do retorno da democracia, sendo que eles tinham sido apoiadores da ditadura. E isso não pode ficar em branco. Uma Comissão da Verdade tem que dizer isto.

E eu gostaria também, como uma contribuição ao trabalho da Comissão da Verdade, de retornar ao que o Eduardo[5] e a Vera disseram, o fato de que a estrutura da nossa universidade, mais do que a de outras universidades que conseguiram se desfazer disso, é a mesma que a ditadura – através do MEC e do acordo MEC-USAID – introduziu no Brasil e aqui se cristalizou. Primeiro, foi feita uma chamada reforma universitária, a qual introduziu a ideia de créditos, a ideia de disciplinas obrigatórias e disciplinas optativas. Como a sustentação ideológica

---

[5] Eduardo González Cueva, diretor do programa "Verdade e Memória", do Centro Internacional para a Justiça de Transição, e responsável pela organização da Comissão da Verdade e Reconciliação do Peru. (N. do Org.)

da ditadura era a classe média urbana, era preciso compensar a classe média pela falta de poder econômico e político, e isso foi feito através do prestígio do diploma, abriu-se a indústria do vestibular, que veio por decreto.

Ou seja, a universidade que vocês frequentam, a universidade que vocês cursam, a universidade em que nós damos aula, é a universidade que foi estruturada a partir do Ato Institucional n. 5. Em outras universidades, houve força suficiente, do corpo docente, do corpo discente, para derrubar muita coisa. A estrutura curricular não, continuamos Brasil afora com disciplinas obrigatórias, optativas, créditos, frequência... A introdução dos créditos significou a escolarização da vida universitária. Em uma universidade você pode fazer duas ou três matérias no máximo, e você deve ter duas a três horas de aula por semana para cada uma delas, no máximo. O ideal são duas matérias, cada uma delas com duas horas semanais para que você trabalhe o que ouviu em classe, vá para as bibliotecas e laboratórios, faça pesquisas e tenha efetivamente uma vida universitária. A reforma feita pela ditadura, ao escolarizar a universidade, transformou-a em um curso secundário avançado, em um colegial avançado. Isso a Comissão da Verdade tem que mostrar, além de mostrar as datas em que os decretos vieram, as datas de implantação, quem implantou tudo isso, não pode passar em branco também.

Uma outra coisa que é muito importante é o fato de que as contratações dos jovens professores naquele período não eram feitas nem pelos departamentos, nem pelos institutos, mas diretamente pela reitoria. Estou dizendo isso porque quero fazer um complemento depois a respeito da reitoria atual. Como é que a reitoria procedia? Ela recebia o processo de contratação e mandava para o Dops, para a polícia enviar a ficha policial do professor e saber se ele tinha participado de algum movimento. A reitoria queria a ficha policial, que era a ficha política do jovem professor. Em função disso, a reitoria dizia se contratava ou não contratava.

Eu posso fazer um depoimento para a Comissão da Verdade, se ela quiser, a respeito da experiência direta que tive sobre isso. Eu era chefe do Departamento de Filosofia e havia o processo de contratação de um jovem professor, mas a contratação não saía, os papéis estavam na reitoria. Então pedi para ser informada do porquê de a contratação não acontecer. Fui empurrada de uma sala para outra sala, para outra sala, e ninguém respondia. Finalmente, fui levada a uma sala ao lado da sala do reitor. Ela não tinha janelas, tinha uma porta e duas cadeiras com uma mesinha. Ali, um senhor, um civil, grisalho, muito bem-afeiçoado, me mandou sentar e disse para mim: "Vou explicar para a senhora que esta sala não existe, eu não existo e a conversa que nós vamos ter nunca aconteceu. O professor não pode ser contratado porque ele esteve em um encontro estudantil terrorista, então ele não vai ser contratado, aqui está o processo". E foi quando eu vi, estava tudo anotado a lápis, com as informações sobre ele vindas do Dops. Ainda me disse: "Eu sei que ele era um lambari, sei que não é um perigo para a segurança nacional, mas ele tem essa ficha e não vai ser contratado". E ele foi contratado, evidentemente vocês podem imaginar o barulho que nós fizemos, todo o escândalo que fizemos e o risco que se corria se ele não fosse contratado. Mas era uma intimidação direta, não tinha algum esconderijo, era direto, na cara. "Eu posso, eu tenho o poder, eu faço e você engole".

A manutenção da estrutura da Universidade de São Paulo tal como ela foi feita a partir do Ato Institucional n. 5 pela ditadura é algo que tem que ser devassado se nós quisermos democratizar a universidade. Para democratizar nossa universidade, temos que desmontar aquilo que foi feito no final dos anos 1960 e no decorrer dos anos 1970, é uma tarefa imensa que tem que ser feita. E por que ela tem que ser feita? Porque, no momento que há uma hegemonia no estado de São Paulo de um pensamento privatista e de um pensamento neoliberal, a Universidade de São Paulo está sendo regida por estes princípios, por esse reitor.[6] Não é só isso, esse reitor foi formado, teve o aprendizado dele, como dirigente, nesse caldo de cultura da ditadura. Portanto, é essa forma de gestão que explica essa coisa inacreditável, e isso nem a ditadura fez, de pôr a polícia dentro do *campus* para espancar os alunos.

E, para encerrar, me disponho a dar meus depoimentos para a Comissão da Verdade. Penso, como os que me precederam, que tem que ser apanhado um período longo, e penso que, como se trata da Comissão da Verdade da universidade, no caso da Universidade de

---

[6] O reitor da USP era então João Grandino Rodas, da Faculdade de Direito. (N. do Org.)

São Paulo, é preciso contar não só as histórias ligadas à violência de Estado, ao terrorismo de Estado sobre os professores e os alunos, mas a maneira pela qual a universidade foi estruturada para ser um órgão da violência, um órgão do autoritarismo. Ela foi estruturada com a cabeça da ditadura, e é por isso que ela é autoritária. E é isso que a Comissão da Verdade pode mostrar ao desvendar a maneira pela qual essa estrutura foi montada. E Salinas presente, Heleny presente.

A ocupação das escolas
foi Maio de 68[1]

Eu fiquei muito surpresa ao perceber que muita gente de esquerda não percebia [...] que junho de 2013 não era Maio de 1968. Maio de 1968 foi a ocupação das escolas agora. Isso foi Maio de 68. [...]

No caso da ocupação das escolas, em primeiro lugar, há um movimento de inclusão e ampliação. A marca dos movimentos realmente libertadores é sempre a inclusão e a ampliação. Em segundo lugar, esse movimento foi se dando à maneira do que, no meu tempo, se conhecia como "greve pipoca". Em uma fábrica, por exemplo, às seis horas da manhã, um setor para por 40 minutos. Durante o tempo em que ele parou, outros três ou quatro setores não conseguiram funcionar. Então, aquele primeiro setor volta a funcionar, mas, daí, em outra ponta, outro setor para por 40 minutos. Tudo o que está em volta não funciona. Assim, sobretudo quando a greve era proibida, ia pipocando paralisação, de modo que as instituições (uma fábrica, uma escola etc.), mesmo

---

[1] Trechos selecionados da entrevista realizada por Juvenal Savian Filho e Laís Modelli e publicada, com o título "Sociedade brasileira: violência e autoritarismo por todos os lados", em: *Cult*, São Paulo, n. 209, fev. 2016, p. 8-17. O contexto da discussão é a diferença entre os acontecimentos de junho de 2013 e o movimento de ocupação de instituições de ensino que, iniciado em novembro de 2015 no estado de São Paulo contra um remanejamento de estudantes e professores imposto pelo governo, alastrou-se atingindo no ano seguinte mais de 1.100 escolas e universidades em todo o país. (N. do Org.)

sem parar, ficavam inteirinhas paralisadas. Nos lugares estratégicos pipocava a paralisação. Foi assim que a ocupação das escolas seguiu o princípio da "greve pipoca". Quando os administradores da educação achavam que iam resolver a ocupação de uma escola, começava na outra; quando eles iam resolver nessa outra, começava em outra. Ou seja, ela foi pipocando até o instante em que parou tudo.

Além disso, a maior diferença entre a ocupação das escolas e o movimento de 2013 é que a paralisação aconteceu no interior de uma instituição pública e social para a garantia do caráter público dessa instituição. Não foi um evento em favor disso ou daquilo; foi uma ação coletiva de afirmação de princípios políticos e sociais. Os dois grandes princípios foram, primeiro, o princípio republicano da educação – a educação é pública; segundo, o princípio democrático da educação – a educação é um direito. A ação dos estudantes e professores foi tão significativa porque eles disseram: "O espaço da escola é nosso. Somos nós, alunos e professores, que somos a escola". Então, foi a "integração de posse" das escolas pelos alunos e professores. É gigantesco o fato de alguém no Brasil pensar que algo público é nosso! É diferente das ocupações de reitorias de universidades, em que os estudantes dizem: "Nós somos contra isso que o reitor fez...". Agora, os estudantes disseram: "Esse lugar, essa instituição é pública; ela é nossa e não vamos sair daqui". Eles se posicionaram contra algo típico do neoliberalismo – posto em prática, sob certos aspectos, no decorrer da ditadura e, depois, explicitamente nos governos Fernando Henrique Cardoso: a ideia de que um direito social e político é aquilo que pode ser transformado em serviço e comprado no mercado. As pessoas falam das privatizações como se elas fossem apenas a da Vale e as das grandes empresas... É isso também, mas o núcleo da privatização está em outro lugar, está na transformação de um direito social em serviço que se compra e vende no mercado. Isso foi feito com a educação, com a saúde, com o transporte, com todos os direitos sociais. E, em São Paulo, com grandes baterias, isso foi feito. Os estudantes mostraram que a escola pública não é mercadoria; fizeram uma ação republicana e democrática de um alcance incrível. Eu só vi algo parecido, em termos de configuração social no Brasil, nas greves de 1978 e 1979 no ABC. Por quê? Não pela repercussão, mas pelo sentido que elas tiveram.

Pensem no fato de que, durante as ocupações, só foram chamados para dar entrevistas cientistas políticos, sociólogos, historiadores, mas nenhum professor ou estudante das escolas ocupadas! Nenhum professor ou estudante foi considerado capaz de explicar o que se passava. Só se ouviu gente que estava fora das salas de aula e que vinha explicar falando disparates. Quando a mídia entrevistava algum estudante, só perguntava coisas do tipo: "O que você sente? Do que você gosta e não gosta? O que você quer?". Ou seja, ficava no nível puro e simples do sentimento, não do pensamento. Apesar disso, a palavra deles chegou à sociedade por outras vias; e isso mostra o tamanho da ação que eles realizaram. Houve uma solidariedade que há muitos e muitos anos não se via no estado de São Paulo inteiro. Por fim, as ocupações deixaram claro o motivo de fechar as escolas. Em um país como o nosso, não se fecha escola; se abre. Mas o governador de São Paulo queria os terrenos para uma exploração imobiliária gigantesca. E para fazer o quê? Para fazer fundo de campanha. É claro que agora o Geraldo Alckmin vai tentar fragmentar tudo e implantar devagarzinho o seu projeto. Hoje essa escola, amanhã aquela. Não sei se ele vai conseguir, mas vai tentar. Como o ensino fundamental é praticamente todo municipal, o ensino Médio é estadual e, de um modo geral, o ensino universitário é responsabilidade federal, essas instâncias operam de modo fragmentado; e isso permite tentativas de reestruturação como as de São Paulo e de Goiás. De todo modo, os estudantes revelaram que a ideia de fechar uma escola não significava fechar uma escola, significava vender um terreno. Portanto, eles denunciaram o caráter corrupto da suposta política de reestruturação.

Universidades devem entender que fazem parte da luta de classes[1]

FR: Qual o caminho para pensar uma solução para o problema da instrumentalização das universidades, que agora trabalham apenas na lógica do mercado, priorizando eficiência e resultado?

MC: Esse caminho começa no ensino básico e no ensino médio. É preciso retomar a ideia de formação no lugar da informação, da crítica no lugar da repetição. Os meios de comunicação e a velocidade da internet levam as pessoas a se considerarem informadas e com capacidade crítica. Sem perceber que elas estão "informadas" porque não têm formação, que elas não têm um espírito crítico. Na verdade elas estão contra ou a favor de alguma coisa, mas sem dar as razões pelas quais são a favor ou contra.

FR: É possível a gente começar essa mudança no atual cenário político e com o atual governo?

MC: Sim, e demanda um trabalho lento. A experiência que temos da época da ditadura e a experiência que o Movimento dos Trabalhadores Rurais Sem Terra (MST) tem na sua trajetória, por exemplo,

---

[1] Entrevista realizada por Fania Rodrigues, originalmente publicada em: *Brasil de Fato*, 4 abr. 2017. Disponível em: <https://www.brasildefato.com.br/2017/04/04/marilena-chaui-universidades-devem-entender-que-fazem-parte-da-luta-de-classe/>. (N. do Org.)

nos mostram que é um trabalho cotidiano, que leva folhinha para o formigueiro. Então, se nós tivermos a expectativa de uma solução em um curto espaço de tempo, não mudaremos. Temos que pensar que é um trabalho de longo prazo que envolve cada um de nós durante muito tempo e de diferentes maneiras. Exige paciência histórica.

FR: Começamos a semana com a notícia do fim do programa federal Ciência Sem Fronteira. Também tem esse projeto do governo Temer de cobrar mensalidades em cursos de pós-graduação e a Universidade do Estado do Rio de Janeiro em decadência. Qual a análise que a senhora faz desse desmonte das universidades públicas?

MC: O desmonte está ligado à adoção da perspectiva neoliberal. O Estado vê as universidades como empresas, onde tem que haver competição e produtividade. A partir daí se abandonou a ideia de direitos sociais, que não está ligada ao lucro, mas de construção do próprio país e da consolidação da democracia. O que temos é um desmonte da escola democrática, em todos os níveis, mas que exige de nós aquilo que os brasileiros sabem fazer, que é o trabalho da resistência. Nós vamos vencer outra vez.

FR: Por fim, qual é o papel da universidade na luta de classes?

MC: O papel da universidade é ser uma parte da luta de classes. A universidade não pode ser apenas um lugar que reflete sobre a luta de classes. Ela tem que compreender que é parte dessa disputa, seja pelo seu alunado, pela divisão entre seus professores, seja pelo papel das administrações e burocracias, que operam muitas vezes a favor da classe dominante. Somos parte da luta de classes e somos obrigados, como instituição de ensino, a entender esse papel que desempenhamos na sociedade.

PARTE IV

Mais do que uma profissão

*Penso que quem busca a filosofia como forma
de expressão de seu pensamento, de seus sentimentos,
de seus desejos e de suas ações, decidiu-se por um modo
de vida, um certo modo de interrogação e uma certa relação com a
verdade, a liberdade, a justiça e a felicidade.*

*[...] a filosofia como um modo de vida tecido
no diálogo generoso e no combate.*

Sem filosofia[1]

Por que suprimir o ensino de filosofia no segundo grau

Há entre os técnicos do Ministério da Educação e das secretarias estaduais o consenso falso de que a filosofia não cumpre nenhum papel no contexto social.

Esses técnicos alegam que a filosofia não profissionaliza, não tem aplicação na vida do país, e pode ser perfeitamente substituída, em seu papel de formação ética, pela educação moral e cívica.

A importância do ensino de filosofia no segundo grau

[*É o momento em que o jovem*] começa a questionar os valores que lhe transmitiram, a vida familiar, os problemas sociais.

O professor de filosofia é pessoa altamente qualificada para orientar a discussão dessas questões [*cinema, música, literatura, etc.*] que intrigam os jovens.

[*O banimento da filosofia*] significa também impedir que os jovens tenham participação consciente nos problemas da vida coletiva.

---

[1] Com a reforma do ensino de 1971, a filosofia, que era obrigatória, tornou-se disciplina optativa no segundo grau. Em 1977, a Faculdade de Filosofia da USP produziu um documento, distribuído às autoridades, protestando contra a situação e argumentando que o banimento da filosofia do ensino obrigatório satisfazia apenas "um utilitarismo imediatista que leva a marca da contracultura". A preocupação maior era que, naquele ano, filosofia não fora incluída em nenhuma das opções curriculares do CEE/SP, o que podia acarretar o desaparecimento da disciplina, no ano seguinte, em todos os colégios públicos. Nesse contexto a revista *Veja* fez uma reportagem intitulada "Sem filosofia" e entrevistou Marilena Chaui (*Veja*, São Paulo, p. 59, 1 jun. 1977). Recolhemos aqui alguns trechos; nossas intervenções vêm sempre em itálico, as declarações de Marilena sempre em caracteres normais. (N. do Org.)

A reforma do ensino[1]

Refazendo a memória

Somos gente sem grande memória. Hoje os professores universitários e uma parcela dos professores do curso secundário lutam contra a reforma do ensino no Brasil e em especial contra a Lei nº 5692/1971. Esta e suas sucessivas portarias regulamentam a implantação de estudos sociais e da licenciatura curta para formar professores polivalentes em ciências humanas no irrisório prazo de um ano e meio. Todavia, essa luta tende a aparecer sem amarras com qualquer passado e, consequentemente, sem qualquer vínculo com a própria história da reforma educacional. Já nos esquecemos de que a reforma foi posta em prática depois que o debate público e nacional em torno da Lei de Diretrizes e Bases foi sufocado para que a questão educacional se transformasse em mais uma, entre as inúmeras, "questão" técnica a ser resolvida pelo aparelho estatal competente, isto é, pelo Conselho Federal de Educação. Este, como todo órgão centralizado e burocrático, passou a ditar cátedra sem dar ouvidos àqueles que poderiam discutir, avaliar e

---

[1] Comunicação apresentada no Simpósio "A formação de docentes na área de ciências humanas", XXIX Reunião anual da SBPC, 1977, Fortaleza; originalmente publicado em: *Discurso*, São Paulo, n. 8, p. 148-159, 1978; a segunda parte também apareceu, com o título "A situação da filosofia", em: *Correio do Povo*, Porto Alegre, 11 nov. 1978, Caderno de Sábado, p. 8. (N. do Org.)

transformar aquilo que, para eles, mais do que uma profissão, é ofício e opção. Avivemos um pouco nossa memória.

A reforma do ensino no Brasil liga-se a um projeto educacional cujas linhas mais gerais foram traçadas pelo hoje esquecido projeto do Acordo MEC-USAID. No presente, quando tantos universitários debatem acerca da soberania nacional e da autodeterminação política, já perderam de vista o fato de que, em suas origens, a proposta da reforma da educação não nasceu autodeterminada e soberana, mas veio sugerida do exterior. *Grosso modo*, nascido sob o signo da modernização, o projeto MEC-USAID esteve assentado em três pilares: educação e desenvolvimento, educação e segurança, educação e comunidade.

O item Educação e Desenvolvimento propunha a formação rápida de profissionais que atendessem às necessidades mais urgentes do país no que respeita à tecnologia avançada. Incremento dos cursos de ciências aplicadas ou aplicáveis no curto e médio prazo, fundação de escolas especializadas em todo o país segundo as demandas regionais e financiamento de todos os empreendimentos particulares que pudessem ocupar-se do assunto em lugar do Estado, fizeram com que profissionalização rápida e privatização do ensino fossem, pois, colocadas como itens prioritários da reforma voltada para a criação de mão de obra especializada para um mercado em expansão. Nesse item, porém, permaneceu ignorada a natureza dos cursos considerados necessários. Na realidade, contudo, um leitor atento da proposta já podia ler o que estava escrito nas entrelinhas: a formação rápida dos profissionais na área de ciências e tecnologia não era problemática, visto que a ideia não era a de criar pesquisadores, mas executantes aptos de um saber vindo de fora e que não podia ser implantado no país sem grandes gastos se aqui não houvesse gente preparada para aplicá-lo. Educação e desenvolvimento, como não poderia deixar de ser, significava educação e reprodução de "dependência".

O item Educação e Segurança visava à formação do cidadão consciente, entendendo-se por consciência o civismo e o desejo de resolver os "problemas brasileiros". Outro prato da balança educacional, o tópico Segurança já determinava de antemão a natureza do civismo e a dos problemas que seriam sugeridos aos educadores como sendo "brasileiros". Compensação humanística para o tópico tecnológico anterior, Educação e Segurança levaria à criação da disciplina educação moral e cívica nos cursos médios e à de problemas brasileiros, nos cursos superiores. E visto que se tratava de educação moral, o projeto abria uma brecha para aquilo que se seguiu na prática, isto é, a extinção do ensino de filosofia no curso secundário e seu desprestígio no curso universitário.

O item Educação e Comunidade é, sem dúvida, o mais expressivo. A relação da escola com a comunidade era proposta em termos genéricos: a comunidade diria à escola quais as questões mais urgentes ou prementes para a coletividade (local, regional, estadual, etc.) e a escola responderia a tais carências formando pessoal capaz de atendê--las. Se a esse laço genérico e fraterno dava-se um fraco conteúdo, porém era-lhe dada uma forma muito forte, visto que a comunidade se faria ouvir pela escola através de representantes em conselhos que reunissem empresários e mestres. O tópico Educação e Comunidade traduzido em miúdos era o tópico referente à ligação escola-empresa e que iria traduzir-se em conselhos universitários compostos de professores e representantes dos vários setores do patronato (indústria, comércio e agricultura).

A proposta MEC-USAID rezava e preconizava a "integração das escolas à realidade social", entendendo por tal integração o fornecimento de mão de obra às empresas e o surgimento de uma elite de pesquisadores (que, como já observei, seria uma elite de tudo, menos de pesquisa). Na prática, essa proposta desembocou nos cursos profissionalizantes do ensino médio e nos cursos de pós-graduação do ensino superior. A escola aparece diretamente vinculada à empresa tanto no que tange à predeterminação da natureza da mão de obra considerada necessária, quanto no que tange ao barateamento dessa mão de obra, na medida em que a escola satura o setor da oferta face ao da demanda. O vínculo produz uma tríplice desqualificação profissional: em primeiro lugar, porque o profissional aqui produzido é inferior ao profissional produzido em outros países; em segundo lugar, porque cria um verdadeiro exército de reserva de profissionais que aceitarão qualquer serviço por qualquer salário; em terceiro lugar, porque além de aviltar o profissional, cava um fosso entre eles e os considerados não qualificados. Se a presença da comunidade se faz sentir dentro da escola, isso se dá de maneira discricionária, uma vez que a comunidade é identificada com os empresários que participam dos conselhos e decidem quanto aos *curricula*, vagas, contratação de professores, bolsas de estudo, etc. Todavia, a presença da empresa se faz sentir ainda de uma outra maneira: as escolas serão estruturadas segundo o princípio da *organização*, isto é, terão forma idêntica ou muito semelhante à das empresas; serão, portanto, fortemente burocratizadas e hierarquizadas. Por esta razão, o princípio da autonomia universitária pode ser defendido igualmente por gregos e troianos, visto que, tendo conselhos mistos que decidem o destino da escola, a autonomia não se refere a uma *escola* autônoma, e sim a uma *empresa* autônoma. O projeto MEC-USAID, aliás, propõe que se substitua a expressão "autonomia universitária" por "autogerência flexível". Que significa essa pequena variação linguística? Significa simplesmente que é proposto que as escolas se autossustentem gerando lucros, o que farão desde que sejam escolas pagas. Assim, conforme a reforma projetada, a "comunidade" deverá pagar pelo lucro que irá auferir mais tarde. Na mesma linha de argumentação que propõe a necessidade do ensino público pago, o projeto previa a necessidade de criar condições para a proliferação das escolas privadas, propostas pela "comunidade" segundo suas necessidades "próprias". Em suma, o tópico Escola-comunidade propunha a gradativa transformação da escola em empresa encarregada de reproduzir o capital com sucesso.

Duas coisas são fundamentais no projeto MEC-USAID: por um lado, a transformação da estrutura da escola rumo ao modelo organizacional das empresas, o que facilita sobremaneira o controle institucional do ensino; por outro lado, a exigência de que a reforma fosse feita de modo gradual e paulatino, sem grandes contradições com a antiga estrutura vigente, de sorte que, ao final de certo prazo, estivesse implantada sem alarido. Pode-se dizer que, do ponto de vista legal ou formal, o projeto foi cumprido sem falhas. Porém, não pode ser dito o mesmo do ponto de vista material, isto é, quanto ao conteúdo e aos gastos sociais de sua implantação. Dificuldades e contradições não se fizeram esperar e o caso de estudos sociais e da licenciatura curta é exemplar.

Dois aspectos bastam para deixar patente a distância que separa a intenção "inovadora" da reforma e a realidade da sua prática. Trata-se, de um lado, dos motivos alegados em seu favor e, de outro lado, do tipo de conhecimento que através dela é veiculado.

Alegando que para reformar o ensino era necessário considerar preferencialmente aquelas regiões do país mais desfavorecidas do ponto de vista socioeconômico, os reformadores afirmaram que o padrão e os critérios do ensino nas regiões mais privilegiadas não poderiam servir de parâmetro para a reforma. Era de se imaginar, em primeiro lugar, que a reforma tivesse dado ênfase a critérios regionais, mas não foi o caso, visto que a lei é nacional. Os únicos aspectos supostamente locais ou regionais a serem respeitados estariam vinculados aos cursos profissionalizantes, segundo o projeto Escola-comunidade do MEC-USAID. Ora, as aberrações não se fizeram esperar. A falta de recursos materiais e humanos, de um lado, e a busca do lucro, de outro lado, fazem com que os cursos profissionalizantes sejam tudo quanto se queira, menos profissionalizantes. Não é raro, pelo contrário, é a regra, cursos para formar *office-boys*, ministrados por dentistas ou advogados locais em regiões onde a oferta de trabalho se concentra em tarefas agrícolas ou em pequenas indústrias do tipo olaria. Não é raro, e sim costumeiro que cursos destinados a profissionalizar alunos em eletrônica sejam ministrados pelo radioamador local e que, não dispondo dos instrumentos para ministrar as aulas, limita-se a mostrar gravuras aos alunos e a dar-lhes informações abstratas acerca do trabalho que um dia irão realizar. Não menos aberrante é o fato de que as escolas que efetivamente deveriam profissionalizar os alunos do ensino médio, isto é, as escolas públicas em geral e as das periferias dos grandes centros urbanos sejam exatamente aquelas que não dispõem de recursos materiais para fazê-lo, enquanto, ao contrário, as escolas particulares, cuja clientela irá profissionalizar-se na universidade, sejam aquelas que dispõem de condições para uma profissionalização inútil. Porém, não é nesse ponto que podemos perceber melhor o sentido da reforma. Se para realizá-la, especialmente no que tange ao curso médio, havia falta de professores, a implantação de estudos sociais no secundário exigia a formação rápida de docentes. O que não é o caso. Não só a licenciatura curta tende a se tornar definitiva e a ocupar o lugar da licenciatura longa, como ainda os locais onde a implantação dos professores curtos em estudos sociais alcançou maior êxito numérico e financeiro foram exatamente aqueles nos quais a reforma não parecia exigir tais medidas, isto é, nos grandes centros urbanos do Centro-Sul, em especial São Paulo. Teria sido isso um pequeno engano do *laissez-faire*, ou estaria na lógica da coisa que a reforma fosse implantada com sucesso ali onde seria fonte segura e rápida de lucro? Com efeito, alegando que o Estado sozinho não poderia arcar com as despesas da reforma, incentivou-se, em consonância com o espírito do Acordo MEC-USAID, a proliferação das empresas privadas da cultura, para as quais a licenciatura curta em estudos sociais é um presente divino. Com ela saem lucrando tanto faculdades quanto colégios particulares. Não só as primeiras podem, no prazo irrisório de um ano e meio, formar professores, como as segundas podem empregar um único professor polivalente para ministrar toda a área dos estudos sociais. As primeiras podem encurtar rapidamente uma fornada de jovens estudantes, despachá-los com pitadas de conhecimento dadas por cozinheiros duvidosos e logo voltar a encher as salas com novas turmas a serem encurtadas.

O que é um professor curto? Qual o interesse em produzi-lo? Um professor encurtado é curto sob todos os aspectos: formado em tempo curto, a curto preço para a escola (mas a alto custo para o estudante), intelectualmente curto. Em suma, um profissional habilitado a dar aulas medíocres a um preço módico, pois é remunerado exclusivamente em termos de hora-aula, sem que entre no cômputo o tempo gasto em preparar cursos e corrigir trabalhos, como não entram no cômputo os gastos de locomoção, com materiais de que necessita para ministrar a aula (livros, sobretudo), etc. Esse professor, incapacitado para a pesquisa, seja porque não recebeu formação suficiente para tanto, seja porque não dispõe de condições materiais para tentar cursos de pós-graduação onde pudesse pesquisar, é um professor que interessa muito, pois é dócil. Dócil às empresas porque é mão de obra farta e barata, quase desqualificada; dócil ao Estado, pois sua formação precária e estreita e as péssimas condições de sobrevivência não lhe permitem chegar a uma atitude reflexiva face à sociedade e ao conhecimento. A reforma traz, assim, a desqualificação integral do professor, seja em termos sociais, seja em termos intelectuais. Com essa desqualificação, que é uma degradação, rebaixa-se ainda mais o nível dos cursos secundários e superiores, e prepara-se a morte da pesquisa.

O outro aspecto da reforma que merece atenção concerne à ideia do saber. A lei introduz para o ensino do primeiro e segundo graus os termos: atividades, áreas e disciplinas. As atividades estão referidas às experiências vividas pelos alunos, de sorte que a tarefa inicial da escola é a de fazer chegar à consciência da criança aquilo que é vivido espontaneamente por ela. Visto que tais experiências tendem a ser fragmentárias e dispersas, a tarefa das áreas e posteriormente a das disciplinas é definida como organização e sistematização daquelas experiências na forma de conhecimentos. Aparentemente, a reforma é progressiva, introduz a *école buissonnière* na escola instituída, "motiva" a criança, alarga seus horizontes. Basta, porém, um pouco de reflexão para que essa aparência se dissolva. Com efeito, longe de o conhecimento ser tomado como reflexão e como crítica dos dados da experiência, a lei afirma que o conhecimento é a organização e a sistematização da experiência imediata. Há, pois, na base da lei, um empirismo grosseiro que supõe ser o conhecimento a mera continuação equilibrada e ordenada daquilo que a experiência imediata fornece dispersamente. Nessa medida, quando criticamos a reforma dizendo que é a morte da pesquisa, cometemos um engano, afinal. Para considerarmos que os reformadores visavam, através do professor curto e de estudos sociais, a exterminar a pesquisa, seria preciso que admitíssemos que sabem o que é pesquisa. Ora, a lei deixa claro como a luz do meio-dia que os reformadores não têm a menor ideia do que seja a pesquisa, uma vez que desconhecem a produção do conhecimento, pois o reduzem à sistematização e ordenação dos dados imediatos; jamais visam a ele como compreensão do sentido da experiência. Sob esse aspecto, a reforma é ainda mais lamentável do que poderíamos supor, na medida em que os reformadores sequer podem compreender a crítica que lhes é endereçada: simplesmente não sabem do que estamos falando.

Também não podemos negligenciar as implicações da hierarquização do conhecimento em atividades, áreas e disciplinas. Não só a hierarquia supõe a passagem contínua e homogênea da experiência ao saber, como supõe que entre ambos a diferença não é de natureza, mas apenas do grau de complexidade, e ainda alimenta a confusão entre uma concepção polivalente ou integrada. Se esta confusão tem resultados muito vantajosos no plano prático, como permitir às escolas privadas empregar um único professor polivalente ou integrado em lugar de vários professores, todavia, tem implicações teóricas graves, porquanto são concernentes ao estatuto ideológico dado ao conhecimento. Com efeito, a integração das diferentes esferas do conhecimento pressupõe uma uniformidade de pontos de vista que diferem apenas pelo tipo de objeto que conhecem, mas que são partes harmônicas e harmoniosas do mesmo todo que seria o saber. A integração exclui, por definição, a contradição, os antagonismos, as tensões entre os vários domínios do conhecimento. E visto que a reforma supõe uma continuidade entre a experiência e o conhecimento, pressupõe que o real, enquanto dado pela experiência, também é integrável e harmonioso, de sorte que a unificação proposta para os conhecimentos é pressuposta como devendo realizar-se no mundo. O conhecimento, espelho ordenado de uma realidade que a experiência forneceria desordenadamente, está encarregado de fazer chegar à nossa consciência a ideia de um mundo unitário e sem tensões. A tensão máxima que se poderia admitir seria aquela entre o "velho" e o "novo", tensão que a ideia de progresso tende a anular. Jamais se dirá que as contradições entre as esferas do conhecimento exprimem de maneira determinada as contradições efetivas da sociedade. Entre a experiência e o conhecimento, a diferença é de grau, como é de grau a diferença entre a realidade e o saber. Sob a camada do empirismo grosseiro e de uma visão grotesca do saber e do social, esconde-se algo que é intrínseco a uma concepção burocrática da razão e da sociedade. A *pax rationalis* e a *pax socialis* sustentam uma reforma do ensino que nada mais é do que uma das expressões da reforma do exercício do poder burocrático. Emanando do alto e do exterior, a reforma elabora uma imagem do conhecimento destinada a ocultar a distância que separa a experiência e o conhecimento, a escamotear os conflitos entre as várias esferas do saber e mistificar o movimento reflexivo e crítico do conhecimento em nome de uma racionalidade imaginada como integração e ordenação. Essa ideologia, que aqui se exprime no plano pedagógico, visa a inculcar nos estudantes a imagem de que são membros de uma sociedade homogênea e harmoniosa, na qual a diferença entre os cidadãos decorre de diferenças naturais ou nascidas do acaso e na qual os conflitos são um mero acidente de direito suprimível. Saber integrado e sociedade integrada são uma só e mesma coisa.

A situação da filosofia

Proponho, desde logo, aproveitando a oportunidade deste Encontro, uma declaração, firme e decidida, a favor da manutenção do ensino da filosofia no currículo do ensino secundário, hoje ameaçado por uma nova reforma que, parece, pretende eliminá-lo.
João Cruz Costa, 1958

Os professores de filosofia que recebem os estudantes para o primeiro ano dos cursos universitários não se cansam de constatar o que já se tornou um lugar-comum: o baixo nível dos alunos. Evidentemente, há a tendência a responsabilizar as deficiências do curso médio pela má-formação dos estudantes, seja em decorrência do estilo da aprendizagem (o famoso "estudo dirigido" e as malditas "cruzinhas"), seja como consequência da pobreza e imprecisão do conteúdo das informações que recebem, seja pelo desconhecimento da língua portuguesa e das línguas estrangeiras, seja, enfim, pela ausência de uma visão mais abrangente da natureza do trabalho teórico, ausência que decorre de uma outra, isto é, do vazio deixado pela supressão do ensino da filosofia no curso secundário.

Passado o primeiro momento de desânimo face aos novos alunos os professores são levados a indagar o que se passa no ciclo médio. Certamente muita coisa se passa ali após a implantação de educação moral e cívica, de estudos sociais ministrados por licenciados curtos e após a introdução dos célebres guias curriculares que uniformizam o precário conteúdo dos cursos ministrados. Embora de modo geral os professores universitários ignorem o que se passa com seus colegas do secundário, todavia não lhes escapa o que se passa com os alunos, não sendo difícil imaginar as imposições a que os colegas se encontram submetidos para enviar às universidades os alunos que enviam.

Os alunos de filosofia têm queixas a fazer. Queixam-se da dificuldade para compreender o que lhes é transmitido e da dificuldade para acompanhar os cursos com a bibliografia que lhes é indicada, mesmo quando os textos são em língua portuguesa. Quem se deu ao trabalho de examinar os livros usados pelos estudantes durante o curso secundário não se espantará ao vê-los perdidos diante da bibliografia nova e do discurso do novo professor. Os textos usados no secundário primam pela confusão entre o empírico e o concreto, confusão que transparece nos recursos audiovisuais para explicar a teoria dos átomos ou o sistema circulatório – no primeiro caso o átomo é explicado como uma "bolinha que não se divide" e é ilustrado por molequinhos a brincar de roda; no segundo caso, ilustra-se o sistema circulatório pelo sistema viário, pedágio incluso, de tal modo que a coisificação do corpo humano e a antropomorfização do sistema viário os tornam indiscerníveis. Textos de história explicam de maneira convincente que não há progresso (o que é verdade) porque tudo é relativo e o historicismo passa a ocupar o lugar de honra na reflexão dos estudantes, pois lhes dá uma resposta apaziguadora para a inquietante questão acerca do sentido da sociedade e da história. Os compêndios de comunicação e expressão, examinados por Osman Lins em *Do ideal e da glória – Problemas inculturais brasileiros* –, são estarrecedores. Verdadeira disneylândia que toma como ponto de partida a suposição de que os alunos são imbecis, os compêndios são oferecidos à leitura com anúncio de que "literatura é gostoso" e raramente essa "coisa gostosa" vai além de "Meus oito anos", "A agulha e a linha", "As pombas", trechos de *Inocência* ou *Iracema*, entremeados de outros da lavra do compilador. Seria inútil nos alongarmos em exemplos. O que interessa é percebermos o que ocorre com os alunos quando, habituados a pensar dessa maneira, enfrentam os textos de Platão, Aristóteles, Descartes, Kant ou Hegel.

Todavia, os estudantes têm ainda outra queixa e se a compreendermos teremos avançado na questão. Queixam-se de não acompanhar o que o professor lhes diz, de não perceber o que tal discurso tem a ver com o mundo dado de suas experiências e como poderão escrever acerca daquilo que não conseguiram sequer ouvir. Essa queixa nos conduz ao efeito, quiçá o mais drástico, do curso secundário pósreforma. Sistematicamente cortados de uma relação significativa com a linguagem e com todas as vias expressivas, os jovens estudantes não sabem ouvir, ler e escrever. Durante o secundário, a linguagem foi reduzida à dimensão meramente denotativa ou indicativa, de sorte que a relação entre as palavras e as coisas nunca passasse pela mediação das significações. Reduzida ao esquema binário da relação signo-coisa, a linguagem foi exilada da esfera do sentido e da região que lhe é própria, isto é, da expressão. Não nos deve, pois, espantar que os estudantes, recém-saídos de um curso dito "integrado", sejam incapazes de perceber e de formular as relações mais simples, de apreender as articulações mais elementares entre os que ouvem ou leem e o mundo onde vivem. Impedidos de um acesso verdadeiro à linguagem, estão impedidos de um acesso verdadeiro ao pensamento e, consequentemente, da possibilidade de alcançarem o real, sempre confundido com os dados imediatos da experiência. Ora, qual é o instrumento de trabalho da filosofia? De onde partem as reflexões e as críticas? Da linguagem. Esfera privilegiadamente discursiva do saber, a filosofia se realiza através da compreensão da origem das significações constituídas pela linguagem e, assim sendo, compreende-se que a lamentação do estudante de filosofia é mais do que lamúria ou incompetência: é a queixa daquele a quem foi roubado o direito à palavra.

No curso secundário, a filosofia foi deixada à margem. Os *curricula* foram organizados tendo matérias obrigatórias que constituem o chamado núcleo comum e do qual a filosofia foi excluída, sendo relegada à condição de matéria optativa. A opção, todavia, não era feita pelos alunos, mas pelos diretores das escolas que decidiam manter ou não um curso de filosofia. Dos 250 colégios estaduais de São Paulo, apenas 17 conservaram filosofia na qualidade de optativa; nos demais colégios, desapareceu. Essa situação precária terminará definitivamente a partir de 1978 quando as grades curriculares feitas pela Secretaria da Educação do Estado de São Paulo determinarem o *curriculum* do secundário; a filosofia foi inteiramente extinta. O argumento apresentado para a extinção é duplo: por um lado, a carga horária exigida para os cursos profissionalizantes é muito grande para que as escolas comportem o peso de disciplinas optativas não profissionalizantes; por outro lado, não se pode fazer com a filosofia o que se pode fazer com outras matérias, isto é, colocá-las no profissionalizante a título de aplicação prática dos conteúdos desenvolvidos teoricamente pelas mesmas matérias no núcleo comum. Assim, por não profissionalizar e por não ser "aplicável", a filosofia perdeu qualquer lugar no ciclo médio. Resta ver se o imediatismo da reforma e os argumentos alegados para a exclusão da filosofia são os únicos ou os verdadeiros motivos que devemos aceitar.

Cumpre lembrar, antes de tudo, que a supressão é facilitada pelo fato de ter sido precedida pela passagem da filosofia à condição de optativa, de sorte que sua quase inexistência anterior preparou gradativamente um consenso difuso acerca de sua abolição necessária. Por outro lado, a supressão também é facilitada pelo fato de que os professores de filosofia, no decorrer dos últimos anos, foram sendo paulatinamente transferidos para outras matérias como educação moral e cívica e história, de maneira que, tendo aceitado um remanejamento que lhes permitia sobreviver como professores, já não se surpreendem com a extinção final, que só os afeta longinquamente, isto é, enquanto professores que desejam lecionar a matéria para a qual se prepararam nas universidades. A transferência para outras disciplinas ou áreas tem três efeitos sobre os professores: o primeiro, consiste em incentivá-los para uma licenciatura curta em estudos sociais em faculdades privadas onde nem mesmo sejam obrigados a assistir às aulas (reforçam, assim, a reforma no plano universitário e secundário); o segundo consiste em desmobilizá-los para qualquer atitude de luta pelo retorno da filosofia, visto que tal retorno implicaria uma crítica global da reforma, coisa que não se sentem preparados e fortalecidos para realizar; em terceiro lugar, alimenta a imagem da versatilidade do professor de filosofia que pode falar sobre qualquer coisa que lhe peçam, pois a filosofia é, para o senso comum, a capacidade de falar sem nada dizer. Assim, os professores do curso secundário são engolidos pela reforma e servem de pasto para ela. Esta situação foi confirmada por levantamentos feitos por alunos e professores do Departamento de Filosofia da Universidade de São Paulo que, entrevistando os poucos professores que ainda lecionam filosofia, notaram a presença de três atitudes diferentes, mas convergentes: há os professores que não estabelecem a menor relação entre a implantação de moral e cívica e estudos sociais e a supressão da filosofia, pois o processo foi tão gradual que o vínculo permaneceu escondido; há os professores que percebem perfeitamente essa relação, mas que se sentem desanimados para tentar qualquer luta em sentido contrário, pois as decisões referentes ao ensino são de tal modo transcendentes aos professores que estes nem sabem por onde passaria um combate eficaz; há, enfim, os professores que têm consciência da reforma como um todo e que desejam encontrar vias para combatê-la, mas que se defrontam com uma dispersão tão grande entre seus colegas que não sabem como seria possível sensibilizá-los para uma atitude mais crítica e combativa. Essas atitudes revelam a eficácia do sistema burocrático que fragmenta as decisões, ao mesmo tempo em que as faz depender de uma instância superior e externa, de sorte que, pela fragmentação, impede a visão globalizada de processo e, pela transcendência, impele à submissão a algo tido como inevitável.

Outro levantamento de dados mostrou que os professores das demais matérias do núcleo comum se ressentem da supressão da filosofia. Segundo eles, a extinção teve efeitos sobre seus próprios cursos ao perderem a contribuição do professor de filosofia que ministrava aos alunos cursos nos quais os fundamentos teóricos e históricos do que era aprendido nas outras disciplinas era criticamente examinado.

Ora, como os demais professores não se sentem capacitados a oferecer tais conhecimentos, notaram, como um primeiro efeito da desaparição da filosofia, o surgimento de perguntas a que não podiam responder e o desinteresse dos alunos pelo que aprendem, pois, afora o interesse imediato suscitado pelos exames vestibulares, não alcançam o sentido mais amplo daquilo que lhes é ensinado. A melhor prova dessa situação e do desamparo em que se encontram os outros professores nos foi dada durante um curso de extensão universitária acerca do ensino da filosofia no secundário. O curso foi organizado por uma comissão de professores do Departamento de Filosofia da USP voltada para a luta do retorno da filosofia ao ciclo médio. Para surpresa dos organizadores, a maior parte dos inscritos eram professores de outras matérias, especialmente as do núcleo comum de Estudos Sociais. Indagados sobre qual interesse tal curso possuía para eles, responderam invariavelmente da mesma maneira: estavam tentando adquirir subsídios filosóficos para seu trabalho pedagógico, uma vez que já não contavam com o apoio do professor de filosofia para isso.

Outro levantamento realizado por essa comissão trouxe um dado paradoxal: a supressão da filosofia no curso secundário acarretou sua presença maciça nos ciclos básicos das faculdades que aderiam à reforma. Indagados a esse respeito, diretores e professores invariavelmente responderam afirmando que a filosofia, mesmo a título introdutório, é indispensável para a compreensão dos problemas teóricos que os estudantes enfrentarão no decorrer dos cursos especializados. O argumento, aqui, é muito semelhante ao dos professores secundários, isto é, assenta-se na ideia de que a filosofia, sendo uma reflexão acerca dos fundamentos do conhecimento e da prática, é indispensável para todo e qualquer trabalho intelectual.

Dois outros dados, não menos paradoxais ou sintomáticos, merecem atenção. O primeiro se refere ao aumento do número de alunos que escolhem em primeira opção o curso de filosofia, na USP, quando algum tempo atrás predominavam alunos de quinta e sexta opção. O segundo concerne ao aumento da solicitação de cursos de filosofia por parte de outros departamentos e institutos da USP, mas não só da USP, e sim de outras universidades no estado de São Paulo e de outros estados. E cursos não somente para alunos de graduação e pesquisadores, como também cursos para professores universitários e pesquisadores. Essas solicitações, em nosso caso, são atendidas com grande dificuldade, pois as verbas para a contratação de professores de filosofia na universidade são parcas, irrisórias, e em geral inexistentes.

Um questionário distribuído aos alunos inscritos em filosofia no primeiro ano de 1977 revelou que a maioria dos estudantes que escolheu filosofia em primeira opção segue ou já completou outros cursos universitários. Evidentemente, salta aos olhos que só é possível escolher filosofia depois de assegurar a sobrevivência de outra maneira. Contudo, respondendo ao questionário, os estudantes justificavam a escolha pela mesma razão que tem levado outras unidades da universidade (paulista ou não) a solicitar cursos de filosofia: o desejo de uma compreensão crítica das atividades que realizavam.

O que fica claro nesse quadro é que a filosofia não é buscada como contraponto ou contrapeso humanístico para a vertigem tecnológica e tecnocrática que assola o país (e o mundo...) mas porque se espera dela algo que o imediatismo não pode alcançar. Os cientistas que procuram a filosofia começam com questões metodológicas, desejosos de não prosseguir seus trabalhos às cegas. Pouco a pouco, todavia, as questões metodológicas vão deixando transparecer outro solo de questões mais amplas acerca do trabalho teórico e de suas articulações com a realidade histórica. Chegados a esse ponto, os pesquisadores novamente solicitam a contribuição da filosofia e salta aos olhos a verdadeira razão para extingui-la do secundário e minimizá-la na universidade através da política das verbas e da implantação de estudos sociais e licenciatura curta. O que se costuma solicitar à filosofia é que ilumine o sentido teórico e prático daquilo que pensamos e fazemos, que nos leve a compreender a origem das ideias e valores que respeitamos ou que odiamos, que nos esclareça quanto à origem da obediência a certas imposições e quanto ao desejo de transgredi-las, enfim, que nos diga alguma coisa acerca de nós mesmos, que nos ajude a compreender como, por que, para quem, por quem, contra quem ou contra o que as ideias e os valores foram elaborados e o que fazer deles.

Evidentemente, pede-se muito à filosofia e ela, que em geral tem mais questões a colocar do que respostas a dar, não pode permanecer em silêncio, sobretudo em uma sociedade na qual questionar tornou-se um crime. Se a filosofia se oferece como crítica da cultura, certamente não pode ser vista como uma preciosa auxiliar para a reprodução de sistemas de dominação e, assim, sob alegações de ordem "técnica", procura-se suprimi-la. Se a filosofia desmistifica a proposta de uma sociedade burocratizada modelada à imagem do princípio da organização, tida como cânone da racionalidade no mundo contemporâneo, desmitifica-se o ideal modernizador de uma sociedade tecnológica, desmitificam-se propostas autoritárias que pretendem impor-se pela via pedagógica (como é o caso da atual reforma do ensino, vinda do alto), desmitificam-se o progressismo pedagógico e o conformismo na arte e na política, torna-se clara a razão de sua supressão e a natureza das disciplinas encarregadas de substituí-las. Mas, talvez, compreendamos também por que sua supressão não interessa àqueles que se sentem concernidos por uma tarefa que reconhecem como histórica. Num mundo destinado ao silêncio, a filosofia, que é discurso, talvez deva ser defendida e talvez valha a pena lutar pela liberdade de interrogar.

Quem são os amigos da filosofia?[1]

Um professor de filosofia é um funcionário da ordem moral,
preposto pelo Estado para a cultura dos espíritos e das almas, por
meio das partes mais certas da ciência filosófica.
Victor Cousin, 1850

É necessário que o Brasil concretize o ideal de assegurar-se uma
posição de vanguarda e, no mesmo passo, desenvolva uma cultura
vigorosa, capaz de emprestar-lhe personalidade nacional forte e
influente. Nesse rumo de concepções e na conformidade de nossa
vocação democrática, a Política Nacional de Cultura
entrelaça-se, como área de recobrimento, com as políticas de
segurança e de desenvolvimento. Significa, substancialmente, a
presença do Estado como elemento de apoio e
estímulo à integração do desenvolvimento cultural dentro do
processo global do desenvolvimento brasileiro.
MEC, 1977, Política Nacional de Cultura

Já vêm de alguns anos nossos encontros e debates acerca da situação do ensino da filosofia no Brasil. E não apenas nós, da SEAF,

---

[1] Exposição no Encontro Nacional de Professores de Filosofia, promovido pela SEAF, Belo Horizonte, 1979; originalmente publicada em: *Discurso*, São Paulo, n. 12, p. 127-144, 1980. (N. do Org.)

temos discutido o assunto – *Convivium* também o fez[2] e provavelmente outros grupos de professores e alunos de filosofia o fizeram Brasil afora, sobretudo após o surgimento da malsinada licenciatura curta em Estudos Sociais. A discussão, portanto, não é nova. E não sabemos, sequer, se tem sido eficaz. Se fizermos um balanço grosseiro dos debates pró e contra a extinção dos cursos de filosofia no secundário e até mesmo no nível da graduação universitária, poderíamos obter o seguinte resumo:

1. Da parte dos que são favoráveis à extinção dos cursos de filosofia (em qualquer nível, salvo na pós-graduação), os argumentos mais encontradiços enfatizam a exigência de maturidade para dedicar-se à filosofia (afinal, o pássaro de Minerva voa à hora do crepúsculo!), a exigência de que os resultados dos trabalhos filosóficos sejam de alto nível, pressupondo, portanto, que filosofia deve ser tarefa de especialistas treinados; como corolário das duas primeiras posições surge uma terceira que afirma o privilégio da pós-graduação ou, então, a necessidade da criação de centros de estudos filosóficos desatrelados dos obstáculos da burocracia universitária. Outra linha de argumentos, agora diretamente voltada para o caso do secundário, considera mais prudente a supressão dos cursos de filosofia em decorrência da precariedade da formação dos jovens professores, de sorte ser preferível não haver filosofia a havê-la mal ministrada. Enfim, um argumento mais radical, questionando a própria existência de cursos de filosofia em qualquer nível, aponta o estado de miséria social e econômica do país a tornar o exercício da filosofia um luxo quase criminoso, um elitismo desprovido de sentido que apenas favorece a classe dominante.

2. Da parte dos que defendem o regresso da filosofia ao secundário, sua manutenção na graduação, sua ampliação para os cursos básicos e seu aprimoramento na pós-graduação, os argumentos são díspares. Alguns avaliam os danos da ausência da filosofia no secundário seja por considerá-la um meio precioso de

---

[2] A autora refere-se ao Encontro Nacional de Professores de Filosofia organizado entre 26-29 de outubro de 1978 pela Convívio – Sociedade Brasileira de Cultura, sediada em São Paulo. Os textos do encontro, alguns dos quais serão analisados por Marilena, foram publicados na revista *Convivium* no ano seguinte. (N. do Org.)

discussão dos problemas enfrentados pelos adolescentes (família, sexo, profissionalização, sentido da cultura, participação nos problemas sociais e políticos, esclarecimento do sentido das demais disciplinas ministradas, etc.); seja por considerarem o prejuízo que seu desconhecimento acarreta para aqueles que a procurarão na universidade sem preparo algum para enfrentá-la, obrigando a um abaixamento do nível dos cursos, quase reduzidos ao plano de um colegial ampliado; seja, enfim, porque criticam a perda de um mercado de trabalho para o licenciado em filosofia, obrigado a procurar atividades estranhas à sua formação, legitimando a opinião do senso comum de que filosofia é "cultura geral" e de que o licenciado em filosofia pode "falar de qualquer coisa". Outros criticam a reforma do ensino e suas implicações para o trabalho universitário em geral e para o da filosofia em particular: burocratização das escolas, atrelamento a empresas, privatização desenfreada, falta de verbas para bibliotecas, professores e estudantes nas áreas de humanas, desprestigiadas pela euforia tecnocrática que assola o país, deficiências insuperáveis dos cursos secundários tornando quase inviável o trabalho universitário, barateamento da cultura que, além de inteiramente administrada, encontra-se diluída em manuais e apostilas de mera divulgação e vulgarização do saber. Alguns, enfim, acrescentam a todos estes argumentos outros de caráter propriamente político: o controle ideológico exercido sobre professores e estudantes, a censura de programas e currículos, o ensino pago eximindo o Estado da responsabilidade pela educação pública e, no caso específico das humanas, o significado dos cursos de moral e cívica, no secundário, e de EPB, na universidade. Muitas das análises acerca da situação global da universidade apontam a contradição entre uma ideologia liberal-elitista, que presidiu à fundação de grande parte de nossas universidades, e a ideologia profissionalizante, tecnocrata e massificante, destinada a responder aos anseios de ascensão social da classe média urbana, futura *intelligentsia* destinada a servir diretamente nos aparelhos do Estado, ou a servir nos quadros executivos das burocracias gerenciais. Desta última análise, pode-se deduzir com extrema facilidade a causa da supressão paulatina dos cursos de filosofia no secundário e na graduação universitária, para confiná-la à pós-graduação, destinada preferencialmente a especialistas de outras áreas que venham buscar a compreensão de problemas gerais de epistemologia, lógica e, quem sabe, de antropologia filosófica.

Gostaria, hoje, de propor uma pequena modificação na maneira de encarar a questão dos cursos de filosofia. Meu motivo é duplo: por um lado, creio que nada novo poderia ser dito pró ou contra os cursos de filosofia no secundário e na graduação universitária, pois não só os debates anteriores exploraram todos os aspectos relevantes da questão como ainda, em certos casos, buscaram as origens e interesses que governam a reforma do ensino e a minimização da filosofia; por outro lado, porque há um fato enigmático para o qual gostaria de chamar a atenção: embora seja nítida a oposição entre gregos e troianos, no entanto, em cada um dos campos não há harmonia, isto é, não são as mesmas razões que levam muitos a privilegiar a extinção da filosofia, como não são as mesmas razões que elevam outros a lutar por sua manutenção. A aparência é, aqui, enganosa. Basta, por exemplo, ler os relatórios do Encontro Nacional de Professores de Filosofia patrocinado pela *Convivium*, e os artigos publicados em jornais, revistas e apostilas (como as da SEAF), para que se perceba a existência de diferenças entre os "defensores" da filosofia. Talvez, como contribuição ao debate, valesse a pena deixar momentaneamente de lado os adversários, isto é, os que preferem a minimização da filosofia, e prestar atenção nos aparentes aliados. Como já dissera um renomado revolucionário: lidar com os inimigos é muito fácil, difícil mesmo é lidar com os "amigos".

Tomarei como referência três artigos publicados no relatório do Encontro da *Convivium* e que defendem a importância da filosofia na universidade e no secundário: os artigos de Georges Gusdorf, de Creusa Capalbo e de Tarcísio Padilha. Após esse breve exame, retornarei às questões relativas à graduação e à pós-graduação em filosofia, procurando não retomar aqueles argumentos que apontei acima, mas alguns outros que desejaria propor para nosso debate hoje.

Do artigo de Gusdorf, reterei três aspectos que julgo principais: o que é a filosofia, qual a relação entre filosofia e universidade e qual a relação entre filosofia e Estado pela mediação da universidade. A filosofia, diz o autor, existe em si e por si mesma porque é o espírito vigilante em si mesmo e nos outros, "sua ambição é determinar uma síntese da cultura" e, como tal, é indispensável numa universidade. De onde vem a exigência de que haja filosofia nas universidades? Do fato de que a filosofia "não é uma especialidade como as demais, mas como que uma segunda consciência de todas as outras", é "filosofia militante que se situa no centro de cada disciplina", e, na qualidade de consciência da consciência, sua "função maior é despertar a consciência filosófica adormecida em cada cientista". Graças à filosofia, uma universidade será "autêntica", pois o filósofo ensinará aos demais que, através dele, "aprenderão a saber que sabem muito mais e melhor do que pensavam". Gusdorf defende, portanto, a filosofia na qualidade de "rainha das ciências", como coroamento do saber, síntese da cultura e tribunal da ciência, sua "segunda consciência", isto é, seu superego. Realeza, militância e tribunal: estranhamente a filosofia, no exato momento em que aparece definida como ápice do saber, surge também definida como ápice do poder. A definição humanista e humanitária de Gusdorf, lembrando aos cientistas a necessidade de referirem seus trabalhos aos valores humanos e à moralidade, é, na verdade, uma definição política da filosofia, reafirmação de sua onipotência sob a capa da modéstia do espírito inquieto e interrogador. À primeira vista, poderia parecer que estou "forçando a barra", obrigando um humanista como Gusdorf a dizer o que não disse. Para que não haja dúvidas quanto à minha interpretação, passarei à relação que o autor estabelece entre filosofia e universidade, e entre esta e o Estado. Após o elogio da filosofia grega e do museu de Alexandria, Gusdorf assinala os dois grandes momentos históricos da filosofia e da universidade: a universidade medieval e a universidade prussiana do século XIX. Que é dito sobre a universidade medieval?

> O aspecto mais notável desta inovação é o reconhecimento oficial da autonomia do saber. A instituição universitária é, de pleno direito, independente da autoridade política; formação eclesiástica por sua composição e finalidade, ela escapa ao controle próximo dos bispos para depender inteiramente da Santa Sé. Uma bula do papa consagra toda criação e é ao Soberano Pontífice que se deve recorrer em caso de dificuldades insolúveis [...]. Ao lado do *sacerdotium*, poder religioso conferido pelo sacerdócio, o *imperium*, poder político exercido pelo imperador e pelos reis, o *studium* exerce, no

> seio da civilização medieval, a função de puro pensamento, cujas exigências exigem o respeito [...]. A verdade é o momento do debate que prossegue no encontro de teses contraditórias, estando bem entendido que essas oposições se situam no pleno interior da comunidade universitária e não cessam de renascer, mesmo quando uma autoridade interna ou externa é chamada para dirimir a questão.

Não creio que se possa falar em má-fé da parte de um pensador como Gusdorf. Prefiro supor que sua concepção da filosofia como puro exercício espiritual o impediu de situar historicamente a universidade medieval. Não cabe aqui analisar essa história. Mas alguns lembretes parecem essenciais: 1) a separação entre *sacerdotium, imperium* e *studium* não é esta, apresentada pelo autor: todo o esforço da Igreja Romana medieval consistiu em elaborar uma teoria teológico-política do poder fundamentada na Bíblia latinizada, no direito romano cristianizado e na releitura de certos filósofos antigos a partir de Paulo e Agostinho; a luta entre papado e império define a Idade Média: a unção e a coroação do imperador a quem o papa doa a coroa, o cetro e a espada a partir do princípio petríneo juridicamente definido como direito exclusivo do papado de ligar e desligar e definido teologicamente pela oposição entre *natura* e *gratia*, pecado e favor divino, confere ao papado o poder de doar poder, de sorte que a luta *sacerdotium/imperium* é sustentada por elaborações filosóficas cada vez mais sutis e a cada passo adaptada às circunstâncias do conflito entre reis e papas, reis e barões, bispos e papa. O *studium* não é neutro, nem mera contemplação, e muito menos puro cultivo da espiritualidade, mas é antes e sobretudo elaboração rigorosa de uma teoria do poder como graça divina, de uma teoria da hierarquia natural que justifique e legitime a hierarquia social e política, uma manipulação dos textos sagrados e filosóficos a fim de culminar em algo como a *Unam Sanctam* de Bonifácio VIII; 2) se, como o próprio Gusdorf afirma, cada criação filosófica no interior da universidade é sancionada e autorizada por uma bula papal, ou censurada e excomungada por ela, onde fica a extraordinária inovação de que fala o autor, isto é, o "reconhecimento oficial da autonomia do saber"? Se o debate em busca da verdade se realiza intramuros, por que as dificuldades são "dirimidas" por uma autoridade vinda de fora? E mais: por que os pensadores "livres" reconhecem tal autoridade que lhes é exterior? Talvez porque não seja externa e talvez porque a missão do *studium* não seja apenas o cultivo do espírito, mas em termos muito prosaicos, o de fabricar ideologias; 3) como pode o professor Gusdorf falar na autonomia do pensamento filosófico medieval num mundo definido por hierarquias rígidas de vassalagem e cujo princípio e fim é exterior ao mundo, pois é a onipotência do poder divino? Como pode imaginar a *pax rationalis* e olvidar o uso de Aristóteles feito pela "comunidade" cristã para legitimar a servidão, e o uso do mesmo filósofo feito por Sepúlveda para legitimar a escravização e o extermínio dos índios da América Espanhola? Como esquecer os excomungados, mortos e torturados por heresia? Como esquecer a verdadeira destruição dos textos gregos para que se adaptassem ao ideário da teologia cristã? O professor Gusdorf pode se esquecer de todos esses "detalhes" políticos e históricos, talvez porque, como em outro artigo desse mesmo livro da *Convivium*, o professor Miguel Reale se incumbe de desqualificar esses estudiosos da filosofia que a confundem com a história, com a sociologia e a política. Na qualidade de "rainha do saber", a filosofia não presta serviços a ninguém, senão o de ser a consciência vigilante e militante que julga o nada a partir do nada. Uma espécie de rainha moma a indagar: que rainha sou eu? No entanto, será no elogio da universidade prussiana, pela qual os filósofos alemães teriam sido res- ponsáveis, que melhor compreenderemos a posição de Gusdorf. Que nos diz ele sobre o assunto?

> O exército prussiano, a maior força militar na Alemanha, é esma- gado em Jena em 1806 pelas tropas de Napoleão. A Prússia não aceita a derrota; ela quer sobreviver como Nação. Fato admirável, o projeto de criação de uma universidade é uma das primeiras medidas encaradas para remediar o desastre. Desde 1807, o rei da Prússia resolve fazer de Berlim a sede de uma universidade nova: Isto é justo, isto é bom, escreve ele, é preciso que o Estado recupere em forças espirituais o que perdeu materialmente [...] A instituição universitária, pela primeira vez, corresponde a um projeto nacional, será o campo de batalha espiritual em que se prepara o ressurgimento do país [...] Chamados para consulta, os melhores pensadores do momento enfatizam a importância da filosofia no programa de estudos previsto pela nova instituição [...] Todos os pensadores alemães estão de acordo para afirmar a autonomia necessária e a liberdade de ensino superior em relação ao Estado, à autoridade civil e à autoridade religiosa [...] A Universidade de Berlim, além

dos objetivos propriamente científicos, tinha por função preparar para o serviço do Estado, em todos os setores, espíritos superiores cuja envergadura estaria à altura das grandes tarefas impostas à nação pelos desajustes do tempo. É permitido pensar que o ressurgimento da Prússia depois de sua promoção racional até o ponto de grande potência europeia no decorrer do século XIX resulta em grande parte dessa instituição que foi para o Ocidente o protótipo da universidade moderna, foco glorioso do saber [...].

O primeiro impulso diante deste texto é ser grosseiro com o professor Gusdorf perguntando-lhe, por exemplo, que relações ele estabeleceria entre a ditadura militar dos *junkers* e de Bismark com esse "glorioso saber", ou que relações estabeleceria entre as pesquisas aí efetuadas e os massacres de 1848? Mas grosseria não é análise de texto. Mantendo ainda um pouco de agressividade, poderíamos perguntar ao professor Gusdorf quem são os "espíritos superiores" que a universidade cultivaria para as tarefas do Estado: filhos de operários e de camponeses? Mulheres inteligentes? Negros africanos? Índios americanos? Qual é o critério de "superioridade" para o professor Gusdorf? O QI? A classe social? O sexo? A propriedade? A bela alma? Diminuindo, agora, a agressividade, indaguemos ao autor o que entende por "grande potência europeia" e por que, de repente, a filosofia, essa pura espiritualidade (que ele até chama de utópica!) tornou-se, em sua opinião, um dos fatores do surgimento dessa "potência europeia". É curioso o fato de que um aluno dessa extraordinária universidade alemã tivesse procurado compreender por que aquilo que as demais nações europeias realizavam na prática (entende-se, a exploração capitalista criadora das grandes potências), na Alemanha realizava-se apenas na cabeça dos filósofos, e em particular na de Hegel, que, como se sabe, foi um dos principais consultores da reforma do ensino alemão, tanto no que concerne ao curso secundário quando ao universitário. O professor Gusdorf tem todo direito de discordar da opinião desse aluno ingrato (vai ver que até tirava notas baixas nos exames!), mas para discordar não poderia fazer apologia dessa instituição formidável: teria, antes, que demonstrar, por exemplo, como a formação dos altos servidores do Estado por essa universidade do próprio Estado permitia, ao mesmo tempo, a defesa do liberalismo por seus imaginadores, pois garantida a liberdade de pensamento, de debate, de expressão e a autonomia universitária, o Estado seria obrigado a receber entre seus quadros o que esta universidade desejasse produzir. Ora, o mínimo que a experiência histórica nos ensina é que o Estado não se curva à universidade, mas a cria à sua imagem e semelhança. Portanto, com o professor Gusdorf estamos diante de um amigo da filosofia, mas de qual filosofia? Para responder a esta pergunta, vejamos como Gusdorf define o papel da "universidade autêntica", isto é, aquela onde a filosofia se encontra presente.

> A universidade se define como foco de resistência a todas as ameaças de alienação [...] a universidade opõe aos arrebatamentos parciais e participantes a vontade de uma autonomia da consciência na orientação dos destinos da comunidade humana [...] a universidade deve desempenhar não um papel de um antiEstado, mas de uma consciência moral e intelectual que, *no próprio seio do Estado*, lembra à autoridade política e administrativa que sua atividade essencial é servir ao bem comum de todos e de cada um [...] Compete aos guardiões da ideia universitária fazer compreender aos poderes públicos que o serviço do Estado demanda o maior número possível de espíritos de uma envergadura suficiente para abarcar no seu conjunto os problemas políticos e sociais, que são problemas humanos.

Numa linguagem que oscila entre Platão (os guardiões da ideia), Aristóteles (o bem comum), Santo Tomás (destinos da comunidade humana) e Hegel (os intelectuais como consciência subjetiva ou moral do Estado, moralidade objetiva), o professor Gusdorf deixa claro qual é a filosofia que pretende defender dentro e fora da universidade: a da intelectualidade orgânica do Estado, que deverá compensar, na qualidade de consciência moral, os desvarios da tecnocracia e da pseudoneutralidade positivista. Poder-se-ia argumentar que o autor é um pensador de boa vontade e de boa-fé, mas que talvez lhe falte algo essencial, isto é, a compreensão da realidade da alienação e da impossibilidade de esperar da filosofia o fim da sociedade alienada, graças à assessoria espiritual que daria ao Estado justo e benevolente. A função precípua do Estado nas sociedades modernas é a de dissimular a alienação objetiva. Como se sabe, a alienação não é um fenômeno subjetivo ou de consciência, uma ilusão ou um engano que uma consciência verdadeira viria a corrigir. A alienação é um fenômeno objetivo, é a impossibilidade em que se encontra a sociedade, tanto na esfera econômica, social e política quanto na esfera intelectual, de relacionar-se consigo mesma, pois a lógica interna do capital, ao exigir a fragmentação absoluta do processo de trabalho, a separação radical entre dirigentes e executantes, a divisão absoluta do trabalho manual e intelectual e a fragmentação do próprio trabalho intelectual, faz com que a sociedade, dividida em classes, surja desprovida de unidade e de universalidade, impossibilitada objetivamente de relacionar-se consigo mesma. A função do Estado, ao universalizar o interesse particular de uma classe e ao fornecer, através das instituições e da ideia de Nação, a ilusão da unidade, é o cimento da alienação objetiva. Como pode, então, Gusdorf esperar do livre debate de ideias e da consciência moral assessorando o Estado, o combate à alienação e o desabrochar da verdade? A filosofia e a universidade das quais ele é amigo perpetuam não somente a alienação, mas a crença reformista de que uma inoculação do Bom e do Justo no aparelho do Estado seria vacina suficiente para mudar o curso da história. Dessa filosofia e dessa universidade não sei se valeria a pena sermos amigos.

E isso não apenas em decorrência das observações sumárias e grosseiras que acabo de fazer, mas também porque a ideia da filosofia como consciência da ciência, com a ética do Estado e como síntese da cultura é, hoje, uma ideia sem fundamento. Entendamo-nos. Não é em nome de uma leitura apressada da tese n.º 11 sobre Feuerbach que estou fazendo tais afirmações (tenho sérias dúvidas quanto àquela tese), mas sim porque o fracasso da última tentativa para definir a filosofia como fundação e como síntese do saber, isto é, a tentativa da fenomenologia husserliana para salvar o *ratio* ocidental de sua crise evidencia o anacronismo da posição de Gusdorf, compartilhada praticamente por quase todos os participantes do Encontro promovido pela *Convivium*. Não é em nome da prioridade da práxis sobre a *theoría*, nem em nome da evidente primazia da ciência e da técnica no mundo contemporâneo que considero anacrônica a conservação da ideia da filosofia como coroamento do saber: é em nome dos impasses da própria filosofia que o faço. E porque me parece um conservadorismo perigoso defender, hoje, o Espírito Absoluto. Nesse sentido, os trabalhos da Escola de Frankfurt e os de Michel Foucault, assim como os de Claude Lefort e Cornelius Castoriadis, e os de Habermas lançam alguma luz naquilo que estou tentando esboçar aqui: o papel de negatividade sem esperança de síntese redentora (Frankfurt), a arqueologia do silêncio que comanda o discurso do saber como discurso do poder (Foucault), as aporias do imaginário social em busca do uno contra o múltiplo (Lefort, Castoriadis), a cientificização da política e o prestígio da opinião pública manipulada contra a possibilidade da comunicação (Habermas) sugerem que o lugar da filosofia mudou, como mudaram suas intenções e seu modo de pensar, mas sobretudo assinalam que está desfeita a ilusão naturalista (compartilhada por empiristas e idealistas) de um desenvolvimento do saber que, como o germe e a larva, encontrariam no fruto e no animal a maturação de uma forma e a maturidade de um processo. E não por obra do acaso, mas pela mudança profunda sofrida pelo trabalho de filosofar, todos os pensadores que mencionei (e alguns que omiti) desconfiam visceralmente da tutela estatal sobre o pensamento. Entre outras coisas, está em causa na reflexão filosófica contemporânea a própria ideia de professor de filosofia enquanto funcionário público. Por esta razão, interessa-me o artigo de Creusa Capalbo, do qual reterei apenas alguns pontos que merecem atenção.

Os dois primeiros pontos que me parecem curiosos na posição de Capalbo são os seguintes: por um lado, criticando o economicismo tecnocrata que presidiu a instauração dos cursos de pós-graduação, ela defende uma atitude humanista que teria sido menosprezada pela reforma ("O saber na nova era industrial é procurado não apenas por necessidade profissional, mas por aspirações humanas à cultura"). Por outro lado, criticando o caráter "gerencial" assumido pela figura do orientador em pós-graduação, defende a ideia de liberdade de pesquisa e, sobretudo, a de trabalho conjunto entre docentes e discentes, eliminando com isso o aspecto "gerencial" da orientação. Em decorrência desses dois pontos, Capalbo afirma que a supressão de tais obstáculos à pós-graduação de filosofia seria obtida, por um lado, pela revalorização do trabalho filosófico por parte do Estado, e por outro, pelo redimensionamento do papel da filosofia na universidade, devendo ser tida como "setor responsável e fundamental na formação acadêmica de todos os centros da universidade". Com relação ao primeiro ponto (o economicismo tecnocrata e o apelo a uma modificação do ponto de vista do Estado com relação à pós-graduação de filosofia), pareceu-me extremamente curioso que a autora não estabelecesse a menor relação (exceto a econômica anti-humanista) entre a comissão que "estudou" as crises da universidade em fins de 1967 e o resultado inevitável desse "estudo", pois tal comissão era composta de dois coronéis e de um promotor (além de dois professores). Como pode Capalbo esperar do Estado a revalorização da filosofia a partir de uma reforma do ensino em cuja origem encontrava-se tal "Comissão Especial"? Por que não se deu ao trabalho de interpretar a frase singular do relatório Meira Matos: "adaptar cursos e currículos às imposições do desenvolvimento nacional, ajustando-as às características que singularizam nosso país", quando a professora sabe muito bem que nos idos de 1967/1968/1969 a afirmação da "singularidade do nosso país" estava indissoluvelmente ligada a uma teoria da segurança nacional, segundo a qual "as crises" (estudantis e outras) são atribuídas à invasão de ideias "alienígenas" e pelas quais a filosofia foi altamente responsabilizada (juntamente com a sociologia e a história)? Com relação ao segundo ponto (a revalorização universitária da filosofia no interior da própria universidade), como pode Capalbo esperar essa guinada por parte de uma universidade estreitamente vinculada ao SNI? Não vou retomar aqui observações acerca da ideia da filosofia por ela defendida, pois é bastante semelhante à de Gusdorf, não porque considere a consciência como determinação essencial da filosofia, mas porque concebe a filosofia como produção de teorias. Em seu texto, interessa-me, antes, salientar que não enfatiza o fato de que a situação catastrófica da pós-graduação em filosofia não se deve ao anti-humanismo estatal e ao cientificismo acadêmico, mas é consequência do significado aparente que o poder estatal atribui à filosofia (não serve para nada num país pobre em vias de desenvolvimento) a fim de ocultar o verdadeiro sentido que lhe atribui (instrumento de transmissão de ideias perigosas para a "paz social da família brasileira").

Os outros dois pontos do referido artigo que gostaria de examinar são os seguintes: a ideia que Capalbo possui do professor de filosofia como aquele que tem alunos e não discípulos porque não é filósofo, e a pressuposição (talvez involuntária) da exterioridade ou isenção desse professor quanto ao conteúdo do trabalho que efetua. Com relação ao primeiro ponto, gostaria de lembrar que Espinosa não foi professor de filosofia e não teve discípulos. A razão desse fato é muito simples: Espinosa não poderia ter discípulos porque sua filosofia é uma crítica radical ao poder teológico-político (religioso ou laico, pouco importa) sustentado e sendo sustentáculo da metafísica moderna que confunde liberdade e livre-arbítrio da vontade, identifica liberdade e obediência a preceitos postulados previamente como "bons e justos em si" em decorrência da bondade e da justiça de quem os decretou (Deus ou o Estado), define liberdade como dominação do corpo pelo espírito, e culmina na confusão entre a ideia de necessidade e a imagem da autoridade. Nessas condições, excomungado pelos judeus, chamado "cão morto" pelos cristãos, não poderia ter discípulos. E, aliás, possuindo uma visão extremamente crítica da noção de imitação como forma de exercício da autoridade através de modelos (teóricos e práticos), concluía o *Tratado teológico-político* dedicando-o ao leitor-filósofo, isto é, àquele que jamais será discípulo. Em sentido contrário, não faltam exemplos abundantes de professores de filosofia cujo carisma é suficiente para que seu trabalho pedagógico crie, mesmo que contra sua intenção, a existência de discípulos. Parece-me, pois, superficial distinguir professor de filosofia e filósofo pelo critério da existência ou inexistência dos seguidores. A autora poderia argumentar que não usou apenas esse critério, mas também um outro, mais sólido: é professor de filosofia aquele que não produz doutrina, mas apenas interpreta e transmite as de outros, contrariamente ao filósofo, que produz teorias. Com este critério, no entanto, Capalbo seria obrigada a excluir, entre os filósofos, gente como Walter Benjamin e Nietzsche, mas também Kant, pois o que é a crítica kantiana do dogmatismo, senão a afirmação de que a filosofia não pode produzir teorias? Com isto, passo ao segundo ponto, no qual o professor de pós-graduação em filosofia surge sob um tríplice aspecto: como pesquisador, como orientador e como transmissor de conhecimentos. Ora, na qualidade de pesquisador e de orientador de pesquisas, Capalbo define a atividade como "produção de conhecimentos" – neste nível, portanto, não há como separá-lo e aos seus orientandos da figura do filósofo propriamente dita. Na qualidade de transmissor de conhecimentos, o professor da pós-graduação é caracterizado sob duplo aspecto: pela organização burocrático-administrativa das áreas de concentração, ele é mais um entre outros transmissores, caracterizando-se, portanto, pela necessidade de conviver tolerantemente com a diversidade dos conhecimentos transmitidos pelas demais; pela tarefa pedagógica propriamente dita, aparece como alguém dotado de "função crítica", isto é, "pela capacidade da razão de alcançar os objetos universais do pensamento e de formar um juízo correto sobre as coisas e os homens", o que conduz, segundo a autora, à crítica dos pressupostos do conhecimento, das ideologias, etc. Curiosa definição do *professor* de filosofia: é a definição do filósofo oferecida por Descartes na primeira parte do *Discurso do método*! Compreendo perfeitamente os motivos pelos quais a professora Capalbo tentou distinguir entre o professor e o filósofo: é um alerta de humildade e de modéstia para os pesquisadores em filosofia na universidade brasileira. Louvável atitude, apesar dos contrassensos acarretados, especialmente quando levamos em conta que sua tentativa se inspirou na palavra de Kant de que não se ensina filosofia, mas filosofar (afirmação perfeitamente coerente em Kant, crítico do dogmatismo das doutrinas e da produção de teorias e, para cúmulo do azar, professor e filósofo...). Não me sinto habilitada a contrapor às definições de Capalbo outras de minha própria invenção: para mim, a figura do professor de filosofia (que profissionalmente é a minha) é um problema que não cessa de se questionar e que meus alunos não cessam de questionar; mais problemática ainda é para mim a figura do orientador de tese (que profissionalmente também é a minha). Orientar é concordar ou discordar de um projeto de pesquisa? É ajudar a elaborá-lo? Mas, nessa elaboração, onde demarcar o limite da interferência necessária e o do autoritarismo involuntário? É fornecer bibliografia? É conseguir bolsa de estudos para os estudantes a fim de que possam trabalhar em paz? É acompanhar cada passo da pesquisa ou deixar que o projeto se concretize para apreciá-lo, no fim, feito? É possuir algumas normas gerais que se aplicam a todos os orientandos, ou não possuir normas e deixar-se guiar pelas necessidades de cada pesquisador? Como conciliar as dificuldades individuais para ler e escrever, as inibições, os temores e a competição acadêmica com a rigidez dos prazos e dos créditos? As únicas contribuições que me sinto em condições de oferecer para estas questões relativas às figuras do professor de filosofia e do orientador de tese se reduzem a considerar que o trabalho pedagógico não é o de uma transmissão de conhecimento, nem o de uma comunicação intersubjetiva entre professor e aluno. O professor de filosofia existe para suprimir a existência dos alunos de filosofia, isto é, trabalha para que seu lugar permaneça sempre vazio, pois sua função é tornar possível o preenchimento desse lugar por todos aqueles que estão fora dele e ao qual não poderiam aspirar se estivesse preenchido.

Por isso a relação pedagógica pode ser extremamente erótica sem jamais poder ser a do diálogo: o diálogo só se torna possível quando o trabalho do professor terminou, isto é, quando ao seu lado encontra-se seu igual, o novo professor. É uma relação amorosa (o que não significa "babaca", mas dolorosa) porque ao professor não cabe dizer: "faça como eu", e sim: "faça comigo". E por isso mesmo não pode ser uma relação de diálogo, pois, como o professor de natação que não pede ao aluno que repita seus movimentos, mas que se jogue n'água e aprenda a nadar lutando contra as ondas, fazendo seu corpo coexistir com o corpo ondulante que acolhe e repele, revela que o diálogo do aluno é com a água e não com o professor de natação. Mas justamente porque se trata de uma relação amorosa e assimétrica, de uma ausência de diálogo e de um trabalho de supressão da figura do aluno como aluno, a figura do professor de filosofia é arriscada: está sempre a um passo de tornar-se guru. É contra essa tentação sedutora que nossa luta é cotidiana e, no meu entender, uma das formas mais "filosóficas" da "pedagogia filosófica" está em interrogar, a cada passo, de onde vem, em nós e nos alunos, o desejo de que haja um Mestre, o apelo (por vezes a súplica) à figura da autoridade. Por esse motivo, vejo menos a filosofia como coroamento e maturação do saber, e muito mais como reflexão acerca daquilo que na experiência (pedagógica, epistemológica, metafísica, ética, política, histórica) pede para ser pensado. Por esse mesmo motivo, procuro distinguir conhecimento (apropriação intelectual de um campo determinado de objetos materiais ou de objetos ideais dados) e pensamento (trabalho para compreender aquilo que em qualquer região de experiência pede para ser compreendido e que por ser trabalho é negação da experiência imediata e criação de saber no interior do não-saber). Talvez por isto me seja tão difícil definir o professor de filosofia, o orientador de tese, o pesquisador e a figura que Capalbo lhes opôs, isto é, o filósofo.

Passo, agora, ao texto do senhor Padilha, promotor do Encontro da *Convivium*, pois este é, de todos, o texto mais problemático no interior daquele contexto que designei como sendo o dos "amigos da filosofia". A proposta do senhor Padilha poderia ser aceita sem qualquer ressalva por todos aqueles que nos últimos tempos têm estado empenhados em impedir a extinção dos cursos de filosofia no Brasil. Com efeito, não somente o autor propões o retorno da filosofia ao secundário, sua inclusão nos cursos básicos e em graduações não filosóficas, como ainda pede o apoio do MEC para a pós-graduação de filosofia. E, no entanto, há perguntas a fazer. A primeira delas é a de que o senhor Padilha parece propor como forma de retorno da filosofia ao secundário sua inclusão no curso de educação moral e cívica. Ora, o professor Padilha, no final de seu texto, faz a apologia de uma "sociedade plural e livre", o que significa a coexistência pacífica das diversas tendências filosóficas. Suponhamos, então, um caso limite: um professor de filosofia cujas ideias inspiram-se nas de Nietzsche e que, incluído como professor de moral e cívica, poderá expor aos alunos da *Genealogia da moral* e as críticas ferinas do filósofo alemão ao "rebanho patriótico e cívico". Em minha opinião, isso poderia ser perfeitamente uma forma de educação moral e cívica. Mas Padilha, "plural e livre", teria a mesma opinião? Vejamos, agora, a questão da filosofia como propedêutica nos cursos básicos. Comecemos pelos fatos, isto é, pela opinião dos estudantes de todo Brasil acerca dos cursos básicos. Sem empregar aqui a linguagem viva e espontânea dos estudantes quando avaliam tais cursos, digamos, eufemisticamente, que os consideram péssimos, um "atraso de vida", um enciclopedismo confuso e superficial. Cabe, então, uma perguntinha de bom senso: a introdução da filosofia no básico é uma proposta qualitativa ou meramente quantitativa? Isto é, ela visa a ampliar o espaço da filosofia ou simplesmente aumentar o número de cursos de filosofia? Qual seria o programa de um curso de filosofia no básico? Pessoalmente, eu acharia ótimo se o curso de filosofia no básico servisse para fazer a crítica do próprio básico. Mas o senhor Padilha aceitaria tal radicalismo? A proposta de cursos filosóficos em cursos profissionalizantes, aquilo que Padilha chama de deontologia, parece-me louvável. A única perguntinha que eu lhe faria seria: quais os programas de filosofia para medicina, engenharia, direito, etc.? Por exemplo, o senhor Padilha aceitaria que, em medicina, o programa se inspirasse nas críticas de Canguilhem à biologia, nas de Foucault à psiquiatria, nas de Marcuse à destruição sistemática da dignidade do corpo pela medicina contemporânea, que não previne, nem cura, mas mata quimicamente? Para os engenheiros, aceitaria o senhor Padilha um curso cujo programa fosse orientado pelas ideias de Frankfurt acerca da razão instrumental e da cultura administrada? Em direito, aceitaria um programa inspirado nas análises de Ulmann e Kantorowicz sobre a produção da legalidade da dominação por intermédio das teorias jurídicas? Em suma: a deontologia proposta pelo senhor Padilha estaria disposta a correr o risco de programas que questionassem o significado das teorias e práticas que formam o próprio corpo pedagógico da "parte profissionalizante" dos demais cursos universitários? Ou, inspirado em Gusdorf, ele imaginaria cursos de filosofia para dar boa consciência moral aos médicos, engenheiros e advogados? Enfim, vejamos a questão do apoio do MEC às pós-graduações em filosofia. A experiência de João Pessoa, por exemplo, revela que o MEC está cheio de boa vontade para com a graduação e a pós-graduação de filosofia, que tem dado autonomia para escolha de professores, verbas para bibliotecas, bolsas para pesquisadores. Deixo de lado aqui as observações que fiz ao iniciar essa exposição acerca dos problemas da tutela estatal. O que interessa, no momento, é a realidade do apoio dado a uma universidade e, nela, à área da filosofia. A pergunta que faço é quase absurda se tomada abstratamente, mas de bom senso em se tratando do "gigante deitado em berço esplêndido": o MEC "cobrará" um dia o auxílio prestado? Que forma terá essa cobrança? Quem pagará o preço? Quero deixar claro, e muito claro, que considero louvável o projeto do professor Padilha, mas também quero deixar claro, e muito claro, os receios que me inspira. Por esta razão, gostaria de propor à SEAF que continuasse a batalhar em todas as regionais para que fossem formulados projetos alternativos aos de Padilha, ou projetos que, aceitando este ou aquele ponto proposto por um membro da *Convivium*, procurassem dar um conteúdo razoavelmente determinado a tais pontos, a fim de que, mais uma vez, não embarquemos numa canoa furada, onde os náufragos seríamos apenas nós mesmos. Quando me detive na concepção de filosofia e de universidade de Gusdorf, na concepção do ensino da filosofia e de sua pós-graduação em Capalbo, meu intuito foi apenas o de criar condições para o debate concreto das propostas de Padilha, isto é: pelo que estamos lutando? Como não confundo democracia com harmonia dos conflitos e com eleição de representantes, mas considero democrático o direito de participação direta nas decisões, rompendo o taylorismo econômico e político que sustenta tanto o autoritarismo quanto as democracias formais (pois o taylorismo afirma a racionalidade necessária de separar dirigentes e dirigidos, decisão e execução), quis assinalar que a boa vontade do senhor Padilha e que também se encontra em Miguel Reale na defesa do pluralismo livre deve encontrar eco na SEAF, mas não como reafirmação dessa boa vontade, e sim como intervenção *direta e ativa* nas propostas de reabilitação da filosofia. Qual filosofia? Creio ser esta a nossa questão. Qual ensino da filosofia? Também é nossa questão. Pode a defesa da filosofia isolar-se da crítica da reforma do ensino realizada nas décadas de 1960 e 1970? Uma graduação com cursos semestrais e avaliada pela obtenção de créditos e frequência tem sentido? Uma pós-graduação onde a pesquisa fica sujeita não apenas à burocracia dos créditos e prazos, mas muitas vezes ao arbítrio dos orientandos é uma pós-graduação em filosofia? Por que a desvalorização do grau de licenciado e de bacharel em filosofia deve ser suplementada pela hipervalorização do mestre e do doutor? Por que, no quadro atual, têm carradas de razão aqueles que defendem a pesquisa filosófica fora das muralhas universitárias? Até que ponto nossa maneira de defender o direito à filosofia não abre flanco para a crítica populista que tanto pode nos acusar de elitistas quanto propor, contra nós, uma filosofia popular (e sendo uma proposta populista, já se sabe o que há de ser uma "filosofia popular": uma "filosofia" que uma vanguarda de iluminados irá levar às massas incultas e alienadas). Até que ponto nossa defesa da filosofia não conserva alguns mitos que nós próprios deveríamos demolir, tais como os da filosofia como coroamento do saber, síntese da cultura, sentido da vida, trabalho de maturidade (pressupondo uma visão naturalista do pensamento)? A ideia de maturidade (cujo critério é inexistente) permite pensar o professor de filosofia como o professor-jardineiro de Comenius que faz desabrochar no aluno o germe do espírito. No Ocidente moderno, esta ideia é solidária de outra que quase nunca questionamos: a de imaturidade espiritual atribuída sempre à criança, à mulher e ao povo, mito que por seu turno é solidário com a ideia de filósofo como legislador do saber, como sacerdote do Espírito Absoluto e como funcionário da Razão (isto é, prosaicamente, como dissera Cousin, funcionário do Estado). Até que ponto estamos preparados para um debate livre entre professores e estudantes acerca de questões como: o caráter "abstrato" do ensino filosófico (abstrato sendo, em geral, definido como algo que não se vê relacionado imediatamente com a prática), o caráter alienado do ensino da filosofia (alienado sendo, em geral, definido como um sobrevoo metafísico que abandona, em nome da harmonia dos universais, a particularidade gritante dos conflitos), o caráter colonizado do ensino da filosofia (colonizado sendo, em geral, definido como estudo de filosofias europeias e passadas e não o estudo do pensamento brasileiro). Em face de tais questões, em que medida estamos preparados para diferenciar concreto e empírico (e enfrentar rigorosamente a crítica da abstração)? Para assinalar o caráter objetivo e não subjetivo da alienação (e entender com rigor a crítica da alienação)? Para diferenciar as análises concernentes à produção teórica brasileira (como vários de nós o têm feito, e só para mencionar alguns, esquecendo muitos talvez, lembrar Giannotti e nossa sociologia, Maria Sylvia Franco e o Iseb, Eduardo Jardim e o modernismo, Ernildo Stein e Guimarães Rosa, Gerd Bornheim e o problema de uma "filosofia brasileira", Lima Vaz e a filosofia isebiana, Cruz Costa e as ideias no Brasil, eu mesma e o Integralismo, de sorte que, no meu caso, realiza-se o desejo do professor Reale, pois ele próprio foi objeto de minha pesquisa) da ideia de uma "filosofia brasileira" prestes a cair na armadilha simplista do nacionalismo?

Não vim a este encontro com o intuito de proclamar dramaticamente o óbvio, isto é, que há uma batalha séria pela frente. Vim apenas para colocar-me ao lado daqueles que estão dispostos a entrar nela, para que juntos, talvez, substituamos nossos preconceitos por outros, pois se aceitarmos que demolir mitos e buscar a verdade não é encontrá-la, mas apenas nos acautelarmos diante do poder de nossos próprios preconceitos, talvez nos seja possível conquistar aquilo que La Boétie distinguira com paixão: a diferença entre a cumplicidade e a amizade. Entre cúmplices, não pode haver desavença, pois a relação de cumplicidade é frágil. Entre amigos, a desavença é possível, porque a relação é forte. Entre cúmplices, a relação é a do favor e, portanto, a da dependência pessoal. Entre amigos, como dissera Espinosa, há reconhecimento mútuo e gratidão, porque não há favor, mas liberdade.

Elogio da filosofia[1]

Convidando Espinosa para a cátedra de filosofia em Heidelberg, o príncipe palatino solicitava ao filósofo que ensinasse sem pôr em perigo a religião e a ordem estabelecidas. Recusando o convite, Espinosa escreve: "Ignoro que limites deveria impor à liberdade de pensar para não parecer perturbar a religião e a ordem estabelecidas. Aliás, as dissensões religiosas não são provocadas pelo zelo religioso, mas por desejo de controvérsia e para perverter palavras nascidas de um pensamento verdadeiro. Tudo isto, na realidade, se origina de uma desmesurada ânsia pelo poder".

Defensor da democracia, tida por ele como o mais natural dos regimes políticos porque realiza o desejo de todo homem de governar e não ser governado, Espinosa afirma: "A liberdade de pensamento e de expressão não é perigosa para a paz do Estado, nem para a piedade, mas, pelo contrário, suprimi-la é pôr em perigo a segurança política e o fervor religioso, pois nenhum homem renuncia ao direito de julgar em todas as circunstâncias".

Excomungado pela sinagoga de Amsterdã por considerar a Bíblia um documento histórico-político de um povo determinado e um conjunto de preceitos religiosos e morais universais e muito simples, avessos à especulação teológica, Espinosa também foi condenado pelas

---

[1] Originalmente publicado em: *Folha de S.Paulo*, São Paulo, 25 out. 1981, Primeiro Caderno, p. 3. (N. do Org.)

autoridades calvinistas da Holanda, que consideraram sua concepção do universo e da liberdade humana contrária aos dogmas reformados.

Valorizando a figura política do profeta, que rememora a lei e denuncia os tiranos do povo, e opondo-se ao teólogo, que manipula os textos da fé para legitimar sua própria autoridade, o filósofo distingue entre teologia e filosofia, não pelo saber que cada uma possuiria, mas pelo tipo de prática que acarretam: porque assentada num conjunto imóvel de dogmas, a teologia exige obediência intelectual e moral; porque efetuação de um trabalho reflexivo sem garantias exteriores ao seu próprio movimento de reflexão, a filosofia suscita liberdade. E uma forma de liberdade. Compreendemos, então, o dilema de Heidelberg: quer o professor, desde que possa limitar o filósofo. Compreendemos também a recusa de Espinosa.

Diderot e D'Alembert, ao projetarem a *Encyclopédie*, tiveram em mira criar uma obra coletiva que fizesse justiça à confiança ilustrada na força da razão. Conceberam uma obra independente de academias e de patronagem estatal, que reunisse os maiores talentos para, com plena liberdade, exporem temas de filosofia, artes, ciências, ofícios e teologia. As divergências e antagonismos entre os autores eram saudados como prova da riqueza de uma razão livre. Não tardaram, porém, a fazer inimigos. Jesuítas, senhores da corte e da cultura escolar, e jansenistas, senhores do Parlamento e ferrenhos adversários da Companhia de Jesus uniram-se no ataque à *Encyclopédie*, definida por eles como "assembleia herética e tenebrosa". Instalaram uma "inquisição francesa", queimando textos de todos quantos colaborassem ou simpatizassem com a obra iluminista. Obtiveram do Parlamento e do rei a condenação da obra, dizendo o decreto régio que proibia sua impressão e difusão: "manifestações que tendem a destruir a autoridade real, estabelecer o espírito de independência, elevar os fundamentos do erro, da corrupção dos costumes, da irreligião e da incredulidade". Mais tarde, a proibição foi suspensa sob a condição de que os textos fossem submetidos à censura prévia, feita por três teólogos reconhecidos pelo rei, pelo Parlamento, pela Companhia de Jesus e pelos jansenistas. Melancolicamente, Voltaire escrevia a d'Alembert: "Pobres meninos de Paris, era preciso ter feito essa obra num país livre".

Num lance digno do *ancien régime*, a Pontifícia Universidade Católica do Rio de Janeiro demitiu professores de sociologia, comunicação, química e filosofia, além de extinguir o mestrado em filosofia. Embora alegasse necessidade de contenção de despesas, no caso dos filósofos, a Reitoria afirmou que a demissão tem a finalidade de afastar professores "pouco afinados com os objetivos da universidade", que pretende restaurar "um pensamento filosófico autenticamente católico".[2] Ora, visto que muitos dos demitidos se consideram pensadores cristãos e visto que o catolicismo é uma abstração, pois há muitos, qual é o catolicismo "autêntico" que se pretende restaurar? Certamente aquele que ali vigorava nas alturas de 1964 que, mais tarde, aplaudiu a supressão da filosofia no segundo grau e sua substituição por educação moral e cívica.

Há, no Brasil, um certo catolicismo, ultramontano, intolerante, dogmático, rigidamente vertical e institucional, ressentido, sempre vencedor e prosternado aos pés dos senhores do dia, que desconfia do cristianismo e teme a cultura. Obscurantista e autoritário, esse catolicismo se agarra à sua única arma: o controle institucional dos espíritos. Impõe obediência, cerceia atividade crítica própria do pensamento, aprisiona a filosofia num referencial teórico prévio e reduz as ideias a relíquias e pretextos, meras justificativas de nostalgias, rancores, temores e fobias.

A direção da PUC-Rio excluiu professores cuja capacidade é nacionalmente reconhecida. No caso da filosofia, fez mais. Há, nos vários departamentos de filosofia das faculdades cariocas, professores cuja seriedade intelectual e firmeza política não reconhecidas por todos e cujos trabalhos são conhecidos por suas apresentações na SBPC, nas publicações da SEAF e em revistas especializadas. Porém, são pessoas isoladas. O caso do Departamento de Filosofia da PUC era diverso, pois constituído por um grupo de professores que elaborara um projeto de trabalho comum e a longo prazo, um programa de linhas teóricas definidas e rigorosas. Abolindo o mestrado em filosofia, a direção da PUC-Rio atingiu pessoas e um projeto cultural, prejudicou estudantes, atentou contra a liberdade de pensamento e contra o direito ao trabalho, destroçou um esforço de pensamento.

---

[2] Para o caso e as declarações da Reitoria, cf. a reportagem "Reitor da PUC-Rio decide extinguir curso de mestrado", *Folha de S.Paulo*, São Paulo, 11 jan. 1980, Terceiro Caderno, p. 32. (N. do Org.)

Sob todos os aspectos – trabalhista e cultural –, percebe-se a repressão branca avançando sobre a universidade e, em particular, sobre a filosofia.

Tolerância não é sinônimo de imparcialidade, não é uma ideia matemática, mas atitude ética e política, uma relação com a liberdade. Liberdade não é direito de escolha, mas autonomia. Compreendida como respeito à autonomia, a tolerância não é mera capacidade para o pluralismo, mas força para impedir o sacrifício da liberdade, tomada de posição diante da experiência social e política, compromisso contra a injustiça e a violência, contra todas as ideias e práticas que favoreçam a opressão. Essa dimensão ativa e corajosa da tolerância fica soterrada sob a imagem da tolerância como passividade e indiferença. Passiva, a tolerância nos coloca do lado dos opressores; indiferente, deixa que a opressão se exerça. Não é tolerância – é covardia.

Ímpio, outrora dissidente e subversivo, hoje, o filósofo paga o preço cobrado de todo aquele que, nas palavras de Merleau-Ponty, "causa aos homens o secreto mal-estar, a ofensa imperdoável de fazê-los duvidar de si mesmos. Não porque o filósofo compreenda mais ou melhor do que os outros. Mas apenas porque não pode dar às coisas e à sociedade aquilo que lhe pedem, isto é, a aceitação imediata e sem considerandos". Paga o preço da liberdade.

O papel da filosofia na universidade[1]

Gostaria de iniciar abordando um aspecto ao qual atribuí grande importância para o trabalho da filosofia dentro da universidade e que é a questão de um pensamento crítico. É bem verdade que o pensamento crítico não é privilégio da filosofia.

Pelo contrário, se todas as disciplinas do conhecimento tivessem uma atitude crítica melhor seria, mas de alguma maneira podemos dizer que uma das tarefas específicas da filosofia é o trabalho de crítica do pensamento, de crítica da ideologia, de crítica da política.

Gostaria de, em primeiro lugar, esclarecer em que sentido uso o termo "crítica". Porque, como vocês sabem, não há palavra mais usada, mais abusada neste país do que a palavra crítica: "vamos fazer uma crítica construtiva", "essa crítica é insolente", "aquela crítica é inválida", e crítica, na verdade, acaba se dissolvendo na ideia de "ser contra". Fazer uma crítica significa estar contra. Em geral é verdade!

Mas a noção de crítica é muito mais precisa do que essa ideia vaga de "ser contra". Gostaria, então, de esclarecer em que sentido uso a palavra *crítica*.

Normalmente se imagina que a crítica permite opor um pensamento verdadeiro a um pensamento falso. Na verdade, a crítica não é isso. Não é um conjunto de conteúdos verdadeiros que se oporia a um

---

[1] Originalmente publicado em: *Espaço – Cadernos de Cultura USU*, Rio de Janeiro, n. 3, p. 13-28, 1981. (N. do Org.)

conjunto de conteúdos falsos. A crítica é um trabalho intelectual com a finalidade de explicitar o conteúdo de um pensamento qualquer, de um discurso qualquer, para encontrar o que está sendo silenciado por esse pensamento ou por esse discurso. O que interessa para a crítica não é o que está explicitamente pensado, explicitamente dito, mas exatamente aquilo que não está sendo dito e que, muitas vezes, nem sequer está sendo pensado de forma consciente. Ou seja, a tarefa da crítica é fazer falar o silêncio, colocar em movimento um pensamento que possa desvendar todo o silêncio contido em outros pensamentos, em outros discursos.

Qual é a finalidade de fazer falar o silêncio ou tornar explícito o implícito? Essa finalidade é dupla.

Se quando explicito um pensamento ou um discurso, fazendo aparecer tudo aquilo que estava em silêncio, tudo aquilo que estava implícito, se ao fizer isso, o pensamento ou o discurso que estou examinando revela-se insustentável, se começa a desmanchar, dissolver-se, destruir-se à medida que vou explicitando tudo que nele havia, mas que ele não dizia, então a crítica encontrou algo muito preciso, encontrou a *ideologia*. A ideologia é exatamente aquele tipo de discurso, aquele tipo de pensamento que contém um silêncio que, se for dito, destrói a coerência, a lógica ideológica.

Mas esse trabalho crítico pode encontrar outra coisa também. É perfeitamente possível que ao fazer falar o silêncio de um pensamento ou de um discurso, ao explicitar o seu implícito, o que se revele para nós seja um pensamento ainda mais rico do que havíamos imaginado, ainda mais coerente do que havíamos imaginado, ainda mais importante do que havíamos imaginado, capaz de nos dar novas pistas para pensar, caminhos novos, justamente porque pudemos perceber muito mais do que o que parecia à primeira vista estar contido nele. Nesse caso, a crítica encontrou um pensamento verdadeiro e, mais do que um pensamento verdadeiro, encontrou uma obra de pensamento propriamente dita. Ou seja, o que diferencia uma obra de pensamento de uma ideologia é o fato que, na obra de pensamento, a descoberta de tudo o que estava silenciosamente contido nela, de tudo aquilo que nela pedia interpretação, de tudo aquilo que nela pedia revelação, explicitação, desdobramento, é aquilo que faz, no caso de uma ideologia, a destruição do próprio pensamento.

Assim, a tarefa da crítica não é trazer verdades para opor à falsidade; mas realizar um trabalho interpretativo com relação a pensamentos e discursos dados, para explicitar o implícito ou fazer falar seu silêncio, de tal modo que a abertura de um novo campo de pensamento através da crítica revela a descoberta de uma obra de pensamento, enquanto a destruição da coerência e da lógica do que foi explicitado revela que descobrimos uma ideologia.

A crítica não é, portanto, um conjunto de conteúdos verdadeiros, mas uma forma de trabalhar. A forma de um trabalho intelectual que é o trabalho filosófico por excelência. Nesse sentido, excluir a filosofia de uma universidade é, provavelmente, abolir o lugar privilegiado da realização crítica. Obviamente, tem-se medo da crítica, pois se a crítica não traz conteúdos prévios, mas é descoberta de conteúdos escondidos, então ela é muito perigosa.

Ela é um adversário complicado, um adversário que se teme, pois quando um adversário já traz todos os conteúdos, fica ali, visível, e pode-se atacá-lo onde se quiser. Mas se o adversário traz apenas um modo de trabalhar, um modo de trabalhar não tem um conteúdo prévio porque o conteúdo é dado pelo objeto do próprio trabalho, então, essa figura costuma ser uma figura muito perigosa. De um modo geral, neste país, teme-se muito a filosofia. Por isso é que se promovem determinadas filosofias: aquelas que têm conteúdo bem preciso porque com eles exclui a crítica.

Se crítica é isso, o que poderia ser, hoje em dia, o pensamento crítico na universidade? Ele poderia ser este tipo de trabalho especificamente filosófico de conhecimento da natureza dos pensamentos e dos discursos para saber se são efetivamente pensamentos ou se são pura ideologia. Essa pode ser uma das tarefas do pensamento crítico.

O pensamento crítico pode contribuir ainda de duas outras maneiras hoje no Brasil, na universidade. Pode ser uma reflexão a respeito da própria universidade, isto é, pode tomar como seu objetivo a política educacional implantada pelo Estado e submeter essa política ao tratamento crítico.

Fazer a crítica da política educacional não significa, portanto, dizer: "eu sei o que é uma boa política educacional, graças aos conteúdos que eu possuo, e com eles vou conferir se a política educacional do Estado é a boa política educacional ou a má." Não, isso não seria fazer crítica, seria fazer uma oposição. Devemos fazer oposição, mas isso não é a crítica. A crítica dirá: vamos examinar qual é o conteúdo da proposta da política educacional trazida pelo Estado, vejamos se esse conteúdo se sustenta ou não, se é realmente uma política *cultural* ou se é manipulação ideológica. É o que vamos descobrir, fazendo, então, o trabalho crítico.

E a outra coisa que poderíamos fazer é uma reflexão crítica a respeito do papel dos intelectuais, isto é, de nós mesmos.

Eu me proponho, aqui, de uma maneira bem rápida, fazer uma reflexão acerca da universidade em termos da política educacional e apontar algumas questões que considero relevantes para o problema do papel do intelectual, papel do filósofo na sociedade brasileira contemporânea. Na verdade, vou falar muito pouco do papel atual do intelectual, mas vou tentar assinalar que papéis o intelectual se atribuiu no passado e se hoje ele pode ou não continuar a atribuir a si mesmo tais papéis no Brasil.

Ao se propor uma reflexão crítica a respeito da universidade, deve-se considerar inicialmente que a universidade brasileira é uma ficção, uma abstração. Existem as universidades estaduais, federais, públicas, particulares e, entre as particulares, as históricas e as atuais, empresariais.

Há, portanto, uma quantidade muito grande de diferenças entre essas universidades: elas têm histórias diferentes, estão ligadas a políticas locais diferentes, estão ligadas a momentos políticos e sociais diferentes. Só para dar um exemplo de como é difícil dizer qual universidade, falarei de três universidades em São Paulo. Deixo de lado, portanto, a questão da diferença regional e tomo três universidades em São Paulo. Entre elas, há uma diferença temporal, num caso, mas no outro, nem mesmo diferença temporal existe, porque são criadas na mesma ocasião. Duas são políticas e criadas na mesma época, e existe uma terceira, particular, e que foi criada em uma ocasião posterior. Assim, no interior de uma mesma cidade, em uma mesma época, há diferenças. Trata-se da Faculdade de Filosofia de São Paulo, a atual USP, criada nos anos 1930 pelos proprietários do jornal *O Estado de S. Paulo* (a família Mesquita) e da Faculdade de Sociologia e Política, criada também no início dos anos 1930 por Roberto Simonsen. Na altura dos anos 1940, surge a Fundação Getúlio Vargas.

No caso da USP, o motivo de sua criação no Estado de São Paulo era formar uma intelectualidade de tipo liberal com duas finalidades: professores universitários e secundários e membros dos governos estadual e federal.

Foi para criar a *intelligentsia* liberal que a USP foi fundada, sob a égide do Estado de São Paulo. Evidentemente isso nos coloca o problema de saber o que é o liberalismo. Porque o liberalismo dos proprietários do jornal *O Estado de S. Paulo* não é o da democracia liberal (e não podemos confundir democracia liberal com liberalismo).

A família Mesquita não é uma família de democracia liberal, mas é liberal no sentido clássico do termo, isto é, acredita na existência de eleitores intelectuais, elites dirigentes e, portanto, numa diferença entre os homens que se dividem entre os que são iguais e aqueles que são "menos iguais". Os menos iguais são o povo, e os iguais são a elite. É para essa elite que a família Mesquita cria uma universidade.

O projeto de Roberto Simonsen ao criar a Faculdade de Sociologia e Política é diferente. O seu projeto se chama Faculdade de *Sociologia e Política*.

E para justificar tal criação, escreve um texto no qual os empresários de São Paulo se propõem a fundar uma escola para formar os seus quadros. A ideia, portanto, é de formar quadros intelectuais para a política dos empresários paulistas. Na ocasião essa política seria feita através da sociologia, portanto, através da criação da escola sociológica de São Paulo.

No caso da Fundação Getúlio Vargas, também se trata da criação de uma *intelligentsia*, mas não temos mais a *intelligentsia* liberal dos Mesquita, nem a *intelligentsia* sociológica para a assessoria política dos empresários, mas temos a formação direta de uma *intelligentsia* empresarial, isto é, dos administradores e economistas.

Trata-se, portanto, de uma faculdade ligada diretamente ao mundo da empresa, não para lhe dar assessoria, mas para produzir os técnicos, os gerentes, os administradores das próprias empresas.

Temos, assim, nesta cidade de São Paulo, em um período de tempo muito pequeno um período de 15 anos, o surgimento de três grandes escolas com finalidades completamente diferentes, com origens diferentes. Imaginem, então, se tomamos todo o estado de São Paulo, depois o estado do Rio, depois o Brasil; imaginem as diferenças existentes.

Dessa forma, não existe a universidade brasileira, e, no entanto, existe uma política educacional para a universidade brasileira!

Uma primeira coisa que o pensamento crítico precisa entender é: se há uma pluralidade de escolas, o que significa haver uma única política educacional. Como essa única política pode se impor a uma diversidade tão grande de escolas? A unificação é feita através daquilo que se convencionou chamar de *a modernização* da universidade.

O que é a modernização como fator de unificação de todas as universidades brasileiras, independentemente de suas diferenças? É a organização burocrática dessas universidades, pressupondo uma ideia muito precisa da cultura como objeto administrável. É a organização das universidades de acordo com o modelo organizacional das empresas. É uma unificação feita pelo alto e não uma unificação tentada por um trabalho coletivo das próprias universidades, isto é, dos professores e dos estudantes do Brasil para criar uma única linha universitária.

Trata-se de uma unificação que procede verticalmente do aparelho do Estado para as universidades, em nome de uma suposta modernização e que é a burocratização, a organização empresarial da universidade, seja ela particular ou pública. Além disso, seu pressuposto é a ideia de que a cultura é um objeto administrável como qualquer outro. A administração é um conjunto de princípios, de regras, de normas, inteiramente formais e abstratas que podem se aplicar a todo e qualquer objeto que deva ser administrado. Ou seja, do ponto de vista da administração, é a mesma coisa administrar a Secretaria da Educação, administrar a Febem, ou administrar a Fiat, a Olivetti ou a Ford.

É, portanto, o pressuposto da administração como organização racional (burocrática) o que unifica as universidades através da política estatal de educação.

Podemos dizer que existem três grandes momentos da política de educação. Em 1964/68, em 1975/77 e agora, em 1979/80.

Em 1964 funciona o Acordo MEC-USAID. (A USAID é uma criação do Presidente Kennedy, um organismo para promover o "desenvolvimento" do terceiro mundo). Os pilares dessa reforma educacional eram três no Brasil (em cada país a USAID procedeu de forma diferente). Estamos no ano 1964 e, para muitos de vocês, esse ano não quer dizer nada, para outros, quer dizer demais. Em 1964/1968, houve a implantação do Acordo MEC–USAID, com seus três pilares na concepção da educação:

- educação e desenvolvimento;
- educação e segurança nacional;
- educação e comunidade.

Em 1975/77, o projeto MEC–Ney Braga. Três pilares do novo projeto:

- educação e desenvolvimento;
- educação e brasilidade;
- educação e integração social.

Em 1979/80, o projeto MEC–Portella. Três novos pilares:

- educação e desenvolvimento;
- educação e identidade nacional;
- universidade e autarquização da cultura.

Como nosso pensamento é crítico, indaguemos o que está em silêncio em cada um desses projetos.

O que está explícito no primeiro é uma relação educação-desenvolvimento econômico, segurança nacional e comunidade. O que está em silêncio? O que é o desenvolvimento econômico? O desenvolvimento econômico é a entrada do Brasil numa forma nova de modelo capitalista, começando já com o plano de metas do presidente Juscelino Kubitschek e levado à frente a partir do governo econômico do Brasil através do capitalismo do Estado associado ao capital financeiro internacional.

O que significa educação e desenvolvimento econômico, se economia significar esse modelo de desenvolvimento capitalista? Significa que a educação deve fornecer um tipo determinado de mão de obra para esse tipo determinado de capitalismo. É o momento, portanto, de grande expansão e de grande prestígio das grandes escolas técnicas e de ciências exatas, e é o momento em que começa o grande desprestígio das humanas e a supressão da filosofia no ensino secundário, substituída (por causa do item seguinte) por educação moral e cívica.

É o momento em que as humanas vão sendo restringidas, e, no curso secundário, vão desembocar naquilo que se chama OSPB.

O que é o item Educação e Segurança? O que a educação pode ter a ver com a segurança nacional? Que se saiba o problema da segurança nacional é o problema das Forças Armadas, elementos encarregados da

Segurança Nacional. O que significa esse item? Significa o seguinte: que a educação deve desenvolver uma visão da nação brasileira tal, que nela não existam diferenças sociais profundas que justifiquem a ideia de uma luta de classes. Educação e segurança, portanto, significa uma visão da sociedade brasileira como tendo diferenças, mas não como tendo contradições, nem conflitos. É preciso não esquecer que o momento de implantação da reforma é 1968 e que, segundo o relatório do General Meira Matos, essa reforma visa a acabar com a "crise" da universidade. Resta lembrarmos sempre o que seria a "crise universitária" em 1968...

O que significa educação e comunidade?

Significa que a escola estará em relação com a comunidade nacional, externa à própria escola.

A comunidade nacional é aquela que está passando por um tipo determinado de desenvolvimento econômico, e que está sendo definida pela ideia de segurança nacional. O que pode ser, então, o serviço da escola à comunidade? O que é a comunidade? Se verificarmos como são organizados os Conselhos Universitários das faculdades públicas, vamos saber, imediatamente, aquilo que está em silêncio no projeto.

Nas universidades públicas, o Conselho Universitário é composto pela gerontocracia universitária e pelos representantes da comunidade. Em São Paulo os representantes da comunidade são: Federação das Indústrias de São Paulo, Federação do Comércio de São Paulo e a Federação da Agricultura de São Paulo, isto é, o *patronato*.

Essa é a comunidade representada no Conselho Universitário. Educação e comunidade significa, portanto, a escola fornecendo, segundo critérios ditados pelo próprio patronato (que está no Conselho) a maneira pela qual a escola fornecerá a mão de obra necessária ao desenvolvimento capitalista. Isto não está escrito no projeto, é o que ele silencia. Mas o que é esse silêncio? Esse silêncio mostra que não temos um projeto educacional, que não temos um projeto cultural, mas que temos um projeto de controle social e político. Este se realiza através da educação, mas ele não é educação. Isso é o que está em silêncio no projeto de 1964/68. O projeto 1975/77: a educação e a brasilidade, a educação e o desenvolvimento (esse tópico aparecerá sempre, até nós sairmos do subdesenvolvimento; e parece que não vamos sair, não é?).

A condição *sine qua non* dos países desenvolvidos é que haja os subdesenvolvidos com a economia do jeito que têm. E não é brigando pela autonomia nacional que nós vamos superar um subdesenvolvimento, porque é graças à autonomia nacional que se é subdesenvolvido. Quanto mais nacionalista, mais subdesenvolvido, e por isso não se desenvolve; enquanto fizer política nacionalista não vai desenvolver coisa nenhuma: o item Integração nacional é a novidade do projeto, pois o item brasilidade recobre o item Comunidade e o item Segurança do projeto anterior, porque brasilidade ou identidade nacional significam que não há diferenças de classes profundas, que o que existe é o *brasileiro* à procura de si mesmo. Tudo o que tem havido de "contratempos", de antagonismos, de "mal-entendidos" é porque o brasileiro ainda não se encontrou. A educação deve, então, trazer a brasilidade; quando nós soubermos quem nós somos tudo irá bem.

O item Integração Nacional pressupõe que é possível, de alguma maneira, a educação superar as barreiras das diferenças regionais. Ela supera a barreira das diferenças de classe através da ideia de brasilidade; ela supera as barreiras regionais através da integração nacional. É óbvio que, à primeira vista, integração nacional significa Mobral, projeto Minerva, televisão educativa, os programas pelo rádio, projeto Rondon. No nível empírico, integrar é colocar gente espalhada pelo Brasil a dizer a mesma coisa para pessoas diferentes. Mas nossa pergunta deve ser: por que esse interesse em "integrar"? O que é essa integração nacional? Na verdade, integração nacional é: constituição, através da escolarização, de um mercado de trabalho plenamente à altura do desenvolvimento capitalista. Estamos numa fase do desenvolvimento capitalista onde não há lugar para o analfabeto. O tipo de exigência que o sistema econômico faz é de tal natureza que é preciso escolarizar. Integração Nacional significa, portanto, o fornecimento de uma escolaridade mínima, não com finalidade educacional, mas com finalidade econômica, isto é, a formação de um mercado de trabalho plenamente constituído para o país. É isso que está em silêncio. Ou seja, novamente está em silêncio o caráter não educacional da política educacional.

Passemos agora ao projeto 1979-80: o projeto Portella. Educação e desenvolvimento; educação e identidade nacional. Esta última, hoje, parece que se tornou complicadíssima (o brasileiro à procura de si mesmo).

Mais ou menos na altura dos anos 1930 dizia-se assim: "brasileiro é índio mais negro, mais europeu". Claro, nem todo índio junta com todo europeu, nem todo europeu com todo negro, nem todo negro... Mas o brasileiro é a *possibilidade disso*. Hoje, entretanto, está mais difícil essa identidade. Na altura dos anos 1930, o que estava muito presente era o seguinte: a escravatura acabou de acabar; pois no início dos anos 1930, faz 30 anos que acabou o escravo; o escravo ainda está ali, o negro está ali e está chegando o imigrante em levas por toda a parte. Ele também está ali, muito presente e muito diferenciado. Ouve-se também falar nos índios, sobretudo em virtude da literatura indianista, e não pelo contato com as tribos (o índio, nesse contexto, era mais uma ideia, embora houvesse muito massacre e morte de índio lá onde se queria lhe tomar a terra). Hoje, entretanto, com um grande desenvolvimento das ciências sociais, tentar pensar a identidade nacional através da raça já não parece científico. Tenta-se, então, pensar uma identidade nacional que não seja pela via racial. O projeto é construir, *através da educação*, a identidade nacional. O que fica sendo, então, a identidade nacional se ela não é dada em termos de fusão das raças como nos anos 1930 e se ela não é dada pela luta de classes e diferença de classes? E por que ela deve ser construída através da educação e da cultura? É que a identidade nacional é ideológica. É ideologicamente que seremos todos brasileiros, pois não há no real nenhum elemento para garantir brasilidade.

A "brasilidade" pode ter tudo o que a gente queira, mas não tem nenhum fundamento real... somente o mapa do Brasil, a Constituição... mas nós podemos inclusive discutir a realidade da fronteira: já tratado com o Paraguai, com a Argentina; fronteira também não é um negócio muito Brasil, não é? A Constituição... sabe-se o que ela é. Então é tudo muito problemático – o que se tem dado como empírico e real para dizer "isso é brasileiro"? Daí, brasilidade tem que ser construída e ela só pode ser construída ideologicamente: é o *sentimento nacional*.

Esse é o item prioritário do projeto, não só de educação, mas de cultura em geral. Há grandes financiamentos para pesquisar o nacional na cultura e para preservar o patrimônio cultural nacional.

Mas, o que significa, nesse projeto, a ideia de autarquia? No caso das universidades públicas, ao serem transformadas em fundações, significará, pura e simplesmente, o *ensino pago*.

No projeto Portella, a defesa da transformação das universidades em fundações particulares, de preferência em autarquias, teria uma justificativa em dois níveis.

Em primeiro lugar, justifica-se a autarquização invocando os gastos públicos: a universidade é um organismo de e para elites, não sendo justo dar-lhe o mesmo financiamento que para as escolas primárias e secundárias. O projeto tem pretensões democratizantes: o "povo" deve, então, ser o beneficiado. Para tanto, cortam-se as verbas para as universidades.

Em segundo lugar, justifica-se a autarquização invocando os recursos privados: as empresas podem e devem financiar as universidades, não só porque com isto participam da redistribuição da renda, mas também porque tendo maiores recursos que o Estado, poderão financiar universidades modernas e bem equipadas. Com isto, o projeto visa a atrelar definitivamente a universidade à empresa. O termo "autarquização", porém, significa algo diverso de "privatização". Neste último, a empresa gera e controla a universidade.

No primeiro, a empresa gera, mas divide o controle com o Estado. Assim, o Estado mantém seu poder político-ideológico sobre a universidade sem precisar arcar com seus gastos.

Pela primeira vez, desde 1964, o MEC está nas mãos de civis intelectuais. Essa mudança é importante porque implica em modificar a ideia e a forma do controle da produção cultural. É possível controlar as ideias através da repressão pura e simples (como tem sido o caso, em geral), mas também é possível exercer um controle "civilizado" da produção cultural. E penso que é este que se anuncia no projeto Portella.

Controle civilizado é o seguinte: dá-se plena liberdade de pesquisa, porque interessa que essa pesquisa seja feita, porque ela é matéria-prima para controle político e social. Ou seja, eu faço pesquisa e forneço os dados para que uma determinada política, utilizando-se deles, realize provavelmente o oposto do que a minha pesquisa tinha a intenção de realizar.

O fundamental é garantir a liberdade de pesquisa porque uma pesquisa livre é aquela que fornece os subsídios mais ricos, mais preciosos para o exército do controle social e político sobre uma sociedade. Então, a grande inovação do Ministério da Educação e Cultura, essa inovação que é liberal (aliás, isso é típico do pensamento liberal), é aquela que considera a ideia de liberdade de pensamento e de expressão, isto é, liberdade de pesquisa, como a forma civilizada de exercer o controle político das ideias; ou seja, vamos passar da fase da repressão pura ou da fase de controle *policial* das ideias à fase de controle *político*.

Quais seriam, nesses três grandes projetos, os silêncios? Qual é o silêncio do ponto de vista econômico?

O projeto de 1964 ainda está preso ao Plano de Metas e à entrada do Brasil num capitalismo acelerado. O segundo está ligado já ao Ministério do Planejamento de Roberto Simonsen, o que significa o seguinte: Simonsen considerava importantíssimo, como fator de redistribuição de renda, e como minimização de um risco de desemprego que provoca conflitos sociais, a educação, um dos investimentos mais importantes. Por isso, o período Simonsen foi o período de financiamento a rodo para tudo quanto foi escola neste país. É o período da grande expansão da educação no país, porque nesse período a qualificação da mão de obra através da escola, modificando o padrão de distribuição de renda e aumentando o tempo de escolaridade para uma grande massa da população para deixá-la de fora do mercado de trabalho durante um tempo muito longo, impedia, portanto, o fenômeno do desemprego. A educação era um fator de estabilização social. Já para a política econômica do Ministério do Planejamento de Delfim Netto, o desemprego é importante. Importantíssimo, na medida em que ele é um fator que impede a reivindicação salarial e permite o arrocho. Se, portanto, a educação era, anteriormente, um elemento fundamental de redistribuição da renda e de minimização do desemprego, é ela que vai ser onerada agora, para ser um fator de desemprego, para permitir a estabilidade salarial. Donde a diminuição das verbas. Donde uma política do Ministério da Educação e Cultura de autarquização da universidade: a educação que se autofinancia. O Estado não financiará, na medida em que não interessa para a política econômica esse financiamento. Donde escola paga, aumento das taxas nas escolas particulares, perda de inúmeros financiamentos estatais, redução de bolsas e entrada a todo vapor das fundações estrangeiras no setor universitário. Ou seja, o que está silenciado no projeto educacional é que ele é um projeto econômico.

Ideologicamente, o que está presente nesses três projetos?

Os três enfatizam a ideia de Nacional, ou seja, existe nacionalismo nos três projetos. Mas o adjetivo *nacional* qualifica, em cada um dos três projetos, um substantivo diferente.

No primeiro, nacional qualifica a segurança. Trata-se da *Segurança Nacional*. No segundo, o que enfatiza é a *Integração Nacional*. Estamos na fase final do milagre e, sobretudo, do milagre que precisava de segurança. Só em religião é que milagre não precisa de Segurança; pelo contrário, milagre é o que introduz a insegurança. Na política só se faz milagre com "segurança". Então faz sentido a Segurança Nacional.

A partir do fim do milagre, o fundamental é uma educação com a finalidade de redistribuição de renda e de segurar fora do mercado de trabalho um grande número de mão de obra; o que interessa, portanto, é a Integração Nacional; ou seja, o remanejamento do Mercado Nacional. No último projeto, trata-se da *Autonomia Nacional*. Nacional não qualifica mais a segurança ou a integração, mas a ideia de autonomia. Por quê? Porque esse é o momento no qual se passa de um "nacionalismo pragmático responsável" para um "nacionalismo ofensivo".

Agora é a Nação Brasileira autodeterminada que se dirige às nações estrangeiras. Qual é a função do elemento nacional? Sua função é eliminar o significado político-econômico do conceito de Segurança, o significado econômico do conceito de Integração e o significado econômico do conceito de Autonomia.

Enfim, do ponto de vista da política cultural, o que está em silêncio?

Nos dois primeiros, a ideia da Cultura como algo inteiramente dirigido. E, portanto, sob repressão.

No último, a Cultura diretamente dirigida. E, portanto, a liberdade de pensamento e de expressão que caracteriza toda democracia e que permite o controle civilizado das ideias. Ou seja, no domínio da política cultural, os dois primeiros projetos e o terceiro mostram as duas faces do mesmo regime político: um em que ele se mostra no seu aspecto autoritário e outro em que ele se mostra através do aspecto liberal.

Qual é nisso tudo o papel dos intelectuais?

Eu não vejo muito bem, no momento, o que é que os intelectuais podem fazer a não ser coisas do tipo que eu estou fazendo aqui esta tarde; há pessoas que acham que não dá para ultrapassar, no momento, este papel que é o papel da crítica.

Mas os intelectuais no Brasil já tiveram outras pretensões. Então, o que eu gostaria de apresentar aqui, de uma maneira muito geral, é de um lado a tendência geral dos intelectuais brasileiros em defesa do nacionalismo, e, em segundo lugar, a existência de três fases da vida intelectual deste país (estamos entrando na terceira e esta terceira ainda não está definida).

Então, em primeiro lugar, falemos sobre essa tendência geral dos intelectuais brasileiros ao nacionalismo.

Para não voltarmos muito atrás no tempo, começo com os anos 1950. Nos anos 1950, os intelectuais propõem um nacionalismo fundado numa aliança entre o povo e a burguesia nacional para o desenvolvimento.

Para os mais jovens, que não sabem disso, havia no Rio de Janeiro um centro de estudo importantíssimo, onde os intelectuais pretendiam apresentar ideias principais da aliança, que era o Iseb.

O Iseb marca uma linha, a linha principal do desenvolvimento intelectual brasileiro nos anos 1950, linha da qual a Universidade de São Paulo ficou de fora, não porque ela não fosse nacionalista, mas porque ela provavelmente tinha suas ideias próprias a respeito do nacional. Mas em qualquer parte do Brasil, o nacionalismo dos anos 1950 é a aliança povo-burguesia nacional para o desenvolvimento através de um conjunto de planos feitos pelos intelectuais; os intelectuais se deram a missão de fazer os planos para o desenvolvimento.

Nos anos 1960-70, os intelectuais propõem outro nacionalismo. Esse nacionalismo é a aliança do povo e da classe média contra a repressão, para fazer a revolução.

Os mais jovens aqui não sabem, mas disso resultou, nos anos 1967-68-69, uma prática determinada, cujo fracasso levou os intelectuais a apenas procurar a aliança do povo e dos setores progressistas da classe média contra a ditadura.

Nos anos 1980, o nacionalismo dos intelectuais, depois de tanta lambada, mudou um pouco. Agora o que se propõe é uma aliança dos intelectuais com o povo, só com o povo; e o povo encarna o especificamente nacional. O que é curioso, portanto, é que nesses três períodos em que os intelectuais têm projetos nacionais, têm alianças nacionais, há também nacionalismo do lado do Estado. Vimos este nacionalismo na política educacional.

Temos um Estado com uma ideologia nacionalista (evidentemente exonerando aqueles que são mais nacionalistas do que o governo queria, mas, enfim, há uma linha nacionalista pelo menos apregoada do lado do Estado) e há uma linha nacionalista do lado dos intelectuais. Embora se possa dizer que esses dois nacionalismos têm sentidos opostos, há um ponto comum sobre o qual o pensamento crítico tem que se deter: a ideia mesma de nacionalismo. Por que, tanto para os dirigentes quanto para os opositores, o nacionalismo é a ideologia fundamental?

Esse é um ponto que está em silêncio. Ou seja, a proposta nacionalista é explícita, mas o porquê de ser o nacionalismo a via política e ideológica escolhida tanto pela situação quanto pela oposição é o que precisaria ser examinado criticamente. Acho que até possa ser uma das funções do intelectual dos anos 1980 entender isso. Eu sugeriria uma pergunta para encaminhar a discussão: pode haver uma política nacionalista que vise a uma transformação social? É possível unir nacionalismo e transformação histórica?

Essa é a pergunta que temos de fazer. Se for possível unir os dois conceitos, então os governantes estão cometendo um enorme engano ao serem nacionalistas.

O que são os intelectuais desses três períodos?

Nos anos 1950, os intelectuais se apresentam como a elite esclarecida que fornece os planos condutores da Sociedade, da Economia, da Política e da Cultura. Nos anos 1960-70, a repressão estatal conseguiu uma coisa que nenhum teórico de esquerda havia conseguido. Como vocês sabem, um dos esforços maiores feitos pelos teóricos de esquerda é juntar os intelectuais e o proletariado. Não conseguem. O Estado Brasileiro conseguiu através de um único mecanismo: a repressão. Quando o Estado reprimiu da mesma maneira os intelectuais e o proletariado, quer o proletariado quisesse ou não a companhia dos intelectuais, quer os intelectuais quisessem ou não a companhia do povo, eles foram postos do mesmo lado da barricada.

O Estado brasileiro merece uma análise muito particular, porque ele conseguiu algo que há dois séculos não se consegue em parte alguma: juntar intelectual e povo. Por isso, nos anos 1960, os intelectuais consideraram que poderiam ser o braço armado do povo. Assim, nos anos 1950, eles se consideravam a cabeça pensante do povo; nos anos 1960, o braço armado do povo, nos anos 1970, um braço amarrado ao povo.

É o momento em que passa a haver a grande divulgação de um conceito que é muito importante, cujo sentido é muito profundo e que se perdeu para nós, que se perdeu dadas as circunstâncias, que é a ideia de *comunicação de destino*. A ideia era a de que o intelectual estava com o seu braço amarrado ao braço do proletário por uma *comunidade de destino*; em geral, os intelectuais desamarraram-se rapidamente, mas há uma parte que ficou, em nome da *comunidade de destino*.

O que são os intelectuais dos anos 1980? Eles não se consideram mais a cabeça pensante do povo, nem o braço armado do povo, nem o braço amarrado ao braço do povo. Eles se consideram *iguais ao povo*. Como? Como membros de partidos de massa modernos (está na moda agora. O PTB é um partido de massa moderno, o PMDB, o PDS, o PP...; o PT ainda não disse isso porque ainda não conseguiu se formar. Espero que não diga...). São todos partidos de massa modernos, em absoluta igualdade de condições, em que se encontrarão o povo e os intelectuais.

A posição dos intelectuais nos anos 1980 parece ser a de conduzir coisa alguma, mas participar em comum com o povo de uma mesma atividade política. Nesse caso, o que está em silêncio e que valeria a pena nos perguntarmos?

Nos anos 1950, os intelectuais eram os Funcionários do Estado, não no sentido de ser funcionário público, mas no sentido hegeliano da palavra (vocês sabem que Hegel na *Filosofia do Direito* disse que há três classes sociais: a classe substancial, que é a aristocracia ou a nobreza que possui a terra, de onde vai sair o monarca; a classe funcional ou reflexiva, que são os industriais: por industriais entenderemos o comércio, a indústria, as atividades que dependem de trabalho, e é a sociedade civil constituída por corporações ou sindicatos. Mas existe uma terceira classe que Hegel chama de "a classe universal". A classe universal, quem já leu Lukács sabe que para os marxistas a classe universal é o proletariado. Para Hegel, a classe universal é a classe média na medida em que não está nem presa à terra, nem presa ao trabalho, nem aos frutos do trabalho; tem uma única função que faz dela o elemento universal da sociedade: a direção do Estado. Ela é em Hegel funcionário público, funcionário do Estado e por isso ela é classe universal. No Brasil isso cai como sopa no mel. A classe média brasileira é, fundamentalmente, uma classe de funcionários públicos. Nos anos 1950, os intelectuais são essa classe universal hegeliana: eles são os funcionários do Estado no sentido de que vão fornecer os projetos para a direção do Estado.)

Nos anos 1970 e 1980, eles tentaram e tentam ser os funcionários do povo, portanto, vão passar de Hegel a Gramsci, à ideia do *intelectual orgânico*.

Essa tentativa de passar à posição gramsciana na qualidade de intelectual, embora seja algo muito positivo, é, no entanto, muito problemático. É muito problemático na medida em que a ideia do intelectual orgânico em Gramsci está ligada à ideia de partido revolucionário.

Ora, o que está sendo proposto no Brasil é o partido moderno de massa para uma modificação da sociedade política com o ativamento dos parlamentos, do legislativo, contra a democracia do executivo. Então, a pergunta é: pode um intelectual ser um intelectual orgânico, um funcionário do povo, na ausência de um partido revolucionário?

Que papel tem a filosofia? Eu imagino que a filosofia tenha um papel decisivo: perguntar.

E perguntar não para encontrar imediatamente resposta, perguntar para que respostas sejam dadas e voltar a fazer perguntas sobre as respostas que foram dadas.

É não abrir mão nunca da atitude crítica, sabendo que é uma atitude desgraçada, na medida em que nós não teremos nunca a vantagem de quem, estando num navio, possui um mapa, uma bússola, todos os aparelhos que permitam ao piloto até mesmo dormir no leme e que o navio vá sozinho para o seu destino. Assumir até o fim um pensamento crítico é aceitar que navegamos sem mapa, sem bússola, no máximo, talvez, com uma estrela, e que essa estrela seja: continuar perguntando.

Ensinar, aprender, fazer filosofia[1]

Merleau-Ponty dizia que o filósofo é aquele que é "testemunha de sua busca, isto é, de sua desordem interior",[2] e Bento Prado costuma dizer que a filosofia é um certo jeito de conversar. Talvez possamos dizer que quem fala de sua desordem interior questiona e interroga. E certamente por esse motivo Merleau-Ponty assinala a dificuldade que a Cidade enfrenta diante dessa figura que provoca nos outros um secreto mal-estar porque lhes "inflige a ofensa imperdoável de fazê-los duvidar de si mesmos".[3]

Nesse sentido, a existência de professores e de alunos de filosofia merece ser interrogada. A que devem essa existência? O que se espera deles? Que relação mantêm com a filosofia? Até que ponto um professor e um aluno de filosofia testemunham sua desordem interior? Até que ponto a conservam? Em que condições o fazem, a partir do momento em que a filosofia se converte numa disciplina, ou num *corpus* de conhecimento, transmitida e adquirida no interior de uma instituição estatal?

Sabemos que as relações dos filósofos com o Estado sempre foram conflituosas – a morte de Sócrates, a condenação de Giordano Bruno, a clandestinidade de Espinosa, o exílio de Descartes, a censura da *Enciclopédia*, a expulsão de Nietzsche e o ano 1969 no Brasil são marcas

---

[1] Conferência proferida no Instituto de Ciências Humanas e Letras da Universidade Federal de Goiás em março de 1981; originalmente publicada em: *Revista do ICHL*, Goiânia, v. 2, n. 1, jan.-jun. de 1982. (N. do Org.)

[2] MERLEAU-PONTY, Maurice. Éloge de la Philosophie. In: *Éloge de la Philosophie*. Paris: Gallimard, 1960, p. 13.

[3] MERLEAU-PONTY, 1960, p. 41.

desse conflito que se aguça quando fazer filosofia é algo determinado pelo próprio Estado.

A esse respeito, convém aqui contrapormos a visão de Victor Cousin e de Nietzsche. Escreve Cousin em 1850: "Um professor de filosofia é um funcionário da ordem moral proposto pelo Estado para a cultura dos espíritos e das almas, por meio das partes mais certas da ciência filosófica". Em 1874, Nietzsche retruca:

> O Estado escolhe para si seus servidores filosóficos, aliás, tantos quantos precisa para seus estabelecimentos; dá-se, pois, a aparência de poder distinguir entre bons e maus filósofos e, mais ainda, pressupõe-se que sempre há de haver *bons* em número suficiente para ocupar com eles todas as suas cátedras de ensino. Não somente no tocante aos bons, mas também ao número necessário dos bons, é ele agora a autoridade. Em segundo lugar, ele força aqueles que escolheu para si uma estadia num determinado lugar, entre determinados homens, para uma determinada atividade; devem instruir todo jovem acadêmico que tiver disposição para isso, e aliás diariamente, em horas fixas. Pergunta-se: pode propriamente um filósofo, com boa consciência, comprometer-se a ter diariamente algo para ensinar? E ensiná-lo diante de qualquer um que queira ouvir? Ele não tem que dar a aparência de saber mais do que sabe? [...]. E, em geral: não se despoja de sua mais esplêndida liberdade, a de seguir seu gênio, quando chama e para onde este chama? – por estar comprometido a pensar publicamente, horas determinadas, sobre algo pré-determinado. [...] Um tal pensar não está de antemão como que emasculado? E se ele sentisse um dia: hoje não consigo pensar nada, não me ocorre nada que preste – e apesar disto tivesse de se apresentar e parecer pensar! Mas, objetarão, ele não deve ser um pensador, mas no máximo um repensador e pós-pensador, e antes de tudo um conhecedor erudito de todos os pensadores anteriores, dos quais sempre poderá contar algo que seus alunos não saibam. Esta é precisamente a terceira concessão altamente perigosa da filosofia ao Estado, quando ela se compromete com ele a fazer, em primeiro lugar e principalmente, o papel de erudição.[4]

---

[4] NIETZSCHE, Friedrich. Schopenhauer como educador. In: *Considerações extemporâneas III*, 38. *Obras incompletas*. São Paulo: Abril Cultural, 1974, p. 88. (Coleção Os Pensadores).

Partindo da contraposição entre o professor de filosofia proposto pelo Estado e o professor de filosofia em descompasso com as exigências pedagógicas feitas pelo Estado, gostaria de fazer três pequenas considerações:

1. Seria possível numa universidade como a atual universidade brasileira, trabalhar *em* filosofia e *com* filosofia? Estamos às voltas com uma universidade estruturada segundo o modelo organizacional da grande empresa, isto é, tendo o rendimento como fim, a burocracia como meio, e as leis do mercado como condição. Estamos às voltas com uma universidade empolgada pelo mito da modernização e, portanto, pelos critérios da produtividade e da eficácia. Para muitos de nós, que não aderimos à fascinação desse mito, parece incompreensível a atitude daqueles, professores e estudantes, que se deixam seduzir pela contagem de horas-aula, créditos, prazos para exames, conclusão de pesquisas e obtenção de títulos, pelo impulso a galgar todos os graus burocráticos da carreira, pela confiança nos critérios quantitativos para avaliar realidades qualitativas. No entanto, essa sedução não nos deveria surpreender, pois apenas exprime a interiorização das vigas mestras da ideologia burguesa, isto é, a visão da cultura pelo viés da razão instrumental e a crença na "salvação pelas obras". Para muitos, trabalhar dessa maneira é prova de honestidade moral e seriedade intelectual, sentimento de que a universidade se tornou útil e, portanto, justificável. Em que pese a visão mesquinha da cultura aí implicada, a morte da arte de ensinar, do prazer de pensar, esses professores e estudantes se sentem enaltecidos pela consciência do dever cumprido. Se não aderimos à modernidade laboriosa e honesta, o que é para nós o trabalho em filosofia no interior dessa universidade? Como testemunharmos nossa desordem interior, conversarmos e interrogarmos se estamos submetidos a programas, horários e provas? E se nossa desordem interior contrariar a ordem do Estado de que somos funcionários? Como lidar com esses momentos decisivos nos quais nada nos vem à cabeça, não porque haja um vazio, mas porque algo se prepara lentamente, dolorosamente em nós e estamos emudecidos, à espera da palavra que nos ensine nosso próprio pensamento?

2. Se regressarmos à definição de Cousin, podemos notar que há um meio bastante preciso para harmonizar o trabalho em filosofia

com as exigências universitárias: basta considerarmos que existem "as partes mais certas da ciência filosófica" e, como dizia Nietzsche, basta que substituamos o pensamento pela erudição. Vejamos um pouco de perto o que significam "partes mais certas da ciência filosófica" e erudição.

Se supusermos que existe uma ciência filosófica com partes mais certas, estaremos pressupondo, em primeiro lugar, que filosofia é teoria e doutrina; em segundo lugar, que essa teoria e doutrina contém partes "mais" e "menos" certas, e, em terceiro lugar, que somente as "mais certas" devem ser ensinadas.

O que é reduzir filosofia a teoria e doutrina? É tomar o trabalho do pensamento no instante em que perdeu sua força instituinte, quando se converteu num sistema de ideias adquiridas e estabelecidas. Numa palavra, quando o pensamento cedeu lugar ao conhecimento, entendido como apropriação intelectual de um corpo de ideias já dado. Nessa medida, não só se perde o movimento vivo que fazia o filósofo pensar, interrogando a opacidade e os enigmas de seu próprio mundo, como ainda se estabelece entre seu pensamento e nosso conhecimento uma relação de pura exterioridade. Penetramos na erudição.

Que significa supor que haja na filosofia partes "mais" e "menos" certas? Significa, em primeiro lugar, fragmentar um pensamento, dividindo e classificando em compartimentos estanques conceitos que, certamente, se encontram intrinsecamente articulados, confundindo os títulos das obras com partes de pensamento. Essa fragmentação aniquila, sob a diversidade aparente, os vínculos necessários de uma mesma meditação. Mas, em segundo lugar, qual o critério para a certeza maior ou menor dessas partes? O que, por que e para que esse critério é posto? E quem o estabelece? Onde situar a ausência de certeza que marca o princípio da meditação filosófica? Além desse suposto critério ser inteiramente arbitrário, pode ter efeitos desastrosos para o pensamento, não só porque o critério se referirá ao *resultado* da reflexão ignorando o trabalho incerto de sua efetuação, como ainda permitirá que se hierarquize o pensamento a partir de uma concepção da certeza que lhe pode ser estranha ou até contrária. Seria a epistemologia mais certa do que a metafísica e esta mais certa do que a política, por exemplo? O que subjaz a uma hierarquia desse jaez? Ficariam a ética e a estética fora do campo da certeza? Ou a aquisição desse título supõe um tratamento normativo da moralidade e da arte? Como "aplicar" esse critério a filósofos como Platão e Aristóteles, Espinosa e Hegel, Nietzsche e Rousseau? Ou também haveria filósofos mais certos e outros menos certos?

Que significa a exigência de que o ensino verse sobre "as partes mais certas"? Significa pelo menos três coisas: em primeiro lugar, que está excluído do trabalho pedagógico aquele mal-estar secreto que Merleau-Ponty colocara no cerne da filosofia, isto é, a dúvida, a incerteza, a indeterminação, o opaco, o enigmático. Isto é, fica excluído o que faz pensar. Em segundo lugar, fica estabelecido de antemão quais os programas de ensino que devem ser seguidos por todos e em toda parte. Em terceiro lugar, e consequentemente, a decisão sobre o certo e sua transformação em programa e *curriculum* fica a cargo do Estado. É este quem decidirá o que devemos ensinar e aprender, em que sequência e com quais fins. Nossa submissão a esses critérios extrínsecos à filosofia e ao trabalho pedagógico constitui aquela "perigosa concessão" que fazemos ao Estado e que nos reduz a eruditos repensadores ou pós-pensadores. Aliás, é demais manter o termo "pensador". Estamos reduzidos à condição de transmissores. E porque não transmitiremos "qualquer coisa", mas aquilo que os Ministérios da Educação e Cultura nos dizem que devemos transmitir, somos veículos de reprodução da ideologia dominante.

Quando se destrói a arte de ensinar e de aprender, quando se abole o trabalho e o prazer do pensamento pela aquisição de conhecimentos, quando se anula o ponto de emergência da inquietação filosófica, o professor e o estudante de filosofia perderam o solo no qual a filosofia tem sentido: o enigma do visível e o mistério do invisível. O estudo da filosofia, apoiado nas certezas curriculares e nas muletas da administração burocrática, converte-se em pacificação das consciências, sonolência do desejo e purificação ascética do prazer. Morre o amor à sabedoria.

A questão que deixo aqui, e que é minha cotidianamente, é bastante simples: é possível ensinar filosofia na universidade?

É preciso, porém, não assumir a autocomiseração e o vitimismo, imputando à burocracia universitária, ao Estado e à ideologia dominante a responsabilidade exclusiva de nossas dificuldades. É preciso, pelo menos, que penetre em nossa interrogação a meditação sobre nossa cumplicidade. Primeiro, do lado dos professores de filosofia e, depois, do lado dos estudantes de filosofia.

Em nossa sociedade, isto é, na sociedade que se desenvolve no Ocidente a partir do século XVI, o poder e o saber se articulam de maneira extraordinária. O humanismo moderno nasce como ideal de domínio técnico sobre a natureza (pela ciência) e sobre a sociedade (pela política). Na qualidade de sujeito do conhecimento, o homem se põe como consciência soberana capaz de realizar o domínio prático de toda realidade, reduzida à objetividade do conhecimento e da técnica. Essa consciência soberana, separada do mundo na qualidade de puro observador neutro, manipula o real e o controla. O lugar do sujeito do conhecimento é o lugar separado, porque somente essa separação permite dominar o real representado. Ora, como consciência separada, o sujeito do conhecimento é soberano e ocupa, na esfera do pensamento, exatamente o mesmo tipo de lugar – externo e separado – que, em nossa sociedade, é ocupado pelo poder, isto é, pelo Estado como polo acima das classes. No mundo moderno, o lugar do poder é o lugar separado preenchido pelo Estado. Ora, instalando-se como polo separado das coisas a serem pensadas, o sujeito do conhecimento dá a si mesmo a marca moderna do lugar do poder.

O que ocorre quando o professor de filosofia se identifica com o lugar do saber? Não só preenche esse lugar, forçando os estudantes a lutarem para desalojá-lo desse lugar, como ainda pode usar para exercício de poder. No entanto, além desse duplo resultado autoritário, há ainda um terceiro resultado que invalida o próprio trabalho pedagógico. Ou seja, na qualidade de detentor de saber e poder, o professor se intercala entre os estudantes e a filosofia. Ocupa o lugar imaginário da filosofia, torna-se sua encarnação e seu portador, forçando os estudantes a se relacionarem com ele e não com a filosofia. Dessa maneira, sobre vários ângulos, a relação professor/estudante se torna conflituosa, agressiva, autoritária de parte a parte e, como se não bastasse, muitos de nós procuramos esconder o conflito estabelecendo um diálogo imaginário com os estudantes e convidando os alunos a uma participação impossível porque comandada por nós.

Talvez fosse importante que o professor de filosofia deixasse de ser erudito e permitisse que os estudantes fossem testemunhas de sua desordem interior, para que tivesse coragem de testemunhar sua própria inquietação. Talvez fosse importante que admitíssemos, ao mesmo tempo, que a relação professor/aluno é assimétrica e amorosa. Assimétrica porque há uma desigualdade a ser vencida pelo trabalho do pensamento. Amorosa porque capaz de criar no estudante o desejo de fazer filosofia. Costumo comparar o professor de filosofia com o professor de natação. Este não ensina ao outro a nadar na areia, fazendo-o imitar seus próprios gestos soltos no vazio. Lança-se n'água com o outro para que aprenda a nadar lutando contra as ondas, fazendo seu corpo coexistir com o corpo ondulante das águas que o repelem e acolhem, descobrindo que a luta e o diálogo não se travam com o professor, mas com a água. Com a filosofia. Trabalhar para suprimir o estudante como um desigual, fazendo com que ultrapasse a desigualdade no corpo a corpo do pensamento. Se não formos capazes de vencer o desejo de sermos gurus e mestres, não venceremos o desejo de possuir e ocupar o lugar do saber, e seremos cúmplices do poder, mesmo que o critiquemos para a paz de nossa boa consciência.

Mas esse trabalho não é fácil. Não só porque interiorizamos nossa cultura e estamos atados à ideologia dominante, mas porque os estudantes também interiorizaram essa cultura a essa ideologia. Querem as "partes mais certas", querem mestres, querem ser gratificados consumindo conhecimentos.

A dificuldade é enorme quando meditamos sobre a condição dos estudantes ao chegarem à universidade. O ciclo secundário operou de modo a roubar dos estudantes o direito de serem sujeitos de seu próprio discurso. Testes e cruzinhas roubaram o pensamento e a palavra. O audiovisual e a disneylândia dos livros didáticos os fizeram perder a região expressiva da linguagem, obrigando-os à dimensão binária e puramente indicativa/denotativa das palavras. Sem o apoio das imagens, seu pensamento fica paralisado e sua voz, embargada. Como iniciá-los no trabalho das ideias?

Todavia, creio que o problema é ainda mais grave. Esses estudantes são adolescentes. Ora, a adolescência é uma invenção da sociedade capitalista urbano/industrial. Em nenhuma outra sociedade existe um fenômeno social chamado *adolescência* como uma forma específica de existência e inserção na sociedade. Não vou aqui discutir os problemas econômicos, sociais e políticos envolvidos por esse fenômeno, mas apenas assinalar sua face ideológica, deixando de lado os problemas existenciais que nossa sociedade criou para seres humanos entre 13 e 20 anos e dos quais os movimentos de 1968, a contracultura e o fenômeno hippie são algumas manifestações. Nestas, os chamados jovens se recusaram a viver os dois papéis que nossa sociedade lhes atribui: mão de obra em preparo para o mercado e população destinada exclusivamente ao consumo. Apesar dessa recusa, os dois papéis permanecem e são incorporados pelos chamados adolescentes.

Ora, a redução desses humanos a consumidores se faz por meio de um dispositivo específico: a indústria cultural ou os meios de comunicação de massa. Estes atuam em dois grandes registros: na destruição e na patologização da percepção do espaço e do tempo pela fragmentação audiovisual; na inculcação de que, enquanto público consumidor, o adolescente sempre tem razão e só "comunica" o que lhe agradar.

Quais as consequências dessa dupla atuação? Patologizando a percepção (em nome de uma fantástica valorização da imagem), os meios de comunicação de massa destroem a concentração, a atuação e a capacidade de síntese. O tempo se reduz ao ponto presente, sem passado e sem futuro, e o espaço se reduz ao tamanho do vídeo e do quadrinho.

Afirmando que o público sempre tem razão e que só lhe é dado o que lhe agrada, os meios de comunicação de massa *infantilizam* o público, deixando-o preso ao desejo infantil da gratificação imediata e totalmente incapaz de suportar e de trabalhar a frustração. Desenvolvem-se a extrema autocomplacência e autossatisfação dos adolescentes, que se revoltam e agridem tudo quanto não os confirme na bela imagem que possuem de si próprios.

Adulado e mimado, instantaneamente gratificado, o adolescente é convidado a estar constantemente "com todo mundo". No isolamento dos centros urbanos ou das pequenas cidades, a vida coletiva lhe é trazida sob a forma de ilusão. Rádio e televisão lhe dão o sentimento de ser alguém participante de uma coletividade chamada juventude – "o seu canal", "a sua rádio", "a nossa moto", "a sua calça", "o nosso timão". Essa ilusão da vida coletiva faz com que se desenvolva nos adolescentes não um espírito social, mas o sentimento gregário, que se mostra na vida em bandos, na incapacidade para tolerar a solidão.

Psicotizado pela fragmentação do espaço e do tempo, despojado da linguagem reduzida a um pequeno estoque de sinais, gratificado por ter sempre razão, arrebanhado em grupos de sustentação recíproca, o adolescente está preparado para algo que é típico do fascismo: tornar-se o centro das relações sociais, familiares e interpessoais. Por isso, ao se defrontar com um professor que ocupa o lugar do saber, que exerce poder e que o frustra, o adolescente se torna tão autoritário como aquilo que deseja combater.

O adolescente, exatamente como o professor, é manipulado pela ideologia da modernização. O moderno é progresso, o progresso é bom, os jovens são modernos, encarnam o progresso e o novo, e a juventude é um valor positivo em si mesmo. Se em outras culturas os filhos eram promessa da imortalidade dos pais, na nossa sociedade estão encarregados de realizar as expectativas frustradas que golpearam a família, o grupo, a classe, a nação.

Nessas condições são trazidos à universidade, dispostos a consumir mais alguma coisa, esperando que professores, livros e cadernos se ofereçam como iguarias apetitosas e espetáculos divertidos. Quando enfrentam o trabalho do pensamento, sofrem os primeiros golpes em seu narcisismo e em sua autocomplacência, podem reagir com a feracidade própria de quem foi sistematicamente violentado mas não sabe de onde veio a violência.

Estamos diante de criaturas das quais foi roubado o direito ao pensamento e à palavra e que, com a revolta própria de quem foi profanado sob a carapaça de uma bajulação ilimitada, correm o risco de serem mais uma vez violentados por nós, seus professores, se aceitarmos ser tanto comediantes, animadores do espetáculo quanto farsantes, proprietários da filosofia.

★ ★ ★

Não vim lhes falar hoje como o anjo do apocalipse. Vim apenas testemunhar minha desordem interior, disposta a substituir meus preconceitos por outros, aceitando que a filosofia, porque é procura do verdadeiro, sabe que não irá encontrá-lo e por isso não desiste de buscá-lo.

Falei dos riscos de nossa cumplicidade com o estabelecido. Queria também falar da amizade.

La Boétie[5] dizia que entre os cúmplices não pode haver discussão, pois a relação de cumplicidade é frágil. Entre amigos, a discussão e a desavença são possíveis, porque a relação é forte. Entre cúmplices, a relação é a favor de dependência pessoal. Entre amigos, como dissera Espinosa, há reconhecimento mútuo e gratidão, porque não há favor, mas liberdade.[6]

---

[5] LA BOÉTIE, Étienne. *Discours de la servitude volontaire*. Paris: Payot, 1976.

[6] ESPINOSA, Bento de. *Ética*, parte IV.

A volta da filosofia
à rede oficial de ensino[1]

Desde 1976, professores e estudantes de filosofia de todo o país têm-se reunido para debater a necessidade do retorno do ensino da filosofia ao segundo grau (de onde foi retirada, inicialmente em benefício de moral e cívica, posteriormente pelo "pragmatismo" do chamado profissionalizante). De início, foi eliminada porque considerada "subversiva"; depois, porque considerada "inútil". Motivos brilhantes, sem dúvida. Mas como não há de brilhar o obscuro obscurantismo de regimes autoritários? Tecnicismo míope, a reforma do ensino pós-1968 só poderia realizar-se eliminando o que mais temia: o pensamento. E fazendo reinar o que Hegel designou como "reino animal do espírito".

Discussões na SBPC, na SEAF, no MEC, nas Secretarias de Educação, simpósios, encontros, artigos pela imprensa – longa e dura foi a batalha, mas conseguimos, em todo o país, que o ensino da filosofia retornasse ao segundo grau. Em São Paulo, debates e projetos com a Secretaria de Educação foram frutíferos: não só a CENP[2] enviou às regiões escolares a recomendação para que a filosofia fosse incluída

---

[1] Originalmente publicado em: *Folha de S.Paulo*, São Paulo, 6 jan. 1984, Segundo Caderno, p. 22. (N. do Org.)

[2] Coordenadoria de Estudos e Normas Pedagógicas da Secretaria da Educação do Estado de São Paulo. De 1976 até meados da década de 1980, foi responsável pelas questões relativas aos currículos. (N. do Org.)

como optativa, como também preparou, em conjunto com professores e estudantes, um programa mínimo (provisório) para o ensino da disciplina.

A fim de que o retorno fosse proveitoso para os secundaristas, cursos de extensão e de difusão cultural foram ministrados no Departamento de Filosofia da USP (foram ministrados cinco cursos, cada um deles com 12 horas de aulas) para professores de todo o estado. Foram preparadas, no mesmo Departamento, apostilas para suprir a falta inicial de livros didáticos e foi publicado um livro de iniciação – *Primeira Filosofia*[3] – seguindo os tópicos do programa proposto pela CENP, com apresentações gerais das questões e seleções de textos fundamentais. O desejo de todos os que vêm trabalhando pelo retorno do ensino da filosofia no segundo grau é que ela deixe de ser disciplina optativa, integre o *curriculum* obrigatório e seja objeto de prova especial numa terceira fase do vestibular. Para tanto, temos lutado também para que haja concurso público para o cargo de professor de filosofia no secundário, de modo a garantir a qualidade do ensino e os direitos dos licenciados nessa disciplina.

Em nossos esforços, não fomos movidos por ilusões doutrinárias (há muito, os filósofos sabem que a filosofia não é "a rainha das ciências"), nem pelo desejo de oferecer aos jovens saberes esotéricos (há muito, sabemos que o filósofo é "apenas testemunha consciente de sua desordem interior"), nem pela pretensão de superar a massificação cultural (há muito, os filósofos sabem que o problema não está na massificação, mas em todo uso da cultura para fins de dominação). Fomos movidos apenas pelas seguintes ideias: 1) um ensino da filosofia em que se enfatize sua história, sua especificidade e sua complexidade; 2) em que haja paciente introdução ao rigor conceitual, ao campo de temas e de problemas que constituem a filosofia tanto em sua temporalidade interna quanto em sua presença no contexto histórico mais amplo; 3) sobretudo, um ensino que não caia em duas suposições igualmente vagas e abstratas, embora aparentemente muito diversas: aquela que define a filosofia como "pensamento crítico" (de tudo e de nada) e aquela que define a filosofia como "ciência com a qual ou

---

[3] Cf. VV.AA. *Primeira Filosofia: Lições introdutórias*. São Paulo: Brasiliense, 1984. (N. do Org.)

sem a qual o mundo permanece tal qual"; 4) um ensino voltado para as necessidades intelectuais, morais, políticas, artísticas e existenciais dos adolescentes, num momento de suas vidas em que se aguçam tanto a compreensão quanto a rebeldia face às instituições (família, escola, trabalho, Estado etc.).

Evitar a miopia "pragmática" (que deu no que deu, como todos sabem), mas também evitar parnasianismo oco a dizer que a "filosofia é o cultivo das flores eternas da inteligência" (poeticamente, aliás, a beleza das flores está em serem efêmeras...).

Ora, tanto esforço e tanto empenho de nossa parte parecem rumar para o fracasso. Sendo disciplina optativa, a filosofia pode não ser colocada no elenco das disciplinas do segundo grau, pois, como vivemos num país autoritário, a opção não é feita pelo aluno, mas pelo diretor da escola! Inúmeros diretores e delegados de ensino estão impedindo a presença da filosofia, mesmo como optativa. Essa atitude obscurantista, autoritária e burocrática não pode ser tolerada nem por alunos e professores, nem pela Secretaria da Educação.

No caso da Secretaria, cujo interesse e apoio à volta da filosofia ao segundo grau foram inegáveis, solicitamos que se informe quanto ao bloqueio da disciplina pelos diretores e delegados de ensino e que atenda à reivindicação de docentes e alunos, reabrindo a opção.

Alguns aspectos da filosofia no Brasil entre 1965 e 1985[1]

I

O tema que me fora proposto pelo Núcleo de Estudos e Pesquisas da Funarte – "A Filosofia no Brasil pós-Iseb" – pareceu-me problemático e por isso tomei a iniciativa de modificá-lo. Vários motivos levaram-me à alteração.

Em primeiro lugar, se tomarmos os trabalhos de filosofia ou em filosofia no Brasil numa periodização definida em termos pré e pós-isebianos, teremos que considerar a produção filosófica do Instituo Superior de Estudos Brasileiros (Iseb) como marco definidor das atividades filosóficas no país e não me parece ser este o caso. Com efeito, o projeto isebiano de uma filosofia brasileira para o desenvolvimento nacional não era novo, como não era preocupação exclusiva do Iseb. Por um lado, a exigência de uma filosofia que fosse brasileira data do século XIX, bastando para isto a leitura dos textos de Sylvio Romero. Aliás, espalhava-se na América Latina oitocentista a busca de uma filosofia nacional, como transparece na atuação de *Los Científicos*

---

[1] Parte de conferência apresentada no ciclo "Tradição e contradição" organizado pelo Núcleo de Estudos e Pesquisas da Funarte, Rio de Janeiro, 9 set. 1985. Uma terceira e última seção do texto se perdeu. (N. do Org.)

mexicanos, para os quais a racionalidade científica e filosófica eram a condição *sine qua non* para livrar o México do atraso e sustentar o governo de Porfírio. Essa mesma exigência oitocentista ressurge nos anos 1920, tanto no Brasil do Modernismo quanto na elaboração de *La raza cosmica*, de um Vasconcellos, ou na filosofia "Porvenirista", de um Mariátegui, ou no Indigenismo dos autores peruanos e mexicanos. Assim, pois, quando os isebianos definem uma filosofia brasileira a partir da oposição nação/antinação, inscrevem-se na tradição oitocentista de combate ao passado-presente colonial.[2] Por outro lado, um exame dos títulos de livros e artigos de filosofia publicados no Brasil nos anos 1950 e início dos anos 1960 revela que a preocupação de instaurar uma filosofia nacional existia difusamente em várias partes do país e de modo polêmico, isto é, suscitando prós e contras. No nível municipal ou paroquial, essa polêmica se desenvolvia em São Paulo, opondo o Departamento de Filosofia da Faculdade de Filosofia da USP ao Instituto Brasileiro de Filosofia, ou, se se quiser, opondo João Cruz Costa e Miguel Reale. O primeiro considerava haver *ideias no Brasil*, mas não uma filosofia brasileira e, por sinal, ria galhofeiramente das pretensões dos que chamava de "filosofantes", glosadores de sistemas importados, bacharéis superficiais, filoneístas e vítimas de "bovarismo intelectual". Em contrapartida, Miguel Reale, inspirado em correntes filosóficas por ele denominadas "culturalistas", acreditava haver filosofia brasileira, isto é, adaptação das ideias universais da filosofia europeia às particularidades nacionais, determinadas pelas diferenças culturais. Cruz Costa julgava que as transformações econômicas e sociais, criando novos e avançados centros de investigação voltados para a análise do país, trariam, no futuro, a possibilidade de uma filosofia *no* Brasil, mas

---

[2] A preocupação isebiana com a consciência nacional também os inscreve na tradição oitocentista dos românticos alemães de busca do *Volksgeist*, embora os isebianos procurem equilibrar a referência à tradição com a necessidade do progresso nacional. Talvez por esse motivo venha cruzar-se aqui uma outra corrente oitocentista, qual seja, uma teoria da história de inspiração geopolítica, isto é, a nação como território nacional. Essa vertente geopolítica poderia esclarecer por que, para alguns dos filósofos isebianos, o progresso significasse o ajustamento do Brasil à "civilização do Ocidente", como também poderia esclarecer por que definiam o imperialismo pelo colonialismo, isto é, como interferência e invasão de uma nação estrangeira sobre o território brasileiro. Em suma, a preocupação com uma filosofia brasileira e vários dos conceitos empregados para criá-la não eram novidade no país.

recusava a ideia de filosofia *brasileira*, uma vez que isso implicaria elaboração de doutrinas e de sistemas, metafísicas que, no seu entender, eram estranhas à "mentalidade nacional", desconfiada de sistemas e de doutrinas, pragmática e avessa à especulação. Na realidade, o subsolo dessa polêmica era político-ideológico: Cruz Costa identificava o gosto por doutrinas como típico do jesuitismo tomista, como permanência da escolástica antifilosófica e cujo lugar privilegiado eram as universidades católicas. Também identificava o gosto pelos sistemas metafísicos com ideologias de estilo fascista ou formas do pensamento de direita que, em sua opinião, localizavam-se no Instituto Brasileiro de Filosofia. Em suma, considerava que, no estágio atual da cultura brasileira, uma filosofia brasileira desembocaria em nacionalismo e, em sua opinião, o nacionalismo tornava impossível o pensamento filosófico livre.

Meu segundo motivo para não fazer da filosofia isebiana um marco diferenciador das atividades filosóficas no país é simplesmente empírico. Se tomarmos a descrição das pesquisas e publicações em filosofia feita em 1968 por Luiz Washington Vita, veremos que o Iseb era apenas um entre vários outros centros de investigação filosóficas – departamento de filosofia de diversos estados, institutos, centro de estudo, correntes filosóficas variadas caracterizam os trabalhos de filosofia no período. Assim, se para a biografia espiritual e política de muitos pensadores brasileiros o Iseb marca um antes e um depois, nem por isso a filosofia ali produzida significa um antes e um depois para os estudos filosóficos no país. Em outros lugares, trabalhos iniciados antes do Iseb prosseguiram durante e após o Instituto, enquanto noutras partes trabalhos iniciados cronologicamente depois do Iseb não tomaram a produção do Instituto como referência. Sem dúvida, pela importância que tiveram e pelo fato de corresponderem a uma indagação que existia em outros pontos do país, as ideias isebianas suscitaram polêmicas e debates, como testemunham revistas e suplementos culturais dos jornais da época. Entretanto, creio haver alguma diferença entre o papel que a produção isebiana possa ter tido sobre o conjunto das ciências sociais no Brasil (na ocasião e posteriormente) e sua colocação como marco histórico para diferenciação das pesquisas filosóficas no país.

Em terceiro lugar, acredito que o que era novo nas perspectivas dos vários pensadores do Iseb (digo perspectivas no plural, pois a produção filosófica isebiana é bastante diferenciada e heterogênea) era a tentativa para reunir posições filosóficas diversas – fenomenologia, existencialismo, marxismo – sob a orientação de uma teoria econômica e sociológica definida, qual seja, a teoria do desenvolvimento ou o desenvolvimentismo. Assim sendo, a expressão "pós-Iseb" deveria referir-se muitos menos à filosofia e muito mais aos limites históricos daquela teoria. Sabemos que o término das perspectivas filosóficas isebianas não se deveu a um esgotamento interno de suas possibilidades teóricas, mas ao duro golpe da realidade política que invalidou a teoria desenvolvimentista onde aquelas perspectivas se assentavam. Todos se recordam que a tese central do desenvolvimentismo era a articulação necessária entre desenvolvimento capitalista e autonomia nacional nos quadros políticos da ordem liberal democrática (para alguns, essa seria o término necessário do processo histórico; para outros, essa seria apenas uma etapa necessária para o momento seguinte, este, sim, definitivo, o socialismo nacional). A brutalidade dos fatos e a lógica do capital impuseram um desmentido à teoria e esta, não por acaso, foi substituída por uma nova teoria, qual seja, a da dependência ou dependentismo. Aqui, afirma-se que o desenvolvimento capitalista dos países dependentes se realiza contra qualquer possibilidade de autonomia nacional e através de políticas autoritárias. A modernização, tão cara aos filósofos isebianos, não era sinônimo de emancipação, mas de ditadura. Não nos cabe aqui analisar ilusões ou equívocos tanto do desenvolvimentismo quanto do depedentismo. Se fizemos referência a este último, é porque cremos que nos ajuda a localizar o limite histórico da filosofia brasileira isebiana. Com efeito, uma das análises preferenciais da teoria da dependência é a da nova forma ou da nova estrutura do Estado nos países dependentes, na medida em que o desenvolvimento capitalista dependente cria um Estado centralizado, burocrático, tecnocrático e distante da sociedade civil, diferenciando-se das velhas ditaduras latino-americanas fundadas no líder carismático, populista, caudilhesco. Ora, uma das teses centrais do ideário isebiano era a de que o desenvolvimento nacional seria nacional e emancipador porque passaria pela modernização das relações entre mentalidade nacional, personalidade nacional, cultura nacional, sociedade nacional e estado nacional. O estado nacional seria a expressão mais alta da nova consciência nacional, de onde nasceria, exprimindo necessidades e interesses nacionais. Se, como dissera um isebiano, "a filosofia brasileira só será filosofia se for brasileira", se a brasilidade filosófica repousa na elevação da consciência nacional através dos intelectuais e do Estado, se a brasilidade definir-se, portanto, pela tomada de consciência das relações não alienadas entre cultura nacional, sociedade nacional e estado nacional, e se o estado nacional é o solo e o fim dessa filosofia, então seria preciso dizer que, "nesta etapa do processo histórico", as relações entre cultura nacional, sociedade nacional e estado nacional fazem da ditadura o *télos* da filosofia nacional. Conclusão que, evidentemente, boa parte dos isebianos recusaria com todas as forças de seu intelecto e do fundo de seus corações, pois boa parte deles acreditava sinceramente na emancipação. O problema, pois, parece encontrar-se em dois outros: de um lado, na aceitação da teoria econômica e sociológica do desenvolvimentismo; de outro lado, como escreveu o padre Lima Vaz a respeito de Álvaro Vieira Pinto, em terem tomado a nação como "doadora de sentido".

Meu último motivo para considerar a expressão "pós-Iseb" problemática é paradoxal e se refere menos à filosofia, como campo específico de investigação, e mais ao conjunto difuso de opiniões que começam a se expressar nessa chamada "Nova República". Além do papel central conferido ao estado nacional, os filósofos isebianos davam um lugar primordial ao que designavam consciência nacional. Esta, confusa no povo, pedia o esclarecimento teórico. Cabia, assim, um papel proeminente aos intelectuais como guias, condutores e pedagogos do povo, doadores de sentido à consciência nacional inconsciente. Ora, não me parece que, de modo geral, a recusa desse lugar isebiano dos intelectuais tenha sido posta em questão. Pelo contrário, parece-me reforçar-se esse lugar. Também era central na perspectiva isebiana a afirmação da identidade nacional com identidade cultural. Não me parece que essas ideias tenham sido questionadas. Pelo contrário, ressurgem seus fantasmas. Enfim, era central nas perspectivas isebianas, como acabei de mencionar, o lugar conferido ao Estado como expressão do nacional e do popular. E nem isto me parece, atualmente, recusado. Assim sendo, por que falar em "pós-Iseb"? Talvez haja um único sentido no uso desse "pós": aquele proposto por um célebre pensador oitocentista que afirmava que a história faz tudo duas vezes. Na primeira vez, como tragédia. Na segunda, como farsa.

II

Ao escolher as datas de 1965 e 1985 não fui movida por qualquer rigor histórico. Tomei 1965 simplesmente porque, do ponto de vista institucional, iniciam-se alterações no âmbito universitário e é nele que a filosofia se efetua preferencialmente (não vou me deter nessas alterações, de todos conhecidas e cujo "acabamento" se cumpre entre 1969 e 1974); e 1985 apenas porque nele nos encontramos. Não há, pois, o menor significado histórico ou filosófico nas datas escolhidas.

Num primeiro relance, de 1965 a 1985, pouco se altera o aspecto dos debates ou das polêmicas envolvendo escolhas filosóficas: fenomenólogos, existencialistas ateus e cristãos, althusserianos, estruturalistas, nietzschianos, lukacsianos, foucaultianos ocuparam sucessiva ou concomitantemente o cenário polêmico. Termos como "humanismo", "historicismo", "antropologismo", "mecanicismo", "reducionismo", "essencialismo", "logocentrismo", "episteme", "arqueologia", "genealogia" converteram-se em epítetos e etiquetas e a eles vieram acrescentar-se, em tempos mais recentes, distinções como racionalismo x irracionalismo, radicalismo x reformismo, progressismo x conservadorismo, totalitarismo x democratismo, etc.

Todavia, nós nos enganaríamos se considerássemos tais polêmicas e etiquetas apenas como modismos, durante os 15 minutos a que se referia Andy Warhol. Se é verdade que no plano das opiniões e da expressão pública esses debates ganharam o colorido de modas passageiras, não menos verdade é que aqueles que em seus trabalhos adotaram essa ou aquela corrente filosófica a mantiveram depois dos célebres 15 minutos. Em outras palavras, foram feitas escolhas filosóficas e estas guiaram o conteúdo de pesquisas e de pedagogias. O sucesso de certas correntes, particularmente fenomenologia, existencialismo, althusserianismo ou foucaultianismo, deveu-se a algo interno a elas, isto é, ao fato de que pareceram fornecer aos estudiosos conceitos e formulações que permitiam dar conta de experiências à primeira vista incompreensíveis. A vantagem de muitas dessas correntes estava e está no fato de que traziam a possibilidade de interpretações ou explicações globalizantes, sendo este seu atrativo filosófico maior. Sem dúvida, ocorre aqui o que sempre ocorre com a transposição de ideias – não me refiro ao capítulo da importação-deformação, isto é, a tendência a conferir-lhe generalidade maior do que suportariam e, sobretudo, a tendência a convertê-las em sistemas e doutrinas. Essa transformação não é consequência da "importação" (ainda que esta agrave a alteração das ideias descontextualizadas), mas algo inerente ao movimento de passagem do instituinte ao instituído (para usar expressões de Merleau-Ponty). Em outras palavras, na Europa como no Brasil, as ideias passam por um processo de sedimentação pelo qual se tornam não só ideias adquiridas e disponíveis para todos os participantes de uma cultura, mas ainda tendem a se petrificar ou a se cristalizar em doutrinas. Distingo, pois, entre a escolha filosófica que procura interpretar realidades partindo de alguns referenciais teóricos e o instante do modismo, quando as escolhas se petrificam em dogmas e doutrinas. Mas, repito, isto não é exclusivo do ambiente brasileiro.

Também é interessante observar que a preocupação obsessiva dos anos 1950 e o início dos 1960 com uma filosofia brasileira desapareceu. Não desapareceu, evidentemente, o desejo de alguns estudiosos de que suas análises dissessem respeito à realidade brasileira – o fato de que estudos sobre a natureza do poder, do saber, da ideologia, da democracia, da racionalidade científica, do terror, da cultura, do direito, etc. tenham ocupado muitos é significativo. Mas já não atormentava a necessidade de oferecer um sistema filosófico brasileiro. Sob certos aspectos, diria que a paciência teórica, o rigor nas investigações e o recolhimento de muitos permitiram uma relação com a filosofia em que esta realizou algo que lhe é essencial: a força para resistir à sedução das evidências imediatas.

Ao mesmo tempo, porém, ocorreu uma novidade paradoxal. Houve "retração" da filosofia. Não me refiro à situação geral dos trabalhos intelectuais sob censura e triagem ideológica, mas ao fato de que muitos campos de investigação trabalhados na Europa pelos filósofos ou a partir deles, no Brasil, passaram a ser trabalhados por pesquisadores de outras áreas. Assim, por exemplo, a discussão sobre o poder e as instituições, de inspiração foucaultiana, tem sido levada a cabo por historiadores, psiquiatras, juristas. Investigações sobre a linguagem e os signos, em geral, são feitas pelos semióticos e semiologistas e linguistas. Intepretação, análise e crítica de textos, pelos teóricos da literatura. Sobre a racionalidade, as paixões da alma, as relações entre corpo e espírito, a subjetividade, pelos psicanalistas. As questões lógicas, por matemáticos e físicos. A passagem da "opção nacional" à "opção pelos pobres" não foi feita pela filosofia de esquerda, mas pela teologia católica, a Teologia da Libertação. O interesse pelo nacional enquanto popular, em estilo gramsciano, veio de pedagogos e antropólogos. A crítica ao totalitarismo, dos politólogos. A lista seria longa.

A essa retração no plano das pesquisas, veio acrescentar-se outra, a do ensino de filosofia, provocada pela reforma educacional. Essa retração é problemática se nos lembrarmos de que a filosofia, no Brasil, existe quase exclusivamente como atividade universitária, os chamados filósofos sendo antes e sobretudo professores de filosofia. Não só o ensino da filosofia foi suprimido do segundo grau (pelas razões que se conhece: subversão ético-política; inutilidade para o desenvolvimento econômico), mas ainda seu nível baixou sensivelmente na graduação (tanto em decorrência de sua supressão no secundário e do abaixamento do nível do ensino do segundo grau, como também em decorrência da massificação para atender às exigências de uma classe média embevecida com o "milagre econômico" e desejosa de prestígio intelectual, além das novas exigências do mercado de trabalho, sequioso de mão de obra diplomada). Por seu turno, o regime de pós-graduação, meio para compensar a abertura da graduação, acarretou a infantilização dos pesquisadores, submetidos não apenas a absurdos modelos tayloristas de produtividade e créditos, como ainda à arbitrariedade dos orientadores e ao controle ideológico das pesquisas, feito através das fundações estatais de subvenção. A esse quadro, acrescenta-se a aposentadoria compulsória de professores, pelo AI-5, a triagem ideológica e a censura da palavra e da expressão. Como não bastasse, a imposição da caricatura do modelo universitário norte-americano à periferia tupiniquim criou uma situação insólita para os estudiosos da filosofia, isto é, nesse modelo o desempenho profissional é pensado em conformidade às exigências do mercado, mas não há mercado de filosofia, evidentemente. Um quadro de incompreensão generalizada, de conflitos escolares, de polêmicas intramuros e sobretudo de estéreis discussões pedagógicas marcaram as relações entre professores e alunos, entre ambos e autoridades universitárias e governamentais. O ponto fundamental, nesse processo, foi a redução da filosofia a uma atividade escolar fortemente burocratizada à sombra do Estado e das empresas privadas de ensino.

Nesse ambiente, proliferaram queixas e críticas. Do lado estudantil, sobretudo se os estudantes tinham pretensões a serem "de esquerda", queixava-se da filosofia por ser "abstrata" (entendendo-se por abstração o não se ver o uso prático imediato da filosofia), por ser "alienante" (confundindo-se alienação com a dificuldade para compreender intrincadas redes conceituais), por ser "colonizada" (entendendo-se por colonização a ausência de uma filosofia brasileira e o estudo dos filósofos nascidos na Grécia, na Ásia Menor e nas várias partes da Europa) e por ser "autoritária" (entendendo-se por autoritarismo a presença de professores nas salas de aula e a avaliação dos trabalhos feitos). Do lado dos professores, as queixas se dirigiam menos à filosofia e mais às condições lamentáveis de seu ensino: baixo nível dos estudantes, falta de material didático, ausência de infraestrutura material (como bibliotecas), burocratização do trabalho, etc. Finalmente, extramuros, as críticas costumeiras: elitismo (para que filosofia num país de analfabetos e de miséria socioeconômica?), hermetismo (só outro professor de filosofia é capaz de entender o que um outro diz ou escreve), corporativismo (os professores e estudantes de filosofia lutando apenas para melhorar seu pequeno pedaço e pequeno quinhão de privilégios burocráticos e econômicos, definindo o papel da filosofia sem qualquer consulta à sociedade que os sustenta) e ausência de prestação de serviços à sociedade (estudantes e professores de filosofia incapazes de socializar os resultados de suas pesquisas).

Ora, o que é pelo menos curioso, diante da retração das áreas de pesquisa e do ensino da filosofia, é um fenômeno simultâneo e paradoxal: o aumento do número de alunos na graduação de filosofia, a procura da pós-graduação por estudantes formados em outras áreas, a solicitação de cursos e conferências para outras áreas da universidade, e fora dela para públicos leigos em filosofia, o aumento da vendagem de livros brasileiros e estrangeiros de filosofia, a aceitação de artigos de professores de filosofia em revistas e jornais não especializados e mesmo a solicitação para que participem de debates nos meios de comunicação. Esses fatos surpreendem porque a retração da filosofia levaria a supor seu colapso ou seu fracasso. E surpreendem ainda mais se considerarmos que os escritos principais que produzimos são determinados por nossos vínculos com a universidade e, portanto, são altamente especializados.

Alguns procuram explicar o fenômeno declarando que as pessoas sempre se interessaram por filosofia, mas que os estudiosos não se dispunham a responder a esse interesse. Quando o fizeram, surpreenderam-se sem motivo.

Outra explicação tem sido apresentada por um incurável otimista, José Arthur Giannotti. Como se sabe, Giannotti atribui essa paradoxal presença da filosofia à falência das duas ciências rainhas que reinaram sem rivais nos anos 1950, 1960 e início dos 1970 – a economia e a sociologia. Em sua opinião, porque essas ciências falharam em oferecer respostas às demandas sociais e políticas, caíram em descrédito e cederam passo à filosofia. Não sei dizer se tal diagnóstico é ou não acertado. Porém, caso esteja correto, creio que os estudiosos da filosofia irão decepcionar profundamente o público porque há uma diferença fundamental entre as ciências e a filosofia, sobretudo a filosofia contemporânea, e não se pode pedir a ela o que se pode exigir daquelas. Com efeito, as ciências, ainda que construam seus objetos, acreditam (e tendemos todos a compartilhar dessa crença) que simplesmente recortam no real "fatias" ou "setores" a que denominam "fatos" ou "dados" positivos cuja descrição, leis de funcionamento e de transformação, previsibilidade e cálculo são apresentados como correspondendo à realidade em si mesma. As ciências, ainda que produzam inteiramente seus objetos por meio de operações intelectuais, julgam que a construção é descrição e explicação do funcionamento necessário do real. Por que pretendem ser realistas e positivas, as ciências tendem a apresentar seus resultados como evidências e certezas (ainda que provisórias e dependentes de novas pesquisas). Essa positividade, esse realismo, essa certeza a filosofia não possui e a filosofia contemporânea renunciou a eles, desde a última tentativa feita por ela, com a fenomenologia husserliana, de oferecer-se como sistema da razão e fundamento rigoroso e *a priori* de todos os conhecimentos. Tendo deixado de ser doutrina (como no pensamento clássico), tendo fracassado no intento de ser tribunal *a priori* da razão pura teórica e da razão pura prática (como em Kant e Husserl), não podendo conservar-se como desenvolvimento necessário do Absoluto (como em Hegel), a filosofia contemporânea não está em condições de oferecer "visões de mundo", respostas e sistemas. Assim, se as pessoas descrentes da economia e da sociologia pretenderem substituí-las por certezas filosóficas, a decepção será enorme.

Também não bastaria dizer que as pessoas procuram na filosofia um tal de "espírito crítico", pois essa entidade misteriosa tem servido de pretexto para que se considere que a filosofia fala de tudo e, portanto, rigorosamente de nada. Também não bastaria dizer que as pessoas esperam da filosofia aquilo em que ela se tornou durante certo tempo e que se converteu na imagem corrente que dela se possui. Refiro-me à concepção estoica, na qual a filosofia é uma sabedoria prática, uma arte de viver eticamente em meio às adversidades, lição de coisas e lição de vida, tão cara ao cristianismo. Quer gostemos ou não, a filosofia tem uma história própria (que é inseparável da história propriamente dita, mas que possui especificidade), possui conceitos próprios, métodos, aporias, polêmicas internas e exige, gostemos ou não, paciente e árduo trabalho de iniciação.

Todavia, quando nos acercamos dos assuntos que as pessoas, no Brasil, pedem aos estudiosos de filosofia para que discutam, quando examinamos alguns temas que tiveram grande receptividade entre as pessoas – democracia, tirania, ideologia, racionalidade, subjetividade, dominação, representação, simbolização, história, dialética, só para mencionarmos alguns – é possível imaginar que não estejam tanto em busca de novas certezas, nem de regras práticas para aprender a viver, mas de um outro jeito de aproximar-se da realidade. E se assim for, talvez a filosofia não as decepcione.

Apresentação da coleção
Oficina de Filosofia[1]

Nos últimos decênios, cresceram no Brasil tanto a produção de trabalhos em filosofia quanto o interesse – profissional ou não – dos leitores de filosofia. Certamente, do lado acadêmico, o desenvolvimento dos cursos de pós-graduação estimulou pesquisas originais e rigorosas nos mais variados campos filosóficos, fazendo surgir um público leitor exigente, cuja carência de bons textos não tem sido atendida, pois, quase sempre, a produção filosófica permanece sob a forma de teses depositadas em bibliotecas universitárias, sobretudo as dos mais jovens, ainda pouco armados para enfrentar as imposições feitas pelo mercado editorial. Assim, bons e belos trabalhos ficam restritos ao conhecimento de poucos. Doutra parte, do lado dos leitores não especialistas, a demanda por filosofia possivelmente exprime o mal-estar do fim do século, a crise das utopias e projetos libertários, da racionalidade, dos valores éticos e políticos, que repõem o interesse e a necessidade da reflexão filosófica.

Para responder a essa dupla situação, nasce a Oficina de Filosofia, cujo intuito é publicar (editando e divulgando) os resultados de pesquisas

---

[1] Este texto abria os volumes da referida coleção, iniciada em 1995 e publicada pela editora Brasiliense; posteriormente foi aproveitado, com remanejamentos e cortes, para apresentar a coleção Biblioteca de Filosofia, publicada pela editora da Unesp e também dirigida por Marilena Chaui. (N. do Org.)

de jovens estudiosos de filosofia. Mas não só. Existem trabalhos que são, para os privilegiados que a eles têm acesso, clássicos da produção filosófica brasileira, nunca editados. É nossa intenção publicá-los também, estimulando novas pesquisas em filosofia e garantindo aos não especialistas o direito à informação e à fruição dessas obras. A Oficina de Filosofia publicará, alternadamente, trabalhos dos mais jovens e dos mais velhos, buscando expor, para usarmos a expressão de Antonio Candido, a existência de um "sistema de obras" que, do lado acadêmico, suscite debates e permita tornarmo-nos referência bibliográfica e de pesquisa uns para os outros, instituindo, assim, uma tradição filosófica brasileira; e, do lado não acadêmico, cumpra o papel de alimentar a reflexão e de criar novas perplexidades ao propor respostas às existentes.

Há de parecer estranho o título Oficina de Filosofia, escolhido para esta coleção. Afinal, não diferenciara Pitágoras os filósofos dos demais, comparando-os aos que compareciam aos Jogos Olímpicos, alguns para vender e comprar, outros para competir e, os superiores, dedicados apenas a contemplar? Platão e Aristóteles não prosseguiam na mesma trilha, afirmando o laço necessário entre *theoría* e *scholé*, contemplação e ócio?

No entanto, a diferença temporal, tema e objeto da investigação filosófica, seria perdida ou ficaria dissimulada se quiséssemos ignorar que fazemos filosofia num mundo em que, pelos menos na aparência, foi abolida a instituição da escravidão e, portanto, também a hierarquia entre escravos que trabalham e livres que fruem. Mundo capitalista e hegemonicamente da ética protestante, ainda que quantitativamente os não cristãos sejam mais numerosos, e os católicos romanos existam em maior número do que os reformados. Pertencemos a uma cultura e a uma sociedade que crê no valor das obras (para a salvação eterna ou para o prazer da vida presente), que fala em *trabalho* intelectual e o profissionaliza dentro e fora da academia, e que faz do ócio "oficina do diabo". Tanto do ponto de vista das condições materiais de nossa sociedade quanto da perspectiva ideológica que faz do trabalho um valor moral, os que fazem filosofia trabalham. Por isso, contrariando nossos ancestrais, Oficina de Filosofia.

Apresentação dos
Cadernos espinosanos[1]

Estes *Cadernos espinosanos* nasceram da leitura de trabalhos de alunos de graduação, cuja qualidade e originalidade nos levaram a considerar injustificável que permanecessem guardados em gavetas, sobretudo quando são tão poucos os estudos sobre a filosofia de Espinosa no Brasil.

Ligado ao Grupo de Estudos de Espinosa, criado por estudantes de graduação e pós-graduação do Departamento de Filosofia da USP, o propósito destes Cadernos é publicar regularmente trabalhos de alunos de graduação e pós-graduação para que possam servir de referência bibliográfica a outros estudantes brasileiros.

Porque destinado a auxiliar bibliograficamente aos que estudam Espinosa, tanto para trabalhos de aproveitamento de cursos quanto para a elaboração de projetos de Iniciação à Pesquisa e de Mestrado, *Cadernos espinosanos* também publicará, regularmente, ensaios de autores brasileiros e traduções de ensaios de autores estrangeiros, criando, assim, uma pequena biblioteca para os jovens pesquisadores.

Esperamos que esta pequena iniciativa estimule os estudos sobre Espinosa no Brasil e permita criar ou ampliar a comunicação entre os pesquisadores e os estudantes de graduação, incentivando, desse modo, outros Departamentos de Filosofia a colaborar conosco nessa aventura espinosana.

---

[1] Originalmente publicado em: *Cadernos espinosanos*, São Paulo, v. 1, n. 1, p. 3, 1996. (N. do Org.)

A filosofia como formação[1]

Os que leem manuais de filosofia dirigidos aos educadores sempre encontram uma referência central, à cuja volta giram os muitos filósofos: Rousseau e o *Emílio*. Não é o que acontece neste livro, embora Olgária Matos seja profunda conhecedora de Rousseau, por ela estudado em sua tese de mestrado em filosofia. Não é gratuita essa curiosa ausência de Rousseau como centro sempre esperado pelos pedagogos. Olgária escolheu percorrer a filosofia seguindo os avatares da própria ideia da razão como paideia ou formação. Em outras palavras, refere-se à educação não pelo prisma da formação do indivíduo e do cidadão, mas como aventura da própria razão em busca de si, perdendo-se a si mesma em cada nova figura que constrói de si. É a razão como "ilustração" ou "esclarecimento" que é aqui questionada como grande projeto pedagógico da cultura dita ocidental. Por isso mesmo, as vozes emblemáticas serão as de Sócrates, Montaigne, Descartes, Kant, Nietzsche. Se pudermos ouvi-las, compreenderemos como se construiu, pouco a pouco, a ideia da educação como autonomia da razão que se fez autonomia do homem contra a Natureza e, depois, contra si mesmo. Não leremos "filosofia da educação", mas veremos o projeto da filosofia como educação.

---

[1] Originalmente publicado, sem título, como prefácio a: MATOS, Olgária. *Filosofia: a polifonia da razão. Filosofia e educação*. São Paulo: Scipione, 1997, p. 5-6. (N. do Org.)

Esse belíssimo livro não é de fácil leitura porque, heterodoxo para os costumes intelectuais vigentes, pede um leitor apaixonado e atento. Apaixonado, porque há de se sentir concernido com a história da razão e desrazão que é sua e nossa história enquanto participantes de uma cultura que vê na racionalidade a pedra de toque e, em nome dela, sacrifica tudo quanto lhe pareça irracional ou contrário à razão. Atento, porque não estará posto diante de uma sequência cronológica de filósofos e filosofias, e sim mergulhado num diálogo interminável entre diferentes vozes filosóficas que interrogam umas às outras, fazem-se ouvir de diferentes lugares e tempos, coexistindo no mesmo espaço e simultâneas, contemporâneas de uma única e mesma questão entoada polifonicamente.

Mito, religião, teologia, sonho, magia, astrologia: eis alguns nomes dos rivais da razão que ela procura ou dominar e domesticar, incluindo-os em seu próprio trabalho de conhecimento, ou expulsar, afastando-os como obstáculos para o acesso ao verdadeiro, bom, belo e justo.

Interioridade, eu, consciência de si, reflexão, sujeito; eis alguns nomes da prole da razão, filhos que ela pretende conceber por si mesma e dar à luz por si mesma.

Domínio de si, domínio da Natureza, moralidade, ciência, técnica: eis alguns nomes das esferas de atividade da razão que começa socraticamente, pelo "conhece-te a ti mesmo", para terminar, em nossos dias, no desconhecimento de si e da Natureza, sob os efeitos da instrumentalidade científica, da competência técnica, da homogeneidade impessoal das mercadorias, da violência burocrática e totalitária e da indústria cultural.

Percorrer o caminho do surgimento dos rivais, filhos e tarefas da razão em seu projeto pedagógico é seguir trilhas da história da filosofia, sendas perdidas que fazem ressaltar alguns temas sistematicamente esclarecidos e que são magistralmente explorados por Olgária: a viagem, o sonho, o labirinto, a fala das artes, as armas da técnica, o silêncio dos deuses, os extravios da subjetividade, a descoberta de si no outro (é isto a amizade), o lugar dos costumes e das leis, a indústria cultural. Percorrer essas veredas é chegar, vagarosamente, à própria ideia de cultura – o poder como opressão e o saber como coerção –, que, afinal, nos coloca diante das aporias da própria ideia de educação no mundo reificado que a razão criou quando imaginava estar humanizando o mundo. Eis por que, quase ao final do livro, Olgária examina o ensaio de Adorno, *Educação e emancipação*.

No entanto, como salienta a autora nas "Primeiras palavras", a filosofia nasceu como disposição prática, sabedoria prudencial, *pharmakon*, isto é, remédio e medicina da alma contra a dor e o medo da morte, em prol do desejo de vida e de felicidade. Foi por isso que se ergueu como educação que vence a superstição, a tirania dos deuses e dos homens, que combate a servidão voluntária e, pela luz da razão, as trevas da ignorância e do sofrimento. Reatar com essa origem é a grande pedagogia porque é aprender a examinar, sem complacência, a "pobreza da experiência" de nossos dias e a ouvir a riqueza das múltiplas vozes da filosofia, mesmo quando esta quis silenciar "o que em mim fala, quando falo".

A filosofia sai da caverna[1]

CEM: No primeiro volume de sua *Introdução à história da filosofia*, a senhora trata do nascimento dos primeiros conceitos filosóficos. De que modo essas ideias nascidas há 2.500 anos podem ajudar a entender o início do século XXI?

MC: Os filósofos desse período estavam convencidos de que havia, sob a realidade visível e aparente, uma força natural. E que essa força era a realidade verdadeira, que só o pensamento alcançaria. Se você toma nosso mundo contemporâneo, ele é aquele que diz que a única realidade é a aparência e a superfície das coisas. Que tudo são imagens: da propaganda, da TV, do cinema. Elas são fugazes. Surgem e desaparecem rapidamente. Nós nos movemos sem começo e sem fim. O contraponto que temos a isso é a convicção de que há algo a mais do que essa pluralidade efêmera de imagens e de que é preciso ir ao âmago do real para entendê-lo.

CEM: Sair da caverna, à qual Platão alude no Mito da Caverna?

MC: Isso. Sair da caverna. Estou reformulando também meu livro *Convite à filosofia* (Editora Ática, 1994) e começo sugerindo aos alunos

---

[1] Entrevista realizada por Cassiano Elek Machado, por ocasião do lançamento de *Introdução à história da filosofia*. São Paulo: Companhia das Letras, 2002; originalmente publicada em: *Folha de S.Paulo*, São Paulo, 2 mar. 2002, Ilustrada, p. 1, 3. O volume retoma, com ampla revisão, a primeira edição de 1994, pela editora Brasiliense. (N. do Org.)

que comparem o filme *Matrix* (1999) e o Mito da Caverna. E o fato de que, no filme, quando Morpheus leva Neo ao oráculo, encontra na porta a inscrição: "Conhece-te a ti mesmo", que é a origem da filosofia socrática. É isso. O que a filosofia grega tem de importante para o mundo contemporâneo é a desconfiança profunda com relação às aparências e a ideia de que é preciso conhecer-se a si mesmo para captar o sentido da realidade.

CEM: Quais os maiores desafios de ensinar a história da filosofia do período abordado no livro, dos pré-socráticos a Aristóteles?

MC: Acho que a maior dificuldade é a de apresentar a jovens que desconhecem inteiramente a filosofia aquilo que ela tem de mais difícil, que é o momento da formação de seus próprios conceitos. Isso significa apresentar o que chamo de gênese absoluta dos conceitos.

CEM: Qual a grande marca inicial do nascimento da filosofia?

MC: É uma maneira de pensar que surge. Vou dar um exemplo: um dos filósofos pré-socráticos diz que a terra tem formato cilíndrico. Não é porque ele quer. Ele apresenta uma série de argumentos inteiramente teóricos que justificam essa afirmação. É a primeira vez que a verdade de uma afirmação não depende de uma observação no nível da experiência, mas da coerência dos argumentos que a confirmam.

CEM: Essa é a grande revolução desse princípio da filosofia?

MC: É. Significa toda uma maneira de pensar que nasce.

CEM: O que devemos aos gregos?

MC: Em primeiro lugar, a invenção da política. Devemos aos gregos a invenção da ética, da lógica e da ciência. Ou seja, devemos a eles o que se chama de razão ocidental.

CEM: E qual a sensação de explicar esse universo aos seus alunos de primeiro ano de filosofia?

MC: É uma tarefa formidável, gigantesca mostrar para eles que o que foi feito 25 séculos atrás está em vigência hoje, com enormes transformações, e ao mesmo tempo que o que está em vigência hoje não é o que foi pensado lá atrás. É minha tarefa preferida. Sou apaixonada por poder ver o instante em que a compreensão começa a surgir nos alunos, quando você vê isso no olhar, no sorriso deles. Não há gratificação maior.

CEM: Quando lançou a primeira versão deste livro, em 1994, a senhora voltava a dar aulas na USP depois de quatro anos como secretária de Cultura do governo Erundina. Na ocasião, a senhora disse ter "levado um susto" com o despreparo dos estudantes de graduação em filosofia. Como o quadro evoluiu?

MC: O fato de a filosofia ter entrado como disciplina optativa em muitas escolas, de ter estado em parte da rede pública e o aumento da produção de material didático de filosofia nesse período no Brasil fizeram com que a situação melhorasse, mas não muito. Dos alunos que chegam para o curso de filosofia, só uma pequena parte teve filosofia no segundo grau. Então é necessário todo um trabalho de iniciação que não deveria ser preciso. De toda maneira, a situação é melhor. Um mínimo de informação filosófica, a maioria deles já tem.

CEM: O que a senhora achou do veto do presidente FHC ao projeto de lei, que havia sido aprovado pela Câmara e pelo Senado, que tornava obrigatórias aulas de filosofia e sociologia no ensino médio?[2]

MC: Eu não li o texto da lei e, portanto, não sei as razões que o levaram ao veto. De acordo com as propostas que estavam circulando, a filosofia poderia ser ministrada por pessoas com diploma de sociologia, pedagogia e teologia. Se isso foi mantido no texto, o veto é compreensível. A iniciação à filosofia é uma tarefa mais difícil, mais delicada e exige uma especialização maior do que o ensino de partes mais avançadas da disciplina. É preciso que os professores do ensino médio tenham tido graduação em filosofia.

---

[2] Em outubro de 2001, o presidente Fernando Henrique Cardoso vetou, por recomendação do MEC, um projeto que alterava o artigo 36 da LDB tornando obrigatórias filosofia e sociologia no ensino médio. A justificativa do Ministério foi o "ônus para os Estados, pressupondo a necessidade da criação de cargos para a contratação de professores de tais disciplinas, com o agravante de que não há no país formação suficiente de tais profissionais para atender à demanda". (N. do Org.)

CEM: Qual espaço a senhora acha que a filosofia tem atualmente na indústria cultural brasileira?

MC: Nos últimos dois anos, por razões pessoais, fiquei muito distanciada. Não tenho muita ideia do que está se passando e de quanto a filosofia está intervindo nas questões contemporâneas brasileiras. Fiquei silenciosa, mas pretendo voltar a todo vapor. Diria que, de um modo geral, as manifestações mais incisivas de quem faz filosofia aqui são de um pensamento de esquerda, o fato de esse ser um momento de muita indefinição da esquerda talvez tenha gerado um silêncio do pessoal da filosofia.

A filosofia como amor ao saber[1]

Se acompanharmos Pierre Hadot (*O que é a filosofia antiga?*), a palavra *sophía* possui dois sentidos que o pensamento moderno costuma separar, quais sejam, *saber* e *sabedoria*. Em outras palavras, o pensamento moderno distingue entre conhecimento racional e vida moral, entre conhecer e agir. Essa distinção leva a diferenciar dois sentidos para *sophós*: sábio é aquele que possui conhecimentos científicos, históricos, artísticos – é o cientista, assim como o homem culto –, mas pode ser também aquele que sabe bem conduzir-se na vida e alcançar a felicidade – é o homem virtuoso, o agente moral verdadeiro.

Comentando a pluralidade de sentidos de *sophía* e *sophós* no grego arcaico, Hadot lembra que, em Homero e Hesíodo, essas palavras se referem a um saber-fazer – o bom carpinteiro, o bom médico, o bom poeta são *sophói* e possuem *sophía*; mas, na tradição grega, inclui-se, além do saber técnico, o saber político ou a capacidade legisladora e oratória – nesse sentido, Sólon foi um dos 7 sábios –, e também o que poderíamos chamar de saber científico – por esse motivo, Tales também foi um dos 7 sábios. E justamente por se apresentarem como mestres de eloquência e de todos os ofícios, os sofistas se diziam *sophói*. É interessante observar que, inspirando-se em Nietzsche, portanto num filósofo que prezava a Grécia arcaica contra a Grécia clássica, Gilles

---

[1] Aula inaugural do curso de filosofia da Faculdade de São Bento, Mosteiro de São Bento, São Paulo, 26 abr. 2002. (N. do Org.)

Deleuze parece retornar a esse sentido mais antigo de *sophía*, pois define a filosofia como criação ou fabricação de conceitos:

> A filosofia [...] é a disciplina que consiste em *criar* conceitos [...] Criar conceitos sempre novos é o objeto da filosofia. É porque o conceito deve ser criado que ele remete ao filósofo como àquele que o tem em potência, ou que tem sua potência e sua competência [...] Para falar a verdade, as ciências, as artes, as filosofias são igualmente criadoras, mesmo se compete apenas à filosofia criar conceitos. [...] Eles devem ser inventados, fabricados, ou antes criados, e não seriam nada sem a assinatura daqueles que os criam. Nietzsche determinou a tarefa da filosofia quando escreveu: "os filósofos não devem mais contentar-se em aceitar os conceitos que lhes são dados para somente limpá-los e fazê-los reluzir, mas é necessário que eles comecem por fabricá-los, criá-los, afirmá-los, persuadindo os homens a utilizá-los.[2]

O sentido poiético ou fabricador da antiga *sophía* tenderá a desaparecer na Grécia clássica e, mais precisamente, com Sócrates e Platão, a ser absorvido por um novo sentido. Agora, *sophía* ganha o sentido que dará origem à palavra *philosophía*. *Sophía* é conhecimento racional e maneira de viver segundo o conhecimento racional. *Philosophía*, amizade pela *sophía*, por sua vez, é a busca do saber teórico ou contemplativo e um modo de vida. No diálogo *Eutidemo,* Platão define a filosofia como o uso de um saber em proveito do homem, ou uma ciência na qual coincidem saber e fazer valer aquilo que se sabe. Todavia, é no *Banquete* que vida filosófica é mais bem definida, pois ali ela é amor ou desejo de sabedoria. A filosofia é, assim, uma experiência de amor. Por isso mesmo, uma experiência de desejo e, portanto, de falta ou de carência. É filósofo aquele que deseja o saber porque se sabe privado dele. É por ser desejo e busca que ela não pode ser possuída por alguém e é neste sentido que Sócrates interpreta o oráculo de Delfos, isto é, ele é o mais sábio dos homens porque sabe que nada sabe. Sócrates e Platão instituem, assim, uma distância insuperável entre a filosofia – aspiração pelo saber – e a sabedoria – posse plena do saber. É também essa percepção da distância entre o desejo e sua realização

---

[2] DELEUZE, Gilles; GUATTARI, Félix. *O que é a filosofia?* Rio de Janeiro: Ed. 34, 1992. p. 13-14.

o que vemos na *Metafísica,* quando, depois de explicar que a filosofia nasce do espanto e da aporia, Aristóteles explica que, se há espanto e aporia, é justamente porque o filósofo reconhece sua própria ignorância e é para suprimi-la que ele filosofa. Mas, porque filosofia é também modo de vida, desde Sócrates a escolha desse modo de vida não é algo que aconteça depois de realizado o percurso teórico, não vem depois de concluído o processo da atividade filosófica teórica, mas, ao contrário, esse modo de vida se encontra na origem do processo, é sua razão de ser. Como escreve Hadot, trata-se de uma escolha feita:

> Em uma complexa interação entre a reação crítica a outras atitudes existenciais, a visão global de uma certa maneira de viver e de ver o mundo, e a própria decisão voluntária; e essa opção determina até certo ponto a doutrina e o modo de ensino dessa doutrina. O discurso filosófico tem sua origem, portanto, em uma escolha de vida e em uma opção existencial, e não o contrário.[3]

Aristóteles afirma que a filosofia é o mais excelente dos modos de vida, aquele no qual mais nos acercamos do divino. Ora, o divino é desejável e desejado e, como tal, o que jamais poderemos alcançar e por isso, mantendo a distância entre *sophía* e *philosophía*, Aristóteles escreve na *Metafísica*:

> Seu modo de vida [do divino] é comparável àquilo que, para nós, é o melhor modo de vida, visto que não podemos viver senão por pouco tempo; pois ele [o divino] permanece sempre nesse estado, enquanto isso para nós é impossível.[4]

Não nos esqueçamos que a filosofia nasce na Grécia simultaneamente com o surgimento de um novo tipo de palavra e de um novo tipo de poder: a palavra dos guerreiros em assembleia e a política. A assembleia dos guerreiros é um momento de *isegoria* e de *isonomia*, isto é, todos têm igual direito à palavra e todos estão submetidos às mesmas normas. Essa palavra igualitária, que marca também o início da democracia, introduz a ideia de palavra compartilhada entre iguais. Ora, entre os iguais, tanto em Homero e Hesíodo, como em Platão e

---

[3] HADOT, Pierre. *O que é a filosofia antiga?* São Paulo: Loyola, 1999. p. 17-18.
[4] ARISTÓTELES. *Metafísica*, XII, 7, 1072b 14, *apud* HADOT, 1999, p. 123.

Aristóteles, a relação é de *philía* – a amizade é a relação somente possível entre os iguais. Sob essa perspectiva, a filosofia é um modo de vida que busca, pela amizade ao saber, instituir a amizade entre os iguais, fazê-los compartilhar ideias e ações. Dessa maneira, compreendemos que a decisão filosófica jamais acontece na solidão, mas no meio da cidade e na formação de um grupo de amigos que compartilham o mesmo modo de vida. Como formar o grupo de amigos do saber? Pela criação de um *discurso novo*, de uma forma nova de argumentar racionalmente com força lógica e persuasiva, exercendo uma ação sobre o interlocutor para que, argumentando também, participe da comunidade. Dessa maneira, a filosofia é um modo de vida que suscita uma maneira de pensar e uma maneira de falar que põe em ação a razão. Comunicativa, a filosofia é uma atividade racional expressiva cuja finalidade é tornar cada um melhor e, dessa maneira, tornar todos melhores.

Escreve Hadot:

> Filosofia e discursos filosóficos apresentam-se assim simultaneamente como incomensuráveis e inseparáveis. Incomensuráveis, em primeiro lugar, porque [...] se é filósofo não em função da originalidade ou da abundância do discurso filosófico que se inventou e desenvolveu, mas em função da maneira pela qual se vive. Trata-se, antes de tudo, de tornar-se melhor. E o discurso só é filosófico quando se transforma em modo de vida. [...] são incomensuráveis sobretudo porque de ordem totalmente heterogênea. O que faz o essencial da vida filosófica, a escolha existencial de um certo modo de vida, a experiência de certos estados, de certas disposições interiores, escapa totalmente à expressão do discurso filosófico. [...] Essas experiências não são da ordem do discurso e das proposições.
>
> Incomensuráveis, mas também inseparáveis. Não há discurso que mereça ser denominado filosófico se está separado da vida filosófica; não há vida filosófica se não está estreitamente vinculada ao discurso filosófico. [...] a vida filosófica não pode passar sem o discurso filosófico, com a condição de que esse discurso seja inspirado e animado por ela. [...] O discurso filosófico é mesmo uma das formas de exercício do modo de vida filosófico, sob a forma de diálogo com outrem ou consigo mesmo.[5]

[5] HADOT, 1999, p. 249-253.

Sob a perspectiva do modo de vida e do discurso filosóficos, podemos acercar-nos de uma passagem de Alexandre Kojève ("Tirania e sabedoria") sobre a diferença entre o filósofo e o não-filósofo. Três são as principais marcas distintivas do filósofo: em primeiro lugar, ele é muito mais apto na arte dialética ou na arte da discussão e da argumentação, pois além de saber construir seus argumentos e refutar as objeções alheias, percebe facilmente as insuficiências da argumentação do não-filósofo; em segundo, a arte da discussão e da argumentação permite ao filósofo libertar-se muito mais que o não-filósofo dos preconceitos e, portanto, está muito mais aberto à realidade tal como ela é e depende muito pouco ou quase nada da maneira como, num momento histórico determinado, os não-filósofos imaginam que ela é; em terceiro, estando mais aberto à realidade, aproxima-se muito mais do concreto do que o não-filósofo, confinado em abstrações. Ora é justamente por isso que o filósofo não pode escolher a solidão e o isolamento, pois seu modo de vida é a discussão e a argumentação, é um estar com os outros para ouvi-los e fazer-se ouvir, para persuadir os outros, os não-filósofos, a se tornarem filósofos também. Dessa maneira, escreve Kojève, o filósofo deve ser um pedagogo e tentar estender indefinidamente sua ação pedagógica e não pode renunciar à pedagogia porque ela é o único critério objetivo da verdade da doutrina de um filósofo: o fato de possuir discípulos é a garantia contra o perigo da loucura, pois o filósofo isolado deve admitir como critério necessário e suficiente da verdade o sentimento interior da evidência e se esta for exclusivamente subjetiva e ele a obtiver rigorosamente na solidão, nada lhe garantirá de que não está louco.

> Quem não quiser se contentar apenas com os critérios subjetivos da "evidência" ou da "revelação" (que não afastam o perigo da loucura), saberá que é impossível ser filósofo sem ser ao mesmo tempo pedagogo filosófico. E se o filósofo não quiser restringir artificial e indevidamente a extensão de sua ação pedagógica (correndo assim o risco dos preconceitos de "capela intelectual"), terá necessariamente tendência de tomar parte, de alguma maneira, na atividade política em seu conjunto, de maneira que sua pedagogia filosófica seja eficaz.[6]

[6] KOJÈVE, Alexandre. Tyrannie et sagesse. In: STRAUSS, Leo. De la tyrannie. Paris: Gallimard, 1997. p. 182.

É nessa mesma direção que vai Merleau-Ponty, quando faz o *Elogio da Filosofia*. De fato, escreve ele:

> A filosofia não pode ser um *tête-à-tête* do filósofo com o verdadeiro, um juízo proferido do alto sobre a vida, sobre o mundo, sobre a história, como se o filósofo *não estivesse aí*, mas ela também não pode subordinar uma verdade interiormente reconhecida a nenhuma instância externa. Ela precisa ultrapassar essa alternativa.[7]

Como ultrapassá-la? Mantendo presente a figura do patrono da filosofia, Sócrates, cuja vida e cuja morte testemunham as difíceis relações do filósofo com os deuses da cidade, isto é, com os outros homens e com o absoluto enrijecido cuja imagem eles lhe estendem. Se o filósofo fosse um revoltado, ninguém se chocaria, pois todos sabem que o mundo como está vai muito mal. Mas Sócrates não é um revoltado. Que diz ele aos atenienses? A religião é verdadeira, porém não como eles a pensam e a praticam, e sim como ele a pensa e a pratica; a cidade é justa, porém não pelas razões que ela apresenta, e sim pelas razões que ele conhece. Por isso ele não foge, comparece ao tribunal, aceita a sentença e a cumpre. Mas afinal, que crime cometeu? Escreve Merleau-Ponty: "infligiu aos atenienses a ofensa imperdoável de fazê-los duvidar de si mesmos".[8] E por que não fugiu e aceitou a sentença? Porque a filosofia, modo de vida voltado para verdade, o faz comparecer perante os juízes para explicar-lhes o que é a religião e o que é a cidade. O que se esperava dele? Exatamente aquilo que nenhum filósofo pode dar à cidade e aos seus deuses: o assentimento às coisas sem nenhum *considerandum*. A filosofia é crítica do instituído pela compreensão das causas e formas da instituição.

O que nos ensina Sócrates? Ninguém pode ser justo na solidão, pois quem assim pretender simplesmente deixa de ser justo. Comparecendo ao tribunal, é ele o justo, pois impede que Atenas se desonre e lhe dá a oportunidade de compreender-se a si mesma.

Que é, pois, a filosofia? É uma busca. Buscar é implicar que há o que ver, o que dizer e o que pensar. Imersa na cultura, a filosofia é

---

[7] MERLEAU-PONTY, Maurice. Éloge de la Philosophie. In: *Éloge de la Philosophie*. Paris: Gallimard, 1960, p. 36.

[8] MERLEAU-PONTY, 1960, p. 13.

aquela atividade cultural que interroga as outras, buscando sua origem, seu sentido e sua finalidade. Interroga o poder expressivo dos simbolismos que as outras manifestações culturais se limitam a praticar ou a exercer. O filósofo é aquele que desperta e fala, exprimindo o que os outros, semiadormecidos, vivem e enfrentam num semissilêncio. Esse despertar e essa fala indicam não somente o caráter expressivo e comunicativo da filosofia, mas também seu caráter crítico.

O filósofo, diz Merleau-Ponty, é aquele que é testemunha de sua busca, isto é, de sua desordem interior e que por isso, depois de tomar distância das coisas e recolher-se em si, ruma não para o abismo do si mesmo, nem para a posse do saber absoluto, mas para a descoberta da imagem renovada do mundo e de si mesmo enraizado nele na companhia dos outros.

Sobre o ensino de graduação em filosofia[1]

I

[...]

Concebida dessa maneira, a filosofia não pode ser tomada como uma profissão entre outras, ou melhor, apesar de a instituição universitária nos profissionalizar, a condição profissional de professor de filosofia não pode ser separada de algo mais profundo, isto é, a filosofia como modo de vida e decisão existencial. Quem vê a filosofia como forma de expressão de seu pensamento, de seus sentimentos, de seus desejos e de suas ações, decidiu-se por um modo de vida, um certo modo de interrogação e uma certa relação com a verdade, a liberdade, a justiça e a felicidade. Essa decisão intelectual, penso, não é possível a menos que aceitemos aquilo que Merleau-Ponty chamou de "nossa vida meditante" à procura de uma razão alargada, capaz de acolher o que a excede, o que está abaixo e acima dela própria. Essa decisão, penso também, não é possível se não admitirmos, com Espinosa, que pensar é a virtude própria da alma, sua excelência.

---

[1] Texto apresentado em mesa-redonda sobre o tema no IX Encontro Nacional de Pesquisa na Graduação em Filosofia, Departamento de Filosofia-USP, 14 set. 2006. As páginas iniciais retomavam, de modo abreviado, a primeira seção de "A filosofia como amor ao saber" (ver acima), e por isso as suprimimos aqui. (N. do Org.)

O desejo de viver uma existência filosófica significa admitir que as questões são interiores à nossa vida e à nossa história e que elas tecem nosso pensamento e nossa ação. Significa também uma relação com o outro na forma do diálogo e, portanto, como encontro generoso, mas também como combate sem trégua. Encontro generoso, porque no diálogo somos libertados de nós mesmos, descobrimos nossas palavras e nossas ideias graças à palavra e ao pensamento de outrem que não nos ameaça, e sim nos leva para longe de nós mesmos para que possamos retornar a nós mesmos. Mas também combate sem trégua, porque, como explica Espinosa, embora nada seja mais alegre e potente do que a amizade e a concórdia, os seres humanos são mutáveis, somos passionais e naturalmente inimigos, excitamos discórdias e sedições sob a aparência de justiça e de equidade. Por isso, diz ele, precisamos evitar os favores que nos escravizarão a um outro e somente os que são livres podem ser gratos uns aos outros, experimentando em sua companhia o aumento de sua força de alma, isto é, a generosidade e a liberdade.

Há pouco, disse que o desejo de viver uma vida filosófica significa admitir que as questões são interiores à nossa vida e à nossa história. É preciso, agora, acrescentar que as questões são apenas índices ou signos da indeterminação essencial de nossa experiência e que acedemos a uma vida filosófica quando essa indeterminação, por mais apavorante que seja, nos fascina e nos arranca de nós mesmos.

II

Se as questões são inerentes à nossa vida e ao nosso tempo, que questões filosóficas nosso presente suscita? Entre muitas, poderia mencionar o lugar das paixões e do desejo numa sociabilidade narcisista; a transformação da ética numa ideologia da ética, confundida com as normas e regras das organizações empresariais e profissionais; o esgarçamento da linguagem pela produção de simulacros; a heteronomia das artes sob a ação da indústria cultural e do mercado da moda; as novas formas críticas da literatura e do cinema; o surgimento do multiculturalismo como ocultamento da luta de classes; a suspeita que pesa sobre a ideia e a prática da emancipação e sobre a utopia; a afirmação dos cientistas sobre o primado da incerteza na natureza e no conhecimento dela, etc. Entre tantas questões, gostaria, aqui, de destacar apenas três.

Uma nova fenomenologia da percepção?

Em sua forma contemporânea, a sociedade capitalista se caracteriza pela fragmentação de todas as esferas da vida social, partindo da fragmentação da produção, da dispersão espacial e temporal do trabalho, do desemprego estrutural e da destruição dos referenciais que balizavam a identidade de classe e as formas da luta de classes. A sociedade *aparece* como uma rede móvel, instável, efêmera de organizações particulares definidas por estratégias particulares e programas particulares, competindo entre si. Aparece como "meio ambiente" perigoso, ameaçador e ameaçado, que deve ser gerido, programado, planejado e controlado por estratégias de intervenção tecnológica e jogos de poder.[2]

A materialidade econômica e social da nova forma do capital é inseparável de uma transformação sem precedentes na experiência do espaço e do tempo, designada por David Harvey[3] como a "compressão espaço-temporal", ou seja, o fato de que a fragmentação e a globalização da produção econômica engendram dois fenômenos contrários e simultâneos: de um lado, a fragmentação e dispersão espacial e temporal e, de outro, sob os efeitos das tecnologias eletrônicas e de informação, a compressão do espaço – tudo se passa *aqui*, sem distâncias, diferenças, nem fronteiras – e a compressão do tempo – tudo se passa *agora*, sem passado e sem futuro. Na verdade, fragmentação e dispersão do espaço e do tempo condicionam sua reunificação sob um espaço indiferenciado e um tempo efêmero, ou sob um espaço que se reduz a uma superfície plana de imagens e sob um tempo que perdeu a profundidade e se reduz ao movimento de imagens velozes e fugazes.

Do ponto de vista da experiência cognitiva contemporânea, Paul Virilio[4] fala em acronia e atopia, ou a desaparição das unidades

---

[2] Veja-se: FREITAG, Michel. *Le naufrage de l'université*. Paris: Éditions de la Découverte, 1996.

[3] Cf. Harvey, David. *A condição pós-moderna*. São Paulo: Loyola, 1992.

[4] Cf. VIRILIO, Paul. *O espaço crítico*. Rio de Janeiro: Ed. 34, 1993. Numa direção semelhante, encontramos as análises de Maria Rita Kehl e Eugênio Bucci em *Videologias. Ensaios sobre a televisão* (São Paulo: Boitempo, 2004), quando mostram que o olhar instituído pela mídia nada tem em comum com a experiência perceptiva do corpo próprio, uma vez que os meios de comunicação destroem nossos referenciais de espaço e tempo, constituintes da percepção, e instituem-se a si mesmos como espaço e tempo – o espaço é o "aqui" sem distâncias, sem

sensíveis do tempo e do espaço topológico da percepção sob os efeitos da revolução eletrônica e informática. A profundidade do tempo e seu poder diferenciador desaparecem sob o poder do instantâneo. Por seu turno, a profundidade de campo, que define o espaço topológico, desaparece sob o poder de uma localidade sem lugar e das tecnologias de sobrevoo. Vivemos sob o signo da telepresença e da teleobservação, que impossibilitam diferenciar entre a aparência e o sentido, o virtual e o real, pois tudo nos é imediatamente dado sob a forma da transparência temporal e espacial das aparências, apresentadas como evidências. Nossa experiência e nosso pensamento se efetuam na perigosa fratura entre o sensível e o inteligível, a experiência do corpo como corpo próprio é desmentida pela experiência da ausência de distâncias e horizontes e somos convidados a um pensamento sedentário e ao esquecimento.

Nossa experiência desconhece qualquer sentido de continuidade e se esgota num presente vivido como instante fugaz. Essa situação, longe de suscitar uma interrogação sobre o presente e o porvir, leva ao abandono de qualquer laço com o possível e ao elogio da contingência e de sua incerteza essencial. O contingente não é percebido como uma indeterminação que a ação humana pode determinar, mas como o modo de ser dos homens, das coisas e dos acontecimentos. Há uma adesão à descontinuidade e à contingência bruta, pois, ao perdermos a diferenciação temporal, não só perdemos a profundidade do passado, mas também perdemos a profundidade do futuro como possibilidade inscrita na ação humana enquanto poder para determinar o indeterminado e para ultrapassar situações dadas, compreendendo e transformando o sentido delas.

Em 1979, Jean-François Lyotard,[5] examinando a mutação conceitual das ciências da Natureza, estendia a mudança às ciências sociais e à filosofia e contrapunha o pensamento moderno (o pensamento que

---

horizontes e sem fronteiras; o tempo é o "agora" sem passado e sem futuro. Ou, como mostram os autores, a televisão se torna *o lugar*, um espaço ilocalizável que se põe a si mesmo num tempo imensurável, definido pelo fluxo das imagens. A televisão *é* o mundo. E esse mundo nada mais é senão a sociedade-espetáculo, entretecida apenas no *aparecimento* e na *presentificação* incessante de imagens que a exibem, ocultando-a de si mesma.

[5] Cf. LYOTARD, Jean-François. *La condition postmoderne: Rapport sur le savoir*. Paris: Les Éditions de Minuit, 1979.

vai do século XVII aos anos 1970 do século XX) a essas transformações que constituem o que ele designou como a *condição pós-moderna*. Afirmou, então, que a sociedade não é uma realidade orgânica, nem um campo de conflitos, e sim uma rede de comunicações linguísticas, uma linguagem composta por uma multiplicidade de diferentes jogos cujas regras são incomensuráveis, cada jogo entrando em competição ou numa relação agonística com os outros. Ciência, política, filosofia e artes são jogos de linguagem, "narrativas" em disputa, nenhuma delas denotativa, isto é, nenhuma delas referida às coisas mesmas, à realidade.

Por isso, o pós-modernismo comemora o que designa de "fim da metanarrativa", ou seja, os fundamentos do conhecimento moderno, relegando à condição de mitos eurocêntricos totalitários os conceitos que fundaram e orientaram a modernidade: as ideias de verdade, racionalidade, universalidade, o contraponto entre necessidade e contingência, os problemas da relação entre subjetividade e objetividade, a história como dotada de sentido imanente, a diferença entre Natureza e Cultura, etc. Em seu lugar, o pós-modernismo afirma a fragmentação como modo de ser do real fazendo das ideias de diferença (contra a identidade e a contradição), singularidade (contra a de totalidade) e nomadismo (contra a determinação necessária) o núcleo provedor de sentido da realidade; preza a superfície do aparecer social ou as imagens e sua velocidade espaço-temporal; recusa que a linguagem tenha sentido e interioridade. Sob a ação das tecnologias virtuais, faz o elogio do *simulacro* cuja peculiaridade, na sociedade contemporânea, encontra-se no fato de que por trás dele não haveria alguma coisa que ele simularia ou dissimularia, mas apenas outra imagem, outro simulacro.

Por caminhos diferentes, Harvey e Virilio chegam à mesma conclusão. De fato, para ambos, aquilo que o pós-modernismo designa como "crise da narrativa" ou "fim da narrativa" nada mais é do que a expressão da "fratura das formas inteiras". Essa fratura morfológica e a mudança na experiência do espaço e do tempo, que Harvey examina a partir da fragmentação econômica e Virilio desvenda nas ciências que fundam a tecnologia eletrônica e informática, produzem, de acordo com o primeiro, a insegurança e a solidão e, de acordo com o segundo, a perda de si e da alteridade.

Podemos, então, indagar se nosso presente não nos coloca diante de novos problemas para ou de uma fenomenologia da percepção, e até mesmo perguntar se a desaparição do corpo próprio não tornaria impossível um estudo da percepção do ponto de vista de uma fenomenologia.

Fundamentalismo religioso?

A modernidade e particularmente a Ilustração acreditaram que o desenvolvimento da razão e da ciência suprimiria por si mesmo a crença religiosa. Em outras palavras, acreditou-se que a laicização do mundo e das ações humanas tornariam inúteis as religiões. Esse otimismo está em questão em nossos dias.

A compressão do espaço e a fratura entre o sensível e o inteligível, objeto de louvores pós-modernos, são recusadas pelo imaginário religioso do *espaço sagrado*. Contraposto ao espaço homogêneo do Estado (o território) e ao espaço atópico da tecnologia de satélites, mísseis e internet (o virtual), defendido pelo espaço topológico da guerrilha e da resistência (a desterritorialização), o espaço sagrado se oferece como *terra santa*, terra simbólica ou espaço absoluto, comunitário, gerador da identidade plena.

Da mesma maneira, a compressão do tempo e a imersão no contingente, no efêmero e no aqui-agora não pode evitar seu contrário, isto é, sentimentos e atitudes que buscam algum controle imaginário sobre o fluxo temporal. Surge, assim, de um lado, a tentativa de capturar o passado como memória subjetiva, como se vê na criação de pequenos "museus" pessoais ou individuais (os álbuns de fotografias e os objetos de família), porque a memória objetiva não tem qualquer ancoradouro no mundo; de outro, o esforço para capturar o futuro por meios técnicos, como se vê com o recrudescimento dos chamados mercados de futuros e de seguros (de vida, de saúde, contra acidentes e furtos, etc.). Mais profundamente, porém, a fugacidade do presente, a ausência de laços com o passado objetivo e de esperança de um futuro emancipador suscitam o reaparecimento do imaginário religioso do *tempo sagrado* – as ideias de guerra santa como missão coletiva (do lado muçulmano), a de retorno à terra prometida, como realização da promessa salvífica (do lado judaico), e a do entusiasmo carismático, acrescido de aparições celestes, particularmente as da Virgem Maria, que condenam o presente e conjuram os humanos a reatar com a temporalidade sacra para reencontrar o caminho da salvação (do lado cristão) exprimem a tentativa de capturar o tempo, infundindo-lhe um sentido transcendente. O tempo sagrado pode ser experimentado como contínuo e finalizado (à maneira da tradição do tempo dramático, profético e escatológico das "religiões abrâmicas" – judaísmo, cristianismo e islã) ou como descontínuo, a sacralidade vindo depositar-se no instante decisivo que interrompe o curso empírico do tempo profano para que fulgure o novo (à maneira das *Teses da Filosofia da História*, de Benjamin, em que o instante efetua a revolução, ou de *Temor e tremor*, de Kierkegaard, em que a suspensão temporal é o instante da prova suprema com que nos tornamos dignos da teofania e da epifania).

Ora, a reunião da terra santa com o tempo santo suscita, para a imaginação religiosa, a figura do presente como *exílio* – o tempo presente se define pela distância, pela ausência ou pela interdição que afeta a relação com o espaço sagrado e, por sua vez, o tempo santo como realização do retorno à terra sagrada introduz a figura da missão, isto é, da guerra santa como obrigação.

Será interessante que a filosofia se debruce sobre o reaparecimento da religião e da teologia *como expressão política e militar* num momento em que a tecnociência, entendida como o máximo de racionalidade, comanda a economia, a política e a guerra.

O que é a política?

A perda de sentido do futuro é inseparável da crise do socialismo e do pensamento de esquerda, isto é, do enfraquecimento da ideia de emancipação do gênero humano ou da perda do que dizia Adorno nas *Minima Moralia,* quando escreveu que "o conhecimento não tem nenhuma luz senão a que brilha sobre o mundo a partir da redenção".

Do ponto de vista da política, a concepção pós-moderna, identifica racionalismo, capitalismo e socialismo: a razão moderna é exercício de poder ou o ideal moderno do saber como dominação da natureza e da sociedade; o capitalismo é a realização desse ideal por meio do mercado; e o socialismo o realiza por meio da economia planejada. Trata-se, portanto, de combater o racionalismo, o capitalismo e o socialismo, seja desvendando e combatendo a rede de micropoderes que normalizam ou normatizam capilarmente toda a sociedade,[6] seja erguendo-se contra a territorialidade das identidades orgânicas que

---

[6] Foi o combate travado por Michel Foucault.

sufocam o nomadismo das singularidades,[7] seja, enfim, combatendo os investimentos libidinais impostos pelo capitalismo e pelo socialismo, isto é, mudando o conteúdo, a forma e a direção do desejo.[8]

Não devemos, portanto, nos admirar com a atual fascinação, à esquerda e à direita, pelas ideias políticas de Carl Schmitt, particularmente o "decisionismo" ou sua concepção da soberania como poder de decisão *ex nihilo* em situações de exceção (isto é, de guerra e de crise). Uma decisão soberana é excepcional – como o milagre, em que Deus interrompe com um acontecimento extraordinário o curso ordinário das coisas. É, por isso mesmo, incondicionada, ou seja, não depende de qualquer condição (econômica, social, jurídica, cultural, histórica) e não se submete a nenhuma condição. Por conseguinte, é instantânea, despojada de qualquer lastro temporal – é um início absoluto, sem vínculo com um passado e sem prolongamento num futuro.

Schmitt trabalha para conseguir a dessubstancialização da política e concentrá-la em atos incondicionados, afirmando a autonomia do político como uma ação incondicionada ou não condicionada pela razão, nem pelas outras esferas da existência, assim como o religioso precede a Igreja (ou a Igreja pressupõe o religioso porque é posta por ele), o político precede o Estado (ou o Estado pressupõe o político porque é posto por ele), a decisão precede a norma (ou a norma pressupõe a decisão que a põe). A demiurgia e a exceção definem a soberania como monopólio da decisão: "É soberano aquele que decide na situação de exceção".[9]

A política é uma esfera autônoma, isto é, não determinada pela razão ou pelo conhecimento, nem pela moralidade e a religião, nem pelo direito e a economia. Cada esfera da existência humana é polarizada por uma dicotomia constitutiva: o bem e o mal, na ética; o belo e o feio, na estética; o lucro e o prejuízo, na economia. A dicotomia constitutiva da política é a oposição amigo-inimigo. A autonomia do político pressupõe que sua dicotomia não deva ser, nem possa ser definida segundo os critérios das outras dicotomias, ou seja, amigo e inimigo não podem ser pensados em termos éticos, estéticos, religiosos

---

[7] À maneira de Gilles Deleuze e Félix Guattari.

[8] Esta é a proposta de Jean-François Lyotard.

[9] SCHMITT, Carl. *Théologie politique I*. Gallimard: Paris, 1988. p. 15.

ou econômicos. Politicamente, amigo é o que compartilha nosso modo de vida, inimigo, o outro, "o estrangeiro" que ameaça nosso modo de vida e, com isso, nossa existência. Nesse sentido, o inimigo, porque político, é sempre inimigo público e somente o soberano ou o Estado tem o poder para designá-lo como tal. A distinção entre amigo e inimigo exprime "o grau extremo de união e desunião, de associação e dissociação". Inimigo é aquele com quem o conflito não pode ser resolvido nem por normas preestabelecidas nem por um árbitro imparcial e cuja existência, sendo um perigo para a nossa, exige a guerra, isto é, sua neutralização ou submissão e, em caso extremo, sua eliminação física. Visto, porém, que a soberania é o poder de decisão sobre a vida e a morte e que é poder absoluto porque único e indiviso, será inimigo quem pretender compartilhar ou dividir o poder soberano e, assim, o inimigo também pode ser interno ou o outro do nosso Estado, que deve afastá-lo, puni-lo, submetê-lo e, em caso extremo, eliminá--lo. Se é necessário que o Estado defina a figura do inimigo é porque este só pode existir particularizado e porque os antagonismos morais, religiosos, econômicos se transformam em antagonismos políticos quando têm a força para reagrupar os homens em amigos e inimigos. Em outras palavras, o termo "política" não designa nem uma forma de vida que envolve as várias esferas da existência humana nem uma atividade específica, mas apenas o grau de intensidade de associação e dissociação de seres humanos por motivos econômicos, religiosos, morais ou outros para uma prova de força, cabendo à soberania decidir o conflito e restabelecer a unidade. Toda guerra, isto é, toda situação de exceção, depende, de um lado, da intensidade dos antagonismos oriundos das outras esferas da existência humana e, de outro, da determinação da figura do inimigo pelo Estado, e sua finalidade é "a negação existencial do inimigo", negação que não precisa significar necessariamente extermínio, podendo significar submeter o outro ao nosso modo de vida (isto é, a colonização) e exterminá-lo somente se isso não for conseguido.

No entanto, por que não considerarmos que a interrogação filosófica contemporânea deveria retomar uma questão originária, qual seja, o que *é* a política?

Quando lemos os filósofos antigos, particularmente Platão e Aristóteles, podemos observar que definem a política como uma forma superior de vida, a vida justa, segundo Platão, a vida boa e bela, segundo Aristóteles. Para ambos, a política se define pela justiça, ainda que cada um deles tome o justo de maneira diferente. Para Platão, uma política é verdadeira ou justa quando nela o sábio governa, o corajoso a protege e o concupiscente produz os meios materiais de conservação da comunidade. Em outras palavras, a política justa é aquela em que a razão comanda, subordinando ao seu comando a força militar e o poderio econômico. Aristóteles, porém, parte da existência de uma divisão social, qual seja, a existência de pobres e ricos, e considera justa a política que opera no sentido de diminuir tanto quanto possível essa desigualdade – ou, como diz o filósofo, a política é a arte de igualar os desiguais. Por esse motivo, Aristóteles distingue dois tipos de justiça: a justiça distributiva ou do partilhável, que se refere à distribuição pública dos bens para diminuir a distância entre pobres e ricos; e a justiça do participável, isto é, daquilo que não pode ser dividido, distribuído ou partilhado, mas apenas participado, isto é, o poder político, que deve ser exercido por todos os cidadãos.

Sabemos que, durante a Idade Média, a ideia da política como realização da justiça se manteve, numa curiosa mescla das concepções de Platão e Aristóteles, acrescidas da teologia cristã, particularmente o pensamento de São Paulo. Este, mantendo uma ideia hebraica que sustenta o Antigo Testamento, afirma que "Todo poder vem do Alto", isto é, o poder político é uma graça ou um favor divino, que se deposita na figura do governante. Este, representante de Deus na terra, é consagrado e coroado pelo papa, que confirma a graça divina e assegura que o governante é filho da justiça e pai da lei e que tem a lei em seu peito, isto é, a vontade do governante é a lei – o que apraz ao rei tem força de lei. Como representante de Deus na terra, o governante justo é aquele que possui todas as virtudes e deve servir de espelho aos governados, de maneira que uma política é justa quando o governante é moralmente virtuoso, e injusta quando moralmente vicioso. A Idade Média concebe a justiça sob duas formas: a da ordem do mundo, instituída por Deus – a ordem natural é uma ordem jurídica estabelecida pelos decretos divinos – e a da ordem social, instituída pelo governante, em consonância com a vontade divina.

Podemos, assim, avaliar a imensa ruptura e subversão trazida pelo pensamento de Maquiavel. Distanciando-se dos filósofos antigos e da teologia política, Maquiavel afirma que a política não diz respeito à justiça, nem à graça divina e sim ao exercício do poder. Toda sociedade, diz ele, é atravessada por uma divisão originária, pois divide-se entre o desejo dos grandes de oprimir e comandar e o desejo do povo de não ser oprimido, nem comandado – os grandes são movidos pelo desejo de bens, o povo, pelo desejo de liberdade e segurança. Em lugar de tomar como ponto de partida a ideia clássica da comunidade, Maquiavel parte da divisão social e por isso, para ele, a política é o exercício do poder em vista de domar, refrear e conter o desejo dos grandes e concretizar o desejo do povo, isto é, o desejo de liberdade e de segurança. Mas não é só o abandono da figura da comunidade una e indivisa, nem apenas o deslocamento da política da justiça para o poder como garantia da liberdade e da segurança populares a marca inovadora de Maquiavel. Também é inovadora sua concepção da virtude do governante. Com efeito, longe de propor que o governante seja um espelho de virtudes morais, Maquiavel define o governante como grande dissimulador e paciente ouvinte do verdadeiro e sua virtude consiste em estar atento à *verità effettuale della cosa*, isto é, aos acontecimentos. O príncipe virtuoso é aquele que muda de ideia, de sentimento e de ação segundo as exigências das circunstâncias, de maneira a não ser vítima delas, e sim o seu senhor.

A concepção maquiaveliana da política como exercício do poder abre o campo para a concepção moderna do poder político como soberania. É Jean Bodin, no século XVI, quem, pela primeira vez, define a soberania: é soberano aquele que tem o poder de decisão, que faz, promulga e abole leis e tem o direito de vida e morte sobre os governados. Essa definição da soberania, que inicialmente se aplica à figura do rei absoluto, tornar-se-á a definição da soberania do Estado. Assim, a política se refere ao exercício do poder soberano pelo Estado, ideia que será amplamente desenvolvida por Hobbes e, depois dele, pelos teóricos da Ilustração, da Independência Norte-Americana e da Revolução Francesa, que introduzem versões variadas da ideia de contrato social ou pacto social como momento de instituição da soberania, isto é, um acordo de vontades para instituir um soberano e submeter-se a ele, desde que ele garanta a vida, a propriedade privada ou bens e a liberdade dos governados.

Ora, não é por acaso que Gramsci pensará a política a partir de Maquiavel, isto é, da divisão social, da liberdade e da segurança populares. Ele o faz porque seu ponto de partida é a crítica de Marx à ideia do contrato ou do pacto social como fundamento da soberania. Como Maquiavel, Marx parte da divisão social, isto é, da divisão de classes e considera o Estado moderno o exercício da dominação, pois realiza, em linguagem maquiaveliana, o desejo dos grandes de oprimir e comandar, isto é, a propriedade privada dos meios sociais de produção e a repressão militar e policial. A revolução proletária é pensada por Gramsci como renascimento da política, contra a dominação, ou do Príncipe Moderno.

Dos contratualistas aos liberais, dos liberais aos marxistas, muito foi escrito e feito na política, mas sem perder de vista a divisão social, seja à maneira liberal, para ocultá-la nas figuras do Estado e da Nação como unidade indivisa imaginária, seja à maneira revolucionária de reinvenção da política sem e contra o Estado. E, evidentemente, sem abandonar o núcleo da modernidade, isto é, a afirmação de Maquiavel de que a política é o exercício do poder.

No entanto, todos também conhecem a distinção feita por Hannah Arendt entre a força, a autoridade e o poder. A força, diz ela, é o exercício direto e imediato da coerção e da repressão, e seu fundamento é o medo. A autoridade é a coerção pela tradição interiorizada e rememorada pela sociedade por meio de símbolos; seu fundamento é a obediência e o respeito pela hierarquia. O poder é a coerção mediada pela lei, a qual pode ser tanto fonte de liberdade como de dominação, e seu fundamento é o consentimento – quando o consentimento é voluntário, o poder propicia a liberdade; quando o consentimento é forçado, torna-se dominação e opressão. Para Arendt, a força opera por meio da violência com a finalidade de eliminar diferenças; a autoridade opera pela formação do sentimento comunitário, considerando as diferenças como secundárias. O poder, quando não se transforma em dominação, opera no sentido de legitimar as diferenças.

Todavia, não são menos conhecidas de todos as análises de Michel Foucault. Contrapondo-se à ideia weberiana e marxista de que o poder é essencialmente repressivo, Foucault prefere tomá-lo sob outro ângulo. Em *Vigiar e punir*, analisando as mudanças no sistema penal e no sistema carcerário, refere-se ao poder como produtor de corpos dóceis – o poder se torna disciplina e como tal espalha-se pelo todo da sociedade, penetrando em todas as instituições sociais. Mais tarde, em cursos ministrados no Collège de France, Foucault recorda a diferença estabelecida por Aristóteles entre a vida natural e a vida boa ou vida ético-política e analisa o interesse do poder, desde o século XIX, pelo controle sobre a vida natural dos homens, interesse atestado pelo surgimento da demografia e das questões de higiene e saúde pública, e o define como biopoder, isto é, um poder que se exerce sobre a vida dos indivíduos e das sociedades. Em sua opinião, o racismo, a ideia nazista de eugenia racial e o campo de concentração como "solução final" seriam as expressões mais claras dessa mudança sofrida pelo poder. De fato, Foucault se dedica a análises sobre o fim da ideia de soberania como definição do poder, mas salienta um aspecto da soberania que desembocará no biopoder. Desde o século XVI, com Jean Bodin, a soberania se define pelo poder de fazer, promulgar e executar a lei e o poder de vida e morte sobre os cidadãos – é essa ideia da soberania que reaparece na definição weberiana do poder. Ora, diz Foucault, é evidente que o poder soberano não tem o poder de dar a vida, mas apenas de tirá-la. Em outras palavras, a soberania é o poder de fazer morrer ou deixar viver. A peculiaridade do biopoder está em ultrapassar o limite imposto à soberania, pois, por meio da demografia, da higiene e saúde públicas, da identidade individual definida pela nacionalidade e naturalidade, o poder se exerce sobre a vida e sobre o dar à vida. Foucault fala, então, em biopolítica ou sobre as implicações crescentes da vida natural do homem nos cálculos e mecanismos do poder, implicações expressas na Declaração Universal dos Direitos Humanos, de 1948, que não por acaso começa pela afirmação da vida como direito.

O problema das ricas e instigantes análises de Foucault está na ausência de referência às condições materiais dessas duas formas de poder, o disciplinar e o biopolítico. De fato, em *Vigiar e punir* nunca é mencionado o momento em que o modo de produção capitalista necessita da força de trabalho assalariada e, portanto, requer os corpos dóceis, a disciplina, e uma vez que em seus inícios o capitalismo se exprime ideologicamente na ética protestante do trabalho como vocação e dever, a economia e a ideologia instituem o dever de trabalhar e a repressão do desejo e da fruição, impondo férrea disciplina aos corpos. Da mesma maneira, no caso dos cursos do Collège de France, nunca é mencionado o advento da sociedade industrial e de massa, nem é feita menção à presença assustadora da numerosa classe trabalhadora, vivendo em condições miseráveis nos centros urbanos, classe cuja reprodução como força de trabalho impõe as políticas de higiene e saúde públicas e, hoje, as políticas de estímulo à fruição, ao gozo, ao desejo, isto é, ao consumo de massa, que demoliu a moral repressiva dos inícios do capitalismo.

De toda maneira, independentemente dos reparos que se possa fazer às análises foucaultianas, sob um aspecto elas retomam uma perspectiva clássica a respeito da política, qual seja, a não identificação da política com o aparelho estatal. Ao pensar o poder como uma ação e uma operação que se espalham capilarmente por todas as instituições sociais, Foucault reencontra, surpreendentemente, Hannah Arendt e Claude Lefort e, como eles, opõe-se ao ponto de vista da ciência política.

De fato, esses filósofos consideram a política como o espaço público no qual são deliberadas e decididas as ações concernentes à coletividade, de maneira que a política determina as formas da sociabilidade e das sociedades, conforme se definam nelas a forma do poder e o exercício do governo. Essa perspectiva se opõe à da ciência política. Esta admite a existência de uma esfera política e de fatos políticos que se distinguem de todas as outras esferas e fatos sociais, ou seja, concebe a política a partir do Estado ou das instituições estatais, da forma dos governos, da existência de partidos políticos e da presença ou ausência de eleições. Toma a política como um fato circunscrito e não como modo da existência sócio-histórica.

Ao contrário, à maneira dos clássicos, Arendt, Lefort e Foucault consideram as formações sociais como instituídas pela ação política. Assim, a política é a criação de instituições sociais múltiplas nas quais uma sociedade se representa a si mesma, se reconhece e se oculta de si mesma, se efetua e trabalha sobre si mesma, transformando-se temporalmente. Ou seja, a política não só é instituição do social, mas é também ação histórica.

Todavia, a concordância entre Arendt, Foucault e Lefort termina neste ponto. Com efeito, para Arendt, o poder político resulta de um consenso público; para Foucault, o poder é um conjunto de operações, mecanismos e instituições que se espalha por toda a sociedade. Para Lefort, o poder político é simbólico, é o polo de referência no qual uma sociedade dividida em classes busca unificar-se, realizando o trabalho dos conflitos que a dividem. Em outras palavras, acompanhando

Maquiavel e Marx, Lefort pensa o poder a partir da divisão social e, portanto, a partir do conflito e não do consenso.

Essa pluralidade de concepções filosóficas sobre a política são instigantes não apenas porque nos levam a repor a questão filosófica sobre o que é a política, mas também porque, sob o signo da história e sob o signo da filosofia, somos levados a compreender que pode haver uma relação hipócrita entre filosofia e política quando a primeira julga possuir as chaves da segunda e quando a segunda julga poder definir os princípios da primeira. Em outras palavras, a pergunta pelo que é a política inclui a pergunta sobre a relação entre filosofia e política.

III

Quando nós nos voltamos para a história do Brasil, não podemos deixar de reconhecer que o autoritarismo estrutura a sociedade brasileira, na qual vigora a violência sob formas invisíveis e impalpáveis, indo do machismo ao racismo, do preconceito de classe aos preconceitos sexuais, naturalizando exclusões e desigualdades e escondendo, sob a indivisão imaginária do verde-amarelismo, as divisões sociais e as injustiças. A história mostrou-me como pesa sobre nossa vida intelectual e social a herança da tradição ibérica, hierárquica e autoritária, na qual os letrados se distribuíam em três campos: na formulação do poder, como teólogos e juristas; no exercício do poder, como membros da vasta burocracia estatal e da hierarquia universitária; e no usufruto dos favores do poder, como bacharéis e poetas de prestígio. No Brasil, essa tradição combinou-se com a percepção da cultura como ornamento e signo de superioridade, reforçando o mandonismo e o autoritarismo, e como instrumento de ascensão social, reforçando desigualdades e exclusões; em suma, o letrado como ideólogo ou intelectual orgânico da classe dominante e como detentor de poderes no interior da burocracia estatal. Com as transformações econômicas e sociais do capitalismo no Brasil, isto é, a industrialização, uma parte dos intelectuais tornou-se de esquerda e, sob os efeitos do bolchevismo, tenderam a colocar-se como vanguarda esclarecida cujo papel era trazer a consciência de classe às massas proletárias alienadas, desconsiderando a história dos movimentos operários, o anarquismo e o socialismo, as formas de ação e de organização dos trabalhadores brasileiros. Posteriormente, com a implantação da indústria de modelo fordista e taylorista ou da "gerência científica", com o crescimento da urbanização, o surgimento das universidades e das investigações científicas, a implantação da indústria cultural ou da cultura de massa pelos meios de comunicação e pela publicidade, a figura tradicional do letrado recebeu um acréscimo, qual seja, a do especialista, e tornou-se portadora do *discurso competente,* segundo o qual aqueles que possuem determinados conhecimentos têm o direito natural de mandar e comandar os demais em todas as esferas da vida social, de sorte que a divisão social das classes é sobredeterminada pela divisão entre os especialistas competentes, que mandam, e os demais, incompetentes, que executam ordens ou aceitam os efeitos das ações dos especialistas.

O que se passou com a universidade? Sob a ditadura, foi implantada a "universidade funcional", oferecida às classes médias para compensá-las pelo apoio à ditadura, oferecendo-lhes a esperança de rápida ascensão social por meio dos diplomas universitários. Foi a universidade da massificação e do adestramento rápido de quadros para o mercado das empresas privadas instaladas com o "milagre econômico". A partir dos anos 1990, sob os efeitos do neoliberalismo, deu-se a implantação da "universidade operacional", isto é, a desaparição da universidade como instituição social destinada à formação e à pesquisa, surgindo em seu lugar uma organização social duplamente privatizada: de um lado, porque a serviço das empresas privadas e guiada pela lógica do mercado; de outro, porque seu modelo é a empresa privada, levando-a a viver uma vida puramente endógena, voltada para si mesma como aparelho burocrático de gestão, fragmentada internamente e fragmentando a docência e a pesquisa. Essa universidade introduziu a ideia fantasmagórica de "produtividade acadêmica", avaliada segundo critérios quantitativos e das necessidades do mercado.

Além disso e sobretudo, vemos hoje a nova forma de inserção do saber e da tecnologia no modo de produção capitalista, isto é, tornaram-se forças produtivas, deixando de ser mero suporte do capital para se converter em agentes de sua acumulação. Consequentemente, mudou o modo de inserção dos pensadores e técnicos na sociedade porque se tornaram agentes econômicos diretos, e a força e o poder capitalistas encontram-se, hoje, no monopólio dos conhecimentos e da informação. Surge a expressão "sociedade do conhecimento" para indicar que a economia contemporânea se funda sobre as ciências e a informação, graças ao uso competitivo do conhecimento, da inovação tecnológica e da informação nos processos produtivos. Chega-se mesmo a falar em "capital intelectual", considerado por muitos como o principal princípio ativo das empresas.[10] Afirma-se que, hoje, o conhecimento não se define mais por disciplinas específicas, e sim por problemas e por sua aplicação nos setores empresariais. A pesquisa é pensada como uma estratégia de intervenção e de controle de meios ou instrumentos para a consecução de um objetivo delimitado. Em outras palavras, é um *survey* de problemas, dificuldades e obstáculos para a realização do objetivo, e um cálculo de meios para soluções parciais e locais para problemas e obstáculos locais. Emprega intensamente redes eletrônicas para se produzir e se transformar em tecnologia e submete-se a controles de qualidade segundo os quais deve mostrar sua pertinência social mostrando sua eficácia econômica. Fala-se em "explosão do conhecimento"[11] para indicar o aumento vertiginoso dos saberes quando, na realidade, indica o modo da determinação econômica do conhecimento, pois no jogo estratégico da competição no mercado, uma organização de pesquisa se mantém e se firma se for capaz de propor áreas de problemas, dificuldades, obstáculos sempre novos. O conhecimento contemporâneo se caracteriza pelo crescimento acelerado e pela tendência a uma rápida obsolescência.

Além da dependência das universidades e dos centros de pesquisa em relação ao poder econômico, é preciso lembrar que esse poder se

[10] "A riqueza não reside mais no capital físico, e sim na imaginação e criatividade humana" (RIFKIN, J. *La era del acceso*. Buenos Aires: Paidós, 2000). Estima-se que mais do 50% do PIB das maiores economias da OCDE encontram-se fundados no conhecimento.

[11] Segundo dados de J. Appleberry, citado por José Joaquín Brunner, o conhecimento de base disciplinar e registrado internacionalmente demorou 1.750 anos para duplicar-se pela primeira vez, contando desde o início da era cristã; a seguir, duplicou seu volume a cada 150 e depois a cada 50. Atualmente o faz a cada cinco anos, e estima-se que para o ano 2020 se duplicará a cada 73 dias. Estima-se que a cada quatro anos duplica-se a informação disponível no mundo; todavia, assinalam os analistas, somos capazes de prestar atenção a apenas entre 5% a 10% dessa informação. Cf. BRUNNER, José Joaquín. Peligro y promesa: la Educación Superior en América Latina. In: SEGRERA, F. López; MALDONADO, Alma (Org.). *Educación superior latinoamericana y organismos internacionales: Un análisis crítico*. Cali: UNESCO; Boston College; Universidad de San Buenaventura, 2000.

baseia na propriedade privada dos conhecimentos e das informações, de sorte que estes se tornam secretos e constituem um campo de competição econômica e militar sem precedentes. Em outras palavras, uma vez que o saber dos especialistas é o "capital intelectual" das empresas e que o jogo estratégico da competição econômica e militar impõe, de um lado, o segredo e, de outro, a aceleração e obsolescência vertiginosas dos conhecimentos, tanto a produção quanto a circulação das informações estão submetidas a imperativos que escapam do controle dos produtores do saber e do controle social e político dos cidadãos. Ao contrário, o social e o político são controlados por um saber ou uma competência cujo sentido lhes escapa inteiramente. Isso significa que não só a economia, mas também a política são consideradas assunto de especialistas e que as decisões parecem ser de natureza técnica, via de regra secretas ou, quando publicadas, elas o são em linguagem perfeitamente incompreensível para a maioria dos cidadãos.

A nova situação do saber como força produtiva determina a heteronomia do conhecimento e da técnica, que passam a ser determinados por imperativos exteriores ao saber, bem como a heteronomia dos cientistas e técnicos, cujas pesquisas dependem do investimento empresarial. Esse fenômeno não atinge apenas as chamadas ciências duras e as ciências aplicadas, mas também as ciências humanas. Se até há pouco, economistas, cientistas sociais e psicólogos entravam nas empresas pela porta do DRH, na condição de assalariados, hoje, são estimulados a se tornar capitalistas, criando empresas de consultoria e de assessoria para grandes empresas e instituições públicas. Até os filósofos se tornaram proprietários de microempresas de assessoria ética para as grandes corporações, enquanto outros buscam a inserção no mercado como "filósofos clínicos".

Qual o peso dessa situação na institucionalização da filosofia e para o ensino da filosofia nos cursos de graduação?

Penso que podemos apontar pelo menos três efeitos principais: 1) a oposição tácita (jamais claramente explicitada) entre os que defendem o ensino da filosofia centrado na história da filosofia e os que defendem o ensino da filosofia como solução de problemas e centrado na filosofia analítica; 2) o papel crescente da iniciação científica prematura, uma vez que ela é a porta de entrada da pós-graduação e o caminho da profissionalização regulamentada; 3) a oposição entre os que são favoráveis ao ensino da filosofia no ensino médio, com base na licenciatura ou na graduação, e os que são desfavoráveis à presença do ensino da filosofia no ensino médio e favoráveis apenas ao seu ensino universitário, com base na pós-graduação, na pesquisa e na titulação. Na verdade, o segundo e o terceiro efeitos são inseparáveis, pois a ênfase numa iniciação científica prematura é inseparável do privilégio dado à pós-graduação e ao ensino universitário da filosofia.

Esses três aspectos incidem na maneira como se concebe a institucionalização da filosofia. Vou aqui exemplificar com o caso de nosso Departamento de Filosofia.

Bento Prado Jr. e Oswaldo Porchat, de um lado, como José Arthur Giannotti, de outro, defenderam e defendem a regulação institucional do trabalho em filosofia. Mas por instituição e institucionalização não entendem a mesma coisa. Todos, evidentemente, entendem por instituição e institucionalização um conjunto de normas, regras e critérios públicos de regulação da prática filosófica, bastando lembrar que, se para Bento a filosofia é um jeito de conversar, ou para Porchat, um modo de argumentar, a conversa e a argumentação possuem normas e regras, pois, afinal, atribui-se a Sócrates a invenção do *método* de conversar e argumentar. Concebida a filosofia como conversação e argumentação, a ênfase institucional recai sobre a *docência como lócus decisivo da formação filosófica – a filosofia é uma arte*. Em contrapartida, para Giannotti, a filosofia é, antes de tudo, busca de soluções para problemas teóricos e práticos, um corpo a corpo com as aporias, e a ênfase institucional ou a regulação recai sobre *a pesquisa, entendida como prova de capacidade individual para bem colocar problemas e de originalidade individual para solucioná-los quando possível – a filosofia é uma técnica de pensamento*. A ênfase de Bento e de Porchat recai sobre as normas de uma atividade que é fundamentalmente diálogo e relação com o outro; a ênfase de Giannotti recai sobre o desempenho técnico individual e sobre a energia competitiva de cada indivíduo para suplantar outros, numa atividade que não recusa o diálogo, mas que é essencialmente um solilóquio, o outro aparecendo menos como interlocutor e mais como competidor.

Além dessas diferenças, vale a pena mencionar uma última, que não está referida aos três professores acima mencionados, mas a um mal-estar constante dos estudantes de graduação (pelo menos em nosso departamento). Esse mal-estar aparece sob duas formas: sob a forma pedagógica, como crítica da forma e do conteúdo fragmentado e disperso das disciplinas oferecidas na graduação; e sob a forma conceitual, como crítica da ausência de cursos sobre questões filosóficas contemporâneas, o ensino parecendo limitar-se aos temas e problemas que vão da Antiguidade ao início do século XX.

Com relação ao primeiro mal-estar, nosso departamento fez várias experiências pedagógicas visando a integrar as disciplinas e assegurar contato e continuidade entre elas, desde alterações na grade curricular até discussão coletiva dos programas. O fato de que o mal-estar pedagógico permaneça indica que não fomos bem-sucedidos em nossas tentativas. Mas não sei se o problema pode ser solucionado. Talvez os estudantes pudessem pensar na graduação menos como aquisição de informações articuladas e de conhecimentos integrados, e mais como experiência de estilos de trabalho que são formadores justamente por causa de sua pluralidade e diversidade. Essa compreensão da docência poderia também levá-los a perceber que o mal-estar da dispersão aumenta quanto mais prematura for a iniciação científica, pois esta suscita uma delimitação precoce dos interesses quando a experiência pedagógica está oferecendo exatamente o oposto.

Quanto ao mal-estar conceitual ou ao anacronismo de nossos cursos, penso que minha palestra hoje é uma tentativa de resposta. Vocês puderam observar que todas as minhas considerações sobre o presente foram feitas à luz de referências aos clássicos e aos contemporâneos. Em outras palavras, minhas considerações sobre a situação presente da filosofia e de seu ensino são inseparáveis da referência à história da filosofia, aos clássicos antigos e modernos do pensamento filosófico, pois considero a história da filosofia o esteio teórico da formação filosófica e condição para a interrogação de nosso presente. Isso evidentemente pressupõe uma certa concepção da história da filosofia, qual seja: cada filósofo, em seu presente e nas suas circunstâncias, interroga a experiência, os dados e os acontecimentos que lhe são contemporâneos; é por sua imersão na particularidade de seu tempo que ele alcança o universal; suas respostas não são, nem podem ser as nossas, mas com ele aprendemos a interrogar nosso próprio presente.

Finalmente, como conclusão, gostaria de lhes dizer como penso a natureza formadora da docência e da graduação.

Merleau-Ponty dizia que o bom professor de natação não é aquele que ensina o aluno a fazer movimentos abstratos na areia, mas o que se lança com o aluno na água e não lhe diz "faça como eu", e sim "faça comigo", deixando que o aprendizado venha do contato do aluno com o movimento da água.

Penso que o ensino é formador quando não é transmissão de um saber do qual nós seríamos senhores, nem é uma relação entre aquele que sabe com aquele que não sabe, mas uma relação assimétrica entre aquele cuja tarefa é manter vazio o lugar do saber e aquele cujo desejo é o de buscar esse lugar. Há ensino filosófico quando o professor não se interpõe entre o estudante e o saber e quando o estudante se torna capaz de uma busca tal que, ao seu término, ele também queira que o lugar do saber permaneça vazio. Há ensino filosófico quando o estudante também se tornou professor, porque o professor não é senão o signo de uma busca infinita, aberta a todos.

O ensino de filosofia no Brasil[1]

MC&MS: Dados da CAPES de 2009 indicam que há pouco mais de 31 mil professores de filosofia atuando no país. Destes, apenas 25% têm formação específica. Portanto, segundo a instituição, atualmente seriam necessários quase 110 mil professores para atender à demanda das escolas públicas. Como analisam o impacto da reintrodução da filosofia no ensino médio público?

MC: Essa meta é impossível. Talvez possamos alcançá-la até 2020. Há duas coisas a evitar e uma que seria recomendável. A evitar: distribuir as aulas de filosofia aos não graduados em filosofia; introduzir o ensino a distância para suprir a falta de professores. Recomendável: admitir como professores os alunos que estão concluindo a graduação, isto é, que estão no último ano ou no último semestre do curso, com o compromisso de supervisão de algum docente universitário. Quando eu era estudante de graduação, isso era muito comum.

MC&MS: Quais os desdobramentos da presença da filosofia no ensino médio para os departamentos de filosofia das universidades?

---

[1] Entrevista realizada por Marcelo de Carvalho e Marli dos Santos para o dossiê "O ensino de filosofia no Brasil: três gerações", publicado em: *Filosofia: ensino médio.* Coordenação de Gabriele Cornelli, Marcelo Carvalho e Márcio Danelon. Brasília: Ministério da Educação, Secretaria de Educação Básica, 2010, p. 13-44. Além de Marilena, foram também entrevistados os professores João Carlos Salles Pires da Silva e Marcelo Senna Guimarães. (N. do Org.)

MC: A retomada da licenciatura e o empenho na formação de professores, assim como a produção de uma bibliografia adequada às condições do ensino médio. O fundamental é não dividir os estudantes em duas categorias, a dos professores do ensino médio e a dos pós-graduandos candidatos ao ensino superior: tanto a licenciatura quanto a pós-graduação devem alcançar todos os estudantes de filosofia e dar-lhes a mesma formação. Além disso, os departamentos de filosofia não poderão furtar-se à tarefa de informar-se sobre as condições materiais e intelectuais do ensino médio e colaborar com os professores que pretendam transformá-las ou melhorá-las.

MC&MS: É possível dizer que as graduações e licenciaturas de filosofia nas universidades estão preparadas para formar professores para o ensino médio?

MC: Escrevi um livro para o ensino médio. O que penso está lá. É bobagem querer dar um curso que seja uma versão preparatória para a graduação de filosofia ou que seja uma versão diminuída da graduação. Além disso, a relação da filosofia com a sociedade e a cultura contemporâneas pode ser um bom caminho para mostrar aos alunos a antiguidade e sistematicidade de certas questões que percorrem a história da filosofia e chegam até nós; ou, ao contrário, para lhes mostrar as novas exigências a que o pensamento é levado pelo mundo contemporâneo. Basta que os alunos não imaginem que estão inventando a roda ou que a filosofia é achismo ("eu acho que", "eu gosto de", "eu não gosto de") para que a escolha do tema seja formadora.

MC&MS: Como aliar a leitura dos textos clássicos, o debate de grandes questões de sua tradição, a um olhar atento e crítico com relação à atualidade e seus problemas?

MC: É uma questão de dosagem e de kairós. Dosagem: é recomendável que os alunos leiam pelo menos três textos clássicos (por exemplo: *Mênon*; *Discurso do Método* parte 1; *Discurso sobre a origem das desigualdades*) e aprendam a fazer análise de texto porque isto os ajudará não só em filosofia, mas em todas as outras matérias e, futuramente, em cursos de graduação que não de filosofia. Penso que não é recomendável estruturar o curso por leitura de textos, pois isso requer técnica, interesse, paciência e tempo que os adolescentes não têm. Kairós: depois de conhecer a classe e perceber

quais as inquietações dos alunos – em geral, existenciais e religiosas –,
o professor pode escolher os textos para seminários de leitura de texto.

[...]

Um professor bem formado é capaz de criar o interesse da classe.
Formação: conhecimento aprofundado da história da filosofia; conhecimento das questões clássicas da filosofia em todas as suas áreas; conhecimento dos principais autores e textos clássicos de cada uma das disciplinas que compõem a filosofia; conhecimento de pelo menos uma língua, além do português, que permita ler um filósofo no original; percepção das relações entre temas clássicos e contemporâneos, seja no campo da estética, da ética, da política ou da lógica.

MC&MS: Para finalizar, como veem a presença da filosofia em espaços informais e na mídia?

MC: No caso da mídia, essa presença é ambígua. Por um lado, passa a fazer parte da indústria cultural e, portanto, do entretenimento – para nem mencionarmos o risco permanente de se transformar em discurso de autoajuda e em pura ideologia –; por outro, suscita o aparecimento de um público que poderia interessar-se pelas questões filosóficas, sobre as quais nunca havia ouvido falar. No caso dos espaços informais (centros culturais, ciclos de palestras, cafés filosóficos), a filosofia tende, por um lado, a preencher a lacuna deixada por sua ausência no ensino médio (o que significa que, sob este aspecto, ela deixará de ter tal papel assim que sua presença se consolidar no ensino médio, assim como a complementar a formação de estudantes universitários de filosofia (em geral, os que não têm condições para cursar universidades públicas); por outro, ela tende a proporcionar reflexões sobre a cultura e a política contemporâneas para um público de formação universitária não filosófica, mas interessado pelo que espera seja a filosofia – frequentemente, esse público leva um susto diante da complexidade e opacidade dos conceitos filosóficos, susto que pode ou afastá-lo ou aproximá-lo das exigências do pensamento. Mas nos dois casos, isto é, tanto na mídia como nos espaços informais, é uma presença sempre ambígua e arriscada porque tudo (TUDO!) no capitalismo se transforma em barbárie e a filosofia não possui qualquer garantia de que isso não lhe aconteça, seja virando puro ornamento cultural (uma *griffe* a mais), seja trazendo gratificação imediata ou ilusão de conhecimento.

Fazer história da filosofia[1]

Sabemos que há duas grandes objeções à possibilidade de uma história da filosofia.

A primeira afirma que uma história é um processo linear contínuo e cumulativo – é isso que nos permite falar, por exemplo, numa história da ciência –, porém, no caso da filosofia, cada nova filosofia se apresenta como um começo absoluto, coloca-se em contradição com as anteriores e as recusa. Falta-lhes, portanto, continuidade, acumulação e progresso.[2]

A segunda afirma uma história que pressupõe que o passado seja inteligível e objeto de uma única interpretação. Porém, cada filosofia suscita uma multiplicidade de interpretações não apenas diferentes, mas também opostas e mesmo contraditórias, tornando o passado ininteligível.

Para entendermos as discussões em torno da história da filosofia, convém lembrar o momento em que ela é realmente inaugurada, não como uma discussão e recusa ou recuperação do passado, mas como uma disciplina filosófica, ou seja, com Hegel. De maneira muito breve, podemos desenhar a posição hegeliana com os seguintes traços:

---

[1] Este texto, preparado para esta edição, é uma versão remanejada de conferências anteriores sobre o mesmo tema. (N. do Org.)

[2] Como sabemos, essa objeção caiu por terra com as obras de Thomas Kuhn sobre as revoluções científicas, e a de Michel Foucault sobre a descontinuidade como modo de ser do discurso, seja ele científico ou filosófico.

1. A história da filosofia é um *progresso necessário*, isto é, a supressão do finito enquanto finito, uma vez que somente o infinito é verdadeiro e o conjunto das filosofias é o percurso em direção ao infinito, isto é, ao absoluto.
2. Cada filosofia é necessária no momento em que existiu; nenhuma deixa de existir depois de seu tempo, mas não desaparece, e sim passa a existir como um momento ou uma parte da filosofia universal. Portanto, nenhuma filosofia é refutável, nem refutada por outras, pois o que é refutado é *seu fundamento* ou *seu princípio* enquanto este pretendia ser a determinação última do absoluto, alcançável apenas pelo conjunto de todas as filosofias.
3. Cada fundamento ou princípio goza de predomínio em seu tempo e aparece como capaz de conhecer e explicar tudo, porém, somente a época seguinte é capaz de determinar em que esse princípio é verdadeiro e em que não o é.
4. No tratamento das filosofias anteriores, não se pode buscar o que não poderiam ter, nem censurá-las por não terem ideias que só poderiam vir depois. Não se pode colocar nelas mais do que elas têm, e não se pode tirar delas o que efetivamente têm, pois cada filosofia pertence ao seu tempo e está circunscrita aos limites de seu tempo; cada uma possui um lugar definido no tempo e esse lugar é seu valor e seu significado. E isto dizer que cada filosofia tem um conteúdo determinado e é particular;
5. Na história da filosofia *não há passado*: cada filosofia, naquilo em que seu princípio é verdadeiro é eterna ou para sempre presente, pois somente a não-verdade tem passado. As filosofias passam naquilo que não possuem de verdadeiro e permanecem no interior de uma filosofia universal naquilo que possuem de verdadeiro. Como momentos ou determinações da verdade, as obras permanecem para sempre. Cada filosofia arranca da treva uma parte da verdade e por isso as filosofias não são quadros no templo da Memória, mas estão vivas e presentes no pensamento que se expõe em suas obras.

Em suma, não se pode separar filosofia e história da filosofia, pois a filosofia é a totalidade de sua história em que cada momento é constituído por um conjunto de ideias similares em todos os filósofos desse momento, que se diferenciam apenas pela maneira como as tratam, pois suas filosofias estão condicionadas pelo ideário comum de sua época e cada momento filosófico é uma etapa de um processo único, de sorte que a verdade não se encontra em cada filosofia, nem fora de cada uma delas, e sim na totalidade de seu processo rumo ao saber absoluto, que as conclui.

No entanto, contra Hegel, ergueram-se, no século XX, duas alternativas a respeito do que deveria ser uma história da filosofia. A primeira é a *relativista*, segundo a qual não há filosofia se esta for entendida como algo perene, sem data nem lugar; só há filosofia como história da filosofia, pois as ideias são sempre e necessariamente instituídas pelas condições de um tempo e um lugar determinados e formuladas por indivíduos determinados. A segunda é denominada *científica*, de acordo com a qual cada filosofia se apresenta como um começo absoluto, uma iniciativa absoluta e aspira a estabelecer uma verdade definitiva, universal e eterna, e a história da filosofia é o relato dessa aspiração fundamental de cada filosofia sem que se deva ou se possa dizer que uma seja mais verdadeira do que a outra, nem que, juntas, formem uma sequência de verdades parciais a serem reunidas numa totalidade plenamente verdadeira. A história da filosofia é uma ciência rigorosa em que se buscam as regras que permitem alcançar uma real objetividade na exposição e interpretação dos sistemas filosóficos. A realização mais conhecida dessa segunda alternativa é a da chamada história estrutural francesa, iniciada por Émile Bréhier, Martial Gueroult e Victor Goldschmidt, que recusam a posição relativista, denominada por eles como perspectiva genética, na qual uma filosofia se explicaria pela biografia do autor, sua personalidade e seu meio social. A história estrutural objetiva ou científica é assim apresentada no texto inaugural de Bréhier:

> Recusando-se a considerar uma doutrina como verdadeira ou falsa, [a história da filosofia] consiste em estudá-la nela mesma como fenômeno do passado, com todos os detalhes de linguagem, pensamento, sentimentos, hábitos mentais que a tornam inseparável do tempo em que se produziu, do indivíduo que a pensou e que fazem com que só possa ser arrancada de sua época pela violência.[3]

Na perspectiva estrutural, a história da filosofia como estudo crítico de textos apresenta três características principais:

---

[3] BRÉHIER, Émile. *La philosophie et son passé.* Paris: PUF, 1950. p. 27.

1. Protege as doutrinas contra os compromissos de nosso próprio presente, permitindo que sejam conhecidas com isenção e neutralidade.
2. Impede tratar as doutrinas na perspectiva de uma filosofia da história. O historiador da filosofia deve tomar uma doutrina como o etnólogo toma uma tribo, isto é, na sua estrutura singular.
3. Define a objetividade própria de uma filosofia sem confundi-la com as condições históricas e psicológicas de seu surgimento.

Prossegue Bréhier:

> Entre o acontecimento histórico e o acontecimento filosófico há uma semelhança ilusória, proveniente da confusão entre o pensamento filosófico e os símbolos e meios materiais que o exprimem e que são inseparáveis dele e, deste modo, pode-se marcar um limite preciso para o acabamento do acontecimento filosófico [...] Ora, essa interpretação do historiador é contrária à própria intenção da filosofia cuja história se descreve: consiste em pensar cada pensamento filosófico como um acabamento, enquanto o autor o considera como uma iniciativa, um começo; o historiador se volta para o passado, o filósofo, para o futuro [...] O gênero de acontecimentos com que se ocupa o historiador da filosofia é, em certo sentido, passado, mas num sentido profundo, são acontecimentos que estão se produzindo [...] É passado porque se banha em seu meio, mas esse tempo é *exterior* ao sistema; há, porém, o tempo que eu chamaria de *interior* ao sistema. Essa duração interior é bem diferente do tempo exterior de sua expressão [...] o que é essencial em um pensamento filosófico é *uma certa estrutura*, ou se se quiser, o modo de digestão espiritual independente dos alimentos que seu tempo lhe propõe. Essa estrutura mental, que *pertence por acidente ao passado*, é, pois, no fundo, *intemporal* e por isso tem um futuro e por isso vemos sua influência repercutir sem um fim demarcável.[4]

Entretanto, é possível opor-se a Hegel sem cair no relativismo, nem na pretensão de uma história da filosofia científica ou objetiva. É o caso de Merleau-Ponty, que, no ensaio "Em toda e em nenhuma parte", escreve:

[4] BRÉHIER, 1950, p. 39-41.

Uma série de retratos intelectuais deixará no leitor o sentimento de uma tentativa inútil, cada filósofo oferecendo como verdade manias inspiradas por seu humor ou pelos acidentes de sua vida, retomando questões em seu início para deixá-las inteiras aos seus sucessores, sem que, de um universo mental a outro, seja possível uma comparação. [...] Para respeitar o que buscaram e falar dignamente deles, não seria necessário, ao contrário, tomar suas doutrinas como momentos de uma única doutrina em curso e salvá-las, à maneira hegeliana, dando-lhes um lugar na unidade de um sistema [hegeliano]?

É bem verdade que, à sua maneira, o sistema é bastante desenvolto, pois, se as incorpora numa filosofia integral, é porque pretende conduzir a tarefa filosófica melhor e mais longe do que elas o fizeram. Uma filosofia que desejou exprimir o Ser não está salva ao sobreviver como um momento da verdade ou como um primeiro esboço de um sistema final que não é ela. Quando "ultrapassamos" uma filosofia do "interior", roubamos sua alma, fazemos-lhe a afronta de guardá-la sem suas "limitações", das quais nos arvoramos em juízes, isto é, sem suas palavras, sem seus conceitos, reduzidos a um parágrafo do Sistema.[5]

Todavia, a crítica da história da filosofia tanto como dispersão das obras quanto como absorção das filosofias por um sistema, que lhes rouba a alma, não significa tomá-las como puras obras espirituais sem lastro histórico, nem, ao contrário, passar a uma história exterior a elas, isto é, explicá-las por meio da história social e política, da qual seriam meros efeitos intelectuais. Por isso, prossegue Merleau-Ponty:

Destarte, a verdade, o todo, ali estão desde o princípio – mas como tarefa a cumprir, e, portanto, ainda não estão ali. Esta relação singular da filosofia com seu passado esclarece, em geral, suas relações com o "fora", por exemplo, com a história pessoal e social. Como as doutrinas passadas, ela vive de tudo o que acontece ao filósofo e ao seu tempo, porém, descentrando-o, transportando-o para a ordem dos símbolos e da verdade proferida, de modo que não há mais sentido em julgar a obra pela vida, do que a vida pela obra.[6]

---

[5] MERLEU-PONTY, Maurice. Em toda e em nenhuma parte. In: *Seleção de textos*. São Paulo: Abril Cultural, 1972, p. 399. (Coleção Os Pensadores).

[6] MERLEU-PONTY, Em toda e em nenhuma parte, 1972, p. 401.

Não se trata de escolher entre a figura da filosofia "pura" e a da filosofia como "efeito" de uma história que lhe é exterior; não se trata de escolher entre os que pensam que a história do indivíduo ou da sociedade detém a verdade das construções simbólicas do filósofo, e os que pensam, ao contrário, que a consciência filosófica tem, por princípio, as chaves da história social e pessoal.

Como superar esses dois enganos, que Merleau-Ponty chama de "mitos gêmeos"? Como não incorrer nas ilusões de tomar uma filosofia como pura interioridade intelectual imperecível ou, ao contrário, como inteiramente determinada por condições históricas externas ao pensamento? Como encontrar as relações efetivas entre filosofia e história?

> [...] precisaríamos, inicialmente, de uma teoria do conceito ou da significação capaz de tomar a ideia da filosofia tal como é: nunca sem o lastro das importações históricas e nunca redutível às suas origens [...] a ideia filosófica, nascida do fluxo e refluxo da história pessoal e social, não é somente um resultado e uma coisa, mas um começo e um instrumento. Discriminando num novo tipo de pensamento e num novo simbolismo, constitui um campo de aplicação incomensurável com suas origens e só pode ser compreendida de dentro.[7]

Merleau-Ponty toma a pluralidade de filosofias e de interpretações não como um problema ou um equívoco, mas como inerente ao discurso filosófico, de maneira que podemos aplicar à história da filosofia uma afirmação, feita por ele no ensaio "O olho e o espírito", ao discutir o que poderia ser uma história das obras de arte, afirmando que a pluralidade de interpretações é suscitada pela própria obra, porque esta, se for grande, institui uma posteridade:

> Quanto à história das obras, em todo o caso, se forem grandes, o sentido que se lhes dá de imediato veio delas próprias. Foi a própria obra que abriu o campo de onde aparece numa outra luz, é ela que *se* metamorfoseia e se torna a sequência; as reinterpretações intermináveis de que ela é legitimamente suscetível não a transformam senão nela mesma; e, se o historiador reencontra por sob o conteúdo manifesto o excesso e a espessura de sentido, a textura

---

[7] MERLEU-PONTY, Em toda e em nenhuma parte, 1972, p. 402.

que lhe preparava um longo futuro, esta maneira ativa de ser, esta possibilidade que ele descobre na obra, esse monograma que nela encontra, fundamentam uma meditação filosófica.[8]

Para compreendermos como e por que uma obra de pensamento se oferece à multiplicidade de interpretações, cria uma posteridade e abre uma história é preciso tomar uma noção merleau-pontyana fundamental, qual seja, a de *impensado*.

O impensado, esclarece Merleau-Ponty, não é a distância entre o espírito e a letra que o "bom" leitor é capaz de vencer; também não é aquilo que uma filosofia deveria dizer, se obedecesse a uma lógica ou a uma epistemologia cujos cânones ela ignora. No primeiro caso, o impensado tem a curiosa função de fazer o intérprete "completar" o que o filósofo deixou "incompleto"; no segundo, opera como uma norma, espécie de regra certa e fácil para bem conduzir a leitura. O que é, efetivamente, o impensado? Não é o que não foi pensado, nem o que tendo sido pensado não soube ser dito, nem muito menos o que teria sido pensado e não pôde ser proferido. *Não é o que falta, o "menos"; é o excesso do que se quis dizer e pensar sobre o que se disse e se pensou. É o que, no pensamento do autor, nos faz pensar e nos dá a pensar.* O impensado é o excesso da significação sobre os significantes que estavam disponíveis para o pensador, excesso que temporaliza a obra, mantendo-a aberta e criando seu porvir na posteridade dos que irão retomá-la, seja para compreendê-la e prossegui-la, seja para criticá-la e recusá-la.

> A abordagem histórica serve menos para "explicar" uma filosofia e mais para mostrar o excesso de sua significação sobre as circunstâncias históricas, transmutando sua situação inicial em um meio para compreendê-la e compreender outras. O universal filosófico reside no momento e no ponto em que as limitações de um filósofo investem numa outra história que não é paralela à dos fatos psicológicos ou sociais, mas que ora se cruza com ela, ora se afasta dela, ou melhor, não pertence à mesma dimensão.[9]

---

[8] MERLEU-PONTY, Maurice. O olho e o espírito. In: *Seleção de Textos*. São Paulo: Abril Cultural, 1972. p. 292. (Coleção Os Pensadores).

[9] MERLEU-PONTY, Em toda e em nenhuma parte, 1972, p. 402.

O impensado diferencia internamente escrita e leitura e nos pede que compreendamos o que é uma obra de pensamento. É o que faz Claude Lefort em *O trabalho da obra. Maquiavel.*

A obra de pensamento, escreve Lefort, tem uma existência enigmática. Nascida do desamparo da experiência imediata, suscitada pelo não-saber e pelo não-agir do presente, ela renuncia ao imediato e desenterra uma espécie de segredo da experiência, desde que se possa ver ali o que permanecia oculto. O paradoxo está em que a obra precisa renunciar a isto que a faz nascer [a experiência imediata, o presente como não-saber] para alcançar o sentido de seu próprio nascimento. Numa palavra: a obra põe a diferença entre experiência e reflexão e essa diferença faz com que a origem da obra no seu presente fique oculta para seus leitores, pois se apresenta como uma reflexão que deu sentido à experiência e a apaga como experiência que lhe deu origem. A obra aparece sem que apareça a experiência que a fez nascer.

A esse paradoxo – a obra como ocultamento de sua origem – vem acrescentar-se um outro: a reflexão inaugurada pela obra é abertura de um campo de racionalidade novo que, no entanto, logo submerge sob os discursos que ela própria passa a suscitar. Ao *nascer*, a obra institui a diferença originária entre experiência e reflexão. E, ao *falar*, institui o espaço simbólico da palavra como diferença originária entre escrita e leitura ou como divisão originária entre escritor e leitor. Contudo, assim como a reflexão visa a conjurar a indeterminação da experiência, criando um saber sobre ela, assim também a leitura visa a conjurar a separação entre o escritor e o leitor, separação sem a qual não há discurso. Dessa maneira, a obra de pensamento tende a promover discursos que, ignorantes de sua própria origem no interior da divisão da palavra, buscam instalar-se fora desse campo que os torna possíveis, de tal maneira que a obra engendra a figura imaginária da exterioridade do leitor diante do texto que ele lê, dando origem à pretensão de uma leitura objetiva, neutra, "científica".[10]

Aparentemente, Lefort parte da questão clássica nas introduções de história da filosofia: por que uma mesma obra suscita discursos múltiplos, díspares e mesmo contraditórios?

---

[10] Coloco entre as aspas porque a ideia da ciência como objetividade neutra é a *imagem* corrente da atividade científica e, como toda imagem, ignora o sentido do trabalho científico.

Essa questão costuma encontrar três tipos de resposta.

Na primeira, a multiplicidade e divergência das interpretações é atribuída às condições históricas, sociais e políticas dos diferentes leitores; a figura "histórica" do leitor seria, assim, a chave explicativa da multiplicidade e disparidade das interpretações.

Na segunda, considera-se que é preciso distinguir entre dois tipos possíveis de leitura, um dos quais, se aceito, afasta necessariamente o outro. Haveria uma leitura na qual o leitor, partindo de suas próprias condições históricas e posições teóricas, procuraria em certo autor a confirmação ou a recusa das teses do próprio leitor. Esse subjetivismo seria a causa da multiplicidade e das divergências das interpretações. Haveria, porém, outro tipo de leitura, a leitura objetiva, que pode dar um fim na multiplicidade e nas divergências: abandonando as condições históricas em que a obra foi produzida e aquelas nas quais a interpretação está sendo produzida, pois tanto as primeiras como as segundas são irrelevantes para a obra, o leitor se erige como observador neutro de um discurso acabado, cuja coerência formal é a chave para sua compreensão. Esse segundo tipo de leitura tem a peculiaridade de poder afirmar que a multiplicidade das interpretações é eliminável de direito, desde que seja eliminada sua causa, qual seja, a interpretação. O leitor não interpreta, e sim comenta e explicita o que foi dito pelo autor.

Finalmente, o terceiro tipo de resposta à questão tradicional é denominado por Lefort "leitura ficcionista", para opô-la às duas primeiras, que se julgam realistas. Agora, a multiplicidade, os antagonismos e as contradições das leituras se convertem em signo indicativo da natureza da obra de pensamento como idêntica à natureza da obra de arte entendida como mera ficção: ambas são obras fictícias. Se assim não fosse, uma obra de pensamento deveria admitir uma única leitura, como convém a um objeto do conhecimento. Na verdade, esse terceiro tipo de resposta é esclarecedor dos dois primeiros, aos quais pareceria opor-se, porque lhes oferece um elemento novo, qual seja, a distinção imediata e simplista entre o real e o imaginário como distinção entre o dado (empírico ou ideal) e a fantasia arbitrária.

Ora, quando nos aproximamos da leitura de Maquiavel por Lefort, podemos observar que sua questão, além de não ser a questão tradicional sobre a multiplicidade e as divergências das interpretações, ainda o leva a questionar a própria questão tradicional, expondo seus pressupostos. A questão de Lefort não é: por que uma mesma obra de pensamento suscita discursos múltiplos, antagônicos e contraditórios? Sua questão é: por que uma obra de pensamento suscita discursos? Assim, antes de interrogar o significado da multiplicidade, dos antagonismos e das contradições das leituras, Lefort interroga o sentido da própria emergência da leitura e de um novo discurso, nascido do ato de ler.

A questão tradicional está polarizada entre dois termos: a "mesma obra" e as "muitas leituras". A questão de Lefort se debruça sobre o "mesma". Entre o "mesma" e o "muitas", postos tradicionalmente como exteriores um ao outro, vem intercalar-se algo que esclarece e anula essa oposição: a noção de *trabalho da obra* como constituinte de seu ser como discurso, isto é, como escrita *e* leitura. O enigma da obra de pensamento não está em suscitar múltiplos discursos díspares, e sim no simples fato de suscitar discursos, de possuir uma posteridade, de ter uma data e transcendê-la. É esse enigma que é escamoteado pelas discussões tradicionais sobre história da filosofia.

Qual o pressuposto das discussões tradicionais? Que deve haver uma única leitura verdadeira de uma obra, pois a verdade exige a univocidade e esta só é possível se a leitura estiver debruçada sobre um *objeto*, isto é, algo que é em si unívoco e idêntico. A pretensão de realizar uma leitura objetiva que ofereça de uma vez por todas a identidade da obra pressupõe que esta seja uma realidade completamente determinada, quer seja tomada como um "fato discursivo", quer como uma "ideia". Subjaz, portanto, a esse tipo de leitura a apreensão da obra de pensamento como uma *representação*, isto é, como *objeto* de conhecimento, portanto, como todo objeto ou representação, dotada de determinação completa. Dessa maneira, o discurso da obra aparece, de fato, como autossuficiente, completo, acabado e, de direito, como dominável, primeiro, pelo entendimento do escritor e, a seguir, pelo do leitor. Supor que ambos não a dominam, que a obra é essencialmente indeterminada e aberta para ambos é o que esse tipo de história da filosofia recusa explicitamente, seja na versão relativista, seja na cientificista.

Nesses tipos de leitura a trama do próprio discurso é negligenciada, pois ela só pode surgir quando se tornam sensíveis as articulações que comandam simultaneamente a forma tomada pelo discurso do escritor (muito precisamente, a seleção de algumas de suas proposições num arranjo novo, segundo uma nova ordem significativa – por exemplo, o que Maquiavel entende por principado ou o que Espinosa entende por substância), quando a determinação de um campo de realidade, em cujo interior a obra considerada em seu conjunto ou na série de suas ideias apareça não como um objeto, e sim como um *acontecimento*, e quando se torna manifesta a afirmação de um *saber* sobre a essência daquilo que o escritor profere em seu discurso.

Enquanto fundadora de um saber despojado de garantias transcendentes, a obra filosófica é um *fazer-se discurso*, habita em suas palavras e é habitada por elas, e estas são sempre essencialmente dirigidas a um outro, o destinatário desconhecido ao qual o autor se dirige. Porque é um fazer-se, a indeterminação mora em seu coração e a destina a ter uma posteridade. Abrindo um campo de pensamento que o escritor desejaria fechar (aspirando a ter pensado e dito *tudo* sobre o que pretendia pensar e dizer), mas não pode fechar, a obra de pensamento suscita de seu próprio interior o discurso de um outro, que a faz falar novamente. A obra institui uma posteridade de interpretações porque há um *excesso do pensamento frente ao que está explicitamente pensado, excesso que suscita novos pensamentos, novos discursos, nova expressão*. Isso não significa, porém, introduzir a distinção entre o espírito e a letra,[11] e sim que aquilo que, uma vez posto pelo discurso do escritor, não pode mais deixar de ser retomado pelos discursos dos leitores.

Escreve Lefort:

> O enigma é que a obra está inteira em seu texto e, ao mesmo tempo, fora de seu texto, no contexto crítico, que não pode ser ignorado por aquele que quer conhecê-la. Mas dizer "ao mesmo tempo" já se presta ao equívoco. O enigma está em que a obra se ofereça inteira em seu texto e que, no entanto, ela seja o que ela é apenas pela relação que se estabelece entre esse texto e seus leitores.[12]

A consequência é clara: conhecer uma obra de pensamento exige não a eliminação, e sim a passagem pelas leituras que suscitou porque

---

[11] Chamo essa distinção de leitura religiosa, pois foi inaugurada pelos teólogos judaicos e cristãos como cânone para a leitura e interpretação da Bíblia.

[12] LEFORT, Claude. *Le travail de l'oeuvre: Machiavel*. Paris: Gallimard, 1972, p. 44.

são constitutivas dela. Isto só é possível se deixarmos de tomá-la como objeto para vê-la como trabalho e, portanto, indissociável da experiência histórica que a suscitou ou de seu presente histórico e das leituras que ela suscitou e suscita. Isto não significa que todas as leituras sejam igualmente válidas, pois é preciso distinguir entre aquelas que produzem uma *imagem* da obra e aquelas que se debruçam sobre seu *sentido*.

Eis porque distingo entre fazer história da filosofia e a técnica de leitura chamada estrutural. Considero o procedimento dito estrutural indispensável para a compreensão da argumentação filosófica, para uma primeira leitura rigorosa dos textos de um filósofo, e julgo indispensável ensinar esse procedimento de leitura aos iniciantes em filosofia, isto é, em história da filosofia. No entanto, é preciso também ter clara a limitação desse procedimento quando se trata de apreender o *sentido de uma filosofia* e, portanto, quando se trata de interpretá-la. Aqui, é necessário compreender de onde o filósofo fala (qual a experiência que se torna tema de sua reflexão), a quem se dirige, contra quem e contra o que escreve, por que decidiu escrever e os efeitos de sua escrita. Em outras palavras, não se trata de tomar uma filosofia em termos de texto e contexto como duas instâncias separadas, externas uma à outra e que o intérprete procuraria unificar. Pelo contrário, trata-se de compreender a relação que o filósofo mantém com a experiência imediata de seu presente, que suscita e exige o trabalho de seu pensamento, interrogando e interpretando o sentido dessa experiência que o leva a escrever. Em suma, trata-se de compreender a articulação interna entre o discurso e a experiência que o suscita e a obra como o trabalho do pensamento, que transforma em saber e em ação o não-saber e o não-agir de seu presente.

Essa maneira de nos acercarmos da obra filosófica nos permite, ainda, compreender que quanto maior é um filósofo e quanto mais singular é sua filosofia, tanto mais universal ela é e abre para nós um campo para pensarmos nosso próprio presente.

Tomemos um exemplo. É a própria obra de Espinosa, aquilo que ele efetivamente escreveu, que leva a interpretá-la como ateia e, ao contrário, como mística; como panteísta e, ao contrário, como acosmista; como renascentista e, ao contrário, como cartesiana; como liberal e, ao contrário, como totalitária ou como revolucionária. Todavia, é preciso, ao fazer a passagem por todas essas leituras, indagar quais são imagens da obra e quais alcançam seu sentido. Todas elas *constituem a obra de Espinosa*, mas algumas são suas imagens e outras são aprofundamento de seu sentido. Numa palavra, é preciso distinguir entre leituras que são ideologia e leituras que buscam uma relação com o verdadeiro, entre leituras que operam com jogos de *imagens* e leituras que buscam a trama reflexiva que engendra *conceitos*.

Sem a indeterminação, sem o excesso do pensamento sobre o pensado, a obra poderia ser reduzida a uma representação completamente determinada que liberaria o intérprete da árdua tarefa de articulá-la à história que a viu nascer e à de suas leituras. Pelo contrário, é preciso ver o discurso carregando seu presente, transfigurando-o pela reflexão e transcendendo-o num espaço de racionalidade que permite, daí por diante, pensar uma certa dimensão da realidade. A indeterminação essencial da obra, a imanência dos novos discursos a ela, a transcendência respectiva dela e deles frente aos seus presentes revelam que escrever e interpretar são o mesmo – o escritor interpreta seu presente –, assim como ler e interpretar são o mesmo – o leitor interpreta a obra e, por meio dela, seu próprio presente, pois escrever, ler e interpretar são dimensões do pensamento como *interrogação*. A obra interroga seu presente, seus leitores a interrogam e interrogam seus próprios presentes.

O que é interrogar? Não é extrair da obra uma resposta para submetê-la ao nosso julgamento, mas perceber o pensador como aquele que, de seu lugar próprio e de seu tempo próprio, interrogava a experiência para abalar os fundamentos do saber estabelecido, indo mais longe do que ele próprio e seus leitores seriam capazes de conceber.

É por isso que fazemos história da filosofia.

A filosofia no ensino médio[1]

Refazendo a memória

a) Minha experiência como aluna e professora do ensino médio.

b) A ditadura

O ensino da filosofia foi excluído do currículo do ensino médio no período da ditadura, portanto, entre 1964 e 1980. De 1964 a 1968, não houve grandes mudanças na grade curricular. As sucessivas reformas da educação se iniciaram a partir de 1969, após a promulgação do Ato Institucional nº 5 (em dezembro de 1968), que suspendeu direitos civis e políticos dos cidadãos em nome da segurança nacional. O primeiro momento da reforma do ensino médio deu-se sob a vigência do AI-5 e da Lei de Segurança Nacional.

A filosofia foi excluída da grade curricular por ser considerada perigosa para segurança nacional, ou como se dizia na época, "subversiva". Foi substituída por uma disciplina denominada educação moral e cívica, que supostamente deveria doutrinar os jovens para a afirmação patriótica e a recusa da subversão da ordem vigente. Como se sabe, no início, essa disciplina foi lecionada por militares, o que a

---

[1] Aula inaugural do Mestrado Profissional do Departamento de Filosofia da Universidade Federal do Paraná, Curitiba, 10 abr. 2017. Para o primeiro tópico, apenas indicado e que foi oralmente exposto por Marilena, o leitor pode se remeter aos textos da primeira seção deste volume. (N. do Org.)

tornou suspeita aos olhos dos demais professores e raramente foi levada a sério pelos alunos.

Embora o motivo inicial da exclusão da filosofia tenha sido político, com a reforma do ensino médio foram também acrescentados motivos ideológicos.

Com efeito, a reforma deu ênfase aos conhecimentos técnico-científicos e manifestou desinteresse pelas humanidades, consideradas pouco significativas para o que se considerava importante, isto é, a profissionalização dos jovens para um mercado de trabalho em expansão, ou o chamado "milagre brasileiro". Dessa maneira, foi instituído um modelo educacional que vigorou pelos quase 40 anos seguintes e no qual o ensino médio passou a ser visto de maneira puramente instrumental e não mais como um período formador, isto é, como etapa preparatória para a universidade e esta, como garantia de ascensão social para uma classe média que, desprovida de poder econômico e político, dava sustentação ideológica à ditadura e precisava ser recompensada.

Esse modelo educacional submeteu o ensino às condições do mercado, isto é, tomou a educação como mercadoria. Isso se deu sob três formas: 1) pelo estímulo à privatização do ensino, minimizando a presença do Estado no campo da educação, tornando precária e insignificante a escola pública e fomentando a exclusão social; 2) pela adaptação do ensino às exigências do mercado de trabalho, que passou a determinar a própria grade curricular, de tal maneira que a cada passo eram feitos ajustes para atender às mudanças das condições desse mercado em diferentes momentos econômicos e sociais do país; e 3) por conferir pouca importância à formação dos professores, como atesta a introdução da chamada licenciatura curta, o que permitia não lhes assegurar condições dignas de trabalho, tanto econômicas quanto intelectuais e de infraestrutura para a atividade pedagógica.

Evidentemente, houve resistência e luta contra o modelo educacional implantado pela reforma e seus sucessivos reajustes. Desde os meados dos anos 1970, associações docentes e estudantis de todo o país lutaram pela revalorização das humanidades no ensino médio e, entre eles, estiveram os grupos que se empenharam pelo retorno do ensino obrigatório da filosofia no ensino médio. Para tanto, como não havia licenciatura em filosofia, esses grupos organizaram cursos para a formação pedagógica dos estudantes e começaram a preparar materiais didáticos, uma vez que inexistiam no Brasil. Nos anos 1980 e início dos 1990, a filosofia retornou como disciplina optativa e, neste século, como disciplina obrigatória. A licenciatura foi instalada e materiais didáticos foram produzidos.

Assim, a volta da filosofia ao ensino médio possui um significado simbólico de extrema relevância não só por ter sido uma vitória contra a ditadura, mas também por assinalar a presença da ideia da educação como formação, isto é, como interesse pelo trabalho do pensamento e da sensibilidade, como desenvolvimento da reflexão para compreender o presente e o passado, e como estímulo à curiosidade e à admiração, que levam à descoberta do novo.

Diante disso, causa espanto e perplexidade a notícia (ou o boato?) de que a filosofia voltará a ser excluída como disciplina obrigatória no ensino médio e nos cursos chamados profissionalizantes.

Um saber inútil?

"A filosofia é uma ciência com a qual e sem a qual o mundo permanece tal e qual". Essa afirmação, muito conhecida e divulgada, tem um sentido muito preciso: a filosofia não serve para coisa alguma.

Essa imagem da filosofia encontra-se presente entre os alunos do ensino médio, marcados pelo modelo instrumental da educação e pela figura dos exames vestibulares como fim último da existência escolar. Para muitos deles, a filosofia é um conjunto de termos abstratos, genéricos, na maioria das vezes incompreensíveis, palavrório que, no final das contas, se refere a coisa nenhuma. Curiosamente, porém, eles também costumam considerar a filosofia um conjunto de opiniões e valores pessoais, que orientam a conduta, o julgamento e o pensamento de alguém, variando de indivíduo para indivíduo – cada um tem "a sua filosofia".

Como quebrar essas imagens? Ou melhor, como fazer com que os alunos percebam que essas imagens não são absurdas, mas que seu sentido não é exatamente aquele com que se acostumaram?

Talvez o ponto de partida mais interessante seja fazer uma abordagem filosófica dessas imagens, mas sem avisar aos alunos de que estão entrando no universo da filosofia. Nesse sentido, o primeiro momento de iniciação à filosofia seria é perguntar: o que é o útil? Para que e para quem algo é útil? O que é o inútil? Por que e para quem algo é inútil? Visto que o senso comum de nossa sociedade considera útil o que dá prestígio, poder, fama e riqueza, julga o útil pelos resultados visíveis das coisas e das ações, identificando utilidade e a famosa expressão "levar vantagem em tudo".

Não poderíamos, porém, definir o útil de uma outra maneira? Qual seria, então, a utilidade da filosofia?

Se abandonar a ingenuidade e os preconceitos do senso comum for útil; se não se deixar guiar pela submissão às ideias dominantes e aos poderes estabelecidos for útil; se for útil compreender criticamente nosso presente, isto é, o mundo neoliberal da dispersão, fragmentação e precarização do trabalho; da destruição dos direitos sociais pelos serviços privados, pelo funcionamento do Estado seguindo o modelo do mercado (eficiência, rapidez, produtividade, lucro); da sociedade como competição entre indivíduos; da universidade que, como o Estado, deve se curvar ao modelo empresarial; se buscar compreender a significação do mundo, da cultura, da história for útil; se conhecer o sentido das criações humanas nas artes, nas ciências, na ética e na política for útil; se dar a cada um de nós e à nossa sociedade os meios para serem conscientes de si e de suas ações numa prática que deseja a liberdade e a felicidade para todos for útil, então podemos dizer que a filosofia é o mais útil de todos os saberes de que os seres humanos são capazes.

Dessa maneira seria possível mostrar aos alunos que a filosofia é uma forma determinada de saber e não um conjunto fragmentado de opiniões, uma coleção de "eu acho que". Também fazê-los compreender que esse saber é reflexivo e crítico (simultaneamente, ruptura com o senso comum e compreensão do sentido desse senso comum). Um bom caminho seria levá-los a perceber que a filosofia possui *uma* história que lhe é imanente, mas que também a transcende, pois ela está *na* história. Fazê-los ver que um filósofo interroga as questões de seu tempo para compreender o sentido da experiência vivida por ele e por seus contemporâneos e que, assim procedendo, nos ensina a interrogar nosso próprio presente.

Em suma, um bom caminho é proceder como o patrono da filosofia, Sócrates, convidando-os a interrogar o que são e de onde nascem suas crenças tácitas e suas opiniões explícitas. O convite a indagar sobre a origem e o sentido de nossas ideias, sentimentos e ações é, sem dúvida, um bom começo para a iniciação à filosofia.

Iniciação à filosofia

Que caminho melhor para isso do que familiarizar os alunos com aquilo que é o cerne e o coração da filosofia, o *discurso filosófico*?

Experiência da razão e da linguagem, a filosofia é a peculiar atividade reflexiva em que, na procura do sentido do mundo e dos humanos, o pensamento busca pensar-se a si mesmo, a linguagem busca falar de si mesma e os valores (o bem, o verdadeiro, o belo, o justo) buscam a origem e a finalidade da própria ação valorativa. Essa experiência, concretizada no e pelo trabalho de cada filósofo, constitui o *discurso filosófico*.

Porque a filosofia é um discurso dotado de características próprias, a iniciação a ela encontra um caminho seguro no ensino da leitura dessa modalidade de discurso, a fim de que os alunos aprendam a descobrir, no movimento e na ordenação das ideias de um texto, a lógica que sustenta a palavra filosófica para que possam analisá-la e comentá-la, primeiro, e interpretá-la, depois.

O que é ler?

Começo distraidamente a ler um livro. Contribuo com alguns pensamentos, julgo entender o que está escrito porque conheço a língua e as coisas indicadas pelas palavras, assim como sei identificar as experiências ali relatadas. Escritor e leitor possuem o mesmo repertório disponível de palavras, coisas, fatos, experiências, depositados pela cultura instituída e sedimentados no mundo de ambos.

De repente, porém, algumas palavras me "pegam". Insensivelmente, o escritor as desviou de seu sentido comum e costumeiro e elas me arrastam, como num turbilhão, para um sentido novo, que alcanço apenas graças a elas. O escritor me invade, passo a pensar de dentro dele e não apenas com ele, ele se pensa em mim ao falar em mim com palavras cujo sentido ele fez mudar. O livro que eu parecia dominar soberanamente apossa-se de mim, interpela-me, arrasta-me para o que eu não sabia, para o novo. O escritor não convida quem o lê a reencontrar o que já sabia, mas toca nas significações existentes para torná-las destoantes, estranhas, e para conquistar, por virtude dessa estranheza, uma nova harmonia que se apposse do leitor.

Ler, escreve Merleau-Ponty, é fazer a experiência da "retomada do pensamento de outrem através de sua palavra", é uma *reflexão em outrem*, que enriquece nossos próprios pensamentos. Por isso, prossegue Merleau-Ponty, "começo a compreender uma filosofia deslizando para dentro dela, na maneira de existir de seu pensamento", isto é, em seu discurso.

Admirável mundo novo

Esse caminho de iniciação foi aqui apresentado de uma maneira feliz e sem grandes complicações. Proponho agora complicar nosso trabalho referindo-me ao admirável mundo novo da eletrônica, da internet, da Wikipédia, do Google e do YouTube.

Não pretendo ter uma atitude conservadora. Lembremos de Platão criticando o surgimento da escrita como uma perda para o pensamento; lembremos das universidades medievais criticando a invenção da imprensa que modificava os atos de ler e escrever e destruiria o pensamento; lembremos dos ataques ao cinema, ao rádio e à televisão como riscos que destruiriam o livro e o pensamento. Nem o pensamento, nem o livro foram destruídos pelas mudanças tecnológicas e, portanto, o que precisamos compreender é a mutação psicológica, social e cultural trazida pelos novos meios de comunicação e seu significado para a educação em geral e para o ensino da filosofia em particular (examinei criticamente os novos meios em dois ensaios publicados no livro *Simulacro e poder*, e "Cibercultura e o mundo virtual" no livro *A ideologia da competência*, publicado pela editora Autêntica).

Para isso, peço licença para ler algumas passagens do livro póstumo de Umberto Eco, *Da estupidez à loucura*.

O primeiro trecho se refere às redes sociais como uma forma de controle:

> Faz pouco tempo, apareceu no jornal *La Reppublica* um artigo de Zygmunt Bauman em que ele destacava que as redes sociais, e em particular o Facebook, que representam um instrumento de vigilância do pensamento e das emoções alheias, são utilizadas pelos diferentes poderes com uma função de controle, graças à colaboração entusiasta de quem toma parte nelas. Bauman fala de uma sociedade confessional que promove a exposição pública de

si mesma ao plano de prova eminente e mais acessível, ademais verossimilmente mais eficaz, de existência social. Em outras palavras, pela primeira vez na história da humanidade, os espiados colaboram com os espiões para facilitar-lhes o trabalho, e essa entrega lhes proporciona um motivo de satisfação porque alguém os vê enquanto eles existem, e não importa se eles existem como criminosos ou como imbecis. Também é certo que uma vez que alguém possa saber tudo a respeito de todos, quando o todos se identificar com a totalidade dos habitantes do planeta, o excesso de informação só poderá produzir confusão, ruído, silêncio. Isso deveria preocupar os espiões controladores, porque, aos espiados, encanta ter amigos, e eles encantam os seus vizinhos, e talvez até os inimigos conheçam os seus segredos mais íntimos, já que esse é o único modo de se sentir vivo e tomando uma parte ativa no corpo social.

O segundo texto se intitula "O livro como professor":

A ideia do governo no momento como proposta é de substituir os livros de textos por material obtido diretamente na internet; entre outros motivos, para fazer com que as mochilas fiquem mais leves, e também para baixar os custos dos livros escolares. Isso suscitou muitas reações. Editores de livros de textos veem nisso um projeto que é uma ameaça mortal para uma indústria que dá trabalho a milhares de pessoas. Embora eu me sinta solidário com os editores e os livreiros, também se poderia dizer pelas mesmas razões que também poderiam protestar os fabricantes de carruagens, de coches, os charreteiros, com a chegada do vapor; os tecedores, com a aparição dos teares mecânicos; se a história avançar inevitavelmente na direção pensada pelo governo, essa força de trabalho deveria ser reciclada numa outra atividade, por exemplo produzindo material para a internet. A segunda objeção que se faz é que a iniciativa prevê um computador para cada aluno. É duvidoso que o Estado italiano possa ter a carga desse gasto e impô-lo aos pais como uma obrigação porque eles teriam de desembolsar algo muito superior aos manuais. Além disso, se houvesse apenas um computador por classe, se reduziria a parte de investigação pessoal, que poderia ser o elemento atrativo de cada um ter o seu computador, e daria no mesmo que imprimir na imprensa do Estado milhares de folhetos e distribuí-los todas as manhãs como se faz quando se dá comida aos pobres de rua. Não obstante, é preciso responder que vai chegar o dia em que haverá um computador para todos. O problema não é esse, o problema é outro. O problema é que a internet não está destinada a substituir os livros, não é mais que um formidável complemento para os livros, um incentivo para que se leia mais; o livro continua sendo o instrumento principal da transmissão e disponibilidade do saber. Quem poderia estudar numa classe só de computadores no dia de apagão? E os tempos escolares representam a primeira e insubstituível ocasião para educar as crianças na utilização do livro. Além disso, a internet proporciona um repertório extraordinário de informação, mas não proporciona os filtros para selecioná-la; e a educação não consiste só em transmitir a informação, mas em ensinar os critérios para a sua seleção. Esta é a função do professor e é também a função do livro escolar, que oferecem precisamente o exemplo da seleção efetuada no *mare magnum* de toda a informação possível. Isto ocorre até com o pior dos textos. Se as crianças não aprendem isso, isto é, que a cultura não é acumulação de informação mas discriminação, não existe educação, e sim desordem mental. Além disso, o livro de texto, o manual, permanece como uma recordação possante e útil dos anos de escola, enquanto o resto desaparece no uso imediato. Por último, se bem que não seja conveniente abolir o manual, a internet poderia sem dúvida substituir os dicionários, porque eles sim pesam muito nas mochilas; baixar gratuitamente dicionários de latim, de grego, e de todas as outras línguas é uma operação útil e rápida que a internet poderia fazer e contribuir dessa maneira para a educação. Mas como se vê tudo precisa e deve girar ao redor do livro. O livro é aquilo sem o que não existe educação.

Ainda na mesma linha, vem o ensaio que se chama "Como copiar da internet":

> O caso da Wikipédia é pouco preocupante com respeito a outros problemas cruciais da internet. Junto aos sites absolutamente dignos de confiança e elaborados por pessoas competentes, existem sites postiços, falsos, obras de incompetentes, de desequilibrados, de criminosos, de nazistas, e nem todos os usuários da rede são capazes de distinguir se o site é fidedigno ou não. O assunto tem uma repercussão educativa dramática, porque a essa altura já sabemos que os escolares e os estudantes costumam evitar consultar os manuais, os livros de textos, as enciclopédias, e vão diretamente obter notícias na internet. Tanto é assim que já faz certo tempo

que eu sustento que a nova e fundamental matéria que se devia ensinar no colégio deveria ser uma técnica de seleção das notícias da rede. O problema é que para ensinar isso se deve considerar como é difícil esse ensinamento porque muitas vezes os professores estão na mesma condição indefesa dos seus alunos. Muitos educadores se queixam de que os meninos e as meninas têm de escrever o texto de um trabalho ou até mesmo uma pequenina tese e aí copiam o que encontram na internet.

[Suponhamos que estudantes consultam a internet para fazer um trabalho de fim de curso.] Nós deveríamos supor que quando copia de um site pouco crível, o professor se dá conta de que estão dizendo falsidades [...]. Tomemos o caso de um estudante que escolha fazer uma pequena tese sobre um autor muito marginal, que o professor conhece de segunda mão e que ele atribua a esse autor uma determinada obra. Será o professor capaz de decidir se esse autor escreveu ou não esse livro? Ele só poderá saber se para cada texto que ele recebe, isto é, das dezenas e dezenas de trabalhos que lhe são entregues, ele tiver a possibilidade de fazer um cuidadoso controle das fontes na internet. Não basta. O estudante pode apresentar um trabalho que parece correto, e que é, mas que está diretamente copiado da internet mediante o copiar/colar. Eu tendo a não considerar trágico esse fenômeno, porque copiar bem é uma arte, que não é fácil, e um estudante que copia bem tem o direito de tirar uma nota boa; por outro lado, os estudantes podiam copiar um livro da biblioteca também, podiam copiar um livro da biblioteca quando não existia a internet, e o assunto não mudava, a única diferença era o esforço manual que era preciso fazer. Claro que um bom professor sempre se dá conta de quando está sendo copiado no texto sem nenhum critério, e ele logo descobre o truque que foi realizado. Considero que existe uma forma muito eficaz de aproveitar pedagogicamente os defeitos da internet. Proponham como exercício de classe um trabalho para casa ou uma pequena dissertação com o seguinte tema: encontrar sobre o argumento X uma série de elaborações completamente infundadas que estejam à disposição na internet e explicar por que são infundadas. Eis aí uma investigação que requer capacidade crítica e habilidade para comparar fontes distintas e que exercitará os estudantes na arte do discernimento.

O último trecho vem de um ensaio que se intitula "Para que serve o professor?":

Em meio à avalanche de artigos sobre o que está se passando na escola, tive notícia de um episódio que eu não qualificaria propriamente de *bullying*, mas de uma impertinência máxima, e além disso de uma impertinência significativa. Dizia-se que para provocar o professor um estudante lhe perguntou: "desculpe, mas na época da internet você serve para quê?". O estudante dizia uma verdade a meias, que os próprios professores andam dizendo faz mais ou menos uns 20 anos. Que antes a escola deveria sem dúvida ser um meio de formação e sobretudo que ela devia transmitir noções como as da aritmética, explicar onde era a capital de Madagascar, o que foi a guerra dos 30 anos, etc. Com a aparição, eu não digo da internet, mas da televisão e até mesmo do rádio, e até do cinema em grande parte, essas noções começaram a ser assimiladas pelas crianças no âmbito da vida extraescolar. Quando ele era pequeno, o meu pai não sabia que Hiroshima ficava no Japão, ele tinha uma ideia muito imprecisa de Dresden e só sabia da Índia o que ele havia lido em Salgari [um divulgador italiano]; ao contrário dele, desde os tempos da guerra, eu aprendi todas essas coisas no rádio, no cinema, nos mapas dos jornais; e meus filhos viram na televisão os fiordes noruegueses, o deserto de Gobi, como as abelhas polinizam as flores, como era um *Tyranosaurus rex*; e, por último, um neto meu sabe tudo sobre o ozônio, sobre os coalas, sobre o Iraque e sobre o Afeganistão. Talvez uma criança de hoje não saiba explicar muito bem o que são as células-tronco, mas já ouviu falar delas, enquanto que na minha época isso não nos era explicado nem pelo professor de ciências naturais. Se é assim, para que servem os professores? Eu disse que o estudante dizia uma verdade. Mas a meias, pois antes de tudo um professor, além de informar, deve formar. O que faz que uma classe seja uma boa classe não é que nela se aprendam datas, lugares e outros dados semelhantes, e sim que se estabeleça um diálogo constante, uma confrontação de ideias, uma discussão sobre o que se aprende na escola e o que se aprende fora dela. É certo que o que acontece no Iraque nos é dado pela televisão; porém, por que acontece ali, desde os primeiros tempos da civilização mesopotâmica, e não na Groelândia, isso só o professor nos pode explicar. E se alguém objetasse que às vezes também nos dizem que pessoas creditadas podem nos informar, então nós devemos debater na escola o que são pessoas creditadas. Os meios de comunicação de massa nos dão muita informação e nos transmitem inclusive valores, mas a escola deve saber debater sobre qual o modo como nos transmitem e valorizar o tom, a forma argumentativa que se utilizam no papel impresso ou na televisão. O estudante não estava dizendo ao professor que ele já não era necessário porque existem o rádio, a televisão, os computadores que lhe dizem onde está Tombuctu, quais são as condições para a fusão fria do átomo; não era isso que ele dizia. Ele dizia que a função do professor era desempenhada por discursos isolados e fragmentados que circulam diariamente de maneira desordenada nos diferentes meios, e que se sabemos muito sobre o Iraque e quase nada sobre a Síria depende da boa ou da má vontade de Bush. O que o aluno estava dizendo é que hoje existe a internet, a grande mãe de todas as enciclopédias onde se pode encontrar a Síria, a fusão fria, a guerra dos trinta anos, a discussão infinita sobre o maior dos grupos ímpares, etc. Ele estava dizendo que as informações que a internet põe à sua disposição são imensamente mais amplas e frequentemente mais profundas que as que o professor possui. Mas o estudante omitia um ponto essencial: que a internet lhe diz quase tudo, salvo como procurar, filtrar, selecionar, aceitar, rechaçar todas essas informações. Todo mundo é capaz de armazenar novas informações se tem boa memória, porém decidir qual vale a pena recordar, qual não, é uma arte sutil; essa é a diferença entre os que têm e os que não têm professores. O problema dramático é que às vezes o professor não consegue ensinar a arte da seleção; mas pelo menos ele sabe que tem que saber isso, e que é preciso que faça isso. Nesse sentido, nós podemos dizer não só que o professor é aquele que na escola oferece essa seleção, essa discriminação e ordenação, mas também que sem ele nada poderá ser conhecido, nada poderá ser compreendido, apesar ou talvez por causa da Wikipédia e da internet. O professor é indispensável.

Glossário

Acordo MEC-USAID: designação genérica de uma série de acordos de cooperação técnica e financeira firmados entre o MEC e a Agência dos Estados Unidos para o Desenvolvimento Internacional na década de 1960 com vistas à reorganização do sistema educacional brasileiro.

Adusp: Associação dos Docentes da Universidade de São Paulo.

Andes: Sindicato Nacional dos Docentes das Instituições de Ensino Superior.

Anpof: Associação Nacional de Pós-Graduação em Filosofia.

Capes: Coordenadoria de Aperfeiçoamento de Pessoal de Nível Superior.

CNPq: Conselho Nacional de Desenvolvimento Científico e Tecnológico.

CNRS: Centre National de la Recherche Scientifique (França).

Colegial: antiga designação do atual Ensino Médio.

CRUB: Conselho de Reitores das Universidades Brasileiras.

Crusp: Conjunto Residencial da Universidade de São Paulo.

DCE-USP: Diretório Central dos Estudantes da Universidade de São Paulo.

Dops: Departamento de Ordem Política e Social; extinto em 1983.

EMC: Educação moral e cívica; disciplina da Educação Básica.

EPB: Estudo de problemas brasileiros; antiga disciplina do Ensino Universitário.

Estudos Sociais: disciplina do antigo Primeiro Grau que englobava conteúdos de História e Geografia.

Fapesp: Fundação de Amparo à Pesquisa do Estado de São Paulo.

FFCL: Faculdade de Filosofia, Ciências e Letras da Universidade de São Paulo; atualmente: Faculdade de Filosofia, Letras e Ciências Humanas.

FFLCH: Faculdade de Filosofia, Letras e Ciências Humanas da Universidade de São Paulo.

Finep: Empresa Brasileira de Inovação e Pesquisa.

Ginásio: antiga designação do ensino da 5ª à 8ª série do Primeiro Grau; corresponde ao período que vai do 6° ao 9° ano do atual Ensino Fundamental.

LDB: Lei de Diretrizes e Bases da Educação.

Licenciatura curta: sob a alegação de falta de professores, a partir de 1971 ficou autorizada a formação de professores para o primeiro grau em licenciaturas de "curta duração" (5 semestres); esses licenciados foram chamados "professores curtos" em contraste com os "professores plenos", que haviam cursado uma "licenciatura plena".

LSN: Lei de Segurança Nacional.

Maria Antônia: Rua Maria Antônia, no centro de São Paulo, onde ficava a sede da antiga FFCL-USP; por extensão, o nome passou a designar a própria faculdade.

MEC: Ministério da Educação.

MEP: Movimento pela Emancipação do Proletariado.

Minerva: Programa de teleducação criado em 1970 pelo MEC, Fundação Padre Anchieta e Fundação Padre Landell de Moura; foi mantido até o início dos anos 1980.

Mobral: Movimento Brasileiro de Alfabetização, instituído por lei em 1967 e atuante até 1985; nasceu em franca oposição aos movimentos de alfabetização inspirados no método Paulo Freire.

Normal: designação do curso, em nível médio, que formava professores para o ensino primário.

OSPB: Organização social e política do Brasil; antiga disciplina do Ensino Médio.

Primário: antiga designação do ensino da 1ª à 4ª série do Primeiro Grau; corresponde ao período que vai do 2° ao 5° ano do atual Ensino Fundamental.

Primeiro grau: antiga designação que, grosso modo, corresponde ao atual Ensino Fundamental (com a ressalva de que este compreende nove anos ao passo que aquele compreendia oito).

Professor curto: ver "licenciatura curta".

ProUni: Programa Universidade para Todos.

PUC: Pontifícia Universidade Católica.

RDIDP: Regime de dedicação integral à docência e à pesquisa.

Reforma do Ensino: Expressão genérica que remete menos a uma reforma específica que ao conjunto de mudanças que marcaram a educação brasileira, em todos os graus, no período da ditadura, especialmente ao início dos anos 1970: supressão do ensino de filosofia e latim no ensino médio, introdução do sistema de créditos no ensino universitário, etc. Uma das peças chave da reforma foi a LDB de 1971 (lei n. 5692 de 11 de agosto de 1971).

Relatório Atcon: Também denominado "Plano Atcon", em referência ao estudo produzido pelo consultor norte-americano Rudolph Atcon e apresentado em 1965 com a proposta de uma nova estrutura administrativa para o ensino universitário brasileiro.

Relatório Meira Matos: Relatório produzido por uma comissão presidida pelo Cel. Carlos Meira Matos e apresentado em maio de 1968 com propostas de reorganização do ensino, particularmente o superior.

Reuni: Programa de Apoio a Planos de Reestruturação e Expansão das Universidades Federais.

Saci-Exern: Projeto de teleducação implementado no Rio Grande do Norte na década de 1970; primeiramente denominado Sistema Avançado em Comunicações Interdisciplinares (Saci) e, numa segunda etapa, Experimento Educacional do Rio Grande do Norte (Exern).

SBPC: Sociedade Brasileira para o Progresso da Ciência

Seaf: Sociedade de Estudos e Atividades Filosóficas.

Segundo grau: antiga designação do atual Ensino Médio.

Seplan: Secretaria de Planejamento e Assuntos Econômicos do Ministério do Planejamento.

Sintusp: Sindicato dos Trabalhadores da Universidade de São Paulo.

UFPR: Universidade Federal do Paraná.

UFSCar: Universidade Federal de São Carlos.

Unesp: Universidade Estadual Paulista.

Unicamp: Universidade de Campinas.

USP: Universidade de São Paulo.

Este livro foi composto com tipografia Bembo e impresso
em papel Off-White 70 g/m² na Formato Artes Gráficas